בשבילי אגדות בראשית

ברכה אליצור

בשבילי אגדות בראשית

מדרשי התורה בתמורות הזמן

Michael Scharf Publication Trust
Yeshiva University Press

מגיד

מתן
מכון תורני לנשים

Bracha (Brachi) Elitzur
Along the Paths of Aggada:
Midrashic Interpretations of Genesis Over Time

ברכה (ברכי) אליצור
בשבילי אגדות בראשית: מדרשי התורה בתמורות הזמן

עורך אחראי: ראובן ציגלר
עורכת ראשית: אוריה מבורך
עורכת משנה: אפרת גרוס
עריכה לשונית: אביחי גמדני
הגהה: משה גרוס
עימוד: תמי מגר
עיצוב העטיפה: סטודיו דוסה

ספרי מגיד, הוצאת קורן
ת״ד 4044 ירושלים 9104001
טל׳: 02-6330530 פקס: 02-6330534

office@korenpub.com
www.korenpub.co.il

מסת״ב ISBN 978-965-526-413-5

נדפס בישראל Printed in Israel 2025

ספר זה מוקדש לזכרו המבורך של חתננו

הרב אברהם יוסף גולדברג הי"ד

שנפל בקרב גבורה בשבת פרשת 'בראשית' תשפ"ה.
פשטי בראשית ואגדותיה כוננו את תשתית עולמו של הרב אבי,
ומכוחן הוא ברא עולמות שהתחדשו בנגינה ותורה.

ובהוקרה

לרב אוריאל קיסינג

אבי מחברת הספר.
זכינו שראשית לימוד התורה שלנו בארץ ישראל היה עימו.
תורתו מאירה לרבים ועליו אומר המדרש "ויאמר אלקים יהי אור,
ר' שמואל בר יצחק אמר 'פתח דבריך יאיר',
מפתח פומך לן הוה נהורא".

צבי וצפורה וולף

מתן מכון תורני לנשים
ע"ש שרה בת יצחק יעקב רעננערט

בשנות השמונים של המאה העשרים העבירה הרבנית מלכה בינה שיעורי גמרא לנשים. היו אלו שיעורים חלוציים שהתקיימו סביב שולחנה של לילי וויל ז"ל. יחד עם לילי, הגתה הרבנית בינה את הקמתו של בית מדרש לנשים שיצמיח מתוכו תלמידות חכמים. בשנת 1998 הקימה הרבנית בינה את המכון התורני לנשים על שם שרה רעננערט ז"ל, הידוע בשם 'מתן'. מאז הקמתו ניצב מתן בחזית לימוד התורה והמנהיגות היהודית הנשית.

כיום מונה מתן אחד־עשר סניפים ברחבי הארץ ועשרות אלפי תלמידות בארץ ובעולם. במתן מוצעות תוכניות בית מדרש אינטנסיביות ללימוד תנ"ך, תלמוד, הלכה ומחשבת ישראל, שהובילו את לימוד התורה לנשים לפסגות חדשות. בוגרות בית המדרש הן רבניות, מנהיגות רוחניות, משיבות הלכה, מחנכות משפיעות ומחוללות שינוי. במתן תוכניות שנתיות עשירות ומגוונות לקהילה הגלובלית, ימי עיון מיוחדים בארץ ובעולם, תוכנית בת מצווה לבנות ואימהות, סדרת פודקאסטים בעברית ובאנגלית, ואוסף גדל והולך של משאבי הלכה מקוונים. מתן נמצא בחזית לימוד התורה והמנהיגות היהודית הנשית, ובחיפוש מתמיד אחר האתגר המשמעותי הבא, במטרה לעורר השראה ולחזק את הדורות הבאים דרך לימוד תורה משנה מחיים.

כְּתְבוּנִי – תוכנית עמיתות לכתיבת ספרים תורניים

'כתבוני' נוסדה בשנת 2022 על ידי ד"ר יעל ציגלר, בוגרת מתן ומרצה בכירה ששימשה כראשת בתי המדרש של מתן. מטרת התוכנית להכשיר ולעודד נשים תלמידות חכמים לכתיבה תורנית. בעוד שחלה עלייה משמעותית במספר הנשים שמלמדות תורה ומנהיגות בעולם היהודי – הכתיבה התורנית על ידי נשים נותרה מאחור. עמיתות כתבוני הינן תלמידות חכמים יוצאות דופן, המבקשות להשפיע על מדף הספרים היהודי ולהעשיר את הספרות התורנית במגוון תחומים. כתבוני מספקת את המסגרת, ההנחיה, והתמיכה המקצועית לכל מחזור של עמיתות, בשיתוף עם הוצאת קורן. התוכנית מתקיימת הודות לתמיכתם הנדיבה של אן וג'רמי פאווה, קרן וייספלד הבין־לאומית ושותפים נדיבים נוספים.

הספר השלישי בסדרת כתבוני, מאת ד"ר ברכה אליצור, בוחן כיצד מדרשי האגדה לסיפורי בראשית מעצבים קריאה חדשה למקרא, וכיצד קריאה זו משתנה לאורך הדורות. בעיון ספרותי־פרשני במדרשים מבראשית רבה ועד חיבורים מאוחרים, מתחקה ד"ר אליצור אחר המהלכים שבהם הסיפור המדרשי מפרש, מרחיב ולעיתים גם משנה את הסיפור המקראי, מתוך עיון בשאלות של אשמה, אחריות, תיקון וקרבה. כך נחשפת הדרמה הפנימית של הדרש: תגובתו החיה לטקסט ולזמן.

תוכן העניינים

פתח דבר

כתיבתו של הספר שלפניכם החלה בשלהי שנת תשפ"ג, בתנאים אידיאליים של שקט ופניות מחשבתית, בזכות נדיבותה של תוכנית "כתבוני" מבית מתן, שהעניקה לי מתנה יקרת ערך – אפשרות להקדיש ימים שלמים במהלך השבוע לכתיבה ולמחקר. הרגשתי בת מזל על ההזדמנות הנדירה שניתנה לי להתמסר לעולם האגדה והמדרש, להתעמק בטקסטים עתיקים ולהאיר מתוכם פיסות ממארג החיים מימי בית שני ועד לשלהי העת העתיקה.

הרוגע והפניות נגדעו ברעם קולות המלחמה שפרצה בארצנו בשמחת תורה תשפ"ד. שלוות הכתיבה התחלפה בטלטלה מחשבתית אל מול המציאות הקשה שהתעוררנו לתוכה. מצאתי את עצמי כותבת מתוך כאב על הנרצחים, דאגה לחטופים, אבל על נפילתם של גיבורים וחרדה למשפחתי הקרובה – בנַי, שלושת חתניי ובן זוגי שנקראו לדגל. העדויות הקשות על חורבן ותבוסה לצד חשיפתם של סיפורי הגבורה, נשזרו באגדות בראשית עתיקות שקיבלו לא פעם משמעות אקטואלית חדשה.

סיפורי בראשית מכילים סוגיות הגותיות, דתיות, משפחתיות ומוסריות נרחבות. המדרשים שנכתבו עליהם לאורך הדורות אינם רק פרשנות למה שהיה – הם עדות חיה לתמורות שחלו בחברה היהודית, למאבקיה ולאתגריה וכן לשאיפותיה. האופן שבו עוצבו הסיפורים, נמתחו, השתנו, ולעיתים אף צונזרו, מאיר את פניה המשתנים של החברה היהודית לדורותיה.

בימי הכתיבה, כשהדי המלחמה נשמעו מרחוק ומקרוב, מצאתי את עצמי מהרהרת על קומת הפרשנות המדרשית שנכתבת עכשיו לסיפורי בראשית, שתשתלב בעיצוב התודעה והזיכרון של ימי המלחמה. סיפורי בראשית

והמדרשים שנוצרו סביבם לאורך הדורות קיבלו לפתע ממד אקטואלי מטלטל. כך, למשל, אגדת הארזים מספרת על המידע המקדים שנמסר לנח, באשר לאסון שעתיד להתחולל ולמה שעשוי למנוע אותו. אולם נח הושם ללעג על ידי בני דורו, שהעדיפו להמשיך בהרגלי העבר והמיטו על עצמם את חורבן העולם.

המחלוקת הדרשנית בהערכת ההכנות של יעקב לקראת מפגשו עם עשו מהדהדת דילמות מדיניות וערכיות המעסיקות אותנו גם היום במתח שבין פיוס למלחמה.

דמותו של אברהם בדרך לעקדת בנו, ניבטת מדמותם של גיבורי ההווה שנכונים למסור את נפשם מתוך אמונה בצדקת הדרך. מנגד, קולות היבבה של שרה, מצטיירות כמטפורה לכאבם של הורים שנאלצו להקריב את בניהם.

מאבק האחים בסיפורי יוסף והפיוס המרגש והמפתיע במצרים, מהווה מקור השראה בימים שבהם החברה הישראלית מבקשת לאחות קרעים פנימיים אל מול איום חיצוני. האם נלמד מן האגדות העתיקות כיצד ניתן לרפא שנאת אחים ולבנות סולידריות אמיתית? האם נצליח, כמו יוסף ואחיו, להפוך את הטרגדיה להזדמנות לצמיחה ולחיבור מחודש?

בתפילה שסימני הדרך שהותירו אבותינו בשבילי אגדות בראשית, ישמשו מצפן מוסרי להליכתנו בנתיבי הארץ ולתמרון המורכב בפיתולי חבלי הגאולה. ויהי רצון שמעשי הגבורה והאחווה שהאירו את התקופה הקשה, יזכו אותנו בשכר האחווה הקדומה של אימהותינו:

> כֹּה אָמַר ה׳ מִנְעִי קוֹלֵךְ מִבֶּכִי וְעֵינַיִךְ מִדִּמְעָה כִּי יֵשׁ שָׂכָר לִפְעֻלָּתֵךְ נְאֻם ה׳ וְשָׁבוּ מֵאֶרֶץ אוֹיֵב. וְיֵשׁ תִּקְוָה לְאַחֲרִיתֵךְ נְאֻם ה׳ וְשָׁבוּ בָנִים לִגְבוּלָם (ירמיהו לא, טו-טז).

*

חובה נעימה לי להודות לכל השותפים לכתיבתו של ספר זה:

בראש ובראשונה למתן ולתוכנית ׳כתבוני׳ בהובלתה היצירתית של ד״ר יעל ציגלר. המסגרת המיוחדת שהעניקה התוכנית לכתיבת נשית תורנית, יצרה סביבה חמה ותומכת שהייתה כמו אוויר לנשימה בתקופה החווייתית שפקדה אותנו בשנת הכתיבה. העידוד שאבנו אחת מהשנייה, בעיקר בתקופות שקשה היה להתנתק מההתרחשות שמסביב, נתנה תחושה של שותפות גורל כפולה: אתגר הכתיבה לצד הדאגה המשפחתית לבני המשפחה

בחזית. וזאת כמובן לצד התמיכה הכספית הנדיבה במלגה המכובדת של שנת הכתיבה ובמימון הוצאת הספר.

לעמיחי ברהולץ, עורך ותיק, שכן וחבר, שתרם מעצותיו המקצועיות.

לרב אב"י ונגרובר על התקנת המפתחות.

להוצאת קורן: לעומד בראש המערכת ראובן ציגלר; לעורכים: אוריה מבורך, אפרת גרוס, אביחי גמדני ומשה גרוס על עבודה חרוצה ומוקפדת על כתב היד והבאתו לתוצאה המוגמרת.

להוצאת הספרים של ישיבה יוניברסיטי על פריסת החסות האקדמית על הספר.

לרב צבי ופרנסי וולף היקרים, חברים ותיקים של הורי, על תרומתם הנדיבה למימון הספר, לעילוי נשמתו של חתנם האהוב הרב אברהם גולדברג הי"ד. הרב אברהם גולדברג שימש כרב צבאי גדודי, ונפל בקרב בדרום לבנון בכ"ד בתשרי תשפ"ה. כשהתבשרתי על רצון הוֹרֵי רעייתוֹ רָחֵל לתמוך בספר שלי אחזה בי התרגשות גדולה. הסיפורים המיוחדים על הרב אברהם ואצילותה של אלמנתו רחל יצרו בי רצון להיות חלק מהמשפחה הנפלאה הזאת. החיבור המיוחד דרך הספר שהוקדש לעילוי נשמתו של הרב אברהם, יצר עבורי את החיבור העקיף המיוחל.

הרב צבי ופרנסי בחרו לתמוך בספר כהוקרה לאבי, הרב אוריאל קיסינג, על שנות חברות ולימוד משותף. מאבי יבדל"א קיבלתי ואני ממשיכה לקבל ירושה כפולה של אהבת תורה ומשמעת לימוד, שהודות להן הצלחתי לעמוד באתגר הזמנים הלחוץ, ולכתוב את הספר בלוח הזמנים הקצר בצילה של מלחמה. טובה לי ירושה זו מאלפי זהב וכסף.

תודה למשפחתי האהובה, ליואב האיש שלי, לבנותי ולבנַי, לחתנַי, לכלתי ולנכדי שמאירים את ימי באור יקרות מיוחד, המשרה עלי את הרוגע הנדרש להתמסרות לכתיבה.

ותודה לבורא עולם על ניסיך ונפלאותיך שבכל יום עמנו.

ברכי

עפרה תשפ"ה

מבוא

ספר בראשית, יותר מכל אחד מחומשי התורה, זכה לספרות מדרש עשירה, המפתחת את סיפוריו ויוצרת מתוכם אגדות בעלות מעמד בפני עצמן, שהפכו לנכסי צאן ברזל בתרבות היהודית. הצמדת האגדה לפסוקי התורה טשטשה לא פעם אצל הלומדים את ההבחנה בין המסופר בתורה למשתמע מהאגדה. כך למשל יחפשו הלומדים את הסימנים שמסרה רחל ללאה ויופתעו לגלות שהסימנים הם תוספת מאוחרת. כך גם יחפשו את ספיקת כפיו של למך שהביאה למותו של קין, או את כבשן האש שממנו ניצל אברהם.

האגדות שהפכו בסופו של דבר לנכסי צאן ברזל של התרבות היהודית אינן תמיד הגרסאות הקדומות ביותר שלהן. אגדות חז״ל שמצוטטות בפרשנות הקלאסית, ובעיקר בפירושו של רש״י, זכו במשך הדורות להילמד לצידם של פסוקי התורה וכך הפכו לנכסי תרבות מוכרים וידועים. אולם לעיתים אגדת רש״י היא תולדה של גלגולי מדרש מוכרים פחות.

הספר שלפניכם מתחקה אחר אבני הבניין של האגדות המוכרות ויוצא איתן למסע שמתחיל בחיפוש התשתית המקראית שעל בסיסה התפתחה הדרשה, ומשם עובר לשבילי הספרות המשכתבת הקדומה. הספרות המשכתבת מתאפיינת בנאמנות לכרונולוגיה המקראית אולם כבר בה ניתן למצוא השמטות והרחבות ולא מעט שינויים בהערכת גיבורי המקרא.[1] המסע

1. גבולות ההגדרה של סוגת הספרות המשכתבת אינם חד־משמעיים, ועל כן יש המתייחסים לכל הספרות שנכתבה לאחר חתימת המקרא ועד לראשיתה של ספרות חז״ל בכינוי ספרות בית שני. ההגדרה הזאת רחבה מאוד וכוללת קטעי מגילה וספרות

כולל הצצה לפרשנות הפילוסופית והאלגורית של פילון וממנה לגלגולי המדרש בספרות חז״ל הקדומה והמאוחרת. מנעד הפרשנויות שעוברת כל אגדה, הנשענות על תשתית מקראית משותפת, מעורר סקרנות רבה ורצון להבין את מגמות הפיתוח של כל מעבד, ובזה בעצם חידושו המרכזי של הספר.

סיפורי עם או אגדות מאפיינים את רוב התרבויות הקדומות. האגדות מספרות על ראשיתה של התרבות, מחזקות את עקרונותיה, מתארות את חייהם המופתיים של גיבוריה ומשרתות מטרות דידקטיות של מספריהן. בכך לא שונות אגדות חז״ל ממקבילותיהן. מה שבכל זאת שונה באגדות הללו הוא הקשר ההדוק שהן מקיימות עם פסוקי התורה, על אף קיומן העצמאי. כאן יש לשאול, למה חז״ל מספרים סיפורים שנתלים באירועי המקרא אולם מפליגים לנושאים בעלי אחיזה רופפת לכתוב ובמקרים מסוימים אף עומדים בסתירה לו? היווצרותן של אגדות שאינן נשענות על הסיפור המקראי מובנת, שכן ההיסטוריה של העם היהודי המשיכה להתפתח לאחר חתימת המקרא, והיה צורך לתעד את האירועים, לספר את סיפורן של דמויות המופת החדשות ולהעמיד מערכת ערכים דינמית המותאמת לדורות המתחדשים. אך מדוע לא הסתפקו הדרשנים בסוגה האגדתית החוץ־מקראית?

בדבריי הבאים אבקש להתמודד עם שאלה זו ואחרות, תוך התייחסות להיבטים מתודולוגיים של הספרות המשכתבת הקדומה ושל ספרות המדרש. אך בטרם אפנה לעסוק בכך, אבקש להקדים שתי הנחות יסוד מחקריות שעומדות בבסיסו של ספר זה, בשאלת תפקידם של מדרשי האגדה ומושאיו. ההנחה הראשונה היא שיוצרי המדרשים או מעבדי מסורות קדומות הנשענות על סיפורי המקרא לא ראו את תפקידם המרכזי כפרשני סתומות המקרא המבקשים לפתור את הקשיים העולים ממנו, כפי שסבורה קבוצה של חוקרים.[2] הנחה זו מתבססת על אופיין הדינמי של המסורות (כפי שנוכיח בספר זה), על ריחוקן של לא מעט מהן מפשטי המקראות, ועל ספרות מחקר

כיתתית לצד ספרות שנצמדת באופן הדוק ובאופן הדוק פחות לספרי המקרא, כגון קדמוניות היהודים וספר היובלים וכן ספרות חכמה ופשרים. אני מעדיפה את ההגדרה המצומצמת על אף השונות שבין החיבורים הנכללים בסוגה זו. להבחנה בין הסוגות של ספרות בית שני ראו: הימלפרב, בית שני, עמ׳ 29–51.

2. ייצוג רחב לגישה זו מצוי במחקריו הרבים של קוגל: קוגל, פוטיפר; עמ׳ 247–248; קוגל, סולם יעקב, עמ׳ 5; קוגל, התנ״ך כפי שהיה, עמ׳ 28; וכן בויארין, מדרש תנאים, עמ׳ 37.

עשירה שהצביעה על תפקיד חינוכי דידקטי מרכזי של מרבית המדרשים, ורק על מיעוטם כמבארים את קשיי הפשט לצורך פרשנות טהורה.[3]

ההנחה השנייה היא שמושא האגדה הוא הציבור ולא האליטה הלמדנית. סוגיה זו מצויה במחלוקת חוקרים ערה ותוססת. בצד אחד מצויים אלו שסבורים שהדרשה היא חלק משיח בית מדרשי סגור. לדידם הבנה מקסימלית של הדרשה מתאפשרת רק על ידי הכרת הדיאלוג שמקיימת המסורת המאוחרת עם הקדומה והכרת תפקידה כפרשנות אינטרטקסטואלית, ואם כך קהל היעד הוא תלמידי חכמים היושבים בבתי המדרש, שונים הלכות ומדרשים ומתוך הלימוד מפתחים אותם.[4] החוקרים הדוגלים בגישה זו סבורים כי החומר המדרשי שבידינו נוצר בבתי המדרש דווקא, וצורתו לפנינו היא פרי עיבוד ספרותי כתוב שאינו משקף במדויק את מה שנדרש בבתי המדרש. בצדה השני של המחלוקת מצויים חוקרים הסבורים שהנהגת החכמים בארץ ישראל, בניגוד למקבילתה הבבלית, הייתה נטועה עמוק בתוך הציבור, ורבים מתוכה שימשו בתפקידי פרנסות שכללו גם טיפול בענייני חולין.[5] אם נקבל את ההנחה שמטרתם של מדרשי האגדה הייתה בעיקר דידקטית חינוכית, הרי שהאוכלוסייה המרכזית שנדרשת להנחיות מסוג זה היא הציבור הרחב ולא תלמידי החכמים שבבתי המדרש. היצירה המדרשית על פי הנחה זו הייתה חלק בלתי נפרד מהדיאלוג שהתקיים בין החכמים לציבור. מדרשי האגדה אפשרו מוקדי חיבור בין עולם התורה לחיי החול, והם הושמעו באירועי מפגש של הנהגת החכמים עם הקהל הרחב בשבתות, במועדים ובאירועי קהילה אחרים.[6] הנחה זו אינה סותרת את

3. ראו: אורבך, מלך ונביא, עמ׳ 55, 59; אורבך, המלוכה המקראית, עמ׳ 439-451; היינימן, דרשות בציבור, עמ׳ 7; היינימן, אגדות ותולדותיהן, עמ׳ 5; שנאן, נדב ואביהוא, עמ׳ 13-14; שרמן, מגדל בבל, עמ׳ 90-95. וראו גישתה המפשרת של בחוס, עניינים מתודולוגיים, עמ׳ 167.

4. כמה מנציגיה של גישה זו הם: פרנקל, דרכי האגדה, עמ׳ 19; גודמן, מדינה וחברה, עמ׳ 93-111; כהן, החכם, עמ׳ 959-971; לוין, חכמים, עמ׳ 21-22; שוורץ, אימפריאליזם, עמ׳ 6-8, 124; קוגל, לעיל הערה 2; פורטון, מדרש חכמים, עמ׳ 146-156.

5. למשל: גינצבורג, אגדות, א, עמ׳ כז; ביכלר, מחקרים, עמ׳ 58-86; אורבך, חז״ל, עמ׳ 537-557; ספראי, ארץ ישראל וחכמיה; קימלמן, ר׳ יוחנן ועוד. על הגישות השונות בנוגע למעמדם הציבורי של החכמים ראו: השר, חכמים עמ׳ 185-227; לפין, חכמים, עמ׳ 64-97.

6. כמה מנציגיה של גישה זו הם: צונץ, הדרשות בישראל, עמ׳ 6, 163-167; היינימן, דרשות בציבור, עמ׳ 49; שנאן, מדרשים ותרגומים, עמ׳ 97-110; מאק, מדרש האגדה,

האפשרות הסבירה שהחומר המדרשי שנוצר במקורו עבור דרשה ציבורית בעל פה עבר לאחר מכן תהליכי עריכה ועיבוד ספרותי, שיצרו בו שינויים והתאמות לאופיו של החיבור ומגמות עורכיו.[7]

כעת נחזור לדיון על אודות הקשר ההדוק שבין דרשות חז"ל למקרא.

1. האחיזה המקראית של הדרשה – גורמים ותכלית

הספרות המשכתבת מבקשת לספר מחדש את הסיפור המקראי תוך התאמתו לעקרונות החיבור ולמסרים שהמחבר מבקש להעביר לבני דורו. אשר על כן שאלת ההיצמדות לסיפור המקראי מובנת ביחס לסוגה זו. לעומת זאת מדרשי האגדה של חז"ל אינם מספרים מחדש את סיפור התורה. ישנם פסוקי תורה שאינם נדרשים כלל ואחרים נדרשים בכמה אופנים. לפיכך שאלת הצורך באחיזה המקראית רלוונטית דווקא ביחס למדרשי האגדה של חז"ל. נציע כמה תשובות וסיבות שהשילוב ביניהן מספק תמונה מלאה למדי.

1.1 מדרש האגדה והקריאה בתורה

המפגש בין תלמידי החכמים לציבור הרחב התקיים על פי המשוער בבתי הכנסת סביב שבתות ומועדי השנה.[8] תלמידי החכמים דרשו בציבור וניצלו את הבמה לצורך התייחסות לאתגרים אקטואליים, למתחים חברתיים ולהתמודדויות שונות שעלו על סדר היום. בסיטואציה כזו, שבה לעיתים היה צורך להשמיע ביקורת או למחות נגד תופעות חברתיות או דתיות בציבור, או להדריך את הציבור להתנהלות נכונה עם צרות התקופה, היה נוח ויעיל יותר לעטוף את הביקורת, המחאה או ההדרכה, בסיפורי המקרא

עמ' 43–49; שרמר, אוריינטציה, עמ' 328; קלמין, מדרש והיסטוריה חברתית, עמ' 133–159; סאראזון, הפתיחתות, עמ' 557–567; סאראזון, מחקר ספרות חז"ל, עמ' 62–64; שטמברגר, הדרשה בתקופת חז"ל, עמ' 7–8; ויסאצקי, מינוח מוטעה, עמ' 19–20. על העמדה המשלבת בין שתי האפשרויות ראו: פורטון, מדרש חכמים, עמ' 141–169; קדרי, קהל היעד, עמ' 29–47; שרמן, מגדל בבל, עמ' 280–286; פראדה, יצירה ספרותית, עמ' 33–51.

7. ראו הצעתו של פראדה, יצירה ספרותית, המבחין בין הרטוריקה של המדרש המשתמשת במונחים המקובלים של שיח ער וחי, ובין צורתו הסופית המעידה על עיבודו הספרותי.

8. ראו: צונץ, הדרשות בישראל, עמ' 163–167; היינימן, דרשות בציבור, עמ' 10.

שזה עתה נקראו בבתי הכנסת. העיסוק בסיפור מוכר מן העבר מנעה מצד אחד את ההתגוננות המאפיינת מצב של תוכחה ישירה, ומצד שני אפשרה הפקת תובנות רלוונטיות לחיוב או לשלילה להתנהגות ראויה, מתוך היכרות עם הרקע המקראי של הסיפור. מדרשי האגדה במעמד הקריאה בתורה העלו גם את קרנה של התורה, שהפכה לרלוונטית ואקטואלית לחיי היום־יום של כל תקופה ותקופה.

כך למעשה הפיחו משכתבי המקרא ודרשניו רוח חיים בסיפורי המקרא ובדמויותיו, והם הוצבו כמודל על פי תחומי השתייכותם המקראיים לתחומים רחבים ומגוונים בעולם המשתנה. המעקב אחרי גלגולי האגדה מסוג זה יכול לסייע בשרטוט פרופיל של חיי הקהילות, שקורותיהן ואתגריהן שימשו חומר גלם לעיצוב המחודש של הסיפור המקראי.

1.2 חיזוק תוקפם של הדרכות חדשות או שינוי ערכים על ידי ביסוסם על סיפורי העבר

על אף האמונה בתורת חיים ובהיותה מכילה הדרכות נצחיות, היו תקופות שבהן נדרשו החכמים לתקן תקנות שעה או להתמודד עם מציאות שדרשה פתרונות חדשים. כך למשל מציאות של גזרות שמד שלא ניתנה לגביה הנחיה מפורשת בתורה, או התמודדות עם טענות על המרת הבחירה בעם ישראל בדת אחרת מחמת חטאיה. תקנות שעה (שאינן הלכתיות) או הנחיות אחרות שהיו ניתנות במנותק מפסוקי המקרא היו מחשידות את החכם בכפירה או בהמרדה לחטא. הצמדת מדרשי האגדה לפסוקי התורה (בדומה לפעולת החכמים במדרשי ההלכה) אפשרה לחכמים להנחות את הציבור לשינוי ערכים ולכינון חיי ההווה על ידי הרחבת המסרים של פסוקי התורה כך שייתנו מענה גם לבעיות השעה.

1.3 דע את האויב

בבבלי עבודה זרה ד ע"א מסופר על עימות בין ר' אבהו למין (נוצרי) שמבקש לדעת מדוע חכם גדול בארץ ישראל ניכר גם בידיעת מקרא, ואילו החכם הגדול הבבלי בקי רק בהלכה. תשובת ר' אבהו רלוונטית מאוד לענייננו. ר' אבהו מסביר למין שהוא וחבריו לא נתנו בידי חכמי ארץ ישראל ברירה, שכן הנוצרים ניסו להכשיל אותם על ידי שאלות קנטרניות המתבססות על פסוקי תורה שלכאורה מוכיחים את עיקרי הדוקטרינה הנוצרית, והם נדרשו לגלות בקיאות בפסוקי התורה ובמדרשים שהוכיחו שההפך הוא הנכון.

הנוצרים הכירו היטב את פסוקי התורה וניכסו אותם כבר בברית החדשה ולאחר מכן בספרות אבות הכנסייה כפסוקי הבשורה של הולדת ישו ושל הדת הנוצרית ועיקריה. קרבתם הגאוגרפית של הנוצרים ליהודים בערים המעורבות בארץ ישראל הביאה לוויכוחי רחוב ולהתנצחויות בין שתי הדתות שטענו לכתר הבחירה.[9] לא ניתן היה להפקיר את השטח ולאפשר לנוצרים לנצח בוויכוחים שערערו את יסודות האמונה בבחירה ובחשיבות קיום המצוות. הצמדת המדרשים לפסוקים אפשרה לחכמי היהודים לענות לנוצרים באותו מטבע ולהשיב לקהל היהודי את אמונתו בסגולתו הנצחית ובעיקרי האמונה על ידי הפרכת פרשנותם הכוזבת של הנוצרים.

2. דרכי ההרחבה המדרשית

אחד הנדבכים בחקר מדרשי האגדה הוא זיהוי חומרי הגלם שמהם היא עשויה, ואיתור מקור התוספות של מעבדי האגדה המאוחרים. הבסיס המשותף לכל חיבורי השכתוב והמדרש הוא פסוקי המקרא, אולם דרכי השימוש בהם, ההצמדות להערכות העולות מהם ומקורות עיבוי הדרשה משתנים מאגדה לרעותה. נעמוד אפוא על המשותף והשונה.

2.1 זיקת המדרש למקרא

הגרעין המשותף לכל מדרשי האגדה הוא מרכיב צר או רחב של תשתית מקראית. החיבור בין המדרש למקרא הוא על פי רוב קושי בפסוקים או פער מידע שאינו מופיע בהם, וכמובן גם תוספת של הערכת מעשה שאין כלפיו שיפוט מקראי ערכי.[10] כך למשל האגדה המתארת את השמועה שהביאה למות שרה, ממלאת את הפער שיצר הכתוב באי אזכור סיבת מותה. אגדת הארזים המתארת את בנייתה הפומבית של התיבה על ידי נח, ממלאת קושי

9. ראו למשל אופיין של דרשות המוכיחות את קיומם של ויכוחים חיים בין נציגי העימות של שתי הדתות: שיר השירים רבה א, ג: "מפני שראה שידיה מפוחמות"; תנחומא בובר שלח כה: "יבא הבקר ואנו יודעין במי חפץ הקב"ה"; תנחומא כי תשא לד: "והם אומרים: אנו ישראל".

10. על דרכי שילובה של האגדה בכתובים ראו: היינמן, דרכי האגדה, עמ' 56–70; היינימן, אגדות ותולדותיהן, עמ' 7–15.

כרונולוגי של פערי שנים ממועד גזרת המבול ועד לירידתו. המדרשים המפוצלים המתארים את הלקח (הניגודי) לדורות מהכנות יעקב לקראת המפגש עם עשו, מבקשים להעריך אם מעשה יעקב היה נכון ונצרך או שמא ביטא פגם בביטחונו של יעקב בא־ל.

אחת הסוגיות בחקר הזיקה שבין המדרש לפסוקים היא השאלה מה קדם למה, האם הקושי בפסוקים הוליד את המדרש והוא נוצר כדי לתת מענה לקושי (מדרש יוצר) או שהמדרש נוצר ללא קשר לקושי בפסוקים וחכמים ביקשו להיתלות בו כדי לתת למדרשים עוגן מקראי (מדרש מקיים)?[11] הדעת נותנת לנקוט גישה מאוזנת שלפיה בדומה לזיקה של מדרשי ההלכה לפסוקים, גם במדרשי האגדה היו שנוצרו מתוך הקושי בפסוק ואחרים נוצרו במנותק מהפסוקים והוצמדו אליהם כדי לייקר את מעמדם. כך למשל טוען ליברמן:

> המדרש המקיים היה אחד מן האמצעים המקובלים בעולם הספרות בזמן ההוא... אילו היו אותן מידות הדרוש מלאכותיות פרי המצאתם של החכמים גופם, לא היו אסמכתות שלהם על המקרא מתקבלות על הדעת והיו נראות מוזרות בעיני הבריות. אבל באשר היה כאן שימוש באמצעים המקובלים בכל עולם התרבות של הימים ההם, נראו מידות המדרש של האגדה (וכל אסמכתות להלכה מן המקרא) כתפארת המליצה שהיתה מובנת לבני זמנם וקרובה ללבם.[12]

נדבך נוסף במחקר הזיקה – שהוא נגזרת מהדיון הקודם – הוא מה מידת המאמץ של הדרשן להתבסס על מכלול מרכיבי הסיפור המקראי שעליו מבוססת דרשתו המרחיבה. יש להניח שמדרש יוצר שנרקם כדי לתת מענה לחסר מקראי יתאמץ יותר להוכיח את השתלבותו בפרטי הסיפור שעליו הוא הוסיף נדבך חדש, ואילו המדרש המקיים יסתפק באסמכתא בעלמא

11. המונחים 'מדרש יוצר' ו'מדרש מקיים' משמשים בעיקר את חקר מדרשי ההלכה, אולם הועברו גם לדיון בשאלת הזיקה שבין מדרש האגדה לפסוקים. ראו: אלבק, מבוא למשנה, עמ' 41; גילת, מדרש הכתובים, עמ' 374-393; שנאן, מדרשת הפסוק, עמ' 60-82.

12. ליברמן, יוונית ויוונות, עמ' 209-210.

שתיתן למדרש את הגושפנקה המקראית, אולם יתקשה לקיים זיקה לכל פרטי הסיפור המקראי.

השפעה נוספת על איכות הזיקה של המדרש לפסוקי המקרא היא מקומו בגלגולי המסורת. ככלל, ככל שגלגולי המסורת מאוחרים יותר, האגדה מתנתקת מהפסוק שהוליד אותה ונעשית עצמאית יותר ועומדת בפני עצמה, תוך התרופפות הזיקה לפסוקי התשתית המקראיים.[13]

חשוב לציין שהוכחת זיקת המדרש לפסוקים מושפעת אף היא מתפיסת תפקידו של המדרש. חוקרי המדרש הסבורים שתפקיד המדרש הוא פרשני, יתאמצו לגלות בו זיקה רחבה יותר לפסוקים שעליהם מבוססת הדרשה.[14] לעומתם, הסבורים שהמדרש בעיקרו הוא בעל מטרות דידקטיות חינוכיות שבא לתת מענה גם לענייני החולין של הציבור יסתפקו בזיקה קלושה לפסוקים ואת מקור התוספות המדרשיות יסבירו כתוספת הגותו של הדרשן שאינה נובעת בהכרח מפרשנותם של הפסוקים.

2.2 פסוקי הקשר, פסוקי תמך ופסוקי אווירה

מדרשי האגדה מרבים בהפניות לפסוקי המקרא עם פתיחות המאפיינות הקדמה לציטוט כגון: 'הדא הוא דכתיב' או 'שנאמר' וכיו"ב. פסוקי המקרא משמשים חוליה מקשרת בין ההרחבה המדרשית לסיפורי המקרא. ריבוי ההפניות סותר לכאורה את מה שנכתב בסעיף הקודם, על הבדלים בין מדרשים עתירי בסיס מקראי לאלו שהבסיס המקראי שלהם צר. אלא שכאן יש להפריד בין תפקידם של הפסוקים המצוטטים. ניתן לחלק את השימוש בפסוקי המקרא במדרש האגדה לשלוש קבוצות מרכזיות שההבדל ביניהן הוא מידת הקרבה של פסוקי המדרש לנושא הנדון:[15]

13. ראו דוגמה מעניינת אצל שנאן, מדרשת הפסוק.
14. ראו במחקריו הרבים של קוגל, לעיל הערה 2.
15. להצעת חלוקות אחרות ראו: פרנקל, דרכי האגדה והמדרש, עמ' 249; עמ' 61-87 ובעיקר עמ' 167-172; פרנקל, סיפור האגדה, עמ' 199-219; בויארין, מדרש תנאים, עמ' 54-71, מחלק את הפסוקים לשתי קבוצות: הטיפוס הפרדיגמטי שבו הוא כולל את הפסוקים היוצרים פרדיגמה עם פסוק המקור שעליו מבוססת הדרשה, והטיפוס הסינטגמטי הכולל את הפסוקים שמעמידים משמעות חדשה להבנה המצומצמת של פסוק המקור. וכך הוא כותב, עמ' 57: "בשיח החז"לי מתפקדים פסוקי המקרא כפי שמתפקדות מילים בדיבור הרגיל. הם מהווים מאגר, או רפרטואר, של רכיבים סמיוטיים, שניתן לשוב ולארגנם בשיח חדש, בדיוק כפי שמילים שבות ומתארגנות

1. פסוקים צמודי הקשר מקומי – במדרשים בעלי זיקה רחבה לסיפור המקראי תיחום הפסוקים יהיה בעיקר מתוך הסיפור המקראי הספציפי שעליו מבוססת הדרשה או מסיפורי מקרא אחרים שעוסקים באותה דמות או בצאצאיה. כך למשל במדרש הסימנים של רחל בנוסחו הקדום (בבבלי מגילה יג ע"א-ע"ב) שבו מרבית הפסוקים המצוטטים נוגעים לסיפורי רחל במקרא או לסיפור צאצאיה, למעט פסוק הפתיחה ופסוק נוסף באמצע המדרש המוכיח רעיון מוסרי של היתר מנהג רמאות במי שידוע כרמאי.
2. פסוקים צמודי הקשר נושאִי – במדרשים בעלי זיקה צרה לסיפור המקראי יובאו קרוב לוודאי לא פחות הפניות לפסוקים אולם תפקידם יהיה שונה. במדרשים בעלי אחיזה רופפת לסיפור המקראי יובאו הפניות לסיפורי מקרא משיקים בעלי נושא משותף לנושא הנדון שמחזקים את הפרשנות המקומית. כך למשל כדי להוכיח שמשה נהג בפרעה בכבוד מלכים, יובא פסוק מספר מלכים העוסק באליהו ואחאב ויוכח ממנו באמצעות מדרש נוסף הרעיון שמנהיגי עם ישראל נהגו בכבוד מלכים ואף כלפי הרשעים שבהם.[16]
3. פסוקי אווירה – הפניה לפסוקים במדרשים בעלי זיקה רופפת לסיפור המקראי נובעת גם מהשאיפה לחזק את רעיון הדרשה באמצעות פסוקי אווירה שמסייעים לבטא את רגשות הגיבורים, את יחס הא־ל לתופעה המתוארת במדרש, או שהם מוכיחים את הערכתו של הדרשן כלפי מעשי גיבורי המדרש. הפסוקים הללו יובאו בדרך כלל מספרות החכמה או

תדיר בשיח חדש". וראו את הביקורת של באסר על הנחתו של בויארין (בגרסה האנגלית של הספר) ביחס לתפקידם של הפסוקים כחלק מרקמת הסיפור המדרשי (intertext) ולא כאסמכתאות (prooftext); באסר, האינטרטקסטואליות של בויארין, עמ' 434-427. ראו גם: מאיר, הסיפור הדרשני, עמ' 95-110; וכן לוינסון, הסיפור שלא סופר, עמ' 170: "הפסוק אשר נמסר מפי המספר יוצר פער אירוני בינו ובין דמויותיו. הוא יוצר התייחסות־על לסיפור והוא אמצעי נוסף של המספר, אמצעי עקיף, לבקר... השימוש בפסוקים בסיפר מלמד שלמעשה קיימת תקשורת דו־ערוצית".

16. מכילתא דרבי ישמעאל מסכתא דפסחא יג עמ' 45. כך למשל גם במדרש שעוסק בתכונת המרדנות של שרה (בראשית רבה מה, ה עמ' 452-453) ומובאות בו הוכחות לתכונות השליליות של נשים מפסוקים הדורשים תכונות של נשות מקרא אחרות.

הנבואה, ותוקדם להם הפתיחה ׳פתח׳ או ׳זה שאמר הכתוב׳. דוגמאות לכך ניתן למצוא בפסוקי הפתיחתאות בחיבורי המדרש.[17]

שלוש קבוצות הפסוקים הן אבני בניין מרכזיות של מדרש האגדה, ומעבר לתפקיד החיבור בין היצירה המדרשית לסיפור המקראי שיועד להן, הן תורמות לעיצוב האגדה, לעיבוי העלילה ולהעמדתה כסיפור בעל עצמאות משלו.

2.3 מסורות עתיקות

פסוקי המקרא המשמשים את הדרשנים לבניית האגדות קלים לזיהוי. זיהוי שימוש במסורות עתיקות נוספות מורכב יותר, שכן אין ספרות קונקרטית משותפת שניתן להצביע עליה כעל מקור קדום שממנו שאבו משכתבי המקרא ודרשניו, וכן יש להניח שרבות מהמסורות העתיקות לא שרדו. בסוגיה זו יש להבחין בין הקורפוסים בהנחת שימוש במסורות עתיקות יהודיות, הלניסטיות ורומאיות. חוקרי הספרות המשכתבת, כגון: ספר היובלים, ספרות הצוואות וקדמוניות היהודים, הצביעו על השפעות נוכריות והלניסטיות על החיבורים הן בתוכן הן באופי הכתיבה.[18] חוקרי פילון הצביעו על השפעת הפילוסופיה האפלטונית והאלגוריה הסטואית על אופי הכתיבה ועל תכניה.[19] ומה באשר לספרות חז״ל? כאן התמונה מורכבת יותר. פה ושם ניתן למצוא מרכיבים משותפים בין מדרשי חז״ל לעיבודים קדומים יותר של סיפורי המקרא, כך למשל תיאורי המלחמות של אברהם בתרבות האלילית שנזכרים ביובלים ובקדמוניות עוד לפני שפותחו לאגדה הרחבה בספרות חז״ל,[20] וכן בתיאור האינטראקציה שבין נח לאנשי דורו לפני ירידת המבול.[21]

17. דוגמה נוספת להפניה לפסוקי אווירה במדרש ראו בעיון לפרשת ויגש ברצף מדרשים שעוסקים במזגו של יהודה, להלן עמ׳ 337-343.
18. על השערת המקורות שעובדו בספר היובלים ראו: ורמן, ספר היובלים, עמ׳ 14-30; על השפעות הלניסטיות בחיבור צוואות השבטים ראו: דה יונג, בעיות מרכזיות, עמ׳ 91-115; קולינס, בין אתונה לירושלים, עמ׳ 174-183. על מקורותיו של יוספוס ודרכי השימוש בהם ראו: שליט, קדמוניות היהודים, עמ׳ xxvi-xlix; נודט, יוספוס, עמ׳ 259-277; שוורץ, עריכה ומקורות, עמ׳ 125-146.
19. ראו לאחרונה בחיבורה המקיף של ניהוף, פילון, עמ׳ 201-221.
20. ראו להלן בעיון לפרשת לך לך.
21. ראו להלן בעיון לפרשת נח.

האם המרכיבים המשותפים מצביעים על היכרות עם הספרות המשכתבת הקדומה או שמא יש להניח שהמסורות העתיקות שימשו מקור משותף הן למשכתבי המקרא הן לדרשניו? אילן ונעם במחקר מקיף על יוספוס וחז״ל מסיקות שחז״ל לא הכירו את יוספוס, וההקבלות הלא מעטות שבין אגדות חז״ל לתיאורי יוספוס נובעות מהיכרות עם מסורת עתיקה משותפת.[22] הדוגמאות שהן מנתחות עוסקות בעיקר במסורות העוסקות באירועים מימי הבית השני, ברם אין סיבה שלא להחיל את מסקנתן גם ביחס למסורות מדרשיות שעוסקות בסיפורי המקרא. מול עמדתן יש הסבורים שהייתה היכרות כלשהי בין חז״ל לספרות בית שני, בין השאר דרך התיווך של ספרות אבות הכנסייה, שניכסה לעצמה לא מעט מהחיבורים שנכתבו בתקופת הבית השני.[23]

באגדות שנותחו בספר זה הזיקות שנמצאו בין הספרות המשכתבת הקדומה ובין אגדות חז״ל היו יחסית מינוריות, ונדמה שאין בכוחן לאשש הנחה זו או אחרת. אדרבה, בלא מעט דוגמאות ניכר שינוי מהפכני בין אופי הפרשנות של הספרות המשכתבת למהפך שחל בספרות חז״ל, כמו לדוגמה ביחס לאשם המרכזי בסיפור מכירת יוסף, בהערכת דמותו של נח ובאופי חטאו של ראובן, מה שמעיד כנראה על יצירה מקורית וחדשנית של חז״ל. במקרים של הערכה זהה (הנוגדת את ההערכה המקראית) או של מוטיב פרשני משותף, לא ניתן גם לפסול את האפשרות של פרשנות זהה בלתי מושפעת מספרות עתיקה יותר, שנובעת ממגמות זהות של פרשני המקרא באקטואליזציה של סיפורי המקרא לדורם. על כל פנים נוכל רק לשער את קיומן של מסורות קדומות שעמדו לפני הדרשנים וסייעו לעיצוב האגדה כפי שהיא הגיעה לידינו.

2.4 עיבוד מסורות קדומות ויצירה חדשה במדרש המאוחר

מה שמוטל בספק ביחס להיכרות של חז״ל עם מסורות מימי הבית השני, נעשה וַדָּאִי ביחס להיכרות יוצרי או מעבדי המסורות המאוחרות עם המסורות הקדומות יותר בקורפוס המדרשי. בכינוי המסורות המאוחרות הכוונה היא

22. ראו: אילן ונעם, בין יוספוס לחז״ל, עמ׳ 547-565. ראו גם פראדה, מדרש חכמים, עמ׳ 99-120.

23. על הנחת היכרות של חז״ל עם מסורות מספרות בית שני ראו למשל יסיף, סיפור העם העברי, עמ׳ 104-122; כהן, מסורות היסטוריות מקבילות, עמ׳ 7-14.

למדרשים ולאגדות המובאים בחיבורי המדרש שעריכתם מאוחרת לרובדי העריכה המוקדמים של מדרשי האגדה הארץ־ישראליים בתלמוד הירושלמי ובבראשית רבה. העיבודים המאוחרים מובאים בפסיקתא דרב כהנא, בבבלי ובמדרשי רבה לשיר השירים לרות ולקהלת, שנערכו מעט אחרי בראשית רבה והירושלמי, וכן בפרקי דרבי אליעזר ובתנא דבי אליהו, ובעיקר בתנחומא בובר ובתנחומא הנדפס (להלן: תנחומא), שנערכו על פי המקובל במחקר כמה מאות שנים מאוחר יותר.[24]

הקביעה שיוצרי המסורות המאוחרות הכירו את המסורות הקדומות נשענת על הקבלות תוכן שלא ניתן להסביר כיד המקרה, על אופן הצמדת המדרש לסיפור המקראי גם כשהוא אינו עוסק באופן מובהק בסיפור, אולם הוצמד לו בגלגולו הקדום,[25] וכן על תיעוד השתלשלות המסירה בלא מעט מהדרשות המאוחרות. אם כך ניתן לקבוע שאבני הבניין המרכזיות של המדרש המאוחר הן גרסאות מסורות המדרש הקדומות.

בניגוד לסוגת הילקוטים, שיוחסה לה בעיקר מטרת איסוף של החומר המדרשי וקטלוגו מחדש באופן שסייע לדרשנים להכין את דרשותיהם ומניעת היעלמות של חומר מדרשי,[26] לחיבורי המדרש המאוחר (על אף השוני ביניהם) יוחסו גם מטרות של יצירה חדשה ושינויי מגמה בעיצוב המחודש של המסורת הקדומה.[27] חקר המדרש המאוחר וזיקותיו למדרש הקדום העלה לא מעט הבדלים בין הסוגות שניתן לחלקם לשתי קבוצות:

1. הבדלים מתודולוגיים – המתייחסים לתמורות בסגנון הכתיבה של הדרשה. כך למשל מצביעים החוקרים על שאיפת יוצרי המדרש המאוחרים ליצור סימטרייה במקומות שבהם הרגישו שהיא איננה

24. להשערת מועדי העריכה של מדרשי האגדה הארץ־ישראליים ראו: רייזל, מבוא למדרשים; קדרי, מדרשי האגדה האמוראיים, עמ' 297-349.
25. השוו למשל רצף הדרשות בתנחומא בובר נח כג על הפסוק מתהילים נט, יב: "אל תהרגם פן ישכחו עמי" המתחיל בדרשת הפסוק על דואג ואחיתופל ומסתיים במסורת המפרשת את הפסוק כמוסב לדור הפלגה. עריכת שתי המסורות העצמאיות מופיעה כבר בבראשית רבה לח עמ' 351 במדרש לחטא דור הפלגה. קשה להניח ששני עורכי המדרש החליטו באופן בלתי תלוי זה בזה להביא את שתי הדרשות הללו צמודות זו לזו.
26. על הסוגה האנתולוגית של ספרות המדרש ראו אלבוים, ילקוט שמעוני, עמ' 133-151.
27. ראו למשל: הייז, הלכה למשה, עמ' 61-118; קלמין, גיבוש ואופי, עמ' 840-876.

קיימת בגרסה הקדומה, להוסיף פרשנות למדרש הקדום במקומות שבהם המדרש הקדום סמך על הקורא שיבין את קשיי הפסוק, או למלא פערי מקרא שלא קיבלו מענה מספק במסורות הקדומות.[28]

2. הבדלי תוכן – כאן מדובר בהבדלים הנוגעים למסר העולה מהדרשה, כגון שוני בהערכת מעשי הדמות המקראית, פער במוקד המרכזי של הדרשה והבדל בתפיסה העקרונית של בעליה. ההבדלים הללו נובעים כנראה מתמורות היסטוריות שהביאו לשינויים בסולם הערכים ובצורכי השעה הקונקרטיים, וייתכן שיש בהם גם ביטוי להבדלי השקפה של הדרשנים, שאינם נובעים בהכרח מפערי הדורות.[29]

גלגולי המסורת הקדומה בחיבורים המאוחרים הם המשאב המרכזי לבחינת התמורות הדתיות והאידיאולוגיות דווקא לנוכח הוודאות היחסית בדבר היכרות האחרונים עם הנוסח הקדום. העובדה שיוצרי המדרשים השתייכו למִילְיֶיה דתי משותף – היהדות הרבנית – על אף פער הדורות ביניהם מעצימה את העניין בחקר התמורות.

מדרשי האגדה הם אפוא תצרף רחב ביותר שנולד מתוך עיבוד של היסודות הבאים: פרטים מתוך הסיפור המקראי הנדון, רסיסי מידע נוספים על הדמויות במקורות מקראיים אחרים, סיפורי מקרא מקבילים, פרשנות פנים מקראית, פסוקי אווירה בספרות החכמה, אפשרות של שילוב מסורות קדומות ותוספת הרחבה עצמאית של יוצר האגדה. כל אלו יחד לובשים צורה, פושטים צורה ומתעצבים מחדש בשבילי הדורות.

3. מגמות בעיבוד המסורות

הצורך בהלכה דינמית ומתחדשת הוא מובן מאליו, שכן אין בכוחה של

28. ראו למשל: אלבוים, בין עריכה לשכתוב, עמ' 57–62; אלבוים, מדרשה לסיפור, עמ' 97–117; לוינסון, הסיפור הדרשני, עמ' 68; מאיר, הסיפור הדרשני במדרש, עמ' רסא. וראו לעומתם את כהן, מבנה ועריכה עמ' 1–20. וראו לאחרונה סיכום של כל העמדות ביחס לקורפוס המדרש המאוחר אצל וייס, דיאלוג דרמטי, עמ' 249–269.

29. לעיל ההערה הקודמת וכן: ויסאצקי, בראשית, עמ' 579–606; רובינשטיין, מוטיבים מיתיים, עמ' 145–146; ברגמן, תנחומא ילמדנו, עמ' 173–188.

מערכת פסיקה רחבה ככל שתהיה לכלול את כל המקרים שעשויים להיוולד במציאות המתפתחת. מדרשי ההלכה היו האמצעי שבידי החכמים להרחבת מערכת הפסיקה הקיימת ולהכיל אותה כך שתיתן מענה למקרים שלא נכללו בגרסתה ההיולית. מדרשי האגדה אינם מתיימרים לתת הדרכה לשאלות בענייני הלכה, תפקידם המרכזי הוא חינוך לערכי דת ומוסר. אם כך יש להסביר מדוע נדרשת התאמה מחודשת של מדרשי האגדה לתקופה, בהנחה שעולם הערכים היהודי הדתי והמוסרי שהתעצב במקרא אינו משתנה.

התשובה לכך טמונה בתודעה המלווה את יוצרי המדרשים. לפי הבנתם, מערכת הערכים היהודית האוטופית אכן איננה משתנה, וכל דור צריך לשאוף לכונן את חייו הציבוריים בהתאם למערכת זו. אשר על כן ספרות המדרש מכילה לא מעט דרשות המכוונות את היחיד ואת הכלל להטמיע ערכים אלו בחייו, וניתן למצוא מגמה זו בחיבורי מדרש מכל התקופות.[30] אף על פי כן קיימים הבדלים בין תקופות ובין אזורים ביכולת השגת כמה ממטרות המוסר הנשגבות. לעיתים היה צורך לוותר על ערכים מסוימים לטובת אחרים,[31] ולעיתים היה צורך לעודד שמירת ערכים אם היה קושי גדול יותר לקיימם.[32] מטרת הדרשות היא אפוא ליצור גשר בין עולם הערכים האוטופי לבין המציאות הריאלית על ידי הכוונה לערכים רלוונטיים אחרים שמתאימים לתקופה, או בהעצמת ערכים שמצויים בסכנה בגלל השפעות הסביבה. לפיכך המעקב אחר השינויים שעוברת המסורת במהלך גלגוליה, עשוי לשקף את התנודתיות של עולם הערכים בכל תקופה ולהסגיר את השפעת התמורות על אתגרי שמירתם.

רשימת הערכים שאליה מכוונים מדרשי האגדה רחבה למדי, ודומה שניתן לחלץ מכל מדרש אגדה ערך מוסרי או דתי שאליו כיוון. בספר

30. כך למשל ערך השלום בין הבריות. ראו אזכורה של דרשת 'גדול השלום' (ספרי במדבר מב עמ' 116–120) ברבים מחיבורי המדרש המאוחרים יותר כגון: בראשית רבה מח עמ' 494–495; ויקרא רבה ט עמ' קפט–קצ; תנחומא בובר צו י; תנחומא צו ז ועוד.

31. כגון על הישיבה בארץ ישראל. ראו דברי רב יהודה בבבלי שבת מא ע"א: "דאמר רב יהודה: כל העולה מבבל לארץ ישראל עובר בעשה".

32. למשל אוסף של דרשות בשבח הצדקה המיוחסות לחכמים מאותה תקופה בבבלי סוכה מט ע"ב; כתובות קיא ע"ב; שבת קנ ע"א; בבא בתרא ט ע"א–ע"ב ועוד, שנאמרו כנראה מחמת קושי לקיים מצווה זו על רקע מצוקה כלכלית. וראו: אורבך, מגמות דתיות, עמ' 1–27.

שלפנינו בחרתי דווקא בדוגמאות לערכים שאינם מוחלטים שעברו שינוי בתהליכי גלגולן של המסורות.

3.1 מוות על קידוש השם

המקרא אינו עוסק בהלכות שמשתמעת מהן החובה למות על קידוש השם.[33] ההלכה שעל פיה יש חובה למסור את הנפש עבור שלוש מצוות היא חידוש של חכמי המשנה שנוצר בעקבות מציאות של גזרות על הדת.[34] בספרות בית שני מצויה המסורת המוכרת על חנה ושבעת בניה שבה באה לידי ביטוי מסירות אצילה של חנה המקריבה את בניה בסירובה העיקש להישמע לגזרת הקיסר.[35] האגדה נערכה על פי המשוער בראשית תקופת החשמונאים בשעה של גזרות הדת של אנטיוכוס אפיפנס.[36] תקופות שמד פקדו את הקהילה היהודית בארץ ישראל כמה דורות מאוחר יותר לאחר מרד בר כוכבא, ויש הסבורים שגם מאוחר יותר סביב המלחמות של הכיבוש המוסלמי.[37] דרשני ארץ ישראל הפכו שניים מסיפורי בראשית למצע עבור פרישת השקפתם בסוגיית המוות על קידוש השם. האחד הוא תוספת אגדית לתיאור ראשיתו של אברהם ומלחמתו בעובדי האלילים בסביבתו תוך נכונות למות בכבשן האש, והשני הוא בזיקה שיצר הדרשן בין השמועה על נכונות אברהם להקריב את בנו למותה של שרה. שני מדרשי אגדה המשקפים עמדות מוצא שונות של יוצריהן עברו גלגולים, השמטות וצנזור בהתאם לעמדת מעבדיהם המאוחרים והשקפתם באשר לעידוד או דיכוי הרצון למות על קדושת השם. סביבתם הנוצרית של הדרשנים והתפתחות מקבילה של המרטירולוגיה השפיעו קרוב לוודאי על עמדתם הדתית של מנהיגי היהודים. על ההתפלגות הדורית והבין־דורית בערך המוות על קידוש השם ארחיב בעיונים לפרשות לך לך וחיי שרה.

33. סיפורם של דניאל, חנניה, מישאל ועזריה איננו מוצג כמודל מחייב.
34. בבלי סנהדרין עד ע"א ומקבילות. על הרקע ההיסטורי של כינוס החירום בעליית בית נתזה ראו: הר, גזרות השמד, עמ' 73–92; ספראי, קידוש השם, עמ' 28–42. על גלגולו של המושג "קידוש השם" ראו: שרמר, קידוש השם, עמ' 1–21.
35. מקבים ב' ז א–מא, עמ' 165–176.
36. על גלגולי המסורת ראו: גוטמן, האם ושבעת בניה, עמ' 25–37; כהן, שם התחבולה, עמ' 26–35.
37. ראו: אלכסנדר, רדיפה דתית, עמ' 238–264. על מחלוקת החוקרים בשאלת מעמד היהודים בארץ ישראל בתקופת הכיבוש המוסלמי ראו: טקסל, האסלאם, עמ' 73–106.

3.2 היחס לשלטון הנוכרי

ימי בית שני וימי המשנה והתלמוד מתאפיינים בפרקי זמן מתחלפים של כפיפות לשלטון זר. במרבית הדורות חיו היהודים תחת שלטון נוכרי ומנהיגיהם נאלצו לגבש דפוסי פעולה בהתנהלות מולם, כך שמצד אחד לא תיפגענה זכויות האוטונומיה המועטות שניתנו להם ומצד שני לא יביעו כפיפות מוגזמת לשליט זר. חוקי התורה עוסקים בעיקר במציאות האוטופית של מוסדות הנהגה יהודיים. ההלכה היהודית הקדומה עוסקת בהגבלות הקשורות ליחסי יהודים ונוכרים הגובלים בעבודה זרה, אולם אין בה הנחיות מעשיות להתנהלות פרגמטית מול השלטון הנוכרי. האגדה ממלאת חלל זה בסיפורים המתארים מצד אחד קשרי ידידות מופלאים בין ראשי ההנהגה היהודים לקיסר הנוכרי (כגון שמעון הצדיק ואלכסנדר מוקדון, וכן רבי יהודה הנשיא ואנטונינוס),[38] ומצד שני אגדה המתארת את עמדתו הקיצונית של רשב״י שאינו מוכן להכיר בתועלת עשייתה של הקיסרות הרומית למען היהודים ומכביר בתיאור גנותם.[39] המסורות המלוות את פרשת וישלח בתיאור הכנות יעקב לקראת מפגשו עם עשו פזורות על פני מנעד מגוון בציר שבין פרשנות מעשיו כריאליזם מדיני חיובי, מציאת חן בפני אחיו אבי שושלת רומי, לבין פרשנות המדגישה דווקא את הכנותיו למלחמה או מבקרת את מעשיו המתפרשים כהתרפסות. מנעד הפרשנות המגוון העולה הן מהאגדות הן מהמדרשים המלווים את מעשי יעקב מלמד על העדרה של הנחיה קונקרטית בשאלת היחס הרצוי לשלטון ועל קיומה של מחלוקת דורית ובין־דורית בסוגיה זו.

3.3 גרים ויראי שמיים

יחס חז״ל לגיור נדון במחקרים רבים ומעניינת השוואת המסקנות העולות מהם: חוקרים אחדים מגיעים למסקנה כי בתקופת התלמוד חלה ירידה בעידוד הגיור בעקבות התפשטות הנצרות והפחד מפני חדירת אמונת הנוצרים לתוככי הקהילה היהודית. ממחקרים אחרים עולה כי דווקא בתקופה זו חלה תמורה חיובית ביחס לגרים, ועידוד הגיור היה לטענתם עמדתם הנורמטיבית של החכמים.[40] העמדות הניגודיות נובעות מאוסף המימרות ופסקי ההלכה

38. בבלי יומא סט ע״א; עבודה זרה י ע״ב.
39. בבלי שבת לג ע״ב.
40. השוו: בראודה, גיור יהודי; במברגר, גיור; בארון, היסטוריה חברותית, ג, עמ׳ 21–27;

המתעתעים ביחס לגרים: לצד מימרות המעודדות קירוב גרים ופסיקות הלכה המקילות את צירופם,[41] מצויות מימרות שניכרת מהן הסתייגות מקבלת גרים ופסיקות הלכה המקשות את צירופם.[42] אורבך סבור שלא ניתן למיין את עמדת חכמים כלפי הגיור על פי פסיקותיהם, והוא מסביר את הנסיבות המיוחדות שבהן נאמרו חלק מהמאמרים הקשים בדבר צריוף גרים, ומסיק שהאמונה בחשיבות ההצטרפות של גרים לעם ישראל כחלק מתיקון עולם הייתה משותפת לראשוני האמוראים ולאחרונים שבהם, הן בבבל הן בארץ ישראל.[43]

האם מדרשי האגדה מסייעים להכרעה בין הדעות המנוגדות ביחס לגרים ומציירים תמונה מובהקת יותר של אחד הצדדים? התשובה שלילית. בעיונים לפרשת לך לך ותולדות נעמוד על הבדלים בין חיבורי המדרש בציור דמותם של אברהם ושרה כמקרבי גרים. המימרה המוכרת שעל פיה "הנפש אשר עשו בחרן" מתארת את מפעלי הגיור ההמוני של בני הזוג, אגדת אברהם בכבשן האש המתארת את מפעלו כמי שהצליח להגחיך את האמונה בכוחם של הפסלים בקרב קרוביו, והמדרש המתאר את הצטרפותם ההמונית של יראי אלוהים לינוק מחלבה של שרה הצדקת, מתוארים במלוא חגיגיותם בחיבור המדרש הקדום בבראשית רבה.[44] ככל שהדרשות מתרחקות ממקורן הקדום החגיגיות מיטשטשת וחלקן אף נעלמות לחלוטין מחיבורי המדרש המאוחרים.

3.4 גאולה ותשובה

מימרות רבות בשבח החוזרים בתשובה לצד תיאור מעלתם של אישי מקרא ששבו מחטאיהם מעטרות את חיבורי המדרש הארץ־ישראליים.[45] התשובה

רוקח, גויים וגרים, עמ' 68–75; אורבך, חז"ל, עמ' 480–494; פלדמן, גיור, עמ' 1–58; גודמן, שליחות והמרה, עמ' 129–153, ומאמר הביקורת של שוורץ, שליחות והמרה, עמ' 255–259.

41. ראו למשל: בבלי פסחים פז ע"ב; חגיגה ה ע"א; ויקרא רבה א, ב עמ' ו–ז; תנחומא לך לך ו; ואת פסיקתו המקילה של ר' יוחנן בבבלי יבמות עז ע"א.

42. כגון: עמדת ר' חלבו בבבלי יבמות מז ע"ב, עמדתו המחמירה של ר' יוחנן בבבלי סנהדרין נט ע"א וזלזולו של ר' איסי בחבורת גרים בירושלמי פסחים ח, ז לו ע"ב.

43. אורבך, חז"ל, עמ' 488.

44. בראשית רבה לט עמ' 379; שם, לח עמ' 362–364; שם, נג, עמ' 563–564.

45. ראו לדוגמה: בבלי ברכות לד ע"ב; יומא פו ע"ב. כך למשל ישמעאל (בבלי בבא בתרא

היא פריבילגיה ייחודית הנוגדת את דרך הטבע, שעל פיה חוטא נדרש לשלם על שגגותיו ובוודאי אמור לשאת בתוצאה של מעשים שנעשו בזדון והסבו נזק לפרט או לכלל. על אף זמינותה של התשובה לכל מי שיחפוץ, אנו מוצאים את חז"ל מעודדים במימרותיהם לנצל אותה, ואף מעלים את ערכה מעבר ליתרונה המובנה כאמצעי כפרה. מדוע יש צורך לשכנע אנשים לכפר על חטאיהם, האם אין מדובר באינטרס אישי של כל מי שמתחרט על מעשיו ומבקש לפתוח דף חדש? ואם יש מי שאינו חפץ בכך, מדוע לעודד אותו, והרי סביר להניח שישוב ויחטא?

בפרשות נח וויגש נעקוב אחר גלגוליהן של שתי אגדות שעשויות ללמד על שני פרקי זמן ייחודים בתולדות היהודים בארץ ישראל בתקופת התלמוד הקדומה והמאוחרת, שבהם הצורך לעסוק בחשיבות התשובה נולד לנוכח קיומה של תעמולה נגדית שביקשה לחבל בערכה. בראשית תקופת התלמוד היו אלו היהודים הנוצרים שניצלו את חולשת החוטאים והבטיחו להם כפרה על ידי אימוץ הדוקטרינה הנוצרית. אגדת הארזים ושלוחותיה מבקרות את נח על מחדלו בהשבת הנפשות התועות והצלתן ממי המבול. בשלהי תקופת התלמוד נדרשו חכמים להעלות על נס את סגולותיה של התשובה כזרז לגאולה. עמדת חכמים זו נדרשה להתפלמס עם פריחתן של תפיסות פטליסטיות שנוצרו בתרבות הסובבת, ועל פיה מועד הגאולה נגזר מראש ואין בכוחם של מעשים לזרזה. אגדת נאום יהודה המכילה תיאור של ויכוח יצרי ואלים שמתנהל כביכול בין יוסף ליהודה, מוכיחה כיצד גאולת האחים במצרים התאפשרה רק לאחר שעברו תהליך של הכרה בחטא וחרטה.

3.5 האמונה בבחירה ומעלתם של אבות האומה

הבחירה הנצחית בעם ישראל מובטחת בפסוקי התורה ומאושרת בספרי הנבואה.[46] יחד עם זאת תקופות של גלות או שעבוד ערערו את אמונת העם בהמשך קיומה.[47] בגלות הראשונה היו אלו הנביאים שטיפחו את אמונת העם

טז ע"ב); יהונתן בן גרשם (שם קי ע"א); מאמצי אלישע להחזיר את גיחזי בתשובה (בבלי סוטה מז ע"א); הוכחת תשובתו של מנשה הנזכרת במשנה (בבלי סנהדרין י, ב, קג ע"א).

46. למשל שמות יט, ה; דברים י, טו; ישעיהו מא, ח–ט; ירמיהו לא, ב; עמוס ג, ב.

47. ישעיהו מ, כז.

בהבטחות עתידיות שבהן תתגלה בחירת עם ישראל לעין כול.[48] חורבן בית המקדש השני ולאחריו התבוסה הקשה במרד בר כוכבא והמציאות הקשה בארץ ישראל בעקבותיה, ערערו את אמונת היהודים בהמשך בחירתם. מי שהעמיקו את הספקות שכרסמו ביהודים הם הנוצרים, שטענו שהם יורשי הבחירה, ניכסו לעצמם את פסוקי הנחמה הנבואיים ופירשו את סיפורי האומה כאלגוריה להיווצרותה של הדת הנוצרית ודחיית היהודים מחמת חטאיהם.[49] ההנחה היא שהמדרשים הארץ־ישראליים מכילים לא מעט רבדים פולמוסיים, שניתנים לאיתור בעימותם עם ספרות אבות הכנסייה שנכתבה בתקופה מקבילה. במרבית המסורות אין התייחסות גלויה לטענות הנוצרים, אולם טיפוח היבטים חדשים בציור דמותם של אבות האומה תוך חיזוק עקרונות המוכרים מהפולמוס היהודי־נוצרי מחזקים את ההשערה שקיים בדרשה גם רובד פולמוסי.[50]

בעיונים לחמש פרשות נצביע על מגמה פולמוסית שעיצבה מרכיבים בהשתלשלות מדרשי אגדה. בפרשת וירא נעקוב אחר גלגולי מדרש שכרו של אברהם על אירוח שלושת האנשים באוהלו, ונעמוד על התרחבות הולכת וגדלה של פירעון שכרו של אברהם בצאצאיו עד לאחרית הימים, באופן שמפריך את טיעון המרת הבחירה מעם ישראל לנוצרים. בפרשת תולדות נעמוד על השינוי שעובר מדרש שפעת החלב של שרה במסורת

48. כך למשל בישעיהו ב, ב-ד והמקבילה במיכה ד, א-ה; ירמיהו לא, לא-לד; יח׳ לו, כד-כח.

49. ראו: דיאלוג עם טריפון, כה, 1; כו; 1 עמ׳ 98-100. וראו: רוקח, הפולמוס, עמ׳ 71-98; שרמר, עזב ה׳, עמ׳ 183-200.

50. ראו מסתו הרחבה של גושן גוטשטיין, פולמוסומניה, עמ׳ 119-190. גושן גוטשטיין מציב תמרור אזהרה מחיפזון בהשערת מגמות פולמוסיות בין כתבים בני שתי הדתות המציעים פרשנות ניגודית ליחידת פסוקים משותפת, אולם מציע קריטריונים המחזקים אפשרות של פולמוס סמוי. אחד מהקריטריונים הוא: ״עיסוק בנושאים הידועים מן הספרות הנוצרית כחלק מהפולמוס היהודי נוצרי״ (עמ׳ 141), וקריטריון נוסף הוא: ״השימוש בפולמוס היהודי נוצרי כהסבר לתופעות רעיוניות ופרשניות המצריכות הסבר״ (שם). בקריטריון השני הוא מצביע על ״שינויים בדגשים רעיוניים או פרשניים שאנו מוצאים בספרות חז״ל, כאשר זו נבחנת לתקופותיה. כאשר אנו יכולים להבחין בשינוי רעיוני בין מוקדם ומאוחר בספרות חז״ל או בין ספרות חז״ל לספרות המקראית, יש מקום לבחון את הרלבנטיות של ההסבר הפולמוסי לביאור התופעה״. דומה שהשינויים שעליהם אצביע במסורות שסובבות את אבות האומה, תוך הרחבת סוגיית הבחירה, עומדים בשניים מהקריטריונים שהעמיד גושן גוטשטיין.

תנחומאית המעמידה דווקא את אברהם במוקד הפקפוק של אומות העולם בזהות אביו של יצחק, ונסביר אותו כנובע ממסורת נוצרית המתארת את מעורבותו של הא־ל בעיבורה של שרה. בפרשת ויצא תנותח מסורת הסימנים של רחל בגלגולה המאוחר, ויוסבר הצורך בהעצמת מאבקה של רחל למען בניה לנוכח ניכוס דמותה על ידי הנוצרים כסמל לאם ישו המבכה על גורל בנה. בפרשות וישב ומקץ נברר את פשר שינויי ההערכה של מדרשי חז"ל בסימון האשמים בטרגדיית הקרע המשפחתי והעצמת אשמתו של יוסף, גם מחמת העמדתו כדמות אלגורית לישו ולסבלו בספרות הנוצרית המקבילה.

3.6 שושלת ההנהגה

תחום רגיש וטעון שעלה מפעם לפעם על סדר היום בתקופות בית שני, המשנה והתלמוד הוא מוצאם של מי שעמדו בראש ההנהגה היהודית. בתקופת החשמונאים הקפידו על נציגי השושלת שעטו על ראשם כתר מלוכה על אף שלא השתייכו לשושלת בית דוד.[51] עם חורבן המקדש וירידת קרנם של הכוהנים עלתה מחדש שאלת ירושת ההנהגה ומעמדם של הכוהנים בהעדר תפקיד פולחני.[52] מוצאם של הנשיאים בתקופות המשנה והתלמוד משושלת בית דוד, השושלת שיועדה בברכת יעקב למלוכה, לא סתם את טענותיהם של מי שביקשו לערער על הלגיטימציה של הנהגתם. התנגדות זו נתלתה בקביעה שדי להם לנציגי השושלת במלוכת העבר ובהבטחת החוטר העתידי מגזע ישי, ובתביעתם להעמיד הנהגה שנציגה איננו מוכרח להשתייך לשושלת בית דוד.[53] צוואת יעקב בפרשת ויחי ודבריו לראובן עומדים במוקד הסערה. בעיון לפרשת ויחי מוצגות התמורות שחלו בדרשות שעוסקות בפיענוח צוואת יעקב לראובן בספרות התנאית ומצדיקות את דחיקתו ממעמד הבכורה, תוך היפוך מגמה בדרשות מאוחרות לה. הרקע לפיצול הפרשני בפענוח צוואת יעקב מוסבר כמושפע גם מעמדות התמיכה וההתנגדות להנהגתו השושלתית של הנשיא בארץ ישראל.

51. על מאבקי ההנהגה בתקופות אלו ראו למשל: אלון, חשמונאים, עמ' 15-25; נעם, ינאי, עמ' 31-58; לוין, המאבק, עמ' 61-83.
52. על מאבקי הירושה לאחר החורבן ראו: אליצור, קלי עולם, עמ' 433-466.
53. על ביטויי ההתנגדות לשושלת בית דוד בתקופת המשנה והתלמוד ראו אצל טל, בין יהודה לבנימין, עמ' 47-91.

3.7 עידוד ילודה

חיי היום־יום והמשפחה לא נעדרו מסדר יומם של החכמים, ולצד הלכות המסדירות דיני קידושין ואישות, הם נתנו דעתם גם על נושאים שאינם הלכתיים טהורים, על אף זיקתם להלכות התורה. כזה למשל אוסף של מימרות ודרשות העוסקות בחשיבות הילודה ושכרם של העוסקים בפרייה ורבייה.[54] קיומו של מקבץ כזה מעלה בראשו של החוקר תהייה והשערה שאם חכמים ראו צורך בחיזוק ודרבון של צורך משפחתי טבעי, כנראה מישהו חיבל במנגנון הטבעי מראשית הבריאה והיה צורך לנטרל את הגורם לפגיעה בערך חשוב זה. בעיון לפרשת בראשית תיבחן העמדה התמוהה והחריגה של אחד מגלגוליה של אגדת למך שמתיימרת להציע פענוח לחידת שירתו. במקום האשמת גְּבוּרָהּ בהרג זדוני, כפי שהוא רומז בשירתו לנשותיו, הוא מואשם כמי שנתון להשפעת חוטאי דורו וחותר תחת הטבע המשפחתי בהעמדת אישה נוספת והשקייתה בכוס של עקרין. ההתמקדות החריגה של חכמים בחשיבות מצוות פרייה ורבייה מוסברת על רקע דוקטרינת הפרישות הנוצרית והלעגתם של ישראל שעל פי הבשר. הצבת פרייה ורבייה כמצווה בעלת חשיבות עליונה ותליית עונש המבול בחטאם של למך ובני דורו שבזו לחובת העמדת צאצאים, מחזקת את התפיסה היהודית המאמינה במצוות הגוף כחלק בלתי נפרד ממכלול מרכיבי קדושת הדת.

4. בשבילי אגדות בראשית – הספר ומגמתו: מבט־על

שם הספר 'בשבילי אגדות בראשית' נותן ביטוי למסע כרונולוגי אחר גלגוליה של מסורת אגדתית מהמוקדם למאוחר. נקודת המוצא של המסע היא סיפור מקראי נבחר מכל פרשה בספר בראשית, ואת מתווה השבילים יצרו משכתביו ודרשניו. פעמים מסלול ההליכה כלל התפצלויות לתתי שבילים שהובילו ליעדים עם נקודות מפגש בדרך (כשניתן היה למצוא קווי השקה בין אופי התפתחות הסיפור במסורות השונות), פעמים המסלול היה מעגלי (כשהפיתוח המדרשי המאוחר חזר להיצמד לסיפור המקראי באופן מובהק יותר מקודמיו), מפעם לפעם חל פיצול לשני שבילים שהובילו לכיוונים מנוגדים (במקרה של

54. למשל ממימרות בתוס' יבמות ח, ז, עמ' 26; בבלי בבא בתרא קטז ע"א; דרשות בבראשית רבה ל, עמ' 271; שם סא עמ' 660-661; בבלי, עירובין סג ע"א-ע"ב.

הערכות מנוגדות בשיפוט דמויות הסיפור המקראי), ועל פי רוב השביל הלך והתרחב מנקודת ההתחלה אל נקודת הסיום (כשהדרשה המאוחרת נשענה על מסורות קדומות והוסיפה להן נופך וייחודיות). במיקרו של הספר עמדה אפוא המסורת הבודדת (או קבוצת המסורות) של כל פרשה והסתעפויותיה הכרונולוגיות, שנתנו תמונת על מרתקת של התפתחות הנושא הנדון בה.

כעת אני מבקשת להתבונן במאקרו ולשתף בתובנות שעולות מהסתכלות במבט רחב, לא על המסורת הבודדת והסתעפויותיה, אלא על המכנה המשותף של אוסף המסורות בכל אחד מחיבורי המדרש שנדונו בספר. אם עד כה ההשוואה הייתה רוחבית, בין מסורות שעוסקות באותה יחידה מקראית, כעת הבחינה היא אורכית, ובמהלכה נבדקת השפעתה הרעיונית של העריכה על המסורת הבודדת בחיבור, מלבד השונות המובנית של המתודולוגיה הספרותית. השאלה שאני מבקשת לדון בה היא עד כמה הוטמעו עמדותיו האישיות של עורך החיבור בבחירת המסורות ששולבו בו ובעיצובן באופן שניתן להצביע על קו רעיוני מאחד של החיבור. שאלה כזאת אינה רלוונטית ביחס לחיבורי הפרשנות או השכתוב בקורפוס החיבורים של בית שני (היובלים, קדמוניות המקרא, קדמוניות היהודים וכתבי פילון), שכן הם מתאפיינים בכותב יחיד.[55] בחיבורים אלו יוצר השכתוב הוא גם יוצר החיבור המלא, וממילא התובנות ביחס לפרשנות מקומית או לשכתוב הבודד אינן שונות בתכלית מההתובנות על מגמות החיבור בכללותו. בקורפוס המדרשי התמונה מורכבת יותר מכמה בחינות, ולכן הדיון בו צריך להביא בחשבון כמה סוגיות שנתונות במחלוקת החוקרים, כפי שיוצג להלן:[56]

1. האם החיבורים הם אנתולוגיה של כל מה שמצאו העורכים בנושא הנדון, או שמדובר בבחירה קפדנית של החומר שיוכנס לחיבור?[57]

55. ביחס ליובלים ראו ורמן, ספר היובלים, עמ׳ 44–69. ורמן הודפת את הצעות קודמיה לזיהוי שני רובדי עריכה ומסכמת את מסקנות מחקרה (עמ׳ 69): ״סוף דבר: ספר היובלים נכתב בסוף המאה השנייה לפסה״נ, בידי איש עדת קומראן״. לגבי יתר החיבורים, אין מחלוקת על ההשערה שמדובר בכותב יחיד.

56. פרקי דרבי אליעזר ואגדת בראשית לא ייכללו בדיון זה, שכן הם דומים מבחינת אופי עריכתם לספרות המשכתבת, שבה יד העורך איננה רק בליקוט מסורת קדומות אלא גם בעיצוב המסורות מחדש. בחיבורים אלו ניתן להניח באופן די ודאי שתפיסת עולמו של העורך השפיעה על עיצוב המסורות.

57. ראו למשל הירשמן וקיפרווסר באשר למגמות העריכה האנתולוגיות של קהלת רבה.

2. האם קיימת גם יצירת עצמאית של העורך בתוך החיבור?[58]
3. האם שיקולי העריכה של החומר הם רק ספרותיים או שמשולבת בהם גם תפיסת עולמו של העורך?[59]

אינני מתיימרת להכריע בשאלות כבדות משקל אלו, אולם יש בכוחו של מבט־על המתמקד באופי הטיפול במסורות בכל חיבור ובדרכי עיצובן לאשש את עמדותיהם של כמה מהחוקרים בסוגיות שלעיל.

4.1 משקלה של העריכה לניתוח הדרשה הבודדת

חקר הדרשה הבודדת בתוך הקשרה בחיבור שבו היא נערכה (ולא כיחידה עצמאית) נותן תמונה מעניינת שמטילה משקל כבד על עורך החיבורים, ומעצים את מסריה של הדרשה הבודדת לנוכח ההקשר שבו היא הוטמנה. כך למשל אגדת למך מופיעה בבראשית רבה אחרי פתיחתא שיוצרת אנלוגיה בין הערים שקין בנה והנציח בהן את שמות בניו, לבין קיסרי האימפריה הרומית שנהגו כמותו. צמידות זו גורמת לכך שאגדת למך הסמוכה לה נדמית אף היא כקוראת תיגר על התרבות הרומית ומובילה להבנה אחרת של סיבת האשמתו של למך בהצבת אשתו לפניו כשהיא 'מקושטת כזונה'.[60]

דוגמה נוספת: אגדת הארזים המתארת את מאמציו הפומביים של נח לבנות תיבה מופיעה בבראשית רבה ובתנחומא. עיון ראשוני במדרש בשני החיבורים אינו מציף באופן מיידי את הביקורת הרמוזה על דמותו של נח, שמחמיץ את ההזדמנות שהוצבה בפניו להשפיע על העם לחזור למוטב, ומתמקד אך ורק בבניית התיבה שמעוררת את לעג סביבתו. אילו הייתה האגדה עומדת בפני עצמה ולא משולבת בהקשר רחב יותר שעוסק

קהלת רבה, חלק א עמ' קיב-קיד וחלק ב עמ' קלו-קמד. על האופי האנתולוגי של מרבית חיבורי המדרש ראו: תיאודור, הקומפוזיציה, עמ' 120-121; 143. לערעור על החלוקה החד-משמעית בין מדרש לילקוט ראו: קדרי, מנחה ליהודה, עמ' 78.

58. על התפלגות דעות החוקרים בסוגיה זו ראו קדרי, מנחה ליהודה, עמ' 62-67.
59. ראו: היינימן, מבנהו וחלוקתו של בראשית רבה, עמ' 288; שטרן, מדרש ותיאוריה, עמ' 56; ויסאצקי, פעמון זהב ורימון, עמ' 10-22; 74-89; 173-174; שטמברגר, מבוא לתלמוד ולמדרש, עמ' 204, 240. ולעומתם: מאיר, מעשה העריכה, עמ' 61; מאיר, רציפות העריכה, עמ' 85; מאיר, עיקרון החלוקה, עמ' 10, ונוספים.
60. על תרומתן של הפתיחתאות לעיצובה המגמתי של הדרשה ראו: תיאודור, הקומפוזיציה, עמ' 83, 101-102, 105, 112-114.

בדמותו של נח, ספק אם ניתן היה לאשש את הביקורת הרמוזה. כאן מגיעה תרומתה של העריכה. אגדת הארזים משולבת בשני החיבורים, בבראשית רבה ובתנחומא, בתוך מכלול רחב של דרשות המבקרות את דמותו של נח. לעומת זאת בתנחומא בובר דרשת הארזים אינה מופיעה, ואילו שם הערכת דמותו של נח חיובית יותר. עולה מכך אפוא כי הדרשות השכנות לאגדת הארזים הן כלי פרשני להבנת מסריה. משתי הדוגמאות הללו ומאחרות הפזורות בפרקי הספר ניכר שעורך החיבורים, גם אם אינו מתערב בנוסח המסורת עצמה, משפיע על הבנת מסריה על ידי עיצוב סביבתה מבחינה ספרותית ורעיונית.

4.2 מלאכת העריכה ככלי לבירור עמדותיו של היוצר

ישנם חיבורי מדרש שבהם נדמה שעבודתו של העורך היא בעיקר ליקוט של כל החומר המדרשי שעוסק בספר המקראי שאליו נצמד החיבור. בחיבורים מסוג זה מסריה של המסורת הבודדת נותרים כשהיו ומשמעות מקום עריכתה הוא ספרותי. בחיבורי המדרש הסלקטיביים, שבהם עורך החיבור לא הכניס את כל מה שהיה מונח לפניו ובחן כל מסורת ומסורת בפני עצמה, יש מקום לבחון גם את עמדותיו של העורך, על אף שייתכן שאין לו חלק ביצירת המסורות או בעיבודן. על החיבור בראשית רבה כתב אלבק:

> מסדר הב"ר [בראשית רבה] דרכו לקבץ את כל מה שידוע לו לכל פסוק באגדה ובהלכה, בין בפשט ובין בדרש ובין בסיפורים הנוגעים לענינו. הוא מונה והולך זה אחר זה פירושים שונים, בהפסק מלות "דבר אחר".[61]

חוקרים רבים חולקים על קביעתו זו וברצוני לחזק את עמדתם, ואף להציע כי תפיסת עולמם של עורכי החיבורים בראשית רבה, תנחומא בובר ותנחומא, היוותה גורם מכריע לא רק בארגון החומרים בחיבורים אלא גם בבחירת אלו שיוכנסו אליהם.

בחמש מתוך שתים עשרה הפרשות שבהן עסקתי ניכרת עמדה לאומנית דתית דומיננטית יותר של בראשית רבה מאשר מדרשי שני חיבורי התנחומא. באגדת כבשן האש בגרסתה הראשונית בבראשית רבה מתואר אברהם

61. אלבק, מבוא לבראשית רבה, עמ' 1.

כלאומן דתי קיצוני המקריב את מקור ההכנסה הכלכלית של משפחתו עבור עשיית נפשות לאמונה בא־ל אחד. אברהם מוצג בה כמי שמוכן למות עבור אמונתו. בחיבורי התנחומא אגדה זו מצונזרת, כמו גם מסורות רבות המתארות את מפעל הגיור של אברהם, המצויות לרוב בבראשית רבה ונעדרות מחיבורי התנחומא. דוגמאות נוספות לפער זה אפשר למצוא בעיונים לפרשות חיי שרה ותולדות.

בשתי פרשות ניכרת עמדה לאומנית מדינית דומיננטית יותר בבראשית רבה ובתנחומא מאשר התפיסה הדתית המתונה והפרגמטית בתנחומא בובר. באחת הדוגמאות עסקנו לעיל והיא ביחס לדמותו של נח. בראשית רבה ותנחומא ליקטו לתוך חיבוריהם מסורות בעלות נימה ביקורתית כלפי נח, ואילו בתנחומא בובר שולבו זו לצד זו מסורות המבקרות אותו עם מסורות בשבחו, בהטיה מסוימת למסורות השבח. דומה שלא ניתן להשאיר זאת ליד המקרה, שכן יש להניח שכלל המסורות היו מוכרות לעורך בראשית רבה והוא בחר שלא להביאן, כדי להוקיע הימנעות מפעולת השבת תועים לחיק עמם. בפרשת וישלח המגמה אף ברורה יותר. עורך בראשית רבה ערך בחיבורו רוב מוחלט של מסורות המבקרות את התרפסותו של יעקב בפני עשו, ואילו בתנחומא בובר מרבית המסורות מעמידות את ניסיונו של יעקב למצוא חן בעיני עשו כמודל על־דורי. עורך תנחומא נקט עמדת ביניים. פער זה איננו ניכר בניתוח מסורות בפרשות אחרות משום שהנושא הנדון בהן אינו עוסק בסוגיות של לאומנות דתית או מדינית.

דומה שדי בדוגמאות מובהקות אלו בכדי להצביע על שונות מגמתית רעיונית של עורכי החיבורים שהשפיעה על בחירת המקורות שיוכנסו לתוכם, דרכי עיצובם הספרותיות וצנזור אלו שאינם עולים בקנה אחד עם תפיסת עולמם.

4.3 מלאכת העריכה ככלי לזיהוי המציאות האקוטית שבה נוצרה דרשה ללא עקבות במדרש הקדום

בארבע פרשות בתוך הספר מצויה תופעה חריגה יחסית של מפנה בגלגולה של מסורת בספרות המאוחרת. כך במסורת מאוחרת המצמצמת את שכרו של אברהם על מצוות הכנסת האורחים, אחרי מגמה של הרחבה בספרות המדרשית שקדמה לה (בעיון לפרשת וירא). כך במסורת תנחומאית המסיטה את מוקד החשד מהורותה של שרה לחשד בהורותו של אברהם (בעיון לפרשת תולדות). כך במסורת הסימנים של רחל בפתיחתא מאוחרת באיכה

רבה המעצימה את תפקידה של רחל במיטוט סירובו של הא־ל לרחם על עמו ולהבטיח את שיבתם לישראל (בעיון לפרשת ויצא), וכך במסורת התנחומאית המתארת את מאבקם האימתני של יהודה ויוסף במצרים, בניגוד לרכות המיוחסת לשניים במסורות קדומות יותר (בפרשת ויגש).

אני מגדירה את הדוגמאות הללו כתופעה חריגה שכן על פי רוב אנו מוצאים התפתחות ליניארית ושיטתית של הדרשות, שעוברות פיתוח לכאן או לכאן ולא שינוי משמעות קיצוני. המהפך הדרשני מציב לכאורה שתי אפשרויות. אפשרות אחת היא שמדובר במסורת קדומה שמסיבות שונות, שיש לברר, עורכי החיבורים הקדומים סירבו להכלילה בתוך חיבוריהם, ואז יש לברר מה גרם לצנזור הקדום ומה שחרר את המסורת מכבלי הצנזור. אפשרות שנייה היא שעורך המסורת לא מצא במסורות שהיו לפניו מענה למגמה שהוא ביקש להוביל ועל כן יצר או הלחים מסורת חדשה. כך או כך, המפנה הקיצוני במסר של הדרשה מעיד על מציאות אקוטית חדשה שדרשה התייחסות והתוויית כיווני פעולה, שלא נמצא להם תקדים במסורות העבר. חריגותה של המסורת הוא איתות מובהק ללומדיה לזהות את שינויי המציאות הנרמזים בה.

דוגמאות אלו מוכיחות את תרומתם הבלתי ניתנת לפקפוק של עורכי החיבורים להבנת המסורות ששילבו בחיבוריהם, לעיצוב תפיסה רעיונית רחבה ביחס לסוגיה הנדונה בכל פרשה ולחשיפת תמורות בחיי הקהילה היהודית בארץ ישראל ובסביבתה בתחומי הלאום, הדת והאמונה בגאולת אחרית הימים.

השימוש במקורות

המסורות המצוטטות במחקר זה רבות. השתדלתי להביא את כולן בגוף הספר כדי להקל על הקורא, אולם לעיתים הובאו רק החלקים החשובים לנושא הנדון. השתדלתי שהקטעים המושמטים לא יפגעו בהבנת המסורת.

בבחירת נוסחי המסורות השתמשתי על פי רוב בנוסח המובא במהדורות המדעיות (אם הן קיימות) וכן בנוסח המדרשים המובא ב'מאגרים' (מפעל המילון ההיסטורי), תוך הפניה למספרי העמודים של המהדורה המדעית. בתרגום מארמית הסתייעתי במהדורת שטיינזלץ לתלמוד הבבלי, בפני משה ובקרבן העדה לתלמוד הירושלמי ובמתנות כהונה למדרשי רבה.

מפאת אופיו ההיסטוריוציסטי של המחקר לא הרחבתי בתחום החקר הפילולוגי. בחירה זו התבססה על ההנחה כי תרומתו של המחקר הפילולוגי לאופי הספרותי־רעיוני של ניתוח המסורות היא מזערית. עיקר הדיון במסורות היה במבנה הספרותי, בסגנון הפיתוח וברעיון הכללי שמביעה הדרשה ולא במילותיה, ההבדלים בין נוסחי הדרשה בעדי הנוסח השונים לא שינו לרוב את המסקנה בדבר מגמותיה. כשההבדלים בין עדי הנוסח היו בעלי משמעות להבנת רעיון הדרשה ומגמתה ייחדתי דיון קצר להיבטים הפילולוגיים השונים שלה.

ובכן נצא למסע בשבילי האגדות.

פרשת בראשית

מי אתה למך ומה מעשיך? – התמורות באגדת למך

בסיפורי הראשית מוזכרים שני אנשים העונים לשם למך. האחד למך בן מתושאל, השישי לזרע קין, והשני למך אבי נח משושלת שת. כל אחד משניהם הוא חוליה בשרשרת מפוארת של עשרה דורות שחיו אלו לצד אלו עד למבול שהעמיד בגלוי את עדיפותה של האחת על רעותה; למך בן מתושאל נספה עם כל צאצאי השושלת במבול, ואילו מזרעו של למך אבי נח נבנה העולם החדש. אך מדוע נבחרה שושלת אחת על פני האחרת? המקרא איננו מספק תשובה ברורה, אך מפזר רמזים מספר.

סיפור הולדת צאצאי קין, ששמו מעיד על אוריינטציה מסחרית־קניינית, מתאר לכאורה אמביציה אישיותית של נבחרים מבני השושלת הנזכרים במקרא, תוך תיאור תרומתם לפיתוח הציוויליזציה הקדומה בבניין ובנוודות, בנגינה ובחרושת ברזל.[1] אולם בחינה זהירה של שמות השושלת מעלה חשד ביחס לתום לבם של קוראי השמות, בעלי משמעות תיאופורית שלילית,

1. שירת הלל לתרומתם של אבות העמים לפיתוח הציוויליזציה מוכרת מספרות קדומה של תרבויות שונות, כך למשל בשירתו של הסיודוס 'מעשים וימים' (הסיודוס, תאוגניה, שורות 106–201, עמ' 17–18), שבה הוא מתאר בערגה את תור הזהב של ראשית האנושות המסומלת על ידי ארבע המתכות. ראו גם דבריה של ורמן, ספר היובלים, עמ' 35 על השפעות התרבות ההלניסטית על אופיו של החיבור, ביצירת גיבורי תרבות של אבות האומה. אברהם מתואר בספר היובלים יא, כג (עמ' 266) כממציא המחרשה.

כגון מחויאל ומתושאל, המרמזים על שאיפה של מחיקה או שכחה של הכוח העליון, האל.[2] לאור זאת, ההכרזה הדרמטית עם הולדת הבן הראשון בשושלת המקבילה של שת: "אז הוחל לקרוא בשם ה'" (בראשית ד, כו), מחזקת את החשד שאין בה אך ורק ציון לשבח של השושלת החדשה, אלא רצון להעמידה כניגוד לשושלת הוותיקה. חיזוק נוסף לכך אפשר למצוא בעובדה שלצד שמות זהים או דומים בין בני שושלת קין לבני שושלת שת (כגון חנוך ויבל/יובל) מצויים בשושלת שת שמות בעלי הקבלה ניגודית לשמות התיאופוריים השליליים של שושלת קין (מהללאל לעומת מחויאל).[3]

אך כל אלה הם רמזים המסתתרים בשמות ובכתוב, ללא אמירה בהירה מצד המקרא. החידתיות לגבי שושלת קין מתחזקת לנוכח יחידה חריגה ומתמיהה החותמת את תיאור השושלת, אשר נמחתה במבול.

> ויקח לו למך שתי נשים שם האחת עדה ושם השנית צלה: ותלד עדה את יבל הוא היה אבי ישב אהל ומקנה: ושם אחיו יובל הוא היה אבי כל תפש כנור ועוגב: וצלה גם הוא ילדה את תובל קין לטש כל חרש נחשת וברזל ואחות תובל קין נעמה: ויאמר למך לנשיו עדה וצלה שמען קולי נשי למך האזנה אמרתי כי איש הרגתי לפצעי וילד לחברתי: כי שבעתים יקם קין ולמך שבעים ושבעה (בראשית ד, יט-כד).

1. מדוע זוכות נשות למך לאזכור שמן, בעוד נשות אבותיו של למך נותרות אנונימיות?
2. מה מקומה של שירה אישית ומשפחתית בתוך פרשיות מקראיות המתארות אירועים קוסמופוליטיים בעלי השפעה על עתיד האנושות?
3. מה פשרה של שירת למך: מהי זהות האנשים שהרג? מה תכלית פנייתו אל נשותיו? מה משמעות אזכור עונשו של קין?
4. קין זכה אומנם להגנת האל, אולם אינו נזכר שוב. מה עלה בגורלו?

2. מחויאל מלשון מחייה. מתושאל מלשון תשי, נשייה, ראו דברים לב, יח: 'צור ילדך תשי ותשכח אל מחוללך'. השוו: אנציקלופדיה מקראית, ד, עמ' 787; שם, ה, עמ' 643-644.

3. על משמעות שמות השושלת לתיאור מחדלי השושלת ראו: פילון, על צאצאי קין, 41-48, עמ' 290-291; סקינר, בראשית, עמ' 138; גרוסמן, בראשית, עמ' 143-150.

הסיפור החריג והשירה, השושלת המקבילה, השמות הדומים־אם־כי־שונים הציתו כמתבקש את דמיונם של דרשנים קדומים ומאוחרים, שביקשו לכאורה להסביר מה הייתה תרומתו של למך למהלך שהביא את פורענות המבול והרס הבריאה, אולם לא פעם, יותר מאשר כיוונו הדרשנים לפתרון שאלות הפשט, הם הפיקו באמצעות שכתוביהם ודרשותיהם מסרים שכוונו לבני דורם.

חידת למך העסיקה את המחקר, והטיפול בה מתפצל בין מי שביקשו לפתח את החידה בהקשרה המקראי, העמיקו בפיענוח סתומותיה, תוך שימוש באמצעים ספרותיים, השוואה לספרות חוץ־מקראית מקבילה וזיהוי קונוונציות,[4] לבין חוקרים שביקשו לעקוב אחרי שלבי התפתחותה של המסורת בספרות הקדומה והמאוחרת. כך חוקר שסקר את החיבורים היהודיים והנוכרים שמזכירים את אגדת למך, ודן בזיקות ביניהם ובהשפעה אפשרית של המיתולוגיות הקדומות על פיתוחה של האגדה;[5] חוקר אחר התחקה אחר הבסיס המדרשי להיווצרותם של רכיבי האגדה המפותחת ובעיקר הבסיס לתיאור עיוורונו של למך;[6] והיה מי שהוכיח דרך מסורת תימנית של אגדת למך על השפעות המדרש היהודי (בעיקר התנחומא) על פולקלור תימני קדם־אסלאמי.[7]

פרק זה הוא מסע בעקבות שכתוב סיפורו של למך והאגדות שנרקמו סביבו. ייסקרו בו התמורות המרתקות שחלו בפרשנות הנצמדת לתיאור מעשי בני שושלת קין בספרות בית שני, בספרות התלמוד ובספרות הנוצרית והערבית.[8] ההשוואה בין אופי הפרשנות למעשה למך וניתוח ההבדלים בין סוגֶיה, יאפשרו לשרטט את ערכי הדורות והשפעת הדתות שבזמנם נכתבו הסוגות השונות, ולהבחין בתהליך הפקעת סיפורי השושלת מכרונולוגיית העבר לטובת אזהרת הציבור בדורות השונים מפני חטאים

4. כך למשל: ונהאם, בראשית, עמ׳ 114–115; המילטון, בראשית, עמ׳ 240–241; לוין, שירת למך הקשר נרטיבי, עמ׳ 128–143; טברסקי, שירת למך, עמ׳ 275–293.
5. או׳דונוגו, בלדר, עמ׳ 82–107.
6. קוגל, עיוורונו של למך, עמ׳ 91–103.
7. פרנצוזוף, אגדת למך, עמ׳ 6–15.
8. סקירה דומה נעשתה על ידי פראדה, אנוש, עמ׳ 59–86 ביחס לדמותו של אנוש. פראדה עומד על הבדלי הערכה בין הפרשנות הנוצרית האוהדת את דמותו של אנוש ובין הפרשנות היהודית המכלילה אותו בדורות שהובילו להשחתת הארץ. פראדה מציין את השתלבותה של הפרשנות הניגודית עם תפיסותיהן של שתי הדתות ביחס לראשיתו של תהליך השיקום מחטאי הראשית.

שיובילו להרס ולחורבן. מרתק לראות כיצד דמותו של למך, גיבור האגדה, עוברת מהפך בתהליך שיפוטה, ואף מוצגת כמודל חיובי באחד מגלגולי המסורת המאוחרים. אגב המסע ייחשפו עושרה של החשיבה הפרשנית, גמישותה ויצירתיותה.

1. גיוון פרשני לאופי חטאי שושלת קין בספרות הבית השני

באופן מפתיע מעט, בספרות קומראן, על אף הימצאותם של לא מעט חיבורים ומגילות שעוסקים בספר בראשית, אין התייחסות לבני שושלת קין ולתקרית של למך עם נשותיו.[9] לעומת זאת בספרות היהודית ההלניסטית והמדרשית קיים ניסיון לבאר את פשר שירתו, וספרות זו תהיה נקודת המוצא של המסע.

1.1 קדמוניות המקרא – ניאוף ועבודת אלילים

מחבר קדמוניות המקרא מקדיש לשושלת קין פרק שלם. סיפור קין שהוביל להריגת הבל נזכר בדרך אגב בפסוק בודד (ב, א) ולאחריו ישנה הרחבה בפירוט שמות הערים שקין בנה, שמות בניו ובנותיו שאינם נזכרים במקרא, כמה מצאצאיו (לא כל שבעת הדורות הנזכרים במקרא) ובהמשך שמות נשותיו ובניו של למך.

כהקדמה לשירת למך, שתזכה לאינטרפרטציה משלה, הוא מתאר את הרקע להתרחשות, וזו לשונו:

> ויחלו בעת ההיא יושבי הארץ לעשות עול איש באשת רעהו בטמאם אותן ולשחת הארץ, ויקצף אלהים (קדמוניות המקרא ב, ח, עמ' 14).[10]

אחרי הולדת בני צלה ותיאור פיתוח "מלאכת מחשבת בעופרת ובבדיל

9. זאת בניגוד להתייחסות רחבה לדמותו של למך אבי נח במגילה החיצונית לבראשית (שאף כונתה בעבר מגילת למך, על שום ההרחבה בתיאור דמותו והחששות שליוו אותו לקראת הולדת בנו) ובמגילת ספר נח. אגב, בספר היובלים ד, ט נזכרת הולדתו של חנוך בלבד משושלת קין, למך לא נזכר.

10. מהדורת הרטום, עמ' 14.

ובברזל ובנחשת ובכסף ובזהב", מוסיף המחבר: "ואז החלו יושבי הארץ לעשות פסילים ולעבדם" (שם, שם ח-ט).[11]

מכאן עובר מחבר קדמוניות המקרא לשירת למך:

> ...עדה וצלה שמען קולי, נשי למך האזנה אמרתי, כי אנשים אבדתי לי ויונקים הדחתי מן השָׁדַיִם וכן למדתי את בני ואת יושבי הארץ לעשות רשע.[12] ועתה שבעתים יקם קין, ולמך שבעים פעם שבע (שם שם י, עמ' 14-15).

מחבר קדמוניות המקרא אינו מוצא לנכון להרחיב בתיאור הרצח הראשון באנושות, אולם מקדים את תיאור השחתת הארץ (שמובא במקרא לאחר תיאור שושלת שת) וממקד את גורמי היווצרותה בפעולתם של בני שושלת קין הכוללת מעשי ניאוף, עבודת אלילים והרג חפים מפשע. מעשי הניאוף הם כפי הנראה בעצם נישואיו של למך לשתי נשים, שנחשבו על פי ההלכה הכיתתית (ואחר כך במקורות הנוצריים) כהפרה של הציווי האלוהי "זכר ונקבה ברא אותם".[13] נישואי למך לאישה שנייה הם לקיחה של אישה שיועדה לאחר. המצאת חרושת הברזל בידי בני למך הכשירה את הכנת הפסלים. הרג החפים מפשע נעשה בידי למך עצמו כפי שעולה משירתו, שבה הוא מתרברב על הרג עולי ימים והנחלת מורשת הרצח ליורשיו, תוך נטרול חשש של הרוצחים מנקמה.[14]

11. יעקובסון, פרשנות על פסאודו פילון, מציג את הקושי הטקסטואלי בהעמדת המוזיקה כגורם לשחיתות מוסרית ומינית, אולם מוכיח כי זיקה מסוג זה כבר קיימת במקרא (ישעיהו כג, טו-טז) בתלמוד (בבלי גיטין ז ע"א), במדרש, בכתבי היוונים ובספרות הנוצרית הקדומה. ראו דבריו בעמ' 299-303.
12. הרינגטון, פסאודו פילון, עמ' 305, ויעקובסון, פרשנות על פסאודו פילון, עמ' 91 מתרגמים את המשפט "וכן למדתי את בני" כפסוקית תכלית: "in order to show/teach". כלומר למך מתוודה שפגע באנשים ובתינוקות כדי ללמד את בניו מעשי רשע. בספר חנוך א, ז-ח אלו המלאכים בני השמיים שלימדו את בני האדם את המעשים הרעים שגרמו להשחתת הארץ ולענישתה במבול.
13. ראו קימרון, מגילות, עמ' 10, מגילת דמשק 4Q269 שורות 110-111: "אשר אמר הטף יטיפון הם ניתפשים בשתים בזנות לקחת שתי נשים בחייהם ויסוד הבריאה זכר ונקבה ברא אותם".
14. ראו הרינגטון, שם, עמ' 305, בניגוד ליעקובסון, שם, עמ' 306. יעקובסון, שם, עמ' 91 מתרגם את המילה הלטינית vindicabitur (יוקם) כביטוי לעונש ולא של נקמה, וסבור שדברי למך מבטאים חרטה.

קשה לראות בשכתוב של שירת למך בקדמוניות המקרא פתרון לחידתיות שבו, ואולי יש בו אף העצמה של המסתוריות, עם התוספת של תיאור הגיל הצעיר של קורבנותיו.

חוקרי קדמוניות המקרא עמדו על ערכיו של המחבר, כפי שעולים מפרקי החיבור, ומנו אותם. בתוך רשימת ערכיו הם מונים את חשיבות החוק ואת האמונה האדוקה של המחבר בגמול האישי כלפי מי שעוברים עליו.[15] החטאים החמורים ביותר על פי השקפת המחבר הם עבודת אלילים, נישואי תערובת ועבריינות מינית.[16] שלושת הרכיבים הללו מצויים בשכתוב סיפור שושלת קין. החלפת סדר הפרקים בין שושלת שת המאוחרת לשושלת קין הקדומה נועדה כפי הנראה להצמיד את תיאורי מעשי שושלת קין לתיאור השמדת היקום במבול כחיזוק לרעיון הגמול.[17] טפטוף חטאי שושלת קין ואופי החטאים המיוחסים להם – עשיית פסילים ועוול איש באשת רעהו – לאורך הפרק כולו, נועד להשחיר את בני השושלת ולהסביר מדוע על פי עקרון הגמול, אף לא אחד מבני השושלת שרד את המבול ולא זכה להמשכיות. שירת למך והמעשים החמורים המתועדים בה סתמו את הגולל על אפשרות של חנינה והכשירו את הוצאת גזרת המבול אל הפועל.

1.2 קדמוניות היהודים - הלהט למלחמות

תמונה אחרת לגמרי של אופי חטאי שושלתו של קין מצוירת בקדמוניות היהודים. יוספוס בתארו את קין אינו מסתפק במעשה הרצח של הבל אלא מרחיב בתיאור מידותיו השליליות. יוספוס מייחס לקין רדיפת בצע ותענוגות גם כשהיא כרוכה בזדון כלפי אחרים. קין מתואר כמי שהרבה את נכסי ביתו בדרכי גזל ועושק והשפיע על הבריות שבסביבתו להתמכר לתענוג, למעשי ליסטים ושחיתות.[18]

כשיוספוס מתאר את משלח היד של יבל ויובל על פי המתואר במקרא, לא נשמעת מדבריו ביקורת, אולם כשהוא מתאר את משלח ידו של תובל קין הוא מוסיף:

15. ראו הרינגטון, שם, עמ' 301-300; ג'יימס, שם, עמ' 42-33.
16. ראו תוכחתו למעשה מיכה בפרק מד.
17. אפשרות כזאת מעלה יעקובסון, שם, עמ' 293.
18. יוספוס, קדמוניות היהודים, 1.62-1.55 עמ' 8-9.

> ומן הבנים שנולדו מהשניה, עלה תובל (קין) בכוחו על כולם והצטיין ביחוד במעשי מלחמה, שסיפקו לו גם את הדברים המשמשים לתענוגי הגוף.[19]

את צאצאי קין הוא מתאר כך:

> עוד בחיי אדם היו בני קין רשעים גמורים, מתוך ירושה ומתוך חיקוי, ונסתלקו מן העולם, אחד גרוע מחברו, כי היו להוטים במידה מופרזת אחרי מלחמות ושמו פניהם לגזל. ואם נמצא מי בהם, שהיה מהסס מפני מעשי רציחה, הרי היה בעל חוצפה שחצנית מבחינה אחרת ונוהג בזדון ושואף בצע.[20]

ומה עם למך? בשכתובו של יוספוס אין שירה של למך בפני נשותיו, אבל כן מתואר שידעו על העתיד להתרחש. המילים "כי שבעתים יוקם קין" מתפרשות על ידי יוספוס כתיאור גודל האסון המשפחתי הצפוי להם: "ומשום שחזה מתוך ידיעה ברורה בחכמת האלוהות, שצפוי הוא לעונש [גדול יותר] על רצח קין את אחיו, עמד וגילה את הדבר לנשיו."[21] הענשת למך בעונש גדול יותר על רצח קין תיושם בנקמת הא־ל "ולמך שבעים ושבעה" – בשבעים ושבעת צאצאיו, הנזכרים קודם לכן בהצגתו של למך "שהיו לו שבעים ושבעה בנים משתי נשיו צלה ועדה".[22]

שליט סבור ש"לפי יוסף למך הוא צדיק".[23] אני סבורה שהמשפט האחרון שבו חותם יוספוס את תיאור שושלת קין מכוון ללמך שאומנם "היה מהסס מפני מעשי רציחה" (בגלל הבנתו בגמול האלוהי על מעשה זה), אולם היה "בעל חוצפה שחצנית מבחינה אחרת...". בתיאורי יוספוס גם אם אין למך נזכר באופן מפורש כרוצח, הוא כורך את רשעותה של המשפחה במעשי רצח.

חוקרי כתבי יוספוס נטו להסביר רבים מתיאורי דמויות הרשע המקראיים בכתביו כמכוונים לאויבי תקופתו, עריצים יווניים, קיסרים תקיפים ואף

19. שם 1.65–1.64 עמ' 9.
20. שם 1.66 עמ' 9 עם תיקוני נוסח בהערות של שליט, עמ' יב.
21. שם 1.66 עמ' 9. התוספת בסוגריים היא על פי כמה מכתבי היד.
22. שם 1.63 עמ' 9.
23. כך בהערות לספר הראשון עמ' יא, הערה 38.

מתנגדיו מקרב ישראל, הקנאים ותומכיהם.[24] בדה מסביר באופן זה את יחסו של יוספוס לקין. לדעת בדה, יוספוס מעמיד את קין כאב טיפוס לטירן היווני הרודן האכזרי, רוצח בני משפחתו המאופיין בנהנתנות וחמדנות.[25] ייתכן אפוא שכשיוספוס מתאר את שושלת קין ומבקש להסביר מדוע הם "נסתלקו מן העולם", ותולה את הסיבה בהתמכרותם לתענוגות הגוף ולמעשי הרג אכזריים, הוא רואה לנגד עיניו את טירני יוון וקיסרי רומא האכזריים והמושחתים, ואולי אף את הורדוס, ומנבא את הגורם שיביא למפלתם של קיסרים עריצים ואכזריים בני זמנו.[26]

1.3 פילון – השחתת המידות

פילון מקדיש לנרטיב של קין שלושה חיבורים,[27] וזאת נוסף על חיבור שהוא מקדיש לחטא בני האלוהים.[28] דומה שהדחייה מגן עדן והשמדת הדורות שלפני המבול לעומת הבחירה בזרעו של שת משמשת את פילון ליצירת חלוקה בינארית בין האנושות הטובה והאידיאלית הנחוצה לבניין העולם, ובין האנושות השלילית שמזיקה לו. הפרשנות של פילון לסיפור קין והבל כמו גם ליתר סיפורי הראשית היא טיפולוגית, והפרשנויות לדמויות בו הן קוסמולוגיות ופסיכולוגיות. נאג'מן סבור כי קין והבל מייצגים בפרשנותו של פילון שני היבטים של הנפש האנושית, הטוב והרע, תכונות אופי המולבשות

24. ראו בעיקר במחקריו הרבים של פלדמן: פלדמן, הדות והלניזם; פלדמן, יוספוס שאול, עמ' 214–244; פלדמן, יוספוס יואב, עמ' 323–351; פלדמן, שכתוב ועוד. וכן ביקורת על השבלונה של המודל השיטתי במחקריו של פלדמן אצל אביעוז, שמואל, עמ' 1–9.
25. בדה, העיר של קין, עמ' 283–297.
26. בספריו האחרונים של יוספוס בקדמוניות היהודים מרבה יוספוס לתאר את אכזריותם של הקיסרים הרומאים (ראו למשל 19.175-177). הוא מתאר בהרחבה את הורדוס הרוצח את בני משפחתו (16.395-404) ואת התמכרותו לתאוות הביזה (15.357-364). הקבלות אלו המפורטות במחקרו של בדה, העיר של קין, מחזקות את אב הטיפוס שבנה יוספוס בדמותה של שושלת קין. ייתכן שבתיאור מעשיהם האכזריים של בני שושלת קין מהדהד יוספוס גם מוטיבים מהמיתולוגיה היוונית ומהמטמורפוזה הרומית שבכתבי אובידיוס, המתארים את שקיעת תור הזהב ואת הולדתם של דורות בני האלים משחיתי הבריאה. ראו: הסיודוס, תאוגוניה, שורות 143–155 עמ' 42–43; אובידיוס, מטרמופזות, א, שורות 125–135, עמ' 36.
27. "על קרבנות הבל וקין", "על שהרע נוהג לארוב לטוב" ו"על צאצאי קין".
28. "על הענקים".

על שתי הדמויות, והקונפליקט ביניהן מדגים את הקונפליקט המתחולל בכל נפש אנושית.[29]

החלוקה הבינארית בולטת מאוד גם כשפילון עוסק בצאצאי קין. פילון מתעכב על שמות בני שושלת קין ובני שושלת שת ועומד על ההקבלה של חלק מהשמות או על הדמיון ביניהם ונותן שני פירושים מנוגדים לאותו שם. בני שושלת שת יתוארו כמי שפועלים מתוך אהבת אלוהים ואילו בני שושלת קין מתוארים כמי שאוהבים את עצמם, מרוחקים מהאל, שקועים בנכסיהם הגופניים והחיצוניים, משחיתים את מידותיהם ובוחרים ברעות החולות. כך למשל הפרשנות הכפולה לשם למך:

> וגם למך, היינו ההשפלה.[30] שמו דו משמעותי, כי משתפלים אנו או כשמתרופפים מתחי הנפש מחמת תחלואים וחולשות, שנגרמו על ידי היפעלויות לא תבוניות, או משום שחתירתנו למעלת המידות מביאה אותנו לידי ריסון עצמי כנגד התנפחות ויומרת שווא... (על צאצאי קין 46).[31]

את נישואיו של למך לשתי נשים הוא מסביר כך:

> ויקח לו למך שתי נשים... כל מה שלוקח לעצמו אדם רע, הוא מגונה משום שהוא נגוע במחשבה טמאה, ולהיפך מעשים, שהטובים עושים מדעתם, הם לעולם משובחים. לפי זה, כאשר למך בוחר לעצמו כאן נשים, הוא בוחר ברעות חולות, ואילו אברהם, יעקב ואהרן הלוקחים להם נשים מזדווגים עם נשים כיוצאות בהם.[32]

ובהמשך מתאר פילון את העדר מידת האיפוק אצל למך, המבקש להגשים את מאווייו ללא עיכוב:

29. נאג'מן, קין והבל, עמ' 205–218.
30. למך מלשון מך, נמוך, שפל.
31. וראו גם על שמותיהם הכפולים והדומים של יתר בני השושלת: על צאצאי קין 41, 44, 66–70, עמ' 290–291, 295–296.
32. שם 75, עמ' 297.

> ואילו למך, המושלך אל מחוץ לאנושות, השפל והרודף בזיונות, נושא לו כאשה ראשונה את עדה, שפירושה עדות, כשהוא עורך את נישואיו בעצמו. שכן סבור הוא שהטוב הראשון לאדם הם התנועה הרכה וההילוך הרך של התודעה על פי כוונות מחושבות היטב, כששום דבר אינו מונע בעדה להשיג את מבוקשה בקלות.[33]

שירת למך ותוכן דבריו לנשותיו לא זכו לפרשנות מיוחדת של פילון, למעט ניסיונותיו לפרש את הסיפא של השירה שבה משווה למך את העונש הצפוי לו לעומת עונשו של קין "ולמך שבעים ושבעה".[34] פילון מתאר את פגמי החושים של קין ולמך שמביאים ל"השתוללות פרועה של תאוות משגל מחוסרת מעצורים".[35]

התעלמותו של פילון מפרשנות אלגורית לפסוק המרשיע את למך בעוון רצח בשירתו לנשותיו מלמדת כי בניגוד ליוספוס, שהעמיד את פשעה המרכזי של שושלת קין על הרג ורצח, פילון סבור שמידות הנפש המקולקלות של בני השושלת הן שהביאו לאסונם. הרוע נמדד אצל האדם עוד הרבה קודם לביצוע מעשה הרצח או הגזל. ההבדל בין אדם טוב לאדם רע נקבע על פי התכלית של פעולותיו. פעולותיו של אדם המכוונות לאהבת אלוהים תהיינה טובות, ואילו פעולותיו של אדם שנעשות למען עצמו תהיינה תמיד רעות. לא קשה למצוא בדברי פילון על למך הדהוד של תפיסותיו הפילוסופיות, המושתתות על האסכולה הסטואית, תוך שלילת האתיקה האפיקוראית.[36]

*

שלושה חיבורים בספרות הבתר־מקראית המשכתבת את סיפורי המקרא, עוסקים בשאלת בחירת שושלת שת על פני קודמתה בהעמדת שורד לעולם החדש שלאחר חורבן המבול, ומציעים פרשנות שונה לעמימות החטא הרמוז בשמות שושלת בני קין, במפעליהם התרבותיים של צאצאי קין או בשירתו של האחרון מבני השושלת. מנעד החטאים רחב ומגוון, ויותר משיש בו

33. פילון, על צאצאי קין, 79, עמ' 298.
34. על שהרע נוהג לארוב לטוב, 167, עמ' 272.
35. שם 174, עמ' 273.
36. ראו גם בהערותיו של עמיר: על צאצאי קין, הערה 111 עמ' 298; על שהרע נוהג לארוב לטוב, הערה 219 עמ' 272.

בכדי לפרש את כוונתם המקורית של הפסוקים, הוא מלמד על עמדתם האידיאולוגית של המחברים באשר לאבי אבות הזדון והרשע.

2. התמורה הפרשנית בספרות חז"ל

שירת למך עוברת תהליך של פיתוח בקורפוס המדרשי שמעצב אותה כחוליה בתוך אגדה. רכיבי האגדה שלפני השירה ולאחריה נועדו להציע פתרון לחידתיות שבה היא שולבה בהופעתה המקראית, על ידי אפיון מקדים של ההתרחשות שהביאה לשירתו של למך, ותיאור תוצאות שיחתו השירית של למך עם נשותיו. ביחידה זו אבקש להשוות בין שני אופני פיתוח האגדה, בחיבור מדרשי קדום ובחיבור מדרשי מאוחר, לעמוד על השווה ועל השונה, ולשער מהו הרקע להבדלים, בהנחה שיוצר האגדה המאוחרת הכיר את האגדה המדרשית הקדומה.

2.1 בראשית רבה – הפרת הציווי האלוהי "פרו ורבו"

הפתיחתא של פרשה כג בבראשית רבה נותנת קריאת כיוון לאב הטיפוס שבנה הדרשן בדמותם של קין ובניו. הדרשן לועג לרשעים שמנציחים את שמותיהם בערים שבנו, מתוך תפיסה שגויה שיחיו לעד בתוך מבצריהם.[37] הדרשן נותן דוגמה משמות ערי האימפריה ההלניסטית והקיסרות הרומית: טיבריה על שם טיבריוס, אלכסנדריא על שם אלכסנדרוס ואנטיוכיה על שם אנטיוכוס. קין, שקרא לעיר שבנה כשם בנו חנוך (בראשית ד, יז), הוא אפוא אב הטיפוס של קיסרי האימפריה הרומית.[38] הדרשן מנבא את אחריתם של הקיסרים, "למחר בתיהם נעשים קבריהם", והם אינם זוכים לחיי העולם הבא.

הדרשה השנייה מפרשת את שמות בני השושלת, אולם תחת הפיענוח התיאולוגי מציע הדרשן כי שמם מעיד על אחריתם, כולם מלשון מרדות – רדייה וכליה.

לאחר הפתיחה המנבאת את סופה של שושלת קין המכונה "דור המבול", מתואר חטאו של למך כנציגו של דור המבול: "ויקח לו למך שתי נשים – כך היו אנשי דור המבול עושים" (שם כג, ב עמ' 222).

37. בראשית רבה כג, א, עמ' 221.
38. בדומה להשערת החוקרים ביחס לאב הטיפוס של למך אצל יוספוס, לעיל עמ' 7–8.

הקריאה של דרשת מעשי למך אחרי הפתיחתא ואחרי ההקדמה מובילה את קוראי המדרש למתח בשאלה מהו העוון החמור של צאצאי קין שהמיט עליהם כליה, ובפרספקטיבה היסטורית לשאלה מהו פשעם המרכזי של קיסרי האימפריה שיוביל לקצם.
וכך מתאר הדרשן את חטאו של למך:

[ויקח לו למך שתי נשים] וגו׳ ר׳ עזריה בשם ר׳ יהודה בר׳ סי׳. כך היו אנשי דור המבול עושין, היה אחד מהן לוקח שתי נשים אחת לפריה ורביה ואחת לתשמיש, זו שהיתה לפריה ורביה היתה יושבת כאלמנה בחייה, זו שהיתה לתשמיש היה משקה כוס עיקרין שלא תלד. והיתה יושבת אצלו מקושטת כזונה, הה״ד ״רועה עקרה לא תלד ואלמנה לא ייטיב״ (איוב כד, כא), תדע לך שהוא כן שהרי הימרוד שבהן,[39] זה למך, הלך ולקח לו שתי נשים שם הא׳ עדה דעדי מינה [שמתעברת ממנו][40] וש׳ השנית צלה שתהא יושבת בצילו (בראשית רבה כג, עמ׳ 223-222).[41]

למך מתואר כמי שמשמש דוגמה למנהג בני דורו בנשיאת שתי נשים שלא למטרות הולדה. האישה המרכזית נועדה לספק את צרכיו המיניים של האיש שלה, ואילו האישה הראשונה, משסיימה את תפקידה בהולדת הבן הממשיך, נזנחה על ידו והמשיכה לחיות את חייה כאלמנה עזובה. יש להדגיש שהביקורת על למך בבראשית רבה איננה על מעשה הביגמיה של נשיאת שתי נשים (בניגוד להלכה הכיתתית הקדומה והנוצרית שלאחריה, האוסרת את עצם הנישואין לשתי נשים),[42] אלא על מניעת אחת מהן מפרייה ורבייה.

דרשה זו מקבלת חיזוק ממקור נוסף בבראשית רבה המתאר את ההבדל שבין דור המבול לדורו של נח, שבגינו דור אחד הושמד ואילו הדור השני זכה להמשכיות:

39. תיאודור מפרש על פי גרסת הערוך, עמ׳ נ, שהמילה מתארת את למך כאיש הברור והמובחר של השושלת.

40. על פי תרגומו של סוקולוף, מילון ארמי פלסטיני, עמ׳ 397 'to be pregnant'.

41. על פי כתב יד וטיקן 60 המובא ב׳מאגרים׳, וכן כל הציטוטים מבראשית רבה, אלא אם כן ייכתב אחרת.

42. ראו לעיל עמ׳ 5 ולהלן בהרחבה בעמ׳ 14.

> בית רשעים ישמד ואהל ישרים יפריח (משלי יד, יא) "בית רשעים ישמד" זה דור המבול, "ואהל ישרים יפריח" זה נח אלה תולדות נח. "קל הוא על פני מים" (איוב כד, יח) גזירה ניגזרה שיאבדו במים, "תקולל חלקתם בארץ" (שם, שם) מי שיפרע מדור המבול... וכל כך למה? "לא יפנה דרך כרמים" (שם, שם) שלא היתה כוונתן למטע כרמים, אבל נח לא היתה כוונתו אלא לפרות ולרבות בעולם "אלה תולדות נח" (בראשית רבה נח ל, א–ב עמ' 270–271).[43]

הדרשן מבקר את למך ואת דור המבול הן על הזנחת הציווי האלוהי של פרייה ורבייה הן על הפריצות המינית שבו נהגו בנשותיהן, "והיתה יושבת לפניו כזונה". שני מרכיבי הביקורת תואמים לתיעוד היסטורי וארכיאולוגי המתארים הפקרות מינית שהייתה נהוגה בתרבות הרומית הקדומה ועד להתנצרות האימפריה,[44] ואת הפיחות הדמוגרפי שנוצר מצמצום הילודה בקרב עשירי רומא.[45]

על אף הניסיון של הדרשן לשוות למנהג למך בנשותיו עבריינות חמורה, ולמרות האפשרות שבכך הוא מצביע על אחד מליקוייה המרכזיים של תרבות רומא, היא נדמית כחמורה פחות מהרמיזה המקראית לחטא שכרוך במעשה של הרג, ולפרשנות הקדומה יותר שניתנה לה בספרות בית שני. נראה אפוא שיש לחפש מגמה פולמוסית שהביאה להעמדת הימנעות מפרייה ורבייה כחטא המשתווה בחומרתו למעשה של הרג.

חכמי ישראל בתקופת המשנה והתלמוד לא חסכו מאמץ בתיאור חשיבות קיום מצוות פרייה ורבייה.[46] מחקרים רבים מצביעים על מגמה של צמצום הילודה בקרב הקהילה היהודית במאות השנייה והשלישית, ומציעים

43. בירושלמי יבמות ו, ה, ז ע"ג, מתפרשת כוונת הפסוק: "ולא יפנה דרך כרמים. שלא היתה בעילתן לשום בנים".
44. ראו לאחרונה מחקר מקיף על מיניות בתרבות היוונית והרומית העתיקה: ג'ונסון, מיניות. על מיניות בתוך חיי הנישואין וחוסר השוויון בין היתרי הבעל להגבלות האישה ראו פטרמן, נישואין, עמ' 163–172. ראו גם קלארק, קונסטרוקציות של מיניות, הסוקר ממצאי אומנות המוכיחים כי תרבות הפריצות המינית המשיכה גם לאחר החקיקה של אוגוסטוס שנועדה לרסן את הפריצות המינית, והמשיכה עד אמצע המאה השלישית. קלארק מראה כיצד תרבות זו התפתחה בתוך מסגרות דתיות, חברתיות ומשפטיות.
45. ראו: עמית, תולדות, עמ' 170–173.
46. ראו: תוס' יבמות ח, ז עמ' 26; בראשית רבה סא, כה עמ' 660–661; בבלי בבא בתרא

השערות לגורמי התופעה ובתוכם הפולמוס היהודי־נוצרי סביב נישואין וילודה.[47] עמדתה המסתייגת של הדת הנוצרית, מראשית ימיה, מהגוף ומפעולות הקשורות למיניות, מתועדת בכתבי הברית החדשה ובמקורות נוצריים מאוחרים בספרות אבות הכנסייה. במקורות אלו מציעים ישו ופאולוס לתלמידיהם להימנע ככל האפשר מלשאת נשים, ומפליגים בשבחם של הסריסים שנמנעו מחיי נישואין למען מלכות שמיים.[48] מצוות "פרו ורבו" נדרשה כציווי אלגורי, והפרישות נתפסה כתנאי לקרבת האל.[49]

בספרות הנוצרית הביקורת כלפי למך היא בעצם נשיאתו שתי נשים. טרטוליאנוס, תיאולוג נוצרי שחי בקרתגו במאות השנייה והשלישית לספירה, מקדיש בחיבורו *On the Pallium* יחידה שעוסקת באיסור פוליגמיה וטוען שעונשו הכפול של למך "שבעתיים יוקם" הוא בגלל נישואיו לשתי נשים. טרטוליאנוס מעמיד את נישואי למך לשתי נשים בדרגת חומרה פחותה אך במעט מעוונו של קין ברצח.[50] ניתן להניח אפוא שהעמדת חטא למך ודורו על נישואין שלא על מנת לקיים מצוות פרייה ורבייה היא פולמוס כפול בדוקטרינה הנוצרית. האחד, בנטרול חטאו של למך על עצם הנישואין לשתי נשים. חטא דור המבול איננו בכך שנשאו שתי נשים, אלא בכך שהשקו את אחת מהן "בכוס של עקרין". היבט הפולמוס השני הוא בהערכת ההימנעות מפרייה ורבייה כחטא המשתווה בחומרתו לחטא של הריגה[51] שבגינו נגזר חורבן המבול.

קטז ע"א; בבלי עירובין סג ע"א-ע"ב; קהלת רבה א ועוד. וראו: אליצור, דיוקן בשביל הדורות, עמ' 212.

47. ראו: דאובה, חובת ההולדה, עמ' 37; ביאלה, ארוס ויהודים; בויארין, הבשר שברוח, עמ' 13–14, 42, 47–48; שרמר, זכר ונקבה, עמ' 53–54.

48. ראו: מתי יט, 9–12; איגרת פאולוס אל הקורינתים א, 7; לוקס יד, 26.

49. ראו למשל פרשנותו האלגורית של אוריגנס, דרשות לספר בראשית, עמ' 68 לציווי "פרו ורבו" (בראשית א, כח) הרומז לדידו לחיבור האידיאלי שבין בשר לרוח תוך שליטת הרוח על הבשר לבל יתפתה לתענוגות הגוף. וראו גם דרשתו ה־18 של אפרהט, דרשות, עמ' 348–349 המפרש כי מצוות "פרו ורבו" שינתה את משמעותה לאחר החטא הקדמון. להרחבה בסוגיית היחס לגוף ולחיי נישואין בכתבי אבות הכנסייה ראו: בראון, הגוף והחברה, עמ' 33–64.

50. ראו בתרגום לאנגלית של תלוול: "But where the first crime (is found) homicide, inaugurated in fratricide — no crime was so worthy of the second place as a double marriage..." (טרטוליאנוס, **על הגלימה**, עמ' 61–62).

51. כפי שנאמר במפורש בברייתא בתוס' יבמות ח, ז עמ' 26 ובבבלי יבמות סג ע"ב.

בדרשה נוספת ושונה בבראשית רבה הנצמדת לשירת למך מתואר דו־שיח שקדם לשירתו של למך. שירת למך המקראית, המזכירה מעשה הרג של אנשים, הופכת בפיו לשאלת אבסורד המנקה אותו מעוון הרג. וכך היא לשון המדרש:

> ויאמר למך לנשיו וגו׳ ר׳ יוסי בן חנינה אמר תבען לתשמיש, אמרו לו למחר המבול בא ונשמע לך, נהוא פרות ורבות למאירה. אמר להן כי ״איש הרגתי לפצעי״ שיבואו עלי פצעים בשבילו או ״יילד לחבורתי״ שיבואו עלי חבורות בשבילו, קין הרג ונתלה לו שבעה דורות, ואני שלא הרגתי אינו דין שיתלה לו שבעים ושבעה...
> אמר להן אתה וניזל גב אדם, אזלון גב אדם אמר להן עשו את שלכן שהרי הקב״ה עושה את שלו, אמרין ליה אסיה אסיה אסי חוגרתך (=פגמיך), כלום פרשתה מחוה הרי ק״ל שנה אלא שלא להעמיד ממנה בן, כיון ששמע כן נזקק להעמיד תולדות מיד ״וידע אדם עוד״, ניתוסף לו תאוה על תאותו, לשעבר אם לא היה רואה לא היה מתאוה, עכשיו בין רואה ובין שאינו רואה מתאוה, ר׳ אבא בר יודן בשם ר׳ אחא רמז למפרשי ימים שיהו נזכרים לבתיהם ובאים מיד (בראשית רבה כג, כג-כה עמ׳ 224–226).

למך מבקש לשכב עם נשותיו אולם הן חוששות מפריון בתקופה שבה יחול, על פי חישובן, מועד פירעון עונשו של קין, שכן בני למך הם דור שביעי לקין.[52] למך מוצג במדרש כמי שבונה קל וחומר תיאולוגי שממנו הוא מסיק כי לא ייתכן שפירעון חטאו של קין יחול על זרעו של מי שלא חטא בהרג. דרשת בראשית רבה מעמידה את משפט החיווי המקראי, הרומז על מעורבותו של למך בהרג, כשאלה רטורית שהתשובה הברורה מאליה היא האבסורד שבמחשבה שזהו חטאו. על פי דרשת בראשית רבה, בניגוד לשכתוב אצל יוספוס, חישובי למך מובילים אותו למסקנה כי מועד הפירעון של מי שלא היה שותף להרג יהיה בעוד דורות רבים, ולפיכך אל להן לנשותיו לחשוש מלשכב עמו.

52. מעניין שאין הבחנה בין השתיים לעניין משכב, והרי צלה, על פי המדרש הקודם, שתתה כוס של עקרין ואינה צריכה לחשוש מפריון. סתירה בין מדרשים היא תופעה לא נדירה, אולם הימצאותן זו אחר זו מעוררת תמיהה.

מהמשך המדרש דומה שנשותיו לא התרצו לתשמיש, אולם הן מסכימות להתייעץ עם אבי השושלת – אדם. המדרש איננו מספר אם נשות למך השתכנעו מדברי אדם, שאל לאדם לעסוק בחישובי המהלכים האלוהיים, אולם למך (או נשותיו) הוכיחו את אדם על כך שהוא מייעץ להם את מה שאינו מקיים בעצמו. התוכחה לאדם הביאה להולדת שת ולהתגברות תאוות התשמיש שלו.

קשה למצוא קוהרנטיות בין שני המדרשים העוסקים בלמך: הבדל בתיאור הסטטוס הנשי של צלה (כוס של עקרין, לעומת החשש שלה מפריון) והבדל בהערכת דמותו של למך (מודל שלילי של דור המבול לעומת ניקויו מעוון הריגה והשפעתו העקיפה על המשך ההולדה).

דומה שאת העדר הקוהרנטיות בין שתי המסורות פותר ר׳ אבא בר יודן בשם ר׳ אחא באמצעות המשפט החותם את המסורת השנייה: ״רמז למפרשי ימים שיהו נזכרים לבתיהם ובאים מיד״. שתי המסורות, על אף שונותן, באות ללמד על חשיבות קיום מצוות פרייה ורבייה. המסורת הראשונה מלמדת על השלכות מעשיהם של משקי כוסות של עקרים וחלקם בגזרת המבול. המסורת השנייה מלמדת על חשיבות קיום מצוות פרייה ורבייה גם בעתות סכנה, ואף מוצאת נקודת אור בדמותו של למך, שהודות לתאוות המשגל שלו הביא לתוכחת נשותיו לאדם ובעקבותיה לחידוש מצוות פרייה ורבייה ולהולדתו של שת, שצאצאיו יבנו את העולם החדש.

בבראשית רבה, חרף מוצאו של למך מזרעו של הרוצח הראשון של האנושות, ועל אף רמיזה מקראית על חלקו בהרג בעצמו, למך אינו מואשם ברצח. למך של בראשית רבה מייצג לא בהכרח את הליקוי המרכזי של דור המבול, אלא את האתגר האקוטי בדורו של יוצר האגדה ושל עורכה סביב התעמולה הנוצרית המתנגדת לנישואין ולילודה. אגדת למך מלמדת על עונשם של מפרי הצו האלוהי הראשון, ״פרו ורבו ומלאו את הארץ״. מהפך באגדת למך יתרחש במסורת חז״ל המאוחרת.

2.2 תנחומא – זילות חיי אדם

המסורת התנחומאית לשירת למך שונה מהותית מקודמתה בבראשית רבה, ועל אף כמה קווי דמיון, המוכיחים זיקה בין המסורות, מוקד הדרשה שונה. הדרשה בעלת שני חלקים, החלק הראשון מתאר את הטרגדיה המשפחתית שנגרמה בעקבות נכותו של למך:

למך בן בנו היה שביעי לדורות וסומא היה. יוצא לצוד והיה בנו בידו. כשהיה רואה אותו תינוק היה אומר לו כמין חיה אני רואה, מתח את הקשת כנגדה והרג את קין. ראה אותו תינוק קין מרחוק הרוג וקרן במצחו, אמר לו ללמך אבי תראה דמות אדם הרוג וקרן במצחו. א"ל למך ווי לי זקני היה. טופח שתי ידיו בחריטה ונגע בראש התינוק והרגו בשוגג, שנאמר "ויאמר למך לנשיו עדה וצילה שמען קולי" וגו'. נשארו שלשתן במקום אחד. קין הרוג ואותו תינוק הרוג ולמך סומא.

החלק השני מתאר את הריחוק שגזרו עליו נשותיו בעקבות המקרה הטראגי:

לערב יצאו נשיו אחריו מצאו זקנם הרוג ותובל קין בנם הרוג ולמך סומא...
כיון שבאו לבית אמר להם למך לנשיו עלו למטה. א"ל הרגת את קין זקנינו ותובל קין, לא נעלה. אמר להן כבר נטל קין חלקו שבעה דורות, אבל אני שבעים ושבעה. אמרו לו לא נשמע לך מה אנו מולידין למארה. אמר להן נלך לבית דין. הלכו להם אצל אדם הראשון. אמרו לו עדה וצלה אדונינו למך זה בעלינו הרג את זקנינו. אמר להם אי זקנינו לפי תומו. אמר להם אדם "נשי למך האזינה אמרתי" אמר לו למך "איש הרגתי לפצעי וילד לחבורתי" אמר להן לכו השמיעו לבעליכן. אמרו לו אסיא אסי את חבורתך אתה פרשת ממיטתך מאה ושלשים שנה ואתה מלמד אותנו? מה כתיב אחריו "ויחי אדם שלשים ומאת שנה ויולד בדמותו בצלמו" (תנחומא בראשית יא).

אלה המוטיבים הדומים בין דרשת התנחומא למסורת הקדומה:

1. פניית למך לנשותיו מתפרשת כבקשה לשכב עמן.
2. חשש הנשים מפריון בגלל קללת הזרע.
3. הבחירה באדם כבורר בין למך לנשותיו.
4. תוכחה לאדם על העדר דוגמה אישית בהתנהלותו עם אשתו.
5. שת נולד בעקבות קבלת התוכחה ושינוי התנהגותו של אדם.

ואלה ההבדלים בין המסורות:

1. הרקע לשירה: בבראשית רבה אין. בתנחומא – סיפור הריגת קין ובנו של למך במסע ציד.
2. פרטי המידע על למך: בבראשית רבה העדפותיו בתחום המיני. בתנחומא – עיוור, איש ציד, הרג בשוגג שניים מבני משפחתו.
3. סיבת אזכורו של קין: בבראשית רבה, הנגדה בין מעשה הרצח של קין לחפותו של למך. בתנחומא – קין הוא מושא הטרגדיה. המילים "כי איש הרגתי לפצעי וכו'" הופכות ממשפט תמיהה למשפט חיווי.
4. הקללה שבגינה מסרבות הנשים לשכב עם למך – בבראשית רבה גזרת המבול, בתנחומא – הקללה הרובצת על הורג קין.[53]
5. אמצעי השכנוע של למך: בבראשית רבה – קל וחומר מחנינתו של קין על מעשה הרג. בתנחומא – הפחתת חומרת הטרגדיה של מותו, שכביכול כבר היה אמור להתרחש.
6. אינטונציית השירה – בבראשית רבה: זחיחות וביטחון. בתנחומא – מתוך יגון ותחינה.
7. מעמדן של הנשים – כנועות בבראשית רבה ואסרטיביות בתנחומא.
8. נקודת המוצא של תשובת הבורר – בראשית רבה: תיאולוגית, אל לו לאדם להתערב בחשבונות שמיים. בתנחומא – לימוד זכות על למך.

כעת יש לברר את הגורם לשינוי הקיצוני בדרשת התנחומא.

חוקרי מדרש מציעים הסברים מתודולוגיים המסייעים להבין את עיבודי המסורת המאוחרת למדרש הקדום, לעיתים על ידי יצירת סימטרייה סיפורית במקומות שבהם היא אינה מובהקת בעלילה הקדומה, ולעיתים על ידי תוספת פרשנות לספרות הדרשנית הקדומה, הסומכת על הקורא שיבין את קשיי הפסוק שבו נתלית הפרשנות המדרשית.[54] ברגמן מציין את התופעה כמאפיינת את עיבודי התנחומא.[55] רבים מן ההבדלים בין גרסאות התנחומא

53. בתנחומא בובר בראשית כו מתואר אדם כמי שמסרב לשכב עם חוה בגלל מארה שרובצת על המשפחה בעוון רצח הבל. הקב"ה הוא שמוכיח אותו ומגביר אצלו את התאווה ובעקבותיה נולד שת.
54. ראו למשל: אלבוים, בין עריכה לשכתוב, עמ' 57–62; לוינסון, הסיפור הדרשני, עמ' 68; מאיר, הסיפור הדרשני במדרש, עמ' רסא. וראו לעומתם את כהן, מבנה ועריכה, עמ' 1–20. וראו לאחרונה סיכום של כל העמדות ביחס לקורפוס המדרש המאוחר אצל וייס, דיאלוג דרמטי, עמ' 249–269.
55. ברגמן, תנחומא ילמדנו, עמ' 15–16.

לבראשית רבה ניתן להסביר כמילוי פערים במקרא שלא קיבלו מענה במסורות הקדומות, או תוספת הסבר לבסיס המקראי המשמש את הרעיון הדרשני הקדום.

דרשת בראשית רבה, כפי שציינו קודם, סובלת מחוסר קוהרנטיות בין חלקיה והיא אף מעלה לא מעט קשיים בפרשנות הפשט. השלב הראשון, אם כן, של ניתוח מגמות התנחומא הוא לבחון באילו מחלקי הדרשה ניתן פתרון לחוסר הסימטרייה או להעדר עקביות.

המדרש התנחומאי אינו עוסק בסיבת בחירתו של למך לשאת שתי נשים. ייתכן שהתעלמותו מיחידה מדרשית זו נובעת מכך שקיימת סתירה בין המדרש המתאר את צלה כמי שמיועדת לנוי ולתשמיש, לבין העובדה שבמקרא היא מתוארת כאֵמן של תובל קין ונעמה. כמו כן, כוס העקרין אמורה למנוע פריון, ואם כך מדוע צלה שותפה לפרישה מלמך?

המדרש בבראשית רבה תולה את סירובן של הנשים להיעתר לבקשת למך בחשש מהמבול. מדוע נולד חשש זה עכשיו, וכי סכנת השמד במבול לא העלתה חשש בלבן לפני שילדו ללמך את בניו הקודמים?! דרשן התנחומא מציין סיבה קונקרטית שהתרחשה לאחר הולדת הבנים הראשונים, שתסביר מה עורר את החשש בנקודת הזמן הזאת: "לערב יצאו נשיו אחריו מצאו זקנם הרוג ותובל קין בנם הרוג ולמך סומא".

על פי המדרש בבראשית רבה למך מרגיע את חששן של נשותיו על ידי אזכור דחיית עונשו של קין. כיצד מתקשרת דחיית עונשו של קין לחשש מפני המבול? בדרשת התנחומא אזכורו של קין נדרש כדי להמתיק את אשמתו של למך. מועד הפירעון של עונשו של קין הגיע, ולכן על הורג קין לא תחול המארה (שמושתת על רוצחים) שממנה חוששות נשותיו.

למך מזכיר בשירתו מעשה של הריגה. המדרש בבראשית רבה הופך את משפט החיווי לשאלת תמיהה. אילו הייתה כוונת למך להביע תמיהה, היה נכון יותר להוסיף את האות ו' לפני המילה "כי".[56] בדרשת התנחומא האינטונציה מותאמת יותר לסגנון המילים בפסוק.

דרשן התנחומא שהסתייג מדרשת בראשית רבה נדרש להציע תשובה אחרת לשאלות: את מי הרג למך ולמה, מדוע נשותיו התרחקו ממנו וכיצד ניסה לפייסן. קוגל מצביע על כמה מרכיבים בתוך הפסוקים שיצרו את פרטי המדרש החדש: קין מוזכר בדברי למך כמי שנקמתו התרחשה כעבור

56. כך למשל בשמות ג, יא; איוב ז, יז; שם טו, יד; שם לא, יד; דברי הימים א' כט, יד.

שבעתיים, אולם הכתוב אינו מזכיר את מותו של קין, ואם כך ניתן ליצור זיקה בין מעשה ההריגה שעליו מדבר למך לבין מותו של קין.[57] קוגל מזכיר את הכינוי "איש" בשירת למך שמוזכר גם על ידי אימו של קין לאחר לידתו, 'קניתי איש את ה'" (בראשית ד, א). הפצע והחבורה הנזכרים בשירת למך נדמים כמתארים את אופן המתת הקורבן. קוגל מציע שהמילים "פצעי" ו"חבורתי" מסבירות את סיבת המתת קין. הפצע והחבורה מתארים את מומו של למך שבגינו טעה והרג את בני משפחתו.[58]

אך על אף ההסברים המתודולוגיים לשינוי הקיצוני, לא ניתן להסתפק בהם ויש לתת את הדעת גם על שינוי המגמה. מגמת דרשת בראשית רבה הוצעה כמעודדת פרייה ורבייה לנוכח תפיסות בעולם הדתי והתרבותי שבסביבתו צמחה הדרשה. דרשת בראשית רבה תולה בהימנעות ממצוות פרייה ורבייה את עונש המבול. בעיבוד התנחומאי של הדרשה קשה לזהות עידוד של פרייה ורבייה. אומנם הסוגיה נזכרת בסיפא של הדרשה בתוכחת נשות למך לאדם, "אתה פרשת ממיטתך מאה ושלשים שנה ואתה מלמד אותנו?", אולם דומה שחלק זה נוסף כדי להסביר את סמיכות הפרשיות להולדת שת. הוכחה לחשיבות המשנית של סוגיה זו בקרב דרשן התנחומא ניתן למצוא בדרשה המקבילה לסיפא של דרשת התנחומא בתנחומא בובר בראשית כו, המסבירה את פשר הפסוק המתאר את הולדת שת ומוסיפה היגדים המלמדים על חשיבות קיום המצווה, היגדים אלו נעדרים מתנחומא הנדפס.[59]

ייתכן שכדי להבין את התמורה במגמה יש להכיר את הפרשנות הנוצרית המקבילה שהתפתחה בפער הדורות שמיצירת המדרש בבראשית רבה ועד לעיבוד המאוחר בתנחומא.[60]

57. כך גם מסביר או'דונוגו, בלדר, עמ' 94.
58. קוגל, עיוורונו של למך. על אגדת למך כמילוי של פערי הכתוב ראו גם דבריו של מלינקוף, אות קין, עמ' 2: "this lack of scriptural information did not, however, prevent fertile imaginations from filling the gap with a fascinating and contradictory panorama of conjectures, reveries, legends and questionable tradition".
59. "להודיעך שכל ק"ל שנה שפירש אדם מחוה, היה הרוחות באות אצלו ומתחממות ממנו, ומוליד מזיקין, באותה שעה אמר הקדוש ברוך הוא אני לא בראתי את עולמי אלא לפריה ורביה, שנאמר לא תהו בראה לשבת יצרה (ישעיהו מה, יח), מה עשה הקדוש ברוך הוא, נתן תאותה של חוה בלבו של אדם, ושימש עמה וילדה שת".
60. מועד עריכת מדרשי התנחומא ותיארוך המסורות המצויות בו נדונו לא מעט במחקר.

אגדת למך זכתה לפיתוח נרחב בספרות הנוצרית היוונית והסורית,[61] ויש המזהים בה עקבות של סיפורי מיתוס קדומים.[62] העובדה שהסיפור מצוי בגרסאות רבות בעלות גרעין דומה, עשויה ללמד על הימצאותה של מסורת עתיקה, שעובדה על ידי דרשנים, יהודים ונוצרים, בתקופות שונות, בהתאם למסרים שהם ביקשו לחדד, כל אחד על פי עקרונות הדת והמוסר שהוא ביקש להנחיל לקהל שומעיו.

כפי שראינו לעיל (עמ' 14) טרטוליאנוס ממקד את הביקורת על למך ואת עונש הכליה שנגזר על זרעו בעובדה שלמך נשא שתי נשים. במאה הרביעית אנו מוצאים כבר תפיסות חדשות: ג'רום, מהכנסייה הלטינית, שחי בשנות חייו האחרונות בעיר בית לחם, מרחיב בתיאור רשעותו של למך, שחידש בעולם את הביגמיה, ומצביע על המבול כעונש שנועד להשמיד את זרעי הביגמיה מהעולם.[63] בתיאורו של למך, ג'רום כבר מצביע עליו כמי שביצע גם רצח, וטוען שלשני חטאי למך (הביגמיה והרצח) משקל זהה בגרימת המבול (בניגוד לטרטוליאנוס, שהעמיד את נישואי למך לשתי נשים בדרגת חומרה פחותה אך במעט מעוונו של קין ברצח).[64] ג'רום מפרש כי האישה השנייה של למך מסמלת באופן אלגורי את הכופרים ואת בתי הכנסת שלהם (המכונים על ידי יוחנן "בתי הכנסת של השטן").[65]

בסיליוס, בישוף קיסריה שבאסיה הקטנה במאה הרביעית, מייחס ללמך כבר שני מקרי רצח. הוא מכיר את המסורת המזהה את אחד הנרצחים עם

ראו: ברגמן, מסורות ומקורות; ברגמן, תנחומא ילמדנו, עמ' 9–13; ברגמן, רובדי יצירה. ההשערות לתיארוך המאוחר ביותר של המסורות המצויות בחיבור חלוקות זו על זו, אולם יש שמאחרים אותן לתקופת הגאונים בסוף המאה התשיעית ולאחריה. ברגמן, שהקדיש לא מעט מחקרים לתיארוך ספרות התנחומא ולהבחנה בין החיבורים, מחלק את החומר המדרשי של תנחומא הנדפס לשלושה רבדים, וטוען שהרובד השלישי, שבו מצויים עיקר הקטעים שאין להם מקבילה בתנחומא בובר, נערך בתקופת הגאונים בבבל או באזור שהיה תחת השפעתה. זאת בניגוד לצונץ, הדרשות, עמ' 111, הסבור שמוצאן של מסורות התנחומא הוא ביוון ואיטליה מראשית המאה התשיעית.

61. רייס, סיפור למך, סוקר את כל המקורות הקדומים והמאוחרים שעסקו באגדת למך.

62. ראו למשל אצל או'דונוגו, בלדר.

63. "and the seedling of digamy then planted was altogether destroyed by the doom of the deluge" (ג'רום, איגרות, עמ' 168).

64. "Fratricide and digamy were abolished by the same punishment — that of the deluge" (ג'רום, איגרות, עמ' 359).

65. ג'רום, איגרות, עמ' 234.

קין, אולם סבור שלמך לא רצח את קין. בסיליוס מפרש את דברי למך כמי שחושש מעונש, ומזכיר את קין כדי לנמק את החשש שלו. קין הרג מבלי שידע את משמעות ההרג, ואילו למך הכיר את תוכחת הא־ל לקין ואף על פי כן הרג שני אנשים. לפיכך צפוי ללמך עונש חמור הרבה יותר מעונשו של קין. בסיליוס משרטט זיקה בין הולדת ישו לכפרה על חטא למך.[66]

דומה שאפרם הסורי, גם הוא בן המאה הרביעית, הוא הראשון מבין הפרשנים הנוצרים שמייחס ללמך את הריגתו של קין ושל בנו. אפרם סבור שהריגת קין נעשתה במזיד כדי להסיר את קללתו של קין שמנעה מצאצאי שת להינשא לצאצאי קין. את בנו הרג למך משום שהיה עד לרציחתו של קין. לדעת אפרם כשלמך פונה לנשותיו, הוא דורש מהן לקשט את בנותיהן, וללמד אותן שירי פיתוי, שיגרמו לבני שת להינשא להן. העובדה שצאצאי שת לא עמדו בפיתוי ונשאו את נשות קין גרמה למבול. אפרם, בדומה למסורת התנחומאית, מפרש כי פניית למך לנשותיו נבעה מכך שהן האשימו אותו ברצח בני משפחתו, והוא מנסה לצנן את התנגדותן על ידי הצדקת הריגת קין, שממילא היה נספה במבול.[67]

מסורות התנחומא קשות מאד לתיארוך מפאת המנעד הרחב של החומר המדרשי המצוי בחיבור. אף על פי כן, ניתן להניח שדרשני התנחומא המאוחרים[68] הכירו מסורות נוצריות קדומות שנוצרו בארץ ישראל או בארצות השכנות (אסיה הקטנה, יוון וסוריה). ההנחה שאני מבקשת להציע היא שהמקום המרכזי שתפסו נישואיו של למך לשתי נשים בספרות הנוצרית, עד כדי העמדת הביגמיה כמשתווה בחומרתה למעשה הרצח, והפרשנות הנוצרית לאישה השנייה המסמלת את בתי הכנסת השטניים, הביאו את דרשן המסורת בתנחומא להזניח את העיסוק של הגרסה הקדומה בבראשית רבה בביקורת על נישואי למך לשתי נשים ולהתמקד בחומרתו של חטא הרצח. המדרש מתאר את משפחת קין כמי שמתבוססת במרחץ דמים, שמביא לזילות חיי אדם עד למציאות של הריגת אב את זקנו ואת בנו ביום אחד. בשונה מאפרם הסורי, דרשן התנחומא איננו מייחס ללמך רצח במזיד, אולם הוא מתאר את ההשלכות של ההתגרות במלאך המוות על ידי

66. בסיליוס, איגרות, עמ׳ 298.

67. אפרם, בראשית, עמ׳ 51–58.

68. ברגמן סבור שמרבית המסורות שמובאות בתנחומא הנדפס ואין להן מקבילה בתנחומא בובר משתייכות לרובד המאוחר של התנחומא.

אבי השושלת: "וכיצד נהרג קין? נעשה מלאך המות ק"ל שנה והוא נע ונד בקללה" (תנחומא בראשית יא).

בתארו את אופייה של עריכת התנחומא כותב ברגמן:

> סוגה מדרשית זו מהווה מעין מערכת סגורה בתוך ספרות המדרש, שבה מתהוות מסורות מדרשיות, זאת בהתאם לתנאים ההיסטוריים־חברתיים שבהם התפתחו והתפשטו דברי היצירה... אופיו של תהליך זה נקבע בהתאם לקונטקסט ההיסטורי חברתי שבו חיים בעל המדרש וקהלו.[69]

האם נוסף לכך ניתן לשמוע בהרחבה התנחומאית וההתמקדות במוטיב ההרג הד למציאות אותנטית בסביבתו של הדרשן ולחיים בשנים המאוחרות יותר תחת השלטון הביזנטי והמוסלמי?[70] ייתכן שכן, אולם מכיוון שבתוכן דברי למך נזכרים במפורש מעשי הרג והפסוקים שקודם לכן מספרים על פיתוח חרושת הברזל, הרי שניתן להצביע על דרשן התנחומא כמי שמייחס ללמך חטא קרוב יותר לפשוטו של מקרא מאשר קודמיו. כלומר, יותר מאשר הצורך לנמק את בחירתו של דרשן התנחומא להתמקד במעשי ההרג של למך, יש לשאול על קודמיו, שהתאמצו לנקותו מעוון זה וייחסו לו חטאים שאין להם בסיס מוצק בפסוקים.

2.3 כתאב אלתיג'אן – נקמת דם

בחיבור תימני 'כִּתַאב אלתִיגַ'אן פִּי מְלוּךּ חִמְיַר' (ספר הכתרים בעניין מלכי חמיר) מובאת גרסה ייחודית לאגדת למך, בעלת זיקות למסורת התנחומאית, אולם בעלת מאפיינים ייחודיים לה. החיבור, המיוחס לאבן השאם ומתוארך לסופה של המאה השמינית, מכיל סיפורים היסטוריים־אגדיים על העמים הערביים ועיבודי מסורות יהודיים קדומים.[71]

69. ברגמן, ספרות תנחומא־ילמדנו, עמ' 62.
70. על מעשי אלימות כלפי היהודים ודרכי התמודדותם עם התוקפנות כלפיהם בתקופה הביזנטית ראו: עיר שי, אלימות, עמ' 391–416. על מחלוקת החוקרים בשאלת מעמד היהודים בארץ ישראל בתקופת הכיבוש המוסלמי ראו: טקסל, האסלאם, עמ' 73–106.
71. על החיבור ומקורותיו ראו: לרנר, אל מטווה, עמ' 39–40; אדנג, כתבי מוסלמים, עמ' 15–16.

וכך גרסת האגדה:[72]

אכן למך בן אנוש בן הבל בן אדם, והוא הבל שנרצח על ידי קין, עבר לידו [ליד קין] בעת שהיה רועה את הצאן רכוב על סוסו. ולמך היה עיוור. אז דבר קין ולמך אמר: מי הוא זה המדבר: כבר נשבר כבדי מחמת דבריו ועורי נרעד בגללו.
הם אמרו: הו קין, רוצח הבל אבי אביך.
הוא אמר: משוך לי את הקשת.
הם משכו לו קשת, הוא הקשיב לדברים [כדי לזהות] מאיפה בא, עד שידע איפה הוא [קין] ואחר אמר: אנא ה׳, הנחני ואנקום.
אחר הוא ירה ופגע בצוואר קין והוא [קין] נפל מעל סוסו ואחר השיב [קין]: מי זה? הוגד לו: למך בן אנוש בן הבל. הוא אמר: די לי, בני הבנים ביצעו את העונש לאבות אבותיהם, והוא מת.
אחר כך הביאו בני קין את למך העיוור אל שת ואמרו: הוא שהרג את אבינו הזקן. הוא [שת] אמר להם: הא־ל ביצע את צדקתו באמצעות הבריה החלשה ביותר. הניחו לו [ללמך] [לקחת] נפש תחת נפש. אכן גילה ה׳ לאדם: אנכי הרחמן מכל הרחמנים. בנך נרצח ואני לא אצווה אותך לרצוח את ילדך האחרון. הנח לו [לעבור]. הנמלט לא יתחמק ממני והמנצח לא ינוס מפניי. ואני החזק, הרודף.

לא קשה לזהות בגרסה זו את המוטיבים הלקוחים מהמסורת התנחומאית: העיוורון, הקשת, הריגת קין, הבורר, ואף על פי כן נראה שמגמת המדרש בכתאב אלתיג׳אן היא שיר הלל לגאולת דם. החריגה מהגנאלוגיה המקראית והעמדת למך כנכדו של הבל משרתת את רעיון נקמת הבן את דמו של הסב. כך גם תיאור למך כמי שהרג במזיד את קין לאחר שווידא את זהותו.

העובדה שלמך הוא דמות מקראית ומדרשית שלילית, ושסיפורו סותם את הגולל על שושלת קין, אינה מטרידה את הדרשן, שמצליח לזקק מתוך המסורת הקדומה את המוטיבים שיצדיקו את העיקרון המוסרי שבו הוא מצדד.

החוקרים מעריכים שעיבודי המסורות היהודיות הקדומות בכתאב

72. הגרסה מתוך אבן השאם, כתאב אלתיג׳אן, עמ׳ 27–28 עם תרגום על פי פרנצוזוף, אגדת למך, עמ׳ 9.

אלתיג'אן נשאבו מחיבור קדום יותר המיוחס לוהב אבן מֻנַבִּה, יהודי שהתאסלם (מת בסביבות שנת 730) שהכיר את כתבי היד היהודיים, ויצר בהן אדפטציות שישתלבו עם אמונת האסלאם.[73] פרנצוזוף סבור שמסורת זו התגלגלה לתימן ועובדה על ידי תושביה (הלא יהודיים) בהתאם לתרבות הערבית והחברה הבדואית, שעודדה נקמת דם.[74]

*

בפרק זה הראיתי כיצד תיאור משלח ידם של צאצאי שושלת קין ופסוקית שירה עמומה בפי דמות מקראית משנית וחולפת, שמשולבים בתוך סיפורי הראשית המכוננים, הופכים לבעלי משקל בתהליך פיתוחן במרוצת הדורות. חידת חטאם של הדורות שקדמו למבול, המתומצתת במקרא לפעולת החמס, פושטת ולובשת צורה בהתאם לתפיסת הרעה החולה של התקופות ותרבויותיהן המשתנות. פיתוח הציוויליזציה על ידי בני השושלת, שלכאורה הביא לקדמה של העולם החדש, נידון בחומרה בידי מי שסבורים שההזדמנויות החדשות שנוצרו על ידם הובילו להשחתת הארץ בעבודה זרה, עודדו מעשי רצח וזימה והכניעו את האדם להשתעבד לתאוותיו.

הסטטוס המשפחתי של למך נדרש במסורות כתקדים שלילי, אולם בסיבת שלילת המעשה ניתן להבחין באחת מהמחלוקות היסודיות והקדומות שבין יהודים לנוצרים. השלילה היהודית נובעת מהפגיעה של נישואי ביגמיה בייעוד ההמשכיות המשפחתית, ואילו השלילה הנוצרית נובעת מהיחס המסויג למוסד הנישואין כבר מימי ראשוני הנוצרים.

המעשה המקראי המפורש שמיוחס ללמך כרוך בהרג ובפציעה. קידומן של תוכחות על ליקויים חמורים אחרים, הקהה בלא מעט מהמסורות את חומרת חטא ההרג, עד כדי ניקויו המוחלט של למך ממנו. ההיצמדות המחודשת לעוון ההריגה במסורת התנחומאית המאוחרת יצרה צורך במילוי הלקונה המקראית בסיפור הרקע למעשה ההרג הכפול, והביאה לשילובה של אגדת למך, המתארת את הטרגדיה האנושית של בעל מום שהרג בשוגג שניים מבני משפחתו ונדחה עקב כך על ידי נשותיו. הטרגדיה האנושית של הרג בן משפחה הופכת במסורת מוסלמית לפעולה חיובית של נקמת דם שאף זוכה לגושפנקה אלוהית.

73. על והב אבן מנבה ויצירותיו ראו: אבות, והב אבן מנבה, עמ' 103–112.
74. פרנצוזוף, אגדת למך, עמ' 10–11.

המנעד הרחב של גלגולי המסורת והמעבר שלה בין התרבויות אפשרו הצצה ממבט־על על תפיסות הגותיות, דתיות ותרבותיות של העולם העתיק והתפתחותן במרוצת הדורות.

פרשת נח

סדק של תשובה – על הזדמנות לתיקון שהוחמצה

תיאור מאיסתו של הא־ל בעולם שברא ורצונו למחות את האנושות חותם את הסדר האחרון של פרשת בראשית ופותח את הסדר הראשון של פרשת נח. אופי הפסוקים המתארים חרון אף אלוהי חסר תקדים, ורצף סיפורי החטא הקודמים לו, אינם משאירים מקום לספק בדבר רצינות כוונותיו של הא־ל להעניש את חוטאי הדור, שלא למדו לקח מעונשי אבותיהם, והפכו את העבריינות המוסרית לנורמה תרבותית.[1]

> וירא ה׳ כי רבה רעת האדם בארץ וכל יצר מחשבת לבו רק רע כל היום. וינחם ה׳ כי עשה את האדם בארץ ויתעצב אל לבו. ויאמר ה׳ אמחה את האדם אשר בראתי מעל פני האדמה מאדם עד בהמה עד רמש ועד עוף השמים כי נחמתי כי עשיתם (בראשית ו, ה–ז).

בדברי הא־ל מודגשת זהותם של הניצולים היחידים מחורבן הבריאה תוך

1. אופיו של חטא בני האלוהים נתון למחלוקת פרשנית בעלת מנעד רחב ביותר של הגדרת אופי החטא. על אף הפרשנות הרחבה, מרבית הפרשנים תמימי דעים בהאשמת החוטאים בעבריינות מוסרית. לסקירת הפרשנות לאורך הדורות ראו: דודנס, בני האלוהים.

הנמקת קריטריון הבחירה בנח ובמשפחתו "בא אתה וכל ביתך אל התבה כי אתך ראיתי צדיק לפני בדור הזה" (בראשית ז, א).

על אף הבהירות המקראית ביחס לתוכנית האלוהית, במדרשי חז"ל, החל מתקופת התנאים ועד המאוחרים שבהם, ובספרות הנוצרית והמוסלמית המקבילה, אנו מוצאים תיאורים של הא־ל כמי שעדיין לא חתם את דינו של הדור ולמעשה מאפשר לו לחזור בתשובה ובכך למנוע את הקטסטרופה הקרבה.

ההנחה שלחוטאים ניתן פרק זמן לחזור בתשובה, ממקדת את העיסוק הדרשני בשאלה מה אירע באותן שנים עם אלו שנגזר דינם לטבוע. הניסיון להשלים את הפער בסיפור המקראי האיר פרק זמן נסתר בסיפור המבול, שכפי שנראה לא היה קצר כלל ועיקר, ובו נבחנה תגובתם של החוטאים לאפשרות של חנינה, חרף סופיותה לכאורה של גזרת המבול.

בפרק זה יוצגו תיאורי ההתרחשות של אותו פרק הזמן שבין הציווי לנח על בניית התיבה לבין ירידתן של הטיפות הראשונות, כפי שמופיעים במסורות מסוף תקופת בית שני, המשנה והתלמוד. המכנה המשותף לרוב המסורות הוא זיהוי פרק זמן של עשרות שנים בין ההודעה על גזר הדין ובין ביצועו, אולם כפי שנראה קיים הבדל משמעותי ביניהן בשאלה כיצד נוצל פרק הזמן הזה, מה היה תפקידו של נח, שורד המבול, באותן שנים, ומה הגורם לעובדה שחרף איום השמדת היקום ואפשרות הסרתו לא ניצלו חוטאי הדור את פתח התיקון שניתן להם ונספו בעוונם.

כדי להבין לאשורן את המסורות השונות יש להניח שהמדרשים המאוחרים הכירו חלק מהמסורות הקדומות,[2] ולכן אפתח את העיון בשאלה מה בכתוב הסב את תשומת ליבם של יוצרי המדרשים הקדומים וגרם להם להוסיף את אפיזודת ההשהיה האלוהית לפני ביצוע גזר הדין של השמדת היקום, שאפשרה תהליך של תשובה. לאחר מכן אפנה לברר מה הביא לשינויים שיצרו הדרשנים המאוחרים במסורות שהיו לפניהם, בעיקר בהערכת פעולתו של נח בקרב החוטאים, וכיצד שינויים אלה תואמים את רוח התקופה שבה חיו ופעלו.

2. ראו למשל: קוגל, שתי הקדמות, עמ' 131-155; פורטון, מדרש חכמים, עמ' 141-169; בויארין, מדרש תנאים, עמ' 35-44.

1. השערת הבסיס המקראי להתפתחות המדרש

- כרונולוגיה וכימות בתיאור המבול

הסיפור המקראי של הרס הבריאה באמצעות המבול רווי בכימות של ימים ושנים,[3] כמו כן התורה נוקטת תיארוך כרונולוגי של אירועים מרכזיים בתולדות נח. בבראשית ה, לב מצוין גילו של נח בעת הולדת בניו: "ויהי נח בן חמש מאות שנה ויולד נח את שם את חם ואת יפת". מיד לאחר מכן מסופר על חטא בני האלוהים ועל התכנון האלוהי "אמחה את האדם". כניסת נח לתיבה התרחשה כשהיה בן שש מאות שנה: "ונח בן שש מאות שנה והמבול היה מים על הארץ" (שם ז, ו). ניתן כמובן לטעון שעל אף הצמדת חטא בני האלוהים להולדת בני נח בכתוב, עברו כמה עשרות שנים בין האירועים, אולם פער של מאה שנים הוא בהחלט נתון מפתה להשלמת פערים מדרשית.

- "לא ידון רוחי באדם... והיו ימיו מאה ועשרים שנה" (בראשית ו, ג)

הפסוק החידתי המתאר את תגובת הא-ל למעשה בני האלוהים מונה את המספר מאה ועשרים, שעשוי להצביע על מועד פירעונו של הא-ל מהחוטאים.[4] מספר זה חופף במידה רבה לפער השנים בחיי נח.

- הדרגתיות בתיאור הפיכת המטר למבול

תהליך ירידת המים מתואר באופן הדרגתי. יש כתשע פעימות עד לירידת המבול בעוצמתו הסופית.[5]

ייתכן שהתיאור ההדרגתי משמש אף הוא כנקודת מוצא לאפשרות של שינוי רוע הגזרה כשיווכחו החוטאים שהפורענות ממשמשת ובאה.

3. ראו החישוב של בעל סדר עולם, המקדיש פרק שלם לחישוב תקופת המבול (פרק ד). קיימים כמה הבדלים בין נוסח המסורה לנוסח השבעים בחישוב השנים. על משמעות ההבדלים ראו: ג'קובוס, לוח השנה של המבול, עמ' 283-296.

4. כך משתקף ממגילת "פשר בראשית" 4Q252: "בשנת ארבע מאות ושמונים לחיי נוח בא קצם לנוח ואלוהים אמר לא ידור רוחי באדם לעולם ויחתכו ימיהם מאה ועשרים שנה עד קץ מבול" (מרטינז וטיג'לאר, מגילות I, עמ' 500), וכן בתרגומים ניאופיטי, אונקלוס והמיוחס ליונתן. וראו גם: המילטון, בראשית, עמ' 269 ואחרים. מרבית הפרשנים מפרשים כי המספר מאה ועשרים עוסק בקיצור תוחלת החיים של האנושות בעקבות החטא. ראו: רש"י רד"ק וראב"ע לבראשית ו, ג, וראו: קליין, חרפת האנושות, עמ' 58-70.

5. השוו: ו, יז; ז, ד; ז, ו; ז, ח-ט; ז, י; ז, יז; ז, יח; ז, יט; ז, כד.

- **הסיפור הכפול ושמות הא־ל**
רבים מפרשני המקרא וחוקריו עמדו על החזרות בסיפור המבול, על הסתירות ביניהן ועל השימוש הכפול בשם אלוהים לעומת שם הוויה.[6] דומה שגם מבנה חריג זה והשילוב של שם הוויה המורה על מידת הרחמים האלוהית, בתוך תיאור של פורענות,[7] עומד ביסודם של מדרשי התשובה.
- **ההיערכות הפומבית לקראת הכניסה לתיבה**
ההצלה של נח ומשפחתו היא אירוע ניסי. התיבה, חסינה למים ככל שתהיה, לא יכולה הייתה לתת מענה של חיים רציפים במשך שנה שלמה לכמות בעלי החיים שהיו מצויים בתוכה. על אף היותה של ההצלה על־טבעית, מוקדשים פסוקים רבים לציווי על היערכות אנושית־טבעית ופומבית על ידי בניית התיבה והכנסת בעלי החיים הרבים לתוכה. ההנחה היא כי אירוע מסוג זה אינו יכול להיעשות מבלי לעורר תשומת לב רחבה של הסביבה. על תגובתם הלא כתובה של סביבתו של נח, שמן הסתם התקיימה, מרחיבים הדרשנים במדרשי הקריאה לתשובה.

2. "והיו ימיו מאה ועשרים שנה" – פתח התשובה בספרות בית שני ובספרות התנאית

ברבים מחיבורי בית שני, על אף עיסוק רחב מאוד בדמותו של נח ובסיפור המבול, ואזכור הידיעה המוקדמת על הקטסטרופה העתידית, אפשרות התשובה אינה נזכרת.[8] בחיבורי הספרות הקדומה (ספרות בית שני והספרות התנאית) שכן מזכירים את אפשרות התשובה, היא נזכרת כמהלך השהיה

6. מחקרים רבים נכתבו על הסיפור הכפול, על הסתירות ועל הצעות הפתרון. ראו ריכוז שלהם בהפניות של גרוסמן, בראשית, עמ' 172-185. גרוסמן מפנה למחקרים בעלי גישה מסורתית לפתרון כפילויות וסתירות במקרא ולמחקרים בעלי גישה ביקורתית הטוענת לקיומן של תעודות שונות שהולחמו בעריכה מאוחרת.
7. על השינויים בשמות הא־ל ומשמעותם בסיפור המקראי ראו: קאסוטו, תורת התעודות, עמ' 31-32.
8. כגון בספר היובלים, בספר חנוך, במגילת המבול, במגילה החיצונית לבראשית ובקדמוניות המקרא. על הידיעה המוקדמת לאסון החורבן על ידי מים ואש בספרות בית שני ראו: שרון וטישל, מסורות ייחודיות, עמ' 143-165.

אלוהי מבלי לפרט כיצד אפשרות התשובה תווכה לחוטאים, למעט התיאור בקדמוניות היהודים, שבו נעסוק בהמשך.

פילון מציע פרשנות אלטרנטיבית לקטע הפסוק "והיו ימיו מאה ועשרים שנה", הנזכר בחטא בני האלוהים (בראשית ו, ג). לדעת פילון, יש לפרש את השנים כמצביעות על החסד האלוהי שניתן לחוטאים על ידי האפשרות לחזור בתשובה במשך מאה ועשרים שנים לפני שישמיד את הבריאה.[9]

פרשנות דומה מובאת בתרגום ניאופיטי לעונש בני האלוהים:[10]

> ואמר מימריה דיי לא יתדנון דריא דעתידין למיקם מן בתר דרא דמבולא למובדא למשתיצי ולמימחא גמירא הלא רוחי יהבית בבני אנשא מן בגלל דאינון בשרא ועובדיהון עובדין בישין הא יהבית להון ארכא מאה ועשרין שנין דילמא דיעבדון תתובא ולא עבדו (בראשית ו, ג).[11]

על פי התרגום, הא־ל גזר שמד על דורות החוטאים, אולם הזהיר מאה ועשרים שנה קודם לכן. המתרגם פירש גם את מעמדן של מאה ועשרים השנים המתארות את פרק הזמן שנותר לחוטאי הדור "ארכא", וכן את תכליתה של ה"ארכא" ותוצאתה – "דיעבדון תתובא ולא עבדו". נח איננו מוזכר כמי שצריך לפעול כדי להחזיר את החוטאים בתשובה.

במכילתא דרבי ישמעאל מוזכרת אפשרות התשובה שניתנה לדור המבול, בתוך יחידה ארוכה המתארת את הנהגת הגמול של הא־ל בעולם, "במדה שאדם מודד בה מודדין לו", עם הוכחות מעונשם של המצרים. אל מול מידת הדין של הא־ל הנפרע מחוטאים, מתואר טובו של הא־ל המאפשר לחוטאים לחזור למוטב בטרם ישית עליהם את הגמול הראוי להם: "אבל אתה טובך וחסדיך הרבים ורחמיך עלינו וימינך פשוטה לכל באי העולם שנאמר ימינך ה'". פורענות דור המבול, פורענות בוני מגדל בבל, פורענות

9. פילון, שאלות על ספר בראשית, עמ' 60.

10. על השערת זמנו של התרגום ראו את תיארוכו הקדום של דיז מאצ'ו, ניאופיטי, עמ' 57–63, לעומת מקנמרה, תרגום ניאופיטי, עמ' 45.

11. על פי כתב היד מספריית הותיקן https://digi.vatlib.it/view/MSS_Neofiti.1/, עמ' 11. נוסח דומה מובא גם במיוחס ליונתן. תרגום: וה' אמר לא יידונו הדורות העתידים לקום אחרי דור המבול, להאביד, להשמיד ולמחות לגמרי. הלוא רוחי נתתי בבני האדם, מפני שהם בשר ומעשיהם מעשים רעים הנה נתתי להם ארכה מאה ועשרים שנה, אולי יעשו תשובה – ולא עשו.

סדום ופורענות מצרים התרחשו רק לאחר שאפשרות התשובה לא נוצלה על ידי חוטאי הדור.

> ימינך ה׳ נאדרי בכח נאה אתה ואדיר בכח שנתת ארכה לדורו של מבול לעשות תשובה ולא עשו תשובה שנ׳ ״ויאמר ה׳ לא ידון רוחי באדם״ ולא גמרת עליהן כלייה עד שהשלימו רשעם לפניך (מכילתא דרבי ישמעאל מסכתא דשירה ה עמ׳ 133).[12]

דרשן המכילתא מבקש להעלות על נס את עיקרון התשובה. רחמי ה׳ כה גדולים, שגם לחוטאים כבדים, כמו דור המבול והמצרים, שהיה צריך לנהוג בהם ביד קשה בגלל עוצמת חטאיהם, ניתן פתח של תשובה.

בתוספתא סוטה, אגב דיון בהשפעתם השלילית של רשעים על העולם, שאלו מה היו טיבם של ימי ההמתנה של הא-ל עד שהביא מבול לעולם ונפרע מהחוטאים. התוספתא, בניגוד לקודמותיה, אינה מתייחסת למאה ועשרים השנים, אלא לשבעת הימים שבין כניסת נח לתיבה לבין ירידת טיפות הגשם הראשונות. התוספתא מציעה כמה תשובות לעיכוב הדין, ואחת מהן היא האפשרות שניתנה לחוטאים לעשות תשובה:

> מה טיבן של שבעת הימים הללו מלמד שנתן להם המקום שבעת ימים לאחר גזירה שמא יעשו תשובה ולא עשו לכך נאמ׳ ״ויהי לשבעת הימים [ומי המבול היו על הארץ]״ (בראשית ז, י) (תוספתא סוטה י, ג, עמ׳ 214–215).

דומה שבכל האזכורים הללו העיסוק בסיפור המבול הוא משני ודמותו של נח איננה מעסיקה כלל את יוצרי המסורות. מה שעומד במוקדי המסורת הוא תיאור כוחו של הא-ל ודרכי הנהגתו באופן שישתלב עם המסרים התיאולוגיים של החיבור, כפי שיפורט להלן.

פילון, בניגוד לאסכולות בני זמנו, ייחס ערך חיובי לאפשרות של תשובה. הוא ראה את התשובה כביטוי לחסד ולרחמים האלוהיים לקיומו

12. במכילתא דרשב״י טו נוסח הדרשה דומה מאוד לנוסח המכילתא דרבי ישמעאל, אולם ההקשר שונה מעט. דרשת התשובה מופיעה כיחידה בפני עצמה, כאחת מהאפשרויות לפירוש הביטוי ״נאדרי בכח״.

של המין האנושי.[13] נראה כי בחירתו של פילון לתאר שהות של תשובה לדור המבול מוכיחה כי גם במקרה קיצוני של חטא חמור ומתמשך, החסד והרחמים האלוהיים לא גזרו הכחדה מיידית, וזו נעשתה רק לאחר שכלו כל הניסיונות למנוע את הפורענות.[14]

על פי רוב קשה לדלות עקרונות דת ומוסר מן התרגום, שכן תכליתו המרכזית היא ביאור שפת המקרא עבור דוברי ארמית, אולם "כשאין הדבר נצרך מן הטקסט המיתרגם",[15] ניתן לשער שהמתרגם מכוון למטרות דתיות או מוסריות.[16]

חוקרי התרגומים הארמיים הצביעו על נטייתם של המתרגמים לחרוג מכבילותם לטקסט כשחששו מעיוות מחשבתי בתורת הגמול האלוהי שעשוי להיווצר מלשון הכתוב. במקומות כאלו הוסיפו המתרגמים מילות הבהרה שמיישבות את הכתוב עם עקרונות הגמול.[17] הצורך בחיזוק האמונה בגמול הוא על־דורי, בעיקר בעתות של שבר, וייתכן גם שהצורך בחיזוק האמונה בעיקרון זה גבר עקב עמדתן של כיתות כופרות שפקפקו בצדק האלוהי. לוין מצביע על נטייה של המתרגמים לפרש חטא מקראי שהעונש עליו בושש לבוא בכרונולוגיה המקראית, כעיכוב שנועד לאפשר חזרה בתשובה, והפורענות בוא תבוא אם ההזדמנות לתשובה לא תנוצל.[18] לוין אינו מזכיר את הדוגמה מחטא דור המבול, אולם היא תואמת לחלוטין לתיאור המבנה התוספתי של המתרגם הקדום.

בלידשטיין מנתח את דרשות הגמול במכילתא העוסקות בפורענות שהביאה למותם של המצרים, ומצביע עליהן כמי שנועדו לצנן את להט

13. ראו בהרחבה אצל פרז, תשובה והמרת דת, עמ' 127-103.
14. גלג'ון, פרשנות פילון לנח, עמ' 191-183, מנתח את הפרשנות הרחבה של פילון לדמותו של נח. גלג'ון אינו מתייחס למשמעותו של הקטע שבו פילון מפרש את מאה ועשרים השנים כהודעה מוקדמת על פורענות המבול, שכן נח אינו מוזכר בו כבעל תפקיד בהובלת מהלך התשובה.
15. בלשונו של שנאן, תרגום ואגדה בו, עמ' 108.
16. ראו דברי שנאן שם, עמ' 107: "התרגום מאפשר להכיר את השכבה הרחבה של באי בית הכנסת ולעמוד על הדרכים שבהם הוצגו לפניהם עמדות דתיות ומוסריות שונות". ראו גם מקנמרה, התרגום והברית החדשה, עמ' 78-83.
17. ראו: מקנמרה, התרגום והברית החדשה, עמ' 187-199; לוין, המקרא בארמית, עמ' 80-92; שנאן, תורתם העיונית, עמ' 15-22.
18. לוין, המקרא בארמית, עמ' 85-86.

הקנאות של בני הדור שחיו לאחר כישלון מרד בר כוכבא, כלפי הקיסרות הרומית; לדכא התארגנות צבאית ולהותיר את משימת הנקם לפעולת האל.[19] מדרשי הגמול המפותחים במכילתא נועדו לדידו להרגיע את מוטיבציית הנקמה של העם המובס, ולהבטיח כי במוקדם או במאוחר, הא־ל ייפרע מכל החוטאים כפי שנפרע מרשעי מצרים "מידה כנגד מידה". העיכוב בנפילתה של הקיסרות כמו גם העיכוב בעונשם של דור המבול ושל חוטאי סדום ושל המצרים, אל להם לעורר חשש שמא לא יתקיים הגמול לרשעים, ישנם גורמי עיכוב שעשויים לדחות את ביצוע הפורענות, ואחד מגורמי עיכוב אלו הוא אפשרות החזרה בתשובה.

דומה אפוא שאזכור המבול במסורות שלעיל נועד לחזק תפיסות תיאולוגיות הנוגעות לדרך ניהול הא־ל את העולם, כאמצעי לחיזוק האמונה של דור ההווה שבו נוצרו הדרשות. שילוב היבט התשובה שניתן לדור המבול, בסוגיה שדנה בגמול האלוהי, מתבקש מאליו, שכן חורבן הבריאה הוא הגמול החמור ביותר שהתרחש בעולם מימי בריאתו.

חוסר העניין בסיפור המבול בהקשרו הקונקרטי בולט על רקע היעדרו של נח ממסורות אלו. הדבר בולט במיוחד בגרסת התוספתא. הפרקים האחרונים בתוספתא סוטה עוסקים בהרחבה בשבחם של צדיקים ותרומתם לעולם, ובנפילת הדורות מתור הזהב של ימי האבות לחורבן הבית ולביטולן של הנבואה והכהונה, ולהסתלקותם של גדולי חכמי ישראל.[20] כדי להוכיח את השפעתם המיטבית של צדיקים, הם מתוארים כמי שגם במותם ממשיכים להשפיע טובה על העולם. התוספתא מזכירה את הולדת נח כמי שהייתה אמורה להשפיע על העולם (סוטה י, ה"ב), אולם העיכוב של שבעת הימים עד ירידת המבול מוסבר בתוספתא כנובע מהשפעתו המיטיבה של מתושלח, הצדיק שנפטר מהעולם, גם לאחר מותו: "מה טיבן של אילו שבעת הימים אילו שבעת ימי אבלו של מתושלח הצדיק שעיכבו את הפורענות מלבוא לעולם" (שם, ג עמ' 214), תוך התעלמות מנוכחותו של הצדיק האמיתי, שלא הצליח למנוע את הפורענות.

להלן אעמוד על התפתחות הדרשות העוסקות באפשרות התשובה שניתנה לדור המבול, תוך שילוב תפקידו של נח בפרק הזמן שניתן.

19. בלידשטיין, תפילה וחזרה בתשובה, עמ' 68-87.

20. על אופיים האפוקליפטי ועל מגמתם הדוקטרינרית השקפתית של פרקים אלו ראו: רוזן־צבי, בין חכמה לאפוקליפסה, עמ' 46-68.

3. נח ופתח התשובה בקדמוניות היהודים ובמסורות המדרש מתקופת התלמוד

נח הוא הדמות המקראית הראשונה שזוכה לשבח אלוהי, אחרי דורות של חוטאים ובתוך סביבה מושחתת שמרחפת עליה גזרת חורבן. המקרא עצמו מסתפק בתיאור מעמדו בפני הא־ל "מצא חן בעיני ה'"; "איש צדיק תמים"; "את האלהים התהלך נח" ו"כי אתך ראיתי צדיק", מבלי לפרט את המעשים שבגינם זכה לשבחים חסרי תקדים אלו. הספרות הבתר־מקראית משלימה את החסר, מעניקה לנח תכונות עילאיות ואף מונה אותו עם אבות האומה.[21] אולם באף לא אחד מהחיבורים היהודיים הקדומים אין מתוארת הדינמיקה שהתפתחה בינו לבין סביבתו החוטאת.[22] הראשון שבחר לאפיין את נח גם בהיבט של האינטראקציה בינו לבין סביבתו הוא יוספוס בקדמוניות היהודים, ולאחר מכן בהרחבה במדרשי חז"ל ובספרות הנוצרית והמוסלמית.

יחידה זו תתמקד במסורות הממשיכות את קודמותיהן בהנחה שגזרת הא־ל קדמה עשרות שנים לתהליך חורבן הבריאה, אולם מרחיבות בתיאור מעורבותו של גיבור התקופה.

3.1 יוספוס – נח המטיף בשער

יוספוס בקדמוניות היהודים מייחס לנח פעילות הטפה בפני בני דורו, וזו לשונו:

> ואמנם לפי המסורה, עשו אלה מעשים, הדומים למעשי השחצנות של הגיגנטים שעליהם מספרים ההלנים. ואילו נח התמרמר על מעלליהם

21. כך למשל בתיאור הולדתו ותכונותיו התרומיות בחנוך א קו–קז,3 ובמגילה החיצונית לבראשית 1Q20 col. 2; 5:5, 7, 10, בתיאור חוכמתו ב 4Q534, frag. 1, col. I, 4-8, במעלת צדקתו אצל פילון, על אברהם, 31–36 כרך ב עמ' 82–83; ועל שהא־ל הוא ללא שינוי, 104–116 כרך 4II עמ' 70–73 ובהכללתו עם אבות האומה בבן סירא מד, 17, ובצוואת השבטים בצוואה המיוחסת לבנימין י, 6. וראו בהרחבה: עמיחי ומצ'יאלה, מסורות לידה, עמ' 53–69; שרון וטישל, מסורות ייחודיות, עמ' 143–165, ובעיקר עמ' 153–156; וכן: דיאמנט, נח בספרות היהודית הקדומה, עמ' 123–150.

22. בספרות שאינה יהודית נזכר נח כמי שעוסק גם בהטפה. כך בנאום המיוחס לנח בחזיונות הסיבילות 1.150-170 עמ' 11, שבו הוא קורא לחוטאים לחזור למוטב, וכך גם באיגרת פטרוס השנייה ב, 5, שבה מתואר נח כמטיף הצדק.

ולא קיבל ברצון את מזימותיהם, והיה הולך ומשדלם להיטיב את מחשבותיהם. וכיון שראה שאינם חוזרים למוטב אלא השתעבדו לכוח התענוג שבעברה, ופחד שמא יהרגוהו, אותו ואת נשיו ובניו ונשיהם של אלה, עמד ויצא את הארץ.[23]

יוספוס מתאר את נח כמי שנבדל ממעשיהם של בני דורו, ואף מנסה להשפיע עליהם לשנות את דרכם. נח פרש מתפקידו רק לאחר שהבין שבני דורו מכורים לחטא, והמשך פעילות ההטפה לא רק שלא תועיל, אלא תסכן את חייו ואת חיי משפחתו. יוספוס בתיאורו מצדיק את ההערכה האלוהית לדמותו של נח.

בשני מקומות מסגיר יוספוס את מגמותיו בהרחבת התיאור המקראי על נח והמבול.[24] במאמר הראשון בספרו "נגד אפיון" הוא מבקש להפריך את המחשבה שניתן להסתמך על כתבי היוונים בלבד כדי להכיר את תולדות היהודים. הוא מתאר עיוותים בתיאורי האפוס הקדומים, וביניהם מזכיר גם את ברוסוס (כוהן ממוצא בבלי, חי במאה השלישית לפנה"ס) שתיאר את סיפור המבול.[25]

הסיפור בגרסאותיו הלא יהודיות מתאר את המבול כגחמה אלוהית שניחתה על העולם. יוספוס מספר את הסיפור באופן שיישב את התמיהות התיאולוגיות שעולות מהסיפור המקראי.[26] את השאלה התיאולוגית הנוגעת לגחמה האלוהית כביכול להרס הבריאה הוא פתר בכך שייחס כבר לאדם הראשון את ידיעת העתיד, "משום שאדם הגיד מראש, שעתיד העולם כולו להישמד פעם בכוח האש ופעם אחרת בכוח המים והמונם".[27] את טענת

23. קדמוניות היהודים 1.73-74 עמ' 10. בחזיונות הסיבילות (לעיל הערה 22) מתוארת הטפה ארוכה שנשא נח באוזני האנשים, תוך שהוא מונה את שלל חטאיהם וקורא להם לחזור למוטב. יוספוס מעיד על עצמו שמכיר את ה'סיבילה' (קדמוניות היהודים 1.118 עמ' 14).

24. ראו אצל תובל, התפקיד של נח, עמ' 167-181.

25. נגד אפיון, א, יט. עמ' כח.

26. על ההבדלים התיאולוגיים שבין האפוס היווני כפי שמביא ברוסוס לנוסח המקרא ראו: לוינשטם, המבול, עמ' 3-26. על מגמותיו התיאולוגיות של יוספוס ראו: פלדמן, נח, עמ' 31-57.

27. שם 1.70 עמ' 9. ראו: קיסטר, אחור וקדם, עמ' 342.

השרירותיות בהנהגת העולם הוא מפריך על ידי תיאור חטאיה הכבדים של האנושות ואפשרות התשובה שנדחתה על ידם.

הפעם השנייה שיוספוס מסגיר את מגמותיו היא כשהוא משווה את חטאי דור המבול לחטאי הגיגנטים (הענקים) מהמיתולוגיה היוונית המוכרת לקהל שומעיו. יוספוס, כמו דרשנים קודמים, יוצר חיבור בין חטאי בני האלוהים לעונש המבול. אזכור הגיגנטים רומז למעמדו המיתי של הסיפור, אולם יוספוס מנפה מתוכו את היסודות המיתיים ותחתיהם מניח חטאים המשתלבים עם עולם המושגים של שומעיו. ההשתעבדות לתענוג היא חלק בלתי נפרד מהתרבות שהורישו היוונים לרומאים. הצורך להיפרע מחוטאים אלו מוכיח את מוסריותם של חוקי האל.

תפקידו של נח על פי תיאורי יוספוס לא היה ליידע את הדור על העתיד להתרחש, אלא לשכנע אותם שתיקון מעשיהם עשוי לשנות את רוע הגזרה. התוספת בקדמוניות מצדיקה את בחירתו של נח. נח נבחר כיוון שהיה היחיד מבני דורו שלאחר ששמע על התוכנית האלוהית להחריב את העולם, ראה את השפעת מעשיהם הרעים של בני הדור וניסה להחזירם למוטב. יוספוס שם בפי נח הסבר לסיבה שמנעה מהחוטאים לחזור למוטב, הם היו משועבדים לתענוג שנלווה לחטא.

מאמצי השידול הקצרים שיוספוס שם בפיו של נח משרתים את יוספוס בכך שהוא מפצח את החטא המקראי העמום שהכריע את האל, ומשווה לו מאפייני חומרה מוכרים. עצם קיומם של מאמצי ההשתדלות מלמד על איום פורענות ממושך וידוע, שנתן בידי החוטאים אפשרות של חזרה למוטב. ניסיונותיהם לפגוע בנח שפעל למענם מסבירים את הסיבה להגנה האלוהית שזכו לה הוא ובני משפחתו.

3.2 מדרש הארזים וגלגוליו

בראשית רבה

פרשיות כט ו־ל בבראשית רבה עוסקות בדרשות הפסוקים המתארים את מעלותיו של נח. כחלק מנטיית הדרשנים להשלמת פערי הכתוב, משולב "מדרש הארזים", המתאר אינטראקציה שמתרחשת בין נח לאנשי דורו לפני בוא המבול. המדרש מתייחס למאה ועשרים השנים שמפרידות בין ההודעה על חורבן הבריאה לביצועו כמובן מאליו, ומספר על התרחשות מתמשכת שאירעה במהלכן:

"איש צדיק" בכל מקום שנ' "איש צדיק" ממחה הוא. שכל מאה ועשרים שנה נוטע ארזים וקוצצן.[28] אמרון ליה למה כדין, אמר לון כן אמר לי מריה דעלמא דהוא מייתי מבולא על עלמא. אמרון ליה אין אתא מבולא לא אתא אלא על בייתיה דאבוה דההוא גברא.[29] ה"ה "לפיד בוז לעשתות שאנן נכון למועדי רגל" (איוב יב, ה) אמר ר' אבא אמר הקב"ה כרוז אחד עמד לי בדור המבול זה נח, ואינון אמ' כדין ליה.[30] לפיד ליה, בוז שהיו מבזין עליו וקרו ליה בוזה סבא, "לעשתות שאנן" שהיו קשים כעשתות, "נכון למועדי רגל" שהיו מוכנים לשני שברים, שבר מלמעלן ושבר מלמטן (בראשית רבה נח ל, עמ' 273).

במבט שטחי נראה שמדרש הארזים משתייך לז'אנר הסיפורי של הגיבור הצדיק שמשלם מחיר אישי על התפקיד הקשה שנשא על כתפו בהוכחת סביבתו החוטאת,[31] אולם עיון מעמיק במדרש והשוואתו למקבילותיו מלמדים שנח רחוק מלשחק את תפקיד הגיבור החיובי, שעשה הכול על מנת למנוע את ירידת המבול.

המדרש מתחיל בתיאור המקראי של נח "איש צדיק" ומפרש שבכל מקום איש צדיק הוא האיש הממחה, המוחה.[32] כלומר המדרש מטעים שתפקידו של האיש הצדיק הוא למחות בבני דורו. כך גם תיאר אותו יוספוס, וכך יתואר נח במדרש אחר בבראשית רבה ובמדרשים מאוחרים יותר:[33]

"שנאו בשער מוכיח ודובר תמים יתעבו" (עמוס ה, י) דהוה אמר להון ריקים מניחים מי שקולו שובר ארזים ומשתחוים לעץ יבש,

28. על זיהוים של הארזים במקרא ובספרות חז"ל, וההשערה שאין מדובר בעץ הארז שאנו מכירים היום, ראו: סטון, הארז ביהדות הקדומה, עמ' 66–82.
29. תרגום: אמרו לו: ארזים אלו למה? אמר להם: כך אמר אדון העולם, שהוא מביא מבול לעולם. אמרו לו: אם יביא מבול, לא יבוא אלא על ביתו של האיש הזה [נח].
30. בכתב יד וטיקן: "תמן אמ' כרוז ליה". תיאודור סבור שהנוסח של כתב יד וטיקן שגוי, וראו גם ברת, וטיקן 30, עמ' 116.
31. בדומה לסיפורי הנביאים ירמיהו ויחזקאל ולפרקי עבד ה', ולספרי הבשורות המתארים את סבלותיו של ישו ממתנגדיו. ראו: מרקוס, מבלעם ליונה.
32. בכמה עדי נוסח מופיעה המילה "מומחה". על עדי הנוסח והשערת הסיבה להבדלים ראו ברת, וטיקן 30, עמ' 116.
33. במדרשים המאוחרים נדון להלן.

> ולפי שהיו שטופים בגזל נמחו [מן העולם...] (בראשית רבה נח לא עמ׳ 278–279).

לעומת זאת, במדרש כאן נח אינו מוחה, הוא עונה לאנשים ששואלים אותו לפשר מעשיו. גם בתשובתו של נח לשאלת הסקרנים, אין הוא משמיע באוזניהם דברי תוכחה וקריאה לשוב למוטב, אלא מספר להם על המבול שעתיד להתרחש. מלשון הביזוי של האנשים לנח ניתן ללמוד גם שנח לא השמיע באוזניהם דברי כיבושין וקריאה לשוב בתשובה. הלעג הופנה כלפי אפשרות של אסון, תוך תחזית אירונית, שאם ירד מבול הוא יפקוד גם את ביתו של נח, ותיארו את היותם ערוכים לפגעי טבע עליונים ותחתונים.

כפי שציינתי לעיל, פרשות כט ו־ל דורשות את מילות השבח של הא־ל כלפי נח. לאור ההערכה האלוהית והמקראית לדמותו, המצוינת ארבע פעמים, היינו מצפים למצוא במדרש רצף של דרשות המפליגות במעלותיו. העיון בדרשות, לא זו בלבד שאינו ממלא את הפער המצופה, הוא מעמיק את תחושת האמביוולנטיות לדמותו של נח, ולא רק מפאת המדרש המביא את המחלוקת בשאלה אם צדיקותו מוחלטת או יחסית. המדרשים מונים מעט מעשי צדקה קונקרטיים של נח כדי להוכיח את מעלתו, ואחרים מוצאים בו מעלה רק משום שלא דבק ברשעתם הקיצונית של בני דורו. הגדיל לעשות ר׳ סימון, שפירש את השבח המקראי ״ונח מצא חן בעיני ה׳ – הוא מצא הקב״ה לא מצא״ (בראשית רבה בראשית כט, עמ׳ 269).[34] ר׳ סימון מסייג את מילות השבח כלפי נח וטוען שבניגוד לפסוקים אחרים שבהם הא־ל מוצא נחת בצדיקים, אצל נח הפועל ״מצא״ איננו מיוחס באופן מובהק לא־ל, ואולי רומז שהא־ל לא מצא בנח משהו חריג מאוד מבני דורו.

רבות מהדרשות בבראשית רבה על פרשת נח המסתייגות באופן מפורש מדמותו של נח מיוחסות לר׳ יוחנן או לתלמידיו בני הדור השלישי והרביעי לאמוראים: כך ר׳ אבא בר כהנא על הפסוק ״כי נחמתי כי עשיתים״ – ״אפילו נח שנישתייר מהן לא שהיה כדיי אלא שמצא חן״ (בראשית רבה נח כט, עמ׳ 268). וכך מדרש שמציין במפורש שמות של חכמי ארץ ישראל שסירבו לפרש את הפסוק ״ונח מצא חן״ (שם, כט עמ׳ 269). ר׳ סימון (או ר׳ אבהו) מוכיח דרך נח שבניגוד לידוע ״שהקב״ה עושה חסד עם אחרנים בזכות

34. מאמר זה אינו מופיע בכתב יד לונדון. וראו הערותיו של תיאודור על חילופי הגרסאות בעמ׳ 269; 278.

ראשנים", נח מלמדנו "שהקב"ה עושה חסד עם הראשונים בזכות האחרונים" (שם עמ' 270). וכמובן דברי ר' יוחנן המתאר את כניסת נח לתיבה "מפני מי המבול" – "מחוסר אמנה היה נח. אילולי שהגיעו מים עד קרסוליו. לא היה נכנס לתבה" (שם, לב עמ' 293).[35] דרשת השבח הגדולה ביותר בפרשיות בראשית רבה על נח "כי אתך ראיתי צדיק" – "מצינו שאומרים מקצת שבחו שלאדם בפניו וכלו שלא בפניו" (שם, לב עמ' 290) – היא דרשה תנאית.[36]

קיים פיתוי לייחס את הערכתם המורכבת של ר' יוחנן ובני דורו כלפי דמותו של נח לפולמוס היהודי־נוצרי. פיתוי זה נובע מהמקום המרכזי שתפסה דמותו של נח בכתבי הנצרות – בספרות הבשורות, באיגרות ובכתבי אבות הכנסייה – שם הוצג נח כמבשר דמותו של ישו.[37]

ייתכן מאוד שניתן להסביר לא מעט מדרשים כמדרשי פולמוס, כך למשל תיאור הולדתו מהול (אדר"נ א ב, נ-נה) כפולמוס עם יוסטינוס, ואחרים בעקבותיו, שהוכיח דרך דמותו של נח כי הבחירה אינה תלויה במילה.[38] וכן את ההדגשה על ההבדל בין נח לאנשי דורו שעסק בפרייה ורבייה (בראשית רבה נח ל עמ' 270-271), בניגוד לתיאורו אצל אפרם הסורי ואחרים כמי ששמר על בתוליו עד גיל חמש מאות ולאחר הולדת ילדיו המשיך לנהוג בפרישות.[39] אולי כך ניתן לפרש גם את דרשתו של ר' יוחנן "מחוסר אמנה היה נח", מול הצבתו של נח כמודל לאיש האמונה בספרות הנוצרית הקדומה.[40] אולם מול אלו ישנן גם לא מעט הקבלות בין התיאור המדרשי ביחס לנח ולתיבה ובין תיאורו של ישו ואלמנטים של

35. עוד דרשת ביקורת מיוחסת לר' יצחק בבראשית רבה נח לא עמ' 281 המשווה בין הקן שמטהר את המצורע לקינים של התיבה שטיהרו את נח, וכן דרשת ר' חייא בר אבא בבראשית רבה נח לא עמ' 286 ועוד. מעניין שכמה מהדרשות הבלתי מסויגות מדמותו של נח אנונימיות.

36. מיוחס על פי כת"י וטיקן לר' אליעזר בן ר' יוסי הגלילי, ואילו על פי עדי נוסח אחרים לר' אלעזר בן עזריה.

37. ראו בהרחבה אצל וילסון, התיבה, עמ' 1-12; לואיס, נח והמבול, עמ' 224-239; ליבר, דמות הצדיק, עמ' 232-355; קולטון־פרום, אפרהט והחכמים, עמ' 57-71.

38. יוסטינוס, הדיאלוג עם טריפון יט עמ' 87.

39. ראו בהרחבה את המקורות הנוצריים העוסקים בפרישותו של נח אצל קולטון־פרום, אפרהט והחכמים, עמ' 57-71.

40. אל העברים יא 7: "מתוך אמונה בנה נח תבה להצלת ביתו, בהיותו ירא אחרי שֶׁהֻזְהַר על דברים אשר עוד לא נראו, ובאמונתו הרשיע את העולם והיה ליורש הצדקה המיסדת על אמונה".

הדוקטרינה בכתבי הנוצרים: המדרש המתאר את דחייתו על ידי סביבתו בבראשית רבה ובמסורות יהודיות מאוחרות, מקביל במידה רבה לתיאור היחס של "הכופרים" לישו בספרות הבשורות.[41] המדרש מתאר את התיבה כמי שמטהרת את נח מטומאתו,[42] בדומה לפרשנות הנוצרית הרואה במבול סמל לחובת הטבילה.[43] בניגוד לטיפול בדמויות מקראיות אחרות שנוכסו על ידי הנצרות, הביקורת על נח איננה בהכרח בתחומים הסותרים עקרונות נוצריים.[44] כמו כן במדרשים מאוחרים יותר נמצא גם מדרשי שבח מפליגים כלפי נח[45] ומיתון הביקורת הקדומה (כפי שנראה להלן), כיצד נסביר זאת לאור העובדה שהפולמוס היהודי־נוצרי סביב מדרשי הכתובים לא פסק ואולי אף התעצם במועד עריכתן של מסורות השבח?

מהו אפוא ההסבר ליחס המסויג של עורך בראשית רבה כלפי נח?

כיוון מעניין אפשר למצוא אצל עמיחי שבמאמרו על נח בספרות הרבנית הציע שהמניע ליחס האמביוולנטי כלפי נח הוא בעיקר הרמנויטי. נח המקראי מתואר כצדיק בראשיתו אולם נפילתו לשכרות עם היציאה מהתיבה, שהביאה לביזויו, מלמדת על פגמים בתכונותיו.[46] היו דרשנים שהסתכלו על המכלול של דמותו והביעו עמדה מסתייגת, ואחרים הפרידו בין שני הסיפורים והצליחו לראות את מעלותיו חרף קלקולו.

אינני חולקת על עמיחי, אולם אני סבורה שהפרשנות ההרמנויטית

41. ראו הבשורה על פי מתי כו 47-57; לוקס כב 63-69.

42. "אמר ר' יצחק מה הקן הזה מטהר את המצורע אף אתה תיבתך מטהרתך" (בראשית רבה נח לא עמ' 281).

43. ראו למשל אצל ג'רום, הדיאלוג נגד הלוציפריאנים, עמ' 22-23 המתאר את המבול את נח ואת התיבה כנמשלים לתהליך הטבילה ולכנסייה.

44. השוו למשל ליחס ליונה ולמרים: אורבך, תשובת אנשי נינוה, עמ' 118-122; אליצור, נישואין וילודה, עמ' 11-46, ועוד רבים.

45. ראו למשל האהדה לדמותו של נח בתנחומא בובר (להלן). התופעה בולטת במיוחד בפיוט הארץ־ישראלי מהמאות הרביעית והחמישית, שמשתייכים לקורפוס "פיוטי הפתיחה לסדר העבודה". כך בפיוט "אזכיר גבורות אלוה", המיוחס ליוסי בן יוסי, ראו: מירסקי, פיוטי יוסי בן יוסי, עמ' 122-206, וכן בפיוט "אז באין כל", שבו מוקדשים שלושה בתים לתיאור צדיקותו של נח, והוא אף נזכר בהם כמי שניסה להחזיר את החוטאים למוטב, ראו: יהלום, אז באין כל, עמ' 173-175, ובהפלגה עצומה בקרובה של יניי (אמצע המאה השישית) בקדושתא לפרשת בראשית, המקדיש ביטויי שבח במשך בית שלם (שורות 5-14) לדמותו של נח, ראו רבינוביץ', פיוטי יניי, עמ' 89-90.

46. עמיחי, נח בספרות הרבנית, עמ' 193-214.

לסיפור נח צריכה לכלול גם את החלק החסר בתוך הסיפור השלם, ואת משמעות היעדרו בתפיסתם של הפרשנים. החסר בסיפור נח המקראי הוא תיאור ביטויי צדיקותו. הצדיק הנבחר אחרי נח הוא אברהם. במשך עשרת הפרקים העוסקים באברהם, המקרא מצדיק את הבחירה בו על ידי תיאור רחב של מעשי המוסר והצדקה של אברהם, שאינו מסתפק בעשיית חסד מקומי, אלא מסתובב בארץ ומחוצה לה כדי לקרוא בשם הא־ל והמוסר. אברהם כואב את חורבנה של סדום, ומתווכח עם הא־ל כתגר בשוק בבקשת חנינה על העיר כולה, בעבור אפשרות של צדיקים מועטים שמתגוררים בה. כל זה נעדר לחלוטין מתיאור נח. אין ולו מעשה אחד שעשוי לרמוז על ניסיונותיו של נח להמתיק את גזרת החורבן לא על ידי פנייה לא־ל ולא באמצעות קריאה לתיקון עוולות. היחס המסויג כלפי דמותו של נח נובע מהיותו "צדיק בפרווה", צדיק הדואג לחום של עצמו ואינו מדליק תנור שישפיע חום גם על סביבתו.[47]

עקרון התשובה הוא אחד המרכזיים בעולמם של חכמים,[48] ומעדויות שעל פי המקורות ניתן להצביע על דורות שבהם העיסוק בו היה דומיננטי יותר מאחרים. כזה הוא דורו של ר' יוחנן. עשרות מימרות על חשיבות התשובה נאמרו על ידו ועל ידי תלמידיו,[49] וכן מדרשים רבים המלמדים זכות על חוטאים מקראיים שחזרו בתשובה.[50] אחד מהמדרשים החריפים המיוחס לר' יוחנן מאשים אפילו את אברהם, שנענש בשעבוד בניו לארבע מאות שנה על שום "שהפריש בני אדם מלהיכנס תחת כנפי השכינה" (בבלי נדרים לב ע"א).[51] ר' יוחנן, המסנגר הגדול על חוטאים מקראיים, מלמד חובה על דמויות שנמנעו מלהחזיר אחרים בתשובה. תפקידו של הצדיק לדידו הוא לא להרפות מהחוטאים כל עוד יש סיכוי לתיקון, כפי שהוא מוכיח ממאמצי אלישע בהחזרתו של גיחזי בתשובה: "וילך אלישע דמשק (מל"ב ח, ז) למה הלך? אמר ר' יוחנן: שהלך להחזירו לגיחזי בתשובה, ולא

47. זהו ביטוי מאוחר המובא בשמו של הרבי מקוצק. ראו: השל, קוצק, עמ' 144. לפיתוח של רעיון "צדיק בפרווה" בדמותו של נח ראו ברדיטשוב, קדושת לוי, עמ' ד.
48. ראו: אורבך, חז"ל, עמ' 408–415.
49. ראו לדוגמה: בבלי ברכות לד ע"ב; יומא פו ע"ב.
50. כך למשל ישמעאל (בבלי בבא בתרא טז ע"ב), יהונתן בן גרשם (שם קי ע"א), מאמצי אלישע להחזיר את גיחזי בתשובה (בבלי סוטה מז ע"א) והוכחת תשובתו של מנשה הנזכרת במשנה (בבלי סנהדרין קג ע"א).
51. על כך בהרחבה אצל אליצור, דיוקן בשביל הדורות, עמ' 97–119.

חזר, אמר לו: חזור בך, אמר לו, כך מקובלני ממך: כל מי שחטא והחטיא את הרבים – אין מספיקין בידו לעשות תשובה" (בבלי סוטה מז ע"א).

חוקרים מצביעים על תקופת פעילותו של ר' יוחנן (סוף המאה השנייה וראשית המאה השלישית) כשלב מרכזי בתהליך הפירוד שבין היהדות לנצרות. הנצרות הלכה והתפשטה בשכבות נרחבות של החברה (לא בהכרח היהודית) לרבות השכבות העליונות, הנוצרים הפיצו את תורתם ואת תפקידם ההיסטורי בקרב אומות העולם, ואת עיקר מרצם הפנו לכתבי פולמוס נגד היהדות. המונח "מינים" ששימש עד כה לתיאור קבוצות שונות שחרגו בהתנהגותן ממצוות הדת בתחומים השונים, התקבע בהדרגה לתיאור מעמדם של "היהודים הנוצרים" שהלכו שבי אחר הבטחות הנוצרים ונטשו את מצוות הדת מתוך אמונה כי תוקפן אינו מחייב את מי שמאמינים בישו.[52] ר' יוחנן עמד בראש ישיבת טבריה ושימש כמנהיג הרוחני של יהודי ארץ ישראל בראשית תקופת התלמוד.[53] בראייה רטרוספקטיבית, התקופה שבה פעל הייתה נקודת מפנה גורלית ביחסי יהודים ונוצרים. דומה שר' יוחנן המשיך להיאבק על הנפשות האבודות, והאמין ביכולת להשפיע עליהן לחזור למוטב. ההסתייגות מדמותו של נח בקרב ר' יוחנן ותלמידיו מביעה אכזבה ממי שידע על חורבן שעתיד להתרחש ולא עשה מאמץ לשנות את רוע הגזרה. מדרש הארזים מחריף את הביקורת על ידי תיאור ההזדמנות שנפלה בחלקו של נח, עת נשאל על ידי הסביבה לפשר מעשיו. נח, במקום לגלות אמונה ביכולת השינוי ולהניע תהליך של חזרה בתשובה, התהלך ביניהם במשך מאה ועשרים שנה כזקן בזוי הנכנע לגורל החורבן, ודואג להציל את נפשו בלבד. מדרש הארזים בבראשית רבה, בניגוד ליוספוס, מבקר לא רק את החוטאים, אלא גם את נח שלא קיבל על עצמו את תפקיד המוכיח בשער ולא מנע את גורלם של החוטאים לאבדון.

תנחומא

מדרש הארזים מופיע בגרסה חדשה בתנחומא ונעדר מנוסח תנחומא בובר.[54]

52. ראו: שרמר, אחים, עמ' 69-99; לנגר, ברכת המינים.
53. ראו איגרת רש"ג מהדורת לוין, עמ' 83; תיארוך זה נתמך על ידי מסורות שונות המציינות את רבותיו ותלמידיו, וההשערות בנוגע לשנות חייהם. ראו: פרנקל, מבוא הירושלמי, צז, ב; שפרבר, גלגולי מספרים, עמ' 278-280.
54. נוסח מורחב למדרש הארזים שמובא בתנחומא מופיע בילקוט תלמוד תורה, מאן,

עורך המדרש בתנחומא יצר בו כמה שינויים. בדיון בנוסח המסורת יש לתת את הדעת למשמעות השינויים; להשתלבותה של המסורת עם ציור דמותו של נח בסדר השלם המוקדש לו ולשאלת בחירת עורך תנחומא בובר שלא לשלבו בחיבורו, ולהציג במקומו תיאור אחר לדינמיקה שהתפתחה בין נח לאנשי דורו.

> "עשה לך תבת עצי גופר" אמר רב הונא בשם ר' יוסי מאה ועשרים שנה היה מתרה הקב"ה בדור המבול שמא יעשו תשובה, כיון שלא עשו אמ' לנח "עשה לך תבת עצי גופר",[55] עמד נח ונטע ארזים. והיו אומרים לו ארזים אלו למה? אמר להן, הקב"ה מבקש להביא מבול לעולם ואמר לי לעשות תיבה כדי שאמלט בה אני ובני, והיו משחקים ממנו ומלעיגים בדבריו. והיה משקה אותם ארזים והן גדלים. והיו אומרים לו מה אתה עושה? ומשיב להן כענין הזה, והיו מלעיגים עליו. לסוף קצצן והיה מנסרן והיו אומרין לו מה אתה עושה, ואומר להן כך והיה מתרה בהם, כיון שלא עשו תשובה הביא עליהם מבול "וימח את כל היקום" וגומ' (תנחומא נח ה).

מבנה המדרש איננו מותיר מקום לספק מבחינת שיוכו למדרש הארזים הקדום לו בבראשית רבה,[56] ואף על פי כן קיימים כמה הבדלים:

1. הדיבור המתחיל בבראשית רבה הוא "איש צדיק" ואילו בתנחומא "עשה לך תבת עצי גופר".[57]
2. אין יצירת ציפייה בתיאור תפקידו של הצדיק, הקב"ה הוא המתרה בחוטאים.[58]

מאמרי ילמדנו, עמ' רפד. על ההשערה בדבר קדימותן של כמה מהמסורות המופיעות בילקוט ראו שם, עמ' רע-רעא.

55. בכתב יד פרמה מובאת כאן התוספת: "עמד נח ועשה תשובה".
56. וכפי הנראה גם לנוסח מדרש הארזים בילמדנו המובא בילקוט תלמוד תורה, מאן, מאמרי ילמדנו, עמ' רפג-רפד.
57. כמו גם במדרש הארזים המופיע בילקוט תלמוד תורה. הגופר הוא כפי הנראה אינו הזהות הבוטנית של סוג העץ אלא מתאר את תכונותיו. ראו: עמר, צמחי המקרא, עמ' 198.
58. כך גם בנוסח המופיע בילקוט תלמוד תורה, שבו אין שום הווה אמינא שנח יחזיר

3. נטיעת הארזים נעשית לא כמעשה ראווה בפני החוטאים אלא רק לצורך בניית התיבה.
4. "ואמר לי לעשות תיבה כדי שאמלט בה אני ובני". בשיח של נח עם סביבתו לא מוזכרת אפשרות של ניצולים אחרים מלבד הוא עצמו ובניו.
5. תיאור מפורט יותר של הטיפול בארזים.
6. השחוק והלעג של החוטאים כלפי נח עובר מיתון. הפסוק מאיוב אינו נזכר כאמצעי לתיאור עוצמת הבוז.
7. לעג החוטאים בתנחומא אינו נובע מהתפיסה שהם יכולים להתמודד עם המבול, אלא מחוסר אמונה בירידתו.
8. תוספת "והיה מתרה בהם"[59] והתוצאה "כיון שלא עשו תשובה".

כמקובל בספרות המדרשית המאוחרת, ישנם שינויים שניתן להסביר כמתודולוגיה של המדרש המאוחר לפרש סתומות של המדרש הקדום, או להרחיב במקומות שהמדרש הקדום הותיר יותר מאפשרות הבנה אחת.[60] אף על פי כן דומה שהנוסח החדש מקצין את הביקורת כלפי נח: המדרש "מוריד" את רף הציפיות מנח כמי שאמור לשמש כמוכיח בשער, נח אינו שותף למאמץ האלוהי להחזיר את החוטאים למוטב, אלא מתבקש לבנות תיבה כדי להגן על עצמו. הצחוק והלעג שהופנו כלפי נח בבראשית רבה כוונו באופן אישי אליו, ונבעו כפי הנראה מהבנת מעמדו. השחוק והלעג בתנחומא אינם מופנים כלפי נח כ"איש צדיק", אלא כלפי החזון העתידי שהוא משמיע, כלומר נח אינו נתפס כישות מיוחדת ומזוהה, אלא כאיש משונה שמשמיע תחזית הזויה. המילים "והיה מתרה בהם" מכוונות כפי הנראה לפעולת האזהרה מפני המבול, מבלי להוכיח ולכוון את האנשים לדרכי תשובה.

מדרשי תנחומא לסדר נח שעוסקים בנח מצומצמים יותר בהיקפם מאלו שבבראשית רבה, אולם דומים למדרשי בראשית רבה באמביוולנטיות כלפי נח. מעשה צדיקותו של נח על פי התנחומא מסתכם בכך שהוא זן את בריותיו של הקב"ה. עורך התנחומא שילב את דרשת ר' אבהו מבראשית רבה על כך שהא-ל "עושה לראשונים בזכות האחרונים", ואם כך, נח זכה

את החוטאים בתשובה, אלא "אמר הב"ה: שמא יעשו תשובה, כשיראו נטיעת הארזים ועשיית התיבה אולי ישבר לבם" (מאן, מאמרי ילמדנו, עמ' רפד).

59. בנוסח המובא בילקוט תלמוד תורה המילים "והיה מתרה בהם" אינן מופיעות.
60. ראו לעיל הערה עמ' 18 הע' 54 ובמבוא עמ' כג-כה.

לחנינה הודות לצאצאיו (סימן ב). העורך גם מביא את המדרש המשווה בין צדיקותו האבסולוטית של אברהם ובין זו של נח – משל הטיט למילים "את האלהים התהלך נח", הממחיש את פחיתות מעמדו של נח (סימן ה).

מדרש הארזים אינו נזכר, כאמור, בתנחומא בובר, אולם ניתן לזהות רכיבים מתוכו בתוך מדרש ששם במוקד את חוטאי הדור ולא את נח:

> ד"א וירא ה'. זש"ה [=זהו שאמר הכתוב] "אנשי רע לא יבינו משפט" (משלי כח, ה), אילו דור המבול, שהיו חוטאין ולא היו מסתכלין שהפורענות באה עליהן. "ומבקשי ה' יבינו כל" (שם) זה נח ובניו, ששמעו מהקב"ה שהוא מביא מבול ונתייראו מהקב"ה. בא וראה למה אמר הקדוש ברוך הוא לנח שיעשה תיבה, כדי שיראו אותו שהוא עוסק בה ויעשו תשובה, ואלמלי כך לא היה יכול הקב"ה להציל את נח בשמים או בדברים אחרים שאמר לו "עשה לך תבת עצי גופר"? (בראשית ו, יד). "צהר תעשה לתבה", ולמה כך, אמר הקב"ה מתוך כך שאני אומר לו עשה תבה והוא עוסק בה, והם מתכנסים אצלו ואומרים לו נח מה אתה עושה, והוא אומר להם תבה, שאמר לי הקב"ה שהוא מביא מבול לעולם שהן מכעיסין אותו, ומתוך כך עושין תשובה, כך הקב"ה מחשב, אבל הם לא היו משגיחין עליו, הוי אומר "אנשי רע לא יבינו משפט" (תנחומא בובר בראשית לז).[61]

הדרשה בתנחומא בובר מובאת בתוך רצף של דרשות לסוף פרשת בראשית, המפרשות מהי הרעה שראה הא-ל בדורו של נח שבגינה גזר מבול על העולם. תיאור בניית התיבה נועד להעמיד את מעלתו של נח על פני בני דורו. נח נתיירא מהקב"ה כששמע שמבול עתיד לשטוף את הארץ, ואילו בני דורו, על אף שקיבלו עדות מוחשית לפורענות העתידית, באמצעות התיבה שנח בנה לעיניהם, ולמרות אזהרתו של נח, הם לא השגיחו בו ולא עשו תשובה. היבטי הביקורת הסמויים באגדת הארזים בשתי גרסאותיה נעדרים לחלוטין מדרשת תנחומא בובר.

61. על פי כתב יד אוקספורד המובא ב"מאגרים". בנוסח אחר שמביא מאן מתוך מדרש חדש על התורה, עמ' קנא, מושחרת דמותם של בני המבול אף יותר ממדרש זה: "...היו בני המבול באין ועושין מלאכה [אצלו] ונוטלין שכרן ממנו, ומלעיגין עליו, ואומרין: זקן זה לעת זקנותו נשתטה...". וראו: וכמן, מדרש חדש על התורה, עמ' 4.

בתנחומא בובר, בניגוד לבראשית רבה ולתנחומא הנדפס, מצויות דרשות רבות שעוסקות בתיאור צדיקותו של נח, ובחלקן ניתן אף לזהות ניגוד לאופן תיאורו במדרשי הביקורת. בסימן ב מוכחת צדיקותו של נח על ידי שלל פסוקים מספר משלי; בסימן ג מוכחת צדיקותו מזריזותו בבניין התיבה, אולי בניגוד לדרשת ר' יוחנן המתאר את חוסר אמונתו בירידת המבול; בסימן ד הפלגה בהוכחת צדיקותו והידמותו לא־ל בהזנת הבריות; בסימן ה דרשה שניתן לפרשה כחולקת על דרשת ר' אבהו בכך שמייחסת את צדיקות בני נח אליו "שהיו בניו צדיקים כמותו", ואינה מעריכה את נח כמי שזכה להצלה בזכות צאצאיו; בסימן ו מובאות שתי הדעות על מעמדו של נח, אולם ניתן משקל מרכזי ורחב יותר לדעה האוהדת הסבורה שצדיקותו של נח אבסולוטית. מול המדרש המשווה את מעמדו הנחות של נח לזה של אברהם, מטעים המדרש בתנחומא בובר את היותם שווים "בשביל לפייס לכל באי העולם שלא יהרהרו לומר שלא היה צדיק אלא בדורו, אמר הקדוש ברוך הוא שקול הוא לפני כאברהם".[62]

קיים קושי להצביע על הגורם להבדלי ההערכה של נח בשני חיבורי התנחומא, שכן קובצי התנחומא מכילים רובדי מדרש מתקופות שונות, ולא תמיד ניתן להצביע על מאפייני התקופה שבה נכתב כל מדרש.[63] אף על פי כן קיים בין שני החיבורים הבדל מעניין וחשוב לענייננו ביחס לערכה של תוכחה כאמצעי להנעת תהליך תיקון. הנושא דורש מחקר בפני עצמו, שקצרה היריעה מלעסוק בו במסגרת זו, אולם די להצביע על כמה מדרשים המדברים בחשיבותה של תוכחה לאהבה, לתשובה ולגאולה, הנזכרים בתנחומא בלבד.[64] כך למשל בסדרה ארוכה של דרשות המובאות בתנחומא בלבד בשבח התוכחה ובגנותו של מי שאמור להוכיח ונמנע מלעשות כן:

62. ראו גם תנחומא בובר ויקהל ח: "תן לחכם ויחכם עוד מדבר בנח...".

63. על רובדי העריכה במדרשי תנחומא־ילמדנו ראו: ברגמן, תנחומא ילמדנו, פרק ד, עמ' 188-176.

64. ראו בתנחומא וישלח ה מדרש ארוך העוסק במעלת התוכחה והתשובה. ראו ויגש ה בוויכוח היצרי והאלים שהלביש דרשן התנחומא על יהודה ויוסף, שבמהלכו עוקץ יוסף את יהודה ומוכיח אותו על כל חטאיו. המדרש מסתיים במילים: "וכשם שלא פייס יוסף את אחיו אלא מתוך בכיה כך כשיגאל הקדוש ברוך הוא את ישראל מתוך בכיה הוא גואלם שנא' (ירמיהו לא, ח) 'בבכי יבאו ובתחנונים אובילם אוליכם אל נחלי מים בדרך ישר לא יכשלו בה כי הייתי לישראל לאב ואפרים בכורי הוא'" (שם ויגש ד). וכן תנחומא משפטים ז על "לא תשנא את אחיך בלבבך"; בתנחומא אמור

ומאן דלא מוכח מתפיס בההוא עון דאמר מר כל מי שאפשר לו למחות באנשי ביתו ואינו ממחה נתפס על אנשי ביתו, באנשי עירו נתפס על אנשי עירו, בכל העולם כולו נתפס על כל העולם כולו...
וכן הוא אומר "והכרתי ממך צדיק ורשע". צדיק על שלא מיחה ברשע...
תניא רבי אומר איזה הוא דרך ישרה שיבור לו האדם, יאהב את התוכחות שכל זמן שהתוכחות בעולם נחת רוח באה לעולם, טובה באה לעולם, ברכה בעולם, רעה מסתלקת מן העולם שנאמר (משלי כד) "ולמוכיחים ינעם ועליהם תבוא ברכת טוב", על המוכיח ועל המתוכח... (תנחומא משפטים ז).[65]

לעומת זאת מצויות שתי מסורות מפתיעות בתנחומא בובר המסתייגות מהשלכותיה של תוכחה.[66] ייתכן שמשתקף כאן הבדל עקרוני בין עורכי שני החיבורים, שהם מבטאים על ידי ביקורת או הערכה כלפי דמויות הנהגה שנקטו תוכחה כאמצעי ליצירת שינוי בתוכנית האלוהית. ההכרה בחשיבות התוכחה כאמצעי לתשובה מביאה להסתייגות מדמותו של נח, ואילו יחס ספקני כלפי חשיבות התוכחה מנטרל את גורם הביקורת המרכזי כלפי דמותו של נח, ומאפשר לפתח בו צדדי חיוב אחרים.

על כל פנים מהבדלי הנוסח שבין שני חיבורי התנחומא ניתן למצוא הוכחה לכך שמדרש הארזים הקדום נתפס גם על ידי עורכי המדרש המאוחרים כמדרש שמוכיח את חולשתו של נח שלא מימש את הייעוד שהיה מצופה מ"הצדיק התמים" של הדור.[67]

י מדרש מפותח על הקב"ה שהופך תוכחה לאהבה, ושם שופטים יח על התוכחה כמונעת שנאה דרך דרשת תוכחת הא-ל "למה זה צחקה שרה".

65. כנראה פיתוח של הלכות תוכחה בבבלי שבת נד ע"ב ובבלי ערכין טז ע"ב.

66. תנחומא בובר ויצא יא "וירא ה' כי שנואה לאה" דורש כי לאה נעשתה שנואה על יעקב משום שהוכיחה אותו על מספר השנים שנשאר בחרן על אף הבטחתו לשוב לבית משפחתו ועל שום שרימה את אביו "ומתוך הדברים הללו שהוכיחה אותו התחיל שונאה". בתנחומא בובר ואתחנן א יש דרשה המסבירה כי כעס הא-ל על משה ודבריו "אל תוסף דבר אלי עוד בדבר הזה" הם "בשביל שהוכיח את ישראל".

67. מעניין שמדרש אגדת בראשית א עמ' 138–139, מביא כהרגלו את נוסח המדרש בתנחומא בובר, אולם מפרש כי העצים שבהם בנה נח את התיבה היו ארזים. נראה שהוא הכיר את הנוסח הקדום בבראשית רבה, אך לא רצה לתת לו ביטוי מלבד בפיענוח סוג העצים שבהם נבנתה התיבה. באגדת בראשית אין בדל של ביקורת כלפי נח.

3.3 "וּמִלַּט הוא את העיר בחכמתו" – האומנם?

הפער בין חיבורי המדרש בהערכת פועלו של נח בא לידי ביטוי גם בהבדלי המסורות על פסוק מקהלת שנדרש על נח, שעורכי החיבורים בחרו לשלבו בתוך חיבוריהם.

פסוקים מספר קהלת מתארים איש מסכן וחכם שערך פעולת גישור בין בני עירו לבין המלך הגדול שרצה להחריב את העיר, ומעשה האיש החכם נשכח על ידי הניצולים.

> עיר קטנה ואנשים בה מעט ובא אליה מלך גדול וסבב אתה ובנה עליה מצודים גדלים: ומצא בה איש מסכן חכם ומלט הוא את העיר בחכמתו ואדם לא זכר את האיש המסכן ההוא: ואמרתי אני טובה חכמה מגבורה וחכמת המסכן בזויה ודבריו אינם נשמעים: דברי חכמים בנחת נשמעים מזעקת מושל בכסילים (קהלת ט, יד-יז).

הדרשנים הציעו כמה אפשרויות זיהוי של האישיות המקראית שבה עוסקים הפסוקים. אחת מהדמויות שהציעו היא נח. לא ברור לגמרי מה הביא את יוצר המדרש הראשון לזהות את האיש המסכן והחכם עם נח, שכן נח מילט את עצמו ואת משפחתו ולא את אנשי העיר, אולם מהרגע שנעשה הזיהוי, הדרשן מקביל את יתר מרכיבי הפסוקים למציאות של נח ובני דורו. פרטי הרקע הנזכרים בפסוקים: זהות העיר הקטנה, האנשים, המלך והמצודים, דומים במרבית המסורות הדורשות את הפסוקים. כיצד יגשרו הדרשנים על הפער שבין תיאור ההצלה הרחב של הפסוק מקהלת ובין ההצלה המשפחתית בלבד של נח? כאן מצוי הבדל בין החיבורים.

הנוסח הקדום מובא בבראשית רבה:

> "עיר קטנה ואנשים בה מעט" עיר קטנה זה העולם, ואנשים בה מעט זה דור המבול, "ובא אליה מלך גדול וסבב אותה" זה הקב"ה, "ובנה עליה מצודים גדולים" עקמן וכמנן,[68] "ומצא בה איש מסכן וחכם" זה נח, "ומלט הוא את העיר בחכמתו" שנים שנים באו אל נח אל התבה

68. בן יהודה, מילון הלשון, ט עמ' 4680 מפרש את המילה כמסמלת משהו פתלתל ובלתי ישר. בהקשר המדרש מדובר כנראה על "בנין של עֲקָמוּמִית". כמנן מלשון צדייה. ראו תרגום אונקלוס ל"ואשר לא צדה" "וּדְלָא כְמַן לֵיהּ" (שמות כא, יג).

זכר ונקבה" (בראשית ז, ט), "ואדם לא זכר את האיש המסכן ההוא" אמר הקב"ה לית אתון נהרין ליה אנא מנהרא ליה "ויזכר אלהים את נח ואת כל החיה ואת כל הבהמה" (בראשית רבה נח לג עמ' 303-304).[69]

עורך בראשית רבה בחר במדרש שאינו מציין פעולת הצלה הרואית של האיש המסכן והחכם, אלא פעולת הצלה של עולם החי על ידי הכנסת זכר ונקבה מכל מין לתיבה. הוכחת המדרש לאופי ההצלה של נח היא מהפסוק המצמיד את זכירת הא-ל את נח לזכירת כל החיה והבהמה. בחירה זו משתלבת עם הערכתו האמביוולנטית של עורך החיבור את דמותו של נח.

המדרש בקהלת רבה מביא, כמתבקש ממקורו של הפסוק מספר קהלת, את המדרש הקדום אולם יוצר בו שינויים שעולה מהם הערכה רבה יותר לדמותו של נח, ואף תיאורו כמי שעסק בפועל בניסיון אקטיבי להזהיר את החוטאים ולהחזירם בתשובה:

> ומצא בה איש מסכן וחכם, זה נח שנאמר (בראשית ז') כי אותך ראיתי צדיק לפני בדור הזה, ומלט הוא את העיר בחכמתו, דהוה א"ל יא רקיא למחר מבולא אתי, עבדון תשובה! והוון אמרין ליה: אין משריא פורענותא, מן ביתיה דההוא גברא משרי! כיון שמת מתושלח, אמרין ליה: לא מביתיה דההוא גברא משריא פורענותא?[70] ואדם לא זכר את האיש המסכן ההוא, אמר לון הב"ה אתון לא אדכרתוניה, אנא מדכר ליה "ויזכור אלהים את נח" (קהלת רבה ט עמ' 228).[71]

צדיקותו של נח על פי מסורת זו מתבטאת במאמציו למלט את העיר מפורענות המבול על ידי קריאה לחזרה בתשובה, ועל אף הסקפטיות של החוטאים הוא חזר והזהיר אותם. יש לשער שעורך המסורת בקהלת רבה עיצב מחדש את דרשת הפסוק מקהלת על ידי הלחמה של זיהוי נח כגיבור

69. ראו גם אג"ב עט עמ' 633-634, שמפרש אף הוא את מעשה ההצלה בהכנסת החיה והעוף, אך בדגש על הבהמה הטהורה ולא על הכנסת "זכר ונקבה". הדגש הוא על תכנון הקורבן שיקריב לא-ל ולא על שמירת הטבע.
70. תרגום: אם מתחילה פורענות, מביתו של אותו האיש היא מתחילה! כיוון שמת מתושלח, אמרו לו: לא מביתו של אותו האיש מתחילה הפורענות?.
71. ראו גרסה דומה בקהלת זוטא ט עם פרשנות מעניינת ל"מצודים גדולים" – אלו המינים והכופרים. תוספת זו מסגירה את היבטיה הפולמוסיים של דרשה זו.

הפסוקים מהמסורת בבראשית רבה, ופירוט טיב מעשה המילוט מהמסורת הדורשת את הפסוק בבבלי:

> עיר קטנה ואנשים וגו'? עיר קטנה – זה הגוף, ואנשים בה מעט – אלו אברים, ובא אליה מלך גדול וסבב אותה – זה יצר הרע, ובנה עליה מצודים וחרמים – אלו עונות, ומצא בה איש מסכן וחכם – זה יצר טוב, ומלט הוא את העיר בחכמתו – זו תשובה ומעשים טובים ... החכמה תעוז לחכם מעשרה שליטים, החכמה תעוז לחכם – זו תשובה ומעשים טובים... (בבלי נדרים לב ע"ב).

הלחמה מסוג זה אופיינית לדרך השימוש של עורך קהלת רבה במסורות הארץ־ישראליות והבבליות שהיו לפניו.[72] ייתכן שבחירתו שלא לאמץ את הנוסח המלא מבראשית רבה, נבעה מהמינוריות שהוא חש בתיאור ההצלה של נח בבראשית רבה, והרצון להעניק לממד צדיקותו נדבך מרומם יותר מאשר הצלת החיות.[73] בדרשה מוקדמת יותר בחיבור, הדרשן מזהה את נח עם דמות החכם מחמת העובדה שזכה להתגלות הא־ל (קהלת רבה ז עמ' 100).

בתנחומא לא מופיעה גרסה של המדרש בזיהוי נח. בתנחומא בובר (ויגש א) מובאת גרסה של המדרש שבה מיוחסת לנח הצלת העיר בעצם צדיקותו וההמשכיות שהתאפשרה הודות לה, "ומילט הוא את העיר בחכמתו בא אתה וכל ביתך אל התיבה".

3.4 לפיד בוז – מאזן האימה שבין המוכיח למקבלי התוכחה

פסוקי איוב משמשים רבים מהמדרשים המלווים את סיפור נח והמבול.[74] דומה ששיתוף הגורל של שתי הדמויות שהיו עדות לחורבן סביבתן ושותפותן בעולם החדש, וכן היותן נזכרות זו לצד זו (יחד עם דניאל) ביחזקאל יד

72. על אופי השימוש של עורך קהלת רבה במקורות קדומים ראו בהרחבה אצל רייזל, מבוא למדרשים, עמ' 197–198, ובהקדמות של הירשמן וקיפרוויסר למהדורות המדעיות של מדרש קהלת רבה, חלק א עמ' קיב-קיד וחלק ב עמ' קלו-קמד.

73. ראו גם קהלת רבה ג עמ' 212–214: "נח נרדף מפני דורו ולא בחר הקב"ה אלא בנח שנאמר כי אותך ראיתי צדיק".

74. ראו שתי הפתיחות בבראשית רבה נח כט עמ' 268; ההבחנה המדרשית בין נח לדורו על פי פסוקים מאיוב כד בבראשית רבה נח ל עמ' 270–271. ראו גם שם עמ' 274; שם לא עמ' 278; שם עמ' 279 ועוד.

כדוגמה לשורדי פורענות הודות לצדקותם, יצרו את הזיקה המדרשית ביניהן. אחד מהפסוקים מאיוב שמשמש את הדרשנים לתיאור אתגריו של נח לקוח ממענה איוב לצופר, שבו הוא מאפיין את הלועגים לו כמי שיושבים בשקט ובשלווה, מבלי שיש משהו שיטריד את מנוחתם. הביטחון הזה גורם להם ללעוג למי שפקד אותו אסון.

> שחק לרעהו אהיה קרא לאלוה ויענהו שחוק צדיק תמים: לפיד בוז לעשתות שאנן נכון למועדי רגל: ישליו אהלים לשדדים ובטחות למרגיזי אל לאשר הביא אלוה בידו: (איוב יב, ד-ו)

הכינוי של איוב את עצמו "צדיק תמים" (בשונה להערכה האלוהית "תם וישר..." [שם א, א]) יצר את הזיקה לנח, ולדרשן נותר אפוא לאפיין את האירוע שבו שמו את נח לבוז וללעג. המדרש המוקדם יותר המפרש פסוק זה בהקשר של נח, משולב במדרש הארזים (כפי שראינו לעיל). בבראשית רבה משמש הפסוק את הדרשן כדי לבטא את האכזבה מכך שנח, שהיה הכרוז היחיד בדורו, לא הצליח לגבור על יריביו שהיו "קשים כעשתות". המדרש איננו מתאר מאמץ של נח להתעמת עם המבזים אותו.

> הד"ה "לפיד בוז לעשתות שאנן נכון למועדי רגל" (איוב יב, ה) אמר ר' אבא אמר הקב"ה כרוז אחד עמד לי בדור המבול זה נח, ואינון אמ' כדין ליה. לפיד ליה, בוז שהיו מבזין עליו וקרו ליה בוזה סבא, "לעשתות שאנן" שהיו קשים כעשתות, "נכון למועדי רגל" שהיו מוכנים לשני שברים, שבר מלמעלן ושבר מלמטן (בראשית רבה נח ל, עמ' 273).

מדרש הפסוק מופיע שוב בנוסח אחר בבבלי סנהדרין, כאן מוצגת דמותו של נח כחזקה יותר שאינה נרתעת מדברי הכפירה שמשמיעים החוטאים. המילה "לפיד" שמתוארת במדרש בבראשית רבה כתוכן הלעג של בני הדור לנח ותפקידו ככרוז, מוסבת בדרשת הבבלי לתיאור עוצמת התוכחה שמשמיע נח בפני בני דורו:

> דרש רבא: מאי דכתיב "לפיד בוז לעשתות שאנן נכון למועדי רגל", מלמד שהיה נח הצדיק מוכיח אותם, ואומר להן דברים שהם קשין כלפידים, והן בוזין את דבריו ואומרין לו: זקן! תיבה זו למה? והוא

אומר להן שעתיד הקב"ה להביא עליכם מבול. והן אומרים לו: מבול שלמים או שלאש הוא מביא? אם שלאש – יש לנו בין אחד ואליתא שמו. ואם שלמים הוא מביא, מהיכן הוא מביא. אם מן הארץ הוא מביא יש לנו עששיות של ברזל שאנו מחפין את הקרקע כולה. ואם מן השמים הוא מביא, יש לנו מין אחד ועקב שמו, ואמרי לה עקש שמו. אמר להם: מבין עקבי רגליכם הוא מביא, שנאמר "נכון למועדי רגל" (בבלי סנהדרין קח ע"ב).[75]

המדרש בבבלי מופיע בתוך הסוגיה הדנה בדורות המקרא וביחידים שאין להם חלק לעולם הבא. הדרשן צריך להוכיח כי חטאו של דור המבול היה חמור באופן כזה, שעל אף חטאים אחרים הנמנים במקרא, חטאו של דור המבול אינו מאפשר חנינה. הדיון בדמותו של נח מובא כדי להוכיח את רשעת דור המבול, שעל אף ניסיונותיו להחזירם למוטב, בכל האמצעים שעמדו לרשותו "ואומר להן דברים קשין כלפידים" רשעתם גברה. דרשני התלמוד משנים את דרשת הכתוב מבראשית רבה על הפסוק מאיוב,[76] ובמקום להוכיח באמצעותה את חולשת נח אל מול ערמומיותם של רשעי דורו,[77] הם מוכיחים כי על אף עוצמת המילים שנח השמיע באוזניהם, הם לא שבו בתשובה והשמיעו באוזניו את דברי הכפירה החמורים ביותר כדי להוכיח שאיום המבול אינו מרתיע אותם.

*

סיפור המבול הוא סיפור יחידאי בתולדות הבריאה המתאר את קץ האנושות. מתוקף ייחודיותו הוא זכה לגרסאות מגוונות בתרבויות השונות, שהעצימו יסודות מתוכו בהתאם לעקרונות התרבות. סיפור המבול המקראי מציף סוגיות תיאולוגיות יסודיות הנוגעות לתורת הגמול, לטיבם של רשעים מול

75. על פי כתב יד ירושלים, יד הרב הרצוג.
76. ראו גרסה דומה למדרש הפסוק במשנת רבי אליעזר י עמ' 199: "קשה היא הליצות, שלא מיהרה הפורענות על דור המבול עד שנתלוצצו בנח, שנ' לפיד בוז שאנן. נח היה דומה ביניהן ללפיד, והיו בוזין את דבריו, ומתלוצצין בו".
77. בויקרא רבה אמור כז עמ' תרלב מובאת דרשה המתארת את הקב"ה כמי שתובע את דמם של הנרדפים. נח מוצג במדרש זה באופן דומה לתיאורו בבראשית רבה, כאדם שנרדף על ידי בני דורו, ונדרש להצלת הא-ל משום שלא הצליח לגבור עליהם בכוחות עצמו.

צדיקים ולאופן ניהול העולם על ידי הא־ל. על אף שסוגיות אלו מלוות את חיי המאמינים בכל הדורות, ניתן להצביע על הבדלים ברמה האקוטית של כל אחת מהן בהסתמך על מציאות החיים בכל תקופה, או בהתאם לנטיות השקפתיות אינדיבידואליות של היחיד.

בסקירה שלעיל עסקתי ביחידה כרונולוגית אחת מתוך הרצף הסיפורי של סיפור המבול המקראי – רצף הזמן שבין ההכרזה האלוהית על השמדת היקום לביצועה הלכה למעשה. נבחן תהליך כימות זמן הביניים על פי המסורות השונות[78] ותיאורי ההתרחשויות במהלכו, והוצע הסבר לשימוש בסיפור המבול לטובת חיזוק יסודות תיאולוגיים של משכתבי הסיפור, מתרגמיו, דרשניו ועורכיו.

מהסקירה שהצעתי עולה שפיתוח רעיון אפשרות החנינה שניתנה לדור המבול, בחיבורים מספרות הבית השני ובספרות המדרש, שירת חמש מטרות:

1. ערך התשובה. סיפור המבול מלמד שהתשובה מתאפשרת אפילו לחוטאים בדרגת החומרה הגבוהה ביותר, ואם דור חוטאי המבול זכו לה, קל וחומר שחוטאי הדורות הבאים יוכלו לנצל פריבילגיה אלוהית זו ולהימנע מפורענות. הוצעה השערה שמטרה זו עומדת ביסוד התוספת בתרגומי המקרא לפסוקי העונש של חטא בני האלוהים, ובשכתובו של פילון.[79]
2. הרגעת הרוחות הרוחשות בשעה שהגמול בושש לבוא. אפשרות התשובה עשויה להסביר מדוע גמול לאויבי ישראל בושש לבוא. גם אויבי ישראל זכאים לחנינה אם יחזרו בתשובה, ועל כן אין לחשוש מעיוות הגמול בשעה שהוא מתעכב, ואין להאיץ בו לפני שבשלה השעה. הארכה שניתנה לדור המבול על פי המכילתא, מלמדת על אורך הרוח האלוהי עד לביצוע גזר הדין באויבי ישראל.
3. הוכחת הנהגת אל שאינה שרירותית. מול סיפורי המבול בתרבויות

78. לא עסקתי במסורת מפרקי דרבי אליעזר בפרק כג, שבה מופיע כימות של חמישים ושתיים שנים שבהן נח בנה את התיבה. מלבד מספר השנים החריג שבמסורת פרקי דרבי אליעזר, ניכר בשכתובו תצרף של מסורות קדומות יותר ללא תוספת ייחודית שעשויה להצביע על מגמה כזו או אחרת. לפיכך בחרתי שלא להביאה. לגבי מניין השנים, לא ברור לי על פי מה הוא נקבע.

79. ראו גם משנה אבות ה, ב: "עשרה דורות מאדם עד נח, להודיעך כמה ארך אפים לפניו, שכל הדורות היו מכעיסים לפניו, עד שהביא עליהם את המבול".

החוץ־מקראיות המתארות מאיסה של הא־ל בבני האדם, שלא בהכרח מחמת חטאיהם, נדרש להדגיש את הנהגת הא־ל הפועלת מתוך עקרונות גמול התלויים במעשי האדם. יוספוס מספר על ידיעה מוקדמת בדבר פורענות אפשרית שעשויה להשתנות בהתאם לבחירת החוטאים, וכן על אפשרות של שינוי גזרה בעקבות תהליך של תיקון.

4. גנותם של מי שאינם פועלים בקרב חוטאים. בפרקי הזמן שבין התראה על פורענות לביצועה נבחנים גיבורי התקופה על פי פעולתם למניעת בואה של הפורענות. צדיקותו של אדם איננה מספיקה, אם הוא לא התאמץ לחולל שינוי בקרב רשעי הדור. פסוקי המבול בבראשית רבה ובתנחומא נדרשים גם לחובתו של נח, לא על שלא הצליח למנוע את הפורענות, אלא משום שלא נקט את המאמץ הנדרש בניסיון להחזיר את בני דורו למוטב.
5. חומרת חטאי דור המבול שחרף הזדמנות התשובה החזיקו בחטאיהם. קיימים מצבים שבהם הא־ל מונע תשובה מחוטאים. חריגה זו תלויה באופי החטאים או בנכונות החוטאים לכפר על מעשיהם הרעים. יוספוס ודרשן המסורת בבבלי מקצינים בתיאור חטאי דור המבול, או מלבישים עליהם חטאים שלא נזכרו בכתוב, כדי לנמק מדוע לא זכו לחנינה.

מוקד האירועים שבחרו משכתבי הסיפור המקראי ודרשניו לתיאור הוויית שנות הביניים של דור המבול, הושפע כאמור מהמסרים שהם ביקשו להעביר למושאי הדרשה בשאלות תיאולוגיה ומוסר. יחד עם זאת הוצע כי עיצובי מדרש הושפעו גם מאופיים של החיבורים, מהמתודולוגיה הסוגתית של כל אחד מהם ומההרמנויטיקה הפרשנית המאפיינת אותם. בהבאה בחשבון את כל מרכיבי ההשפעה על עיצוב המסורות, השינויים שבין הגרסאות אינם קיצוניים. קיימת הסכמה לגבי התיחום של פרק זמן ממושך שנועד לשינוי הגזרה. פומביות העיסוק בבניית התיבה נזכרת במרבית המסורות שהובאו בעיון זה, וכך גם קשיות עורפו של הדור מתוך ביטחון ביכולתם לגבור על הפורענות אם אכן תתממש. התנודות המשמעותיות הן בהערכת אישיותו של נח, שלגביה מתפצלות המסורות לשתיים, כל קבוצה מפתחת עמדה אחרת של המחלוקת התנאית העוסקת בשאלה אם נח היה צדיק מוחלט או צדיק יחסי בדור של רשעים.

פרשת לך לך

אגדת אברהם בכבשן האש – תהפוכות בגלגולי המסורת

אברהם אבינו פותח פרק חדש בסיפורי הראשית שיתמקדו מעתה ואילך בתולדות הנבחרים תוך הבטחה אלוהית לאבי האומה "ואעשך לגוי גדול ואברכך ואגדלה שמך והיה ברכה" (בראשית יב, ב). אך מדוע נבחר דווקא אברהם? סיבת בחירתו אינה נאמרת באופן מפורש בפסוקי התורה, בניגוד לסיפור הצלת נח שבו הא־ל מנמק את סיבת הבחירה בו ובזרעו כגרעין ההצלה שישרוד את חורבן המבול, "כי אתך ראיתי צדיק לפני בדור הזה" (בראשית ז, א).[1]

היעדר נימוק ברור לבחירה באברהם עורר את הפרשנים השונים ויצר שתי אסכולות: אסכולה אחת סבורה שמדובר בבחירה "מגבוה" מקדמת דנא לצורך ייעוד מסוים, והאחרת מחפשת במחזור סיפור אברהם סיבות ורמזים לבחירתו.[2] הפרשנים בני האסכולה השנייה, הנצמדים לפשט המקרא, מתארים את הבחירה כתהליך הדרגתי שהתרחש בשלב הראשון מעצם ציותו של אברם לציווי האלוהי, "לך לך מארצך וממולדתך ומבית אביך אל הארץ

1. ובשונה למשל מהצגת הולדת משה, ילדותו ומעשיו בטרם הושתו עליו ההנהגה והנבואה.
2. השוו למשל ריה"ל, כוזרי א, צה; מהר"ל, נצח ישראל יא, לעומת רמב"ם, הלכות עבודה זרה א, ג, וראו: סילמן, דמותו של אברהם, עמ' 131–142; טורנר, אברהם, עמ' 143–154.

אשר אראך" (בראשית יב, א). בהמשך סיפורי אברהם מתועדים מעשים הרואיים המצדיקים את הבחירה לנוכח מאפייני אישיותו ומעשיו בהפצת האמונה באל, במוסר ובמשפט.[3]

תפיסת הבחירה מגבוה של אסכולה אחת או מעלת הציות של אברהם כסיבה לבחירתו הראשונית על פי האסכולה השנייה, אינן מספקות את משכתבי המקרא בתקופת בית שני ואת דרשניו המוקדמים והם מייחסים לו עמידה בעשרה ניסיונות.[4] אחד מהניסיונות המפורסמים ביותר המופיע במרבית הרשימות המדרשיות המונות אותם הוא הצלתו הניסית של אברהם מכבשן האש.[5] באגדת כבשן האש, המופיעה לראשונה בשלמותה בבראשית רבה,[6] אברהם מתואר כמי שנאבק במשפחתו ובסביבתו הנוכרית, תוך סיכון חייו, כדי להוכיח את הבלותם של עובדי האלילים ואת אמיתותו הבלעדית של הא־ל. האגדה שונה ממרבית מדרשי החיבור באורכה, במאפייניה הספרותיים ובצמידותה המזערית לפסוקי בראשית.[7]

פרק זה ילווה מסע המתחקה אחר שלבי התפתחותה של האגדה, מקורותיה הקדומים ואופני פיתוחה במקורות המאוחרים, ויידרש לשאלה

3. כך למשל הגילוי האלוהי על סיבת שיתופו של אברהם בגורלה של סדום, "כי ידעתיו למען אשר יצוה את בניו ואת ביתו אחריו ושמרו דרך ה' לעשות צדקה ומשפט..." (בראשית יח, יט), וכך מילות ההערכה האלוהית לאברהם לאחר נכונותו לעקוד את בנו, "...כי עתה ידעתי כי ירא אלהים אתה..." (שם כב, יב). על אסכולה זו ראו אצל סימון, אברהם המקראי, עמ' 41–46.

4. ראו השוואה בין הרשימות של עשרת הניסיונות אצל קזורסקה, ניסיונות אברהם, עמ' 1357–1376. על הקונוונציה המספרית בספרות חז"ל ראו: נוגל, עשרת הניסיונות, עמ' 73–83.

5. ראו הרשימות במסכת אבות דרבי נתן נ"א לג; מדרש תהלים יח; פרקי דרבי אליעזר פרקים כו–ל.

6. חלקים מתוך האגדה מובאים מוקדם יותר בספר היובלים, בקדמוניות היהודים ובקדמוניות המקרא, אולם היחידה הסיפורית המלאה המכילה ארבע מערכות (ראו: מאיר, הצגת התיאטרון), ותיאור נכונותו של אברהם למות למען אמונתו, שתשפיע מאוחר יותר על חיבורים יהודיים, נוצריים ומוסלמיים, מובאת לראשונה בבראשית רבה. על התפתחות המסורות המתארות את אברהם כמונותאיסט הראשון הנלחם באמונה האלילית של סביבתו ראו: קוגל, מסורות המקרא, עמ' 244–254.

7. ניתוח ספרותי של רכיבי האגדה ומקבילותיה המדרשיות והמאוחרות תוך ניתוח המשותף והשונה נעשה בהרחבה בספרה של טוהר, אברהם בכבשן האש. הניתוח של טוהר הוא בעיקר ספרותי, ואילו בעיון זה נעסוק באגדה על רקע תקופת יצירתה או עריכתה.

מדוע ביקשו יוצרי המדרש ומקבילותיו לשנות ממגמת הכתוב בהצבת אברהם כמודל לציות לדבר הא־ל על ידי הפיכתו לדמות יחידאית, שנבחרה הודות למעשה מסירות קיצוני ונכונות להקריב את נפשו עבור אמונתו. בהמשך ייבחנו אופני שכתוב האגדה בחיבורים שמכילים חלקים ממנה, תוך השערת מגמות הצמצום. בחלק האחרון יוצע הסבר לשאלה מדוע עורכי מדרש מאוחרים שהכירו את האגדה הקדומה, בחרו להתעלם ממנה ולא להכניס אותה לחיבוריהם בתיאור ראשיתו של אברהם.

1. רמזים מקראיים לאגדת אברהם בכבשן האש

ההנחה המקובלת בחקר המדרש היא שאין צורך למצוא רמז מקראי שיחבר או יוכיח פרטי סיפור הנזכרים במדרש, מכיוון שבמקרים רבים תפקידו של המדרש הוא "מילוי פערים" שהמקרא הותיר ברצף הסיפורי המובא בפסוקים.[8] אף על פי כן מפתיע מעט לראות שרבים מחוקרי אגדת אברהם וכבשן האש מחפשים רמזים בכתוב שיוכיחו את קיומה של מסורת עתיקה על ראשיתו של אברהם והיחלצותו הניסית מאש הכבשן.[9] נראה שהחיפוש הקדחתני אחר רמזים למסורת קדומה נובע מהחלל הגדול בתיאור ראשיתו של אברהם, והעדר הנמקה מפורשת של הגורם לבחירתו של אברהם וזרעו אחריו, לאחר עשרים דורות קיומה של האנושות. את העובדה שהאגדה נרמזת במקרא ואינה נאמרת במפורש מנמקים החוקרים בנטייתה של הסוגה המקראית להתייחס לפולמוס עם עובדי האלילים רק באופן סמוי כדי לא לתת במה ולגיטימציה לפולחן הפסול בתוך ספרות הקודש.[10]

הקושי לקבל את עמדתם של חושפי הרמזים נובע משתי סיבות: האחת היא העובדה שאגדת כבשן האש הרחבה אינה נזכרת בספרות בית שני ובספרות התנאית ומופיעה לראשונה באופן חלקי בקדמוניות המקרא ולאחר

8. ראו למשל: שנאן, מדרשת הפסוק, עמ' 203–220, 32; פראדה, שכתוב המקרא, עמ' 59–78; שטרן, מדרש ואי ודאות, עמ' 132–161, וראו לעיל במבוא.

9. ראו למשל: ווינגרין, הוצאתיך, עמ' 209–215; זקוביץ, היציאה מאור, עמ' 429–439; זקוביץ ושנאן, לא כך כתוב בתנ"ך, עמ' 129–137.

10. ראו: קאסוטו, מאדם עד נח, עמ' 1, 155, 178, 206; אמית, גלוי ונסתר; זקוביץ, היציאה מאור. זקוביץ ושנאן, לא כך כתוב בתנ"ך, מתמקדים ברצונו של הכתוב לתאר את אברהם כבעל אמונה תמימה שלא נחשף מעודו לעבודת אלילים.

מכן בבראשית רבה.[11] ספר היובלים ויוספוס מזכירים את מלחמתו של אברהם בסביבתו האלילית,[12] בחזון אחרית הימים של אברהם אף מתוארת הקריאה לאברהם לצאת מאור כשדים מתוך האש,[13] אולם מבחן האמונה שנעשה לו על ידי הכנסתו לכבשן האש והצלתו הניסית אינם נזכרים במסורות הקדומות הללו וכן לא מוזכר מעשה אברהם בחנות הצלמים של אביו. המגמה לצנזר סיפורי פולמוס אינה מאפיינת את הסוגות הבתר־מקראיות,[14] כיצד אפוא נסביר את היעדרה של האגדה מהחיבורים האלה? שנית, החוסר בתיאור מניע הבחירה של אברהם שבשמו מתאמצים החוקרים למצוא רמזים אינו מועיל, שכן לא ניתן ליצור באמצעותו רצף סיפורי שעונה באופן ברור יותר על שאלת הסיבה לבחירה באברהם.

נראה אפוא שנכון יותר לבחון את הזיקה בין הסיפור המקראי למדרש בכיוון הפוך ולבדוק מהו הבסיס המקראי להיווצרותה של אגדת כבשן האש. הרמזים שמנו החוקרים כדי להוכיח את קדימותה של המסורת, ועוד אחרים, יוצעו כאבני הבניין המשוערות של יוצרי המדרש.[15]

כפי שהוזכר לעיל, הנוסח הקדום והמורחב של אגדת אברהם בכבשן

11. על מועד חיבורו של קדמוניות המקרא אין תמימות דעים, יש המקדימים אותו למאה הראשונה לספירה, אחרים קובעים את זמנו לשנים שלאחר החורבן ויש שמאחרים אותו לתקופה שלאחר מרד בר כוכבא. לסיכום דעות החוקרים ביחס לזמן כתיבת החיבור ראו: פלדמן, קדמוניות המקרא, עמ' xxviii–xxxi.

12. ספר היובלים יב, 1–7; 12–14 עמ' 272; יוספוס, קדמוניות היהודים 1.157 עמ' 18. ורמן, ספר היובלים, סבורה שהתיאור ביובלים חריג בכך שמייחס לאברם את הצתת האש כדי לשרוף את אלילי אור כשדים, בעוד במסורות אחרות מתואר אברם כקורבן השרפה, אולם בעצם אין מסורות קדומות ליובלים שמתארות את הכנסתו של אברם לכבשן האש.

13. לנדסמן, האפוקליפסה של אברהם 8: 1–6, עמ' 88–94. ראו גם קוגל, מסורות המקרא, עמ' 244–254 הסוקר את אזכורי ראשיתו של אברהם בספרות הקדומה.

14. ראו למשל ספר היובלים פרק כב, 17–22 ואת הניתוח של ורמן, ספר היובלים, עמ' 348–349. וראו: פלצ'ר לואיס, האנושות והאלילים, עמ' 58–72. ראו גם סיפור "בל והתנין" אצל כהנא, הספרים החיצונים, ב, עמ' 226–247, וראו: עמארה, סיפור בל והתנין.

15. הפיכת הרמזים המקראיים לאבני הבניין של המדרש משאירה את שאלות הפרשנות לחוסר המקראי בתיאור סיבת בחירת אברהם ולעמימות התיאור פתוחות, אולם אין בכך משום תופעה חריגה, שכן בלא מעט מסיפורי המקרא קיימים חוסרי מידע ועמימות, ועל פי רוב לא ניתן ליישב את כל הקשיים באמצעות הנחה על דבר קיומה של מסורת קדומה.

האש מופיע בבראשית רבה לח.[16] להלן הנוסח המלא ולאחריו הצעת שחזור אבני הבניין המקראיות שיצרו תשתית ראשונית לפיתוח האגדה:

"וימת הרן על פני תרח אביו" ר' חייה בריה דר' אבא[17] דרש: תרח עובד צלמים הוה, חד זמן נפק לאתר הושיב אברהם מוכר תחתיו, הוה אתי ברנש בעי דיזבון מנהון.
והוה אמר ליה: בר כמה שנין את?
אמר ליה: בר חמשין בר שתין,
והוה אמר ליה: ווי ליה לההוא גברא דהוא בר שתין ובעי לסגוד לבר יומיה, והוה מתבייש והולך לו.
חד זימנא אתת חדא איתא, טעינא לה חד פינך דסולת.
אמרה: הא לך קרב קומיהון, קם נסיב מקלתה ותברון ויהב ההוא מקלתה בידה דרבה מנהון. כיון דאתא אבוה אמר לה: מה עבד לון הכדין?
אמר ליה: מהיימנך, אתת חדא איתא טעינא חד פינך דסלת ואמרת לי הא לך קרב קדמיהון, קמית למקרב קדמיהון דן הוה אמר: אנא אכול קדמיי, ודן הוה אמר: אנא אכול קדמיי, קם הדין רבה דבינהון ונסב מקלתא ותברון.
אמר ליה: למה את מפלה בי, וידעין אינון.
אמר ליה: ולא ישמעו אזניך מה שפיך אומר.
נסתיה ומסריה לנמרוד.
אמר ליה: נסגוד לנורא, אמר ליה: נסגוד למייא דמטפיין לנורא,

16. המסורת המפותחת בחזון אחרית הימים של אברהם עשויה להכיל קטעי אגדה קדומים יותר מאגדת כבשן האש שבבראשית רבה, אולם החוקרים מעריכים שעל אף חלקיה הקדומים, נעשו בה פעולות עריכה ושולבו בה תוספות שנאספו ממסורות אחרות במהלך שנים רבות. העובדה שהטקסט שהגיע לידינו נכתב בשפה הסלאבית יצרה קושי בזיהוי שכבות העריכה. אגדת כבשן האש בבראשית רבה, גם אם מכילה בתוכה קטעי מדרש ומסורות קדומים יותר, מופיעה כאגדה מגובשת שניתנת לתיארוך על פי שמות החכמים המוזכרים בה, ועל פי ידיעותינו ביחס למועד עריכת החיבור שבו היא מופיעה. על אופיו של החיבור חזון אחרית הימים של אברהם ועל קשיי התיארוך של המסורות שבו ראו במבוא של לנדסמן, האפוקליפסה של אברהם, וכן: רובינקביץ', אפוקליפסה של אברהם, עמ' 683-684; סאצ'י, אפוקליפסה די אברמו, עמ' 65.

17. בכתבי היד מוצעות כמה גרסאות ביחס לבעל הדרשה, בכמה מהן מיוחסת הדרשה לר' חייה. ראו מהדורת תיאודור אלבק עמ' 361.

אמר ליה: ונסגוד למייא, אמר ליה: נסגוד לענני דטעון מייא,
אמר ליה: ונסגוד לעננא, אמר ליה: ונסגוד לרוחא דמבדר עננא,
אמר ליה: ונסגוד לרוחא, אמר ליה: נסגוד לבר נשה דטבל רוחא,
אמר ליה: את מלין משתעי אני איני משתחווה אלא לאור. הרי אני משלים לתוכו ויבוא אלוה שאתה משתחווה לו ויציל אותך ממנו.
הוה תמן הרן, קאים פליג אמר: מה נפשך, אנא בהדי מן מנצח: אין נצח אברהם אנא בהדיה ואין נצח נמרוד אנא בהדיה. כיון שירד אבינו אברהם לתוך כבשן האש וניצול אמרון ליה: מן דמן את?
אמר לון: מן דאברהם.
נטלוהו והשליכוהו לאש, ונחמרו בני מעיו, ויצא ומת על פני אביו, הדה היא "וימת הרן על פני תרח אביו" (בראשית רבה לח, כח עמ' 364–362).[18]

18. תרגום: תרח עובד צלמים ומוכר היה. יום אחד יצא למקום, הושיב את אברהם מוכר תחתיו. היה בא אדם שרצה לקנות פסל, והיה אברהם אומר לו: בן כמה שנים אתה? והוא אומר לו בן חמישים או שישים, ואברהם אמר לו: אוי לו לאיש כזה, שהוא בן שישים ורוצה לסגוד לפסל בן יומו, והוא התבייש והלך לו. פעם אחת באה אישה אחת ובידה קערה אחת של סולת. אמרה לו (לאברהם): "הא לך והקרב לפניהם". קם אחז מקל בידיו ושבר את כל הפסלים, ונתן את המקל ביד (הפסל) הגדול שבהם. כשבא אביו אמר לו: "מי עשה להם כך?" אמר לו: "מה אעלים ממך, באה אישה אחת ובידה קערה אחת סולת, ואמרה לי 'הא לך והקרב לפניהם'. הקרבתי לפניהם, והיה זה אומר אני אוכל ראשון, וזה אומר אני אוכל ראשון, קם הפסל הגדול שהיה ביניהם, לקח את המקל ושברם!" אמר לו: "מה אתה משטה בי, וכי יודעים הם?" אמר לו: "ולא ישמעו אוזניך מה שפיך אומר?!" קם ומסרו לנמרוד. כשאמר לו: "נסגוד לאש", אמר לו אברהם: "ונסגוד למים, המכבים את האש?" אמר לו נמרוד: "נסגוד למים!", אמר לו: "אם כן, נסגוד לענן, הנושא את המים?", אמר לו: "נסגוד לענן!", אמר לו: "אם כן, נסגוד לרוח, המפזרת את הענן?" אמר לו: "נסגוד לרוח!", אמר לו: "ונסגוד לבן האדם, הסובל את הרוח?" אמר לו: "מילים אתה אומר, אני איני משתחווה אלא לאש! הנה אני משליכך בתוכה, ויבוא הא־ל שאתה משתחווה לו ויצילך ממנה..." היה שם הרן [אחיו של אברהם], עומד ומתלבט. אמר: "מה נפשך? אם ינצח אברהם, אומר משל אברהם אני; ואם ינצח נמרוד, אומר משל נמרוד אני". לאחר שירד אברהם לכבשן האש וניצל, אמרו לו [להרן]: "משל מי אתה?", ואמר להם: "משל אברהם אני!" לקחו אותו והשליכוהו לאש, ונשרפו קרביו, ויצא ומת על פני תרח אביו. ולכן נכתב [בתורה]: "וימת הרן על פני תרח אביו".

1.1 פסוקים מוקְשִים או תיאורים חריגים במחזור סיפורי אברהם ובאזכוריו המאוחרים

- התיאור הדיאכרוני במחזור סיפור אברהם מתאר את יציאתו מחרן בעקבות קריאה אלוהית, אף על פי כן שני פסוקי מקרא אחרים מתארים את יציאתו מאור כשדים על ידי התערבות אלוהית: בברית בין הבתרים נאמר לאברהם: "ויאמר אליו אני ה' אשר הוצאתיך מאור כשדים לתת לך את הארץ הזאת לרשתה" (בראשית טו, ז, ובנחמיה ט, ז): "אתה הוא ה' האלהים אשר בחרת באברם והוצאתו מאור כשדים ושמת שמו אברהם". הפסוקים המתארים התערבות אלוהית עצימה יותר מאשר הקריאה לצאת הם בסיס לפיתוח דרשני.
- וויינגרין וזקוביץ הצביעו על האלוזיה שבין הפסוק מברית בין הבתרים לדיבר הראשון בעשרת הדיברות: "אנכי ה' אלהיך אשר הוצאתיך מארץ מצרים מבית עבדים לא יהיה לך אלהים אחרים על פני" (שמות כ, ב–ג), וטענו שהיא מחזקת את הזיקה של המדרש לפסוקים. כשם שהוצאת ישראל ממצרים הייתה באמצעות התערבות אלוהית ניסית, כך הוצאת אברהם מאור כשדים הייתה בהתערבות אלוהית ניסית.[19] אוסיף ואומר שהחיבור בין יציאת מצרים לאיסור אלוהים אחרים בעשרת הדיברות מקביל אף הוא למדרש העוסק בהתערבות אלוהית בעקבות הסתבכותו של אברהם עם אלוהים אחרים של אור כשדים.
- בנאום הפרידה של יהושע הוא מגולל את תולדות העבר ומתאר את הסביבה התרבותית של משפחת אברהם: "ויאמר יהושע אל כל העם כה אמר ה' אלהי ישראל בעבר הנהר ישבו אבותיכם מעולם תרח אבי אברהם ואבי נחור ויעבדו אלהים אחרים: ואקח את אביכם את אברהם מעבר הנהר ואולך אותו בכל ארץ כנען וארבה את זרעו ואתן לו את יצחק" (יהושע כד, ב–ג), לא מן הנמנע שפסוקים אלו שימשו את יוצר המדרש לתיאור הסביבה האלילית שבה גדל אברהם.
- על פי הכרונולוגיה המקראית כפי שמובאת בנוסח המסורה, תרח היה בן מאה ארבעים וחמש שנה כשאברם יצא מחרן,[20] ומת בגיל מאתיים

19. זקוביץ, היציאה מאור; וויינגרין, הוצאתיך; זקוביץ ושנאן, לא כך כתוב בתנ"ך, עמ' 131.
20. תרח היה בן שבעים כשהוליד את אברהם, ואברהם היה בן שבעים וחמש שנים כשיצא מחרן.

וחמש (בראשית יא, לב). דומה שהמדרש מבקש להסביר את הסיבה לכך שאברהם נאלץ לנטוש את אביו למשך זמן כה ממושך (שישים שנים).[21]

- הפסוק המתאר את מותו המוקדם של הרן בחיי אביו, מעורר מטבעו סקרנות ורצון לשער מה גרם למותו של הרן שלא בדרך הטבע. זקוביץ מוצא הקבלה בין תיאור מות הרן "על פני תרח אביו" לתיאור מות בני אהרן לפני ה' (במדבר ג, ד) ולפני אביהם: "וימת נדב ואביהוא לפני אביהם" (דברי הימים א' כד, ב).[22] ייתכן שמות נדב ואביהוא על ידי אש ה' משמש בסיס לתיאור מותו של הרן באש.
- אזואלוס מצביע על המילה "אור" והאטימולוגיה המקראית שלה. המילה מופיעה במקרא ארבע פעמים במשמעות של אש ופעם אחת במשמעות של תנור,[23] ואם כן השם "אור כשדים" מתפרש על ידי המדרש לא בהכרח כמקום, אלא משמש לתיאור האופן שבו ניסו הכשדים להעניש את אברהם על מלחמתו בצלמים.[24]

1.2 סיפורי לעג מקראיים לפולחן אלילי

הפולמוס המקראי עם עבודת האלילים נעשה על פי רוב באמצעות רשימת חוקי הרחקה ואיום בעונש לחוטאים בעבודה זרה. אף על פי כן בכמה סיפורי נבואה נעשה שימוש באירוניה ובסרקזם כדי להגחיך את עובדי האלילים.[25] האם אלו נתנו השראה לתיאור הסרקסטי של המתרחש בחנות הצלמים של תרח?

- מלחמת גדעון בבעל

אחד הסיפורים הקדומים במקרא שמתאר מלחמה פיזית בעובדי בעל מופיע בסיפור גדעון המקבל ציווי מהא־ל לנתץ את מפעל הפולחן

21. ראו: זקוביץ ושנאן, לא כך כתוב בתנ"ך, עמ' 130.
22. זקוביץ, היציאה מאור.
23. אור במשמעות של אש: ישעיהו מד, טז; מז, יד; נ, יא; יחזקאל ה, ב. במשמעות של תנור: ישעיהו לא, ט.
24. אזואלוס, אור כשדים, עמ' 267–271. אזואלוס מוכיח את דבריו מפסוקים בספר יהודית ה, 6–9, שבהם מתוארים בני ישראל שגורשו מארץ כשדים (ולא מאור כשדים) משום שמאסו בדת המדינה.
25. על תפקידה של האירוניה בסיפורי מאבק פולחני ראו: פייגנבוים־בן איון, הטיהור הדתי בעפרה, עמ' 80–90.

של אביו (שופטים ו, כה-לב). קיימות כמה נקודות דמיון בין החלק הראשון של אגדת כבשן האש ובין תיאור ניתוץ הבעל על ידי גדעון: בשני הסיפורים הבן הצעיר נלחם בפולחן האלילי של אביו ושל סביבתו; בשני הסיפורים פעולת ההרס של הבן מסכנת את חייו; בשני הסיפורים מוצגת באירוניה הצעת אחד מעובדי הבעל להיפרע מהלוחם בו באמצעות אחד ממרכיבי הפולחן האלילי (הבעל עצמו או האש), ומתבדה לנוכח ההגנה האלוהית שזוכה לה הלוחם; בשני הסיפורים נחשפת אמונתם המפקפקת הבלתי מודעת של עובדי הבעל במושא אמונתם (בדברי יואש לאנשי העיר ובאגדת כבשן האש בדברי אברהם, "ולא ישמעו אזניך מה שפיך אומר").[26]

- אליהו בהר הכרמל

סיפור כבשן האש בדומה לסיפור אליהו בהר הכרמל, מבקש להעמיד במבחן את האמונה בא־ל מול אמונה בתחליפיו, כשעובדי הא־ל ועובדי התחליפים עומדים אלה מול אלה כדי להיווכח בתוצאות המבחן. תוצאות המבחן מאלצות את מי שצדק בו לברוח מחשש לנקמתם של המפסידים. מעבר להקבלה של סיפור המעטפת, ניתן לזהות מרכיבים משותפים נוספים שעשויים ללמד על ההשראה ששאב יוצר מדרש אגדת כבשן האש מסיפור אליהו בהר הכרמל: בשני הסיפורים מצוי מרכיב ה"פסיחה על שתי הסעיפים". אליהו מתאר את עבודת הבעל של העם כתזזיתית: "ויגש אליהו אל כל העם ויאמר עד מתי אתם פסחים על שתי הסעפים אם ה׳ האלהים לכו אחריו ואם הבעל לכו אחריו ולא ענו העם אתו דבר" (מלכים א׳ יח, כא). דמותו של הרן באגדת כבשן האש היא דמותו של הפוסח על שתי הסעיפים הנכון לעבוד את האל שיעניק לו הצלה מאיום שרפת האש.

מרכיב דומה נוסף הוא האנשה אירונית של האלים. אליהו מהתל בנביאי הבעל ומבקש להרגיע אותם בתארו את סיבת העיכוב בהיענות הבעל לבקשות נביאיו: "ויהי בצהרים ויהתל בהם אליהו ויאמר קראו בקול גדול כי אלהים הוא כי שיח וכי שיג לו וכי דרך לו אולי ישן הוא ויקץ" (מלכים א׳ יח, כז). באגדת כבשן האש אברהם מסביר לאביו כי שבירת אליליו נבעה ממלחמתם זה בזה, "קם הדין רבה דבינהון ונסב מקלתא ותברון". בשני הסיפורים האנשת האלים נאמרת על ידי מי

26. על נקודות ההיפוך שבין שני הסיפורים ראו: מילוא, סיפורי בבואה, עמ׳ 242–243.

שאינו מאמין במיומנויותיהם האנושיות של הפסלים/האלים ומנסה להגחיך אותם בעיני עובדיהם. מעניין שבשני הסיפורים משולב גם מוטיב של התגודדות: נביאי הבעל מתגודדים בזמן ההמתנה למענה הבעל, "...ויתגדדו כמשפטם בחרבות וברמחים עד שפך דם עליהם" (שם כח), ואברהם מתאר באוזני אביו מרחץ דמים שהתנהל בין פסליו. בשני הסיפורים האש והמים הם אמצעי מבחן לבדיקת תוקפו של האל.

- אחאב ומיכיהו בן ימלה

סיפור אחאב ומיכיהו בן ימלה מכיל כמה יחידות פרודיות המלעיגות את עובדי האלילים. דומה שיוצר אגדת כבשן האש שאב מתוכן את האמצעי של הצפת התת־מודע הספקני של עובד האלילים. מיכיהו בן ימלה יוצר מצג שווא שעל פיו נביאי ה' משמיעים באוזני אחאב נבואה זהה לנבואת הבעל: "ויבוא אל המלך ויאמר המלך אליו מיכיהו הנלך אל רמת גלעד למלחמה אם נחדל ויאמר אליו עלה והצלח ונתן ה' ביד המלך" (מלכים א' כב, טו). תגובת אחאב היא: "ויאמר אליו המלך עד כמה פעמים אני משבעך אשר לא תדבר אלי רק אמת בשם ה'" (שם טז), כלומר אחאב מודע לכך שנביאי הבעל משמיעים נבואה שתשביע את רצונו, אולם מצפה מנביאי ה' שיגידו רק נבואת אמת. אברהם באגדת כבשן האש מוכיח לאביו כי הוא עצמו אינו מאמין ביכולתו של הפסל הגדול לפגוע בצלמים הקטנים יותר.

- הבחירה בעבד ה' בנבואת ישעיהו

נבואת ישעיהו מד בנוסח המסורה שבידינו פותחת בתיקוף הבחירה הנצחית בזרע יעקב: "ועתה שמע יעקב עבדי וישראל בחרתי בו: כה אמר ה' עשך ויצרך מבטן יעזרך אל תירא עבדי יעקב וישרון בחרתי בו" (ישעיהו מד, א–ב). לאחר מכן היא מנמקת את הבחירה בו: "זה יאמר לה' אני וזה יקרא בשם יעקב וזה יכתב ידו לה' ובשם ישראל יכנה" (שם ה). בחלק הבא של הנבואה מצוי תיאור סרקסטי מפותח וחריף של פעולות הבנייה המורכבות שמשקיעים עובדי האלילים בתוצר שיהפוך להיות האל שלהם.[27] הנבואה מתארת את אוסף הכישורים האנושיים הנדרש כדי

27. על פשר המתקפה חסרת התקדים בנבואת ישעיהו על האלילים ועובדיהם ראו: פון ראד, תיאולוגיה, עמ' 340; דוויס, סטנדרטים כפולים, עמ' 104; סמית, מקורות המונותאיזם המקראי, עמ' 168–188; סוארס פראבהו, לעג לאלילים, עמ' 109–131 ובעיקר עמ' 126.

ליצור פסל נטול כל יכולות, שאליו יפנה בונהו בשעת מצוקתו: "ויאמר הצילני כי אלי אתה" (שם יז). הדמיון שבין נבואת ישעיהו לאגדת כבשן האש הוא באבסורד ההירכיה בפולחן האלילי שבין מעמדו הנחות של האדם וכניעתו לפסל שיצר במו ידיו: בנבואת ישעיהו: "ולא ישיב אל לבו ולא דעת ולא תבונה לאמר חציו שרפתי במו אש ואף אפיתי על גחליו לחם אצלה בשר ואכל ויתרו לתועבה אעשה לבול עץ אסגוד" (שם יט), ובאגדת כבשן האש: "ווי ליה לההוא גברא דהוא בר שתין ובעי לסגוד לבר יומיה, והוה מתבייש והולך לו".

ניתן למצוא ברצף של שני הפסוקים הבאים בנבואת ישעיהו מוטיבים נוספים שייתכן ששימשו את יוצר אגדת כבשן האש בציור המערכה האחרונה: "חציו שרף במו אש על חציו בשר יאכל יצלה צלי וישבע אף יחם ויאמר האח חמותי ראיתי אור: ושאריתו לא־ל עשה לפסלו יסגד לו וישתחו ויתפלל אליו ויאמר הצילני כי אלי אתה" (שם טז–יז). האור, ההשתחוויה וההצלה נזכרים כולם במערכה זו: "אמר ליה את מלין משתעי אני איני משתחווה אלא לאור. הרי אני משלים לתוכו ויבוא אלוה שאתה משתחוה לו ויציל אותך ממנו".

האם נבואה הפותחת בבחירת צאצאי יעקב מחמת האמונה באל, ולצידה תיאור שלילי של עובדי האלילים, אינה בדיוק השאלה שעליה עונה יוצר אגדת אברהם וכבשן האש?

- תהלים מזמור קטו

החלק האחרון של אגדת הכבשן מתאר את המבחן שנמרוד מבקש לעשות לאלוהי ישראל: "אמר ליה את מלין משתעי אני איני משתחווה אלא לאור. הרי אני משלים לתוכו ויבוא אלוה שאתה משתחוה לו ויציל אותך ממנו". מזמור קטו בתהלים עוסק באבסורד של שאלת הגויים "איה אלהיהם?" בעוד הא־ל הוכיח את קיומו על ידי הבריאה ואילו האל המתחרה הוא מעשי ידי אדם, שאינו מצליח אף להעניק לאלים את החיות הבסיסית של תנועה תוך שימוש באיברים שיצרו עבורם.

"לא לנו ה' לא לנו כי לשמך תן כבוד על חסדך על אמתך: למה יאמרו הגוים איה נא אלהיהם: ואלהינו בשמים כל אשר חפץ עשה: עצביהם כסף וזהב מעשה ידי אדם: פה להם ולא ידברו עינים להם ולא יראו:... כמוהם יהיו עשיהם כל אשר בטח בהם: ישראל בטח בה' עזרם ומגנם הוא" (תהלים קטו, א–ט).

לא מן הנמנע שיוצר אגדת אברהם בכבשן האש שאב השראה גם ממזמור

זה כשתיאר את אפסות האלים שעושיהם מתיימרים לנצח בוויכוח מיהו הא־ל האמיתי.

1.3 מוות על קידוש השם בספרות הקדומה

סיפור של מוות על קידוש השם נזכר פעמיים במקרא בספר דניאל. אחד מהם בסיפור השלכתם של חנניה, מישאל ועזריה לכבשן האש, משום שסירבו לדרישת נבוכדנצר להשתחוות לפסל שסימל את מלכותה של בבל (דניאל ג). השלושה ניצלו מאש הכבשן והביאו להכרת המלך הבבלי ושריו באלוהי ישראל. סיפורי מוות על קידוש השם המשיכו להתפתח בחיבורים מימי בית שני שלא נכנסו לקאנון המקראי, ובספרות הנוצרית, ודומה שהוא הפך למודל של מסירות דתית בעידן של מלחמת דתות.[28] על אף קיומם של סיפורי מרטירולוגיה קדומים נוספים, דומה שהדמיון התוכני שבין הסיפור מספר דניאל, ובמיוחד קריאת נבוכדנצר המשליך לכבשן: "וּמַן הוּא אֱלָהּ דִּי יְשֵׁיזְבִנְכוֹן מִן יְדָי" (שם ג, טו), לסיפור אברהם וקריאת נמרוד באגדת כבשן האש: "הרי אני משלים לתוכו ויבוא אלוה שאתה משתחווה לו ויציל אותך ממנו", איננו מותיר ספק בדבר הזיקה ביניהם.[29]

אגדת אברהם וכבשן האש לא נוצרה אפוא יש מאין, ודומה שרוב חלקיה לוקטו מסיפורי מקרא העוסקים בתולדות אברהם או בפסוקים המתארים מלחמה דתית, וכן מתיאורים קדומים של סגולתו התיאולוגית של אברהם ומלחמתו בסביבתו האלילית בספרות הבתר־מקראית.[30] אף על פי כן נדרשת מחשבה מעמיקה לחשיפת המניע למלאכת המחשבת של הלחמת הארמזים לכדי יצירה אחת בעלת מסר שנעדר לחלוטין מהסיפור המקראי הגלוי, בהעמדת אברהם כמרטיר הראשון בתולדות ישראל.

2. אברהם בכבשן האש בספרות חז"ל הקדומה והמאוחרת

במשך למעלה מאלף וחמש מאות שנה נוצרו כתשעים ושלוש גרסאות של

28. ראו להלן עמ' 86.
29. הזיקה שבין הסיפורים נזכרת בבראשית רבה נח לד, ט עמ' 319; שם לך לך לט, ג עמ' 367; שם מד, ו–ז עמ' 435; ובבבלי פסחים קיח ע"א.
30. ראו לעיל הערה 12.

אגדת כבשן האש. החוקרת ורד טוהר אספה אותן וקבעה כללים ספרותיים לבחינת שייכותן של המסורות השונות לאגדה המקורית, על פי דמויות הגיבורים הנזכרות במסורת ועל פי ייצוגם של המוטיבים הקבועים.[31] בפרק זה בחרתי בקבוצת מסורות מצומצמת שמביאות חלקים מתוך האגדה, על פי תיחום תקופתי ודתי, קרי, מסורות שנערכו בסוגת ספרות המדרש של חז"ל, מתקופת המשנה והתלמוד ומתקופת הגאונים (המאה השלישית עד העשירית).[32] הבחירה המצומצמת תשמש מדגם להוכחת השערה בדבר הקשר שבין אופי עיצובה של האגדה לבין אתגריה הדתיים של התקופה שבה עוצבה. במחקר עתידי ניתן יהיה להמשיך ולבחון אותה גם ביחס למסורות בסוגות מגוונות אחרות.

ניתוח המסורת של כל אחד מהחיבורים יעמוד על שלושה מרכיבים:

1. השוני בין אגדת אברהם בכבשן האש בחיבור הנדון לבין הסיפור המקראי או גרסאותיה הקדומות.
2. היסודות התיאולוגיים הנלמדים ממנה.
3. השערת האתגר הדתי שבשלו בחר יוצר המסורת לתאר את בחירת אברהם באופן שונה מתיאורו המקראי, או מתיאורו במסורות קדומות למסורת הנדונה (בהנחה שהכיר אותן).

2.1 "האקטיביסט התיאולוגי" באגדת אברהם בכבשן האש בבראשית רבה

האמורפיות המקראית בסיבת בחירת הא-ל באברהם מעבירה מסר סמוי בדבר מסוגלות אנושית של כל אדם שבוחר לציית לציווי הא-ל להיות כלול בקבוצת הבחירה. אגדת כבשן האש המתארת את מעשיו ההרואיים של אברהם עוד קודם להתגלות הא-ל אליו, מצמצמת את הראויים לבחירה והופכת אותה לבלתי אפשרית כמעט. הנבחר צריך להיות נכון להילחם באמונת האב ובסביבתו, לחבל בפרנסת המשפחה ולמסור את הנפש עבור

31. טוהר, אברהם בכבשן האש, עמ' 21–34.
32. ההדגשה היא על ספרות חז"ל שכן אגדה זו שולבה גם בספרות האסלאם, בקוראן סורה 21, 51–70 ובספרות הנוצרית בכתבי אבות הכנסייה: ג'רום, שאלות על ספר בראשית, 28:11 עמ' 43, וברמיזה אצל אוגוסטינוס, עיר האלוהים 13–15, עמ' 515 ועמ' 518. ההדגשה על ספרות המדרש באה למעט אזכורים של אגדת כבשן האש בספרות הפיוט (ראו: גירונדי, זך הכיר תמים דעים, עמ' 25–30), בפרשנות למקרא ובילקוטים.

שמירה על עבודת האל. על מה ולמה ראה יוצר האגדה להקצין את גורם הבחירה באברהם ולהעמידו על מסירות נפש תיאולוגית?

אורבך סבור ששתי המערכות האחרונות של אגדת אברהם וכבשן האש (מרגע הסגרתו של אברהם לנמרוד) מכילות את היסודות המוכרים מסיפורי הרוגי מלכות והוא (המדרש) "רווי מחשבת המרטירולוגיה של דור השמד".[33] אורבך מצביע על רבי אליעזר בן יעקב, אחד מתלמידיו של ר' עקיבא, כראשון החכמים שמזכיר את הצלתו הניסית של אברהם,[34] מה שעשוי ללמד כי הרקע ההיסטורי ליצירת האגדה הוא גזרות השמד שלאחר מרד בר כוכבא. הדרשן מבקש ליצור "שרשרת של מקדשי השם מאברהם עד דור השמד",[35] כפי שמתואר במדרש אחר בחיבור: "וירח ה' את ריח הניחוח... הריח ריחו של אברהם אבינו עולה מכבשן האש. הריח ריחו שלחנניה מישאל ועזריה עולין מכבשן האש... הריח ריח של דורו של שמד" (בראשית רבה לד, ט עמ' 319). המחיר האישי הכבד שאברהם נדרש לשלם עבור האמונה בא־ל, כפי שמתואר באגדת כבשן האש, מצופה מיהודי דור השמד, שנדרשים להיאבק עבור קיום מצוות הדת, תוך נכונות לצאת להיהרג:

> "לאהבי ולשומרי מצותי". "לאהבי" זה אברהם וכיוצא בו... רבי נתן או': "לאוהבי ולשומרי מצותי" אילו הן ישראל, שהן יושבין בארץ ישראל, ונותנין נפשן על כל המצות: מה לך יוצא להרג? – על שמלתי את בני. מה לך יוצא לישרף? – על שקריתי בתורה. מה לך יוצא ליצלב? – על שאכלתי המצה... (מכילתא דרבי ישמעאל בחדש [יתרו] ז עמ' 277).

שיוכן של שתי המערכות האחרונות של אגדת כבשן האש לתקופת השמד מתברר גם לנוכח הדיבור המתחיל שבו בחר עורך האגדה לשלב אותה. הרן מת על פני תרח אביו משום שלא אזר את העוז הנדרש מבני דור השמד להיות נכונים למות ובלבד שלא להיענות לדרישות המרת הדת של המשעבדים. הרן, שציפה לנס הצלה אלוהי, לא נמצא ראוי להיות חלק מהזרע הנבחר.[36]

מדרש בראשית רבה נערך כמה מאות שנים לאחר דור השמד, ועל אף

33. אורבך, אסקיזיס, עמ' 448.
34. ראו בראשית רבה מד, יג עמ' 435.
35. אורבך, אסקיזיס, עמ' 449.
36. ראו ספרא אמור ח: "כל המוסר את עצמו על מנת לעשות לו נס, אין עושין לו נס,

שהדי המאורעות ניכרים בו היטב,[37] שאלת העמדת זכות הבחירה של אברהם על נכונות למות על קידוש השם, בתקופה שמסירות מסוג זה אינה נדרשת, עומדת בעינה.[38] כמו כן יש לתת את הדעת על המערכות הראשונות של אגדת אברהם וכבשן האש, שאינן עוסקות במוות על קידוש השם.[39]

כדי לתת מענה רחב יותר לשאלת המסרים של חלקי האגדה האחרים אציע כי האגדה המורחבת על כל מערכותיה היא מודל על־דורי לדרישות חריגות מאדם המצוי בסביבה נוכרית ומבקש לשמור על דתו. אברהם, המציית לצו אלוהי גם כשהוא נוגד לצו המצפון ולתבונה האנושית, מלמד את הדורות הבאים מהן הפעולות הנדרשות מכל יהודי המתמודד עם סביבה נוכרית המאיימת על קיומו הרוחני או הפיזי. נעבור אפוא למערכות הראשונות של האגדה ונראה את ההנחיות הניתנות באמצעותן.

המערכה הראשונה באגדת אברהם בכבשן האש מתארת את אברהם כמי שפועל בקרב יחידים ומוכיח להם את הבלותה של עבודת אלילים: "והוה אמר ליה: ווי ליה לההוא גברא דהוא בר שתין ובעי לסגוד לבר יומיה, והוה מתבייש והולך לו". פעילות מסוג זה מיוחסת לאברהם ברבות מדרשות בראשית רבה המתארות הן את מאמציו של אברהם להביא את סביבתו הנוכרית להכרה בא־ל,[40] הן את הצלחת מפעל קירוב הנוכרים המבקשים

ושלא לעשות לו נס, עושין לו נס, שכין מצינו בחנניה מישאל ועזריה..." (על פי כ"י וטיקן המובא ב"מאגרים"). וכן ראו שיר השירים רבה ז, ח.

37. ראו לדוגמה בבראשית רבה וישלח עז עמ' 614 מסביר הדרשן את מגע המלאך בכף ירכו של יעקב: "נגע בצדיקים שעתידין לעמוד ממנו – זה דור השמד". בבראשית רבה וישלח פב עמ' 984-985 מסופר על תלמידים ששינו את מלבושם בדור השמד כדי שלא יזהו את יהדותם, ושמעו תוכחה מאיש צבא משומד שאמר להם שאם הם מבניה של רחל עליהם לתת את נפשם על יהדותם. וראו גם בחיבור שנערך בתקופה מאוחרת יותר: שיר השירים רבה א, ג; ב, ז; ג, ג; ח, ד.

38. על עמדתו החריגה של עורך בראשית רבה למות קדושים גם בהשוואה לעמדתם המסתייגת של חכמים ראו: שוורץ, מרטירולוגיה, עמ' 343-353, ועוד נשוב ונדון בכך להלן עמ' 136-138.

39. בכמה מעדי הנוסח הטובים של בראשית רבה (ובהם כת"י וטיקן) מיוחסת האגדה לר' חייה בר אבא. לרבי חייה בר אבא מיוחסות עוד כמה מסורות שעוסקות בדור השמד ובמוות על קידוש השם, ראו: פסיקתא דרב כהנא יא עמ' 190; ומקבילה בשיר השירים רבה ב, א (ז): "ורבנן אמרי השביען בדורו של שמד"; תנחומא בובר פקודי ג: "בשעה שנכנס אדריינוס לבית קדשי הקדשים".

40. ראו: בראשית רבה לך לך לט, ב עמ' 376: "'והיה ברכה' – מה בריכה זו מטהרת את

להסתופף תחת כנפי השכינה.[41] תיאורו של אברהם כמפיץ את שם הא־ל משתלב היטב עם תיאור מפעלו המקראי, ואף על פי כן ההרחבה המדרשית המפרשת גם פסוקי מקרא שאינם עוסקים בפעילותו התיאולוגית, וההפלגה בתיאור הצלחת קירוב הנוכרים, עשויות להעיד על עמדתו האוניברסלית של עורך החיבור.[42] יש לשער שהמערכה הראשונה של אגדת אברהם בכבשן האש עומדת על חובתו של היחיד לעסוק בהוכחת הכזב של דוקטרינת הדתות הסובבות אותו והוכחת מופרכותן. מגמה מסוג זה משתלבת היטב עם האתגר הדתי שהציבו ראשוני הנוצרים בפני היהודים, והצורך של תלמידי החכמים להיות מצוידים בתשובות תיאולוגיות שיפריכו את טענות הנוצרים.[43]

במערכה השנייה מתואר אברהם כמי שמסב נזק כלכלי למקור הפרנסה

הטמאים, אף את מקרב רחוקים"; שם ה עמ' 379: "'ואת הנפש אשר עשו' – אלא אילו הגרים... אברהם מגייר את האנשים ושרה את הנשים"; שם ח עמ' 381: "התחיל מגייר גיורים"; שם מג, יט עמ' 421 על אברהם שהיה מאכיל ומשקה את העוברים והשבים ומבקש מהם שיברכו את ה'.

41. בראשית רבה לך לך מה, א עמ' 448 על פרעה ואבימלך שנטלו בנותיהם וביקשו שתגדלנה בביתו של אברהם מחמת הניסים שאירעו לו; שם וירא מח, א עמ' 479 על הגרים שבאו להידבק באברהם אחרי מילתו; שם נג, ז על נהירתן של המטרונות להביא את ילדיהן לינוק מחלבה של שרה ועל המהפך שחל בהפיכתן ליראות שמיים. וראו להלן בעיון לפרשת תולדות. ראו גם: מאק, מראשית לבראשית רבה, ב, עמ' 383-381.

42. עמדת החכמים כלפי תופעת הגיור לא הייתה אחידה. יש חוקרים שטענו שהיחס לגיור השתנה בין תקופה לתקופה והיה כרוך במעמדה של הדת היהודית, לעומתם יש הטוענים שהמחלוקת היא גם בין חכמים אוניברסליים לחכמים פרטיקולריסטיים בני אותו דור. השוו למשל עמדתו המסתייגת של עורך הפסיקתא דרב כהנא, שמכיל מסורות בני אותה תקופה למסורות בראשת רבה, ואף על פי כן ברובן מובעת עמדה מסויגת מגרים. ראו למשל דרשות הגנאי על יתרו: פסיקתא דרב כהנא יב, ו, עמ' 208; שם ט, עמ' 210-209; שם טז, עמ' 216. האשמת הגרים בחטא העגל: "אלא הגרים שעלו עמהם הם עשו את העגל, והיו מונים את ישר' ואומ' להם אלה אלהיך ישראל (שמות לב, ד)" (פסיקתא דרב כהנא ט, ח עמ' 157). וראו בהרחבה אליצור, דרשות על יתרו, עמ' 9-33. למגוון הדעות במחקר ראו במבוא עמ' כח-כט. על עמדתו הייחודית של עורך בראשית רבה כלפי הצטרפותם של יראי שמיים לחיק היהדות ראו לוינסון, האם והאום, עמ' 465-485; לביא, הניקה בנים, עמ' 269-291.

43. ראו בבלי עבודה זרה ד ע"א ודברי ר' אבהו בתשובתו למינים: "מ"ש אתון דידעיתון? אמר להון: אנן דשכיחינן גביכון – רמינן אנפשין ומעיינן, אינהו לא מעייני".

של אביו על ידי בימוי של מלחמת צלמים אלו באלו. סיפור דומה מובא בירושלמי ברכות (ט, ב, יג ע"ד עמ' 71) על יהונתן בן גרשם:

> חברייא בעון קומי ר' שמואל בר נחמן. כומר היה לע"ז והאריך ימים. אמ' לון. על ידי שהיה עינו צרה בע"ז שלו. כיצד היתה עינו רעה בע"ז שלו. הוה בר נש אתי למיקרבה תור או אימר [או גדי לע"ז ואמ' ליה. פייסיה עלי]. והוא אמ' ליה. מה זו מועילה לך. לא רואה ולא שומעת. [לא אוכלת ולא שותה. לא מטיבה ולא מריעה] ולא מדברת. אמ' ליה. חייך ומה נעביה. ואמ' ליה. אזיל עביד ואייתי לי חד פינך דסולת ואתקין עלוי עשר ביעין ואתקון קומוי והוא אכל מכל מה דאתי ואנא מפייס לה עלך. מכיון דאזיל ליה הוה אכיל לון. זימנא חדא אתה חד בר פחין. אמ' ליה כ(ול')[ן]. אמ' ליה. (חייך) בגין חיי.[44]

על אף קווי הדמיון שבין שני הסיפורים, קיים ביניהם הבדל עקרוני, ודומה שהבדל זה הוא המסר המרכזי של חלק זה באגדה. יהונתן בן גרשם מתואר במדרש הקודם כמי שמכר את עצמו להיות כומר לעבודה זרה בגלל מצוקתו הכלכלית: "כיון שעמד דוד המלך (ומצאו עבד ע"ז) שלח והביאו. אמ' ליה. את בן בנו שלאותו צדיק ואת עובד ע"ז? אמ' ליה. כך אני מקובל מבית אבי אבא. מכור עצמך לע"ז ואל תצטרך לבריות" (שם). יהונתן בן גרשם אומנם לועג לעובדי העבודה הזרה, אולם הוא מתפרנס ממנה וגם מרוויח סעודה דשנה משכנוע עובדי הפולחן להמיר את קורבנם במאכל. שינוי עמדתם הדתית של עובדי העבודה הזרה אינו מעניין אותו. לעומת זאת אברהם נמצא

44. על פי כ"י וטיקן 94 עמ' 71. תרגום: חברייא שאלו לפני רבי שמואל בר נחמן כומר היה (יהונתן בן גרשם) לעבודה זרה והאריך ימים? אמר להם: על ידי שהייתה עינו צרה בעבודה זרה שלו. כיצד הייתה עינו רעה בעבודה זרה שלו? היה בן אדם בא להקריב תור או כבש או גדי לעבודה זרה ואמר לו: פייס (את האליל) לי (בעבורי). והוא אמר לו: מה זו מועילה לך? לא רואה ולא שומעת לא אוכלת ולא שותה לא מטיבה ולא מריעה ולא מדברת. אמר לו: חייך, ומה נעשה? ואמר לו: לך עשה והבא לי קערית אחת של סולת ואעשה עליה עשר ביצים ואעשה לפניו והוא יאכל מכל מה שהבאת ואני מפייס אותו עליך. מכיוון שהלך לו היה אוכל אותם. פעם אחת בא אחד איש ארור אמר לו לעשות ככה, אמר לו: אם אין מועילה כלום, אתה מה אתה עושה כאן? אמר לו: בגין חיי (בשל הצורך להתפרנס).
מקבילות: ירושלמי סנהדרין יא ה ל ע"ב עמ' 1331; שיר השירים רבה ב.

בחנות הצלמים על פי בקשת אביו, אין לו כל טובת הנאה מרווחי החנות, ואדרבה הוא מסתכן בכעסו של אביו מחמת הנזק שמסב למקור פרנסתו. מטרת אברהם במפגשו עם הקונים היא לשנות את אמונתם בפסלים. אורבך ומ׳ בר מסבירים את העמדה הסלחנית של הדרשן כלפי יהונתן בן גרשם כנובעת מהקלה בהלכות עבודה זרה בתקופת השבר הכלכלי הכבד בארץ ישראל לאחר מרד בר כוכבא ובראשית המאה השלישית ועד המאה הרביעית. ר׳ יוחנן שעמד בראש ישיבת טבריה ותלמידיו הקלו במסחר עם עובדי עבודה זרה כדי להרחיב את אפשרויות ההשתכרות של הסוחרים היהודים, ולא חששו מהשפעה שלילית על אמונתם של היהודים.[45] אורבך ואחרים מציינים שהעמדה הליברלית לא הייתה מוסכמת על הכול, ואלו עמדו על המשך הקפדה על הלכות עבודה זרה.[46] האם עמדתו של בעל אגדת אברהם בכבשן האש משתייכת לאסכולת השמרנים, או שמא ההתפתחויות ביחסי יהודים ושכניהם הנוצרים הצריכה קביעה של כללים חדשים? תהא התשובה אשר תהא, המענה של המערכה השנייה באגדת אברהם בכבשן האש לשאלה מה מצופה מדמותו של הנבחר, הוא איסור מוחלט של הנאה מעבודה זרה, גם בשעה שהציות לאיסור עשוי להסב נזק כלכלי ופגיעה במקורות הפרנסה. סביר להניח שהשימוש בביטויי עבודה זרה קדומים באגדת כבשן האש, חרף היעדרם מפולחני התרבות המרכזיים (יהודים ונוצרים) בתקופת התלמוד, נועד למנוע אנכרוניזם ספרותי. הצלמים והסגידה להם באגדת כבשן האש הם כנראה שמות קוד לאלמנטים דתיים של הדת היריבה.

אגדת אברהם וכבשן האש במדרש בראשית רבה משמשת אפוא כרשימת הנחיות מתפתחת ליהודי המבקש לשמור על יהדותו בשעה שהוא מצוי בעימות דתי עם סביבתו הנוכרית. בתקופה של סובלנות דתית חלה על היהודי אחריות לעשיית נפשות על ידי הוכחת הבלותה של הדת היריבה. במציאות של עימות אידיאולוגי חלה עליו חובת הרחקה והוקעה של אלמנטים המשמשים לפולחן הדת היריבה, ומול גזרות שמד נדרש היהודי לקדש את השם על ידי סירובו לבצע פעולות של פולחן אלילי, גם במחיר מותו. הנחיה אחרת ליהודי המבקש לשמור על יהדותו מצויה בגרסה מאוחרת

45. אורבך, עבודה זרה, עמ׳ 125–178; בר, אגדת יהונתן בן גרשם, עמ׳ 80–86.

46. אורבך, עבודה זרה, עמ׳ 153–154. וראו: זהר, מחיצות, עמ׳ 145–163; ניס, חיים דתיים, עמ׳ 91–122; הלברטל, דו קיום, עמ׳ 159–172; סנדברג, הגבלה וחירות, עמ׳ 65–76.

של האגדה בפרקי דרבי אליעזר, אולם קודם לכן נדון בגרסה הדומה ביותר לזו המובאת בבראשית רבה, בתנא דבי אליהו.

2.2 יורשי העולם הבא בתנא דבי אליהו

ארבע המערכות של אגדת כבשן האש "המקורית" לא יופיעו שוב באף לא אחת מהגרסאות בחיבורים המשתייכים לסוגת מדרשי חז"ל.[47] החיבורים נבדלים זה מזה בבחירת המערכות ששולבו בתוכם, ויש שאף נמנעו לחלוטין מאזכורה של האגדה. האגדה הנאמנה ביותר למקור בספרות חז"ל שהגיעה לידינו היא זו שמובאת בתנא דבי אליהו, אולם אף בה יש לא מעט הבדלים מגרסת האגדה בבראשית רבה. אזכורו של העולם הבא בפתיחה לאגדה מרחיב את מסריה למחוזות אסכטולוגיים העוסקים באחרית הימים:

> מפני מה זכה אברהם לחיים שלא בצער ושלא ביצר הרע בעולם הזה מה שעתיד ליתן לצדיקים לעולם הבא, מפני שמסר עצמו על כבוד שמים למיתה באור כשדים, וכל המוסר את עצמו על כבוד שמים למיתה נותנין לו חיים לעולם הזה וחיים רבים וארוכים לעולם הבא שאין להן סוף.
> מנין? תדע לך שכן, בית אביו של אברהם עובדי עבודה זרה היו עושין עבודות זרות ויוצאין ומוכרין בשוק, יום אחד הגיע לאברהם למכור, בא אחד ואמר לו, בכמה פסל זה, אמר לו, בשלשה מנה, אמר לו בן כמה שנים אתה, אמר לו, בן שלשים שנה, אמר לו, אתה בן שלשים שנה ותעבוד לזה שעשיתי אותו היום, נסתלק והלך לו. שוב בא אחר, אמר לו, בכמה פסל זה, אמר לו בחמשה מנה, אמר לו, בן כמה שנים אתה, אמר לו, בן חמשים שנה, אמר לו, אתה בן חמשים שנה ותעבוד לזה שעשינו היום, נסתלק והלך לו.
> נשמעו דבריו לנמרוד, שלח והביאו והעמידוהו לפניו, אמר, בן תרח

47. אגדה מורחבת מובאת גם במדרש אליהו זוטא. דומה שזו אגדה אקלקטית שמשלבת מסורות קדומות, ואיננה פרי יצירה של דרשן אחד. כך עולה גם מהנחתו של איש שלום בהקדמה למהדורה המדעית של תנא דבי אליהו, עמ' ד-ז; 166-165 ביחס לפרקיו האחרונים של החיבור, שנוצרו לדעתו מהוספות של מעתיקים מאוחרים, ועל כן לא נדון בגרסה זו של האגדה. כנ"ל ביחס לאגדה בילקוט שמעוני לתורה, פרשת נח רמז סב.

עשה לי אלוה יפה שיהא לי, נכנס ואמר לבית אביו, עשו לו פסל יפה, תיקנוהו פיסקוהו והירבו לו סימנין, והלך והוציאו לו.
וצדקתו של אברהם אבינו, אותו היום מעונן היה וירד מטר בו ביום לפי כך לירד לתוך כבשן אש, נמרוד יושב וכל דור הפלגה יושבין, נכנס והעמידו באמצע, ירד ודיבר את דבריו, אמר לו, אם לאו למי אעבוד, אמר לו, לאלהי האלהים ואדוני האדונים שמלכותו קיימת בשמים ובארץ ובשמי שמים העליונים, אמר לו, ואני אעבוד לאלוה של אש והריני משליך אותך בתוכה, יבא אלוה שאתה אומר עליו ויצילך מתוך כבשן של אש.
מיד כפתוהו ועקדוהו ונתנוהו על גבי הארץ, והקיפוהו עצים מארבע רוחות, חמש מאות אמות לצפון, חמש מאות אמות לדרום, חמש מאות אמות למערב, חמש מאות אמות למזרח, הקיפו והציתו בהן את האור. כל ביתו של תרח עובד עבודה זרה היה, ועד אותה שעה לא הכיר בוראיהו, מיד באו (שכיני) [שכיניו] ובני עירו והיו מטפחין על ראשו ואומרים לו, משתה בושה גדולה,[48] בן שאתה אומר עליו, יורש העולם הזה והעולם הבא שרפו נמרוד באש, מיד נתגלגלו רחמיו של הקדוש ברוך הוא וירד משמי שמים העליונים ממקום כבודו גודלו ותפארתו קדושת שמו הגדול, והציל את אברהם אבינו מתוך אותה בושה ומתוך אותה כלימה ומתוך כבשן אש, שנאמר "אני ה' אשר הוצאתיך" וגו' (תנא דבי אליהו ו עמ' 27).

ההבדלים בין גרסת בראשית רבה לתנא דבי אליהו הם בתיאור רצף האירועים, בתפקידן של דמויות המשנה וברכיבים ספרותיים ודידקטיים. נעמוד עליהם כאן בקצרה.

ההבדלים ברצף האירועים: המערכה השנייה של אגדת בראשית רבה, שבה אברהם מביים מאבק של הצלמים אלו באלו שהביא לשבירתם, הושמטה בתנא דבי אליהו וממילא המניע למפגש עם נמרוד איננו הסגרת אברהם על ידי תרח אביו, אלא בקשתו של נמרוד מאברהם שיכין עבורו

48. איש שלום מציע להגיה "משנה בושה גדולה", על פי הכתוב בישעיהו סא, ז, שם המילה "משנה" מתפרשת במשמעות של בושה כפולה. ראו בפרשנותו של ר' יוסף קרא ור' יוסף אבן כספי במקראות גדולות הכתר https://www.mgketer.org/tanach/12/61/7

פסל. שרפתו של אברהם בכבשן האש נודעת למשפחתו על ידי שכנים שממהרים להזהיר אותם מפני חילול השם אם אברהם יישרף בכבשן.

הבדלים בדמויות המשנה: תרח שמניע את העלילה באגדת כבשן האש בבראשית רבה, הופך באגדת תנא דבי אליהו לאב המבוהל ששומע על הסכנה שבה מצוי בנו על ידי שכניו. לא ברור כלל באגדת תנא דבי אליהו שתרח היה מודע לפערים התיאולוגיים שבינו לבין בנו.

הרן, גיבור המערכה הרביעית באגדת בראשית רבה איננו נזכר באגדת תנא דבי אליהו.

אגדת תנא דבי אליהו מרחיבה בתיאור הניצבים: אנשי דור הפלגה עדים לוויכוח התיאולוגי בין אברהם לנמרוד, ושכני משפחת אברהם נוכחים במקום הוצאתו להורג.

הבדלים ספרותיים ודידקטיים: אגדת כבשן האש בבראשית רבה מגוללת את עלילת הגיבור מבלי לשוחח עם קוראי האגדה ומבלי להדריכם, זוהי דרכם של עורכי המסורות המדרשיות הקדומות.[49] האגדה בתנא דבי אליהו מנהלת שיח ער עם קוראי האגדה, תוך הדגשת הלקחים שעליהם להפיק מסיפור ראשיתו של אברהם. אגדת תנא דבי אליהו מציגה בגלוי בפתיחה את השאלה הסמויה של אגדת בראשית רבה על סיבת הבחירה האלוהית באברהם (או על סיבת הטוב שהוא זכה לו), ומשליכה על קהל לומדיה את האפשרות הפתוחה בפניהם לזכות באותו שכר עילאי. אגדת תנא דבי אליהו מגבירה את המתח של הקוראים על ידי בחירת אתר ההתרחשות בתוך כבשן האש, בחצרו של נמרוד, ומעצימה את נס ההצלה של אברהם על ידי תיאור מופרז של כמות העץ שהונחה מכל צדדיו של אברהם. עורך האגדה בתנא דבי אליהו לא הסתפק במסר קידוש השם שנוצר על ידי הצלת אברהם באגדת בראשית רבה, ותיאר באריכות את המצב ההיפותטי של חילול השם שיכול היה להיווצר אלמלא ההתערבות האלוהית.

ניתן להסביר לא מעט מההבדלים בין הגרסאות כנובעים מפערי הסוגות וממאפייניהם המתודולוגיים, כפי שרמזתי לעיל ביחס לאינפורמציה העודפת המאפיינת את המדרש המאוחר.[50] גם את השינוי ביחס לדמותם של הרן ושל תרח ניתן להסביר כנובע מפער הסוגות. האגדה בבראשית רבה נצמדת לסיפור המקראי, הדורש הסבר לפשר ניתוקו של אברהם מאביו ואי עמידתו

49. על המתודולוגיה המדרשית המאוחרת ראו לעיל במבוא עמ' כג-כה.

50. על ריבוי הדעות בשאלת זמנו של המדרש ראו: רייזל, מבוא למדרשים, עמ' 349-353.

בחובת כיבוד אב. הפיכתו של תרח לרודפו של אברהם מצדיקה את בחירת אברהם להתנתק ממנו.[51] עורך המסורות בתנא דבי אליהו, שאינו נצמד לספר מקראי, נהנה מחירות רבה יותר, וכנראה העימות המשפחתי שבין האב לבן חיבל במסרים שהוא ביקש להעביר, ועל כן הוא בחר לשנות.[52] מותו העלום של הרן בסיפור המקראי משמש כנקודת המוצא של האגדה בבראשית רבה הנצמדת לפסוקי הפרשה. אגדת תנא דבי אליהו אינה נדרשת להסביר את סיבת מותו, ויוצרה בחר שלא להזכירו כלל.[53] מהו אפוא המסר המרכזי של יוצר האגדה בתנא דבי אליהו?

האמונה בחיי העולם הבא הוא אחד מהיסודות המרכזיים של החיבור.[54] המונח "עולם הבא" נזכר יותר משבעים פעמים בדבי אליהו, עשרים ושתיים מתוכן במעטפת לאגדת אברהם בכבשן האש ובאגדה עצמה. אגדת כבשן האש היא בעצם פיתוח של המימרה שמציג עורך המדרש בפרק הקודם לאגדה: "[מי] שהוא קורא לשם שמים ושונה לשם שמים ואוכל משלו ונהנה מיגיעו עליו הוא אומר, 'יגיע כפיך כי תאכל אשריך וטוב לך' (תהלים קכח ב), אשריך, בעולם הזה, וטוב לך, לעולם הבא" (שם, ה עמ' 26). בפרק השישי מוכיח עורך החיבור את המימרה באמצעות תיאור שכרם של ארבע דמויות מקראיות שנהנו בעולם הזה מהטוב ששמור לצדיקים לעולם הבא. אברהם הוא דוגמה למי שקורא לשם שמיים. בעל האגדה מרחיב את מושג הקריאה לשם שמיים ומתאר את הקיום המקסימלי שלה תוך נכונות למות למענה. חוקרי החיבור מזהים בתוכו רמזים לגזרות שמד ולרדיפות דת.[55] פרק כח מהדהד את סיפורם של מקדשי השם בתקופת גזרות השמד שלאחר

51. עורך בראשית רבה לא הסתפק בתשובה העקיפה של אגדת כבשן האש, והקדיש מדרש נוסף שמתייחס לשאלת הניתוק בין האב לבנו: ראו בראשית רבה לך לך לט, עמ' 369: "לפי שהיה אברהם מפחד ואומר אצא ויהיו מחללים בי שם שמים ואומרים הניח אביו בזקנותו והלך, אמר לו הקדוש ברוך הוא לך אני פוטרך מכיבוד אב ואם ואיני פוטר אחר מכיבוד אב ואם, ולא עוד אלא שאני מקדים מיתתו ליציאתך, בתחילה וימת תרח בחרן ואחר כך ויאמר ה' אל אברם וגו'".
52. בהמשך הדרשה ניכרת אף אהדה של עורך המדרש לדמותו של תרח: "זכה והמליך הקדוש ברוך הוא את אברהם בנו בחייו שלשים וחמש שנה" (שם, עמ' 28)
53. מעניין שהוא לא נזכר גם במדרש האקלקטי באליהו זוטא.
54. ראו אלבוים, לתפיסת הגאולה, עמ' 303–321.
55. ראו מאן, שינויים בקריאת שמע, עמ' 241–310 ובעיקר בעמ' 247, שם הוא מתבסס על המילים בתנא דבי אליהו יח עמ' 90: "אשרי מי שהוא ירא שמים בסתר". על המרות דת בתקופה הביזנטית ראו: אתנאסידי, המרה דת נוצרית, עמ' 23–48.

מרד בר כוכבא.[56] לא מן הנמנע שתפקידה של אגדת אברהם בכבשן האש בנוסחה המעובד הוא ליצור השראה להמשך ציפייה מבני דורו של עורך תנא דבי אליהו לקרוא בשם ה׳ על אף המחיר שהם עשויים לשלם בעולם הזה, תוך הבטחת שכר לעתיד לבוא: "וכל המוסר את עצמו על כבוד שמים למיתה נותנין לו חיים לעולם הזה וחיים רבים וארוכים לעולם הבא שאין להן סוף" (הפתיחה לפרק ו), "ואף הריגה שהרג הקב"ה את ישראל בעונותיהן בעולם הזה רפואה היא להם לעולם הבא" (שם, עמ׳ 29). מעבד האגדה השמיט את החלקים שאינם משרתים את מטרתו, כגון שבירת הצלמים בחנות של תרח והפסיחה של הרן, ותחתיהם הדגיש את הקריאה בשם ה׳ אל מול קהל הכופרים ואת השפעת הקריאה על הניצבים, כולל אבי אברהם, שהיו עדים לנס.[57]

2.3 המאמין הנרדף בפרקי דרבי אליעזר

בפרקי דרבי אליעזר משולבים חלקים מאגדת כבשן האש באחד מתוך חמשת הפרקים שעוסקים בפירוט עשרת הניסיונות של אברהם. אברהם הוא הגיבור הראשי של האגדה, אולם תחת הגיבור האינטלקטואל לוחם הדת של בראשית רבה מוצג גיבור חדש:

> עשרה נסיונות נתנסה אברהם אבינו ועמד בכולן, הנס הראשון כשנולד אברהם בקשו כל גדולי מלכות והקוסמים להרגו ונחבא בבית הרן שלש עשרה שנה, השמש ולא הירח,[58] ולאחר שלש עשרה שנה יצא מבית

56. מעניין שסיפור חנה ושבעת בניה יוחס לימי אדריאנוס, אף על פי שאזכורו בספרי חשמונאים ב ו־ד, הוא התרחש בימי גזרות השמד של אנטיוכוס אפיפנס. על גלגולי המסורת ראו: גוטמן, האם ושבעת בניה, עמ׳ 25–37; כהן, שם התחבולה, עמ׳ 26–35 ובהפניות בהערה 1.

57. ייתכן שהתוספת של תיאור הניצבים באה כדי להצדיק את מעשה אברהם שמסר עצמו למיתה, על פי הדיוק של ר׳ יוחנן בספרא אחרי מות פו ע"ב בדיון על מצוות קידוש השם: "כי אתא רב דימי אמר רבי יוחנן: לא שנו אלא שלא בשעת השמד, אבל בשעת השמד – אפילו מצוה קלה יהרג ואל יעבור. כי אתא רבין אמר רבי יוחנן: אפילו שלא בשעת השמד, לא אמרו אלא בצינעא, אבל בפרהסיא – אפילו מצוה קלה יהרג ואל יעבור".

58. כנראה גרסה חסרה שמשכתבת מדרש קדום המתאר את חיפושיו התיאולוגיים של אברהם סביב השמש והירח, ראו למשל אצל מאן, קטעי מדרשים, עמ׳ מג.

הרן מדבר בלשון הקדש ומאס באלילים ומשקץ את הפסילים, ובטח בשם יוצרו ואמר אשרי אדם בוטח בך, הנס השני נחבש בבית האסורים עשרה שנים שלשה בכותי ושלשה בבי דרי, ולאחר עשר שנים שלחו והביאו אותו אצלו והשליכוהו לתוך כבשן האש ומלך הכבוד פשט יד ימינו והצילו מכבשן האש, שנ׳ "ויאמר אליו אני ה׳ אשר הוצאתיך מאור כשדים" (פרקי דרבי אליעזר כו).

עורך המדרש בפרקי דרבי אליעזר הכיר מן הסתם את אגדת כבשן האש של בראשית רבה, וכן מסורת דומה בקוראן סורה 21 (סורת אל־אנביאא׳), 51-70,[59] ואף על פי כן ביקש לצמצם בתיאור מאבקיו של אברהם עם סביבתו האלילית, ולייחס לו תחתיהם בריחה ומחבוא עד יעבור זעם. הא־ל נחלץ להגנת אברהם הודות לביטחון של אברהם בו במהלך שנות בריחתו ומאסרו.

השוואת שתי המסורות מייצגת שתי תפיסות של התנהלות במציאות של מאבק דתי. על פי התפיסה של בראשית רבה הנבחר נדרש להיאבק על קיום דתו ואף להפיץ אותה בקרב סביבתו הקרובה והרחוקה, ובשעת הדחק אף להיות נכון למות למענה. על פי התפיסה של פרקי דרבי אליעזר הנבחר צריך ליצור לעצמו מציאות מוגנת שבה יוכל להמשיך לשמור על אמונתו מבלי להסתכן. תפיסה זו באה לידי ביטוי במדרשים נוספים בחיבור:

ואמ׳ לו הב"ה אליהו טוב אתה מאבותיך ברח, עשו בקש להרוג את יעקב וברח מלפניו, שנ׳ "ויברח יעקב", פרעה בקש להרוג את משה וברח ונמלט מלפניו, שנ׳ "וישמע פרעה את הדבר הזה", שאול בקש להרוג את דוד וברח מלפניו ונמלט, שנ׳ "אם אין אתה ממלט את נפשך", וכתיב אחר אומ׳ "ודוד ברח וימלט", למד שכל הבורח נמלט (שם, כח).

כשהאדם מתאמץ להגן על עצמו ובמקביל לבטוח בא־ל הוא יזכה לברכת "מגן אברהם".

59. על היכרותו של עורך מדרש פרקי דרבי אליעזר עם מסורות חז"ל ומסורות מוסלמיות קדומות ראו: היינימן, אגדות ותולדותיהן, עמ׳ 181-199; שטיין, מימרה מגיה מיתוס, עמ׳ 2-9. על אגדת אברהם בכבשן האש בקוראן ראו: גרסיאל, מקרא, מדרש וקוראן, עמ׳ 74-87.

ואמ׳ רבון כל העלמים לא בכח ידי ולא בכח ימיני עשיתי את כל אלה אלא בכח ימינך שאתה מגן לי בעולם הזה ובעולם הבא, שנ׳ "ואתה ה׳ מגן בעדי" בעולם הזה, "כבודי ומרים ראשי" לעולם הבא, וענו העליונים ואמרו מגן אברהם (שם, כז).

אמ׳ הב"ה לאברהם דע כי ימיני מגנת לך בכל מקום שאתה הולך כתריס לפני הפורענות, ונתתי שכר טוב לך ולבניך בעולם הזה ובעולם הבא (שם).[60]

מדרש פרקי דרבי אליעזר נערך, על פי המקובל במחקר, במאה השמינית לספירה, בתקופה שבה במקביל לדת היהודית התבססה והתרחבה הדת הנוצרית, ולצידה התפתח האסלאם.[61] הביטחון הדתי והלאומי שאפיין את הקהילה היהודית בדורות המוקדמים יותר, טרום התבססותה של הדת הנוצרית ובמקביל לדעיכתה של הפגאניות, עבר תמורה מרחיקת לכת. ישנן עדויות היסטוריות וארכיאולוגיות לרדיפות על רקע דתי במאה השמינית,[62] מה שאולי לא אפשר ליהודים לשאת בגאון את אמונתם הדתית. ההנחה היא שתיאורו של אברהם כיוזם תעמולה דתית באגדת כבשן האש בנוסח של בראשית רבה לא התאים למציאות הדתית של ימיו של עורך פרקי דרבי אליעזר. השינויים שהוא יצר באגדת כבשן האש, תוך התבססות על תיאורי מסורת קדומים על ראשיתו של אברהם,[63] משקפים באופן הולם יותר את הציפייה של חכמי הדור ממי שמבקש לשמור על יהדותו בסביבה דתית עוינת. ייתכן גם שמעבר להשפעת התקופה, עורך המדרש השתייך לאסכולה בדלנית יותר, שהתקיימה לאורך תקופת המשנה והתלמוד במקביל לאסכולה

60. מפרק כז ואילך הפרקים בחיבור נצמדים לתכנים של ברכות תפילת העמידה, לפי הסדר עד הברכה השמינית. ראו על כך אצל צונץ, הדרשות, עמ׳ 17 הערה 7.

61. על הדעות ביחס למועד עריכתו של פרקי דרבי אליעזר ראו: רייזל, מבוא למדרשים, עמ׳ 332–333.

62. ראו: אלכסנדר, רדיפה דתית, עמ׳ 238–264. על מחלוקת החוקרים בשאלת מעמד היהודים בארץ ישראל בתקופת הכיבוש המוסלמי ראו: טקסל, האסלאם, עמ׳ 73–106.

63. על דבר מאסרו של אברהם והסגרתו לנמרוד ראו קדמוניות המקרא יב, יב–טו. על שילובם של מקורות קדומים במדרש פרקי דרבי אליעזר ראו: היינימן, אגדות ותולדותיהן, עמ׳ 183–186.

האוניברסלית.[64] על עמדתו הבדלנית ניתן ללמוד מדרשתו הנספחת לתיאור מילת אברהם, המבטאת חוסר אמון בגרים והתנגדות לקירוב נוכרים.[65]

2.4 מחולל ההצלה מכבשן האש בבבלי פסחים

אגדת כבשן האש מקוצרת מובאת בבבלי פסחים תוך דיון בתוכן מזמורי ההלל שנאמרים בליל הסדר, לאחר ה"הלל הגדול". הגמרא שואלת מדוע יש צורך ב"הלל הקטן" (מזמורים קיג-קיח) לאחר מזמור קלו המכיל שבח והודיה על כל פרטי חסדי הא-ל לעם ישראל. במענה לשאלת הגמרא מובאות כמה תשובות. תשובתו של חזקיה והרחבתו של ר׳ יוחנן לתשובת חזקיה מכילות יחידה קצרה מתוך אגדת אברהם בכבשן האש:

> וכי מאחר דאיכא הלל הגדול, אנן מאי טעמא אמרינן האי?... חזקיה אמר: מפני שיש בו ירידתן של צדיקים [לתוך כבשן האש] ועלייתן מכבשן האש... ירידתן לכבשן האש דכתיב "לא לנו ה׳ לא לנו"... דעלייתן מכבשן האש "הללו את ה׳ כל גוים"... א"ר יוחנן "ואמת ה׳ לעולם" גבריאל אמרו. בשעה שהפיל נמרוד את אברהם בכבשן האש אמר גבריאל לפני הקב"ה: רבונו של עולם, ארד [ואצנן] ואציל את הצדיק מכבשן האש. אמר הקב"ה: אני יחיד בעולמי והוא יחיד בעולמו, ונאה ליחיד להציל את היחיד. ולפי שאין הקב"ה מקפח שכר כל בריה, אמר: תזכה ותציל שלשה מבני בניו... (בבלי פסחים קיח ע"א).[66]

64. ראו: הירשמן, תורה לכל באי עולם, עמ׳ 129-149.
65. "ר׳ יוחנן אומ׳ כל הגוים הבאים לישראל נמולין בטובתם וברצונם וביראת שמים הם נמולים, ואין מאמינין בגר עד שבעה דורות שלא המיר למוציאיהם, אבל עבדים נמולים בטובתם ושלא בטובתם ואין אמונה בעבדים, כך כל העבדים שנמולו עם אברהם אבינו לא נתקיימו לא הם ולא זרעם בישראל, שנ׳ וכל אנשי ביתו יליד בית, ולמה מלן אלא בשביל טהרה שלא יטמאו את אדניהם במאכלו ומשקהו, וכל מי שאוכל עם ערל כאילו אוכל בשר שקץ, וכל הרוחץ עם הערל כאילו רוחץ עם הנבלה, וכל הנוגע בערל כאילו נוגע במת, שהם בחייהם כמתים ובמיתתם כנבלת בהמה, ואין תפלתם נכנסת לפני הב"ה, שנ׳ לא המתים יהללו יה, אבל ישראל שהם נמולים תפלתם נכנסת לפני הב"ה כריח ניחוח, שנ׳ ואנחנו נברך יה" (שם כח). על עמדתו הפרגמטית והבדלנית של עורך פרקי דרבי אליעזר ראו: שטיין, מימרה מגיה מיתוס, עמ׳ 8-9.
66. על פי כתב יד מינכן 95 עם תוספות בסוגריים של כתב יד מינכן 6. מקבילה לדרשת ר׳ יוחנן מובאת בתנחומא תצוה יב עם הרחבה קלה בוויכוח בין המלאכים ובמדרש

תשובת חזקיה לשאלת הגמרא היא שהודיה לא־ל מבלי להזכיר את הצלתם הניסית של מקדשי השם מכבשן האש היא חסרה, ולפיכך הוסיפו לנוסח הסדר גם מזמורים העוסקים בהצלה מיוחדת זו. ר׳ יוחנן[67] מוסיף שאת הפסוק החותם את מזמור קיז בתהלים אמר המלאך גבריאל בשעה ששמע מהא־ל על התערבותו האישית בהצלת אברהם מכבשן האש.

מוקד יחידת האגדה בבבלי אינו אברהם, אלא חסדיו של הא־ל כלפי מי שמקדש את שמו. האגדה משתלבת ביחידה תלמודית שעוסקת במרכיב הכרת הטוב של ההגדה של פסח. חלקי אגדת כבשן האש האחרים אינם משרתים מגמה זו, ואולי אף סותרים את פרשנותו של רב לדברי המשנה: "מתחיל בגנות ומסיים בשבח, מאי בגנות? רב אמר: מתחלה עובדי עבודת גלולים היו אבותינו" (בבלי פסחים קטז ע"א). שילובה של סצנת הסיום מאגדת כבשן האש משתלב עם רעיון ההגדה שאלמלא חסדי האל, היו נשארים אבותינו תועים בחברה האלילית: "מתחילה עובדי עבודה זרה היו אבותינו ועכשיו קרבנו המקום לעבדתו".[68]

על פי כמה מעדי הנוסח של אגדת כבשן האש בבראשית רבה יוצר האגדה הוא רבי חייא.[69] חזקיה, שלו מיוחסת דרשת פסוקי מזמור קטו ו־קיז כהכרה בטובו של הא־ל על הצלת צדיקים מכבשן האש בבבלי, הוא בנו של רבי חייא, ואילו רבי יוחנן שדורש את אחד מפסוקי המזמור כמתמקד בתיאור מעורבותו הפיזית של הא־ל בהצלת אברהם, הוא תלמידם של השניים.[70] השימוש באגדת אברהם וכבשן האש לצורך מטרות שונות ואולי אף מנוגדות, גם על ידי מי שכפי הנראה הכירו אותה מקרוב בנוסחה הקדום, מלמד לא מעט על תפקידיה העל־היסטוריים של האגדה ועל חירות השימוש בה לצרכים המשתנים של כל תקופה.

תהלים קיז, ג. על היעדרה של אגדת כבשן האש המלאה מספרות התנחומא בדרשות לפרשות נח ולך לך ראו להלן עמ׳ 84-89.

67. כך על פי רוב עדי הנוסח.
68. על גלגולי הנוסח של דברי רב להגדה ראו: ספראי, הגדת חז"ל, עמ׳ 32 הערה 69 ועמ׳ 270.
69. ראו מהדורת תיאודור אלבק עמ׳ 361.
70. ראו בכר, אגדת אמוראי ארץ ישראל, ח"א עמ׳ 49; ח"ב עמ׳ 4.

2.5 הגיבור הטראגי של אגדת כבשן האש בתרגום המיוחס ליונתן

בתרגום המיוחס ליונתן מובאת המערכה האחרונה של אגדת כבשן האש עם הרחבה. פרט חדש ומעניין מתווסף בו על מעמדו של הרן בקרב הכשדיים:

> והוה כד רמא נמרוד ית אברם לאתונא דנורא דלא פלח לטעוותיה ולא הוה רשותא לנורא למוקדיה ובכן אתפלג לבא דהרן למימר אילו נצח נמרוד אהא מן סיעתה ואלו נצח אברם אהא מן סיעתה וכדי חמון כל עממיא דהוו תמן דלא שלטת נורא באברם אמרו בלבהון הלא הרן אחוי דאברם מלא קוסמין וחרשין ואיהו לחש עלוי אישתא דלא למיקד ית אחוי מן יד נפלת אישתא מן שמי מרומא וגמרתיה ומית הרן למיחמי תרח אבוי היך אתוקד בארעא ילדותיה באתון נורא דעבדו כשדאי לאברם אחוי (ת"י לבראשית יא, כח).[71]

הרן הופך בתרגום לגיבור הטראגי של האגדה.[72] סיפור השלכת אברהם לכבשן האש בתרגום מסופר כהקדמה לתיאור זהותו התיאולוגית המהוססת של הרן, ואגב נרמז כי ייתכן שהיסוס זה נבע מכישוריו של הרן עצמו לנחש עתידות ולקסום קסמים. שרפתו של הרן בכבשן האש לא הייתה עונש על לבטיו התיאולוגיים, כפי שמתואר באגדת כבשן האש הקדומה, אלא נועדה להפריך מכול וכול את האפשרות שידו של הרן הייתה בהצלתו של אברהם.

בגרסת התרגום, כמו בגרסת הבבלי, אגדת כבשן האש לא נועדה לפאר את אברהם ולנמק את בחירתו. אגדת התרגום משרתת את תפיסותיו התיאולוגיות של המתרגם ביחס לנס העל־טבעי. שנאן מצביע על חיבתו המיוחדת של מתרגם זה לנס, לפלא ולעל־טבעי, לעומת יחסם האמביוולנטי

71. תרגום: כשהשליך נמרוד את אברם לכבשן האש לאחר שסירב לעבוד את פסלו, ולא הצליחה האש לשורפו, נתפקפק ליבו של הרן לאמר, אם יתגבר נמרוד, אהיה לצדו, אבל אם אברם יתגבר, אהיה לצדו. וכאשר ראו כל המתקהלים אשר שם כי אין לאש כוח על אברם, אמרו בלבם, האין הרן אחי אברם מלא (בכישורי הפעלת) עתידות וקסמים, והאם לא השמיע כישופים על האש שלא תהא שורפת את אחיו? מיד נפלה אש מן השמיים העליונים וכילתה אותו. וימות הרן על פני תרח אביו, שם נשרף בארץ מולדתו, בכבשן האש אשר עשו הכשדים לאברם אחיו.

72. הרן מובא כגיבור הטראגי של האגדה גם במדרש תהלים למזמור קיט, יא לפסוק "טוב לחסות בה' מבטוח באדם". הרן, בניגוד לאברהם, שם מבטחו באדם ונכנס לכבשן האש רק לאחר שנוכח בצדקתו של אברהם.

של חז"ל ושל התרגומים הארץ־ישראליים האחרים.[73] מעבר לחיבתו לניסים, נראה שהמתרגם מבקש להפריך כל מחשבה בדבר יכולות על־טבעיות של המכנים עצמם קוסמים או בעלי עתידות.[74]

ייתכן גם שהמתרגם מעבה את דמותו של הרן כדי להצדיק את חריגתו המדרשית מתפקידו כמתרגם. תיאור מותו של הרן, שעל גביו כביכול נוצרה הדרשה בבראשית רבה, נראה יותר כמו נספח לאגדה, ולא החוליה המרכזית שלה. כללי הסוגה התרגומית נוקשים מעט יותר,[75] ולכן משתדל המתרגם להיצמד יותר לתוכן הפסוק שאליו הצמיד את ההרחבה המדרשית המתארת את מותו בטרם עת של הרן.

3. צנזור האגדה על ראשיתו של אברהם מחיבורי המדרש המאוחר לספר בראשית

ספרות התנחומא נשענת בלא מעט מדרשותיה על מסורות קדומות של מדרשים על סיפורי המקרא במדרשי ההלכה, במדרשי רבה לבראשית ולויקרא, בבבלי וכנראה גם על מסורות "ילמדנו" קדומות שלא הגיעו לידינו בחיבור מגובש, אולם מוכרות לנו מחלקי קבצים ומקטעי גניזה.[76] ההנחה היא שכל מדרשי בראשית רבה היו מוכרים לעורכי התנחומא, והם בחרו מתוכם את מה שהתאים להשקפת עולמם והשתלב עם אופי חיבורם. על בסיס הנחה זו בולטת העובדה שאגדת אברהם בכבשן האש נעדרת מספרות התנחומא, ואף איננה מופיעה בחיבורי המדרש המאוחרים יותר לספר בראשית (אגדת בראשית, בראשית רבתי ושכל טוב).[77]

73. שנאן, תרגום ואגדה בו, עמ' 144-145.
74. ראו למשל פרשנותו למעשה החרטומים בשמות ז, יב: "וטלקון אינש חוטריה והוו לחרמנין ומן יד אתהפיכו למהוי כמן שירויא ובלע חוטרא דאה". המתרגם מוסיף כי הפיכת המטה לתנין על ידי החרטומים הייתה לפרק זמן קצר מאד, ועוד לפני שמטה אהרון בלע אותם חזרו התנינים לצורת המטה. השוו להסבר של טוהר, אברהם בכבשן האש, עמ' 44 בשאלת מגמת אגדת התרגום.
75. ראו: שנאן, תרגום ואגדה בו, פרק שני.
76. על מקורותיו של תנחומא ילמדנו ראו: רייזל, מבוא למדרשים, עמ' 234-237.
77. ביחס לאגדת בראשית התמיהה גדולה פחות, שכן זהו חיבור שמבוסס ברובו על תנחומא בובר. ראו: קהלני, מדרש אגדת בראשית, עמ' 55-60. לעומת זאת ביחס

כדי לדייק את הדברים אומַר שהצלתו של אברהם מכבשן האש נזכרת בכל החיבורים, מה שאין מופיע הוא סיפור הרקע שהוביל להכנסתו לכבשן האש.[78] כמו כן הצלת אברהם מכבשן האש אינה נזכרת כאחד מהניסיונות של אברהם אלא כמעשה נאצל של האל.[79] באחת המסורות מתואר אברהם כמי שחושש שבהצלתו מכבשן האש הוא ניצל את מאגר הזכויות שהיה קצוב לו,[80] בניגוד לחיבורים אחרים המונים את כבשן האש כאחד מהניסיונות של אברהם שמצדיק את הבחירה בו.

מה יכולה להיות הסיבה לבחירתם של עורכי התנחומא וכמה מהחיבורים המאוחרים יותר, שלא לשלב את תיאור מאבקו של אברהם בעובדי האלילים בסביבתו ואת נכונותו למסור את נפשו עבור הוכחת אמיתותו של הא־ל? קשה לתת תשובה קונקרטית לשאלה זו, שכן החיבורים שאנו עוסקים בהם נערכו במהלך מאות שנים, וחלקם כוללים כמה שכבות של עריכה.[81] ההנחה שהצענו בדבר זיקה שבין ייצוג אגדת כבשן האש לבין מאפייני התקופה או אופי החיבור במסורות הקדומות, מורכבת יותר כשמדובר בשלבי עריכה ממושכים, ואולי אף באזורים גאוגרפיים שונים.[82] אף על פי כן אנסה

לילקוט שכל טוב שליקט חומרים מספרות רחבה יותר יש מקום לתמיהה על בחירתם שלא לשלב את אגדת כבשן האש. בלקח טוב נח יא, כח יש אזכור קצר של אברהם שהיה משבר אלילי תרח, של השלכתו לכבשן האש ושל מות הרן, מבלי להזכיר את היסוסיו. על החיבורים הללו ראו: רייזל, מבוא למדרשים, עמ' 370-382.

78. בתנחומא לך לך ב עורך המדרש מאותת להיכרותו עם האגדה אולם מסתפק בתיאור קצר של סיבת יציאתו של אברהם מחרן: "אתה מוצא תרח אביו עושה צלמים היה ועובד אותן, אמר לו הקדוש ברוך הוא לך לך מארצך וגו'".

79. ראו תנחומא בובר לך לך ד על אופי הניסיון הראשון של אברהם: "לך לך, ר' לוי בן חמא אמר לו הקדוש ברוך הוא נסיון הראשון ונסיון האחרון איני מנסה אותך אלא בלך לך, לך לך מארצך, ולך לך אל ארץ המוריה" (וכן תנחומא לך לך ג). על ההצלה כמעשה נאצל של הא־ל ראו: תנחומא בובר תצווה ח.

80. תנחומא בובר לך לך יג: "אתה מוצא אברהם היה מהרהר אחר מדת הדין, מה היה אומר, אמר ר' לוי כמדומה לי שקיבלתי שכרי בעולם הזה, שעזרני הקדוש ברוך הוא במלכים, והצילני מכבשן האש". כך גם עולה מדברי ממרא בתנחומא וירא ג, שעמו אברהם מתייעץ אם לציית לציווי המילה: "הלא הוא שהצילך מכבשן האש ועשה לך כל הנסים והצילך מן המלכים ואלולי כחו וגבורתו היו הורגין אותך".

81. על רובדי העריכה במדרשי תנחומא־ילמדנו ראו: ברגמן, תנחומא ילמדנו, פרק ד, עמ' 176-188.

82. ראו למשל צונץ, הדרשות, עמ' 108-116 ובעיקר עמ' 111, לעומת רבינוביץ', קרובת יניי, עמ' 207-208.

להציע שתי אפשרויות הסבר, על בסיס מסורות אחרות בחיבור, או על פי סממני תקופה ממושכים שמן הסתם השפיעו על עריכת חלקים מסוימים של ספרות התנחומא.

3.1 הסתייגות ממרטירולוגיה שלא ב"שעת שמד"

מקדשי השם זכו לאורך ההיסטוריה להילה של קדושים, שעיצבו מודל על-דורי לנכונות לעלות על המוקד ובלבד שלא לעבור על אחת ממצוות התורה שהשלטון אסר לקיימה. עיון מעמיק יותר בספרות חז"ל מעלה יחס אמביוולנטי כלפי התופעה.[83] הזיכרון הקולקטיבי של מוות על קידוש השם נוצר ברובו סביב גזרות השמד של אדריאנוס לאחר מרד בר כוכבא, וסביב דמותו של רבי עקיבא והאגדות על אופן מותו. היחס האמביוולנטי עולה לראשונה מהסתייגות של חכמים מהקביעה הטוטאלית שנקבעה בעיצומם של ימי השמד שעל פיה: "כל עבירות שבתורה אם אומרין לו עבור ואל תהרג – יעבור ואל יהרג, חוץ מעבודה זרה וגילוי עריות ושפיכות דמים".[84] ר' ישמעאל, בן דור השמד, ומאוחר יותר ר' יוחנן, תוחמים את חובת המוות עבור מצוות רק כשציווי ההמרה ניתן בפרהסיה בתקופה של שמד. גם תיאור מותו ההרואי של ר' עקיבא מלווה בתמיהתם של תלמידיו על צורת המוות שלה ערג רבם: "אמרו לו תלמידיו: רבינו, עד כאן" (בבלי ברכות סא ע"ב).[85] ספראי, בויארין ושפקארו סבורים כי תמורות בתפיסת המרטירולוגיה במאות השלישית והרביעית בשתי הדתות, היהודית והנוצרית, והערצת המרטירים, העצימו את ההסתייגות של מי שסברו שהתמורות הללו מעודדות תופעה של קדוש מעונה שלא לצורך.[86]

83. לאוסף המקורות העוסקים בסוגיית קידוש השם בספרות חז"ל ראו: ספראי, קידוש השם, עמ' 73–92; שגר, אהבוך עד מוות; שפקארו, מרטירים יהודים.

84. בבלי סנהדרין עד ע"א ומקבילות. על הרקע ההיסטורי של כינוס החירום בעליית בית נתזה שבו נאמרה הלכה זו, ראו: הר, גזרות השמד, עמ' 73–92; ספראי, קידוש השם, עמ' 28–42.

85. ראו: בויארין, מוות למען אלוהים, עמ' 107. על העמדות החלוקות של חכמים ביחס לחובת המוות על קידוש השם ראו: בלידשטיין, מרטירולוגיה, עמ' 54–62; שפקארו, מרטירים יהודים; ועמדתו החולקת של שוורץ, מרטירולוגיה, עמ' 343–353.

86. על עידוד מרטירולוגיה בנצרות ואפשרות השפעתה על תפיסת מצוות קידוש השם ביהדות ראו: בלידשטיין, מרטירולוגיה, עמ' 54–62; שפקארו, מרטירים יהודים, עמ' 90–102. ספראי מתאר התפתחות מאוחרת של מוות על קידוש השם לא כדי

אגדת כבשן האש הקדומה מתארת נכונות למות על קידוש השם של מי שיכול היה להצניע את המחלוקת התיאולוגית שיש בינו לבין משפחתו וסביבתו. המערכה הראשונה של הסיפור מתארת את הצלחתו של אברהם במניעת יחידים מקניית פסל. אברהם אינו מסתפק בזה ויוצר פרובוקציה בחנות של אביו, ובכך חושף את כפירתו בעבודת האלילים של משפחתו וסביבת מגוריו. המערכה השלישית עומדת בסימן קידוש השם שכן אברהם נאלץ לענות על שאלות שסותרות את אמונתו. גם במערכה זו אברהם אינו מסתפק בסירוב לענות לשאלותיו של נמרוד, ומלעיג אותו בפני סביבתו עד שנמרוד משליכו לכבשן. מצד אחד זהו סיפור מופת שמראה את דרגת המסירות הגבוהה ביותר לדת, ויכול לתת השראה למקדשי השם בכל הדורות, מצד שני ייתכן שבמציאות של חשש מפני מעשי קידוש השם בלתי מבוקרים יעדיפו לצנזר סיפור מסוג זה, שמציג צד קיצוני של מי שנהג כך שלא במציאות של שמד, ויכול היה להימנע מהפרהסיה.[87]

3.2 סובלנות כלפי דתות אחרות כחלק מצורכי נרמול חיי היום־יום

חיי היהודים בארץ ישראל ידעו עליות ומורדות ביחסיהם עם סביבתם הנוכרית. היו תקופות שמנהיגי הדת נדרשו להגן על עיקריה, ולהדגיש את המבדל מחשש של טמיעה תרבותית, והיו תקופות שלא היו מלוות בפולמוסי דת ואפשרו חיים זה לצד זה כשכל דת מתנהלת על פי עקרונותיה.[88] אגדת אברהם בכבשן האש בבראשית רבה מתארת מציאות של מתח מצד שתי הדתות היריבות. אברהם מתואר כמי שאינו סובלני לעובדי האלילים, ומבקש

להימנע מהמרה דתית, אלא כביטוי לאהבת ה׳. לטענת ספראי על אף שהדרשות הללו מתפתחות סביב דמותו של רבי עקיבא, מרבית המסורות מאוחרות לו בהרבה ומכילות תוספות שלא נזכרו בסיפור המקורי של מותו. בויארין, מוות למען אלוהים, מצביע על תמורה נוספת שבה אנשים (בני שתי הדתות) ביקשו למסור את נפשם כדי לזכות בחיי העולם הבא.

87. המערכה השלישית של האגדה, המתארת את נכונותו של אברהם למסור את נפשו עבור קדושת השם, נזכרת בגרסת תנחומא לך לך ב (וכן בתנחומא בובר לך לך ב). התוספת מייחסת לאברהם את המילים "אני חומה (שה"ש, ו), אני נותן נפשי על קדושת שמך, מיד נתן נפשו", כדי להדגיש שהנכונות למות היא רק כדי לקדש את ה׳, ולא למען ערכים אחרים.

88. הנושא נדון בספרות מחקר רחבה וקצרה היריעה מלהפנות לכל המחקרים. ראו למשל רוטגרס, הוכחות ארכיאולוגיות, עמ׳ 101–118, וכן אוסף מחקרים בנושא בספרו של סימון, *ישראל האמיתית*, בעיקר עמ׳ 98–132, 271–305.

להמיר את אמונתם הפוליתיאיסטית של בני ביתו וסביבתו, ואילו נמרוד מבקש להמית אף את מי שמגלה התלבטות תיאולוגית. יש להניח שבתקופות שבהן ביקשה ההנהגה לשמור על סטטוס קוו ביחסי היהודים ושכניהם, הם חששו שדרשות המתארות את מפעלו של אברהם כפי שמוצג באגדת כבשן האש עשויות לעורר קנאות דתית ולהצית מאבקים בין־דתיים, שיערערו את השקט היחסי.[89] תחת תיאור מאבקו של אברהם בעובדי האלילים, מטעים המדרש בתנחומא את המתינות שבה פעל אברהם רק בקרב מי שביקש ללמוד את יסודות אמונתו:

> אחר הדברים האלה, זש"ה "רשע עושה פעולת שקר וזורע צדקה שכר אמת" (משלי יא) "רשע עושה פעולת שקר" זה נמרוד הרשע שהיה עושה צלמים ומטעה הבריות שנמשלה עבודת עכו"ם לשקר... "וזורע צדקה שכר אמת" זה אברהם שזרע צדקה והיה מאכיל עוברים ושבים שנאמר "ויטע אשל בבאר שבע ויקרא שם בשם ה' אל עולם" (בראשית כא), לאחר שהיה מאכילן ומשקן היו מברכין אותו, ואמר להם לי אתם מברכין ברכו לבעל הבית שנותן לכל הבריות אוכל ומשקה ונותן בהם רוח, והיו אומרים לו היכן הוא, אמר להם שליט בשמים ובארץ וממית ומחיה מוחץ ורופא... כיון שהיו שומעין כך היו שואלין כיצד נברך אותו... והיה מלמדם ברכות וצדקות, הוא שאמר הכתוב "ואת הנפש אשר עשו בחרן"... ומהו הנפש אשר עשו, שהיה מלמדן יראת שמים ומורה להן את התורה, אמר לו הקדוש ברוך הוא אתה זרעת את הצדקה והודעתני בעולם שכר אתה נוטל שנאמר "שכרך הרבה מאד" (תנחומא לך לך יב).[90]

89. על פערים בין תקופות ובין ארץ ישראל לבבל במוטיבציית הגיור ראו: לביא, המרה, עמ' 203–222.

90. בתנחומא בובר לך לך טו, המדרש מקוצר ואברהם מתואר כמי שמאכיל עוברים ושבים ללא תיאור של השפעתו הדתית כלל. ראו גם התיאור המאופק של השפעת משפחת אברהם ושרה בתנחומא בובר וירא לח: "אמר הקדוש ברוך הוא בעולם הזה על ידי הצדיקים היו יחידים מתגיירין, אבל לעולם הבא אני מקרב את הצדיקים, ומביאן תחת כנפי השכינה, שנאמר כי אז אהפך אל עמים שפה ברורה לקרוא כולם בשם ה' לעבדו שכם אחד (צפניה ג, ט)", והשוו למפעל הגיור כפי המתואר בבראשית רבה בהפניות לעיל עמ' 70–71 הערות 40–41.

ייתכן שגם בזה יש לתלות את בחירת החיבורים המאוחרים לתנחומא שלא להזכיר אגדה המתארת מלחמה דתית ולהסתפק בתופעות של השפעה יהודית מכוח מעשי המוסר והצדק של אבות האומה.

*

בעיון זה יצאנו למסע בעקבות אגדת כבשן האש מרגע הגחתה המפתיעה במדרש בראשית רבה ועד להעלמת רבים מחלקיה בספרות המדרשית המאוחרת. ביקשתי להבין תחילה מדוע לא הסתפק יוצר האגדה בתיאור המקראי שעל פיו הציות של אברהם לדבר הא־ל הביא לבחירה בו ובשושלתו עד סוף כל הדורות, ותחת זה הציג את אברהם כמי שעמד במבחן תיאולוגי קשה של מאבק בסביבתו הקרובה והרחוקה, ואף נאלץ להיות נכון למות על מזבח אמונתו. הוצע שיוצר האגדה הרכיב תצרף של פסוקים תמוהים מתוך מחזור סיפור אברהם ולקט של תיאורי מאבק פולחני מקראיים, כדי ליצור מפתח על־דורי של תפקידו של היהודי במצבי עימות מול עובדי אלילים או דת יריבה אחרת. כל חלק באגדה מאפיין צורת התמודדות ייחודית עם מציאות המאבק הדתי, והשיא הוא הנכונות למות למען ערכי הדת. מכאן ואילך עמדה האגדה על כל חלקיה בפני עורכי החיבורים המאוחרים יותר, שליקטו מתוכה את אפיוני ההתמודדות של אברהם שהלמו את תפיסתם הדתית והלאומית (והטקטית) ביחס לתפקידם של יהודים בהנחלת ערכי דת לסביבתם הנוכרית. בתקופות של גזרות דת או סכנת טמיעה נטו לאמץ את האגדה על כל מרכיביה, ואילו בתקופות שבהן הדת היהודית ושומרי מצוותיה לא עמדו בסכנה, העדיפו עורכי החיבורים לצנזר את החלקים שעשויים היו להתפרש כהתגרות דתית או כשאיפה לגיור המוני של האוכלוסייה שאיננה יהודית, ולהתמקד בתיאור חסד ההצלה האלוהי של אברהם. חירות הסוגה המדרשית שאפשרה את יצירת המיתוס על גבורתו של אברהם הצעיר, שגילה את בוראו ולא שקט ולא נח עד שהביא להכרת משפחתו וסביבתו בהבלות עבודת הפסלים, וזכה עקב כך לישועה אלוהית מאש התופת שליחכה את גופו, היא גם זו שאפשרה לדרשן המאוחר לפסוח על מבחן האמונה של אברהם במניין עשרת ניסיונותיו. בכך לא תם המעקב אחר התפתחות האגדה בספרות היהודית בימי הביניים ובמקבילותיה בספרות הנוצרית ובאסלאם, שעשוי לפתוח כיווני מחשבה נוספים, אולם נותיר זאת לבאים אחרינו.

פרשת וירא

גדולה הכנסת אורחים – המצווה שהפכה לסמל

פרשת וירא פותחת בתיאור מאמציו הכבירים של אברהם באירוח שלושה אנשים הנקרים למקום מושבו באלוני ממרא. הכתוב איננו חוסך בפעלים המתארים את המקצב הגבוה שבו פועל אברהם על מנת לספק לאנשים אירוח ראוי ואדיב.[1] על אף ההרחבה המקראית בפירוט פעולות האירוח ומגוון המאכלים שהוגשו בפני האורחים, בהשוואה למעשים ההרואיים שנדרש להם אברהם, נדמה שמעשה האירוח מחוויר מבחינת עוצמת המסירות הנדרשת ממנו. אחרי ככלות הכול, אינו דומה אדם שמשאיר את נוף מולדתו מאחוריו ונודד ימים רבים אל הלא נודע, או אדם הנדרש לקחת את בנו יחידו להרפתקת עקידה שסופה מי ישורנו, למי שנדרש לארח שלושה אנשים שהגיעו אל סף אוהלו בהפתעה.

אולם לא כך סבורים הדרשנים.

סיפור האירוח של אברהם זוכה כבר בספרות התנאית, במדרשי ההלכה ובתוספתא, ובהמשך במדרשי האגדה, לתיאור נרחב ומקיף. המדרשים מנתחים כל פרט במעשי האירוח, ומפרטים את השכר לזרעו של אברהם על

1. על המבנה הספרותי של יחידת הפסוקים העוסקת באירוח האנשים ראו: רודין־אוברסקי, מאלוני ממרא, עמ' 54–55; בר־אפרת, העיצוב האמנותי, עמ' 16–18; גרוסמן, אברהם, עמ' 161–164.

כל מעשה ומעשה, תוך שימוש במימרות גמול המשוות בין גודל המעשה לשכרו: "ללמדך שבמדה שאדם מודד בה מודדין לו".

מעשי אירוח של דמויות מקראיות זוכים להערכה מיוחדת במדרשי חז"ל הארץ־ישראליים מתקופת התלמוד.[2] יש הסבורים שהעיסוק הרב במצוות הצדקה והכנסת האורחים בתקופה זו נובע מגורמים כלכליים, חברתיים ודתיים. ריבוי הדרשות מעיד לפי גישות אלו על התנצחות ומאבק עם הנצרות, שהעמידה במרכז פעילותה את הצדקה.[3] באמצעות מוסדות הצדקה שהקימו, תמיכתם הכלכלית בעניים ולמעשה הפיכת העוני לאידיאל, ניסו הנוצרים לצוד נפשות.[4] כך אפשר להבין את האדרת מכניסי האורחים המקראיים כמוכיחה את העובדה שהיהודים הקדימו את הנוצרים בחסד בכלל ובהכנסת אורחים בפרט.

על אף המגמה הכללית שיוחסה למדרשי האירוח, העיסוק החז"לי בסיפור אברהם והמלאכים חורג מדרשות השבח האחרות בכמה היבטים: בקדימות המדרשים העוסקים בו כבר לספרות התנאית; בהיקף השכר המובטח לצאצאי אברהם עד סוף כל הדורות הודות למעשה האירוח, ובמקבילות הרבות של המסורת בספרות חז"ל הקדומה והמאוחרת. דומה שמלבד השערת המגמה הכלכלית החברתית והדתית, בסיפור אברהם והמלאכים חברו גם מגמות פולמוס רחבות יותר, כפי שנציע בהמשך.

בפרק זה תוצג ההתפתחות המדרשית סביב סיפור אברהם והמלאכים מהספרות הבתר־מקראית ועד לספרות המדרשית המאוחרת. תועמד נקודת

2. כך למשל בבבלי סנהדרין קג ע"ב–קד ע"א דרשה המיוחסת לחכמי ארץ ישראל שעוסקת בשבח הכנסת האורחים של מיכה ויתרו, ובגנותם של עמון מואב ויהונתן בן שאול, שנתרשלו במעשה זה; וכן בבראשית רבה נח, יח עמ' 629: "אמר ר' יודן ה' פעמים כתוב [בני] ברזילי כנגד ה' סיפרי תורה ללמדך שכל מי שמאכיל פרוסה לצדיק כאילו קיים כל התורה"; דרשות על השונמית בשיר השירים רבה ב ובבבלי ברכות י ע"ב; וכן דרשה בשני נוסחים באדר"נ נוסח א, ז; ונוסח ב, יד המשווה בין אופי האירוח הנזכר בשבועתו של איוב לבין מעלת האירוח של אברהם.

3. ראו: המל, עוני וצדקה, עמ' 251–262; בראון, עוני ומנהיגות, עמ' 1–44; גריי, הצדקה הגואלת, עמ' 144–184; גרדנר, מקורות הצדקה, עמ' 180–181; וילפנד בן־שלום, עוני וצדקה.

4. ראו אוסביוס, היסטוריה כנסייתית, עמ' 362–363 המתאר את מאמצי הנוצרים לתמוך באחיהם בשעת מגפה. על התמורות בתפיסת העוני כאידיאל בדוקטרינה הנוצרית ראו: המל, עוני וצדקה, עמ' 273–289; בראון, עוני ומנהיגות, בפרק "Lover of the Poor".

מפנה כרונולוגית ראשונה בספרות התנאית, שבה הפך סיפור זה למוקד מדרשי רחב, ונקודת מפנה נוספת בספרות האמוראית שבה חלה הרחבה בתיאור השכר שזכו לו צאצאי אברהם בעקבות מעשה האירוח. במקביל לניתוח הדרשות והתפתחותן יוצע מענה לשאלה מדוע נבחר דווקא מעשה זה של אברהם כמי שזיכה את זרעו בניסי המדבר ולעתיד לבוא. בחלקו האחרון של הפרק יוצע הסבר לסיבת השינוי באופי השכר וצמצומו בספרות המדרשית המאוחרת.

1. אברהם והמלאכים – ההתעלמות בספרות היהודית מתקופת הבית השני

ספרות בית שני כוללת חיבורים הנצמדים לסיפורי המקרא או לגיבוריו ומפתחים אותם, לצד חיבורים ומגילות שעיסוקם המרכזי אינו סיפורי המקרא, אולם סיפורי המקרא או גיבוריו מסייעים לחיזוק המגמה הכללית של יוצרי החיבורים או המגילות. שני סוגי החיבורים מאפשרים הצצה מרתקת לעולמם של היוצרים ומגמות כתיבתם, על ידי השוואת בחירת הסיפורים שבחרו לתעד, והבדלי הערכה כלפי האירועים המתוארים במקרא וכלפי גיבוריו. מעיון בשני סוגי החיבורים עולה כי המרחב שהוקדש לסיפור אברהם והמלאכים הוא מינורי, עד כדי התעלמות מוחלטת כמעט מאפיזודת ביקור המלאכים באלוני ממרא.

בחיבור "משלי בן סירא", בפרק "שבח אבות עולם", שבו סוקר המחבר את שבחם של אבות האומה, נזכר אברהם על פי מקומו הכרונולוגי בספר בראשית, ומוקדשות לו חמש שורות של שבח.[5] שבחו של אברהם שזיכה אותו בברכת הזרע וירושת הארץ הוא בכך ש"שמר מצות עליון ובא בברית עמו, בבשרו כרת לו חק ובניסוי נמצא נאמן" (מד כ). אין אזכור של מצוות הכנסת האורחים שקוימה על ידו.[6]

ספר היובלים משכתב את סיפורי הראשית באמצעות מלאך הפנים. המספר מתאר כי הוא וחבריו נראו לאברהם באלוני ממרא, אולם אינו

5. מהדורת סגל עמ' שו.

6. על הבחירה של בן סירא להעצים היבטים אלו בדמותו של אברהם ועל השתלבותם במערכת הערכים של החיבור ראו: ברדלי, אברהם כאידיאל יהודי, עמ' 66-81.

מקדיש ולו משפט אחד לאופי האירוח שזכו לו המלאכים בביתו של אברהם. האזכור נועד לציין את התאריך שבו ניתנה בשורת הבן לשרה והוכרע דינה של סדום.[7]

בקטעי מגילות המזכירים את אברהם, וכן בקטעי המגילה החיצונית לספר בראשית המצויים בידינו, תופסת דמותו של אברהם מקום מרכזי (ביחס ליתר האבות), ואף על פי כן אין אזכור של סיפור האירוח באלוני ממרא.[8]

מחבר קדמוניות המקרא מתאר את קורות אברהם תוך פסיחה על רבים מהסיפורים, ובהם גם סיפור האירוח. בהמשך סקירותיו ההיסטוריות הוא משלב הבטה לאחור לסיפורי אברהם, אולם גם שם מעשה האירוח איננו נזכר.[9]

יוסף בן מתתיהו מקדיש לאירוח האנשים כארבע שורות. אברהם מתואר כמי שדואג להנאת אורחיו מהכנסת אורחים, ולשם כך הוא מצווה "לעשות מיד לחם סולת ושחט בן בקר ובישל והביא להם כשהם מסובים תחת האלון",[10] אין בדברי יוספוס הרחבה מעבר לכך.[11]

שני חיבורים המשתייכים לקורפוס של ספרות בית שני נותנים מקום של כבוד לסיפור אירוח האנשים. הראשון הוא פילון האלכסנדרוני. בחיבור "על אברהם" הוא מתאר בהרחבה ובהפלגה את טרחתו של אברהם עבור אורחיו:

> בלב שמח הוא מיהר בכול לערוך מיד קבלת פנים. ולאשתו אמר: "מהרי ועשי שלוש מידות של עוגות". והוא עצמו נחפז אל הבקר, נטל עגל רך בעל בשר ומסרו לעבד. הלה שחט אותו והתקינו חיש מהר. שכן בביתו

7. על עיצוב דמותו של אברהם בספר היובלים ראו: ואן רויטן, לידת יצחק, עמ' 169-207; דורמן, אושרו של אברהם, עמ' 143-158.

8. במגילה 4Q225 נזכרת הולדת יצחק מיד לאחר ההבטחה שקדמה לברית בין הבתרים. במגילה 4Q180 נזכרים אברהם והמלאכים, אולם ללא תיאור מאמצי האירוח. על דמותו של אברהם בקטעי מגילות קומראן ראו: דוכרטי, אברהם בספרות המשכתבת, עמ' 59-74. לסקירה מפורטת של אזכורי סיפורי אברהם בספרות הבתר־מקראית ראו: עתר, אברהם בספרות בית שני, עמ' 119-158; ברנשטיין, שכתוב ופרשנות, עמ' 51-76.

9. ראו דוכרטי, אברהם בספרות המשכתבת, עמ' 69-73.

10. קדמוניות היהודים, 1.196-198, עמ' 21.

11. על מחלוקת חוקרי כתבי יוספוס על מגמות תיאור דמותו של אברהם ראו: קוסנימי, אברהם ביוספוס, עמ' 27-43.

של החכם אינו נוהג בעצלתיים כשמדובר באהבת הבריות, אלא נשים, גברים, עבדים ובני חורין להוטים עד מאוד לשרת את האורחים. והללו יותר משהיטיבו לבם במטעמים, היטיבוהו בהלוך רוחו של מארחם ובנדיבותו הרבה, האינסופית... (על אברהם, 108–110, עמ' 95).

פילון ממשיך ומתאר את רישומו של אברהם ומשפחתו בעיני אורחיו "לפי שאיזו מעלה כלילת שלמות נשבה עליהם..." (שם, 116, עמ' 96). מכאן עובר פילון לפרשנות אלגורית על מהותם של שלושת המלאכים שנתגלו לאברהם.

דניאל נטף סבורה כי ההרחבה בתיאור מאמצי האירוח של שלושת המלאכים והתמקדותו של פילון בדמותו המוסרית והרוחנית של אברהם, לעומת התעלמותו מסיפורים המבליטים את ההיבט הלאומי של דמותו, הם חלק מהשקפתו הפילוסופית שעל פיה שלמות המידות והמוסר היא אמצעי להגעה לחוכמה ולשלמות רוחנית. אברהם מגלם את השלב הבתולי של השגת מידת החסידות, "הראשון ששמו אברהם, הוא סמל לשלמות המידות שהיא פרי הלימוד" (שם, 52 עמ' 86).[12]

על אף ההרחבה היחסית בתיאור האירוח, פילון מסתפק ברישומו של המעשה על תהליך השתלמותו המוסרית־רוחנית של אברהם, ואינו עוסק בגמול המעשה בהווה או בעתיד.

החיבור השני הוא "צוואת אברהם" הפותח בתיאור מעלותיו של אברהם שביתו היה פתוח לכל מגוון האוכלוסייה שנקרתה לאזור מגוריו, ואת כולם הוא קיבל בסבר פנים יפות. הקדמה זו משמשת את המחבר לתיאור כוליותו של המוות, הפוקד אף צדיקים גדולים כאברהם. זמנו של החיבור וזהות המחבר נתונים במחלוקת החוקרים, וכך גם משמעותו ומסריו.[13] רבים מחלקיו של החיבור עוסקים ברעיון הגמול, ובהבדל שבין אחריתו של הצדיק לאחריתו של הרשע. צדיקותו של אדם ורשעותו נמדדות על פי ערכי מוסר ולא על פי ערכים תיאולוגיים. יש לשער שהפתיחה העוסקת במוסריותו של

12. מבוא ל"על אברהם", עמ' 74–76. להסבר אחר על מגמותיו של פילון בתיאור דמותו של אברהם, תוך פיתוח אלמנטים שמשתלבים במרחב התרבותי של גיבורי החיבורים היווניים והרומיים ראו: ריד, הקונסטרוקציה, עמ' 185–212.

13. ראו קובץ מאמרים שהוקדש בשלמותו לחיבור: ניקלסבורג, צוואת אברהם. ראו גם: וורן, אנושי ואלוהי, עמ' 928–940.

אברהם כלפי כל הנקרה בדרכו, משרתת את המחבר לתיאור הבדלי הגמול בין צדיקים לרשעים, חרף היותם של כל בני האדם בני תמותה.

מהסכמה שבשתיקה במרבית החיבורים הבתר־מקראיים עולה שהמסרים שניתן היה להפיק מסיפור אברהם והמלאכים לא השתלבו עם מגמות היצירה של סופרי המגילות ומרבית החיבורים של בית שני. ההתעלמות של מרביתם מסיפור הכנסת האורחים מפתיעה ביתר שאת לנוכח עיסוקם הרב במעשי צדקה של דמויות מקראיות ובתר־מקראיות אחרות בחיבורים כגון צוואת איוב וספר טוביה,[14] ובמעשי חסד וצדקה ככלל.[15] דומה שחלוציותו של אברהם כמי שקרא את שם ה׳ בעולם, ועמידתו בניסיונות שהא־ל גזר עליו הסעירו את דמיונם והלמו יותר את מגמותיהם התיאולוגיות של הכותבים. הפסוקים המתארים את חריצותו של אברהם ואת דאגתו לנוחיותם של אורחיו, לא הרשימו אותם באופן שהצדיקו פיתוח ותיעוד, ובחלק מהם אף לא אזכור מינימלי. כפי שנראה, מגמה זו מתהפכת בספרות התנאית.

2. אברהם אבי החסד – הספרות התנאית

רבים מסיפורי בראשית, ובוודאי אלו שאינם משמשים בסיס להלכה, לא זכו לייצוג מדרשי מפותח בספרות התנאית, בהיעדרו של מדרש תנאי הנצמד לספר בראשית, ומחמת אופייה ההלכתי מעשי של ספרות זו. לעומת זאת סיפור האירוח של שלושת האנשים באוהלם של אברהם ושרה באלוני ממרא זכה לפיתוח ולהרחבה בשלושה מקורות בספרות התנאית. להלן יוצעו הנוסחים של שניים משלושת המקורות, השערת הכרונולוגיה של התפתחות השלושה, והנחה בסיבת בחירת סיפור זה כדגם מייצג לעיקרון הגמול ״שבמדה שאדם מודד בה מודדין לו״, ומטרת שילובו בשניים מהחיבורים התנאיים.[16]

14. על הרחבת תיאור נדבת איוב בחיבור הבתר־מקראי ״צוואת איוב״ ראו: טרוטר, תפקיד הצדקה, עמ׳ 1298–1313. על עליונותן של מידות הצדקה והחסד בספר טוביה ראו: מקטנגאי, צדקה וכת, עמ׳ 277–288.

15. על היחס לצדקה כפי שעולה מספרות בית שני ראו: אנדרסון, צדקה.

16. פיתוח של סיפור האירוח מופיע בצורתו הרחבה ביותר בתוספתא סוטה פרק ד. מיקומו במסכת ומגמות עיצובו דורשים מאמר בפני עצמו. המקורות שיידונו במאמר זה עוסקים בהתפתחות מסורות אברהם והמלאכים על רקע השערת הפולמוס היהודי־

2.1 במידה שאדם מודד בה מודדין לו – מאמצי האירוח וניסי המדבר במכילתא דרבי ישמעאל

הפתיחתא למסכת "ויהי" במכילתא דרבי ישמעאל היא סוג של מבוא לתקופת המדבר, המסביר את בחירת הא־ל להוביל את העם שלא בדרך הקרובה, מתאר את סגירת המעגל של השהות במצרים, על ידי נטילת עצמות יוסף, ומציג את רשת הביטחון של העם במהלך תקופת הנדודים במדבר באמצעות עמוד האש ועמוד הענן. בשלוש מיחידות הפתיחתא נדון עקרון הגמול האלוהי: ביחידה הראשונה מוזכר שכרם של המצרים על התמורה התיאולוגית שעברו במהלך השעבוד; ביחידת הגמול השנייה נדונים שכרם של יוסף ומשה על עיסוקם בקבורת אבותיהם, ושכרה של מרים על השגחתה על משה העולל; ביחידת הגמול השלישית מתוארת הנהגת עמוד הענן כחלק מהגמול האלוהי על הכנסת האורחים של אברהם. המדרש מתאר כיצד כל אחת מהפעולות שנעשו על ידי אברהם, זיכתה את בניו בחסד אלוהי בתקופת המדבר. בשתיים מהיחידות מציין הדרשן במפורש את עיקרון הגמול: "ללמדך שבמדה שהאדם מודד בה מודדים לו".

השימוש הגובר בעיקרון מידה כנגד מידה בספרות חז"ל נדון בספרות המחקר, המציעה כמה הסברים להתפתחות הרחבה של מדרשי הגמול בתקופת בית שני ולאחריה: היינמן מייחס את השימוש לחשיבה האנלוגית המאפיינת את חז"ל, המבקשת ליצור קשרים סמויים בין אירועים קוסמיים, ולחשוף את הצדק שמאחורי תופעות כאוטיות. דרשות הגמול מחזקות את האמונה בגמול האלוהי גם כשהוא מתרחש במרחק ממועד הפגיעה

נוצרי, ואילו פיתוח המסורת בתוספתא דומה שנובע ממחלוקת פנים יהודית (משנה מול תוספתא) בשאלת היתכנות חפותה של הסוטה. ראו על כך בהרחבה רוזן־צבי, הטקס שלא היה, עמ' 151. רוזן־צבי מסביר רבים מההבדלים שבין המשנה לבין מסורות הספרי במדבר והתוספתא בעניינה של הסוטה כנובעים מאופוזיציה וניסיונות ריכוך של הרדיקליזציה המשנאית. לדידו ההרחבה התוספתאית בהוכחת זיקה בין שלבי חטאה של הסוטה לבין רכיבי העונש וכן ההרחבה בדרשות הגמול שלאחר מכן (ובעיקר המסורת העוסקת בגמול אברהם על אירוח המלאכים), נועדו להצדיק, חרף ההסתייגות מהרדיקליזציה, את הצורך בטקס הביזוי של הסוטה, גם במתכונתו המעודנת. דרשות הגמול מעמידות את ההשגחה האלוהית כמי שמנהלת את העולם, ולפיכך היכולת להוכיח זיקה בין חטא הסוטה לעונשה "מכשירה" את הטקס ומטמיעה אותו במארג המוכר של עיקרון הגמול ומנטרלת את הביקורת על האלימות החריגה המתרחשת במהלכו.

או החטא.[17] קוגל וניוזנר סבורים שהדרשות נועדו להוכיח את יכולתן של רשומות המקרא לנבא כל התפתחות עתידית בהיסטוריה. פיענוח הקשרים בין אירועי עבר לאירועי עתיד מוכיח את עוצמתה של ההנהגה האלוהית ואת השגחת הא־ל בעולם.[18] יש המצביעים על פולמוס ״השכר והעונש״ כפי שעולה מ״הדרשה על ההר״,[19] כגורם להתעצמות היווצרותן של דרשות גמול.[20]

מדרשי הגמול הסובבים את סיפור יציאת מצרים, הם אפוא סוגה מתבקשת לנוכח התיאור המקראי של שעבוד אכזרי ומתמשך כלפי עם תמים, שמסתיים במותו של המשעבד לעיני העבדים הבורחים ממנו, שבד בבד עם תהליך טביעת המצרים נעשים בני חורין. רבים ממדרשי המכילתא דרבי ישמעאל מתארים את שלבי מות המצרים במדרשי גמול שליליים.[21]

לעומת מדרשי גמול מתבקשים אלו, פותחת המכילתא ד״ויהי״ במדרשי גמול חיוביים, הן ביחס לעם המשעבד הן ביחס לעם המשועבד. גמול חיובי למשועבדים תמימים על שנות הסבל נראה מתבקש, אולם הדרשה שלהלן איננה יוצרת חיבור בין הסבל לגמול, אלא תולה את השכר של יוצאי מצרים במעשה החסד של אבי האומה, וכך היא לשון המכילתא ביחידת הגמול השלישית:

> ״וה׳ הולך לפניהם יומם״ ללמדך ש״במידה שאדם מודד בה מודדין לו״. אברהם ליוה את מלאכי השרת ״ואברהם הולך עמם לשלחם״ (בראשית יח, טז) והקב״ה ליוה את בניו במדבר ארבעים שנה שנאמר ״וה׳ הולך לפניהם יומם״.

17. היינמן, דרכי האגדה, עמ׳ 63-68.
18. ניוזנר, חשיבה פרדיגמטית, עמ׳ 353-377; קוגל, שתי הקדמות, עמ׳ 131-155; אורבך, חז״ל, עמ׳ 386-389; אמיר, מידה כנגד מידה, עמ׳ 29-46; ריימר, אפוקריפה, עמ׳ 259-282; שמש, מידה כנגד מידה, עמ׳ 261-277; רוזן־צבי, מידה כנגד מידה, עמ׳ 269-286.
19. הדרשה מיוחסת לישו ומכילה את עקרונות הדת המרכזיים של מה שיתפתח לדת הנוצרית. אחד מעקרונות אלו הוא ביטול ציווי ״עין תחת עין״, ראו: הבשורה על פי מתי, ה 38-41.
20. ראו: ברקוביץ, הוצאה להורג, עמ׳ 181-204.
21. סדר בא מסכתא דפסחא ז; מסכתא דשירה ב, פו.

באברהם כתיב "יוקח נא מעט מים" והקב"ה העלה לבניו את הבאר במדבר שנאמר "אז ישיר ישראל [את השירה הזאת עלי באר ענו לה]" (במדבר כא, יז).
באברהם כתיב "ואקחה פת לחם" והקב"ה הוריד לבניו מן במדבר שנאמר "הנני ממטיר לכם [לחם מן השמים]" (שמות טז, ד).
באברהם "ואל הבקר [רץ אברהם]" והקב"ה הגיז לבניו את השליו במדבר שנאמר "ורוח נסע מאת ה' [ויגז שלוים מן הים]" (במדבר יא, לא).
באברהם "והשענו [תחת העץ]" והקב"ה פרש לבניו שבעה ענני כבוד שנאמר "פרש ענן למסך [ואש להאיר לילה]" (תהלים קה, לט).
באברהם אומר "והוא עומד עליהם" והקב"ה הגין על בתי בניו במצרים כדי שלא ינגיפו שנאמר "ופסח ה' על הפתח" (שמות יב, כג) (מכילתא דרבי ישמעאל בשלח ויהי, עמ' 81).

הבסיס להתפתחות הדרשה הוא מעין גזרה שווה הנובעת מדמיון תוכני ומילוי של מעשה ליווי ("הולך עמם/לפניהם"). הדרשן מצביע על דמות מן העבר, שגילתה אחריות כלפי אורחיה וליוותה אותם בצאתם מאוהלו. מעשה זה זיכה את צאצאיה בליווי האלוהי. בנקודה זו ממשיכה הדרשה ומתארת כיצד מעשי אירוח חד־פעמיים נוספים שנקט אברהם כלפי אורחיו, זיכו את צאצאיו בפעולה אלוהית כפולה ומכופלת מבחינת עוצמתה וזמן הימשכותה: מי באר, מזון – מן ושלו, מיסוך באמצעות ענני הכבוד, והגנה מפני מגפה. האנלוגיה בין המעשה לגמולו היא מילולית ותוכנית.

דרשות גמול היוצרות זיקה בין דורות רחוקים מוכרות גם ממקומות אחרים,[22] אולם מה פשר ההבטה לאחור למעשי אברהם ותיאורם כמי שבזכותם ינותבו שנות הנדודים במדבר בסיוע חסד אלוהי? דומה שיש פער עצום בין מעשה האירוח, אדיב ככל שהיה, לתמורה מבחינת אורכה וממדיה. מתועדים במקרא מעשי אלטרואיזם מובהקים יותר של אברהם, שניתן היה

22. כך למשל אסתר רבה ח, א: הצעקה הגדולה ומרה של יצחק לנוכח מרמת יעקב נפרעה כעבור מאות שנים כשמרדכי זעק זעקה גדולה ומרה, וכן בבלי סנהדרין קד ע"א: "דאמר רבי יוחנן: בשכר קראן לו ויאכל לחם, זכו בני בניו וישבו בלשכת הגזית, שנאמר ומשפחות סופרים ישבי יעבץ תרעתים שמעתים שוכתים המה הקינים הבאים מחמת אבי בית רכב, וכתיב התם ובני קיני חתן משה עלו מעיר התמרים את בני יהודה מדבר יהודה אשר בנגב ערד וילך וישב את העם", ועוד רבים.

לציינם כמי שזיכו את צאצאיו בחסדים אלו.[23] מהי אפוא הסיבה לבחירה המורחבת בסיפור האירוח של שלושת המלאכים באוהלם של אברהם ושרה, כמי שבזכותו זכה דור המדבר בליווי האלוהי הניסי וסיפוק כל צרכיו? קודם שנענה על שאלה זו נבחן מקור תנאי נוסף שבו נדרש סיפור זה.

2.2 כליה נתחייבו ישראל – הפיתוח של המכילתא דרשב"י

בקטעי הגניזה של מכילתא דרשב"י נזכרת זיקה בין היבטי חסד של תקופת הנדודים למעשה אברהם. המדרש משתמש בזיקה זו כדי לבקר את סירובו של משה לצאת לשליחות במצרים, וזו לשון המדרש:

> וידב' אלקים אמ' [הקדוש ברוך הוא] למשה כלייה נתחייבו ישראל במצ' [...שנטמאו] בגלולי מצרים [...שנ'] "ואומר אליהם איש שקוצי עיניו [השליכו ובגלולי מצ' וג' וימ]רו בי ול' אבו לש' אלי" וג' (יחזקאל כ, ז-ח) אלא בעבור שמי הגדול ולמען זכות אבות [שנ' "וישמע אלקים א]ת נאקתם" וג' (שמות ב, כד) ולמען שלא יתחלל שמי בהם שכן הו' או' "ואעש [למען שמי וג' אשר] נודעתי אליהם לאמר להוציאם מארץ מצ'" וג' (יחזקאל כ, ט).
>
> ר' טרפ[ון] [או' אמר הקדוש ברוך הוא גל]וי וידוע לפני שישראל ראו[יים ל]צא[ת ממצרים ולהנ]תן [ביד עמון ומואב ועמלק אלא בשבועה נשבעתי ללחום] מלחמתם ואוש[יע] [אותם שנ' "כי יד על כס יה" וג' (שמות יז, טז) ואו' "ואעש ל]מען שמי לבלתי הח[ל]" (יחזקאל כ, ט) [והריני מבקש להוציאם ממצ' ואתה או' לי שלח וג'.
>
> ר' יהו]שע בן קרחה או' "וידבר אלקים" [אמ' הקדוש ברוך הוא לא היו] ישראל [ראויין ל]יתן להם מן במדבר אלא ברע[ב] [וצמא ערום ועריה א]בל מש[לים אני להם] שכר אברהם אב[יהם] שעמ[ד ועשה] [לפני מלאכי] השרת שנ' "[ויקח] חמאה וחלב" [וג' (בראשית יח, ח) והריני מבקש] [להוציאם ממצרים ואתה או' לי "שלח נא ביד תשלח"] (מכילתא דרשב"י, על פי כ"י קיימברידג' והשלמות מילים על פי מהדורת אפשטיין מלמד עמ' 5).

23. כפי שנזכר בהמשך מכילתא דרבי ישמעאל "ויהי" ג עמ' 98, וכן בבראשית רבה נו, א עמ' 597.

להלן רשימת ההבדלים בין שני הנוסחים ואופן שילובה של דרשת הגמול:

המקור	מכילתא דר' ישמעאל	מכילתא דרשב"י
ההקשר	הנהגת המדבר בעמוד ענן "וה' הולך לפניהם יומם"	סירובו של משה להנהיג את ישראל במצרים
ביטויי גמול	ללמדך שבמידה שאדם מודד בה מודדין לו	אין
פירוט המעשים וגמולם		
יקח נא מעט מים	פירוט הגמול	אין
והשענו תחת העץ	פירוט הגמול	אין
ואקחה פת לחם וסעדו לבכם ויקח חמאה וחלב	באברהם כתיב ואקחה פת לחם והב"ה הוריד לבניו את **המן** במדבר שנ' הנני ממטיר לכם לחם מן השמים (שמות טז, ד).	ר' יהו[שע בן קרחה או' וידבר אלקים [אמ' הקדוש ברוך הוא לא היו] ישראל [ראויין ל]יתן להם **מן** במדבר אלא ברע[ב] [וצמא ערום ועריה א]בל מש[לים אני להם] שכר אברהם אב[יהם] שעמ[ד ועשה] [לפני מלאכי] השרת שנ' [ויקח] **חמאה וחלב**.
ואל הבקר רץ	פירוט הגמול	אין
והוא עומד עליהם תחת העץ	פירוט הגמול	אין
הולך עמם לשלחם	פירוט הגמול	אין

הנחת הבסיס של דרשן המכילתא דרשב"י היא שעם ישראל לא היה ראוי להצלה ניסית ממצרים ולהמשך הנהגה ניסית במדבר, עקב חטאיו הקשים במשך שהותו במצרים (על פי המתואר בסקירתו ההיסטורית של יחזקאל בנבואת פרק כ). נקודת המוצא של המכילתא דרשב"י מציגה שלוש אפשרויות של פעולה אלוהית המנוגדת לעיקרון ש"במידה שאדם מודד בה מודדים לו", שבה הא־ל הופך את מידת הדין למידת הרחמים:[24] מניעת חילול ה'; שבועה עתיקה של הא־ל או מעשי חסד של האבות הדורשים את פירעון שכרם. הדרשן מבקר את משה על חוסר נכונותו לשתף פעולה עם מעשה החורג מתורת הגמול, ולקבל על עצמו את תפקיד ההנהגה של העם.

כהנא ואחרים סבורים שהמקורות המשמשים את עורך המכילתא דרבי ישמעאל בחיבורו מוכרים גם לעורך המכילתא דרשב"י.[25] בהנחה שדרשן המכילתא דרשב"י הכיר את הדרשה הרחבה שהובאה במכילתא דרבי ישמעאל, כיצד נסביר את בחירתו לעקור אותה מהקשרה הכללי, העוסק בהוכחות לפעולת הגמול האלוהית, ואת בחירתו להדגיש בהנהגת העם על ידי הא־ל במדבר חריגה מעיקרון הגמול התיאולוגי ולצמצם את מאגר הזכויות של אברהם לפעולתו בהצעת לחם וחמאה לאורחים, מבלי להתייחס ליתר פעולות אברהם שזיכו את ישראל בחסדי הנהגת ה' במדבר?

המסורת השלישית מובאת בתוספתא סוטה פ"ד ה"א־ה"ו. אף שלא אדון בתוכנה, אציע להלן את מיקומה מבחינת ההתפתחות הכרונולוגית של המסורות.

2.3 מי קדם למי? כרונולוגיה אפשרית בספרות התנאית

אפשטיין מצביע על התוספתא כמי ש"משתמשת בכלל הרבה במדרשי ההלכה מבית ר' ישמעאל". אחת ההוכחות שהוא מביא לכך היא דרשת הזיקה שבין אברהם לאורחים לחסדי המדבר שבתוספתא סוטה, שנערכה על בסיס הדרשה

24. כך כנראה מסביר הדרשן בראשית הדרשה את המעבר בשמות ו, ב משם אלוהים לשם הוויה.

25. בהשערת הכרונולוגיה של התפתחות המקבילות נדון להלן. על כל פנים, לדעת מרבית החוקרים, דרשות המכילתא דרבי ישמעאל מקוריות יחסית ומשמרות את הדרשה המקורית, בעוד עורך המכילתא דרשב"י נהג חירות רבה יותר בעיבוד הדרשות בהתאם למגמותיו ולעקרונות היסוד שבהם האמין. ראו בעניין זה כהנא, מבוא למדרשי התנאים, עמ' 137–177, ובעיקר עמ' 163 עם הפניות בהערות 98–99.

המקורית (לדידו) במכילתא דרבי ישמעאל.[26] אפשטיין מוכיח את עמדתו על פי אחת מגרסאות הדרשה בבבלי בבא מציעא פו ע"ב, שם מובאת הדרשה בשם תנא דבי ישמעאל.[27]

זהר מצביע על מבנה עריכה משוכלל של כל חלקי הפתיחתא למסכתא "ויהי" במכילתא דרבי ישמעאל, בעל קשרים לשונים, ענייניים ומחשבתיים, מה שעשוי לחזק את דברי אפשטיין על מקוריותה של דרשת המכילתא.[28]

התוספתא מכילה, מעבר לדרשת הזיקה שבין מעשה האירוח של אברהם לחסדי המדבר, דרשות נוספות העוסקות בווריאציות כאלו ואחרות לרעיון הגמול. למרבית הדרשות הללו נמצאות מקבילות בספרות מדרשי ההלכה, ששוערו כקדומות יותר.[29] בניגוד לקשרים הלשוניים והספרותיים שבין דרשות הפתיחתא במכילתא "ויהי", קשה לעמוד על החוט המקשר של כל דרשות הגמול בתוספתא, מעבר להיותן דוגמאות להיבטים שונים של עיקרון הגמול. דומה אפוא שעורך התוספתא סוטה יצר מאגר של כל סוגי דרשות גמול, מתוך קובצי דרשות גמול שהיו לפניו בספרות מדרשי ההלכה.

דרשת המכילתא דרשב"י, כמו רבות מחברותיה לחיבור, משקפות על פי רוב עיבוד של מסורות קדומות, תוך התאמתן להשקפתם הייחודית של עורכי המכילתא דרשב"י.[30] אפשטיין ואליאס בר לבב סבורים שמכילתא דרשב"י היא המאוחרת יותר בספרות התנאים, ונעשתה בה עבודת עריכה של כל המקורות בחיבורים שקדמו לה, כולל המשנה והתוספתא.[31]

ההנחה היא, אם כן, שסדרה הכרונולוגי של התפתחות הדרשות על אברהם והאורחים הוא: מכילתא דרבי ישמעאל, ולאחר מכן התוספתא

26. אפשטיין, מבואות לספרות התנאים, עמ' 636.
27. שם, עמ' 551.
28. זהר, החיים והמתים, עמ' 233-236.
29. ראו לעיל הערה 25 עם הוכחות כהנא לקדימותה של דרשת הספרי במדבר לדרשת התוספתא.
30. ראו לעיל הערה 25.
31. אפשטיין, מבואות לספרות התנאים, עמ' 738-740; אליאס בר לבב, מכילתא דרשב"י. בעמ' 11-13 מובאים מהעיזבון שהותירה אליאס מנעד הדעות באשר למועד עריכתו של החיבור. בעמ' 148-238 מוכח איחורה של המכילתא דרשב"י למשנה ולתוספתא ומודגמים סוגי העיבודים שיצר עורך המכילתא דרשב"י למקורות הקדומים שהיו לפניו מהמשנה ומהתוספתא.

ומכילתא דרשב"י. כעת יש לדון במגמות הדרשנים ביצירת הדרשה המורחבת ובעיבודים שנעשו בה.

2.4 הפולמוס היהודי־נוצרי ומגמות בפרשנות התנאית

השאלה שהוצגה במבוא לפרק זה היא מדוע ראו הדרשנים צורך להעצים באופן חסר פרופורציה את מעשה אירוח המלאכים על ידי אברהם, כשבנמצא מסופרים מעשים הרואיים הכרוכים בדמותו, כגון נטישת מולדתו ומשפחתו והליכתו אל הלא נודע בעקבות קריאה אלוהית, וכן נכונותו לעקוד את בנו אהובו (שפותחו בדרשות אחרות). ההתפתחות של מדרשי גמול בספרות חז"ל מחמת גורמים שונים שציינו החוקרים[32] יכולה לספק הסבר לאופי הדרשות, אולם האם לא ניתן היה ליצור מדרשי גמול משוכללים לא פחות על מעשי אברהם אחרים המצדיקים גמול כה רחב וארוך טווח?

בחלקו הראשון של הפרק הוצגה התעלמות מוחלטת כמעט מסיפור אברהם והמלאכים בספרות היהודית בתקופת בית שני. לעומת שתיקה זו, סיפור אברהם והמלאכים הופך בשלהי ימי הבית השני ובהמשך, בתקופת המשנה והתלמוד, למוקד מרכזי של פולמוס יהודי־נוצרי בשאלות הנוגעות לאופייה של ישות הא־ל והיתכנות התגלות אלוהית בארץ. דומה שהאינטרפרטציה הנוצרית הנצמדת לשאלות הסגנוניות תיאולוגיות שעולות מהפסוקים, תוך ניצולן לביסוס הדוקטרינה הנוצרית, מהווה קו פרשת מים במקומו של הסיפור בפרשנות משני עברי המתרס.

סיפור אברהם והמלאכים ומיקומו המקראי מכילים מטען נפיץ בפולמוס היהודי־נוצרי בשלושה היבטים:

1. אברהם כדמות מפתח של שתי הדתות;
2. הסמל של שלושת המלאכים בפרשנות הנוצרית;
3. מיקומו של סיפור אברהם והמלאכים במקרא לאחר הציווי על מילת אברהם וזרעו.

אעמוד בקצרה על כל אחד משלושת ההיבטים, ואציע לאורם הסבר לבחירה בסיפור אברהם והמלאכים כסמל להוכחת רעיון הגמול האלוהי.

32. לעיל עמ' 96-97.

1. אברהם כדמות מפתח בנצרות

דמותו של אברהם משמשת כבר בספרות הנוצרית הקדומה כדמות מפתח. הנוצרים ראו את עצמם כצאצאיו האמיתיים של אברהם (מתי ג 9) וכיורשי הבחירה, ההבטחה והברכות שניתנו לאברהם. בתיאולוגיה הפאולינית משמשת דמותו של אברהם כהוכחה לכך שבחירת הא־ל אינה תלויה בברית או בקיום מצוות, שכן אברהם נבחר עוד לפני שקיים את ברית המילה, ודורות לפני מעמד הר סיני וקבלת התורה.[33] תפיסה זו הולכת ומתפתחת בספרות הנוצרית שלאחר הברית החדשה, ובעיקר בהגותו הדתית של יוסטינוס ב"דיאלוג עם טריפון".[34] הסיבה לבחירת אברהם על פי פאולוס היא אמונתו בהבטחה, המתבטאת בנכונותו לצאת אל המקום שבו יקבל נחלה ונכונותו להקריב את בנו.[35] יורשיו של אברהם ושל ברכת הא־ל שניתנה לו לאחר העקדה "והתברכו בזרעך כל גויי הארץ עקב אשר שמעת בקלי" (בראשית כב, יח) הם הדבקים בישו ומאמינים במשיחיותו.[36]

2. הסמל של שלושת המלאכים בפרשנות הנוצרית

נוסח המסורה של סיפור אברהם ושלושת המלאכים מעלה כמה שאלות סגנוניות בעלות משמעות תיאולוגית. האחת נוגעת למעבר מתיאור התגלות האל, מבלי לפרט את תוכן ההתגלות (יח, א), לתיאור הגעתם של שלושה אנשים ומַעֲבָר לעיסוק בהם, מבלי לציין מתי חל מַעֲבָר מחודש מהאנשים לא־ל, עד כי דומה כי הא־ל מדבר באמצעות האנשים (יח, ב והלאה).[37] השנייה סובבת את הכינוי שבו מכנה אברהם את שלושת האנשים בפנייתו

33. איגרת פאולוס אל הגלטים ג, ואל הרומיים ד. וראו בהרחבה: הון, אל הגלאטים, עמ' 137-126; גורדון, ילדי אברהם, עמ' 137-126; קמפבל, אברהם על פי פאולוס, עמ' 165-145.
34. "כי על אברהם לא הועד על ידי הא־ל שצדיק הוא בגלל המילה אלא בגלל האמונה, שכן קודם שנימול נאמר על אודותיו כך: 'והאמין אברהם לא ונחשב לו לצדקות'" (יוסטינוס, דיאלוג עם טריפון, צב, עמ' 232). וראו: רודולף, אברהם אצל יוסטינוס, עמ' 10-33. עוד נשוב ונדון בתפיסתו של יוסטינוס להלן בדיון על פולמוס המילה.
35. ראו איגרת פאולוס אל הגלטים ג, 5-14; אל הרומיים א, 16-17; ד 9-15; האיגרת אל העברים יא, 8-19. וראו: דה ווס, משפחת אברהם, עמ' 299-315.
36. אל הרומיים י, 9-13.
37. ראו רשב"ם יח, א, וראו בהרחבה את המנעד הפרשני להסבר המעבר אצל רודין־אוברסקי, מאלוני ממרא, עמ' 35-36.

אליהם "אדנָי" (יח, ג), המוכר כאחד משמותיו של הא־ל, ומאוחר יותר שימוש בשם הוויה, שלא ברור אם מתייחס לא־ל שנתגלה לאברהם או שכך מכונה אחד משלושת האנשים (יח, יג).[38] השלישית מתייחסת לכינוי שלושת האנשים בשם "אנשים" כל עוד הם מצויים באלוני ממרא, והסבת כינויים ל"מלאכים" עם הגיעם לסדום (בראשית יט, א) ולאחר מכן שוב חזרה לכינוי "אנשים". העמימות הסגנונית תיאולוגית שימשה חומר גלם לפרשנות הנוצרית הקדומה שהוכיחה באמצעות הסיפור את האפשרות של התגלות אלוהית בו זמנית בשמיים ובארץ, ובספרות הנוצרית המאוחרת יותר (לאחר ועידת ניקאה) להוכחת העיקרון הטריניטי. שלושת האנשים, המכונים גם מלאכים וגם מכונים בשם ה׳, שימשו ראיה חזקה לעיקרון תיאולוגי זה.[39]

דומה שמהרגע שסיפור זה נוכס על ידי הנוצרים כמבשר את אחד מעיקרי האמונה המרכזיים של הדת, חל מהפך במעמדו של הסיפור גם בפרשנות היהודית.

3. מיקומו של סיפור אברהם והמלאכים במקרא לאחר הציווי על מילת אברהם וזרעו

מצוות המילה היא אחד מתחומי הפולמוס העתיקים והמרים ביותר בין היהדות לנצרות. הנצרות מעמידה את הפסוקים העוסקים במצוות המילה

38. מתוך הקשר הפסוקים דומה שזה אותו האיש שאמר לאברהם בפסוק י: "שוב אשוב אליך כעת חיה והנה בן לשרה אשתך", שכן כך אומר הדובר של פסוקים יג־יד: "ויאמר ה׳ אל אברהם למה זה צחקה שרה... למועד אשוב אליך כעת חיה ולשרה בן", וראו מדרש שכל טוב שם: "ויאמר ה׳. מכאן שמלאכי השרת אינם יודעין מה שבלבו של אדם, זולתי הקדוש ברוך הוא לבדו, שנאמר לא יבצר ממך מזימה (איוב מב, ב)", ורשב"ם שם: "ויאמר י"י – המלאך. גדול שבהם" (וכן רד"ק שם).

39. מדובר בספרות יהודית ונוצרית ענפה שתקצר היריעה מלהכיל. להתפתחות הכרונולוגית של הפרשנות הנוצרית לסיפור ביקור שלושת האנשים ראו: ווטסון, אורחי אברהם, עמ׳ 1-11; גריפאו וספורלינג, מלאכי אברהם, עמ׳ 181-203; בוקור, קבלת הפנים, עמ׳ 245-272.

בפרשנות היהודית, בתרגום, במדרשי האגדה ובפיוט ישנו מאמץ אדיר לזהות את האנשים שבאו לבקר את אברהם עם מלאכים קונקרטיים שלכל אחד יש שליחות מקומית הנוגעת לצורכי השעה, ולהימנע מהאפשרות של זיהוים כהתגלמות של הא־ל עצמו או של השילוש. בפיוט ראו בקדושתא של ינאי לסדר "וירא אליו ה׳", "מלאכים במלאכותיך מלכות מלך מלכים", שורות 7-9, על פי כתב יד לונדון המובא ב"מאגרים", וכמובן כך גם במדרש האגדה כגון תנחומא בובר וירא כ ואחרים.

כציווי אלגורי לחובת הנוצרים על מילת עורלת הלב, שאינה מחייבת אקט גשמי.[40] אבות האומה והקדמונים: חנוך, נח, מלכיצדק ואברהם, נבחרו עוד קודם לציווי על המילה, מה שמוכיח כי המילה איננה פרמטר של בחירה. ההבטחה לאברהם לרשת את ארץ ישראל ניתנה לפני הציווי על המילה, ועל כן אין לייחס למילה כל חשיבות בשאלת הזכות על הארץ.[41] את העובדה שאברהם נצטווה למול את עצמו ואת בניו הם מחריגים ומסבירים כהוראת שעה המבטאת אמונה מוחלטת של אברהם בא־ל,[42] ואילו את חובת המילה הישראלית הם מסבירים בכמה אופנים: יש הסבורים כי מילת ישראל היא אות קלון שמנבא חורבן וגלות מירושלים וממלכות שמיים.[43] אחרים טוענים כי מצוות המילה נועדה לבדל את עם ישראל לבל יינשאו בניהם ובנותיהם לבני עמים אחרים בנישואי תערובת.[44] סיפור אברהם והמלאכים הוא הסיפור המקראי הראשון שמופיע אחרי מצוות המילה. דומה שיש להביא בחשבון את פולמוס המילה בניתוח המגמות הפרשניות של המסורות התנאיות והמאוחרות יותר שדרשו את פסוקי הסיפור.

באמתחתנו מצויים אפוא שלושה רכיבי פולמוס יהודי־נוצרי שהתפתחו לפני, במקביל או אחרי התפתחות המסורות התנאיות שעוסקות בסיפור הגמול של מעשה אברהם עם המלאכים: ניכוס דמותו של אברהם כאביהם של הדבקים בישו, זהותם של שלושת המלאכים ושלילת הזיקה שבין הבחירה האלוהית לציווי המילה, דרך דמותו של אברהם.[45] לא מן הנמנע שהיבטי פולמוס אלו

40. ראו לראשונה באיגרת פאולוס אל הרומים ב, 25–29.
41. ראו: איגרת פאולוס אל הרומים ד, 1–13; יוסטינוס, דיאלוג עם טריפון, יט, עמ' 86–89.
42. יוסטינוס, דיאלוג עם טריפון, כג, עמ' 96.
43. יוסטינוס, דיאלוג עם טריפון, טז, עמ' 78.
44. על פרשנות מצוות ברית מילה בפרשנות הנוצרית לענפיה ותפקידה אצל אברהם ראו: שימקוביץ, פרשנות למילת אברהם, עמ' 267–286.
45. הספרות הנוצרית שעוסקת בהיבטים אלו הלכה והתרחבה במרוצת השנים שלאחר תקופת המשנה, אולם כל אחד מהרכיבים הללו מוזכר כבר בספרות הנוצרית הקדומה (איגרות פאולוס והדיאלוג עם טריפון) שמתוארכת לשנים מוקדמות או מקבילות למועד עריכתן של המכילתא, המשנה והתוספתא.

אתגרו את החכמים והשפיעו על אופי הפרשנות התנאית שנוצרה סביב סיפור אברהם והמלאכים, כפי שיוצע להלן.[46]

2.5 הפולמוס הסמוי בדרשת מכילתא דרבי ישמעאל

פולמוס הבחירה הוא אחד ממוקדי החיכוך המרכזיים שבין יהודים לנוצרים שהלך והתעצם עם התחזקותה של הדת הנוצרית.[47] יוסטינוס מרטיר הוא מראשוני הוגי הנצרות הפורש משנה סדורה, המערערת את יסוד הבחירה הנצחית בעם ישראל ואת היותם ממשיכי דרכו של אברהם:

> אלה העוטים על עצמם צדקות וטוענים שהם ילדי אברהם יחפצו לרשת עמנו אפילו מקום מועט [...] ואני (השבתי):[48] לא זאת אמרתי, אלא שאלו שרדפו את כריסטוס ורודפים אותו ואינם חוזרים בתשובה לא יירשו מאומה בהר הקודש. ואילו העמים שהאמינו בו וניחמו על חטאיהם – אלה יירשו עם האבות והנביאים והצדיקים אשר מזרע יעקב הם, ואף הם אינם שובתים בשבת ואינם נימולים ואינם שומרים את המועדים, לבטח יירשו את נחלת האל הקדושה (דיאלוג עם טריפון, כה, 1; כו; 1 עמ' 98–100).

את סיבת נטילת הבחירה תולה יוסטינוס כבר בראשית ההיסטוריה של ישראל, בכפיות הטובה בניסי מצרים והמדבר, שבאה לידי ביטוי בחטא העגל, ומאוחר יותר בדחייתו של ישו ואף ברציחתו. בתיאור שלבי הדחייה של ישראל משתמש יוסטינוס במוטיבים דומים לאלו שנזכרים במדרשי הגמול של סיפור אברהם והמלאכים:

> אתם שנשתחררתם ממצרים בזרוע רמה ובהשגחת התהילה הגדולה; (אתם), שהים נבקע למענכם ונוצרה דרך יבשה, אשר בתוכה הוא

46. הירשמן משער שקיימת היכרות של דרשני המכילתא עם עקרונות נוצריים כפי שמוצגים אצל יוסטינוס מרטיר ב"דיאלוג עם טריפון", וניתן לזהות אותה על בסיס מוטיבים משותפים של המסורות המתפלמסות, שנדרשים באופן ניגודי. ראו: הירשמן, יחידות פולמוסיות, עמ' 369–384, וראו בעיקר עמ' 380–381.
47. ראו: רוקח, הפולמוס, עמ' 71–98.
48. הכוונה למענה של יוסטינוס לשאלתו של טריפון: "מהו אפוא זה שאומר אתה, שאיש מאתנו לא יירש בהר הקדוש של האל" (דיאלוג עם טריפון, כה, 6 עמ' 100).

הרג את הרודפים אחריכם בכוח (צבאי) רב מאד ובמרכבות (מלחמה) נודעות לתהילה, בהציפו אותם בים שבו נסללה דרך למענכם; (אתם), שגם עמוד אור האיר לכם כדי שיהא בידכם, אף יותר מכל עם אחר שבעולם, להשתמש באור המיוחד לכם שאינו פוסק ואינו שוקע; (אתם), שהמטיר לכם לכלכלתכם את המן, לחם המיוחד למלאכי השמים, כדי שלא תצטרכו לחפש (מצרכים) להכנת מזון; (אתם, שלמענכם) הומתקו המים בממרא... ומשהתאוויתם לאכול בשר נתנו לכם כל כך הרבה שלווים, שאי אפשר למנות את מספרם; ולמענכם פרצו מים מסלע, וענן הלך אחריכם לצל מפני החום ולהגנה מפני הקרה... על כל הדברים האלה אתם עשיתם את העגל... (דיאלוג עם טריפון, קלא, 3; 6 קלב, 1 עמ׳ 298–300).

יוסטינוס מפקיע את מעמד הבחירה מעם ישראל, חרף הקפדתו על מצוות המילה והשבת. כפיות הטובה של ישראל כלפי חסדי הא־ל במדבר, על ידי יצירת העגל בעבר ועל ידי קללת ישו בהווה, מוכיחה את היותם של ישראל בלתי ראויים להמשך תחולת הבחירה האלוהית ולמעמד של יורשי ההבטחה והנחלה.[49] ניתן להציע כי בחירת סיפור אברהם והמלאכים כסיפור גמול במכילתא באה להעמיד את המעשה הראשון של אברהם שנעשה לאחר קיום מצוות המילה, כזה שהשפיע על החסד העתידי של יורשיו. הכנסת האורחים של אברהם זיכתה את עם ישראל בהמשך השגחת הא־ל הישירה שהובילה אותם אל הנחלה המובטחת. מול תועמלני הנצרות המוכיחים כי בחירת אברהם נעשתה עוד קודם למילה, והודות למעשי האמונה, מעמיד הדרשן את מעשה אברהם הראשון שלאחר המילה כמעשה שקיבע את המשך הבחירה בזרעו. חסדי הא־ל במדבר אינם מעידים על כפיות הטובה של עם ישראל, כפי שיוסטינוס מנסה להוכיח, אלא מוכיחים את המשך הזיקה שבין ההבטחה לאברהם למימושה בצאצאיו.

לפי ההסבר שהוצע, דרשן המכילתא מנטרל באמצעות דרשת גמול זו שני רכיבי פולמוס:

49. על הפיתוח של תורת יוסטינוס וסימון חטא העגל כנקודה הארכימדית של רעיון הבחירה בתעמולה הנוצרית ראו אברבך, חטא העגל, עמ׳ 91–116; מרמורשטיין, יהדות ונצרות, עמ׳ 223–263.

1. זיקת הגמול הראשונה שבין מעשה אברהם לשכר צאצאיו היא על המעשה הראשון שנעשה לאחר מילתו של אברהם.
2. חסדי הא־ל במדבר הם חוב ישן של הא־ל לבניו, ועל כן אין לראות במעידה של עם ישראל בעגל כפיות טובה, שהביאה לאובדן זכויותיהם ולנטילת הבחירה.

דומה אפוא כי בחירת דרשן המכילתא דרבי ישמעאל לפתוח את דרשותיו לסדר "ויהי" בתיאור פריעת חובו הישן של הקב"ה לאברהם, נועדה לנטרל את הפרשנות הנוצרית המבקשת להעמיד את חטאי עם ישראל במדבר כתקופה שהעמידה מחדש את שאלת הבחירה,[50] ולהוכיח רציפות של בחירה ייעודית מאברהם לאחר מילתו לדור המדבר עד כניסתם לארץ ישראל.

2.6 הפולמוס בדרשת מכילתא דרשב"י

אחד ההבדלים בין שני חיבורי המכילתא שמציינים החוקרים הוא המרכיב הלאומי. המכילתא דרשב"י מיוחסת לבית מדרשו של ר' עקיבא ומזוהה עם תורה לאומנית בדלנית ופרטיקולריסטית, לעומת האפיון האוניברסלי יותר של המכילתא דרבי ישמעאל.[51]

המסורת הארוכה של מכילתא דרבי ישמעאל הדנה בזיקה שבין מעשי אברהם והמלאכים לחסדי הא־ל במדבר, שהייתה כפי הנראה מוכרת לדרשן המכילתא דרשב"י, מוכיחה זיקה בין מעשי העבר לבחירה בעתיד. הדרשה איננה מתפלמסת עם האשמת החטא הנוצרית, ומתמקדת בכך שזכויות מעשיו של אברהם נצברו באמתחתם של יורשיו, ואפשרו הנהגת חסד ניסית במדבר. המסר הסמוי של הדרשה הוא שבהיעדר זכויות ייתכן מצב של הפקעת בחירה.

דרשן המכילתא דרשב"י מבקש לטעון שהבחירה בעם ישראל היא נצחית באופן כזה, שגם אם מעשי העם מצדיקים עונש של כליה, עקרון הבחירה חזק כל כך שהוא גובר על תורת הגמול האוניברסלית.

דרשת המכילתא דרשב"י מתפלמסת עם דוקטרינת הבחירה הנוצרית, אולם היא איננה מתאמצת להוכיח כי מעשי אבות האומה הם שמצדיקים

50. כך בדברי יוסטינוס, דיאלוג עם טרפון, קל, עמ' 296.
51. ראו: כהנא, דפים מן המכילתא, עמ' 180–185, 200–201; ובהרחבה: הירשמן, תורה לכל באי העולם.

את הצלת העם. קיומו של עם ישראל נובע מכוח בחירה נצחית ושבועה אלוהית והפרתן תגרום לחילול ה' בעולם. דאגתו של הא־ל למחסורו של עם ישראל במדבר איננה חסד, אלא צורך קיומי כדי למנוע את אובדנו. שדרוגו של המזון הקיומי למן הוא הודות למעשה החסד של אברהם עם המלאכים.

הפירוט הרחב של רכיבי מעשה אברהם והשפעתם על אופיו של החסד האלוהי אינם משרתים את מגמתו של דרשן המכילתא דרשב"י, שמבקש לשים במוקד את הבחירה הבלתי תלויה בעם ישראל, ולא את פירעון חוב מעשה החסד של אברהם.

דומה שדרשת הביקורת על משה החותמת את דרשת מכילתא דרשב"י "ואתה אר' לי שלח נא ביד תשלח?", היא חלוצת הדרשות המשתייכות לקורפוס רחב של מסורות ארץ־ישראליות מתקופת התלמוד, המגנות את מי שמשמיע דילטוריה על עם ישראל.[52] נטרול הקטגוריה הפנים־יהודית נובע כפי הנראה מהחשש שנשק זה ישמש את הנוצרים להוכיח את טענתם בדבר המאיסה האלוהית בישראל והמרתו בעם אחר.[53]

*

סיפור אברהם והמלאכים שהיה רדום בספרות הבתר־מקראית, משום שהחוויר בעוצמת מסריו בהשוואה להרואיות של שכניו, זכה לעדנה בספרות התנאית. האפיזודה הקצרה שהתרחשה במתחם מגוריו של אברהם באלוני ממרא, תוארה במדרשי התנאים כמי שחוללה מהפך בתנאי חייו של עם עבדים והרעיפה שפע של חסד אלוהי במשך ארבעים שנות נדודיו במדבר. חריגותה של הזיקה בקורפוס מדרשי הגמול, מבחינת עוצמת הגמול ותחולתו במרחק של דורות ממועד אגירת הזכות, וההתעוררות הדרשנית המאוחרת בהעצמת מעשה האירוח הובילו לחיפוש מגמות היסטוריות שסייעו בפיענוח מסריה של הדרשה. הוצע שעיצובה של הדרשה בגרסאותיה השונות הושפע מהפולמוס היהודי־נוצרי סביב דוקטרינת הבחירה ותוקפה; זהותם של צאצאי אברהם והזיקה שבין חובת המילה לבחירה.

מסורת דרשת אברהם והמלאכים ממשיכה להתפתח בספרות האמוראית,

52. ראו למשל: שיר השירים רבה א, א, ו: ויקרא רבה י, ב עמ' קצז-קצט; בבלי פסחים פז ע"א בדרשה המיוחסת לר' יוחנן.

53. באופיין הפולמוסי של דרשות אלו עסקו: אורבך, חז"ל, עמ' 497-502; אופנהיימר, הקדשת ישעיהו, עמ' 18-50; אופנהיימר, מעמד הר סיני, עמ' 91-110.

תוך שמירה על המבנה הבסיסי של שלבי המעשה וגמולם, אולם תחולת הגמול ומוקדי השפעתו משתנים. ועל כך להלן.

3. תמורות בתחולת הגמול בספרות האמוראית הקדומה והמאוחרת

מסורת הגמול של מעשה אברהם עם המלאכים פושטת צורה ולובשת צורה חדשה בספרות האמוראית, ויש להניח שהתמורות הלאומיות והדתיות במעמדם של יהודי ארץ ישראל וסביבתה מול שכניהם, ובעיקר מול הדתות היריבות, עשויות להסביר חלק מהשינויים שעברה המסורת במרוצת הדורות. הנצרות של ימי ר' אלעזר בשם ר' סימיי, בעל המסורת בבראשית רבה, שפעל בארץ ישראל במאה השלישית, מאתגרת את יהודי ארץ ישראל בהעמדת דת אלטרנטיבית ובניסיונות הולכים ומתעצמים של ניגוח תוך הוכחת נטישת עם ישראל על ידי האל. התנצרות האימפריה במאה הרביעית והתחזקותה של הנצרות במקביל להיחלשותה של הקהילה היהודית, הקצינו את אמצעי הניגוח והובילו אף לרדיפות דת במאות השישית והשביעית.[54] גורם נוסף שהשפיע על מצב היהודים בארץ ישראל הוא הכיבוש המוסלמי במאה השביעית.[55] רבות ממסורות התנחומא נוצרו ונערכו במהלך המאות הללו.

3.1 הרחבת שכר מעשה אברהם עם המלאכים בבראשית רבה

הטיפול בסיפור אברהם והמלאכים בבראשית רבה הוא חלק מרצף הדרשנות הפרשנית הנצמדת לפסוקי הספר המאפיינת את החיבור, ולפיכך נחסך החיפוש אחר הגורם לתשומת הלב שהעניק העורך לסיפור זה. הנפח שתופסת הדרשנות הפרשנית לסיפור זה, אינו נראה חריג בהשוואה לנפח הפרשני לסיפורי בראשית אחרים, אולם התהייה על פשר השכר העצום לאברהם על הכנסת האורחים מעמיקה למקרא הפיתוח המדרשי של הנוסח הקדום

54. על מצב המיעוטים תחת השלטון הנוצרי ראו: עיר שי, אלימות, עמ' 391–416. לגישה אחרת, המתנגדת לתפיסה ההיסטורית שעל פיה חלה החמרה הדרגתית במצב היהודים לאחר התנצרות האימפריה, ראו: שטמברגר, יהודים ונוצרים.

55. על מחלוקת החוקרים בשאלת מעמד היהודים בארץ ישראל בתקופת הכיבוש המוסלמי ראו: טקסל, האסלאם, עמ' 73–106.

בבראשית רבה, המתאר את הזיקה שבין מעשי אברהם לשכר צאצאיו. שכר צאצאי אברהם על פי נוסח המדרש בבראשית רבה לא הסתיים בארבעים שנות הנדודים, אלא המשיך להשפיע חסד על זרע אברהם גם במהלך שנות ההתיישבות בארץ ישראל. שארית השכר גנוזה לצאצאיו גם לעתיד לבוא.

להלן נוסח המדרש בבראשית רבה:

(ד) [יוקח נא מעט מים] ר׳ לעזר משם ר׳ סימיי. אמר הקב"ה אברהם, אתה אמרת "יוקח נא מעט מים" חייך שאני פורעה לבניך "אז ישיר ישראל את השירה הזאת" (במדבר כא, יז), במדבר. בארץ מנין "ארץ נחלי מים" (דברים ח, ז). לעתיד לבא מנין "והיה ביום ההוא יצאו מים חיים מירושלים" (זכריה יד, ח).

אתה אמרת "ורחצו רגליכם". הריני פורעה לבניך "וארחצך במים" (יחזקאל טז, ט), הרי במדבר. בארץ מנין "רחצו הזכו" (ישעיהו א, טז). לעתיד לבא מנין "אם רחץ ה׳ את צאת בנות ציון" (שם ה, ד).

אתה אמרת "והשענו תחת העץ" חייך שאני פורעה לבניך "פרש ענן למסך" (תהלים קה, לט), הרי במדבר. בארץ מנין "בסוכות תשבו" (ויקרא כג, מב). לעתיד לבוא מנין "וסוכה תהיה לצל יומם" (ישעיהו ה, ו).

אתה אמרת "ואקחה פת לחם" חייך שאני פורעה לבניך "ויאמר ה׳ אל משה הנני ממטיר לכם לחם" (שמות טז, ד), הרי במדבר. בארץ מנין "ארץ חטה ושערה" (דברים ח, ח). לעתיד לבא "יהי פיסת בר" (תהלים עב, טז).

אתה אמרת "ואל הבקר רץ אברהם" חייך שאני פורעה לבניך "ורוח נסע מאת ה׳ ויגז שלוים מן הים" (במדבר יא, לא), הרי במדבר. בארץ מנין "ומקנה רב היה לבני ראובן" (שם לב, א). לעתיד מנין "והיה ביום ההוא יחיה איש [עגלת בקר]" (ישעיהו ז, כא).

אתה אמרת "והוא עומד עליהם תחת העץ" חייך שאני פורעה לבניך "וה׳ הולך לפניהם יומם" (שמות יג, כא), הרי במדבר. בארץ מנין "אל[ה]ים ניצב בעדת אל" (תהלים פב, א). לעתיד לבא "עלה הפורץ לפניהם" (מיכה ב, יג) (בראשית רבה וירא מח עמ׳ 487–488).

להלן כמה מההבדלים בין נוסח בראשית רבה לנוסח המכילתא:[56]

56. קיימים הבדלים גם בין נוסח המכילתא לנוסח התוספתא (כפי שנזכר לעיל), ברשימה

- בנוסח המדרש בבראשית רבה לא מובאים משפטי גמול.
- בבראשית רבה בשורת השכר נאמרה כבר לאברהם "חייך שאני פורעה לבניך", ואילו במדרש התנאי בשורת השכר נודעת בשעה שעם ישראל נהנה ממרכיבי הגמול בשעת היציאה ממצרים.
- פירעון השכר על מעשה אברהם במדרשים התנאיים מתרחש בתקופת המדבר,[57] ואילו בנוסח המדרש בבראשית רבה הוא נעשה בשלושה שלבים: מדבר, ארץ ישראל ולעתיד לבוא.
- בבראשית רבה נשכרים צאצאי אברהם גם על בקשתו מאורחיו "ורחצו רגליכם". במדרש התנאי אין מוזכרת בקשה זו של אברהם כמי שמזכה את בניו בשכר.

הוויתור על נוסח הגמול בעיבוד המדרשי בבראשית רבה, שנזכר ומפותח במדרשים הקדומים ומהווה על פי השערתי חלק מרכזי ממגמתו האינדוקטרינית של המדרש, מצביע על שינוי מגמה ועל רצונו של בעל הדרשה להתמקד במסרים אחרים הנוגעים לסיפור אברהם והמלאכים המנותקים מההקשר הרחב של רעיון הגמול. מהם אפוא אותם מסרים?

ניהוף חקרה את הרקע שבו נכתבו מדרשי בראשית רבה, וטענה כי דרשני בראשית רבה ואב הכנסייה הנוצרי אוריגנס השתייכו למילייה חברתי תרבותי ואינטלקטואלי זהה.[58] עוד טוענת ניהוף, שקיימות יחידות מדרשיות במדרש בראשית רבה שבהן ניתן להבחין בריבוד תקופתי. שכבות העריכה מעידות לדידה על מוקד פולמוסי שגרם לדרשן המאוחר לפתח דרשה קדומה כדי לסתור את הפרשנות הנוצרית שהתבססה על הנוסח הקדום.[59] העולה

שלהלן אתייחס להבדלים של נוסח בראשית רבה מהמאפיינים המשותפים של שני הנוסחים התנאיים.

57. למעט נוסח התוספת המופיע בתוספתא על מעשה אברהם "וישתחו אפים", שבו מתואר גמול שיתרחש רק לעתיד לבוא: "באברהם הוא אומ' וישתחו אפים ארצה אף המקום ברוך בישר את בניו לעתיד לבא והיו מלכים אומניך ושרותיהם מניקותיך אפים ארץ ישתחוו לך ועפר רגליך ילחכו" (תוספתא סוטה ד, א). תוספת זו אינה מופיעה באף לא אחת מהמקבילות המאוחרות של מדרש זה.

58. ניהוף, אוריגנס, עמ' 129–154.

59. שם, עמ' 135–138.

מתוך דבריה הוא שהייתה קיימת היכרות הדדית בין אוריגנס ליוצרי דרשות שנערכו במדרש בראשית רבה.[60]

בפרשנותו של אוריגנס לסיפור אברהם והמלאכים הוא מתייחס לזיהויו של אחד מהמלאכים עם ישו כהנחה מובנת מאליה, שאין צורך להוכיחה.[61] את יתר פרטי הסיפור מפרש אוריגנס כמוטיבים הצופנים תעלומה ומסתורין. המוטיבים הללו מסמלים אירועים מחייו של ישו.

הנחתי היא כי חלקי העיבוד של הדרשה הקדומה על אודות אברהם והמלאכים בבראשית רבה מתפלמסים עם הפרשנות הנוצרית המיסטית מסתורית ביחס למוטיבים הכרוכים באירוח המלאכים, ועם התמורות שחלו בדוקטרינת הבחירה ובזהותו של המשיח בתיאולוגיה הנוצרית בתקופת התלמוד.

הרחבת השכר של מעשי אברהם לתקופת ההתנחלות ולעתיד לבוא: פולמוס הבחירה התפתח כבר בשלביה הראשונים של הדת הנוצרית, אולם עם התרחבותה והתחזקותה הפך רעיון הבחירה לדוקטרינה המרכזית של הדת.[62] אבות הכנסייה מונים את חטאי העם כמוכיחים את שלילת הבחירה, ומצביעים על אירועים קונקרטיים בהיסטוריה של עם ישראל שגרמו להמרת הבחירה הקדומה לישראל החדש – הנוצרים המאמינים בישו. אב הכנסייה הקדום אירנאיוס, שחי ופעל קצת אחרי יוסטינוס מרטיר (130–202 לספירה), מקדיש במסתו Demonstration of the Apostolic Preaching יחידה ארוכה לתיאור הדחתו של עם ישראל מהבחירה, בעקבות מה שהוא מכנה "מרד פארן" – חטא המרגלים. מותם של החוטאים במדבר הכשיר את כניסתם של יורשי הבחירה (המאמינים בישו) לארץ ישראל במובנה האסכטולוגי, כפי שהובטח לצאצאיו הרוחניים של אברהם.[63] הרחבת פירעון הזכויות של מעשי אברהם גם לדור הנכנסים לארץ ולעתיד לבוא בבראשית רבה, מתפלמסת עם

60. ראו דבריה בעמ' 139.
61. ראו: אוריגנס, דרשות לספר בראשית, עמ' 103. בכך הוא מתבסס כפי הנראה על הפרשנות הנוצרית שקדמה לו. ראו לעיל הערה 39.
62. ראו רוקח, הפולמוס; מרמורשטיין, יהדות ונצרות; אורבך, שיר השירים, עמ' 148–170; קימלמן, רבי יוחנן ואוריגנס, עמ' 567–595; וכן: קיסטר, זהות עצמית, עמ' 319–341.
63. ראו: אירנאיוס, ההדגמה, עמ' 112. על פרשנותו הייחודית של אירנאיוס לחטא המרגלים ראו: גרהם, הדור הבא, עמ' 183–200.

דוקטרינת הבחירה כפי שהתפתחה, ומוכיחה כי היא בלתי ניתנת להעברה. זכות מעשי אברהם נשמרת ליורשיו בעבר, בהווה ולעתיד לבוא.[64]

הדגשת השכר החומרי על מעשה האירוח: אוריגנס מפרש את פרטי סיפור האירוח כמוטיבים הצופנים תעלומה ומסתורין. המוטיבים הללו מסמלים אירועים מחייו של ישו, כמו למשל הלחם המסתורי.[65] בן הבקר הרך והטוב שנשחט עבור האורחים, מסמל את הליכתו של ישו אל מותו כדי לכפר על חטאי הדור ולאפשר לחוטאים להתקיים בעולם, כפי שמתואר בבשורה על פי יוחנן ג, 16 ובבשורה על פי לוקס טו, 23–24.[66] מול פרשנות המוטיבים כביטוי סמלי ומיסטי לקורות ישו מבוארים פריטי הגמול בתוספות הדרשניות של בראשית רבה כשכר גשמי ממשי לעם ישראל. השכר על מעשה אברהם בארץ ישראל יתבטא בחומר: מים, עושר חקלאי "ארץ חטה ושעורה" וריבוי מקנה.

הסמל של רחיצת הרגליים: הציווי לאנשים לרחוץ את רגליהם (יח, ד) מסמל בפירושו של אוריגנס את ההתנערות מאבק החוטאים שסירבו לקבל את בשורת ישו (הבשורה על פי לוקס ו, 11; מתי י, 14–15).[67] הפסוק מישעיהו ד, ד: "אם רחץ ה' את צאת בנות ציון...", המוכיח בתוספת בבראשית רבה את שכרם של ישראל לעתיד לבוא, מפורש בידי אב הכנסייה הקדום אירנאיוס כמתאר את אחרית הימים ושגשוגם של תלמידי ישו. תהליך

64. אין כאן טענה כי דרשני בראשית רבה הכירו בהכרח את כתביו של אירנאיוס, אולם קדימותו של אירנאיוס לתקופת פעולתם של ר' אלעזר ור' סימאי, שלהם מיוחסת הדרשה, עשויה להצביע על היכרותם של הדרשנים המאוחרים עם התמורות שחלו בטענת הבחירה, ועל המאמץ שהשקיעו בהפרכתה. אגב גם אוריגנס, דרשות לספר במדבר, עמ' 33 רומז לקשר שבין חטא המרגלים להמרת הבחירה. בפירושו לסיפור המרגלים הוא טוען שהענשת דור המדבר והבחירה בדור הבנים מרמזות על דחיית ישראל והבחירה בבני האומות. פירוש זה מלמד כי עיקרון זה חדר לתוך הדוקטרינה הנוצרית והיה מוכר אף מחוץ לגבולות פעולתו של אירנאיוס.

65. כך הוא מפרש את הציווי לשרה "מהרי שלש סאים קמח סלת לושי ועשי עגות" (בראשית יח, ו), על פי התרגום היווני המתרגם את המילה עוגות כ־εγκρυφιας, שמשמעותו 'סודיות', וכותב (תרגום לאוריגנס, בראשית, עמ' 104): "The Greek is engkruphias which indicates secret or hidden bread". ובהמשך בעמ' 105: "Everything he does is mystcal, everything is filled with mystery".

66. אוריגנס, שם, עמ' 105.

67. לוקס י, 15: "ובכל מקום אשר לא יקבלו אתכם ולא ישמעו לכם, צאו משם ונערו את העפר אשר תחת רגליכם לעדות להם".

טהרתם של תלמידי ישו נעשה בתהליך דו־שלבי, תחילה על ידי ישו, שציווה את אנשיו לרחוץ את רגליהם מאבק החוטאים,[68] והמשכו ברחצת הזוהמה של בנות ציון.[69] לא מן הנמנע שהבחירה להוסיף את שכרו של אברהם על רחיצת רגלי האנשים והציטוט של הפסוק מישעיהו נובעים מהיכרות עם הפרשנות הנוצרית המפרשת את הסרת האבק והצואה כתהליך של טיהור יורשי ישראל. הפסוקים שנבחרו על ידי הדרשן בתוספת שבבראשית רבה מתארים שני שלבי היטהרות של ישראל מחטאיהם בזכות מעשי אברהם. שלב ראשון בארץ ישראל בהוראת הנביא ישעיהו לחוטאי דורו "רחצו הזכו", ושלב שני יתרחש לעתיד לבוא על ידי פעולה אלוהית "אם רחץ ה' את צאת בנות ציון".

"חייך שאני פורעה לבניך": בנוסח המכילתא הגמול ניתן ליוצאי מצרים ללא בשורה מקדימה לאברהם על כך שמדובר בשכר על מעשיו. בנוסח בראשית רבה, הא־ל מיידע את אברהם על הגמול הצפוי לצאצאיו אחרי כל שלב של אירוח האנשים.

הנוסח במכילתא מלמד על שכרם של יוצאי מצרים מכוח חסדיו של אברהם, אולם עשוי להשתמע ממנו שמהרגע שהא־ל פרע את חובו לאברהם, המשך הבחירה ייבחן מחדש ויהיה תלוי במעשי העם. יש להניח ששינוי הנוסח בבראשית רבה נובע מרצונו של הדרשן להפקיע את התלות שבין מעשי הצאצאים לחלות הבחירה. העובדה שההבטחה ניתנה לאברהם מלמדת שמבחינת האל, הבחירה בצאצאיו היא ייעודית ונצחית, ועל כן חטאי ישראל בשנות הנדודים במדבר, בישיבתם בארץ ישראל ובתקופת הגלות אינם מערערים את תוקפה של הבחירה. ייתכן גם שהשינוי בנוסח בראשית רבה נובע מסיבה מתודולוגית. המדרש שם את דמותו של אברהם במוקד המדרש ולא את יוצאי מצרים, כיוון שהוא עוסק במדרשים על סיפורי אברהם.

דומה אפוא שהעיבוד המדרשי בבראשית רבה יצר אדפטציות של הנוסח הקדום, באופן שיתאימו לאתגרי הפולמוס היהודי־נוצרי המתפתח על ידי נטרול הפרשנות הכריסטולוגית וחיזוק עקרונות הבחירה הנצחית בעם ישראל שאיננה ניתנת להמרה.

68. לוקס י, 15.

69. ראו: אירנאיוס, נגד הכפירה, עמ' 493.

3.2 השכר הרוחני על מעשה אברהם והמלאכים ועיכובו בתנחומא בובר[70]

תמורה מעניינת בעיבוד המדרש מצויה בנוסח תנחומא בובר. לראשונה מצביע הדרשן על ליקוי לכאורה בתהליך האירוח של אברהם ועל השפעותיו על עתידו של עם ישראל. נוסח זה עובר עיבוד מחודש בתנחומא.[71] אציע תחילה את חלקי השינוי בנוסח תנחומא בובר:

> ...א"ל הקדוש ברוך הוא חייך אתה אמרת "יוקח נא מעט מים", בו בלשון אני גואל אתכם ממצרים, שנאמר "ולקחתי אתכם לי" (שמות ו, ז), הרי בעולם הזה, ובעולם הבא שנאמר "ולקחתי אתכם שנים [אחד] מעיר ושנים ממשפחה" (ירמיהו ג, יד).
>
> אתה אמרת להם "נא", חייך בו בלשון אני מוכיח את בניך, שנאמר "לכו נא ונוכחה יאמר ה'" וגו' (ישעיהו א, יח).
>
> אתה אמרת להם "מעט", חייך בו בלשון אני מגרש את האומות מלפני בניך, שנאמר "מעט מעט אגרשנו מפניך" (שמות כג, ל), ומנין אף לעולם הבא, שנאמר "כי כה אמר ה' (אלהים) [צבאות] עוד אחת מעט היא ואני מרעיש" (חגי ב, ו).
>
> אתה אמרת להם "מים", חייך שאני מעלה לבניך את הבאר, שנאמר "עלי באר ענו לה" (במדבר כא, יז), ומנין אף משנכנסו לארץ, שנאמר "כי ה' אלהיך מביאך אל ארץ טובה [ארץ נחלי מים" וגו'] (דברים ח, ז), מנין אף לעולם הבא, שנאמר "והיה על [כל] הר גבוה [ועל כל גבעה נשאה פלגים יבלי מים]" (ישעיהו ל, כה). (תנחומא בובר וירא ה).[72]

70. בקהלת רבה יא, א עמ' 299–300 מובאת גרסה של מדרש אברהם והמלאכים בנוסח דומה לנוסח בבראשית רבה. המדרש נצמד לפסוק "שלח לחמך על פני המים", ומוכיח אותו באמצעות מעשה העבר של אברהם שזרע את מעשי החסד האלוהיים לעם ישראל בעתיד. סדר פרטי המעשה ושכרו שונים ממדרש בראשית רבה. בקהלת רבה הוא פותח ב"ואקחה פת לחם", וזאת כפי הנראה בגלל ההקשר של הפסוק "שלח לחמך". קיימים הבדלים קטנים בין שני הנוסחים, אולם בעיקרו הוא מבוסס על הנוסח הקדום של בראשית רבה. ראו קיפרווסר, מדרשי קהלת רבה, עמ' 299.

71. על הדעות השונות במחקר בשאלת עריכת מדרשי התנחומא ועל הזיקות שבין החיבורים ראו: ברגמן, סקר ביבליוגרפי, עמ' 21–30.

72. הנוסח על פי המובא בתנחומא בובר מהדורת וילנא תרמ"ה עמ' מג–מד הוא על פי כתב יד אוקספורד. בובר מעיר כי בנוסח הדרשה בכתב יד רומי מצויות תוספות המפרטות את מרכיבי האירוח של אברהם ואת השכר על כל מעשה ומעשה. הפירוט הרחב מזכיר את הנוסח התנאי הקדום, אולם מפורט יותר. רכיבי השכר ופסוקי ההוכחה

ניתן להצביע על שני שינויים מהותיים מנוסחי המדרש הקדום בבראשית רבה ובמכילתא.

- השכר הגשמי שתואר במפורט בנוסחי המדרש הקדומים ובעיקר בנוסח המורחב בבראשית רבה הפך ברובו לשכר מטאפיזי שמתאר את אופי הגאולה ולא את ייעודיה הגשמיים.
- לראשונה מתואר גם תהליך גאולה איטי הודות לכמות המים שהגיש אברהם למלאכים.[73]

בדרשת התנחומא מופיעים שני פרטי אירוח קדומים שפסוקי פירעונם נאמרים בהקשרים שלכאורה נראים שליליים. השימוש במילה "נא" על ידי אברהם

למרכיבי השכר שונים כפי שיופיע גם בתנחומא הנדפס. ראו מהדורת בובר עמ' מד הערה מב. על מעמדו של כתב יד רומא (Vatican 44) והשערות תקופתו ראו: אורבך, שרידי תנחומא ילמדנו, עמ' 6 הערה 30. ראו גם ברגמן, תנחומא ילמדנו, עמ' 23.

73. דומה שאת ההשראה לאיתור פגם באופי האירוח של אברהם לקח דרשן התנחומא מנוסח המדרש המובא בבבלי בבא מציעא פו ע"ב, המפריד בין מעשי האירוח הישירים של אברהם לבין המעשים שנעשו על ידי שליח, והשלכותיהם על שתי דרכי הנהגת הא-ל על בני ישראל במדבר. אולם דומה שמגמת הדרשן בתנחומא שונה מזו של רב, שלו מיוחסת דרשת הבבלי. הדרשה מובאת בבבלי במהלך דיון על זכויותיהם של פועלים והחובה לזון אותם. אגב הדיון בחובה זו מובאת דוגמה ממידת הכנסת האורחים של אברהם עם ביקורת סמויה על פגם קל בתהליך האירוח שהשפיע על אופי השכר לבניו, וכך היא לשון המדרש: "אמר רב יהודה אמר רב: כל שעשה אברהם אבינו למלאכי השרת על ידי עצמו – עשה הקדוש ברוך הוא לבניו על ידי עצמו, וכל שעשה אברהם אבינו על ידי שליח – עשה הקב"ה לבניו על ידי שליח. באברהם כת' 'ואל הבקר רץ אברהם' – 'ורוח נסע מאת ה''. 'ויקח חמאה וחלב' – 'הנני ממטיר לכם לחם מן השמים'. 'והוא עמד עליהם תחת העץ' – 'הנני עמד לפניך שם על הצור'. 'ואברהם הלך עמם לשלחם' – 'וה' הלך לפניהם יומם'. 'יוקח נא מעט מים' – 'והכית בצור ויצאו ממנו מים'. ופליגא דר' חמא בר' חנינא – דא"ר חמא בר' חנינא, וכן תנא דבי ר' ישמעאל: בשכר שלש זכו לשלש, בשכר חמאה וחלב – זכו למן, בשכר והוא עמד עליהם – זכו לעמוד הענן, בשכר 'יקח נא מעט מים' – זכו לבארה של מרים" (בבלי פו ע"ב על פי כתב יד המבורג). לא אאריך בניתוח נוסח הבבלי שכן הפרק נתחם לניתוח היבטי פולמוס בעיבודי המסורות המאוחרים. מהקשרו של הנוסח בבבלי ניתן ללמוד שמטרתו העיקרית היא ללמד על אופן קיום מצוות הכנסת אורחים משובחת, שבה המארח עושה את כל פעולות האירוח בעצמו. על היכרותו של עורך התנחומא עם מדרשי הבבלי ועל השימוש בהם ועיבודם ראו: ברגמן, תנחומא ילמדנו, עמ' 186.

משמש את הא־ל בנבואת התוכחה הקשה שהוא משמיע לעם החוטא בימי ישעיהו. הדרשן משתמש במילים "בו בלשון אני מוכיח את בניך", המגבירות את תחושת השלילה. הפסוקים שנבחרו על ידי דרשן התנחומא כדי לתאר את תוצאת הצעת אברהם למלאכים לקחת מים מועטים, מתארים מציאות של עיכוב כניסה לארץ. הפסוק "מעט מעט אגרשנו" מתאר תהליך ארוך והדרגתי של כיבוש הארץ, והמילים "עוד אחת מעט היא" נאמרות על ידי הנביא חגי כאמצעי הרגעה לעם הנואש מגאולת שיבת ציון, בהבטחה שנותר עוד מהלך אלוהי "והרעשתי כל גוים", שרק לאחריו יתממשו הבטחות הגאולה.[74] אגב גם הפסוק שבחר הדרשן לתאר את שכרה לעתיד לבוא של פעולת 'יקח', מתאר תהליך מדורג ואיטי של גאולת העם "אחד מעיר ושנים ממשפחה".[75]

על אף שההקשרים נראים שליליים ושקועים בתוך נבואות תוכחה, דומה שמגמת הדרשן, יותר מאשר לבקר את פעולת האירוח של אברהם, היא להסביר את העובדה שעם ישראל מצוי במשך דורות ארוכים במציאות של גלות ושעבוד, ונראה שגאולתם בוששת לבוא.[76] תלייתו של העיכוב במעשה הקדום של אברהם היא בבחינת נחמה והבטחה שכשם שמעשי אברהם השלמים זיכו את ישראל בשכר, כך יגיע גם שכרם של מעשי אברהם האחרים. התיאור המטאפיזי של שכר מעשי אברהם משתלב עם המציאות הקשה נטולת הברכה הגשמית בתקופת היווצרותם של הדרשות הארץ־ישראליות המאוחרות. שכר גשמי אינו נתפס כייעוד ממשי ואפשרי במצב הנתון, ולפיכך חל פיתוח לתיאור נחמה במישור הרוחני.

74. הפסוק מחגי ב, ו "עוד אחת מעט היא ואני מרעיש את השמים ואת הארץ" נאמר לדור שבי ציון על ידי הנביא חגי למראה הייאוש שאחז בהם לנוכח מצבה של ארץ ישראל, והעדר אופק כלכלי שמעכב את בניין המקדש. כשר ועסיס, חגי, עמ' 105 מפרשים כך את הפסוק: "התיאור כאן יכול להיות גם דימוי לזעזועים מדיניים, למלחמות ולמהפכות במעמדם של עמים ומלכים".

75. פסוק זה משמש את ר' יהושע בוויכוח עם ר' אליעזר על מועד הגאולה, כדי להוכיח שמועד הגאולה הוא "בעיתה" ולא ניתן לזרז אותה באמצעות תשובה (בבלי סנהדרין צז ע"ב).

76. על עיצוב מחודש של היבטי גאולה ונחמה במציאות של גלות ושעבוד במדרש הארץ־ישראלי המאוחר ראו: ליברמן, פלסטין, עמ' 329–370; אלכסנדר, מלך המשיח, עמ' 456–473; ברגר, שלוש טיפולוגיות, עמ' 253–277; אולמר, קווי המתאר, עמ' 115–144.

3.3 צמצום מחודש של שכר מעשה אברהם בתנחומא

הגרסה המאוחרת של המדרש בתנחומא מצמצמת בחזרה (ביחס לבראשית רבה) את תחולת השכר ומציינת ביחס לכל פעולה של אברהם שכר יחיד וממוקד שניתן ברובו לדור יוצאי מצרים ימים אחדים לפני צאתם, ובמהלך שנות הנדודים במדבר. הדרשה התנחומאית נטולת חגיגיות, והיבטי הגמול בה מובהקים פחות מקודמותיה. וכך היא לשון המדרש:

> "וישא עיניו וירא והנה שלשה אנשים", התחיל דם מילה מנטף. אמר ליה הקב"ה חייך שבזכותך אני אחוס על בניך בשני דמים ואפרע משונאיהם, שנאמר (יחזקאל טז) "ואעבור עליך ואראך מתבוססת בדמיך ואומר לך בדמיך חיי" זה דם פסח "ואומר לך בדמיך חיי" זה דם המילה.
>
> "וירא וירץ לקראתם", א"ל הקב"ה בשכר שלש ריצות שרצת, אני ארוץ לפני בניך שלש ריצות בשעת מתן תורה...[77]
>
> אתה אמרת להם "יוקח", אני נותן לבניך מצות פסח "ויקחו להם איש שה" וגו'.
>
> אתה אמרת "נא", אני נותן לבניך בפסח "אל תאכלו ממנו נא".
>
> אתה אמרת "מעט", אני מגרש שונאיהם "מעט מעט אגרשנו".
>
> אתה אמרת "מים", אני נותן להם באר מים במדבר "עלי באר ענו לה".
>
> אתה אמרת "ורחצו רגליכם", אני ארחצם מכל טומאה "אם רחץ ה' את צואת בנות ציון".
>
> אתה אמרת "והשענו תחת העץ", אני נותן להם מצות סוכה דכתיב (נחמיה ח) "צאו ההר והביאו עלי זית ועלי עץ שמן ועלי הדס ועלי תמרים".
>
> אתה אמרת "ואקחה פת לחם", אני ממטיר לכם לחם מן השמים.
>
> אתה לקחת "חמאה וחלב", אני אתן להם "חמאת בקר וחלב צאן" (דברים לב) (תנחומא וירא ד).

הנוסח המעובד בתנחומא מכיל חומר ממדרשים קדומים, אולם יש בו תוספת שלא הופיעה בשום גרסה מהגרסאות הקדומות של המדרש. יוצר המדרש התנחומאי אינו מסתפק בסמיכות הפרשיות המקראית שבין מילתו של אברהם להכנסת האורחים, ומצרף את מעשה המילה כאקט הראשון שהוביל

77. המשך מדרש הריצה דומה לנוסח התוספתא.

למעשי הגמול העתידיים לזרעו של אברהם. הרצון להכניס את מעשה המילה לשבלונה הסימטרית המדרשית הקדומה של מעשי אברהם וגמולם יצרה קישור מאולץ ותמוה בין המילים "וישא עיניו וירא והנה שלשה אנשים" לתיאור "התחיל דם מילה מנטף".

תוספת מדרשית זו שונה מקודמותיה גם בכך שהיא איננה מסתפקת בשכר שניתן לישראל, ומציינת לראשונה השפעה של מעשה אברהם על פורענות שתחול על אויבי ישראל "ואפרע משונאיהם".[78]

יתר חלקי המדרש מבוססים על הנוסחים הקדומים, אולם חלה מגמת צמצום משמעותית בהיקף השפעת המעשה מבחינת זמן השכר ואופיו. לכל מעשה של אברהם משובץ פריט שכר יחידי שניתן בעבר לדור המדבר (למעט השכר על "ורחצו רגליכם" שיתרחש לעתיד לבוא). ציווי הפסח וסוכות נאמדים על ידי הדרשן כשכר על מעשי אברהם.

דומה שהמגמה העיקרית של הדרשה בעיצובה החדש היא העלאת קרנן של מצוות התורה. השכר הגשמי של המסורות התנאיות ושל פיתוחן בבראשית רבה, שהומר לייעודי גאולה רוחנית בדרשת תנחומא בובר, מקבל תפנית חדשה, השכר העיקרי על מעשי אברהם הוא החוקים המיוחדים שניתנו לעם ישראל: התורה במעמד הר סיני, המילה, פסח וסוכות, וכן אפשרות הטהרה מזוהמת החטא.

דומה שהדי המאורעות שבאווירתם עובדה כפי הנראה הדרשה,[79] הביאו לצמצום תיאור ייעודי השכר העצומים שנשמעים רחוקים ובלתי מושגים כל כך במציאות ובחוויה היומיומית.

השאיפה של מפתחי המדרש בראשית תקופת התלמוד להוכיח באמצעות דרשה זו את נצחיות הבחירה, הפכה לאבן ריחיים בתקופות מאוחרות יותר, כשמצבה העגום של הקהילה היהודית העלה ספקות בסוגיית הבחירה, והגאולה נדמתה כרחוקה מאי פעם.[80] הנחמה היחידה בעת הזאת היא המשך

78. בתנחומא בובר המילים 'מעט מעט אגרשנו מפניך' אמנם עוסקים בגירוש האומות, אולם פחות כפורענות לגוים ויותר כהבטחה להתיישבות ישראלית.

79. על המציאות ההיסטורית בתקופת עריכתה של התנחומא ראו: הר, תנחומא ילמדנו, עמ' 794-796; ברגמן, ספרות תנחומא ילמדנו, עמ' 57-65.

80. על היהודים בשלהי התקופה הביזנטית ראו: דן, השלטון הביזנטי, עמ' 323-347.

שמירה על הצביון הייחודי המבדיל את עם ישראל מסביבתו הנוכרית, חרף גזרות הדת, והתגברות השפעתה של הכנסייה הנוצרית.[81]

ייתכן שההדגשה ששכר מצוות הצדקה של אברהם בהכנסת האורחים הוא חוקי התורה ומצוותיה, מתפלמסת גם עם תורת הצדקה הנוצרית, שבה מודגשים מרכיבי שכר אחרים: כפרה על חטא, הצלה ממוות או מגזרה אלוהית חמורה בעולם הזה, והבטחת אושר בעולם הבא.[82] התוספת המאוחרת שעל פיה שכר הצדקה הוא גם זכות המצוות ודווקא אלו שהפכו ללעג וקלס על ידי הנוצרים במהלך כל הדורות, יוצרת בידול מאופייה של "הצדקה הגואלת" הנוצרית ומחזקת את מעמדן של מצוות הדת.

*

הסיפור המקראי על שלושת האנשים שפקדו את ביתו של אברהם באלוני ממרא מלווה את הזירה המשפחתית החמה של בשורת הולדת יצחק בשונה מסיפור בשורת הבן המקראית של הפרק הקודם, שעטוף בהיבט לאומי של ברית וייעוד. הרובד הגלוי של הסיפור חושף ממד אישיותי נעלה נוסף של אברהם, המעניק הארת פנים ואירוח משובח לכל אשר נקרה בדרכו, אולם דומה שנעדרים ממנו מסרים לאומיים על־משפחתיים שמאפיינים את סיפורי המקרא האחרים העוסקים בו. כך אכן התייחסו אליו משכתבי המקרא הקדומים שנמנעו מלעסוק בו, משום שכפי הנראה לא מצאו בו מסרים שחיזקו את עקרונותיהם בתחום הדת והלאום.

המהפך במעמדו של סיפור אברהם והמלאכים התרחש מהרגע שראשוני הנוצרים זיהו בו אלמנטים שמחזקים את הבסיס התיאולוגי של הדת, ודרשו את הסיפור באופן שמשתלב עם הדוקטרינה הנוצרית ומוכיח את יסודותיה. סיפור אברהם והמלאכים שלא זכה לתשומת לב מיוחדת במאות הראשונות שלאחר חתימת המקרא, הפך לשחקן מרכזי בסוגת מדרשי הגמול של הספרות התנאית. מעשה החסד של אברהם נעקר מהתיחום המשפחתי והפך להיות בעל השלכות מרחיקות לכת על אופי הנהגת עם ישראל במהלך שנות נדודיהם במדבר. הקשר בין מעשה אברהם לחסד שפקד את צאצאיו

81. על גזרות הדת ובעיקר על גזרת המילה במאה השביעית בארץ ישראל ובמזרח ראו: דן, השלטון הביזנטי, עמ' 330-336 וכן: אסדרס, הכלל הנבואי, עמ' 119-154.

82. מרכיבי שכר אלו על מצוות הצדקה מצויים גם בספרות התלמודית, ראו: גריי, הצדקה הגואלת, עמ' 146-147 ובעיקר הערה 13.

מלמד על תהליך בחירה רציף ונצחי מאברהם לדור יוצאי מצרים, בניגוד למאמץ של תועמלני הנצרות להוכיח כי חטאי ישראל ובגידתם גדעו את רצף הבחירה באופן בלתי הפיך.

ההשערה היא כי תמורות תיאולוגיות נוצריות שהתרחשו במקביל לתמורות היסטוריות בארץ ישראל ובסביבתה, שהקשו על הוכחת רצף הבחירה וההשגחה האלוהית, השפיעו על אופי התפתחותם של נוסחי המדרש בתקופה התלמודית הקדומה והמאוחרת. דומה שההרחבה והצמצום של אופי השכר על מעשה אברהם ומשך חלותו, משקפים במידת מה את אופייה של התעמולה הנוצרית ואת דרכי חיזוק המשך אמונת ישראל בגמול ובשכר העתיד לבוא, גם אם אותותיהם אינם נראים באופק.

הייעוד האלוהי של אברהם "כי אב המון גוים נתתיך" התגשם במלוא עוזו כשבני שתי דתות התאמצו להוכיח באותות ובמופתים את היותם ראויים לכינוי "בני אברהם". אלו מתוקף סברתם שבני אברהם הראשונים הפסידו את ירושתם מחמת חטאיהם ובגידתם, ואלו הוכיחו שהמשך אכילת פירות מעשי הצדקה של אברהם בעולם הזה מוכיח את רצף הבחירה שתתגלה מחדש לעתיד לבוא, כפי שהובטח בדברי נביאי ישראל.

פרשת חיי שרה

זעקת העקדה ומות שרה

בניגוד לרוב הנשים המוזכרות במקרא, שרה אשת אברהם זוכה לייצוג נרחב בפסוקי התורה במרבית סיפורי המשפחה ואף בהתלוותה למסעותיו של אברהם למצרים ולגרר. הפעם האחרונה ששרה נזכרת בתורה היא בסיפור גירוש ישמעאל ובדברי הא-ל לאברהם: "כל אשר תאמר לך שרה שמע בקלה" (בראשית כא, יב). בפתיחה של פרשתנו היא זוכה לאזכור מותה[1] ולתיאור מפורט של תהליך קניית אחוזת קבר לצורך קבורתה.

לצד הייצוג הנרחב של שרה מתמיהה העלמתה מהסיפור המכונן בעל ההיבט המשפחתי האקוטי – הציווי על עקדת יצחק, ההליכה של האב ובנו להר המוריה ושיבתם בשלום חזרה לביתם. ניסיון העקדה זכה לפרשנות מחשבתית ענפה וכן למבע בתחומי הפיוט, השירה והאמנות, שנתנו ביטוי לדילמה המוסרית שרבצה לפתחו של אברהם בדרכו לעקוד את בנו. חסרונה של שרה בסיפור, כגיבורה המרכזית בבית אברהם וכמי שהכרעת אברהם בציות לציווי העקדה עשויה להשפיע על שארית חייה, זועק עד לב השמיים.

בפרק זה, המלווה את סיפור מות שרה, נבקש להשמיע את קולה העלום מסיפור העקדה ממקורות מפתיעים.

לכאורה מתבקש היה למצוא אצל משכתבי הסיפור המקראי בספרות בית שני ובספרות חז"ל עושר של סיפורים שישלימו את הפערים ויתארו לנו

1. סיפור מותן של האימהות רבקה ולאה אינו מוזכר. מותה של רחל מוזכר בגלל הטראגיות של מוות בלידה בגיל צעיר מאוד. על מועד מותה של רבקה ונסיבות הסתרתו עונה דרשן הפסיקתא ג, עמ' 40-41. על מועד מות לאה ראו סדר עולם ב.

את שהתחולל בבית אברהם ושרה עם קבלת הציווי הקשה של הקרבת בנם אהובם. אולם בספרות בית שני ובספרות חז"ל חל אימוץ מלא של הנרטיב המקראי בהעלמת קולה של שרה מסיפור העקדה. אין בידינו מסורות קדומות שמתארות את העברת דבר הציווי מאברהם לשרה, אין מסורות המשמיעות קולות של התנגדות לציות של אברהם לציווי הבלתי מובן של עקדת בנם, וכן אין תיאורים של צידוד שרה במחויבותו של אברהם להישמע לגזרה האלוהית.[2] אפילו בחיבור בראשית רבה, שמפליג בשבחה של שרה באופן חריג להתייחסותו לנשות מקרא אחרות,[3] קיימת התעלמות מוחלטת מדמותה של שרה בכל הפסקאות המוקדשות לסיפור העקדה.

בכמה מחיבורי מדרש אחרים, שמועד עריכתם משוער למאה החמישית והלאה, חלה התעוררות בשאלת מעורבותה של שרה באפיזודת העקדה, אולם בכל המסורות הללו שרה מתוארת כמי שמתוודעת לציווי ולמילויו רק לאחר שיבתם בשלום של האב ובנו. המסורות המתארות את חשיפת מעשה העקדה בפני שרה עוסקות בשאלת הנסיבות שגרמו למותה, ויוצרות זיקה בין השמועה על ציווי העקדה והנכונות של אברהם למילויו ובין נסיבות מותה.

התעוררות דומה ביחס לתיאור מעורבותה של שרה באפיזודת העקדה מצויה בספרות הנוצרית המקבילה שנכתבה במאות הרביעית והחמישית, בחלק מהן מתוארת מעורבותה של שרה עוד לפני יציאתם של אברהם ויצחק

2. כך בספר היובלים יח, שנצמד לסיפור המקראי. בקדמוניות המקרא סיפור העקדה לא נזכר. המגילה החיצונית לבראשית מגלה אהדה חריגה לדמותה של שרה, ראו: ליפסקומב, אחותי היא, עמ' 319-347, אולם בקטעי המגילה שנמצאו אין שכתוב של סיפור העקדה וממילא לא ניתן לדעת כיצד היה מתואר מקומה של שרה. ראו: פרי ודימנט, מגילות ים המלח, במעבר בין עמ' 28 לעמ' 29. במגילה 4Q225 משוכתב סיפור עקדת יצחק, אולם הוא מתחיל בתיאור ההתרחשות כשהאב ובנו כבר הגיעו להר המוריה, ושם כמובן שרה איננה נזכרת. על מגמות השכתוב במגילה ראו: ברסלוט, קרבן אנושי, עמ' 151-174, ובעיקר עמ' 164-166. יוסיפוס, קדמוניות היהודים, 1.225, עמ' 24, מזכיר את שרה בשכתוב סיפור העקדה, אולם מציין כי אברהם הסתיר את הציווי מאשתו ומבני ביתו "שמא ימנעוהו מלעשות את רצון אלהים". פילון, על אברהם, 170, עמ' 105, מתאר את אברהם כמי שהסתיר את הציווי מכל בני ביתו: "ובלי לגלות את דבר האלוהים לאיש מבני ביתו, לקח... ויצא עם בנו ועמם כאילו לאיזו עבודת קודש שבנוהג".

3. על יחסו המיוחד של עורך בראשית רבה לשרה ועל השערת הגורמים לכך ראו: פורטון, נשים בבראשית רבה, עמ' 192-209; זהר, דמותו של אברהם, עמ' 71-85; ניהוף, חשיבה אסוציאטיבית, עמ' 339-359; שוורץ, האם הבתולה, עמ' 63-103.

להר המוריה. במסורת חריגה מתוארת שרה כמי שעמידתה בניסיון עולה אף על זו של אברהם.

בעיון זה אנסה להתמודד עם השאלות שמעורר העיסוק המדרשי בדמותה של שרה בניסיון העקדה:[4]

1. מדוע לא מצאו לנכון דרשני המקרא ובתוכם מדרש בראשית רבה, שנטו להפליג בשבחיה של שרה, לגשר על השתיקה המקראית ביחס לחלקה של שרה בניסיון העקדה?
2. מה גרם להתעוררות המדרשית בתיאור חשיפתה של שרה לתוכנית העקדה, ומדוע בחרו לתזמן את מועד חשיפתה לשלב חזרתם של האב ובנו מהר המוריה?
3. מה משמעות ההבדלים שבין המסורות בתיאור אופן יידועה של שרה על אירוע העקדה ומה הם מלמדים על הרקע שהביא לעיבודן של המסורות?
4. האם ההתעוררות המקבילה של הספרות היהודית והנוצרית ביחס למעורבותה של שרה מלמדת על פולמוס דתי?

1. מידור דמותה של שרה ממדרשי סיפור העקדה – מבט מגדרי

שאלת מידורה של שרה מסיפור העקדה מופנית בראש ובראשונה לתיאור המקראי שאינו מזכיר את שיתופה, ומותיר לדמיון הקורא את שאלת מעורבותה בהכנות ליישום תוכנית העקדה. מלבד חידת שרה, המקרא מעלים בסיפור העקדה גם את רגשותיו של אברהם, ואף לא ברור מה הבין יצחק מהליכתו לצד אברהם עם אש ועצים וללא השה לעולה.[5] ייתכן שהפסיחה על היבטי הרגש, וכן אי אזכורה של שרה, נועדו לזכך את הלקח של הסיפור מרעשי

4. בפרק הנוכחי נתמקד בספרות חז"ל ולא נדון בשאלת השתקת שרה בספרות בית שני ובספרות ההלניסטית. על דמותה של שרה בחיבורי בית שני ובחיבורים ההלניסטיים ראו: אמורה, דמותה של שרה, עמ' 336-348; אונסימקי וטרבנוטקו, שרה הנסיכה, עמ' 271-290. על שרה בכתבי יוספוס ופילון ראו: ניהוף, אמא ועלמה, עמ' 413-444.
5. על דחיקת הרגשות מסיפור העקדה המקראי והשערת משמעויותיה ראו: גרוסמן, אברהם, עמ' 310-317.

הרקע שעשויים לטשטש את המסר המרכזי של תיאור הציות המוחלט של אברהם ועמידתו האיתנה בניסיון הקשה מנשוא של עקדת בנו.[6]

האם ניתן להסביר כך גם את שתיקת ספרות המדרש הקדומה בכל הנוגע למעורבותה של שרה? נראה שלא, שכן המדרשים מוסיפים תיאורי קונפליקט רגשיים המלווים את אברהם ואת בנו בדרך להר המוריה.[7]

חוקרי סיפור העקדה המקראי מציעים מניע מגדרי ותפיסה פטריארכלית להסבר סיבת העלמת שרה מהסיפור (חלקם אף מוסיפים דיאלוג אלטרנטיבי שהתרחש כביכול בין שני בני הזוג).[8] דומה שהסבר זהה עשוי לתת מענה לסיבת מידורה של שרה מהמדרשים העוסקים בניסיון העקדה. על פי דרשה תנחומאית, שרה איננה נזכרת בסיפור העקדה כיוון שלא נכללה במעגל המשפחתי המצומצם שידע על כוונותיו של אברהם לעקוד את בנו. וכך מסביר הדרשן את סיבת מידורה:

> "וירא את המקום מרחוק" אמר אברהם מה אעשה? אם אגלה לשרה נשים דעתן קלה עליהן בדבר קטן כ"ש בדבר גדול כזה, ואם לא אגלה לה ואגבנו ממנה בעת שלא תראה אותו תהרוג את עצמה. מה עשה? אמר לשרה תקנו לנו מאכל ומשתה ונאכל ונשמח. אמרה לו מה היום מיומים ומה טיבה של שמחה זו? אמר להם זקנים כמותינו נולד להם בן בזקנותם כדי לאכול ולשתות ולשמוח, הלכה ותקנה המאכל, כשהיו בתוך המאכל אמר לה את יודעת כשאני בן ג' שנים הכרתי את בוראי והנער הזה גדול ולא נחנך ויש מקום אחד רחוק ממנו מעט ששם מחנכין את הנערים אקחנו ואחנכנו שם, אמרה לו לך לשלום, מיד "וישכם אברהם בבקר" ולמה בבקר אמר שמא שרה תחזור בדבורה ולא תניחני אקום בהשכמה קודם שתקום היא (תנחומא וירא כב).

הנחת הבסיס של הדרשן היא שאברהם לא סיפר לשרה על התגלות הא־ל

6. ראו דברי פולק, נוסחאות אפיות, עמ' 42: "בסיפור עקידת יצחק ניתן לראות איך ניצל המספר את טקסיות הנוסחאות כדי לכבוש את סערת הרגשות". ראו גם: הומפרייס, היכן שרה, עמ' 491-512.
7. ראו למשל הדיאלוג שבין אברהם לסמאל או לשטן בבראשית רבה נו, ז-ח עמ' 598-599 ובתנחומא וירא כב.
8. ראו למשל: זורדרגר, העקדה, עמ' 182-197; זירלר, מחקר פמיניסטי, עמ' 10-26.

אליו ועל ציווי העקדה. הנחה זו פוטרת אותו מהצורך לאפיין את דרך התמודדותה של שרה עם הציווי ואת הדינמיקה שהתפתחה ביניהם סביב החלטתו של אברהם לקחת עמו את יצחק להר המוריה. יחד עם זאת יוצר המסורת נדרש להסביר את החלטתו החריגה של אברהם, שעד כה פעל יד ביד עם שרה בכל הקשור לענייניהם הזוגיים והמשפחתיים, למדר את שרה, וכיצד הצליח לצאת עם יצחק מבלי לעורר את חשדה. הדרשה משלבת הנחות סטריאוטיפיות ותפיסה פטריארכלית ביחס לנשים, הן במנגינתה הן בפרטיה. המדרש מתאר את שרה כמי שניתן בקלות להסיח את דעתה מאירועים כבדי משקל שמתרחשים בסביבתה. אברהם מצטייר כמי שאחראי על חינוכו של בנו בעוד שרה אחראית על קניית המזון.[9] תיאור זה אינו משתלב עם האפיון המקראי של שרה כמי שמיטיבה לראות את הנולד, וחוששת יותר מאברהם מהשפעתו השלילית של ישמעאל על חינוכו של יצחק, ואף אינו עולה בקנה אחד עם תיאור הדינמיקה השוויונית בין אברהם ושרה בהכנת המזון לאירוח שלושת האנשים. הביטוי "נשים דעתן קלה", שבו משתמש הדרשן, נזכר במסורת קדומה יותר, המנמקת את מידורה של אשת רשב"י ממקום הימצאו עם בנו במערה בשעה שברח מהמלכות (בבלי שבת לג ע"ב). בשני הסיפורים האב ובנו רוקמים תוכנית, ומחליטים להסתיר אותה מהאם, כיוון שאינם סומכים עליה שלא תחבל בתוכנית.[10] בסיפור רשב"י החשש הוא שהאם תחשוף את מקום המסתור במקרה שיענו אותה כדי לחלץ ממנה מידע, ובמדרש העקדה הביטוי רומז על אי יכולתן של אישה לשאת את צער הפרידה מבנה גם בשעה שהיא נדרשת לכך על פי ציווי אלוהי.

הדרשה התנחומאית אנונימית, אולם התפיסה הסטריאוטיפית ביחס לטבען של נשים איננה חידוש של מסורת זו, היא נטועה עמוק במדרשי ארץ ישראל ובבל הקדומים והמאוחרים. שבחן של נשים מקראיות, ובתוכן גדולות האומה, מתמקד במסורות המדרשיות בסגולת מעשיהן המשפחתיים, צניעותן ופוריותן.[11] לצד שבחים אלו, המדרשים אינם בוחלים בתיאור

9. ראו תופעה דומה בדרשה על הכינוי "אשה גדולה" לאישה השונמית: "קמו בניה ויאשרוה (משלי לא, כח). זו שונמית, שנקראת אשה גדולה, ומפני מה, מפני שהחזיקה באלישע לאכול" (מדרש משלי לא) וראו: אליצור, דיוקן בשביל הדורות, עמ' 420-421.

10. ראו ביאורו של רש"י למימרה "נשים דעתן קלה" בדיון על איסורי ביאה בבבלי קידושין פ ע"ב: "מפני שדעתן קלה ושתיהן נוחות להתפתות".

11. ראו לדוגמה את הדרשה על מעלתן של שבע הנביאות בבבלי מגילה יד ע"א-ע"ב.

פגמים בתכונותיהן המשותפות של נשים, הבאים לידי ביטוי בעודף אמוציות ובשליטה חלקית בתגובותיהן להתרחשויות. כך למשל בשני מדרשים סטריאוטיפיים קיצוניים בבראשית רבה (ובמקבילות) המונים את תכונותיהן השליליות של הנשים. דמותה של שרה ניתנת כדוגמה להוכחת שלוש מהתכונות הללו.

ר׳ יהושע דסכנין בשם ר׳ לוי: ויבן כת׳ (בראשית ב, כב), התבונן מאיכן לברותה, אמר: לא נברא אותה מן הראש שלא תהא מזקפת ראשה. לא מן העין שלא תהא סוקרנית, ולא מן האוזן שלא תהא צייתנית, ולא מן הפה שלא מדברנת, ולא מן הלב שלא תהא קנאתנת, ולא מן היד שלא תהא משמשנת, ולא מן הרגל שלא תהא פרסנת, אלא מן מקום שהוא צנוע [כ]אדם שאפילו בשעה שהוא עומד ערום אותו המקום מכוסה. ועל כל אבר ואבר שהיה בורא היה אומר לה אשה צלועה צנועה. אפעלפיכן ״ותפרעו כל עצתי״ לא בראתיה מן הראש והרי היא מזקפת ראשה ״ותלכנה נטויות גרון״, ולא מן העין והרי היא סוקרנית ״ומשקרות עינים״, ולא מן האוזן והרי היא צייתנית ״ושרה שומעת פתח האהל״ (בראשית רבה יח, כב, עמ׳ 162–163).

״ותאמר שרי אל אברם חמסי עליך״ [...] ורבנין אמרי׳: ארבע מידות בנשים: גרגרניות צייתיניות עצלניות קניות. גרגרניות ״ותקח מפריו ותאכל״, צייתיניות ״ושרה שומעת פתח האהל והוא אחריו״, עצלות ״מהרי שלש סאים״, קניות ״ותקנא רחל באחותה״. ר׳ יהושע בן נחמיה אמר: אף אסטטניות ודברניות. אסטטניות[12] ״ותאמר שרי אל אברם חמסי עליך״, דברניות ״ותדבר מרים ואהרן במשה״. ר׳ לוי אמר: אף גנביות פרדניות, גנביות ״ותגנב רחל את התרפים״, פרדניות ״ותצא דינה בת לאה״ (בראשית רבה מה, ה, עמ׳ 452–453).[13]

על ייצוגן של נשות המקרא בספרות חז״ל ראו: אליצור, דיוקן בשביל הדורות, עמ׳ 403–435. על עיצובן של נשות המקרא בויקרא רבה ראו: מירלס מסיה, שינויים במדרש, עמ׳ 211–239.

12. מתקוממת ומורדת (על פי הערוך, ערך חמס).

13. מקבילות: אדר״נ ב, מה, עמ׳ 126 (ארבע תכונות); תנחומא וישלח יז, וישב ו. בדברים רבה כי תצא יא מובאות שתי הדרשות ברצף בשינוי בשמות האומרים, בבראשית רבה פ, ד מובא החלק הראשון של הדרשה, אולם נראה שמקור הדרשה הוא בבראשית רבה יח (על פי הפתיחה של הדרשה העוסקת בבריאת האישה), והיא הועתקה לפרשה פ

על אף יחסם החיובי בעיקרו של מדרשי האגדה לדמותה של שרה, היא מוצגת במסורת זו כמי שאינה שולטת ברגשותיה, מתקוממת ומורדת.

הביצוע של ציווי העקדה דורש תכונות של קור רוח ונטרול רגשי, שעל פי כמה מהמדרשים מאתגרות אפילו את אברהם.[14] ציווי העקדה גם ללא התכונות הטיפולוגיות של נשים הוא קשה מנשוא באופן מיוחד עבור שרה, שיצחק הוא בנה היחיד, שלמען הולדתו נאבקה במשך עשרות שנים. כניעתו של אברהם לציווי האלוהי מוכיחה את הצלחתו בנטרול הרגשות. תיאור מדרשי של חשיפת ציווי העקדה בפני שרה היה מעמיד בפני הדרשנים את הצורך להכריע בין שתי אפשרויות: אפשרות אחת היא לתאר את התנגדותה של שרה לכניעה לציווי העקדה (התואמת את תפיסתם הסטריאוטיפית), אבל אז ייאלצו לתאר תמונה קשה של קרע משפחתי בשעה שאברהם לוקח משרה נגד רצונה את בנה יחידה ומובילו לשחיטה. האפשרות השנייה היא לאפיין את שרה כמי שנכנעת לציווי האלוהי ומלווה את אברהם ויצחק לקראת יציאתם למסע העקדה, ובכך מפריכה את תפיסתם הסטריאוטיפית של החכמים, לנוכח ריסונה הרגשי של שרה ותמיכתה בהובלת יצחק להר המוריה. דומה שהדרשנים העדיפו שלא להכריע בין שתי האפשרויות המורכבות, ולחזק את תפיסתם הסטריאוטיפית על ידי תיאור סיבת מידורה של שרה מציווי העקדה. מידורה של שרה מניסיון העקדה אינו פוגם בדמותה, שכן גדולתן של נשים אינה נמדדת במדרש, על פי רוב, במבחן אמונתן הדתית.

2. מות שרה בפסיקתא ובוויקרא רבה והמחלוקת בסוגיית מסירות נפש

2.1 מה הביא למותה של שרה?

המקרא מתאר את חזרתם של אברהם ויצחק מהר המוריה אל ביתם בבאר שבע (בראשית כב, יט) ואילו מותה של שרה התרחש במקום מגוריה הקודם של המשפחה בקריית ארבע (שם כג, ב). ניתן בנקל לפרש כי במסגרת נדודיו של אברהם הם גרו יחדיו לאחר העקדה בבאר שבע וכעבור זמן חזרו לביתם

בגלל אזכור יציאת דינה. לניתוח מגמות הדרשה ראו: אליצור, דיוקן בשביל הדורות, עמ' 406–417.

14. ראו להלן הערה 50.

בקריית ארבע, ושם מתה שרה.[15] כך מתאר יוספוס את שיבת האב והבן מהרפתקת הר המוריה לחיקה של שרה:

> וכן הושב הבן לאביו באורח בלתי צפוי. והם חיבקו זה את זה לשמע בשורות טובות כאלה והקריבו את הקרבן וחזרו אל שרה וחיו באושר ואלהים בעוזריהם בכל דבר שביקשו (יוספוס, קדמוניות היהודים 1.236 עמ' 26).[16]

יוספוס נוקט ניסוח שאינו חד־משמעי לגבי חשיפת המידע על ציווי העקדה בפני שרה, אבל כן מתאר תהליך של איחוד משפחתי מחודש. יוספוס אינו מצביע על קשר בין מות שרה לשמועה על מסע העקדה. לעומת זאת שתי מסורות ארץ־ישראליות בחיבורים שנערכו מהמאה החמישית והלאה, מעמיקות בתיאור קרע בלתי ניתן לאיחוי שנוצר בין אברהם לשרה לנוכח חשיפתה של שרה לציות אברהם לציווי העקדה.

הנוסח הקדום ביותר מובא בפסיקתא דרב כהנא ובויקרא רבה,[17] וזהו לשונו:

> וכיון שבא אצל אמו אמרה לו בני מה עשה לך אביך, א' לה נטלני אבא והעלני הרים והורידני גבעות והעלני לראש הר אחד, ובנה מזבח וסידר את המערכה והעריך את העצים והעקידני על גבי המזבח ונטל את הסכין בידו לשחטני, אילולי שא' לו הקדוש ברוך הוא "אל תשלח ידך אל הנער" כבר הייתי שחוט,[18] אמרה לו ווי לך ברא דעלובתא, אילולי דאמ' קודשא בריך הוא אל תשלח ידך אל הנער כבר היית שחוט, לא

15. קריית ארבע נזכרת כמקום מגוריהם המרכזי של אברהם ושרה (ראו בראשית לה, כז). לעומת זאת מעניין שכאשר נשא יצחק את רבקה הוא הביא אותה "האהלה שרה אמו" בקריית ארבע (שם כד, סז). ניתן לפרש שכיוון שרבקה היא אישה הוא הכניס אותה לאוהל אמו, שהיה נפרד מאוהלו של אברהם, כפי שנזכר בבראשית יח, ט.
16. שליט (עמ' מ הערה 265) מעיר על סיומת ה"הפי אנד" שיוספוס חיקה מהסגנון ההלניסטי רומאי הקדום, המשווה לסיפור צורה של אגדה עממית.
17. ויקרא רבה כ, ב עמ' תמח-תמט. על הכרונולוגיה שבין עריכת ויקרא רבה לעריכת פסיקתא דרב כהנא והוויכוח בין החוקרים ראו: רייזל, מבוא למדרשים, עמ' 228-229.
18. מהמילה "ובנה" ועד המילה "שחוט" חסר בנוסח ויקרא רבה. העדפתי את נוסח הפסיקתא שכן על פי נוסח ויקרא רבה כיצד ידעה שרה על בלימת מעשה השחיטה

הספיקה לגמור את הדבר עד שיצתה נשמ׳, הד״ה דכת׳ ״ויבא אברהם לספוד לשרה ולבכותה״ (בראשית כג, ב) מהיכן בא? מהר המוריה (פסיקתא דרב כהנא אחרי מות ג, עמ׳ 389-390).[19]

על פי המדרש יצחק חוזר אל אמו ללא אביו. תחת התיאור המקראי ״וילכו שניהם יחדיו״ (בראשית כב, ו; ח) משתמע מדברי יצחק כי הוא נגרר אחרי אביו, בניגוד לרצונו, בדרך מפרכת. יצחק אינו חוסך מאמו דבר, ומתאר את חוויית העקדה באופן האימתני ביותר ״ונטל את הסכין בידו לשחטני״. לבה של שרה לא עמד בעומס הרגשי והיא מתה במקום. תוספת הכינוי ששרה מדביקה לעצמה, ״בן העלובה״,[20] מסגיר את תחושת האומללות של שרה על עצם הידיעה שבנה יצחק הובל לשחיטה.

המסר העולה מהמדרש הוא ביקורת קשה על הציות העיוור ועל קור הרוח של פעולות אברהם לקראת שחיטת בנו. החיבור בין שמועת העקדה (על אף שלא בוצעה הלכה למעשה) למות שרה מעצים את הביקורת על ידי האשמה עקיפה של אברהם במות אשת נעוריו.

מה מניע את הדרשן לתאר את יצחק כמי שהובל לעקדה בעל כורחו? מדוע מוצגת שרה כמי שמבקרת את בחירתו של אברהם לציית לציווי? מה משמעות התיאור המדרשי של תגובתה הקיצונית של שרה על אף שיצחק בנה עומד לפניה בריא ושלם אחרי שניצל משחיטה?

2.2 המחלוקת המדרשית בהערכת ציות אברהם לציווי העקדה

הַנָּחָתִי היא שהמפתח להבנת הביקורת הקיצונית במדרשי ויקרא רבה והפסיקתא (ומקבילותיהם) הוא מזגם הנשגב והאלטרואיסטי של מדרשי עקדת יצחק בחיבור שנערך, על פי המקובל במחקר, מעט לפניהם, הלוא הוא מדרש בראשית רבה.[21]

על ידי הקב״ה במילים ״אל תשלח ידך אל הנער״? דומה שנוסח הפסיקתא משמר נוסח הרמוני יותר של הדרשה.

19. מקבילה נוספת עם הבדלי נוסח מזעריים מובאת בתנחומא בובר אחרי מות ג. על נוסח קהלת רבה נדון להלן.

20. או ״ברה דרוותה״ (על פי נוסח ויקרא רבה) כלומר בן האומללה, בן האישה שיודעת דווי, צער.

21. לסיכום המחקר על כרונולוגיית עריכת חיבורי המדרש הארץ-ישראלי הקדום ראו: קדרי, מדרשי האגדה האמוראיים, עמ׳ 307 והערה 44.

לסיפור העקדה מוקדשות בבראשית רבה שתי פרשיות (נה-נו), הכוללות פתיחתאות בשבחו של הצדיק המתנסה,[22] שכרם העתידי של צאצאי אברהם בזכות מעשה העקדה,[23] העדר כל היסוס בקיום הציווי,[24] ופסקאות המתארות את העקדה כמאווייהם הפומביים של אברהם ויצחק:[25]

הדרשנים דנים ביניהם איזה ניסיון חביב יותר על אברהם, ומכריעים שניסיון העקדה:

> אמר ר׳ לוי בר חייתה שני פעמים כתוב לך לך. אין יודעין אנו איזו חביבה אם השניה אם הראשונה, מן מה דכ׳ ״ולך לך אל ארץ המורייה״ הוי שנייה חביבה מן הראשונה (בראשית רבה נה, ז עמ׳ 590).

הֶקְשֵׁר דרשת מותה של שרה בויקרא רבה ובפסיקתא הוא מות בני אהרן, ודרשות של פסוקים שתוהים על פשרה של שמחה (״אמרתי להוללים אל תהלו ולרשעים אל תרימו קרן״, [תהלים עה ה]). אברהם בסיפור העקדה מובא בפרשייה כדוגמה לצדיקים שלא זכו לשמוח בעולמם: ״אברהם לא שמח בעולמי ואתם מבקשים לשמוח בעולמי. אברהם נולד לו בן למאה שנה ולסוף אמר לו הקדוש ברוך הוא קח נא את בנך״ (פסיקתא דרב כהנא שם). לעומת זאת בדרשת בראשית רבה מתואר הא־ל כמי שמרגיע את אברהם, את בית דינו ואת אומות העולם, ומבטיח ששמחת אברהם תימשך גם אם יתבקש להקריב את בנו:

22. ראו בראשית רבה נה, א עמ׳ 584-585.
23. כך למשל בראשית רבה נו, ו עמ׳ 598: ״כל אכילות שישראל אוכלין בעולם הזה בזכות אותה המאכלת״.
24. כך שם, נה, א עמ׳ 585: ״ואברהם בן מאת שנה בהולד לו את יצחק בנו (בראשית כא, ה) ואחר כל הצער הזה נאמר לו ׳קח נא את בנך׳וגו׳ ולא עיכב״, ושם נה, ח עמ׳ 593: ״אהבה מקלקלת את השורה ׳וישכם אברהם בבקר ויחבש את חמרו׳ ולא היה לו כמה עבדים, אלא אהבה מקלקלת את השורה״.
25. בניגוד לתיאור הדו־משמעי בפסוקים. ראו: מזור, אברהם מול אברהם, עמ׳ 125-133 הטוען שהמקרא עצמו מספק דמות דו־ממדית של אברהם. ישנם בפסוקים תיאורים וביטויים המוכיחים את קור רוחו, ולצידם פסוקים שעשויים ללמד על קונפליקט פנימי שמלווה אותו לכל אורך המסע. קדם לו יעקבס, ציות מרצון, עמ׳ 546-559.

"אחר הדברים האלה" הרהורי דברים היו שם, מה הרהר אברהם,[26] הרהר ואמר שמחתי ושמחתי הכל ולא הפרשתי להקב"ה לא פר אחד ולא איל אחד, אמר לו הקב"ה על מנת שנאמר לך שתקריב לי את בנך ולא תעכב (בראשית רבה נה, ד עמ' 588).

תיאורו של יצחק במסורות ויקרא רבה ובפסיקתא כמי שפוסע לצידו של אברהם אנוס וכפות ומלא אימה סותר לחלוטין את תיאורו כנלהב, לא פחות מאביו, לקיים את מצוות הא-ל ולהקריב את עצמו במסורות בבראשית רבה:

"ויאמר יצחק אל אברהם אביו" [...הנה האש והעצים ואיה השה לעולה] וגו'" בא לו סמאל אצל אברהם אבינו, אמר לה מה סבא אובדת לבך, בן שנתן לך למאה שנה את הולך לשוחטו, אמר לו על מנת כן, אמר לו ואם מנסה הוא לך יותר מיכן את יכול לעמוד "הנסה דבר אליך תלאה" (איוב ה, ב), אמר ליה יתר מן כן, אמר לו למחר הוא אמ' לו שופך דמים אתה חייב שפכת דמו, אמר לו על מנת כן, וכיון שלא הועיל ממנו כלום בא לו אצל יצחק, אמר מה ברא עליבתא, הולך הוא לשוחטך, אמר לו על מנת כן, אם כן כל אותן הפודגזיות שעשת אמך לישמעאל שנאיה דבייתה ירותה, כד לא תיעול מילא תיעול פלגה[27] הדה היא "ויאמר יצחק אל אברהם אביו ויאמר" וגו'. למה "אביו" "אבי(ו)" שני פעמים. כדי שיתמלא עליו רחמים. "ויאמר הנה האש" וגו'. אמ' לה. יצף לההוא גער ביה.[28] מכל מקום. "אלים יראה לו השה". ואם לאו. "שה לעולה בני". "שה לעולה בני". "וילבו שניהם יחדו" זה לעקוד וזה לעקד זה לשחוט וזה לישחט (בראשית רבה נו, ד עמ' 599).

השטן סמאל מזכיר ליצחק את אמו שרה באותו כינוי שישים דרשן המסורת בפסיקתא בפיה של שרה "ברא דעלובתא". במסורת בבראשית רבה יצחק

26. בהמשך הדרשה זהות המהרהרים הם אלוהים ובית דינו ואומות העולם.

27. תרגום (תיאודור אלבק עמ' 598 ויפה תואר עמ' שלג): כל אותן החרדות [או החמודות] שעשתה אמך לישמעאל היו לבטלה כי עכשיו יהיה השונא יורש, אם לא תירש את כולם לפחות תירש את מחציתם.

28. תרגום: יביט הקב"ה באותו שטן ויגער בו.

מפגין קהות רגשית למצוקתה של אמו "על מנת כן".[29] במסורת הנגדית גרימת הצער לאמו מוטלת כולה על כתפיו של אביו.

בפסקה מוקדמת יותר בבראשית רבה מתואר ויכוח תחרותי בין יצחק לישמעאל, שבו מנצח יצחק כשמתאר את נכונותו להקריב איבר מעצמו עבור אהבת האל, הצעתו מתקבלת בבקשה מהא־ל שיקריב את כל גופו.

> יצחק וישמעאל היו מדיינין זה עם זה, זה אומר אני חביב ממך שמלתי לשלוש עשרה שנה וזה אומר אני חביב ממך שמלתי לשמונת ימים, אמר לו ישמעאל אני חביב ממך. למה? שהיתה ספיקה בידי למחות ולא מחיתי, באותה השעה אמר יצחק הלווי הגלה עלי הקב"ה ויאמר לי שנחתך אבר מאבריי ולא נעכב, אמר לו הקב"ה על מנת שנ' לך שתקריב את עצמך ולא תעכב (בראשית רבה נה, ד עמ' 588).

כמה שונה דמותו של יצחק שהולך להקריב את עצמו באופן מודע ובחירי במסורת בבראשית רבה לתיאורו כמי שנתון לגחמת אביו ולקור רוחו במסורות בויקרא רבה ובפסיקתא.

צווחת שרה לשמע תיאורו של יצחק ומותה המיידי שעומדים במרכזה של מסורת ויקרא רבה, הלומדת ממנה על צליל קול השופר ("באותה שעה צווחה ששה קולות ווי כנגד שש תקיעות" [ויקרא רבה כ ב עמ' תמט]),[30] אינם נזכרים בבראשית רבה. שמה של שרה אינו מופיע בפרשיות העוסקות בסיפור העקדה, ואף לא נזכר בחיבור קשר בין סיפור העקדה למותה.[31]

מוקד המחלוקת שבין החיבורים, כפי שמשתקף מההבדלים שהוצגו לעיל, הוא דמותו של אברהם ואופן מילוי ציווי הא־ל להקריב את בנו.

29. דברי השטן שמטרידים אותו ובגינם הוא פונה אל אביו, אינם הצער שיגרום לאמו, אלא האפשרות שימות וישמעאל יהפוך ליורש. על טיעון זה של השטן אין תגובה של יצחק.

30. על תפקידה של הצווחה כסמל לקולות השופר במדרש ראו: פרידלנדר בן ארזה, פתחים של מרי, עמ' 74-82.

31. כאן יש לציין שבנוסח הדפוס של בראשית רבה חיי שרה, נח עמ' 623, בדרשת המילים: "ויבא אברהם לספד לשרה" על שאלת הדרשן "מאיכן בא" ותשובתו "מהר המוריה", מופיעה התוספת "ומתה שרה באותו צער לפיכך נסמכה עקידת יצחק לויהיו חיי שרה". תוספת זו אינה מופיעה בעדי הנוסח הטובים של החיבור (לונדון ווטיקן 30 ואחרים).

מסורות ויקרא רבה והפסיקתא אינן מעמידות כלל את שאלת הצורך למלא אחר הציווי האלוהי של עקדת הבן כנושא לדיון, אולם הן אינן שותפות לנטרול הרגשי ולתיאור החדווה המלווים את העוקד והנעקד בדרכם להר המוריה, כפי שמתוארים בבראשית רבה.

השאלה שיש לשאול היא אפוא מדוע העדיף עורך בראשית רבה להציג רגשות התעלות חגיגיות של אברהם ויצחק במסע להר המוריה, ואילו עורכי ויקרא רבה והפסיקתא בחרו להציג את יצחק כבן מפוחד שמציית למצוות אביו מתוך הכרח ואימה.

2.3 מוות על קידוש השם – המחלוקת התיאולוגית והפער המדרשי

שולמית אליצור מזהה הבדל דומה בחלוקה גאוגרפית של יצירה פיוטית שעוסקת בעקדת יצחק או בהשראתה.[32] אליצור מראה כיצד בפיוטים שנכתבו בארצות ספרד במאה האחת-עשרה ובראשית המאה השתים-עשרה, ההליכה להר המוריה מלווה ברגשות חשש ובכי של העוקד והנעקד, ואילו בפיוטי אשכנז מהתקופה המקבילה מודגשת ההליכה בשמחה גמורה של האב ובנו להר המוריה, וכמעט שאין בהם ביטוי לרגשות של כאב וצער. אליצור תולה את הגורם לשינוי במוראות מסעי הצלב, שאילצו את יהודי אשכנז למסור את נפשם. מחברי הפיוט ביקשו לשאוב השראה מסיפורם של מקדשי השם הקדומים, ולעודד את נדכאי תקופתם לצעוד בקומה זקופה ולייחד את מותם למען הגדלת שמו של האל.

וכך היא כותבת:

> עקדת יצחק הקדומה שנצטיירה בעיני בני הדורות כמופת ראשון של נכונות להיזבח על קידוש השם, סופרה מחדש באופן המתאים בפרטים רבים לתיאורי הנשחטים במסעי הצלב, והדבר בולט במיוחד בהדגשת שמחתם השלמה של העוקד והנעקד... וסייע לחזק ידיים רפות בדורות של שמד.[33]

32. אליצור, עקדת יצחק, עמ' 15-35.
33. שם עמ' 34. הסברים אחרים להבדל בין יהדות ספרד ליהדות אשכנז ביחס לקורבנות אדם ראו אצל וולז, התאבדויות קולקטיביות, עמ' 213-236. ראו גם באוגדן מסורות מדרשיות ופיוטיות על העקדה עם הערות לגבי הרגע ההיסטורי של עיצובן אצל: שפיגל, מאגדות העקדה, עמ' תעא-תקמז.

המאה החמישית, מועד עריכתו המשוער של מדרש בראשית רבה, אינו מוכר במחקר כתקופה של שמד שדרשה מסירות נפש על קידוש השם. אף על פי כן הדי גזרות השמד שלאחר מרד בר כוכבא עדיין ניכרים בחיבור בלא מעט מדרשותיו.[34] יש אפוא לחפש גורם נוסף שיסביר את מגמת האהדה לאלטרואיזם של האב ובנו בדרכם להר המוריה, כפי שעולה מדרשות החיבור.

בעיון לפרשת לך לך עסקתי במחלוקת החכמים בסוגיית מוות על קידוש השם סביב אגדת אברהם וכבשן האש. הצעתי כי התמורות באגדה המפותחת, הנזכרת לראשונה בבראשית רבה, תוך השמטת חלקים מתוכה עד כדי צנזורה בחיבורי מדרש מאוחרים, מצביעות על מחלוקת תיאולוגית בהגדרת המצבים המחייבים מוות על קידוש השם, עד כדי הסתייגות וקביעת סייגים (ימי שמד, ופומביות) שרק קיומם המלא מאפשר מעשה קיצוני זה.[35]

נכונות של אברהם למות על קידוש השם באגדת כבשן האש ומילוי אחר ציווי הא־ל לעקוד את בנו בסיפור עקדת יצחק אינם זהים זה לזה, שכן האחד נעשה מתוך נכונות להקרבה על מזבח האמונה במציאות של שמד, והשני מתוך אהבה לא־ל המצווה. אף על פי כן ניתן להשליך מסיפור אחד על משנהו, שכן שניהם מבטאים היבטים שונים של מרטירולוגיה שהתפתחה בקרב בני שתי הדתות היריבות בארץ ישראל.

המכנה המשותף של אגדת אברהם וכבשן האש ושל אופן פירוט רגשותיהם של אברהם ויצחק בדרכם לעקדה, יחד עם מסורות נוספות הפזורות בחיבור (בראשית רבה) העוסקות בהוכחת רוממות הדת היהודית, בתיאור מאמציהם של אבות האומה להפיצה בקרב שכניהם הנוכרים ורצונם של האחרונים להידבק בה,[36] עשויים להצביע על מאבקי בכורה של דתות יריבות ועל החשיבות שמעניק עורך החיבור להוכחת מעלת היהדות על פני יריבתה.[37] חוקרים שעסקו במרטירולוגיה הצביעו על תמורה שחלה בה במאות הרביעית והחמישית, שבה המוות על קידוש השם לא נבע אך ורק מאילוץ של גזרות שמד, אלא החל להתפתח כעיקרון דתי המצביע על אהבת

34. ראו לעיל בעיון לפרשת לך לך עמ' 70 הע' 37.
35. ראו לעיל עמודים 86–87.
36. ראו לעיל עמוד 70–71 הערות 40–41.
37. על עמדתו החריגה של עורך בראשית רבה למות קדושים גם בהשוואה לעמדתם המסתייגת של חכמים ראו: שוורץ, מרטירולוגיה, עמ' 343–353.

הא־ל של הנעקד.[38] תיאורם של אברהם ויצחק כששים למלא את הציווי האלוהי תוך נכונות להקריב את נפשו של הבן הוכיח אהבת א־ל ללא מצרים, שאומנם לא דרשה הקרבת נפש הלכה למעשה, אולם התבררה כעילאית. בכך מוכחת עליונותם של אבות האומה, תוך שלילת הצורך האמיתי של הא־ל בקורבנות אדם.

יש להניח שעורכי החיבורים ויקרא רבה והפסיקתא האמינו אף הם ברוממות הדת היהודית ובמעלתה, אולם דומה שהם חלקו על תפיסתו של עורך בראשית רבה באשר לדרכי הפעולה במציאות של מאבק דתי. הסכנה שהם ראו באידיאליזציה של מעשה העקדה והחשש מהשפעתה על עובדי ה' ואוהביו בני זמנם גברו על הצורך להוכיח את יתרונותיה של הדת היהודית, שהושגה על ידם בדרכים אחרות.[39]

2.4 הבחירה הדרשנית ליצור זיקה בין שמועת העקדה למות שרה

הבנת המחלוקת האידיאולוגיות שבין עורכי חיבורי המדרשים הארץ־ישראליים ביחס למוות על קידוש ה' או אהבתו עדיין איננה מסבירה מדוע נדרשו המתנגדים להערצת מקדשי השם להשהות את ביטוי התנגדותם עד לתיאור מות שרה. וכי לא יכלו להביע את התנגדותם למנגינתם הנשגבה של מדרשי בראשית רבה על ידי תיאור חששם והיסוסם של אברהם ויצחק בדרכם להר המוריה (כפי שיעשו מאוחר יותר יוצרי הפיוטים)?

עולות בדעתי שלוש תשובות, האחת רעיונית, השנייה בתחום הפרשנות המגדרית והשלישית ספרותית.

התשובה הרעיונית מבקשת למצוא בהכנסתה של שרה תגובת נגד קיצונית לציות המוחלט תוך הנטרול הרגשי העל־אנושי של מדרשי בראשית רבה. תיאורי היסוס ואימה של האב ובנו בדרכם לעקדה אינם מספיקים כדי לבטא את הסלידה מהערצת מקדשי השם כביטוי לאהבת האל. לעומת זאת מותה של שרה לשמע תיאורי קור הרוח של אישה שכמעט הובילו לשחיטת בנה, גם לאחר שנוכחה בהצלתו והוא עומד לפניה בריא ושלם, הוא הביטוי

38. בלידשטיין, מרטירולוגיה, עמ' 54–62; שפקארו, מרטירים יהודים, עמ' 90–102. הר, גזרות השמד עמ' 73–92; ספראי, קידוש השם, עמ' 28–42; בויארין, מוות למען אלוהים.

39. על תפיסתו הבינרית של עורך הפסיקתא בהבחנה שבין ישראל לאומות העולם תוך הוכחת מעלת ישראל ראו: אליצור, דיוקן בשביל הדורות, עמ' 73–96.

הטראגי ביותר להסתייגות מאופן מילוי הציווי על ידי אברהם. מדרשי ויקרא רבה והפסיקתא לא שמים בפיה של שרה אלטרנטיבת התמודדות עם ציווי העקדה, וסביר להניח שאין בכוונתם לייחס לה מחשבה כי היה על אברהם להפר את הציווי האלוהי (אבל אולי כן להתווכח אתו כפי שעשה כשהתוודע לגורלה של סדום). אף על פי כן המסר המובהק העולה מתוך הדרשה הוא שנכונות להקרבת בנים איננה אופציה קבילה.

הפרשנות המגדרית מסבירה את הצורך במדרש מותה של שרה להנמקת סיבת העלמתה מסיפור העקדה. המסורת מנצלת את סמיכות הפרשיות שבין מותה של שרה לסיפור העקדה להצדקת הסתרת ציווי העקדה משרה. בנוסח המדרש בויקרא רבה נעשה שימוש בפועל "צווחת" בתיאור תגובתה של שרה: "באותה שעה צווחה ששה קולות ווי". הפועל "צווחת" משמש בכמה מדרשים לאפיון התנהגותן של נשים כשפוקדת אותן צרה או מצוקה, כך לגבי שרה עצמה במדרש אחר המתאר את כעסה על אברהם,[40] ובאופן סטריאוטיפי מפורש יותר: "אשה שדרכה לצווח" (ירושלמי עבודה זרה ב, א מ ע"ג). ייחוס תגובת הצווחה לשרה מצדיק באופן עקיף את בחירתו של אברהם שלא לשתף את שרה בטרם צאתו לקיים את הציווי האלוהי. אם שרה מתה לנוכח שמועת העקדה על אף שיצחק בנה עומד לפניה חי וללא פגע, ודאי שלא הייתה מסוגלת להתמודד עם המחשבה שבנה עומד להישחט, ובעצם הייתה מונעת מאברהם את מילוי הצו האלוהי.

התשובה הספרותית נוגעת להקשר הרחב שבו שולבה הדרשה בויקרא רבה ובפסיקתא, בפרשה העוסקת במותם של בני אהרן. מות בני אהרן מוסבר בכתוב, שעליו מוסבת הדרשה הרחבה, כנובע מאהבת אל עודפת "בקרבתם לפני ה' וימתו" (ויקרא טז, א).[41] הכתוב מציין את תגובתו הדוממת של אהרן לנוכח מות שני בניו "וידם אהרן" (שם י, ג). הכאב על מותם הטראגי של בני אהרן מובע במדרש דרך דמותה של אלישבע, אם הבנים: "אלישבע בת עמינדב לא שמחה ואתם מבקשים לשמוח בעולמי, אלישבע בת עמינדב ראת ארבע שמחות ביום אחד, בעלה כהן גדול, ויבמה מלך, ואחיה נשיא, ושני בניה סגני כהונה, וכיון שנכנסו יצאו שרופים, נהפכה שמחתה לאבל,

40. "כך ראתה שרה לישמעאל יוצא לתרבות רעה, צווחת ואומרת לאברהם, גרש האמה הזאת ואת בנה" (בראשית רבה ראה ה). כך גם ביחס לעכסה בבבלי תמורה טז ע"א.

41. זאת בשונה מההסבר המוצמד לתיאור הכרונולוגי של מותם: "ויקריבו לפני ה' אש זרה אשר לא צוה אתם" (ויקרא י, א) וכן בבמדבר ג, ד; כו, סא.

דכת׳ אחרי מות שני בני אהרן (ויקרא טז, א)״ (פסיקתא דרב כהנא שם). אזכורה של שרה בהקשר של מוות פוטנציאלי של בנים הנובע מאהבת ה׳ עודפת, יוצר סימטרייה רעיונית ומגדרית.

3. מהר המוריה לקבורת שרה – מדרש קהלת רבה

נוסח דומה למסורת המובאת בויקרא רבה ובפסיקתא מובא במדרש קהלת רבה. שלושה הבדלים, קלים לכאורה, בין המסורות משנים את משמעות המסר של הזיקה שיצר הדרשן בין השמועה על עקדת יצחק לבין מות שרה. להלן נוסח המדרש בקהלת רבה:

> וכשבא אצל אמו אמרה לו: היכן הייתם? א״ל: נטלני אבא והעלני הרים והורידני גבעות ועלינו לראש הר אחד ובנה שם מזבח וסדר מערכה ועקדני עליו ונטל המאכלת לשוחטני, אלו לא בא אחד מלאך מן השמים וא״ל: אברהם אל תשלח ידך אל הנער כבר הייתי שחוט. כיון ששמעה שרה צווחה וצעקה ולא הספיקה לגמור את הדבר עד שיצתה נשמתה דכתו׳ ״ויבא אברהם לספוד לשרה״ (בראשית כג, ב) מהיכן בא? מהר המוריה בא. ר׳ יהודה בר סימון אמר: היה אברהם מהרהר בלבו ואו׳: תאמר פסולת היה בבני ולא נתקבל. יצתה בת קול ואמרה לו: אברהם אברהם לך אכול בשמחה לחמך כבר רצה האלהים וקבל קרבנך (קהלת רבה ט, ז עמ׳ 180).

ההבדל הראשון בין גרסת קהלת רבה לגרסת הפסיקתא הוא בשינוי נוסח שאלת שרה: בנוסח הפסיקתא אינטונציית השאלה רומזת כי שרה מצפה לתשובה של משהו שלילי: ״מה עשה לך אביך?״. בקהלת רבה (כמו גם בויקרא רבה) נוסח השאלה הוא אינפורמטיבי: ״היכן היית, בני?״.

ההבדל השני הוא בהשמטת מילות תוכן הצווחה של שרה. בגרסת קהלת רבה שרה אינה מכנה את עצמה ״בן העלובה״ או ״ברא דרוותא״ ואף איננה חוזרת על דברי בנה ״אילולי מלאך מן השמים כבר היית שחוט״.

ההבדל השלישי כרוך בהקשר שבו מובאת הדרשה. בדרשות ויקרא רבה והפסיקתא ההקשר הוא מות בני אהרן והעדר שמחה לצדיקים בעולם הזה, ואילו בקהלת רבה ניתן לומר שההקשר הפוך. הדרשה על אברהם מובאת

כאחת הדוגמאות בדרשה לאנשים שקיבלו אישור אלוהי על מעשיהם שמשחרר אותם לאכול בשמחה. הדרשן יוצר פרפרזה לפסוק מקהלת (ט, ז) כדי להתאימו לעידוד אלוהי לכאורה שמקבל אברהם לאחר מילוי ציווי העקדה, על אף שלבסוף לא נדרש להקריב את בנו.

כך מפרשו קיפרווסר בביאורו למדרש:

> הכתוב הזה, המגדיר את ייעודו של מי שחי לאכול לחמו ולשתות יינו, הוצא על ידי הדרשנים מפשוטו ונדרש באופן מטפורי. מעתה אין אלה דברי קהלת אלא דיבור אלוהי המופנה לאדם שמעשיו רצויים בעיני האל... (שם, עמ׳ 179).

שלושת ההבדלים בין מדרש קהלת רבה לקודמיו מצננים את הביקורת כלפי מעשה אברהם בעקדה, ומותירים את צווחת שרה כתגובה אופיינית של אם למשמע הסכנה שבה היה מצוי בנה. הבדלי הנוסח במדרש המעובד בקהלת רבה מעמידים את אברהם ושרה כנתונים ביקום מוסרי ודתי נפרד זה מזה. האם ניתן להוכיח מעיבוד הדרשה בקהלת רבה קרבה רבה יותר של העורך להשקפתו של עורך בראשית רבה מבחינת ההערכה למעשה אברהם בעקדה?

חוקרי קהלת רבה סבורים שמסורות קהלת רבה קרובות יותר לפסיקתא ורק מיעוטן הן מבראשית רבה, ומסבירים לא מעט שינויים שהעורך יצר במסורות כנובעים מרצונו להתאים אותם באופן מובהק יותר לפסוקי הספר.[42] על פי הנחה זו מעבד המסורת יצר בה את השינוי כדי להתאימה לפסוק הדורש בשבח השמחה. קשה לי לקבל את ההנחה שיש כאן רק עניין ספרותי, ודומה שיש לבאר את העיבוד שיוצר עורך קהלת רבה במסורת שלפניו כנובעת מאי הסכמה עם המסר העולה ממנה. ראשית יוצעו שני נימוקים המוכיחים שיש כאן עיבוד שהוא מעבר לשיקול ספרותי:

1. אילו ביקש עורך הדרשה להשאיר את אווירת הביקורת כלפי אברהם, הוא יכול היה להצמיד את דרשת הפסיקתא בנוסחה המדויק לפסוקי

42. ראו קיפרווסר, מדרש קהלת רבה, עמ׳ קטו. אליצור מדגים את קרבתו של קהלת רבה לפסיקתא דרך דרשת מות שרה ומסתפק בסיבה ספרותית שהביאה לשינויים: ״ונראה שבעל קהלת רבה עיבד את המצוי בפסיקתא דרב כהנא לצורך דרשה על פסוק בקהלת ׳לך אכול בשמחה לחמך׳״ (אליצור, פסיקתא רבתי, עמ׳ 59).

קהלת הלועגים לשמחה, כגון קהלת ב, ב: "לשחוק אמרתי מהולל ולשמחה מה זה עשה".

2. המשך הדרשה שבה מוצג אברהם כמביע חשש מסיבת דחיית קורבנו, גם לאחר הוראת הא-ל "אל תשלח ידך אל הנער", אינו משתלב עם האווירה המסתייגת מהמסירות שלו למילוי הצו האלוהי כפי שמצטיירת בפסיקתא. המדרש בקהלת רבה מביע התלהבות מרמת מסירותו של אברהם לציווי האלוהי, שחושש מלשמוח על אי השלמת מילוי ציווי העקדה.[43]

דומה יותר שעורך קהלת רבה לא היה שותף לביקורת של הפסיקתא על אופן מילוי ציווי העקדה, ואף להפך. עורך קהלת רבה נדרש למסורת המקשרת בין תיאור מותה של שרה (תוך השמטת חלקי הביקורת מתוכה) לשמועת העקדה, כחוליה מקשרת שהסבירה את סיבת ההתעכבות של אברהם בהר המוריה, ואת הגורם שאפשר לו להתנתק משם ולחזור לביתו – דברי ההרגעה של בת הקול והשמועה על מותה של שרה.

43. פסוק הפתיח והסגיר של המדרש בקהלת רבה "לך אכול בשמחה לחמך", שאמור להרגיע את אברהם על חששותיו מפגם (פסולת) בבנו שגרם לדחיית קורבנו, מובא גם במדרש בתנחומא שלח יד ובתנחומא בובר שלח כז בהקשר של סיפור העקדה, אולם שם אברהם אינו חושש מפגם בקורבנו, אלא חושש מהיעדר כוחות נפש אם הא-ל ישית עליו ניסיונות נוספים: "איני זז מכאן עד שתשבע לי שאין אתה מנסה אותי עוד לעולם שאם ח"ו לא הייתי שומע לך אבדתי את כל מה שיגעתי מימי". הא-ל מרגיע אותו במילים: "לך אכול בשמחה כי כבר רצה אלהים את מעשיך". מקובל להניח שהמסורת בקהלת רבה קדמה למסורת התנחומאית. הסיבה שעורך התנחומא שינה את סיבת חששו של אברהם היא כפי הנראה ביטוי לאי הסכמה עם קיצוניות התיאור של להט אברהם לעקוד את בנו בקהלת רבה, שאינו שוכך גם אחרי הוראת המלאך "אל תשלח ידך אל הנער", בתיאור אברהם כמי שמיצר על אי ריצוי קורבן בנו. מה שונה הוא אפוא המסר של המדרש בקהלת רבה מהמסר של מדרשי ויקרא רבה והפסיקתא המבקרים את להיטותו של אברהם למלא את ציווי העקדה עוד לפני הוראת המלאך.

4. הלכידות המשפחתית – מסורות התנחומא[44]

ההנחה המקובלת במחקר היא שלפני עורך מדרשי תנחומא היו גרסאות מדרש קדומות והוא בחר מתוכן את המדרשים שהתאימו לו תוך עיצובם מחדש, ולעיתים הוסיף מסורות בלתי מוכרות שנחשפות לראשונה בתנחומא.[45] ביחידה הראשונה של עיון זה הובאה מסורת תנחומאית שאינה מופיעה בחיבורי מדרש קדומים המתארת את הערמת אברהם על שרה כדי להסתיר ממנה את ציווי העקדה ואת תוכניתו של אברהם לציית לו.[46] הפעם הבאה ששרה נזכרת בתנחומא בדרשות לסיפור עקדת יצחק היא במפגש של השטן עם אברהם ויצחק, המנסה להניא אותם מהציות לציווי העקדה על ידי תיאור מעורר חמלה של התמוטטותה לשמע הבשורה (תנחומא וירא כב), ולאחר מכן בתיאור מותה כשהיא נחשפת לאיום השחיטה של בנה (שם כג). על אף קלות הזיהוי של נוסחי המדרש הקדומים שמהם שאב עורך התנחומא חלק מהמסורות, הוא הצליח לעצב באמצעותם ביחד עם מסורות חדשות ובלתי מוכרות, סיפור חדש בעל מסר ייחודי שאינו דומה למסר שהוצע על ידי קודמיו, למעט התפיסה הסטריאוטיפית הנשית, שמאפיינת גם אותו. אציע את נוסח המדרש המתאר את הגעת הבשורה אל שרה ואעמוד על ההבדלים, תוך ניסיון להסביר את משמעות השינויים שיצר במסורות שהיו לפניו על פי מכלול דרשותיו ואופן טיפולו בסיפור עקדת יצחק:[47]

א"ל אבא לא תודיע את אמי כשהיא עומדת על הבור או כשהיא עומדת

44. בתנחומא בובר הדרשה על מות שרה כתוצאה מבשורת העקדה איננה נזכרת בבראשית, אלא רק בפרשת אחרי מות בהקשר זהה לנוסח בויקרא רבה ובפסיקתא, לכן דיוננו יתמקד בנוסח הדרשה שבתנחומא הנדפס (להלן "תנחומא").

45. ראו: ברגמן, מסורות ומקורות, עמ' 269–274; עצמון, פסיקתא בתנחומא, עמ' 131–156. על השערת מקורות התנחומא שאינם מוכרים מחיבורים קדומים ראו: ברגמן, מסורות ומקורות; ברגמן, תנחומא ילמדנו, פרק א; מאן, מאמרי ילמדנו.

46. לעיל עמ' 127.

47. מעניין לציין שהדרשה על מות שרה אינה מופיעה בתנחומא בסימן המוקדש לעקדת יצחק בפרשת אחרי מות, על אף שפסוק הפתיחה (לתנחומא אחרי מות ב) "אמרתי להוללים אל תהלו" זהה לפסוק הפתיחה של המקבילות בויקרא רבה, בפסיקתא ובתנחומא בובר, וכך גם רוב תוכני הסימן. נראה שעורך התנחומא העדיף ליצור את שינויי הנוסח בדרשת מות שרה במקומו הטבעי של הסיפור בבראשית, ולא לכרוך את עניינה של שרה בהסבר לכך שאברהם לא שמח בעולמו.

על הגג שמא תפיל את עצמה ותמות, מיד בנו שניהם את המזבח ועקדו על המזבח ונטל את הסכין כדי לשחטו עד שיצא ממנו רביעית דמו, ובא השטן ודחף ידו של אברהם ונפלה הסכין מידו, וכיון ששלח ידו לקחתה יצאה בת קול ואמרה לו מן השמים ״אל תשלח ידך אל הנער״ ואלולי כן כבר היה נשחט. באותה שעה הלך השטן אצל שרה ונזדמן לה כדמות יצחק כיון שראה אותו אמרה לו בני מה עשה לך אביך, אמר לה נטלני אבי והעלני הרים והורידני בקעות והעלני לראש הר אחד ובנה מזבח וסדר המערכה והעריך את העצים ועקד אותי על גבי המזבח ולקח את הסכין לשחטני ואלולי שאמר לו הקדוש ברוך הוא ״אל תשלח ידך אל הנער״ כבר הייתי נשחט. לא הספיק לגמור את הדבר עד שיצאה נשמתה הה״ד ויבא אברהם לספוד לשרה ולבכותה (תנחומא וירא כג).

להלן ההבדלים (הנוגעים לדמותה של שרה):[48]

- תוספת תיאור רגישותו של יצחק שבעודו שוכב כפות על המזבח מדריך את אברהם לנהוג בזהירות כשיספר לאמו על שחיטתו.
- דמותו של המבשר מוחלפת מיצחק לשטן.
- שרה אינה מגיבה לדברי השטן (בדמותו של יצחק) שכן נשמתה יוצאת תוך כדי דיווח השטן על מה שאירע (בדומה לקהלת רבה).

החלק המדרשי שמתחיל עם הגעתו של השטן והשמעת הבשורה באוזני שרה, זהה לכאורה לנוסח קהלת רבה, מלבד מעורבותו של השטן, אולם עיון מעמיק יותר מעמיד על הבדל עקרוני במסר העולה מנוסח התנחומא. דומה שמטרת העיצוב המחודש של מדרש מות שרה בתנחומא היא תיקון הרושם שנוצר מהמסורות הקדומות על קרע משפחתי בבית אברהם. תיקון הקרע נעשה בשתי דרכים: האחת במדרש מות שרה, על ידי הדגשת הרגישות של יצחק לאמו עוד לפני קריאת המלאך והחלפת דמותו של המבשר מיצחק לשטן, וכן בדומה לנוסח קהלת רבה, על ידי השמטת המילים המאשימות של שרה כלפי אברהם הנזכרות בנוסח ויקרא רבה והפסיקתא (״אמרה לו ווי לך ברא דעלובתא, אילולי דאמ׳ קודשא בריך הוא אל תשלח ידך אל הנער

48. בהמשך נדון בתפקיד של דמות השטן במסורות התנחומא על סיפור העקדה.

כבר היית שחוט"). הדרך השנייה היא במדרשי העקדה הרחבים בחיבור, המנטרלים את גורם הביקורת של שרה כלפי אברהם. הוצע לעיל כי מסורות ויקרא רבה והפסיקתא מביעות באמצעות שרה ביקורת כלפי קור הרוח וההתמסרות הטוטאלית של אברהם למילוי ציווי העקדה כפי שמתוארים במדרשי בראשית רבה. מדרשי תנחומא לסיפור העקדה מוכיחים את ההפך. הם משבחים את הציות של אברהם לציווי האלוהי, אולם סותרים את תיאורי קור הרוח המתלווים לתיאור הליכתם להר המוריה בתיאורי בראשית רבה. המדרשים מתארים את חששותיהם המשותפים של אברהם ויצחק בדרכם אל העקדה, ואת תקוותו של אברהם שלא ייאלץ לשחוט את בנו. בחלק מהם ניתן לזהות זיקה למסורות הקדומות בבראשית רבה תוך העלמת היבטי החגיגה וקור הרוח, כפי שאדגים להלן.

בדרשת בראשית רבה מוצגים שני ניסיונות "לך לך" של אברהם עם הכרעה שניסיון העקדה חביב יותר (בראשית רבה נה, ז עמ' 590).[49] בתנחומא מובאת דרשה דומה ללא הדיון בחביבותם של הניסיונות:

> ולך לך אל ארץ המוריה מהו לך לך נסיון אחרון כנסיון הראשון, נסיון הראשון בלך לך מארצך וממולדתך ונסיון אחרון בלך לך אל ארץ המוריה (תנחומא וירא כב).

בדרשת בראשית רבה מתוארת חבישת החמור על ידי אברהם תוך הערכת המניע: "אהבה מקלקלת את השורה": "'וישכם אברהם בבקר ויחבש את חמרו' ולא היה לו כמה עבדים, אלא אהבה מקלקלת את השורה". בתנחומא לא נזכר מניע רגשי והזריזות נובעת מהדחיפות למלא אחר הצו האלוהי:

> מיד "וישכם אברהם בבקר ויחבש את חמורו" כמה עבדים וכמה שפחות היו לו לאותו צדיק והוא בעצמו "ויחבש את חמורו", ללמדך זריזותו (שם).

בשני החיבורים מסופר על היתקלות של אברהם ויצחק בדרך לעקדה בדמותו של השטן או סמאל, וניסיונותיו להניא את השניים מהציות לציווי העקדה. תשובותיהם של אברהם ויצחק בבראשית רבה הן חד־משמעיות שאינן

49. לעיל עמ' 133.

מסגירות שמץ היסוס ומסתכמות במילים "על מנת כן". האפיזודה מסתיימת במילים: "וילכו שניהם יחדו זה לשחוט וזה להישחט" (בראשית רבה נו, ד עמ' 599). תשובותיהם של אברהם ויצחק בתנחומא מהוססות יותר ואינן סותרות את טיעוני השטן, אולם מסבירות את החובה להיענות לציווי האל, כגון: "לא משטין היה אלא הקדוש ברוך הוא יתברך היה לא אשמע ממך" (תנחומא וירא כב) וכן: "אעפ"כ לא אעבור על דעת יוצרי ועל צווי אבי" (שם). ההססנות של השניים מחזקת את ביטחונו של השטן שמשתמש בטכניקות עיכוב מתוחכמות יותר, תוך פריטה על נימי הנפש החשופים של השניים.[50]

המילים "וילכו שניהם יחדיו" המתפרשות בדרשת בראשית רבה "זה לשחוט וזה להישחט", שמלוות את פרדת אברהם ויצחק מסמאל, נדרשות באופן אחר לגמרי בדרשת התנחומא, שבה משמיע יצחק צער גדול על הבחירה בו להיות מוקרב לעולה. אף על פי כן הוא מתגבר על צערו ומהלך לצד אביו:

> באותה שעה נפל פחד ויראה גדולה על יצחק שלא ראה בידו כלום להתקרב והרגיש בדבר במה שעתיד להיות בקש לומר איה השה לעולה, א"ל הואיל ואמרת הקדוש ברוך הוא בחר בך, אמר אם בחר בי הרי נפשי נתונה לו על דמי צר לי מאד, ואעפ"כ וילכו שניהם יחדיו בודאי זה לשחוט וזה להישחט (תנחומא וירא כג).

ביטוי נוסף לנפש החצויה של יצחק צף בשעה שהוא שוכב על המזבח ממתין להנפת המאכלת, כשהוא חושש שהרגש יגבר על מחויבותו לקיום הציווי, וכך הוא מבקש מאביו:

> כשבא לשחוט, א"ל אבא אוסרני ידי ורגלי מפני שהנפש חצופה היא

50. ראו המדרש המורחב בתנחומא וירא כב. על ערמומיותו של השטן כפי שבאה לידי ביטוי במדרשי עקדת יצחק ועל מגמות שילובו ראו: רווה, השטן ואי הוודאות, עמ' 249-235. רווה מנתחת את דמותו של סמאל במדרש בבראשית רבה. השטן מתגלה במלוא הדרו דווקא בנוסח המעובד שבתנחומא. וראו: מקדאוול, שטן בעקדת יצחק, עמ' 372-355; דולקין, סיפורי סמאל, עמ' 175-153. המפגש של אברהם עם השטן מוזכר בנוסח מקוצר גם בבבלי סנהדרין פט ע"ב, ויש להניח שהעיבוד התנחומאי מושפע גם מנוסח הבבלי.

וכשראה את המאכלת שמא אזדעזע ויפסל הקרבן בבקשה ממך אל תעש בי מום (שם).

בבראשית רבה וגם בתנחומא מתוארת היעלמותה של הסכין ברגע המבחן. לאור מה שהוצג לעיל לא מפתיע לראות את ההבדל בתיאור של תגובת אברהם בין שני החיבורים. בבראשית רבה (נו עמ' 603) אברהם מבקש לשחוט את בנו במו ידיו: "וסכין איכן הוא? נישלו דמעות ממלאכי השרת עליה ושחה, אמר לו אחנקנו, אמר לו 'אל תשלח ידך אל הנער אל', אמר לו נוציא ממנו טיפה שלדם, אמר לו 'אל תעש לו מאומה כי עתה ידעתי'...", ואילו בתנחומא (וירא כג) דומה שהפלת הסכין על ידי השטן מגלמת את היסוסו של אברהם עצמו: "ובא השטן ודחף ידו של אברהם ונפלה הסכין מידו, וכיון ששלח ידו לקחתה יצאה בת קול ואמרה לו מן השמים 'אל תשלח ידך אל הנער'", ועל כל פנים מהרגע שנאמר לו "אל תשלח ידך אל הנער" אברהם נענה.[51]

דומה שעורך התנחומא הזדהה עם ההסתייגות של מדרשי ויקרא רבה והפסיקתא מתיאורי קור הרוח של אברהם והחגיגיות שאפפה את מסע השניים להר המוריה כפי שתוארו בבראשית רבה. יחד עם זאת, גם תיאור מותה של שרה מתוך כעס על בן זוגה באופן שלא אִפשר פיוס, כפי שהצטייר ממדרשי מות שרה בויקרא רבה ובפסיקתא, לא הניח את דעתו. מעורבותו של יצחק בסכסוך ההורי אף העצימה את אי הנוחות מתיאור הקרע במשפחתו של אבי האומה. הפתרון שהוצע בגרסת קהלת רבה ריכך במידה מסוימת את המתח הזוגי, אולם לא די היה בו ובהקשרו כדי למלא את שתי המטרות שהציב לעצמו עורך התנחומא. העיצוב מחדש של המסורות הקדומות עם התוספות, תוך הפלת מלוא כובד המסכסך על כתפיו של השטן, אִפשר הצגת תמונה משפחתית הרמונית יותר. נוכחות רוחה של שרה במדרשים

51. ליבוביץ, בראשית, עמ' 137–140 מפרשת את תפקידו של השטן בדיאלוג עם אברהם ויצחק כביטוי להלך הרוח הנפשי של אברהם, וכמי שמבטא את חיבוטי הנפש של הגיבור. אם נלך בעקבותיה, הרי שדיבור השטן על כאבה של שרה לו יציית לציווי ומחשבותיה על רוח השטות שהשתלטה עליו, הם ביטוי לרגשות החמלה של אברהם כלפיה. השוואת דברי השטן בתנחומא בנוגע לשרה לדברי סמאל בבראשית רבה: "כל אותן הפרגזיות שעשת אמך לישמעאל סניה דביתה ירותה, כד לא תיעול מילה תיעול פלגה", משקפת אף היא את ההבדלים בתיאור המעורבות הרגשית של הגיבורים. הטיעון של סמאל בבראשית רבה הוא במושגי רווח וכדאיות, ואילו הטיעון של השטן בתנחומא הוא רגשי טהור.

המלווים כל אחד משלבי העקדה, בהעלמת המידע ממנה כדי למנוע ממנה צער ועיכוב לפני היציאה, במערבולת הרגשית שיצר השטן באזכור מאמציה של שרה עד לידת בנה: "עלוב בר עלובה כמה תעניות נתענית אמך עד שלא נולדת והזקן הוא השתטה והוא הולך לשחטך" (תנחומא וירא כב), ובהדרכתו של יצחק לאביו על אופן יידועה – כל אלה לא הצליחו למנוע את טרגדיית מותה, אולם יצרו דבק חזק יותר של לכידות תמונת המשפחה.

הסתייגותו של עורך התנחומא מהמנגינה הנשגבה של מדרשי בראשית רבה, על ידי הדגשת היסוסיו של אברהם מהריגת בנו ותקוותו שיחזור בשלום לביתו,[52] משתלבת עם אחד מהגורמים שהוצעו בעיון לפרשת לך לך לצנזור אגדת אברהם וכבשן האש מהחיבור.[53] דומה שעורך התנחומא, כמו אחרים לפניו ואחריו, הסתייג מהנורמה הדתית (היהודית והנוצרית) של הערצת קדושים שבמותם הוכיחו את אהבת האל. החשש שדרשות עקדת יצחק המתארות את האקסטזה הדתית שבה היה נתון אברהם בדרכו לעקדה יהוו השראה למוסרי נפש חדשים, בני תקופתו, גרם לצינון של הפן החגיגי והנלהב, ולזריעת ספקות וחשש שליוו את הגיבורים תחתיו.

5. נקמת סמאל – פרקי דרבי אליעזר

החיבור פרקי דרבי אליעזר עוסק בהרחבה, יותר מכל חיבור אחר בקורפוס המדרשי, בפירוט עשרת הניסיונות של אברהם. בחיבור נדרשים פסוקי העקדה כחלק מתיאור הניסיון האחרון של אברהם, וסמאל הוא אחת מהדמויות המשולבות בקטעי המדרש. סמאל מתערב לראשונה אחרי קריאת המלאך "אל תשלח את ידך אל הנער" ומנסה למנוע מאברהם להקריב את האיל:

> ר' זכריה אומ' אותו האיל כשנברא בין השמשות היה ובא להתקרב תחת יצחק והיה סמאל עומד ומסטינו כדי לבטל קרבנו של אברהם אבינו ונאחז בשני קרנותיו בין האילנות, שנ' "וישא אברהם את עיניו וירא והנה איל אחר נאחז בסבך בקרניו", מה עשה אותו האיל פשט את ידו ואחז בטלתו של אברהם אבינו ונאחז בשתי קרנותיו בין האילנות,

52. "ונשתחוה ונשובה אליכם בשרו פיו שיחזרו שניהם בשלום" (תנחומא וירא כג).
53. ראו לעיל עמ' 86–87.

שנ' "וישא אברהם את עיניו וירא והנה איל אחר", והביט אברהם וראה האיל והלך והתירו והקריבו תחת יצחק בנו.

משנוכח בכישלון מזימתו הוא ביקש נקמה ויצא לבשר לשרה על מותו של יצחק בעקדה:

וכששב אברהם מהר המוריה חרה אפו של סמאל שראה שלא עלתה בידו תאות לבו לבטל קרבנו של אברהם אבינו, מה עשה הלך ואמ' לשרה הלא שמעת מה נעשה אח"ר בעולם, אמרה לו לאו, אמ' לה לקח אברהם את יצחק בנו ושחטו והקריבו על גבי המזבח לעולה, התחילה שרה לבכות ומיללת שלשה יבבות כנגד שלשה תקיעות שלשה יבבות יללות כנגד שלשה יבבות, ופרחה נשמתה ומתה, ובא אברהם ומצאה שמתה, ומהיכן בא, מהר המוריה, שנ' "ויבא אברהם לספוד לשרה ולבכותה" (פרקי דרבי אליעזר לא).

במסורת המדרשית של פרקי דרבי אליעזר משתנה תפקידו של סמאל בהשוואה למסורות הקדומות, סמאל אינו השטן המבקש למנוע מאברהם להקריב את בנו ולמלא את הציווי האלוהי, להפך, סמאל חפץ בעקדת יצחק ונוקם באברהם על ציותו לדברי המלאך "אל תשלח ידך אל הנער". סמאל בפרקי דרבי אליעזר גרם למות שרה על ידי מסירת דיווח שקרי שלפיו בנה הוקרב לעולה.

מה הביא לתמורות הקיצוניות במדרש פרקי דרבי אליעזר בהעמדת דמות השטן?

חוקרי החיבור דנים אם עורך החיבור עסק בעיקר בהלחמת מסורות שהיו לפניו זו בזו והשיקולים של בחירת המסורות היו בעיקר ספרותיים, או שמדובר בעיבוד מחודש לצורך התאמת המסורות לרעיונות התיאולוגיים והלאומיים שלו.[54] דומה שלנוכח שני החידושים יש מקום להצביע גם על שיקולים על־ספרותיים. לפני הניסיון להסביר את מגמתו של יוצר המדרש יש לברר מהם חומרי הגלם לתיאור דמותו של סמאל שכנראה שימשו את יוצר הדרשה.[55]

54. ראו דיון בגישות השונות אצל: קים, פרקי דרבי אליעזר, פרק שלישי.
55. על גלגוליו של סמאל/שטן/משטמה בספרות בית שני, בספרות חז"ל ובספרות הנוצרית ראו: מקדאוול, שטן בעקדת יצחק, עמ' 355–372.

בספר היובלים, במגילה 4Q225 ובבבלי סנהדרין פט ע"ב נזכרים שר משטמה או שטן המקטרגים על אברהם ומעמידים בספק את נכונותו לציית לציווי הא־ל להקריב את בנו. בספר היובלים שר המשטמה נבוך לנוכח גילוי נכונותו של אברהם לשחוט את בנו,[56] ואילו במגילה 4Q225 משטמה משנה את עורו עם הוכחת הערכתו השגויה ומייחל למותו של יצחק. מתברר למפרע שכוונתו האמיתית של משטמה לא הייתה לבחון את צדיקותו של אברהם אלא לגרום לו לעקוד את בנו ובכך לחבל בתוכנית האלוהית.[57] בבראשית רבה ובתנחומא סמאל אינו נזכר כמי שפקפק בצדיקותו של אברהם, והוא נזכר לראשונה כשהוא נתקל באברהם וביצחק בדרכם להר המוריה ומנסה להניא אותם מציות לצו האלוהי.[58] בבראשית רבה הוא עוזב את השניים כשנוכח בכישלונו, ואילו בתנחומא הוא ממלא עוד שתי משימות, הוא ממשיך בניסיונותיו להניא את אברהם משחיטת יצחק על ידי הפלת הסכין, ולאחר מכן מספר לשרה על מעללי אבי בנה. סמאל בפרקי דרבי אליעזר דומה למשטמה של מגילה 4Q225 ולשטן של התנחומא בכך שהוא מעורב גם בפרק הזמן שבו יצחק שוכב כפות על המזבח, אולם דומה יותר למשטמה של מגילה 4Q225, שכן בתנחומא הפלת הסכין היא המשך מאמצי השטן להניא את אברהם משחיטת יצחק, ואילו ב־4Q225 ובפרקי דרבי אליעזר נראה שמשטמה או סמאל חפצים בהריגתו של יצחק. משטמה אומר זאת במפורש במגילה: "ומלאכי המ[שטמה...] שמחים ואומרים עכשיו יאבד",[59] ובפרקי דרבי אליעזר סמאל מנסה לחבל בקורבן החליפי של אברהם, אולי כדי שבהעדר תחליף יעקוד אברהם את בנו. ההשראה לתיאור הליכתו של סמאל לשרה לספר לה על העקדה לקוחה מהתנחומא, אולם הבשורה כנקמה באברהם ועיוות תוכן הבשורה הם חידוש מוחלט של פרקי דרבי אליעזר.

ההנחה המקובלת על חוקרי פרקי דרבי אליעזר היא שעורך המדרש הכיר את ספרות האסלאם הקדומה, שהשפיעה על עיצוב כמה ממסורותיו, ובאחרות אף ניתן לזהות פולמוס עמה.[60] אחת מנקודות המחלוקת המרכזיות

56. היובלים יח 12 עמ' 317.
57. ראו: ברסלוט, קרבן אנושי, עמ' 164.
58. ראו לעיל עמ' 134 ועמ' 145–146.
59. מרטינז וטיג'לאר, מגילות, עמ' 478.
60. ראו: היינימן, אגדות ותולדותיהן, עמ' 181–199; בחוס, ביקור אברהם, עמ' 553–580; קים, פרקי דרבי אליעזר, עמ' 190–195.

בין יהדות לאסלאם נוגעת לסוגיית הבחירה בבני אברהם, ולזהותו של הבן הנעקד. בקוראן זהותו של בנו הנבחר של אברהם אינה נאמרת במפורש, אולם בכמה מהפרשנויות לקוראן ישמעאל מוצג כבנו הנבחר שהובל לעקדה.[61] בפרקי דרבי אליעזר קיימת הרחבה בתיאור תפקידו של ישמעאל באירוע העקדה. דומה שהרחבה זו נועדה לשלול את אפשרות הפירוש שהוא הבן שהועמד לעקדה ונבחר לאחריה. הבחירה ביצחק נזכרת במפורש בתיאור השיח שהתקיים לכאורה בין שני הנערים שהתלוו לאברהם וליצחק בדרכם לעקדה:

> נכנס תחרות בין אליעזר וישמעאל, אמ׳ ישמעאל לאליעזר עכשו אברהם הקריב את יצחק בנו מוקדה על המזבח ואני בכורו יורש אברהם, אמ׳ לו אליעזר כבר גרשך כאשה שהיא מגורשת מבעלה ושלחך למדבר, אבל אני עבדו משרת אותו ביום ובלילה, ואני הוא היורש את אברהם, ורוח הקדש משיבה אותם ואומרת להם לא זה יורש ולא זה יורש (פרקי דרבי אליעזר ל).

ייתכן שדמותו של סמאל אינה אחידה בכל אזכוריו בחיבור, ובסיפור העקדה הוא משמש כמייצגם של המוסלמים המבקשים לפרש את הסיפור המקראי באופן חדש שיוכיח את בחירתו של ישמעאל ואת היותו נושא את ברכת הזרע הממשיך של אברהם.[62] סמאל מנסה לגרום למותו של יצחק, כך שישמעאל לבדו ייוותר לאברהם. משלא הצליח במזימתו הוא גורם למותה של אם יצחק, שבעקבות דרישתה גורש ישמעאל, ומספר לה שבנה אהובה נשחט בידי אביו.

ייתכן אפוא שעריכת המדרש בפרקי דרבי אליעזר תוך הרחבת תפקידו של השטן (סמאל) והחרפת תיאור זדון לבו הן בתיאור מאווייו לפגוע ביצחק הן בסילוף העובדות מתוך כוונה אכזרית לגרום למות שרה, חושפת את אחד ממוקדי הפולמוס היהודי־מוסלמי סביב זהות בנו הנבחר של אברהם.

61. לדיון בפסוקי הקוראן הרלוונטיים (סורה 37, פרשת המתייצבות במערכה, 99–113) ולפרשנויות שהתפתחו מחמת העמימות בזהות הנעקד, ראו: פירסטון, מסעות בארץ הקודש, עמ׳ 103–105; בחוס, ישמעאל על הגבול, עמ׳ 116–119.

62. ראו דולקין, סיפורי סמאל, עמ׳ 153–175 המנתח את כל הופעותיו בחיבור. אגב גם במסורות ערביות פרה־אסלאמיות מתוארת מעורבותו של שטן בהליכת אברהם עם יצחק או ישמעאל לעקדה. ראו: פירסטון, מסעות בארץ הקודש, עמ׳ 110–114.

6. ידעה או לא ידעה? – בין חז"ל לאבות הכנסייה

העיסוק בזיהוי היבטי פולמוס יהודי־נוצרי במדרשי חז"ל מצוי במחלוקת חוקרים ארוכת שנים, ומתפלג בין הנוטים לבאר רבות מן הדרשות שנוצרו החל מהמאה השלישית כבעלות היבטי פולמוס, לבין המבקשים לסייג נטייה זו ולהתמקד ברובדי המסר הספרותי והדידקטי נטול הפולמוס בביאור מגמות הדרשות.[63] בפרשנות למדרשים העוסקים בעקדת יצחק המחלוקת באה לידי ביטוי באופן מועצם, בין המפרשים הסבורים שפרשנות חז"ל על פסוקי העקדה מתפלמסת עם מסורות נוצריות המפרשות כל צעד של אברהם ויצחק בדרכם להר המוריה כמרמז על דרך הייסורים של ישו, ובין המבקשים להתמקד במסרי מדרש יהודיים פנימיים.[64] בעיון זה בחרתי שלא לעסוק באפשרויות הקריאה הפולמוסית של מדרשי העקדה (למעט ביחידה שעסקה במות שרה בפרקי דרבי אליעזר), שכן במוקד העיון עמדה דמותה של שרה ולא מעשה העקדה עצמו. אף על פי כן, לא ניתן להתעלם לחלוטין מהשערת מגמות פולמוס לנוכח העובדה ששרה משמשת כבר בברית החדשה, ובהרחבה בספרות הכנסייה, כאב טיפוס לאם ישו.[65]

שאלת חשיפתה של שרה לציווי העקדה העסיקה גם את אבות הכנסייה החל מהמאה הרביעית. לצד אלו שמניחים שאברהם לא שיתף את שרה, ומסבירים באופן דומה לתנחומא מדוע הוא הסתיר ממנה את ציווי העקדה ואת תוכניתו להיענות לציווי,[66] קיימות מסורות נוצריות (בעיקר סוריות) המתארות דיאלוג שהתקיים בין אברהם לשרה לפני צאתו. במרבית המסורות

63. על שתי הגישות ועל הביקורת ביחס לקלות שבה מייחסים למסורת היבטי פולמוס, ראו: שרמר, אחים, עמ' 122–141.

64. השוו למשל קסלר, כבולים בתנ"ך, המרחיב בזיהוי פולמוס יהודי־נוצרי בכל חלקי הסיפור לעומת הייוורד, עקדת יצחק, עמ' 292–306 המדגים מאחד ממרכיבי הפולמוס הנפוצים ביותר במחקר העוסק בזיהוי היבטי פולמוס בסיפור עקדת יצחק, כי ניתן לפרש את הדרשות כבעלות מסר פנים יהודי, ומשליך מדוגמה זו על הזהירות הנדרשת בזיהוי היבטי פולמוס. ראו גם עמדת ביניים אצל שפיגל, מאגדות העקדה, עמ' תקכז–תקכח.

65. ראו בהרחבה: פונט, התחליף לשרה, עמ' 453–468; שוורץ, האם הבתולה, עמ' 63–103; אשברוק הרווי, נשים מקראיות, עמ' 105–131.

66. ראו: ברוק, בראשית 22 במסורות הסוריות, עמ' 2–30; ברוק, היכן שרה, עמ' 14–17; ברוק, בין השורות, עמ' 169–180.

שרה מתוארת כמי שמביעה התנגדות ומנסה למנוע מאברהם לקיים את הציווי,[67] אולם באחת מהמסורות הסוריות (המיוחסת בטעות לאפרם הסורי (אב כנסייה שפעל במאה הרביעית)[68] שרה מוצגת כשותפה מלאה לאברהם באמונה בחובת מימוש הציווי, ומבקשת להתלוות אליהם להר המוריה, ואף מציעה לסייע בסחיבת החפצים הדרושים להקרבת הבן, אולם בקשתה לא נענית.[69] הבשורה לשרה על העקדה עם חזרתם של אברהם ויצחק לביתם נזכרת אף היא במסורות בספרות אבות הכנסייה, אולם לא בכולן היא מתה עם היוודעותה לתוכנית העקדה. באחת מהן (אותה המסורת המיוחסת בטעות לאפרם) אברהם מתואר כמי שבוחן את אמונתה של שרה, ועל כן הוא מסתיר ממנה את עובדת הישארותו של יצחק בחיים. תגובתה של שרה מעמידה אותה כעולה על אברהם במעלת אמונתה וצידוק הדין והיא הופכת לגיבורת הסיפור.[70]

לא אעסוק במגמות הפנים־נוצריות של פרשנות הסמלים של המונולוג המיוחס לשרה,[71] אולם יש לשאול אם לאופן תיאורה בהקשר סיפור עקדת יצחק בספרות הנוצרית (בחיבורים מהמאות הרביעית והחמישית) הייתה השפעה על עיצוב המדרש המקביל או המאוחר להם בספרות חז״ל. הנטייה המשותפת של מרבית המסורות הנוצריות וכל מסורות חז״ל לתאר את בחירת אברהם להסתיר משרה את הציווי ואת הציות לו, מלמדת על תפיסה משותפת ביחס לטבען של נשים, וחוסר יכולתן להתמודד עם ציווי אלוהי שדורש את הקרבת בניהן.[72] ייתכן שיש כאן השפעה הדדית, אולם לא בהכרח ממקום של פולמוס. העובדה שבכמה מהמסורות הנוצריות הקדימו את תיאור חשיפת שרה לציווי העקדה עוד לפני יציאתם להר המוריה ואת תגובת ההתנגדות המצופה, מלמדת אולי שהכותבים הנוצריים חששו פחות

67. ראו: ברוק, בין השורות. על אופיו של השכתוב המקראי במסורות הנוצריות־סוריות ראו: ברוק, המקרא במסורות סוריות, עמ׳ 35-56.
68. ראו הוכחות לשלילת הייחוס לאפרם אצל איסטמן, האם כמודל, עמ׳ 241-259.
69. לנוסח המלא של המסורת ראו: ברוק, שתי דרשות סוריות, עמ׳ 117-129.
70. ראו תרגום לאנגלית אצל איסטמן, האם כמודל, עמ׳ 243-244. על יחסן החיובי של אבות הכנסייה הסוריים לנשים, בהשוואה למקביליהם היווניים, ראו: אשברוק הרווי, נשים מקראיות, עמ׳ 105-131.
71. בכך עוסק מאמרו של איסטמן, האם כמודל.
72. ראו דברים מפורשים באחת מהמסורות הנוצריות: "This secret today — women cannot be aware of" מתורגם לאנגלית אצל ברוק, בין השורות, עמ׳ 174.

מתיאור קרע במשפחתו של אברהם, ומתמונת האב הקורע את הבן מחיקה של שרה לקראת שחיטתו.[73] ייתכן שלדרשה הבודדת המיוחסת בטעות לאפרם, הייתה השפעה על אופי עיצוב דמותה של שרה. האחידות המוחלטת בתיאורה המדרשי של שרה כמי שמתקשה לקבל את הציות לציווי העקדה האלוהי, מנוגדת למסורת הנוצרית המשבחת את דרגתה האמונית של שרה כמי שעולה אף על דרגתו האמונית של אברהם. בבואת שרה כאם ישו מסומלת בספרות הנוצרית מכתבי אוריגנס והלאה כמופת של אמונה.[74] תיאורה של שרה במסורת הנוצרית כמי שמאיצה באברהם לקיים את הציווי ומקבלת באהבה את הדין לשמע הקרבתו, והאווירה הכריסטולוגית העולה מהתיאור, ייתכן שהשפיע על בידולה של שרה מעידוד ההקרבה במסורות עקדת יצחק, והעצמת דמותה בדרשות חז"ל אחרות כמי שעוסקת בחובות הנשים על פי התפיסה היהודית: מצוות ומעשים טובים.

*

בעיון זה ביקשתי לעסוק בתמיהה על המידור של שרה מסיפור העקדה בספרות המדרש הרחבה, על ידי הצגת סיפור כיסוי שכביכול הסתיר ממנה את האמת המרה עד לפני מותה. התשובה המתבקשת לכאורה שהמדרש אימץ את הנרטיב המקראי שאינו מזכיר את מעורבותה של שרה, אינה משכנעת, שכן הדרשנים כן מציינים את חשיפתה של שרה לאפיזודת העקדה כגורם למותה על אף שבמקרא נסיבות מותה אינן נזכרות.

התמיהה על המגמה המדרשית החריגה מתעצמת לנוכח הטבעיות שבה שולב מקומה של שרה בקורפוסים מאוחרים יותר, כגון בפיוט המוכר "עת שערי רצון", שחיבר רבי יהודה בן שמואל אבן עבאס במאה ה־12, המתאר את מעגלי הכאב הרחבים שנוצרו עם הישמע הקריאה "קח נא את בנך... אשר אהבת והעלהו שם לעלה", ובו תופסת שרה מקום של כבוד בכל שלבי האירוע.

73. כפי שמתואר באחת מהמסורות הסוריות (תרגום לאנגלית: ברוק, בין השורות, עמ' 173): "Leave the child behind, lest something happen, and untimely death meet him, for I am being unjustly deprived of the single son to whom I have given birth. Let not the eye of his mother be darkened, seeing that after one hundred years light has shone out for me. You are drunk with the love of God- who is your God and my God — and if he so bids you concerning the child, you would kill him withou hesitation".

74. ראו שוורץ, האם הבתולה.

בפיוט נעשתה מלאכת מחשבת מרגשת של אריגת קטעי מדרש ארץ־ישראליים ועיבודם מחדש באופן שמשתלב עם הרעיון המרכזי של הפיוט, המבקש שמעשה העקדה יעמוד לזכותם של צאצאי העוקד והנעקד.[75] על אף הצורך לברור מתוך ספרות המדרש הענפה שנוצרה סביב סיפור העקדה, את מה שישתלב עם מגבלות אורכו של הפיוט ויתאים למסר שמחברו ביקש להעביר, הוקדשו לדמותה של שרה שני בתים מלאים (הבית השלישי והעשירי), שורה בבית השני ושתי שורות נוספות בבית האחד עשר. הפייטן הכיר בכוח העצמת תיאור כאבה של שרה להכפלת שווי הזכות של מעשה העקדה. כך למשל כשהוא מייחס לשרה כניעה לבקשת אברהם לקחת את יצחק כדי ללמדהו "עבודת שחק", אולם מתחננת: "אמרה לכה אדון אבל אל תרחק".[76] וביתר שאת בבית שבו מדמיין יצחק את תגובתה וחוסר היכולת למצוא לה מנחמים עת תתבשר על מותו:

שִׂיחוּ לְאִמִּי כִּי שְׂשׂוֹנָהּ פָּנָה
הַבֵּן אֲשֶׁר יָלְדָה לְתִשְׁעִים שָׁנָה
הָיָה לְאֵשׁ וּלְמַאֲכֶלֶת מָנָה
אָנָה אֲבַקֵּשׁ לָהּ מְנַחֵם אָנָה
צַר לִי לְאֵם תִּבְכֶּה וְתִתְיַפֵּחַ
עוֹקֵד וְהַנֶּעְקָד וְהַמִּזְבֵּחַ.[77]

יצחק אף מבקש מאביו שייקח מאפרו כדי שתישאר לשרה מזכרת מבנה האהוב.

קַח עִמְּךָ הַנִּשְׁאָר מֵאֲפָרִי
וֶאֱמֹר לְשָׂרָה זֶה לְיִצְחָק רֵיחַ[78]

75. לניתוח הפיוט ראו: אליצור, שירה של פרשה, עמ' 41-52.
76. רצהבי, לקט פיוטים, עמ' 38 שורה 14.
77. שם, עמ' 41 שורות 46-50.
78. שם, עמ' 42 שורות 54-55. הבקשה ליטול מאפרו איננה מוזכרת במדרשי חז"ל הקדומים והמאוחרים ונזכרת לראשונה בסליחות הגאונים. ראו: לוין, גנזי קדם, עמ' 65. במסורת הנוצרית הסורית שיוחסה בטעות לאפרם, מתוארת שרה כמי שמצרה על כך שלא הביאו לה שרידים מגופו של יצחק, והיא אף מביעה ערגה לריחו של בנה. ראו: איסטמן, מודל האם, עמ' 243-244.

דומה שהפייטן סיים את מה שלא נעשה בכתוב ולא הושלם על ידי יוצרי המדרש, בהעמדת דמותה של שרה כמי שאינה נופלת משני גיבורי הסיפור בהקרבה שנדרשה ממנה.

בשלבי חיפוש תשובה לתמיהת המידור ניסיתי להדוף את הפתרון המגדרי, שכן הוא היה נראה לי פשטני מדי, אולם ככל שהעמקתי בדבר, חלחלה בי ההבנה שהתגובה הנשית הטיפוסית לציווי הנוגד כל היגיון של מוסר אנושי להקריב את הבן, היא המתבקשת והרצויה במציאות חיים רגילה, ואילו מסירותו של אברהם למילוי הציווי היא תגובה יחידאית על־אנושית. הפתרון הדרשני להענקת לגיטימציה לתגובת ההתנגדות הנשית עם מותה של שרה, נעשה לאחר מעשה, כדי לשמר לדורות הבאים את שתי אפשרויות ההתנהגות: זו של אברהם שנכנע לצו הא־ל ונוכח באי רצונו בקורבנות אדם, וזו של שרה שהביעה בדקות האחרונות לפני מותה הסתייגות מציות קר רוח לציווי שמתנגש עם הטבע האנושי של חמלת הורים על ילדיהם.

בראשית רבה, שנערך בראשית המאה החמישית, אשר מדרשותיו מבצבצות עדויות למאבק תיאולוגי עם הנצרות המתחזקת, מציג את עקדת יצחק כמופת של מסירות נפש דתית, תוך הדגשת התלהבותם של אברהם ויצחק לקיים את הציווי האלוהי, והתעלמות מוחלטת מדמותה של שרה. הוצע כי ויקרא רבה והפסיקתא, שנערכו מעט מאוחר יותר באותה מאה, מביעים דאגה מהשלכות הרעיון של הקרבה עצמית כביטוי לאהבת האל. חיבורים אלו מבליעים ביקורת על להיטותו של אברהם לשחוט את בנו דרך תיאור תגובתה הטראגית של שרה לשמע סיפור העקדה, שמביאה למותה. קשה להכריע אם פערי תקופת העריכה של החיבורים או הבדלי השקפה של עורכיהם הביאו למיתון להט המוות על קידוש השם, ואולי שניהם.

התנודות בספרות המדרש והפיוט בין שימת כובד המשקל על בחירתו של אברהם ובין העצמת כאבה של שרה וטרגדיית מותה, מלמדות על הצורך הרב־דורי של שתי דרכי ההתנהגות, בהתאם למציאות המשתנה ולאתגרי התקופה. עם ישראל נדרש לא פעם להתמודד עם מציאות של הקרבת בנים למען קיומו של העם או למען קיומם של עיקרי אמונתו. דמותו של אברהם שהצליח לנטרל את קולות המצפון והמוסר האנושי נתנה השראה ואמונה בצדקת הדרך למקדשי השם בכל הדורות. קולות היבבה של שרה שנצרבו ביום הזיכרון השנתי בקולו של השופר, מזכירים את גבולותיה של הקרבת בנים ואת חובת הזכירה של הקולות המקבילים: "אל תשלח ידך אל הנער".

פרשת תולדות

מי ילד את יצחק? – שמועות רעות והפרכתן

סיפור הולדת יצחק מתואר בחגיגיות בפרשת וירא, אבל תחת הפניית הבמה לתיאור תולדותיו של יצחק ממשיכה התורה במשך כמה סיפורים להעמיד במוקד את דמותו של אברהם, ויצחק משמש כדמות משנית, בלתי מורגשת כמעט, על אף שבשניים מהסיפורים (עקדת יצחק והחיפוש אחר אישה בעבורו) הוא עומד במרכזה של ההתרחשות.

פסוק הפתיחה של פרשת תולדות מסמן את השינוי על ידי שימת יצחק במרכז הבמה:

> ואלה תולדת יצחק בן אברהם אברהם הוליד את יצחק (בראשית כה, יט).

הפסוק המקשר בעל התוכן החזרתי, הנחוץ מבחינה ספרותית כדי לאותת על שינוי מוקד ההתרחשות, מקדים את היחידות הקצרות שיוקדשו לדמותו של יצחק – עקרותו והולדת בניו ולאחר מכן חפירת הבארות. מכאן ואילך חוזר יצחק לתפקיד של הדמות המשנית, על אף שהמשיך לחיות עוד כשמונים שנה.[1] חרף פרקי המקרא המצומצמים העוסקים ישירות בדמותו, הוא מצוי

1. עשו נולד כשיצחק היה בן שישים (בראשית כה, כו) ובן מאה שנים כשעשו נשא את הנשים החתיות (שם כו, לד) ונפטר בגיל מאה ושמונים (שם לה, כח).

במרכזה של דרמה דרשנית סביב זהות הוריו. המידע הקונקרטי במקרא הן בסיפור הכרונולוגי של הולדתו הן בפסוק המקשר המקדים את תולדותיו, לא מנע, על פי המסופר במדרש, מליצני הדור ומאומות העולם בסביבת משפחתו לפקפק בשייכותו הביולוגית לאברהם ולשרה.

עורך התנחומא בחר לפתוח את דרשותיו לפרשת תולדות באחת ממסורות הפקפוק הנצמדת לפסוק הפותח את הפרשה:

> בא וראה כח השלום שבשעה שנתטלטלה שרה מיד פרעה ליד אבימלך ונתעברה היו אומות העולם אומרים "הלבן מאה שנה יולד" אלא היא מעוברת מאבימלך או מפרעה, והיתה קטטה בלבו של אברהם על הדברים. מה עשה קב"ה? אמר למלאך הממונה על צורת הוולד עשה קלסטורין שלו כדמות אביו, כדי שיעידו הכל שהוא בנו של אברהם. מנין ממה שקראו בענין "ואלה תולדות יצחק בן אברהם" ממשמע שהוא אומר "יצחק בן אברהם" איני יודע שאברהם הוליד את יצחק? ומה ת"ל "אברהם הוליד את יצחק" שכל הרואה אברהם אומר בודאי שאברהם הוליד את יצחק, ממה שהיה קלסתר פניהם דומין זה לזה. לכך נאמר "אברהם הוליד את יצחק" (תנחומא תולדות א).[2]

הדרשה עונה על שאלת החזרתיות בפסוק וההדגשה כי אברהם הוליד את יצחק, ואף על פי כן היא מעוררת שתי שאלות:

1. פקפוק בהורים שמולידים בגיל כה מבוגר בהחלט מתקבל על הדעת, אבל האם החשד לא אמור להיות מופנה כלפי שרה שהייתה עקרה עד כה? מדוע בוחר הדרשן לתאר פקפוק באבהותו של אברהם שכבר הוכיח את כוח ההולדה שלו כמה פסוקים קודם לכן?
2. מדוע מופיעה דרשה זו כאן ולא כמתבקש בדרשות הסובבות את הולדת יצחק, כמענה לסמיכות הפרשיות שבין ההסתבכות של אברהם ושרה עם אבימלך בגרר לעיבורה של שרה?

מדרש הפקפוק בתנחומא לא נוצר בחלל ריק, קדמו לו גרסאות שונות של

2. המקבילות למדרש זה הן בספרות חז"ל המאוחרת: אגדת בראשית לז, עמ' 355-356; מדרש אגדה (בובר) בראשית, חיי שרה – תולדות כה.

מדרשים שבהם מביעה סביבתם של אברהם ושרה חשדות ביחס לאפשרות ההולדה של זוג זקנים, אחרי שנות עקרות רבות של שרה. הדרשה הקדומה מעמידה במוקד החשד את שרה, ובמהלך גלגוליה היא משנה כיוון עד לתפנית שמתרחשת בדרשת התנחומא.

המסורות העוסקות בפקפוק בהורותם הביולוגית של שרה או אברהם מופיעות בחמישה חיבורים:

1. בראשית רבה (נג, עמ' 563-564)
2. פסיקתא דרב כהנא (כב עמ' 326)
3. תנחומא בובר (וירא לז-לח עמ' 107)
4. בבלי בבא מציעא (פז ע"א)
5. תנחומא (תולדות א; ג; ו)

בעיון שלפנינו יוצע מעקב אחר תהליך היווצרותן של דרשות הפקפוק. אנסה להבין מה בכתוב יצר את הבסיס שאפשר לדרשנים לדבר מגרונם של מפקפקים; אשווה בין המסורות בזיהוי מושא הפקפוק ואופיים של המפקפקים; ואבחין בין אופני נטרול הפקפוק והשלכותיו; ולבסוף אדרש להסבר פשר חריגותה של המסורת בתנחומא בהשוואתה למקבילותיה בזיהוי מושא הפקפוק.

1. התשתית המקראית להיווצרותן של המסורות

המסורת המדרשית מתפתחת לא פעם על בסיס תשתית פרומה בתיאור אירועי המקרא, או ניצול רצף אירועים שמותיר חללי מילוי. מהם אפוא אותם חללים של סיפור הולדת יצחק שהביאו לפיתוחן של דרשות הפקפוק?

פסוקי המקרא המתארים את הולדת יצחק משופעים בחגיגיות, וניתנת בהם במה לתגובתה המתפרצת של שרה. עיון בנוסח הדברים שמשמיעה שרה מאפשר לזהות את הבסיס להתפתחות מדרשי הפקפוק. להלן נוסח הפסוקים:

> וה' פקד את שרה כאשר אמר ויעש ה' לשרה כאשר דבר: ותהר ותלד שרה לאברהם בן לזקניו למועד אשר דבר אתו אלהים: ויקרא אברהם את שם בנו הנולד לו אשר ילדה לו שרה יצחק:

> וימל אברהם את יצחק בנו בן שמנת ימים כאשר צוה אתו אלהים: ואברהם בן מאת שנה בהולד לו את יצחק בנו: ותאמר שרה צחק עשה לי אלהים כל השמע יצחק לי: ותאמר מי מלל לאברהם היניקה בנים שרה כי ילדתי בן לזקניו: (בראשית כא א-ז)

מדרשי הפקפוק נשענים קרוב לוודאי על מרכיבי הפסוקים הבאים:

- הדגשת גילו המבוגר של אברהם, "בן לזקוניו" ולאחר מכן "ואברהם בן מאת שנה בהולד לו את יצחק" ובפעם השלישית בדברי שרה "כי ילדתי בן לזקניו", משמשת כנראה בסיס להשמעת קולות של פקפוק שמופנים לא רק כלפי שרה מחמת גילה ועקרותה, אלא גם כלפי אברהם מפאת גילו המופלג.
- המילים "אשר ילדה לו שרה", לאחר שכבר נאמר "ותלד שרה לאברהם", מלמדות ככל הנראה על הצורך להפריך תיאוריות אחרות.
- הנוסח המיוחס לשרה לאחר הולדת יצחק מתאר חשש מדברי לגלוג שיושמעו בסביבתה "כל השומע יצחק לי" (בראשית כא, ה). מי הם אותם השומעים שיצחקו על שרה, ומהו פשרו של הצחוק? האם זהו צחוק של שמחה והשתתפות בחגיגת הלידה, או שמא זהו צחוק של לגלוג (כפי שמיוחס לשרה עצמה לאחר הבשורה – בראשית יח, ב)?
- בדברי ההתלהבות של שרה היא עוברת לדבר על עצמה בלשון נסתר "מי מלל לאברהם הניקה בנים שרה" (שם כא, ז). האם יש כאן רמז לציטוט דבריה של חברה חשדנית בסביבתה של שרה?[3]
- צורת הרבים במילה בנים "היניקה בנים שרה" מעוררת תמיהה, לנוכח הכתוב שמדווח אך ורק על הולדת יצחק.[4]
- הכתוב נוקט את כפילות הפתיחה "ותאמר" ביחס לדבריה של שרה מבלי שהתחלף דובר. מה אירע בין שתי האמירות? האם ייתכן שדבריה השניים הם תגובה לדברים שהושמעו בין שתי אמירותיה?[5]

3. ראו: לוינסון, האם והאום, עמ' 465-485; לוינסון, הסיפור הדרשני, עמ' 56-73; לוינסון, הסיפור שלא סופר, עמ' 44-59.
4. ראו: ישראלי ורווה, יבשת אבודה, עמ' 61-66; לביא, הניקה בנים, עמ' 269-291.
5. ראו: רווה, בפני עצמן, עמ' 27. על הכפלת הפועל "ויאמר" בנרטיב המקראי ראו: שילוח, ויאמר, עמ' 251-267; שטיינר, ויאמר, עמ' 473-495.

- בתיאור תולדות אברהם בפרשתנו נדמה כי יצחק הוא בנו הראשון (והיחיד) של אברהם: "ואלה תולדות יצחק בן אברהם אברהם הוליד את יצחק" (שם כה, יט), מה פשרו של פסוק גנאלוגי תמוה זה?[6]

השאלות שמתעוררות מנוסח הפסוקים לצד הפלא של הולדת בן לאישה עקרה, שכבר העידה על מצבה הפיזיולוגי ("אחרי בלותי"), הן תשתית נוחה לפיתוחן של דרשות המתארות את קולותיהם של המפקפקים. אלא שכאן יש לשאול מה הטעם שראו החכמים דורשי הפסוקים בנתינת במה לקולות הפקפוק, ובעיקר יש לבחון כיצד משרת המענה ששמו הדרשנים בפיהם של מפריכי הפקפוק את מטרותיהם הדידקטיות, הלאומיות והדתיות של החכמים. בסעיפים הבאים יתקיים דיון בכל שלב של התפתחות המסורת, וניתוח פשר ההבדלים ביניהן להבנת תמורות לאומיות ודתיות בפרספקטיבה דורית ובין־דורית.

2. "גלי את דדייך" – הפקפוק באימהות שרה ותוצאות הפרכתו

2.1 אופיו של הנס ותוצאותיו – בין בראשית רבה לפסיקתא דרב כהנא

המסורת הקדומה המתארת פקפוק באימהותה של שרה מצויה במדרש בראשית רבה. וכך היא לשון המדרש:

> "ותאמר מי מלל [לאברהם הניקה בנים]" ר' פנחס בש' חלקיה "מי דבר" מן אמר אין כת' אלא "מלל" רמזו שמוליד למאה שנה. ר' פנחס מש' חלקיה קמותיו שלאברהם אבינו היו יבשות ועשו מלילות.
> "הניקה בנים" הניקה בנאיין, שרה אמינו היתה צנועה יותר מדיי אמר לה אבינו אברהם: אין זו שעת הצניע אלא גלי את דדייך כדי שידעו הכל שהתחיל הקב"ה עשות נסים. וגילה את דדיה והיו נובעים חלב כשני מעיינות, והיו מטרונות באות ומניקות את בניהן והיו אומ' אין אנו כדיי להניק את בנים מחלבו של צדיק של יצחק.
> רבנין ור' אחא כל מי שבא לשם שמים נעשה ירא שמים, ר' אחא אמר אף מי שלא בא לשם שמים נתן לו ממשלה בעולם, ולא עשו אלא כיון

6. על פסוק זה כבסיס למדרש הפקפוק ראו: קוגל, פוטיפר, עמ' 71-73.

שהפליגו עצמן בסיני ולא קיבלו את התורה ניטלה אותה מהם אותה הממשלה הה"ד "מוסר מלכים פתח ויאסור אזור במתניהם" (איוב יב, יח) (בראשית רבה נג, עמ' 563–564).

הדרשה המקורית בבראשית רבה נוגעת באופן מינורי בלבד בטיעוני הפקפוק כלפי אברהם ושרה, ומרחיבה בתיאור השפעת מעשיהם של אברהם ושרה בקירוב נוכרים לאמונה בה'. מבחינה זו, הדרשה היא המשך למגמת תיאור השפעתם של אברהם ושרה על סביבתם, ושאיפת הנוכרים לחסות בצלם, כפי שעולה מדרשות אחרות המצויות בחיבור.[7] דומה שבעל הדרשה מוטרד פחות מזהותם של המפקפקים ומהצורך של אברהם ושרה להוכיח כי הם הוריו הביולוגיים של יצחק, שכן הפליאה המוצגת במדרש היא על זקנותו של אברהם "קמתו שלאברהם יבשה...", ואין בהוראתו לשרה בכדי להפריך את הפליאה על הולדה בגיל מאה. לוינסון מרחיב בתיאור מגמתה האוניברסאלית של דרשה זו, שמתייחסת לדידו לקבוצה חברתית דתית שפעלה במקביל לתקופת היווצרותה של הדרשה. בעלי הדרשה, כנראה בניגוד לעמדות פרטיקולריות בסביבתם, דגלו בצירופם של "יראי השמיים" שגילו עניין ביהדות על אף שלא השלימו תהליך של גיור.[8] המסר האוניברסלי של המסורת בבראשית רבה ילך ויישחק במהלך גלגוליה של המסורת, וכפי שנראה כבר בעיצובו המחודש בחיבור שנערך מעט אחרי בראשית רבה ומכיר את דרשותיו.

וכך היא לשון המדרש בפסיקתא דרב כהנא:

ר' ברכיה בשם ר' לוי את מוצא כיון שילדה אימנו שרה את יצחק היו

7. ראו למשל: בראשית רבה לט עמ' 378–379; שם מה, א עמ' 447, שם, נג, עמ' 563, וראו לעיל בעיון לפרשת לך לך. ראו: שוורץ, האם הבתולה, עמ' 63-103 על חשיבות ההנקה בתרבות הרומאית כאמצעי להנחלת תפיסות עולם ולא רק כסעד פיזי לתינוקות.

8. השוו: לוינסון, האם והאום, המכנה מדרש זה בכינוי "עלילת הסתפחות"; לביא, הניקה בנים, הסבור שהמסר של המדרש רחב יותר ומעודד באופן כללי הפצת אמונה בקרב הנוכרים והובלתם לתהליך של גיור. לביא סבור שהדרשה מבטאת עמדה חריגה ולא מקובלת (עמ' 283). דומה שאופיין של הדרשות בבראשית רבה המרחיבות בתיאור ההסתפחות של אומות העולם למשפחת אברהם ושרה, מוכיח כי עמדתו של עורך החיבור משתלבת עם הקול החתרני הזה. בהמשך נעסוק בהיבט נוסף של הסיפא של הדרשה, הנוגע בשאלת יציבותו של תהליך ההסתפחות.

> אומות העו' אומ' חס ושלום לא ילדה שרה את יצחק, אלא הגר שפחת שרה היא ילדה אותו. מה עשה הקדוש ברוך הוא, ייבש דדי נשותיהם של אומות העולם והיו מטרונות שלהם באות ומנשקות עפר רגליה של שרה ואומרות לה, עשי מצוה והניקי בנינו. והיה אבינו אברהם או' לשרה, שרה אין זו שעה של הצניע, קדשי שמו של הקדוש ברוך הוא ושבי בשוק והניקי בניהם, הד"ה דכת' "הניקה בנים שרה" (בראשית כא, ז), בן אין כת' בן אלא בנים (פסיקתא דרב כהנא כב, עמ' 326).

המרכיב המשותף לשתי הדרשות המעיד על מוצאן הזהה הוא הוראת אברהם לשרה לוותר על צניעותה ולהניק את יצחק בפרהסיה, אולם מעבר למרכיב משותף זה קיימים לא מעט הבדלים, ואעמוד על חלקם:[9]

משמיעי הפקפוק: בניגוד לנוסח הדרשה בבראשית רבה, שנאחז בנוסח דבריה של שרה כדי לתאר את קיומו של פקפוק, בפסיקתא המפקפקים מקבלים זהות – אומות העולם.

סיבת הפקפוק: בבראשית רבה – זקנתו של אברהם ומצבו הפיזי. בפסיקתא – זקנתה של שרה.

הפעולה להזמת החשד: בבראשית רבה אברהם מורה לשרה להניק בציבור. בפסיקתא מתוארת התערבות אלוהית על ידי ייבוש דדיהן של נשות המפקפקים. המטרונות פונות אל שרה בבקשה שתיניק את בניהן, ואברהם מורה לה לעשות כך לעיני כול, באופן שניתן יהיה להזים את החשד.[10]

מניעי המטרונות בהבאת ילדיהן: בבראשית רבה רצונם של אומות העולם שבניהם יינקו מחלבה של אם הצדיק. בפסיקתא כדי להחיות את בניהם.

תוצאות ההנקה: בבראשית רבה "כל מי שבא לשם שמים נעשה ירא שמים, ר' אחא אמר אף מי שלא בא לשם שמים נתן לו ממשלה בעולם". בפסיקתא, מעבר להזנת הילדים, הערך המוסף הוא תיאור כפיפותן של נשות אומות העולם לשרה, "והיו [...] באות ומנשקות עפר רגליה של שרה".

שתי המסורות עוסקות בסיפור הולדת יצחק כנקודת מפנה ביחסי יהודים

9. בהקשר השונה שבו מובאות הדרשות נעסוק להלן עמ' 180–184.
10. בדרשה ישנו כשל לוגי קטן בתיאור פנייתן של המטרונות לשרה בבקשה שתניק את ילדיהן, בעוד הן חושדות בה שהיא איננה אימו של יצחק. כיצד מי שלא ילדה יכולה להניק? אלא אם כן כוונת המדרש היא שהן מבקשות את רשותה של שרה הגבירה להכניס את בניהן לביתה בכדי שהגר (החשודה כאמו של יצחק) תניק את בניהן.

ושכניהם הנוכרים ומתארות את תהודת הנס כחורגת מגבולות המשפחה. נקודת השוני היא בתיאור מערכת היחסים בין משפחת אברהם לסביבתה הנוכרית שנוצרה בעקבות הלידה. בבראשית רבה אין תיאור של עימות, אדרבה מובעת בו כמיהה של הנוכרים להשתייך למשפחת אברהם והיענותם של אברהם ושרה.[11] בפסיקתא מתואר יחס חשדני כלפי אברהם ושרה ופקפוק בישרותם. ההתרה מתרחשת על ידי התערבות אלוהית שמעמידה את אומות העולם כמי שנזקקים לחסדי משפחת אברהם. לא סיפוח ושייכות אלא יחסי אדנות מול מי שמנשקים את עפר רגליהם.

השכתוב ה"אנטי מספח" של דרשת "הניקה בנים שרה" במסורת הפסיקתא, משתלב עם מגמה פרטיקולריסטית המאפיינת חלקים אחרים בחיבור.[12] רבות מדרשות הפסיקתא מטפחות גאווה של הזהות היהודית, מדגישות את ייחודיות עם ישראל על פני אומות העולם,[13] ומתנגדות לסיפוחם של נוכרים גם אם יבקשו להתגייר.[14] הכינוי "אומות העולם" מופיע בפסיקתא כשמונים פעם, ובכל האזכורים שמם מוזכר לצורכי השוואה בין מעלת עם ישראל לגנותם של אומות העולם. ההנחה היא כי מפאת אופיו של החיבור הנצמד לקריאות המיוחדות בתורה, נבחרו על ידי העורך דרשות המחדדות את הרעיונות המובאים בברכת התורה – הבחירה הבלעדית בעם ישראל המוכחת מהעובדה שה' נתן לו את תורתו. הניסיון להשפיל את אימו של העם הנבחר הוביל להתערבות אלוהית שהעמידה את עליונותו של העם מול המטרונות שהיו באות ומנשקות את עפר רגליה של שרה.

11. ראו בסוגיה זו את דבריו המפתיעים של ברזיס, בין קנאות לחסד, עמ' 353, הסבור שההרחבה בתיאור יציאתה של שרה מהפנים אל החוץ, קרי אל פרעה ואל אבימלך ואחר כך לשוק כדי להניק את יצחק, רומזת על תפיסתם של הדרשנים בדבר השפעתה של מעורבותה החברתית על גאולתה מעקרותה.

12. ראו: הירשמן, כמיהה לאינטימיות, עמ' 135–145; בראודה וקפשטיין, פסיקתא, עמ' xxvi–xviii; עצמון, פסקת איכה, עמ' 1–11; אליצור, דרשות על יתרו, עמ' 9–33.

13. מגמה זו בולטת מאוד בפסקה לפרשת שקלים (פסקה ב, ה), בפסקה לפרשת החדש (ה, ב; ה) ובפסקה לשבועות 'בחדש השלישי' (יב, כ). ראו גם אצל עצמון, עריכה ומשמעות, עמ' 330–346, 384–386.

14. ראו למשל דרשות הגנאי על יתרו: פסיקתא דרב כהנא יב, ו, עמ' 208; פסיקתא דרב כהנא יב, ט, עמ' 209–210; פסיקתא דרב כהנא יב, טז, עמ' 216. וראו האשמת הגרים בחטא העגל: "אלא הגרים שעלו עמהם הם עשו את העגל, והיו מונים את ישר' ואומ' להם אלה אלהיך ישראל (שמות לב, ד)" (פסיקתא דרב כהנא ט, ח, עמ' 157). וראו בהרחבה אליצור, דרשות על יתרו, עמ' 9–33.

2.2 זהותם של המסתפחים – בין בראשית רבה לתנחומא בובר

המסורת בתנחומא בובר מובאת לאחר כמה פרשנויות למשמעות קריאת שרה "מי מלל". בראשיתו של המדרש מובע ספק בכושרו של אברהם להוליד בנים בגילו המופלג, לאחר מכן מובעת בו תמיהה על כשירותה הפיזית של שרה ללדת, והדרך שבה הוכח מעל לכל ספק כי שרה היא אימו של יצחק. וזו לשון המדרש:

"הניקה בנים שרה" וגו' (בראשית כא, ז). א"ר פנחס הכהן בר חמא בשם ר' חלקיה: ולא יצחק בלבד ילדה, שהוא אומר "היניקה בנים שרה", אלא מהו "מי מלל"? מ' ארבעים ל' ל' ששים, הרי מאה. מי בישר לאברהם בן מאה שנה אתה מוליד.
"היניקה בנים שרה", ר' פנחס הכהן בר חמא אמ' כיון שילדה שרה היו נשי המצרים תמהים לומר אפשר שילדה, והיו אומרין אלו לאלו והלא זקנה שרה, ושמא שפחתה היא, ומה היו עושות, היו נוטלות בניהן והולכות אצל שרה, ואומרות לה היניקי את הילד הזה, והיתה מניקה את בניהם, שנאמר "היניקה בנים שרה".
אמרו רבותינו כל בני המצריות שהניקה שרה כולם נתגיירו, ואל תתמה בדבר, וכן אתה מוצא באליפז בן עשו, על ידי שנתגדל בחיקו של יצחק נעשה צדיק, וזכה ששרה עליו רוח הקדש, שנאמר "פרי צדיק עץ חיים"...
כך התינוקות שינקו משרה אימנו כולם נתגיירו.
אמר הקב"ה בעולם הזה על ידי הצדיקים היו יחידים מתגיירין, אבל לעולם הבא אני מקרב את הצדיקים, ומביאן תחת כנפי השכינה, שנאמר "אז אהפך אל עמים שפה ברורה לקרוא כולם בשם ה' לעבדו שכם אחד" (צפניה ג, ט) (תנחומא בובר וירא לז-לח).[15]

חוקרי המדרש מציעים הסברים מתודולוגיים המסייעים להבין את עיבודי

15. נוסח תנחומא תוקן על פי כתב יד אוקספורד 154 המובא ב"מאגרים". נוסח תנחומא בובר במהדורת וילנא מבוסס אף הוא על כתב יד אוקספורד, אלא שכנראה חל שיבוש כלשהו בנוסח הדפוס ותחת זהות המפקפקות כמצריות הן זוהו כ"נשי אומות העולם". בהמשך הדרשה מתוארת השפעת ההנקה על ילדי המצריות ולפיכך נראה להניח שהמפקפקות הן אימותיהם המצריות.

המסורת המאוחרים למדרש בהשוואתם לנוסח הקדום כפי שראינו בעיונים הקודמים. רבים מן ההבדלים בין גרסת תנחומא בובר לגִרסה הקדומה בבראשית רבה ניתן להסביר על פי ההנחה של שאיפת הסימטרייה או תוספת הסבר לבסיס המקראי המשמש את הרעיון הדרשני.[16] אף על פי כן דומה שלא ניתן להסתפק בהנחה זו בהסבר כל ההבדלים, כמו למשל בהבדלים שלהלן:

מניעי המטרונות: בבראשית רבה המטרונות מבקשות להאכיל את ילדיהן מחלבה של הצדקת. בפסיקתא המניע תועלתני, הן רוצות להחיות את ילדיהן, ואילו בתנחומא בובר בקשת ההנקה היא מבחן לבדיקת אימהותה של שרה. המצריות לא הסתפקו בהשמעת פקפוקם באימהותה של שרה, וביקשו להביך אותה בפרהסיה. ציור דמותן של הנשים משתנה לחלוטין, לא עוד הערצה ורצון הידבקות בשרה, אלא מזימה שתביא לביזויה.

הפעולה להזמת החשד ואופן הסרתו: הוראת אברהם לשרה ונס שפע החלב המהווה את נקודת התפנית בדרשת בראשית רבה אינם נזכרים בגרסת התנחומא. בתנחומא אין זכר להתערבות אלוהית באמצעות נס, וההתרה מתרחשת על ידי הנקה טבעית של בני המטרונות.

מטרת הפרכת החשד: בבראשית רבה אין קשר בין שפעת החלב לחשד (שאף לא הוזכר באופן מפורש ביחס לשרה). תפקידו של שפע החלב הוא להוכיח את קיומם של ניסים. בתנחומא מטרת ההנקה היא הוכחת האימהות שעמדה בספק.

תוצאות הפעולה: בשתי המסורות מתוארת תנופה של הסתפחות למשפחת אברהם בעקבות גמיעת חלבה של שרה. בבראשית רבה מכונים המסתפחים "יראי שמים", ואילו בתנחומא אלו גרים. בבראשית רבה הסיפוח דרש פחות אולם נגדע באיבו, במעמד הר סיני כשלא הסכימו לקבל את התורה, ואילו בתנחומא דרישות הקבלה היו גבוהות יותר, והן משמשות מודל לאופי קבלת הגרים לעתיד לבוא.

אלו הם מוקדי ההבדל:

- גורמי ההסתפחות למשפחת אברהם וזהותם של המסתפחים
- יחס נשות אומות העולם למשפחת אברהם
- דרישות הקבלה ויציבותה

16. כך למשל ההפרדה בין החשד באברהם לחשד בשרה, וכן ההרחבה בפירוט זהות המפקפקות ותוכן הפקפוק בשרה.

מדרש נס שפעת החלב של שרה בבראשית רבה משתייך לקטגוריה של מדרשים בספרות חז״ל המשלבים תיאור של ניסים מקראיים שאינם נזכרים בסיפור המקראי.[17] הדרשן אינו מסתפק בנס הריונה ולידתה של שרה הקשישה, ומתאר היבט נוסף של הנס באופן שלא יהיה ספק באימהותה של שרה ובכשירותה הביולוגית לגדל את בנה. לכאורה כדי להוכיח את עובדת היותו של הא־ל עושה ניסים מספיק היה לראות את יצחק יונק משדיה של שרה. התיאור הציורי של זרימת החלב כשני מעיינות מבטא היבט ויזואלי של גודל הנס. המדרש ממשיך ומתאר את רישומו של הנס בקרב מי שהיה עד לו וביקש להסתפח הודות לו למשפחת אברהם, אולם מבחין בין מי שהנס היה המניע הבלעדי להסתפחות לבין מי שקיבלו על עצמם גם עול תורה ומצוות.

מיהם אפוא אותם יראי שמיים שהסתפחו מחמת הנס וסירבו לקבל על עצמם עול תורה ומצוות?

כפי שצוין לעיל, לוינסון שייך את החלק האחרון של המדרש בבראשית רבה לתופעת ״יראי השמיים״ שמאפיינת קבוצת נוכרים שגילתה עניין ביהדות וביקשה להסתפח לקהילה היהודית, מבלי להתחייב על שמירת תורה ומצוות.[18] מנגד ידוע כי הנוצרים הראשונים הציבו את האמונה בנס הולדת ישו כדרישה הבלעדית מהאדם, והיא הוצבה (לראשונה על ידי פאולוס) כמי שכוחה גדול מכוחן של תורה ומצוות.[19] האם ייתכן שהסיפא

17. על התמורות שחלו ביחס לנס בספרות חז״ל וגורמי התמורות ראו: כשר, נס ואמונה, עמ׳ 22-15; אורבך, חז״ל, עמ׳ 8-102; היינמן, המחלוקת, עמ׳ 170-191; גוטמן, המשמעות, עמ׳ 363-406; קדושין, המוח הרבני, עמ׳ 152-167; בכר, ניסים ועושי ניסים, עמ׳ 48-69; בר אילן, בין קסם לדת, עמ׳ 383-399; הירשמן, מוקדי קדושה, עמ׳ 109-118; ניוזנר, התופעה, עמ׳ 288-289; גרין, אנשי ישראל הקדושים, עמ׳ 619-648.

18. לוינסון, האם והאום, עמ׳ 474-477. לוינסון שם, בהערה 43 מפנה לספרות מחקר עשירה שעסקה בזיהויה של קבוצה אתנית זו, היקפה, מאפייניה ותיאור המחלוקת הפנים־יהודית ביחס לקבלתה לשורותיה. ראו למשל: מקלנן וקראבל, יראי ה׳, עמ׳ 47-53; פלדמן, יהודים ונוכרים, עמ׳ 342-382. מחלוקת זו היא חלק ממחלוקת רחבה יותר בסוגיית הגיור ומעמדם של גרים, ראו לעיל במבוא.

19. ראו דברי פאולוס באיגרת אל הרומים ג, כח: ״לכן דנים אנחנו שבאמונה יצדק האדם בבלי מעשי תורה״, ובפרק ט, ל-לג: ״ועתה הנאמר שהגוים אשר לא רדפו אחרי הצדקה השיגו את־הצדקה היא הצדקה אשר מתוך האמונה: וישראל ברדפו תורת צדקה לתורת הצדקה לא הגיע: ועל־מה על־אשר־לא מאמונה דרשוה כי אם־ממעשים כי התנגפו באבן נגף: ככתוב הנני יסד בציון אבן נגף וצור מכשול וכל־המאמין בו לא יבוש״. על מעמדה של האמונה כתחליף למצוות בתיאולוגיה הפאולינית ראו:

של הדרשה מתפלמסת עם תורת הנס הפאולינית שאף העמידה את יצחק כבן דמותו של ישו?[20]

על אף התפיסה האוניברסלית של הדרשן במסורת הקדומה של בראשית רבה, המאפשרת הצטרפות של יראי שמיים, הדרשן מצביע על חולשתה וחוסר שרידותה של הסתפחות הנשענת על נס בלבד. הנס יכול להיות מניע ראשוני להצטרפות, אולם תחזוקת התהליך על ידי שמירת תורה וקיום מצוות היא תנאי הכרחי ליציבותה. דומה שמסורת בראשית רבה דוגלת בהסתפחות דתית של מי שנלהבים מהנס היהודי, אולם מזהירה מפני חולשת הזיקה של מי שאינם עומדים בדרישה של קיום תורה ומצוות כחלק מהמחויבות של הדת.

העיבוד התנחומאי לדרשה הקדומה נעשה כפי הנראה בתקופה מאוחרת יותר[21] שבה לא קיימת התמודדות עם "יראי השמיים" או עם מי שעדיין מתלבטים בשאלת הצטרפות לקהילה היהודית. את שאיפת ההסתפחות של הסביבה הנוכרית של יראי השמיים החליפה עמדת התנשאות ויחס חשדני. התקווה להתערבות האלוהית שתפוגג את החשדות ותעמיד מחדש את מעלת ישראל על פני אומות העולם (כפי שמתואר בגרסת הפסיקתא), כבר איננה נחלתו של הדרשן. ההצטרפות למשפחת אברהם איננה תופעה לאומית בסגנון בראשית רבה "כל מי שבא", אלא תופעה של יחידים ("בעולם הזה על ידי הצדיקים היו יחידים מתגיירין"), שנחשפו לאורחות החיים הייחודיים של משפחת אברהם. הצטרפותם של היחידים כרוכה בתהליך גיור מלא הכולל שמירת תורה ומצוות ואינה נשענת על כוחו של הנס.

2.3 הסעודה, הרינונים, האסופי והיעדרם של הנספחים – התוספות וההשמטות במסורת הבבלי

מסורת נס החלב בגרסת הבבלי משולבת בסוגיה העוסקת בהשוואת סעודת

בולטמן, תיאולוגיה, עמ' 340-345; סנדרס, על השאלות, עמ' 103-126. ראו בעניין הפולמוס של דרשת בראשית רבה עם הדוקטרינה הפאולונית גם אצל: שוורץ, האם הבתולה, עמ' 85-86.

20. ראו למשל: שופס, עקדת יצחק, עמ' 385-392; רוזנברג, ישו יצחק, עמ' 381-388; ווד, הטיפולוגיה של יצחק, עמ' 583-589.

21. על פי סימני הזיהוי שהציב ברגמן, תנחומא ילמדנו, עמ' 182-185, דומה שדרשה זו משתייכת לרובד הביניים של ספרות התנחומא ילמדנו. נוסח הדרשה הוא עברית (הגם שכך מופיע גם במקור הקדום), ולשם הדרשן נוסף התואר הכהן.

אברהם לסעודת שלמה, במסגרת הדיון בחובת בעל הבית לדאוג להסעדת פועליו. המדרש משולב בניתוח הפסוקים העוסקים באירוח האנשים באוהלו של אברהם וטרחתו בסעודתם, וזו לשונו:

ותאמר מי מלל לאברהם הניקה בנים שרה – כמה בנים הניקה שרה? – אמר רבי לוי: אותו היום שגמל אברהם את יצחק בנו [עשה סעודה גדולה], היו כל אומות העולם מרננין ואומרין: ראיתם זקן וזקנה שהביאו אסופי מן השוק ואומרים: בננו הוא, ולא עוד אלא שעושין משתה גדול להעמיד דבריהם. מה עשה אברהם? זימן כל גדולי הדור, ושרה אמנו זימנה נשותיהן, וכל אחת ואחת הביאה בנה עמה ומניקתה לא הביאה, ונעשה נס ונתפתחו שני דדיה כשני מעינות, והניקה את כולן... ועוד היו מרננין ואומרים: "אם שרה הבת תשעים שנה תלד", ואברהם בן מאה שנה ילד? מיד נהפך קלסתר פנים של יצחק ונדמה לאברהם. פתחו כולן ואמרו "אברהם הוליד את יצחק" (בבלי בבא מציעא פז ע"א).[22]

מסורת המדרש בבבלי שונה מהמסורות שניתחנו עד כה בכמה היבטים, כגון יצירת איזון בין החשדות שהופנו כלפי אברהם לאלו שהופנו כלפי שרה; הרחבה בתיאור מטרת המשתה הנזכר במקרא; העצמת החשד בתיאור מוצאו של הילד "מן השוק"; וכן לראשונה, תיאור נס שנעשה כדי לנטרל את החשד באברהם.

לוינסון רואה בשינויים חלק ממתודולוגיה המאפיינת את המדרש המאוחר, שדורשת פחות מחויבות להיצמדות לפסוקים המקראיים ומילוי הפערים העולים מתוכם, לטובת יצירת סיפור חדש בעל שלמות עצמאית גם כשהוא מנותק מהפסוקים. הסיפור החדש אינו בהכרח פרי דמיונו של הדרשן המאוחר. הדרשן המאוחר מלקט קטעי מדרש קדומים ומארגנם מחדש לכדי סיפור.[23]

נוסיף ונציין היבט ספרותי נוסף: העצמת מקומו של אברהם ותפאורת

22. על פי כתב יד המבורג 165 המובא ב"מאגרים".

23. לוינסון, הסיפור הדרשני, עמ' 68. לוינסון מצביע על מקורם של חומרי הגלם המדרשיים: הדמיון של יצחק לאביו נזכר בכמה מקומות בבראשית רבה. המשתה בנוכחותם של גדולי העולם נזכר גם הוא בבראשית רבה נג, י עמ' 565.

הסעודה הן נקודות הממשק של הסיפור להרחבה התלמודית המפרשת את דברי המשנה: ״אפילו אם אתה עושה להם כסעודת שלמה בשעתו לא יצאת ידי חובתך עמהן, שהן בני אברהם יצחק ויעקב״ (שם פג ע״א). הדיון התלמודי משווה בין רמת הסעודה של אברהם לזו של שלמה, והנה המסורת שלנו מלמדת שעל אף האירוח המצומצם שערך אברהם לשלושת האנשים שבאו לאוהלו באלוני ממרא, אברהם שב והכין סעודה גדולה ביום גמילת יצחק, בהשתתפות כל גדולי הדור ונשותיהם. כיוון שאברהם הוא מוקד סיפור האירוח, חלה העצמה והרחבה גם בתיאור הרינונים שהופנו כלפיו, וההתערבות האלוהית שנדרשה כדי לנטרל את החשד.

נציע אפוא ששאיפתו הבסיסית של עורך המדרש ליצור זיקה להקשר הכללי של הסוגיה יצרה שינוי בהגדרת מוקד הסיפור, הן מבחינת הדמות הן מבחינת סיטואציית ההתרחשות.[24] יתר השינויים שנעשו במסורת המוקדמת נוצרו כדי להתאימם לקונטקסט הסיפורי החדש. האם בכך ניתן להסביר גם את השמטת המרכיב האוניברסלי של המדרש הקדום המתאר את השלכות ההנקה על מעמדה של משפחת אברהם? יש מקום לשער שהשמטה זו, כמו הבדלים נוספים בין הקורפוס הבבלי וקורפוסים ארץ־ישראליים בתחום יחסי יהודים ונוכרים, נובעים ממציאות החיים השונה, והיבטי הסתייגות של יהודי בבל מגיור וקירוב של נוכרים.[25]

24. על אופי עיבוד מסורות קדומות בבבלי כדי להתאימן לקונטקסט ההלכתי ראו בהרחבה: מאיר, הסיפור תלוי ההקשר, עמ׳ 103–119; מאיר, סיפורי האגדה, עמ׳ 81–97: ״אפשר לראות בסיפור האגדה של חז״ל לא רק טקסט בפני עצמו, אלא גם טקסט בהקשר ספרותי, שבו יש היזון הדדי בין ההקשר לסיפור, וגם עורך הקובץ הספרותי ונמעניו לדורותיהם הם מרכיבים בתהליך השלם״ (עמ׳ 81) וכן: פיינתוך, חסיד אנונימי, עמ׳ 238–262.

25. על המורכבות של יחסי יהודי בבל לגרים ראו: לביא, גיור, עמ׳ 84–109. וכך הוא מתאר את היחס הדואלי לגר: ״ומצד שני עולה קול המדגיש כי אין הגר שייך שייכות מלאה למשפחת ישראל המקורית ונדחקים החוצה הדימויים התופסים את הגיור ככינון של הורות מטפורית של אברהם כאבי הגרים. במילים אחרות, בניגוד לציפייתנו לתמונה של הגר העוזב את משפחתו הקודמת ונעשה חלק ממשפחה חדשה, נוצר בתלמוד הבבלי מצב שבו הגר עוזב את משפחתו הקודמת, ובכל זאת ישנה הסתייגות מתיאורו כנכנס למשפחה חדשה״ (עמ׳ 85–86) וכן: לביא, הגיור הרבני; לביא, המרה, עמ׳ 203–222.

3. אברהם הוליד את יצחק: שינוי מוקד במדרשי תנחומא (הנדפס)

מדרשים המתארים את הפקפוק בהוריו של יצחק מובאים בתנחומא בשלושה עיבודים: מדרש אחד שאפשר לזהות בו את עקבות המסורת הקדומה מבראשית רבה, ועוד שני מדרשים שעוסקים בניסיונם של שכני אברהם ושרה לפקפק בהורותם, אולם מעמידים במוקד הפקפוק והנטרול את אברהם בלבד. המסורת בעלת העקבות הקדומים אינה דומה לאחותה בתנחומא (בובר), ודומה שזה אחד מהמקרים שאי אפשר להצביע על מדרש תנחומא או על מדרש ילמדנו קדום ששימש בסיס משותף לשתי המהדורות.[26] לשני המדרשים האחרים אין כל מקבילה בתנחומא (בובר), מה שמעיד כפי הנראה על היותם משתייכים לרובד המאוחר של מדרש תנחומא.[27]

ההבדל הראשון בין דרשת תנחומא לדרשת תנחומא בובר הוא נקודת המוצא המקראית של הדרשה. דרשת תנחומא בובר, בדומה לדרשת בראשית רבה וכמתבקש מנושאה, נצמדת לפסוקי נס פקידת שרה ושירת ההלל שהיולדת הנפעמת משמיעה. פסוקים אלו מתארים שינוי מדרך הטבע ומכילים מרכיבים שמלמדים על הימצאותם של מפקפקים ביכולתו של הגוף האנושי הזקן לחזור להיות פורה. לעומת זאת בתנחומא הדרשות הנצמדות לפסוקי הפקידה והלידה עוסקות בווריאציה כזו או אחרת בשבחו של הא־ל המקיים את דברו. בכל הפרשה אין ולו רמז קל להימצאותם של מפקפקים. מדרשי המפקפקים נצמדים לפסוק הפותח של סדר תולדות, "ואלה תולדות יצחק בן אברהם אברהם הוליד את יצחק" (בראשית כה, יט). לא מפתיע אפוא שההקשר החדש שאליו נצמדו המדרשים מסיט את המוקד מפקפוק באימהותה של שרה לחשדות שפקפקו באבהותו של אברהם.

3.1 "היא מעוברת מאבימלך או מפרעה"

המדרש הראשון (שהובא במבוא לעיון) מתאר רינונים של אומות העולם

26. על הדעות השונות בדבר מקור קדום משותף לרבות מדרשות שתי המהדורות ראו בהפניות אצל ברגמן, תנחומא ילמדנו, עמ' 184–186.

27. ראו ברגמן, שם, עמ' 85, הסבור שהחומר המיוחד שבכל מהדורה משתייך לרובד המאוחר.

על שעיבורה של שרה אינו מאברהם אלא התרחש בשעה שנחטפה על ידי פרעה או על ידי אבימלך:

> בא וראה כח השלום שבשעה שנטלטלה שרה מיד פרעה ליד אבימלך ונתעברה היו אומות העולם אומרים "הלבן מאה שנה יולד" אלא היא מעוברת מאבימלך או מפרעה, והיתה קטטה בלבו של אברהם על הדברים. מה עשה קב"ה? אמר למלאך הממונה על צורת הוולד עשה קלסטורין שלו כדמות אביו, כדי שיעידו הכל שהוא בנו של אברהם. מנין ממה שקראו בענין "ואלה תולדות יצחק בן אברהם" ממשמע שהוא אומר "יצחק בן אברהם" איני יודע שאברהם הוליד את יצחק? ומה ת"ל "אברהם הוליד את יצחק" שכל הרואה אברהם אומר בודאי שאברהם הוליד את יצחק, ממה שהיה קלסתר פניהם דומין זה לזה. לכך נאמר "אברהם הוליד את יצחק" (תנחומא תולדות א).[28]

אציע זיהוי של אבני הבניין של הדרשה ולאחר מכן הנחה שתסביר את מטרות הכלאתם לכדי סיפור חדש שיצר בהן עורך המדרש:

1. **סצנת הדפוס**: כפי שאפשר לראות, סצנת הדפוס של הדרשה מקבילה למרכיבים הצורניים של דרשת הפקפוק באימהותה של שרה: הלגלוג של אומות העולם, התערבות של הקב"ה ונטרול החשד, אולם המוקד הבלעדי הוא אברהם.
2. **"גדול השלום"**: פתיחת המדרש בתיאור כוח השלום מוכרת מההקדמה לדרשת נס החלב בבבלי,[29] ואם כך יש לשער שזהו הבסיס של תנחומא

28. על פי כתב יד קיימברידג'. המקבילות למדרש זה הן בספרות חז"ל המאוחרת: אגדת בראשית לז עמ' 355-356; מדרש אגדה (בובר) בראשית, חיי שרה-תולדות כה.
29. "כתיב ואדני זקן וכתיב ואני זקנתי – דלא מותיב הקדוש ברוך הוא כדקאמרה איהי. תנא דבי רבי ישמעאל: גדול שלום, שאפילו הקדוש ברוך הוא שינה בו, שנאמר ותצחק שרה בקרבה וגו' ואדני זקן וכתיב ויאמר ה' אל אברהם וגו' ואני זקנתי" (בבלי, בבא מציעא פז ע"א). דרשת גדול השלום מובאת במקבילות רבות נוספות (בראשית רבה מח, יח, עמ' 494; ויקרא רבה ט, ט, עמ' קפט; ירושלמי, פאה א, א, טז ע"א; בבלי, יבמות סה ע"ב ועוד), אולם רק בבבלי חל חיבור בין "גדול השלום" ובין מדרש נס החלב. על היכרותם של עורכי רובדי המדרש המאוחרים בתנחומא עם דרשות הבבלי ראו ברגמן, תנחומא ילמדנו, עמ' 186. בהמשך נוכיח כי מדובר ברובד מאוחר.

ליצירת חיבור בין מעשה השלום ובין הרחבה בתיאור הצורך בשלום מחמת פקפוק כלשהו.

3. **אופי החשד "מעוברת מאבימלך או מפרעה"**: סמיכות הפרשיות המקראית של שחרור שרה מביתו של אבימלך, אגב ציון העובדה שהא־ל העניש את נשות אבימלך ואימהות משפחתו בעקרות על לקיחת שרה, לתיאור פקידתה של שרה, עשויות לעורר רינונים וחשדות על מקור עיבורה של שרה, ואכן, כבר במסורות קדומות לתנחומא יש ניסיון לנטרל את האפשרות ששרה נבעלה לאבימלך.[30] ואולם המסורות המוקדמות עוסקות בנטרול החשד בלבד, ואילו המסורת בתנחומא היא היחידה המביעה במפורש דברי חשד קונקרטיים שהושמעו באוזני אברהם.

4. **"שהיה קלסתר פניהם דומין"**: דרשה דומה מובאת בבראשית רבה בנוגע לדמיון שבין יוסף ליעקב: "וישראל אהב את יוסף מכל בניו כי בן זקונים הוא לו ר' יהודה א' שהיה זיו איקונין שלו דומה לו".[31] דרשה זו באה להסביר מדוע יוסף מכונה בן הזקונים של יעקב, אף שבנימין נולד מאוחר לו והיה בן זקוניו הביולוגי. קוגל הוכיח כי המדרש על הדמיון בין יוסף ליעקב הוא הקדום יותר, ודרשן מדרש תנחומא העתיק את הרעיון והלביש אותו על אברהם ויצחק. קוגל סבור כי הקושיה בסיפור יוסף כבדה יותר ומצריכה פתרון, ואילו את פסוקי המוצא של תיאור אברהם כמוליד יצחק היה אפשר לפרש בדרך אחרת.[32]

זיהוי אבני הבניין מצביע על מקורותיו הקדומים של יוצר הדרשה, אולם השאלות שהועלו בראשית העיון עדיין דורשות פתרון:

- מדוע מדרש הלגלוג אינו מובא בצמוד לסיפור לידת יצחק, והרי שם נדרש הסבר לסמיכות הפרשיות והצורך לנטרל את החשד? בסיפור הלידה נזכר יצחק כבן הזקונים של אברהם, "כי ילדתי בן לזקֻניו" (בראשית כא, ז). מדרש "זיו האיקונין" של יוסף היה יכול להיות מולבש טוב יותר על הביטוי הזהה כמעט של תיאור מעמד הבנים.

30. ראו למשל שתי דרשות בבראשית רבה נג, עמ' 560-561.
31. בראשית רבה פד, עמ' 1010.
32. קוגל, פוטיפר, עמ' 72-73.

- מהי הסיבה להעברת המוקד משרה לאברהם? והרי אברהם עצמו כבר הוכיח את היותו בעל כוח גברא!

נעיין במדרש השני בתנחומא, העוסק בהיבט אחר של הרינונים.

3.2 נס החלב בתנחומא

נוסח המדרש העוסק בנס החלב בתגובה על הרינונים בגרסת התנחומא מקביל כמעט לחלוטין לגרסת הבבלי, למעט פסוק המוצא והשמטת הסיום:[33]

> אלה תולדות יצחק, למה חזר ואמר "אברהם הוליד את יצחק" אלא שהיו מרננין אחריהם ואומרים אפשר זקן בן מאה שנה וזקנה בת תשעים שנה מולידין אין זה בנה אלא שהביאה אותו מן השוק, וכן אתה מוצא בשעה שגמל אברהם את יצחק עשה משתה וזימן כל גדולי המלכות אף שרה קראה כל נשותיהן לסעודה, מה עשו אותן הנשים עכשיו יוָדע הדבר אם הוא בנה ואם לאו, כל אחת ואחת הביאה בנה עמה ולא הביאה מניקתה, מיד היו הבנים בוכין וכל אחת אומרת שכחתי ולא הבאתי מניקתי, באותה שעה היה שופע ויורד חלב מדדיה של שרה ונטלה כל בניהן והניקה אותן שנאמר "הניקה בנים שרה" (בראשית כא) וכן כולן אומרות באמת הניקה בנים שרה ולכך נאמר "אברהם הוליד את יצחק" (תנחומא תולדות ג).

השאלה הראשונה שהוצגה בסיום ניתוחו של המדרש הראשון, צפה ועולה במלוא עוצמתה בנוגע למדרש השני. הפתיח והסגיר של המדרש עוסקים בקושיית החזרה על "אברהם הוליד את יצחק", אולם מדרש החלב המובא באמצעם מוכיח את אימהותה של שרה ואינו פותר כלל את שאלת החזרה. לכאורה היה מקום להעתיק לפחות גם את חלקו האחרון של המדרש בנוסח הבבלי שנוגע לדרך הוכחת אבהותו של אברהם, אולם דווקא חלק זה חסר. אם עורך תנחומא מצא לנכון שלא לוותר על מדרש נס החלב שנוצר כדי להפריך את הרינונים שהופנו כלפי שרה, מדוע לא הצמיד אותו למקומו המתבקש בפרשת וירא? להלן המדרש השלישי, ולאחר מכן אציע הסבר.

33. וכן כמה הבדלים שאפשר להסבירם כחלק מהעיבוד המדרשי האופייני לתנחומא.

3.3 ולא היו הבריות מכירות בין אב לבן

המדרש השלישי מגולל סיפור ארוך הדורש את שמותיו הכפולים של בנם המשותף של דוד ואביגיל, ורק בסופו מקיש מסיפור דוד ואביגיל לסיפור הדמיון שבין אברהם ליצחק:

"אברהם הוליד את יצחק", א"ר יצחק אין לך דור שאין בו לצנין [...] "ולאביגיל אשת נבל הגיד נער אחד מהנערים לאמר הנה שלח דוד מלאכים מהמדבר לברך את אדונינו ויעט בהם", כששמעה כך התקינה הדורון והלכה אל דוד [...] "ותאמר לנעריה עברו לפני הנני אחריכם באה ולאישה נבל לא הגידה" כל אותו הענין, וכתיב (שמואל א כה, לח) "ויהי כעשרת הימים ויגף ה' את נבל וימת" (שם, לט) מיד "וישלח דוד וידבר באביגיל לקחתה לו לאשה", ולאחר שהביאה פירש דוד ממנה שלשה חדשים כדי לידע אם היתה מעוברת מן נבל ואם לאו, לאחר ג' חדשים בא עליה ונתעברה הימנו, והיו ליצני הדור מליצים ואומרים מן נבל היא מעוברת, מה עשה הקדוש ברוך הוא צוה המלאך הממונה על יצירת הולד ועל צורתו ואמר לו לך וצר אותו בדמות דוד אביו כדי שיעידו הכל שדוד הוא אביו, מנין שכן כתיב (שמואל ב ג, ב) "ויהי בכורו אמנון לאחינועם היזרעאלית ומשנהו כלאב לאביגיל אשת נבל הכרמלי" מה תלמוד לומר כלאב שהיה כולו אב שכל הרואהו אומר דוד אביו של זה, וכן אברהם היה דומה ליצחק, ולא היו מכירין הבריות בין אב לבן עד שבקש אברהם ואמר רבש"ע הפרש בין אב לבן, והפריש ביניהם הזקנה לכך נאמר "ואברהם זקן" ולכך כתיב "אברהם הוליד את יצחק" (תנחומא [הנדפס] תולדות ו).

ההשלכה מסיפור דוד וכלאב לסיפור אברהם ויצחק נאמרת רק ברמז, אולם דומה שהעורך מניח שלומד המדרש ידע ליצור את האנלוגיה שבין ליצני דורו של דוד לליצני אומות העולם שלעגו לאברהם ולעמוד על אופי הלעג.

המדרש בתנחומא מיוחס לאמורא הארץ־ישראלי רבי יצחק, ואף על פי כן למדרש זה אין מקבילה בספרות המדרש הארץ־ישראלית הקדומה שבידינו, ונראה שאף עורך מדרש שמואל אינו מכיר אותו, מה שעשוי להצביע על איחורו.[34] המדרש מובא שוב בקצרה רק בילקוט שמעוני (שמואל ב רמז קמא).

34. עריכתו המשוערת של מדרש שמואל, על פי המחקר, נעה בין סברת מרבית החוקרים,

כעת יש לנסות להבין את בחירתו של עורך תנחומא להסיט את מוקד הרינונים מאימהותה של שרה לסוגיית מקור עיבורה ואת הבחירה למקד את העיסוק בנטרול דברי אומות העולם והליצנים שלא בסמוך לתיאור פקידתה ועיבורה, אלא בהקדמה לתיאור תולדות יצחק.

דמותו של יצחק נתפסת כבר בברית החדשה כדמות טיפולוגית לדמותו של ישו הנוצרי.[35] טיפולוגיה זו הלכה והתפתחה בספרות אבות הכנסייה הקדומה והמאוחרת בעיקר סביב סיפור העקדה.[36] יש הטוענים כי ללא הכרת מגמה זו, נמנעת מלומדי המדרשים העוסקים בדמותו הבנת הרובד המרכזי של מגמת יוצריהם.[37]

אם כן, דומה שיש לחפש את התשובות על השאלות העולות מהעיצוב המחודש של מדרשי הלעג והפקפוק בהורותם של הורי יצחק במסורת המאוחרת בתנחומא בפולמוס היהודי־נוצרי.

בחיבור המיוחס לאפרם גרקוס (graecus) היווני, שעוסק בדרשות לסיפורי בראשית, שילב המחבר היבטים הקשורים לדמותו של יצחק, סיפור

שהעריכה התרחשה בשנים שלאחר תקופת התלמוד, ובין הסברה המאחרת את זמן עריכת החיבור למאה האחת עשרה. על התפלגות ההשערות ראו רייזל, מבוא למדרשים, עמ' 271-273.

35. כך לדוגמה באיגרת אל הגלטים ג, טז: "והנה לאברהם נאמרו ההבטחות ולזרעו ולא אמר ולזרעיך כאלו לרבים אלא כאלו ליחיד ולזרעך והוא המשיח"; שם ד, כח-לא: "ואנחנו אחי הננו כיצחק בני ההבטחה. וכאשר רדף אז הנולד לפי הבשר את הנולד לפי הרוח כן גם עתה. והכתוב מה הוא אמר גרש האמה ואת בנה כי לא יירש בן האמה עם בן החפשיה. על כן אחי לא בני האמה אנחנו כי אם בני החפשיה". נכונותו של אברהם לעקוד את יצחק מתוארת בברית החדשה כסמל למותו של ישו, כך באיגרת אל הרומים ח, לב ובאיגרת אל העברים יא, יח-יט, וכן באיגרת הראשונה אל הקורינתים טו, ד, בשימוש במוטיב "ביום השלישי" (בראשית כב, ד) הנזכר בעקדה, לתיאור תחייתו של ישו: "ונקבר והוקם ביום השלישי ככתוב". ראו למשל: שופס, עקדת יצחק, עמ' 385-392; רוזנברג, ישו יצחק, עמ' 381-388; ווד, הטיפולוגיה של יצחק, עמ' 583-589.

36. לסקירה רחבה של ההקבלות בין יצחק לישו בהשוואת הספרות היהודית המקראית והמדרשית לספרות הנוצרית, בעיקר סביב סיפור העקדה, ראו: קסלר, כבולים בתנ"ך. היבט נוסף של דמיון הוא סביב ההיריון הקצר של האימהות הנדרש בשני הקורפוסים כהיריון של שבעה חודשים. ראו על כך: ואן דר הורסט, שבעה חודשים, עמ' 73-98.

37. ראו: קסלר, כבולים בתנ"ך, עמ' 54. ויש מי שחולקים עליו, ראו לעיל בעיון לפרשת חיי שרה בדיון בשאלה אם התקיים פולמוס יהודי־נוצרי סביב הדרשות על מידורה של שרה מסיפור העקדה, עמ' 152-154.

הולדתו ומראהו עם אנלוגיות צמודות לתיאור הולדת ישו. הזיהוי המדויק של המחבר ושל זמן החיבור עדיין לוטים בערפל עקב הנטייה לייחס כתבי נצרות סורים ויוונים לשם אפרם. השערת המחקר היא שדרשות אלו הן חיקוי ופיתוח של דרשות אפרם הסורי, שחי במאה השלישית, והן נוצרו במהלך המאות הרביעית והחמישית.[38]

נעיין בחלקים מהדרשה ונעמוד על האפשרות שהעיצוב המחודש של דרשת מדרש תנחומא מתפלמס עם מסרים שעולים מההכלאה המדרשית הנוצרית.

- הדרשן משווה בין שינוי הטבע הנשי שנעשה לשרה לשינוי הטבע שנעשה למריה:

"It was not a work of nature that a dead womb conceived, and dry breasts offered milk to Isaac. It was not a work of nature that without a man, a virgin, Mary, conceived and without corruption she bore the Savior of all."

- הא־ל הפך את שרה לאם בגיל זקנה ותיאר את מריה כבתולה שהרתה:

"He made Sarah a mother in her old age and he displayed Mary a virgin with child."

- שרה ומריה קיבלו נבואה על הריונן הקרב והגיבו עליה בהשתאות ובחוסר אמון:

"An angel in the tent said to the patriarch, 'At that time a son will be in Sarah.' An angel in Bethlehem said to Mary, 'Lo, you bear a son, the Graced one.' Sarah laughed, regarding her sterility, seeing the deadness, and not believing a word. 'How,' she said, 'will this be, with Abraham and I done in our productive years?' Even Mary was at a loss, seeing

38. אפרם הסורי היה אחד מאבות הכנסייה החשובים ביותר בכנסייה הסורית. כתביו מצוטטים בספרות נוצרית מאוחרת, וחיבורים רבים שכנראה אינם פרי עטו מתהדרים בשם אפרם, אף שחקר תוכני ובלשני מעיד שלא ייתכן שמדובר באותו מחבר. אחד מחיבורים אלו הוא זה המיוחס לאפרם גרסוס היווני, שכפי הנראה אינו זהה לאפרם הסורי. השימוש בשם העט המוכר אפרם גרם לכתבי נוצרים רבים מאזור יוון וסוריה להשתמר והם הועתקו בגלל חשיבות מחברם לכאורה. על הבעייתיות של ייחוס הכתבים ראו: קרוול, אפרם גרסוס, עמ' 19–58.

her virginity and its unbroken seal. 'How will this be for me since a man has not known me?'"

- זהות בין מי שנתן תקווה לשרה לבין מי שנולד למריה הבתולה:

"For the promise is alien to nature, but the one who gave Isaac to Sarah through hope, he himself was born from the Virgin according to the flesh."

- השוואה בין שמחת שרה על הולדת יצחק ותיאור שפעת החלב ובין שמחת מריה על הלידה ועל שפעת החלב:

"Sarah was exceedingly glad (as was Abraham) when Isaac was born, just as God had said. Mary and Joseph were exceedingly glad when Jesus was born, just as Gabriel had said. Abundantly the springs flowed with milk from the one beyond age into the mouth of Isaac. Abundantly the breasts of the virgin gave forth milk to the one who supports the perfection of all things."

- דברי הצחוק של שרה בבראשית מתפרשים כיוצאים מפיה של מריה. שמחתה של שרה נבעה מהידיעה על האחד שייוולד ממריה:

"Who would say to someone, 'I am a virgin and after I bore a child, I nursed it,' which Mary said? It was not because of Isaac that Sarah laughed, but because of the one born from Mary".[39]

- בדרשה אחרת תיאר אפרם את תהליך זקנתם של אברהם ושרה ואת זקיפותם לנוכח הולדת יצחק והיותו נושא את תכונות האל:

Much time passed by: His youth finally withered as a flower; old age was on the doorstep. Nature suffers and slays itself to bent old age. Similarly his wife's strength and power for fertility were quenched in old age. The body of the two bent to nature, their youth all spent up. But the hope in God among them was in full bloom. Not only was it

39. התרגום מתוך: קרוול, אפרם גרסוס, עמ' 128–129. על זהות מחבר הדרשות השוו: ברוק, שתי דרשות סוריות, עמ' 61–129, ובעיקר עמ' 66. ברוק סבור שהחיבור נכתב בידי אפרם היווני. לעומת זאת, מרקאטי במהדורה הלטינית של החיבור ייחס את הדרשה לאפרם הסורי (ראו שם, עמ' 46–47).

ageless, but also unbent. Wherefore, through hope, they bore Isaac, who bore the type of the Lord in all things.[40]

ההקבלה הצמודה שיצר הדרשן הנוצרי, יהא אשר יהא, בין עיבורה של שרה לעיבורה של מריה, אפשר שרומזת כי רוח הקודש הייתה מעורבת בהריונה של שרה: "He made Sarah a mother in her old age and he displayed Mary a virgin with child," ועל כן יצחק נברא בצלמו של האל: "they bore Isaac who bore the type of the Lord in all things". ייתכן שהמילים החריגות "וה' פקד את שרה" מתפרשות לדידו כהצבעה על עיבור שאינו טבעי, בדומה לעיבורה של מריה ללא מעשה של בעילה.[41]

עקירת הפרשנות המדרשית על הולדת יצחק ממקומה הטבעי בתיאור הפקידה והלידה והצמדתה לפסוק "אברהם הוליד את יצחק" בתנחומא נועדו לסתור את הפרשנות הנוצרית בדבר מעורבותו של הא־ל בעיבורה של שרה. הפתיחתא והדרשות הנלוות לסדר "וה' פקד את שרה" בתנחומא מתרחקות מפרשנות הנוגעת לעיבור וללידה ומחזקות את המוטיבים של המשך הפסוק, "כאשר אמר [...] כאשר דבר", על ידי רצף של דרשות המתארות את הנהגתו הייחודית של הא־ל המקים את דברו לאברהם. הפרשנות הנוגעת לעיבור וללידה נדחית לפרשה שבה מתוארת במפורש זהותו האנושית של אביו של יצחק ומולידו.

על רקע השערת הפולמוס עם הדוקטרינה הנוצרית כפי שמוצגת בחיבור המיוחס לאפרם, מובן מדוע נבחר אברהם למוקד הפקפוק בדרשות תנחומא, מדוע זוהו המפקפקים כליצנים ומהי סיבת החזרתיות. המדרשים אינם מתפלמסים במפורש עם התפיסה הנוצרית בדבר מעורבותו של האל, אולם מוכיחים את מופרכותה של התפיסה על ידי הצבת אנטיתזה לחשד. אברהם נחשד על ידי המפקפקים כמי שאינו אביו של יצחק, אולם האפשרות של

40. קרוול, שם, עמ' 126.

41. הבסיס לפרשנות נועזת זו מצוי ברמיזה כבר בדברי פאולוס בברית החדשה באיגרת אל הגלטים ד, כא-לא. פאולוס מדגיש את הטבע המופלא של לידת יצחק בלי להזכיר את מעורבותו של אברהם. שוורץ, האם הבתולה, עמ' 82, סבור שכבר אוריגנס יוצר זיקה כזאת בין אם ישו לשרה גם ביחס לאופן עיבורן. הוא מוצא הקבלה בין תיאור עיבורה של אם ישו בפרשנות אוריגנס ללוקס, לתיאור עיבורה של שרה בפרשנותו של אוריגנס לבראשית. השוו: אוריגנס, דרשות לספר בראשית, עמ' 127–135 לדרשה השביעית של אוריגנס, דרשות על לוקס, עמ' 30–31.

פקידה מכוח התערבות אלוהית אינה עולה אף בדעתם של אומות העולם וליצני הדור.[42] השימוש הנדיר בכינוי "ליצנים" על דמויות המפקפקות במקור עיבורה של אביגיל ובאבהותו של אברהם מלמד כפי הנראה על המאמץ הדרשני להפריך את עמדת היריב. הכינוי "ליצנים" נזכר במקורות מועטים בספרות המדרש, ועל פי רוב השימוש בו נעשה כלפי דמויות שמשמיעות דברי בלע שמטרתם לקעקע רעיונות תאולוגיים[43] או להלעיג את אבות האומה.[44] הצגת לעגם של אומות העולם וליצני הדור מאפשרת לדרשן לחזור ולתאר את תהליך הזמת החשד על ידי תיאור מעורבותו של הא־ל לא בהריונה של שרה אלא בעיצוב עוברה כהעתק של אברהם, באופן שלא היה אפשר להבדיל ביניהם.

4. הולדת יצחק בקריאת התורה בראש השנה

עד כה סקרתי את גלגוליה של מסורת הנאחזת בדברי ההתרגשות המיוחסים לשרה לאחר אופוריית הלידה, שבה היא מבטאת את הספקות והלעג של הסובבים אותה, המביעים פקפוק באפשרות של היתכנות אימהות בגילה המופלג. המכנה המשותף למרבית המסורות הוא הניסיון לזהות את הלועגים ולתאר את ההתערבות האלוהית שהפריכה את פקפוקם והוכיחה כי שרה ואברהם הם הוריו הביולוגיים של יצחק. הצעתי שיש שינויים שנובעים

42. קיימות דוגמאות נוספות בחז"ל שבהן ניתן לזהות הדגשה של היבטים מעשיים של יחסי אישות סביב דמויות מקראיות שניכסו הנוצרים כטיפולוגיה למריה הבתולה. לדוגמה, בדרשות המתארות את נישואי מרים לכלב שהתממשו על ידי ביאה: "'ואחר מות חצרון בכלב אפרתה' [...] וכי יש שום אדם מת באדם שהוא אומר ואחר מות חצרון בכלב, אלא מה הוא, משמת חצרון בא כלב אל אפרת, זו מרים" (תנחומא כי תשא ו). וראו: אליצור, נישואין וילודה, עמ' 11–46. וראו להלן בעיון לפרשת ויצא בדרשות העוסקות במשכב יעקב עם שתי נשים בספרות הנוצרית.

43. ראו למשל ירושלמי, ברכות ב, ח, ה ע"ג, המתאר את הדמורליזציה שיוצרים הליצנים בנוגע לסיכוי לבניין המקדש; באיכה רבה פתיחתה יב מתוארים ליצני הדור כמי שמלעיגים את נבואות החורבן של הנביא. ראו גם שוחר טוב א בתיאור הלעגת מצוות התורה בפיו של קרח.

44. ראו למשל תנחומא (בובר) פקודי ז. שם מתואר הלעג של ליצני הדור כלפי משה שמשלה את עצמו שהשכינה תרד, ובתנחומא פקודי ז, בדרשה מכוערת במיוחד, לועגים הליצנים על מקור עושרו של משה.

מתמורה במתודולוגיה המדרשית המאוחרת, שנוטה לפרט ולהבהיר היבטים שנרמזו במסורות הקדומות, אולם לצד הסברים אלו הצבעתי על שינויים המושפעים ממאפייני התקופה במוקדי התפתחותן של המסורות. למשל, מקומו של הנס בזהות הדתית, ויחסי יהודים עם סביבתם הנוכרית המשפיעים על תיאור זהותם של המסתפחים בעקבות הנס. הוצע שהפולמוס היהודי־נוצרי השפיע אף הוא על אופני התפתחותה של המסורת.

בסיפור הולדת יצחק מצוי מטען נפיץ הסובב את שלוש הדתות הגדולות של העולם הקדום, אשר כל אחת מהן רואה ביצחק דמות המאמתת את אחד העקרונות המרכזיים בדוקטרינה של הדת.[45] לא מפתיע אפוא שבמסורות העוסקות בסיפור הולדתו מגולמים היבטים פולמוסיים. המסורות שעסקנו בהן במאמר זה התפתחו כפי הנראה לפני הופעת האסלאם, ועל כן בחנתי את רובדי הפולמוס הסמוי רק בנוגע לפולמוס היהודי־נוצרי.[46]

עוד היבט שיש לבחון את משמעותו, על אופיין של המסורות העוסקות בהולדת יצחק בהקשר הרחב של הפולמוס היהודי־נוצרי, הוא הבחירה של סדר "וה' פקד את שרה" כבר בתקופת המשנה המאוחרת (במאה השלישית) לקריאה אפשרית של אחד מימי ראש השנה.[47] קשה לדייק מהממצאים הקיימים מתי קוים מנהג קריאה זה בפועל, אולם העובדה שנוהג זה מופיע

45. על יצחק כדמות מופת של שלוש הדתות ראו: בחוס, משפחת אברהם, עמ' 137-153. על היבטי פולמוס יהודי-מוסלמי סביב דמותו של יצחק ראו לעיל בעיון לפרשת חיי שרה, וכן: סבנט, יצחק, עמ' 5-25; שהיד אלאם, ישמעאל ויצחק, עמ' 139-154; מזוז, טיפול פולמוסי, עמ' 252-262.

46. מדרש שפעת החלב נזכר בקצרה גם בפרקי דרבי אליעזר נא. אף שבחיבור זה יש היבטי פולמוס יהודי-מוסלמי לא מעטים, דווקא בנוגע לעיבודה של מסורת זו קשה לזהות היבטי פולמוס.

47. השוו בין דברי המשנה לדברי התוספתא: "בפסח קורין בפרשת מועדות של תורת כהנים בעצרת שבעה שבועות בראש השנה בחדש השביעי באחד לחדש ביום הכפורים אחרי מות ביום טוב הראשון של חג קורין בפרשת מועדות שבתורת כהנים ובשאר כל ימות החג בקרבנות החג" (משנה, מגילה ג, ה); "בראש שנה דבר אל בני ישראל בחדש השביעי באחד לחדש יהיה לכם שבתון ויש או' וה' פקד את שרה" (תוספתא, מגילה ג, ו עמ' 355). וראו הערות ליברמן, תוספתא כפשוטה, ה, עמ' 1170. וראו גם בבלי, מגילה לא ע"א; ירושלמי, מגילה ג, ו עד ע"ב. על השתלשלות המנהג ראו: וורנר, הגשר הקדוש, עמ' 83-90; מגריק, קריאת התורה, עמ' 83-90.

לראשונה בתוספתא, ואינו נזכר במשנה, יכולה להצביע על נקודת התפר שבין עריכת שני הקורפוסים כמועד שבו שולב המנהג החדש.[48]

חוקרי מנהגי הקריאה בכנסייה הנוצרית, המתבססים על עדויות שבכתב מספרות הכנסיות השונות ברחבי העולם, מראים שבכמה מהכנסיות (היוונית והסורית־פלסטינית) חגגו את הולדת ישו בראש השנה של הלוח היהודי וקראו בו את סיפור הולדת יצחק.[49] יש עדויות על המשך מנהג נוצרי זה עד למאה הרביעית, שבה הועבר תאריך ציון חג המולד לחודש דצמבר.[50] יש הסבורים שלא מן הנמנע שבחירת הטקסטים שצורפו לקריאות במועדי השנה המיוחדים, שנוספו על המסורת הקדומה של קריאות שנצמדו לקורבנות המיוחדים של המועדים, הושפעו מאופיין של הקריאות בדת היריבה.[51]

אם הנחה זו נכונה, יש לתת את הדעת לסיטואציה מורכבת שהתרחשה בארץ ישראל ובארצות הסמוכות לה – יוון וסוריה – במועד ראש השנה. בשעה שבבתי הכנסת היהודיים חלה אימת הדין, בכנסיות נוצריות נקראות

48. שאלת קדימות עריכת המשנה לתוספתא נדונה בהרחבה בספרות המחקר. על קדמותן של כמה ממסורות התוספתא לעומת אלו שבמשנה ראו: פרידמן, מקבילות, עמ' 22-15; פרידמן, עליונות התוספתא, עמ' 99-121. לעומתו הוכיח הנשקה הישענות מובהקת של התוספתא על הנאמר במשנה. ראו: הנשקה, מה נשתנה, עמ' 517-590. ראו גם עמדתה הייחודית של האופטמן, קריאה חוזרת, עמ' 14-16. לסיכום של המחקר ראו: מנדל, תוספתא, עמ' 109-136. בהערותיו של גינצבורג לברייתא בירושלמי על הקריאות של ראש השנה הוא מעיר שבימי הקליר היו קוראים רק את "וה' פקד את שרה", אולם זה מעביר אותנו לתקופה הביזנטית ולמציאות של ויתור על קריאת "בחודש השביעי". ראו: גינצבורג, פירושים וחידושים, עמ' 136, הערה 151. על מנהגי הקריאה בראש השנה כנלמד מהקדושתאות המיוסדות על "וה' פקד את שרה" ראו: פליישר, לוח מועדי השנה, עמ' 223-272.

49. על קיומם של מנהגי קריאה בתורה בכנסייה הנוצרית ואופיין של הקריאות ראו: ונציאני, מקור ומשמעות, עמ' 103-170; ורנר, הגשר הקדוש, עמ' 83-90.

50. ראו ונציאני, מקור ומשמעות, עמ' 139; ורנר, הגשר הקדוש, עמ' 79.

51. ונציאני, מקור ומשמעות, עמ' 138, ובעקבותיו ורנר, שם. ייתכן שכך יש להסביר את ההבדל בין הקריאה הנזכרת במשנה לתוספת "יש אומרים" בתוספתא. ההבדל מעיד שבמרוצת השנים נעשה שינוי במנהגי הקריאה. הקריאה המוזכרת במשנה משתלבת עם אופי בחירת פרשיות הקריאה האחרות של המועדים. הבחירה בקריאה בפרשת הולדת יצחק חריגה. המסורת על פקידת שרה בראש השנה נזכרת לראשונה בבראשית רבה עג עמ' 845, ומיוחסת לר' אלעזר, חכם מהדור השני לאמוראים, וכן נזכרת בבבלי (ראש השנה י ע"ב – יא ע"א) ובמדרשים מאוחרים, ולכן אי אפשר לקבוע כי המסורת קדמה למנהג הקריאה, ואולי אף להפך.

פרשיות שעוסקות בעקרונות המרכזיים של סוגיית הבחירה האלוהית, בהתבססן על פסוקי המקרא.[52] האם יכלו חכמי התקופה להתעלם ממציאות זו?

בפסיקתא דרב כהנא, המאגדת דרשות לקריאות המיוחדות של לוח השנה, אין אזכור של קריאת "וה' פקד את שרה". הדרשות שנבחרו לפסקה הרחבה שנצמדת לקריאה המיוחדת של ראש השנה סובבות את קריאת "בחודש השביעי באחד לחודש" ואת מצוות התקיעה בשופר. יש בפסקה התייחסות לזכות אבות אגב אזכור עקדת יצחק, ואף אפשר לזהות בה מרכיבים פולמוסיים בהוכחת הבחירה הנצחית מסיפור סבך האיל,[53] אולם הדרשות על הולדת יצחק הוקדמו לפסקה הנקראת בשבת שלפני ראש השנה (הן הוצמדו להפטרה האחרונה של שבע דנחמתא "שוש אשיש"). קטע המדרש המפקפק ביכולות ההולדה של אברהם אינו מופיע בפסיקתא.[54]

משתיקת הפסקה המיועדת לראש השנה אי אפשר להסיק על מוקד פולמוסי שבעטיו נמנע העורך משילוב מדרשים העוסקים במוקד הפולמוס. אף על פי כן יש לציין שבפסיקתא רבתי, אשר דרשות פסיקתא דרב כהנא משוקעות בה ומשמשות כבסיס הקדום שלה,[55] ניתנה במה רחבה לסיפור הולדת יצחק סביב הפסקה שיוחדה לראש השנה. מדרש פסיקתא רבתי נערך

52. ונציאני, מקור ומשמעות, עמ' 139, וורנר, הגשר הקדוש, עמ' 79, אף מצאו עדויות שבכנסיות אלו קראו גם בפרשת הולדת שמואל וב"הבן יקיר לי אפרים".

53. ראו בפסקה כג, ט-י עמ' 342–343. על מוטיב האיל בפרשנות היהודית והנוצרית ראו: קסלר, כבולים בתנ"ך, עמ' 141–152.

54. גם כאן יש לשאול מדוע בחר עורך הפסיקתא לשלב את מדרש הפקפוק רק בשבת האחרונה של שבע דנחמתא, ולא כמתבקש יותר בפסקת "רני עקרה לא ילדה", שבה הוא מזכיר את עקרותה של שרה. יש להניח שעורך הפסיקתא ביקש להרחיק את המדרש המפקפק גם מפסקה זו מחמת הפסוק הפותח של הפטרה זו, "כי רבים בני שוממה מבני בעולה" (ישעיהו נד, א), המשמש את פאולוס באיגרת אל הגלטים (ד, 27) כדי להבחין בין הגר הבעולה לשרה השוממה ולרמוז על עיבורה הניסי של שרה, שלא בדרך הטבע. עורך הפסיקתא הרחיק את המדרש המפקפק בהוריו של יצחק מפסוק זה, ובמקום ששילב אותו השמיט לחלוטין את חלקו הראשון של המדרש המפקפק באפשרות ההולדה של אברהם.

55. על מקורן של דרשות פסיקתא רבתי ראו: צונץ, הדרשות, עמ' 117–121; אליצור, פסיקתא רבתי.

בתקופה מאוחרת, כשציון חג המולד בכנסיות הנוצריות כבר לא הקביל לראש השנה היהודי, ויש להניח שעורך החיבור לא חשש משילובן של דרשות אלו סביב הקריאה המיוחדת.[56]

דרשות מדרש תנחומא נצמדות לסדרי הקריאה הרציפים של לוח השנה ולא לקריאות המיוחדות. אף על פי כן ייתכן שהסיבה שגרמה לעורך תנחומא לעקור את הדיון ממוקד הפולמוס נובעת גם מהיכרותו עם המטען הנפיץ של קריאת ראש השנה. עורך תנחומא העדיף להתאים את דרשות הפקפוק לפסוקים בפרשת תולדות המפריכים את הבסיס לטענה הנוצרית ומאפשרים להדגיש את זיקתו הביולוגית של אברהם ליצחק.

*

המדרשים העוסקים בסיפור הולדת יצחק נוצרו כדי להסביר תופעה של התערבות אלוהית היוצרת מציאות המנוגדת לדרך הטבע. הבסיס למדרשים הוא הפסוקים המבטאים כביכול את עמדתם של מי שכופרים בהיתכנות של מעורבות כזאת. התעמולה המדרשית, שביקשה להכיר את כוחו של הא־ל באמצעות נס, העצימה את חלותו על ידי תיאור מרכיבים חזותיים שנעשו לעיני המפקפקים בו עד שנשבו בקסמם של מחוללו ושל מושאיו, והפכו עצמם לחלק מעדת המאמינים.

התיחום התאולוגי של המדרש התמים נפרץ מהרגע ששולבו בו היבטים לאומיים שעסקו בסוגיית מיהו יהודי ובאופי גבולות ההכלה של הקהילה היהודית כלפי המבקשים להסתפח אליה. התפיסות החלוקות בסוגיות אלו בקרב חכמי אותו דור והתמורות שחלו בהן במהלך הדורות, גרמו לעיצוב מחודש של המסורת ולהתאמתה למגמות הלאומיות של מעבדיה.

ניכוסם של פסוקי הולדת יצחק על ידי הנוצרים הראשונים כמבשרים את הולדתו של ישו והאנלוגיה שיצרו אבות הכנסייה בין אמונתם בדרך הולדתו של ישו לפרשנותם לעיבורה של שרה, יצרו צורך לבדל את הפרשנות היהודית לסיפור הולדת יצחק מבת הפלוגתא הנוצרית ולהתמקד במדרשים המוכיחים כי יצחק נושא את המטען הגנטי של אביו, ולפיכך כל הנחה אחרת העוסקת במקור עיבורה של שרה מופרכת מן היסוד.

56. על היבטים פולמוסיים יהודיים-נוצריים בפסיקתא רבתי ראו: שוורץ, גאלוס, עמ' 13-7; אולמר, קווי המתאר, עמ' 115-144.

אומות העולם, גדולי הדור, המטרונות והליצנים נוכחו כולם, בין במהלך סעודת ההודיה של אברהם בין למראה שפע החלב של שרה ובין ממראה קלסתר פניו של יצחק, כי אברהם הוא אביו מולידו, ובאימו שרה התקיים הפסוק "מושיבי עקרת הבית אם הבנים שמחה" (תהלים קיג, ט).[57]

57. על פי המדרש בבראשית רבה נג, עמ' 559 ומקבילות.

פרשת ויצא

"בשבילך רחל" – סוד היעלמותה של מסורת הסימנים ונסיבות הופעתה המאוחרת באגדת רחל

לבן היה ידוע כרמאי, וכינויו "הארמי" אף נדרש כמרמז על כך.[1] רמאותו המרכזית הייתה בהחלפת נשותיו של יעקב בליל שמחת כלולותיו. מסגרת הסיפור המקראי המתארת את החלפת הנשים בליל הכלולות איננה מפרטת אילו תנאים ריאליים אפשרו את החלפת הנשים. הצלחת תרמית ההחלפה, בעיתוי הרגיש שבו מתבצעת פעולה בעלת הקִרבה האינטימית ביותר שבין בני הזוג, ושום חשד לא עלה במחשבתו של הגיבור המרומה עד לזריחת החמה, מוצגת כעובדה.

רד"ק בפירושו לפסוק המתאר את גילוי התרמית (בראשית כט, כה) כותב: "כי עד הבקר לא הכיר בה כמו שפירשנו, והדרש שמסרה לה רחל סימנים ידוע". מדרש הסימנים לפי דברי רד"ק ידוע, ואכן פרשנות זו קנתה לה שביתה בסיפורי התורה לילדים. אך מהו הדרש הידוע שאליו מכוון רד"ק בדבריו?

אגדת רחל המשלבת את סיפור הסימנים, כתקדים של ויתור הרואי על מעמד בכורה, נזכרת לראשונה בפתיחה כד במדרש איכה רבה. רחל מבקשת שתקדים הוויתור האישי שלה לצרתה, יעורר את רחמיו של הא־ל ואת מחילתו על בגידת עמו. אגדת רחל זו איננה נזכרת בנוסחה המלא בחיבורי

1. ראו בראשית רבה סג עמ' 680-681.

המדרש קדומים לאיכה רבה והמאוחרים לו, ואף לא בתרגום ובפיוט.[2] יתרה מזאת, מרכיבי הסיפור הנזכרים בפתיחה למדרש איכה רבה שונים ולעיתים אף מנוגדים למתואר בדרשות הקדומות והמאוחרות, בתרגומים ובפיוטים העוסקים בסיפור החלפת הנשים.[3]

על הסיפור באיכה רבה מעיר המהדיר בובר: "ומסגנון הלשון נראה כי נוסף מן מדרש מאוחר או המסדר מן הפתיחות הוסיף זה מאיזה מדרש מאוחר",[4] אולם אינו מציע תיארוך חלופי.

האם איחורה של הדרשה הוא הסיבה להיעלמותה מחיבורים קדומים יותר, או שמא מדובר במסורת שהייתה מוכרת לעורכי החיבורים אולם הם בחרו שלא להביאה עקב התנגדות לתוכנה ולמסר העולה ממנה?

בעיון זה אתחקה אחר גלגוליה של מסורת הסימנים "הידועה" כדברי רד"ק בשלבים הבאים:

1. הוכחת חריגות המסר העולה ממנה בהשוואה למקבילותיה.
2. סקירת מאפייני המסורת העשויים להצביע על קדימותה.
3. הצגת רמזים המצביעים על התעלמות ממנה גם ממסורות שדומה שהכירו אותה.
4. הצעת השערה לסיבת צְנזורה על ידי עורכי מדרש קדומים, והנחה שתסביר את הרקע לשילובה המאוחר במדרש איכה רבה.

1. חריגותה של מסורת הסימנים ביחס למקבילותיה

אצילותה של רחל המוכחת מהסימנים שמסרה לאחותה מתוארת בתוספת

2. המדרש בנוסחו המורחב מופיע במדרש אליהו רבה כח, אולם שם לא נזכרת רחל כמי שמבקשת רחמים כשכר על מעשה הסימנים, ומלבד זאת ישנם הבדלים נוספים בין הנוסח שבאליהו רבה לנוסח איכה רבה. בילקוט שמעוני מופיעות מקבילות למסורות הסימנים ממדרשים קדומים אולם נוסח איכה רבה אינו מופיע בחיבור זה, ועוד אשוב ואדון בכך להלן.
3. לניתוח המסורת בהקשרה המקומי ובתפקידה התיאטרלי ראו: הדג'יטופי וסיון, בימוי רחל, עמ' 299–333.
4. בובר, איכה רבה, עמ' יג. על דעות החוקרים ביחס לזמנו של החיבור ועל מועד עריכתן של הפתיחתות ראו להלן.

למדרש איכה רבה אגב תיאור מאמציהם של אבות האומה ומשה לעורר את רחמיו של הא־ל לאחר חורבן המקדש, ולשכנעו שמעשיהם יהוו כפרה על חטאי העם, וכך מתוארת כניסתה של רחל לאחר כישלונם של קודמיה:

באותה שעה קפצה רחל אמנו לפני הב"ה ואמרה:
רבונו של עולם גלוי וידוע לפניך שיעקב עבדך אהבני אהבה יתרה, ועבד בשבילי לאבא שבע שנים, וכשהשלימו אותן שבע שנים, והגיע נשואי לבעלי, יעץ אבי להחליפני לבעלי בשביל אחותי,
והוקשה עלי הדבר עד מאד, כי נודעה לי העצה,
והודעתי לבעלי ומסרתי לו סימנין שיכיר ביני ובין אחותי, כדי שלא יוכל אבי להחליפני,
ולאחר כן נחמתי בעצמי וסבלתי את תאותי, ורחמתי את אחותי שלא תצא לחרפה.
ולערב חלפו אחותי לבעלי בשבילי, ומסרתי לאחותי כל הסימנין שמסרתי לבעלי, כדי שיהא סבור [שאני] רחל,
ולא עוד אלא שנכנסתי תחת המטה שהיה שוכב עם אחותי והיה מדבר עמה והיא שותקת, ואני משיבתו על כל דבר ודבר, כדי שלא יכיר לקול אחותי,
וגמלתי חסד עמה, ולא קנאתי לה, ולא הוצאתיה לחרפה,
ומה אני שאני בשר ודם עפר ואפר לא קנאתי לצרה שלי ולא הוצאתיה לבושה ולחרפה, ואתה מלך חי וקיים רחמן, מפני מה קנאת לע"ז שאין בה ממש והגלית בני, ונהרגו בחרב, ועשו אויבים בם כרצונם,
מיד נתגלגלו רחמיו של הקדוש ברוך הוא ואמר בשבילך רחל אני מחזיר את ישראל למקומן, הה"ד "כה אמר ה' קול ברמה נשמע נהי בכי תמרורים רחל מבכה על בניה מאנה הנחם על בניה כי איננו" (ירמיהו לא, יד), וכתיב "כה אמר ה' מנעי קולך מבכי ועיניך מדמעה כי יש שכר לפעולתך" וגו' (שם טו), וכתיב "ויש תקוה לאחריתך נאם ה' ושבו בנים לגבולם" (שם טז) (איכה רבה פתיחה כד).[5]

נסכם את פריטי המידע העולים ממסורת זו:

5. על פי כתב יד מינכן המובא ב"מאגרים".

1. רחל מתארת מעשה אצילי שעשתה למען אחותה, ומבקשת שזיכרון המעשה יוביל להמתקת עונש הגלות שנגזר על בניה.
2. רחל מוצגת כדמות פעילה במעשה ההחלפה, בשלב הראשון ביידוע יעקב על כוונות אביה, ובעצתה לטרפד את כוונותיו על ידי מסירת סימנים מוכמנים על אודותיה.
3. רחל עוברת מהפך, היא מסייעת לאחותה להתחזות ובכך מנטרלת את אפשרות זיהויה.
4. זיכרון המעשה של רחל והדהוד תוכחתה מעוררים את רחמי הא־ל והוא נעתר לבקשתה ומנבא לה על קץ הגלות.

כעת נצא למסע במסורות אחרות מספרות התלמוד והמדרש המבקשות אף הן לבאר את אופי התרמית של לבן, סיבת הצלחתו ותפקידה של רחל במהלך, אך מציירות תמונה אחרת.

1.1 המעשה וגמולו

מסורות שונות המפרשות את קורותיה של רחל עוסקות בהסבר הקשר שבין מעשי הזכות של רחל לשכרה. על פניו גורלה של רחל לא שפר עליה: נדחתה מפני אחותה, סבלה משנות עקרות ומתה בגיל צעיר. על מה ולמה הצביעו הדרשנים על שכר כביכול שבו זכתה רחל, שאילץ אותם לתור אחרי מעשה שהקנה לה את הזכות? הרקע לחיפוש אחר מעשה הזכות מבואר בנבואת הנחמה של ירמיהו "כי יש שכר לפעלתך נאם ה׳ ושבו מארץ אויב" (ירמיהו לא, יד–טו). על פי פשט הפסוקים דומה שהנביא מתאר את הזיקה שבין בכיה של רחל ובין היענות הא־ל המתבטאת בחנינת הבנים. פעולתה של רחל שהקנתה לה זכות היא הבכי וסירובה להתנחם, והשכר הוא הבטחה לגאולת הבנים. הדרשן במסורת שנערכה באיכה רבה אינו מסתפק בזיקה זו ויוצר קשר בין פעולת העבר לתוצאת הפעולה בעתיד. המסורת מתארת כיצד זיכרון אצילותה של רחל מסייע לה במה שנכשלו גדולי האומה, בניסיונם להכניע את מידת הדין של האל. מחילת רחל על כבודה כשוויתרה על ראשוניותה בזוגיות עם יעקב, ותוכחת רחל לא־ל על שאינו נוהג כמותה, על אף שהוא מוצב מול ישות שאין בה ממש, היא שמפעילה את מידת הרחמים של האל. השכר של רחל הוא המפנה שחל בעמדת הא־ל "בשבילך רחל", מתוך הכרה בנכונות תוכחתה.

במסורות מקבילות העוסקות בזכותה של רחל נשמרת המשוואה של מעשה – זכות – שכר, אולם אופי המעשה, טיב השכר והבסיס המקראי ללימוד הזיקה שביניהם שונים באופן מהותי.

מעשה זכות של רחל נזכר במדרש בראשית רבה, כהסבר להקדמת הכתוב לתיאור פקידתה:

> "ויזכר אלהים את רחל [וישמע אליה אלהים ויפתח את רחמה]" (בראשית ל, כב). מה זכירה נזכר לה, שתיקה ששתקה לאחותה. בשעה שהיו נותנין לו את לאה היתה יודעת ושתקת. "ויזכר אלהים את רחל" והדין נותן שהכניסה צרתה לביתה (בראשית רבה ויצא עג, ג, עמ' 847–848).

בעל הדרשה מצביע על המעשה של רחל שזיכה אותה בגאולה מעקרותה, אולם בניגוד למוטיב הדיבור והתוכחה המפותח בתוספת למדרש איכה רבה, בדרשה זו מועצמת דווקא שתיקתה בשעה שהקדימו את נישואי אחותה ליעקב. אפשרות אחרת שמציע הדרשן היא שהזכות אינה קשורה כלל להתמודדותה מול לאה אלא נובעת מהסכמתה להכניס את בלהה כפילגש, בדומה למחווה שעשתה שרה לאברהם בהכנסת הגר. בעל הדרשה אינו מייחס לרחל פעולה אקטיבית שסייעה להצלחת תרמית ההחלפה. שכרה של רחל הוא שכר אישי ומקומי, הנובע באופן עקיף ממעשה הוויתור. רחל הקדימה את משכב לאה ליעקב ותוגמלה במשכב שגאל אותה מעקרותה.[6]

מוטיב השתיקה של רחל ממשיך ומתפתח בדרשות נוספות המתארות את זכותה, אולם פירוש משמעות השתיקה משתנה וכן אופיו של השכר:

> אמר ר' לוי "לא יגרע מצדיק עיניו" (איוב לו, ז) [...] רחל תפסה פלך שותקנות ועמדו כל בניה בעלי מסטירין, בנימן "ישפה" (שמות כח, כ) יש פה, ידע במכירתו שליוסף ואינו מגיד, שאול "ואת דבר המלוכה [לא הגיד לו]" (שמואל א' י, טז), אסתר "אין אסתר מגדת מולדתה" (אסתר ב, כ) (בראשית רבה ויצא עא, עמ' 828–829).[7]

6. השתיקה כמעשה זכות שהודות לו זכתה רחל בצאצאים, מוזכר גם בנוסח תנחומא ויצא ו, אולם סיבת השתיקה שונה. עוד נשוב ונדון בנוסח זה.
7. וראו מקבילות: מדרש שמואל כח, א; אסתר רבה ו, יב; שכל טוב בראשית ויצא ל, יג.

השתיקה הפסיבית מתבררת במסורת זו כמעשה של תחכום. בעוד המילים "שתיקה ששתקה לאחותה" מלמדות על זכותה של רחל בכך שנמנעה להביע מחאה על העוול, במסורת המיוחסת לר' לוי מדובר על הסתרת מידע, כפי שעולה מהוכחת הורשת התכונה לצאצאיה בנימין, שאול ואסתר, המסתירים מידע מבוקש. שכרה של רחל הוא אפוא תכונת השתקנות שהוקנתה לצאצאיה.[8]

בגרסת הבבלי, פעולתה של רחל מתקדמת שלב ומתווסף לה ממד אקטיבי. במסורת זו נזכרים לראשונה הסימנים:

> א"ר אלעזר א"ר חנינא מאי דכתי' "לא יגרע מצדיק עינו ואת מלכים לכסא" בשכר צניעות שהיה בה ברחל [זכת?ה? ויצא ממנה שאול ובשכר צניעות שהיתה בו בשאול זכה ויצתה ממנו אסתר ומאי צניעות הוה בה ברחל] דכתי' "ויגד יעקב לרחל כי אחי אביה הוא" והלא בן אחות אביה הוא אלא כיון דאמ' לה בן רבקה הוא אמ' לה 'מינסבת ליי?' אמרה ליה 'הן (אמרה) מינסיבא לך אלא אבא רמאה הוא ולא יכלת ליה' אמ' לה 'אחיו אנא ברמאותא' 'ומי שרי לצדיקי למעבד רמאותא' אמ' לה 'הן דכתיב עם חסיד תתחסד ועם עקש תתפתל' ומה רמאותא אית ליה אמר' ליה 'אית ליה אחתי דקשישא מינאי ומעייל לה ניהלך' מסר לה סימנין כי קא מעייל לה ללאה סברא השתא מיכספא אחתי מסרה לה הנהו סימנין היינו דכתי' "ויהי בבקר והנה היא לאה" מכלל דעד האידנא לא הוה ידע דלא לאה היא דמתוך סימנין שמסר יעקב

8. כך מסביר אלבק בביאורו: "עינו – דוגמא שלו. לא יגרע מצדיק עינו דוגמתו בנים ובני בנים הדומין לו". שם עמ' 828. מעניין להשוות מסורת זו עם מסורת אחרת בבראשית רבה הלומדת דווקא מרחל על אופיין הפטפטני של נשים: "ויאמר להם יעקב אחי מאין אתם ויאמרו מחרן אנחנו [...] ויאמר להם השלום ביניכם לבינו, ויאמרו שלום ואין פטטין את בעי והנה רחל באה עם הצאן הדא אמ' שהדיבור מצוי בנשים" (בראשית רבה ע, ד–ו, עמ' 809–810).

על אף השימוש המשותף במוטיב השתיקה בשתי המסורות, קיים הבדל ניכר בהערכת אופי מעשה השתיקה של רחל. על פי הדרשה הראשונה מבראשית רבה, רחל מקבלת בהכנעה את גזרת ההחלפה. השתיקה מבטאת את חוסר מחאתה על העוול שנגרם לה והשלמתה עם המציאות. על פי הדרשה השנייה רחל הופכת כמי ששותפה לרמאות אביה. יש בידה של רחל מידע שיכול לחבל בתרמית ההחלפה, אולם רחל בוחרת שלא לחשוף אותו בפני המיועד להיות בעלה, ובכך הופכת להיות שותפה למימושו של מעשה הרמאות.

> לרחל ורחל מסרתן ללאה לא הוה ידע זכתה ויצא ממנה שאול... (בבלי מגילה יג ע"א-ע"ב).[9]

במסורת זו אין שתיקה, אין הסתרת מידע ואין ויתור, שכן רחל ידעה שאחותה תינתן לפניה. מעשה רחל שהקנה לה זכות הוא מניעת בושה מאחותה על ידי העברת סימני ההיכר שנתן לה יעקב.[10]

מסורת הבבלי מוסיפה אפוא נדבך חדש לתיאור מעשה אקטיבי של רחל בהעברת הסימנים שניתנו לה על ידי יעקב ללאה, והוא שזיכה אותה בשכר של הורשת תכונת הצניעות לבניה.[11]

על אף אזכורה של מסורת הסימנים בדרשת הבבלי, מה רחוקה היא מהמסורת בתוספת לאיכה רבה, בציור דמותה של רחל, באופי תחבולת הסימנים (כפי שנראה להלן) ובטיב השכר האישי והשושלתי שהיא זוכה לו, לעומת הנבואה על הפדות הלאומית העתידית של הנוסח המקביל.

1.2 סיבת החלפת הנשים

הנימוק המיוחס ללבן לסיבת החלפת הנשים במקרא הוא מנהג המקום שסדר ההולדה הוא גם סדר הנישואין.[12]

בבראשית רבה מפורט מניע כלכלי לסיבת ההחלפה:

> [ויאסוף לבן את כל אנשי המקום ויעש משתה] כינס את כל אנשי מקומו, אמר להן יודעים אתם שהיינו מדוחקים למים, וכיון שבא הצדיק נתברכנו במים, אמרין ליה ומה הני לך עביד, אמר להון אם בעיי אתון אנא מרמי ביה ויהב לה הדה לאה, דהוא רחם להדא רחל סגין, והוא עבד עוד שבע שנים אחרניין (בראשית רבה ע, יט, עמ' 817-818).[13]

9. על פי כתב יד מינכן 95.
10. להשערה ביחס לאבני הבניין של מסורת הבבלי ראו: אליצור, כי יש שכר לפעולתך, עמ' 77-126.
11. אגב מעניין לציין שבדרשה אחרת העוסקת בשאול, נזכרת תכונת הצניעות כמי שמבדילה את שושלתו משושלת דוד. המסורת מציינת את המילה צניעות, אולם דומה ששם כוונתה של התכונה היא צניעות בלבוש. ראו ירושלמי, סוכה ה, ד, נה ע"ג.
12. על מנהגי הנישואין בחרן ראו: קרמייקל, נשים וחוק, עמ' 99; דיאמונד, ההונאה, עמ' 211-213.
13. תרגום (תיאודור אלבק): אמר להם: אין אתם יודעים שהיינו דחוקים במים וכיוון שבא

לבן מסביר לשכניו כי נוכחותו של יעקב בבית לבן השפיעה ברכה על האזור, ועיכובו לעוד שבע שנים יאפשר את המשך הברכה.

במסורת הבבלי מתארת רחל את תכונת הרמאות של אביה כמי שמניעה את פעולותיו: "ומאי רמיותא? – אמרה ליה: אית לי אחתא דקשישא מינאי, ולא מנסיב לי מקמה" (בבלי מגילה יג ע"ב), אולם היא אינה מסבירה מהו הרווח של לבן מהרמאות.

בתנחומא מתואר לבן כמי שאינו מצליח לעמוד במראה סבלה של לאה לנוכח שידוכה הפגום, ולפיכך מחליט להשיאה ליעקב לפני רחל:

> ללמדך שהיתה לאה יושבת לשמו של עשו, אמר יעקב אעבדך שבע שנים וגו', וכשראה לבן כך, אמר הריני נותן את הגדולה מיה, "ויהי בערב ויקח את לאה בתו" וגו' (תנחומא ויצא יב).

מוקד הדרשה במסורת הרחבה בתוספת לאיכה רבה הוא דמותה של רחל ועל כן אין בה התייחסות לשאלת מניעי ההחלפה של לבן.

1.3 מועד חשיפת ההחלפה

מקריאת סיפור החלפת הנשים עולה שיעקב נחשף לתרמית ההחלפה רק בשעות הבוקר. לא ניתן להבין מהתיאור בפסוקים מתי נחשפה רחל לתוכנית. המסורת באיכה רבה מעצימה את גודל הכאב של רחל בכך שמתארכת את מועד חשיפתה לתרמית, רק עם סיומן של שבע שנות ההמתנה: "וכשהשלימו אותן שבע שנים, והגיע זמן נשואי לבעלי, יעץ אבי להחליפני לבעלי בשביל אחותי". בשום מסורת מהמסורות המקבילות לא נזכרת החשיפה הכואבת כמי שמתבררת לרחל בשלב כה מאוחר. על פי מסורת בתנחומא, רחל נחשפה לתוכניותיו של אביה כבר במהלך שבע שנות עבודתו של יעקב בעבורה, אולם היא לא שיתפה את יעקב בחשיפה זו:

> אין לך נאה מן רחל ובשביל נויה בקש יעקב לישא אותה והיה משלח

הצדיק הזה אצלנו נתברכו. אמרו לו: מה שטוב לך עשה לו. אמר להם: אם רוצים אתם, אני מרמה אותו ונותן לו את לאה והוא אוהב את רחל זו מאוד והוא ישהה אצלכם שבע שנים אחרות.

סבלונות ליתנם לרחל ולבן נותנן ללאה והיתה רחל שותקת (תנחומא ויצא ו).

במסורת הבבלי (לעיל עמ׳ 192–191) מתוארת רחל כמי שמכירה את אופיו של אביה, ואף מזהירה את יעקב מפניו כבר בפגישתם הראשונה: ״מיהו, אבא רמאה הוא, ולא יכלת ליה״.

1.4 תגובת רחל לתוכנית ההחלפה

המקרא איננו נותן מקום לביטוי רגשותיה של רחל מהחלפתה בלאה, ולשאלה אם מעשה ההחלפה הותיר בה משקע כלשהו. רחל התלוננה באוזני יעקב על מעללי אביה בהן, ״הלוא נכריות נחשבנו לו כי מכרנו ויאכל גם אכול את כספנו [...]״ (בראשית לא, טו), אולם היא אינה מזכירה את דחיית ליל כלולתיה.

המסורות בבראשית רבה ובתנחומא בובר מתארות את רחל כמי ששיתפה פעולה עם לבן ומסבירות את שיקוליה: המסורת בבראשית רבה מפרשת את משמעות השם שנתנה רחל לבן שפחתה, נפתלי, כמלמדת כי היה באפשרותה של רחל לחשוף את מזימת ההחלפה ולהקדים את נישואיה לאחותה, אולם רחל נמנעה מכך, כדי לאפשר את בניין העולם מאחותה:

[״ותאמר רחל נפתולי אלהים נפתלתי עם אחתי וגם יכולתי״] [...] אמר ר׳ יוחנן נימפי היה לי לעשות לפני אחתי, אילו שילחתי ואמרתי לו תן דעתך [שהם] מרמים בך לא היה פורש? אלא אמרתי אם איני כדיי שיבנה העולם ממנו יבנה מאחותי. פיתולייה לא דידי הוון, כלום הלך יעקב אצל לבן אלא בשבילי (בראשית רבה עא, ח, עמ׳ 832).

המילה ״נימפי״ זכתה לאטימולוגיה עשירה. בלשון היוונית הנימפה מתארת אישה צעירה, ואילו במיתולוגיה היוונית, מעבר להיבטי הנשיות והארוטיקה שהיו כרוכים בה, היא תוארה כבעלת כוח משיכה מיני שאין לעמוד בפניו ונתפסה כיצור על־טבעי המשלב כוחות של אלים.[14]

פירושה של המילה ״נימפי״ בדברי הדרשן והקשרה בדברי רחל נלמדים מביאור באחד מכתבי היד למקבילה של מסורת זו בתנחומא. דומה שמרכיבים

14. ראו: לין, נימפה יוונית.

הנוגעים למשמעויות הארוטיות הנלוות לה נרמזות בדברי ביאור אלו: "פי' לשון נינפי שבכרכי הים קורין לכלה נינפי, נפתולי שלי היתה החופה, שבכל יום רביעי היתה מקושטה להכנס ונכנסה לאה, לפיכך נפתולי ונכנסה אחותי, עם אחותי וגם יכולתי" (תנחומא ויצא יט).[15] היה באפשרותה של רחל להשתמש בתכסיסי פיתוי ולהיעשות כלה לפני אחותה, ויעקב היה פורש מיידית מלאה, אולם רחל ראתה שהעולם עתיד להיבנות מאחותה, ולפיכך על אף שידעה שיעקב עבר את כל דרך החתחתים עם לבן בעבורה, היא אפשרה להקדים את אחותה.[16]

במסורת אחרת בתנחומא מתוארת רחל כמי שסברה שאם תחשוף באוזני יעקב את תרמית ההחלפה שנודעה לה, היא תכשיל את הסיכוי שאי פעם תינשא לו, ולפיכך גזרה על עצמה שתיקה:

> ולמה שתקה, אמר רשב"י אמרה אם משלחת אני ומודעת ליעקב שאבא נותן לאחותי מה שהוא משלח לי אינו נוטל אותי ואבא אין משיאני לו ואני מתרחקת מן הגוף הצדיק הזה, אמר לה הקדוש ברוך הוא את שתקת חייך בזכות אותה שתיקה זוכרך אני שנאמר "ויזכור אלהים את רחל" (תנחומא ויצא ו).

שתיקת האצילות ושתיקת התחכום של המסורות בבראשית רבה הופכות במסורת זו לשתיקה תועלתנית עבור מושא השתיקה.

בתוספת לאיכה רבה ניתן מקום מרכזי לרגשותיה של רחל מהרגע שנודע לה על כוונת אביה לתת ליעקב את לאה: "רבש"ע גלוי לפניך שיעקב עבדך אהבני אהבה יתירה, ועבד בשבילי לאבא שבע שנים, וכשהשלימו אותן שבע שנים, והגיע זמן נשואי לבעלי, יעץ אבי להחליפני לבעלי בשביל אחותי,

15. ראו במהדורת תיאודור אלבק עמ' 832, שם הוא מביא את חילופי תרגום המילה ואפשרויות תרגומה.

16. ייתכן שהדרשן רומז לכך שרחל ידעה עוד בטרם נישואיה ליעקב על עקרותה, ולפיכך שיתפה פעולה עם הקדמת נישואי לאה ליעקב שיביאו להולדת בנים. מעניין שהדרשן איננו מציין זאת במפורש כאן. סגולתה הנבואית של רחל מוכחת בדרשות אחרות מהנימוק שנתנה לשמו של יוסף, ואף כאן בהקשר של פריון. ראו למשל בראשית רבה עב, כא עמ' 845: "אמר ר' חנינה בן פזי אמהות נביאות היו ורחל היתה מן האימהות, יוסף ה' לי בנים אחרים לא נאמר אלא בן אחר אמרה עוד אחד עתיד להעמיד ולווי יהיה ממני, אמר ר' חנינה נתכנסו אימהות ואמרו דיינו זכרים תפקד זו", וכן ירושלמי ברכות ט, ג, יד ע"ב.

והוקשה עלי הדבר עד מאד, כי נודעה לי העצה [...] ולאחר כן נחמתי בעצמי וסבלתי את תאותי". מניעי הוויתור של רחל לא היו שיקולי רווח והפסד אישיים או לאומיים, אלא דאגה כנה לכבודה של האחות ונכונות להתגבר לשם כך על המיית הלב.

1.5 אופי התרמית ואופן ביצועה

דרשן התוספת לאיכה רבה מניח כי תחבולת החלפת הנשים הצליחה הודות לשיתוף פעולה של רחל עם המזימה.

> ...כי נודעה לי העצה, והודעתי לבעלי ומסרתי לו סימן שיכיר ביני ובין אחותי, כדי שלא יוכל אבי להחליפני, ולאחר כן נחמתי בעצמי וסבלתי את תאותי, ורחמתי על אחותי שלא תצא לחרפה, ולערב חלפו אחותי לבעלי בשבילי, ומסרתי לאחותי כל הסימנין שמסרתי לבעלי, כדי שיהא סבור שהיא רחל.

על פי המדרש, לבן הודיע לרחל על כוונתו, היא עדכנה את יעקב בתוכניותיו של אביה, יזמה את קוד הסימנים שיסייע ליעקב להבחין בינה לבין אחותה ולסרב להחלפה, ובסופו של דבר היא גילתה לאחותה את סימן ההיכר שיאפשר ללבן לממש את תוכניתו. הפרטים הללו נחוצים לצורך מילוי חלל סיפורי, אולם אם נשווה אותם למסורות קדומות ומקבילות שגם מתמודדות עם החלל הסיפורי, נראה שדרכי מילויו שונות.

יוסף בן מתתיהו בקדמוניות היהודים ממדר את רחל מהתחבולה, ותולה את הצלחתה בחושך ובשכרות של אותו הלילה:

> ולאחר שעבר הזמן קבע את מועד חגיגת הנשואין. וכשירד הלילה השכיב על יד יעקב, שלא חשד במאומה, את הבת השניה, הגדולה מרחל, שלא היתה יפת תואר. ויעקב בא אליה מחמת החושך והשכרות, ורק אחר כך, עם עלות היום, הבחין בה וקבל על לבן, שרימהו (קדמוניות היהודים, 1.301-2, עמ' 32).

בבראשית רבה מתאר הדרשן את דרכי השכנוע שהפעיל לבן על שכניו על מנת שיסייעו לו לבצע את החלפת הנשים. גם במסורת זו אין לרחל כל חלק בתרמית:

אמרו לה עבד מה דהני לך. אמר להון יהבון לי משכונין דלית חד מינכון מפרש, יהבון לה משכונין, ואזל אייתי עליהון חמר משח וקפד, הוי ולמה נקרא שמו לבן הארמי שרימה אפילו באנשי מקומו. כל ההוא יומא הוון מכללין ביה, כיון דעל לביתיה ברמשא אמר להון מהו כדון, אמ' ליה את גמלת חסד בזכותך, הוון מקלסין קודמוה ואמרין הילייה הילייה היא לאה היא לאה, ברמשא אתון מעלתה וטפון בוציניה, אמר להון מהו כדן, אמרין מה את סכי דאנן דבזיון דכוותכון [...] (בראשית רבה ויצא ע, כב, עמ' 817–819).[17]

לבן רקח מזימה באמצעות שכניו וכך הצליח להערים על יעקב מבלי שהתרמית תיחשף. רחל איננה שותפה לתכנון, ואף איננה נזכרת כמי שמסייעת לו להתממש. דמותו המפוקפקת של לבן היא שעומדת במוקד המדרש: החלפת הנשים לא נעשתה מתוך דאגה לרגשותיה של לאה הבכורה, אלא נבעה מאינטרס חומרי – הכרתו של לבן בברכה שמביאה שהותו של יעקב בביתו. לבן פיתה את בני עירו לשתף עמו פעולה על ידי תיאור דאגתו לרווחתם, ובאמצעות הזמנתם לסעודה העשירה שהוא ערך בליל הכלולות. הדרשן מעצים את הביקורת כלפי לבן באמצעות התערבות בסיפור: "הוי לכך נקרא לבן הארמי לפי שרימה אפילו אנשי מקומו", ובהעמדת הניגוד שבין רוע ליבו לבין המצפון של אנשי מקומו, שניסו לרמוז ליעקב על המזימה.

המוטיב המרכזי של התוספת במדרש באיכה רבה הוא מוטיב הסימנים שהגתה רחל, כדי ליצור ליעקב סימן היכר שרק זיהויו אצל רחל יוכיח לו שאכן מדובר בה ולא באחותה.

ומסרתי לאחותי כל הסימנין שמסרתי לבעלי, כדי שיהא סבור שהיא רחל.

17. תרגום על פי תיאודור אלבק: אמרו לו: עשה מה שטוב לך. אמר להם: תנו לי משכונות שלא יפרסם לו אחד מכם הדבר. נתנו לו משכונות והלך. הביא עליהן על אותן המשכונות יין שמן ובשר. הוי לכך נקרא לבן הארמי וכו'. כל אותו היום היו משבחין ומזמרים בשמחה לכבוד חתן וכלה, וכיון שנכנס לעתותי ערב ועוד הם מזמרים ומחגגים לפניו אמר להן יעקב: מה הוא זאת, כלומר למה אתם גומלים עמי חסד כל כך, ואמרו לו: גם אתה גמלת חסד עמנו בזכותך שנתברכו המים לרגליך. והיו מקלסין לפניו ואמרו בקול שמחה הא ליא היא לאה לרמז לו הערמה, והוא בתומתו לא הרגיש.

במסורת בבראשית רבה הסימנים אינם נזכרים כלל.

המסורות שרומזות על קיומם של סימנים, מתארות אותם באופן שונה מייצוגם במדרש איכה רבה בשני מרכיבים: 1. יוזם תחבולת הסימנים; 2. זהות הדמות המיוצגת בסימנים. במסורת בבבלי שראינו לעיל, יעקב הוא יוזם הסימנים, והסימנים הם פרטים מוכמנים על אודותיו, שהכרתם תוכיח ליעקב שמדובר באישה שלה הוא נתן אותם: "אמרה ליה: אית לי אחתא דקשישא מינאי, ולא מנסיב לי מקמה. מסר לה סימנים" (בבלי מגילה יג ע"ב). דרשות אחרות המזכירות את תחבולת הסימנים מאמצות לחלוטין את מסורת הסימנים של הבבלי, ומתארות את יעקב כהוגה התחבולה וכמושא הסימנים.[18] תחבולת הסימנים בתוספת לאיכה רבה המתוארת כיוזמה של רחל והסימנים כאמצעי זיהוי לדמותה, לא יוזכרו שוב בשום מסורת מהמסורות שבידינו.

1.6 הסיבה להצלחת התרמית

בתוספת לאיכה רבה אין תיאור של תפקידה של לאה בתרמית. אדרבה, גם לאחר שרחל מסרה בידיה את הסימנים, רחל נשארה בחדר והמשיכה להטעות את יעקב וענתה ממקומה מתחת למיטותיהם לשאלותיו של יעקב:

> ומסרתי לאחותי כל הסימנין שמסרתי לבעלי, כדי שיהא סבור שהיא רחל, ולא עוד אלא שנכנסתי תחת המטה שהיה שוכב עם אחותי והיה מדבר עמה והיא שותקת, ואני משיבתו על כל דבר ודבר, כדי שלא יכיר לקול אחותי.

במסורות המקבילות מאשימים יעקב והסביבה את לאה בביצוע הרמאות.

דומה שעורך בראשית רבה, כפי שהצענו לעיל, אינו מכיר את מסורת הסימנים שמסרה כביכול רחל ללאה. אנשי מקומו של לבן ניסו לרמוז ליעקב כי המיועדת להינשא לו היא לאה: "הוון מקלסין קדמיה ואמ' הי לאה הי לאה" (בראשית רבה ע, כב, עמ' 818), ואילו לאה שיתפה פעולה עם לבן, כפי שניתן ללמוד מדברי התוכחה שמשמיע באוזניה יעקב:

> כל ההוא ליליה צווח לה רחל והיא ענייה ליה, בצפרא "והנה היא

18. ראו לקח טוב כט, כה; שכל טוב כט, כה ועוד.

> לאה", אמ' לה מה רמייתה ברת רמאי, אמרה ואית ספר דלית ליה תלמידין, לא כן הווה צווח אביך צווח לך עשו ואת עני ליה[19] (בראשית רבה ויצא ע, כב, עמ' 817–819).[20]

בתוספת לאיכה רבה: "היה מדבר עמה והיא שותקת", ובבראשית רבה: "היה צוח לה רחל והיא ענייה ליה".

מסורת אחרת בבראשית רבה מרחיבה בתיאור האשמת לאה במרמה גם על ידי סביבתה הקרובה והרחוקה:

> וירא ה' כי שנואה לאה [...] והיו הכל סונטים בה, מפרשי ימים סונטים בה, מהלכי דרכים היו סונטים בה, אף הגתיות מאחורי קוריים היו סונטים בה, והיו אומרים לאה זו אין סיתרה כגלויה, נראת צדקת ואינה צדקת, אילו היתה צדקת היתה מרמה באחותה? (שם, עא, עמ' 821–823).

ההתעלמות ממסורת הסימנים, או אי ההיכרות עמה, במסורת בראשית רבה ברורה כל כך, שכן לאה מואשמת בכך שהערימה על אחותה ופעלה ללא ידיעתה. הפגיעה שפגעה לאה באחותה מכאיבה ליעקב יותר מאשר הרמאות כלפיו, וזאת הסיבה שהוא חפץ לגרשה:

> ר' יהודה בר' סימון ר' חנן בשם ר' שמואל בר רב יצחק כיון שראה יעקב אבינו מעשים שרימת לאה באחותה נתן דעתו לגרשה [...] (שם, שם, עמ' 823).

מול המודל החיובי של מעשה רחל בתוספת לאיכה רבה הודות לנכונותה למחול על כבודה, מוצגת לאה כמי שהוטחו בה קיתונות של אשמה על חלקה בביצוע התוכנית ביתר המסורות.

19. תרגום: כל אותו הלילה היה קורא לה רחל והיא עונה, בבוקר והנה היא לאה. אמר: מה זאת רמאית בת רמאי. אמרה לו: וכי יש סופר שאין לו תלמידים, לא כך היה אביך קורא לך עשו ואתה ענית לו? אף אתה קראת לי ואני עניתי לך.

20. וכן בתנחומא בובר ויצא יא; בראשית רבתי ויצא עמ' 119; שכל טוב בראשית ויצא כט, כה; אגדת בראשית מט עמ' 442–443.

אם כן, שני הבדלים מרכזיים עולים מהשוואת המסורות המסבירות את הצלחת התרמית: ההבדל האחד נוגע לבחירת הדמות הדומיננטית במעשה הרמייה, וההבדל השני נוגע לפערי ההערכה כלפי מי שביצעה את מעשה הרמאות בפועל. במסורת שצורפה לאיכה רבה רחל מוצגת כדמות הדומיננטית במעשה הרמייה, ואף על פי כן לא מושמע ולו בדל של ביקורת על הפרת נאמנותה ליעקב, ועל האופן שבו ביצעה את הרמאות על ידי חדירה גסה לאינטימיות של מעשה האישות.[21] לעומת זאת במסורות המקבילות הדמות הדומיננטית במעשה הרמייה היא לאה, וההערכה השלילית של המעשה עולה בקנה אחד עם תפיסת חז"ל הכללית ביחס למעשי רמאות. יש כמובן הבדל בין מי שהרמאות היא למען רווחתו של זולתו, לבין מי שיוצא נשכר מתוצאת הרמאות, ואף על פי כן בחירת דרשן המסורת בתוספת לאיכה רבה ללמד על אצילותה של רחל מכך שהגתה את מעשה הרמאות וביצעה אותו הלכה למעשה, איננה מובנת מאליה.

*

השוואת מסורת הסימנים שבתוספת לאיכה רבה למסורות מקבילות העוסקות בסיפור החלפת הנשים, מעמידה פער מהותי ביניהם. דומה שההבדל המרכזי הוא מידת הדומיננטיות המיוחסת לרחל בסיפור ההחלפה ואופי השפעתו של המעשה.

בתוספת לאיכה רבה רחל היא הדמות המרכזית המיוצגת על שלל מאפייניה: צער, נחישות, רגישות, ותרנות ואף שמץ של תוקפנות ומניפולטיביות, בעוד במסורות המקבילות ניתנת במה מרכזית לאופיו הפתלתל של לבן, לכאבה של לאה ולביטוי מחשבותיו של יעקב טרום המרמה ולאחר גילויה. התוספת באיכה רבה היא היחידה שנותנת מקום לתיאור הצער הפוקד את רחל לשמע כוונותיו של אביה, וכן היחידה שמתארת את יוזמת הסימנים כפרי תוכניותיה של רחל, וכמי שמציבה את

21. המסורת מהדהדת את סיפור רב כהנא ששכב תחת מיתתו של מורו ורבו, ושוחח עמו בעת שהלה קיים יחסי מין עם אשתו: "רב כהנא על, גנא תותיה פורייה דרב. שמעיה דשח ושחק ועשה צרכיו, אמר ליה: דמי פומיה דאבא כדלא שריף תבשילא! אמר לו: כהנא, הכא את? פוק, דלאו ארח ארעא. אמר לו: תורה היא וללמוד אני צריך". (בבלי ברכות סב ע"א). תשובת רב כהנא המצדיקה את החדירה לפרטיות וכוללת אותה בקטגוריה של לימוד תורה מפי רבו, מקצינה לכאורה את הביקורת כלפי רחל שעשתה זאת כדי להוליך שולל את מי שמיועד לשאת אותה.

עצמה במוקד התרמית. העובדה שהתרמית נחשפת לרחל סמוך כל כך לליל כלולותיה, בגרסת התוספת של איכה רבה, מעצימה את כאבה. גודל הכאב מאדיר את עומק רגישותה כלפי אחותה ואת תעצומות הנפש שנדרשו לה על מנת להעביר לאחותה את סימני הזיהוי שתשמיע באוזני יעקב, שלמעשה יממשו את דחיית נישואיה ליעקב לטובת אחותה. התוספת המדרשית המתארת את המעשה הפולשני והנועז של רחל כמי ששוכבת תחת מיטת הזוג ועדה למימוש ההתייחדות, אשר לה ציפתה כל כך, על ידי אחותה, מגבירה אף היא את רושם גדולתה.

מסורת הסימנים בתוספת לאיכה רבה, בניגוד למקבילותיה, מעמידה את רחל כמי שחוצה את גבולות בניין המשפחה האישית ואת הסיפור בהקשרו המקראי, ומתערבת בגזרת גלות אלוהית. השכר של רחל הנזכר בנבואת ירמיהו, הוא מוקד הפיצוח של דרשן המסורת באיכה רבה. הדרשן מתמודד עם השאלה על מה ולמה נבחרה דווקא רחל כמי שבכייה הביא לשכנוע הא־ל ולחנינת בניו. העצמת דמותה המופתית בעבר ותעוזתה להשתמש במעשה מהעבר לתוכחת הא־ל בהווה, נדרשת לצורך הסבר התהליך שהביא להבטחת "ושבו מארץ אויב".

2. השערות ביחס לזמנה של מסורת הסימנים

מדרש איכה רבה נערך, על פי המקובל במחקר, סביב המאה החמישית או השישית בארץ ישראל.[22] רבים מן הדרשנים שאת דרשותיהם הבאתי בסעיף הראשון אמורים להכיר את המסורות של מדרש איכה רבה, שנערכו לכאורה במקביל לעריכת המסורות בבראשית רבה, וקודמים לעריכת מסורות הבבלי והתנחומא העוסקות בסיפור מרמת הנשים בבית לבן. אלא שסוגיה זו סבוכה יותר, שכן על אף קדימותה של עריכת מדרשי איכה רבה, רבים מן החוקרים מצביעים על חלקים מפתיחתא כד, שבה משולבת מסורת הסימנים על רחל, כחורגים מהזמן של עריכת החיבור, וכמי שצורפו לו בשלבים מאוחרים יותר, לקראת סוף המאה העשירית ואף מאוחר יותר.[23] בדבריי הבאים תוצגנה ההוכחות שמביאים החוקרים לאיחור עריכתה של התוספת, ומנגד אציע

22. ראו: רייזל, מבוא למדרשים, עמ' 183–184.

23. על איחורה של פתיחתא כד כתוספת לאיכה רבה ראו מנדל, איכה רבתי, עמ' 194–196;

הוכחות לטענה שאף על פי שהמסורת צורפה לחיבור איכה רבה בתקופה מאוחרת, קיימת סבירות שמסורת זו התגלגלה בתקופה מוקדמת יותר, ועורכי החיבורים, מטעמים שונים שיש לנסות ולברר, בחרו שלא להכניסה לחיבורם.

2.1 מבנה הפתיחתא וטענות המחקר לאיחורה של עריכת התוספת

בובר היה הראשון שציין כי חלקים מפתיחתא כד נוספו לחיבור מאוחר יותר, מבלי שציין את הנימוקים לאיחורם ואף לא הציע את זמנה של התוספת.[24] אחריו מנדל פירק את המסורות המשולבות בפתיחתא כה, חילק אותן לקבוצות והציע תיארוך למועד עריכתן.[25] נצא אפוא בעקבותיו.

חלק א: הקטע המתחיל במילים "ר' יוחנן פתח: משא גיא חזיון" ונצמד לפסוקי התוכחה של ישעיהו לתיאור חטאי העם בגיא חיזיון, בעיר ירושלים.

חלק ב: "ד"א ויקרא ה' א' צב' ביום ההוא [...] זה שאמר הכתוב ברוח הקודש", המתאר את בכיה של כנסת ישראל על צרות החורבן והעדר שכינה.

חלק ג: מתחיל בציטוט הפסוק מישעיהו כב, יב: "ויקרא ה' א' צבי ביום ההוא".

מנדל יוצר חלוקה פנימית של חלק זה לחמישה תתי־חלקים:

1. תיאור בכיו של הקב"ה בשעה שמתבונן בהרס המקדש, ומבקש לקרוא לאבות ולמשה שיבכו עמו.
2. אברהם ומלאכי השרת מוחים בפני הא־ל על עוצמת העונש שגזר על העם, וניסיונות אברהם ללמד זכות על העם.
3. אברהם, יצחק, יעקב ומשה מבקשים שמעשיהם ישמשו זכות לבניהם. משה מעדכן את האבות על מצבו הקשה של העם בגלות וכולם נושאים קינות.
4. משה מוחה על שתיקת הא־ל על שחיטת בנים ואימותיהם.
5. כניסתה של רחל ובקשת הרחמים על בניה.

רבינוביץ', גנזי מדרש, עמ' 118 הע' 5, ועמ' 127 הע' 77; רייפמן, קונטרס, עמ' 181; סרד, קבר רחל, עמ' 103-148.

24. במהדורת בובר פתיחתא כד מתוחמת מהערה טו עמ' יג עד סוף הפתיחתא.

25. ברצוני להודות לד"ר מנדל, העוסק בחקר מדרש איכה רבה, שהסכים באדיבותו להעביר אליי חומרים מתוך המהדורה הסינופטית העתידית שהוא מוציא למדרש איכה רבה בהוצאת מכון שכטר ושיתף אותי בממצאיו עד כה.

מנדל מניח שחלק א מקורי למדרש איכה רבה שכן הוא מופיע בכל עדי הנוסח של החיבור. לעומת זאת, חלקים ב ו־ג מופיעים רק בכתבי יד מסוימים וחסרים באחרים, ולכן הוא סבור שמדובר בתוספת מאוחרת שצורפה בשלב מאוחר יותר לחיבור.

מנדל מציג כמה הוכחות להנחה שמדובר בתוספת מאוחרת למדרש, ואלו הן:

1. טיעון קודיקולוגי: תיעודו של הקטע המלא מופיע בכתב יד אחד בלבד (כ"י מינכן) ובדפוס, ומאחר ששני אלה קרובים מאוד זה לזה – ברור שהם משקפים למעשה עד נוסח אחד.
2. סגנון הקטעים: הסגנון הפיוטי של הפתיחתא אינו רגיל ובעצם אינו קיים כלל במדרשים בני התקופה של עריכת איכה רבה. לדוגמה: הדרשן מצטט את הפסוק מישעיהו כב, יב ומקדים את הציטוט במילים: "זה שאמר הכתוב ברוח הקודש". ביטוי זה אינו מקובל במדרשים 'הקלאסיים' והוא מאפיין מדרשים שנערכו בתקופה מאוחרת.
3. מוזכר מטטרון (עמ' 25) ומוזכר תיאור של משה בתור "רעיא מהימנא". ביטויים אלה אינם מוכרים מהספרות המדרשית הארץ־ישראלית הקדומה.
4. המשפטים ב"קינות" של משה כתובים ארמית שאינה ארמית ארץ־ישראלית וניכרת בה השפעה של ארמית בבלית.

מנדל משער כי פסוק מישעיהו כב, יב המשמש סגיר לפתיחה המקורית ופתיח לתוספת, הוא שגרם לסופר מאוחר מאזור ספרד או צפון אפריקה, לא לפני המאה העשירית ואולי אחריה, לערוך את הקטע בצמוד לפתיחה המקורית. רש"י, שחי במאה ה־11 באשכנז, ורד"ק, שחי במאה ה־12 בפרובנס, הם הראשונים המשלבים בפירושיהם לנבואת ירמיהו מרכיבים המוכרים אך ורק מהמסורת של פתיחתא כד באיכה רבה. החיבור היחיד המצטט את המסורת בשלמותה הוא חיבורו של רבי יוסף אלנקאוה, שחי במאה ה־14 בספרד, מנורת המאור (חלק שני, עמ' 329–330).

2.2 הוכחות לאפשרות קדימותה של מסורת הסימנים חרף עריכתה המאוחרת

חרף הנימוקים לאיחורה של התוספת, יש לשאול אם יצירתה של כל התוספת מאוחרת, ואז יש לברר את הרקע לצמיחתה, או שמא חלקים ממסורת זו נוצרו

מוקדם יותר,[26] ואז יש לברר מדוע אין הם נזכרים במדרשים הקדומים עד לשילובם המאוחר (על פי השערות של מנדל) במדרש איכה רבה.

אין בידינו להכריע בשאלה זו ביחס לכל חלקי התוספת, אולם נציע כמה נתונים העשויים להצביע על אפשרות קדימותה של אגדת רחל ובתוכה מסורת הסימנים:

א. סימני האיחור שמציין מנדל (הוכחות 2–4) אינם מאפיינים את התוספת המתארת את כניסתה של רחל (ג5). אופיו של התיאור אינו ניכר בחריגותו ממדרשי חז״ל קדומים אחרים.

ב. מטבעות לשון של אגדת רחל (ג5) מוכרות ממסורות קדומות מתקופת המשנה והתלמוד: הביטוי ״באותה שעה קפצה״ מופיע פעמיים נוספות במדרש איכה רבה, במסורות המתוארכות כמוקדמות למועד עריכת החיבור, ובשתי המסורות הללו, בדומה למסורת על רחל, הביטוי מקדים תיאור של ויכוח עם האל.[27]

ג. נוסח הקל וחומר המופנה אל הקב״ה על ידי רחל כתיאור אבסורד כביכול ״ומה אני שאני...״ מופיע גם בבראשית רבה ד עמ׳ 27: ״ומה אני שאני בשר ודם אצבעי מעמדת את המים...״.

ד. הכינוי ״ואתה מלך חי וקיים״ מופיע גם במסורות מוקדמות ככינוי לא־ל.[28]

26. שטרן, חיקוי, עמ׳ 151–174 עוסק בהיבטים של האנשת הא־ל בספרות חז״ל. בעמודים 158–164 הוא מנתח את פתיחתא כד לאיכה רבה, ויוצר הבחנה בין אופי האנשת הא־ל בחלקי הפתיחתא. שטרן מבחין אף בין חלקי התוספת (אליבא דבובר ומנדל) של הפתיחתא המקורית, וטוען שקיים הבדל נרטיבי מהותי בין האנשת הא־ל המבקש להתאבל ולבכות בחלק ג1 (ראו לעיל את הגדרת החלוקה בעמ׳ 202) ומבקש את עזרתם של האבות ומשה ״שהם יודעים לבכות״, לבין החלק התוספתי ג2 המתחיל במילים ״א״ר שמואל בר נחמן״, שם מוצג הא־ל כמי שמסרב להיכנע לבכיים של האבות ומשה ומקשיח את עמדותיו ביחס לעונשו המוצדק של העם.

27. השוו איכה רבה א, ג: ״באותה שעה קפצה מדת הדין לפני הקדוש ברוך הוא אמרה לפניו רבש״ע כך הוא כבודך שיהו אומר בשר ודם שרף את ההיכל, כך הוא כבודך שיהא רשע מתגאה ואומר אני שרפתי ביתו של אל״; איכה רבה ב, א: ״באותה שעה קפצה קטיגורייא לפני הקדוש ברוך הוא אמרה לפניו רבון כל העולמים מפני מה אתה חס עליהם״.

28. ראו בבלי חגיגה יג ע״א; איכה זוטא א, כ״א; תנחומא בובר שלח ב; שוחר טוב פו, ב; פסיקתא רבתי א. מעניין שהילקוט שמעוני בשלח נח, המצטט מסורת מן המכילתא

ה. הביטוי "נתגלגלו רחמיו" כתיאור לבקשת חנינה או להיענות לה מופיע במדרשים קדומים.[29]

ו. רמזים לעיבוד מסורות חיצונית (אגדת רחל) לתוך האגדה המורחבת של הפתיחתא: המשפט המקדים את כניסתם של האבות, "לך וקרא לאברהם ליצחק וליעקב ומשה מקבריהם שהם יודעים לבכות" (ג1), אינו כולל את רחל, אף על פי שרחל עומדת במשימת הבכי שלשמה נקראו האבות ומשה. דומה שהדרשה הייתה אמורה להסתיים בהיענותם של האבות להזמנת הצטרפותם לבכיו של האל, ולהוכיח את התגשמות נבואת ישעיהו: "ויקרא ה' אלהים צבאות ביום ההוא לבכי ולמספד". בחלק האגדה המורחב מצויות רוב ההוכחות לאיחורה של המסורת (למעט הוכחה 4, לעיל עמ' 203). ההנחה היא שאגדת רחל כאחת מהאימהות שמנסה את כוחה בהכנעת האל, שולבה מאוחר יותר.[30]

ז. סיומה של הדרשה: מרבית הפתיחתאות מסתיימות בפסוקי קינה או פורענות (למעט פתיחתא טז). חלקי המדרש בפתיחתא כד עד התוספת על רחל משתלבים, חרף איחורן, בסגנון הקינתי של נוסחי הסיום של הפתיחתאות, במילים המצמררות "והלא כבר הרגו בנים ואמותיהם כמה וכמה ואתה שותק". הסיום המנחם של מסורת הסימנים זר לסביבתו, ומחזק את ההנחה שעל פיה יש להפריד בין זמני היצירה של חלקי המדרש.

ח. רמיזות משמעותיות להיכרות עם מסורת הסימנים של איכה רבה בחיבור מוקדם יותר להשערת מועד התוספת לאיכה רבה. במדרש אליהו רבה מופיעה מסורת המסגירה היכרות עם מסורת הסימנים באיכה רבה, וזהו לשונה:

דרשב"י בשלח, ויסע ב, מוסיף לא־ל את התואר "לפני מלך חי וקיים לעולמים" אף על פי שמילים אלו אינן מופיעות בנוסח המקורי.

29. ראו: מכילתא דרבי ישמעאל משפטים, נזיקין יח: "לפיכך גלגל המקום עמו"; בבלי פסחים פז ע"א: "גלגל רחמיך עליהן".

30. בדבריי אלו אין ברצוני לטעון לקדימותם של כל חלקי התוספת מג2–ג5 (ויש אף לשער שהקטע הארמי של קינות משה מאוחר, כפי שטוען מנדל), אלא להצביע על עריכה פנימית ושילוב מסורות גם בתוך היחידה המדרשית המאוחרת לכאורה, המחזקת את ההשערה שקיימים הבדלים במועד היווצרותן של המסורות. וראו דבריו של שטרן, חיקוי, עמ' 162 על המעבר החד בין שני הנרטיבים שנכללים לכאורה בתוספת המאוחרת.

[...] "בני יצאוני ואינם" (ירמיהו י, כ), הואיל וגלו ישראל לבין אומות העולם, לא היתה בדעתו של הקדוש ברוך הוא להחזירם למקומם, עד שעמדה רחל בתפילה לפני הקדוש ברוך הוא, אמרה לפניו, רבונו של עולם, היזכר לו שלא הקפדתי על צרה שלי, ולא עוד אלא שעבד בי בעלי שבע שנים, ובשעת כניסתי לחופה החליפו את לאה אחותי, ולא הייתי מדברת עם יעקב, כדי שלא יכיר בין קולי לבין קול אחותי, והלא דברים קל וחומר, ומה אני בשר ודם לא הקפדתי על צרה שלי, אתה תקפיד על צרה של עבודה זרה, שנאמר בהן, "עינים להם ולא יראו אזנים להם ולא ישמעו" (תהלים קטו, ה-ו), מיד נתגלגלו רחמיו, ונשבע לה לרחל שיחזירם במקומם, שנאמר "כה אמר ה' קול ברמה נשמע נהי בכי תמרורים רחל מבכה על בניה וגו'", אל תיקרי רחל מבכה על בניה, אלא רוח אל מבכה על בניה, "מאנה להנחם על בניה כי איננו כה אמר ה' מנעי קולך מבכי (וגרונך) וגו' ויש תקוה לאחריתך נאום ה'" (ירמיהו לא) (אליהו רבה כח).

אלה המרכיבים הדומים של המסורות שאינם נמצאים במסורות הסימנים המקבילות:

- רחל מצליחה לשבור את נחישותו של הא-ל להפקיר את עם ישראל בגלות בזכות ההקבלה בין מעשה הסימנים לציפייה מהא-ל למחול לבניו.
- מזימת החלפת הנשים נודעת לרחל קצת לפני כניסתה לחופה.
- כינוי לאה "צרה".
- השימוש בקל וחומר במטבע לשון משותפת (בשינוי קל): "ומה אני שאני בשר ודם עפר ואפר לא קנאתי לצרה שלי".
- תיאור דומה של תוצאת תחנוניה של רחל: "מיד נתגלגלו רחמיו".
- סיום הדרשה בציטוט הפסוק מנבואת ירמיהו.

מועד עריכתו של תנא דבי אליהו נתון במחלוקת חוקרים המשתרעת על פני שבע מאות שנים. המקדימים סבורים שהמדרש נערך בסביבות המאה השלישית, והמאחרים משערים כי החיבור נערך במאה העשירית תוך עיבוד חומרים קדומים שהיו מצויים לפניו.[31] על כל פנים גם על פי שיטת המאחרים

31. ראו בהרחבה רייזל, מבוא למדרשים, עמ' 346-353, הפורסת את הדעות השונות, וראו: בראנד, תנא דבי אליהו, עמ' 597-617.

(ביחס לזמנו של תנא דבי אליהו), המסורת על רחל הייתה מוכרת לעורך המדרש עוד קודם למועד עריכתה באיכה רבה, על פי השערת המאחרים (ביחס לזמנה של פתיחתא כד).

הצטרפותם של הנתונים מסייעת לשרטט תמונת אגדה שייתכן שהתפתחה בנפרד מחלקי המדרש האחרים, ולא בהכרח בתקופה המשוערת של עריכתם. ההוכחות לאיחורם של כמה מחלקי המדרש אינן חלות עליה, ואדרבה, מצויות בה מטבעות לשון המוכרות ממדרשים קדומים, וכן קיימות עדויות על היכרות עמה בתקופה מוקדמת יותר להשערת מועד עריכתה.

2.3 נתונים המצביעים על אפשרות של התעלמות מהמסורת או מהמסר העולה ממנה

ביחידה הראשונה הצבעתי על חריגותה של מסורת הסימנים מהתוספת לאיכה רבה בהשוואה למדרשים אחרים המסבירים את תחבולת החלפת הנשים. מדבריי ביחידה השנייה עולה כי חרף איחורה של עריכת המסורת באיכה רבה, אין בכך בכדי להוכיח כי זהו גם מועד יצירתה. להלן אציג כמה תופעות המאפיינות את המסורות העוסקות בהיבטים שונים מסיפורה של רחל, ואציע השערה שעל פיה הגורם לבדידותה ולחריגותה של מסורת הסימנים שנוספה לאיכה רבה איננו בהכרח אי היכרות עמה: אציג נתונים המלמדים על העדר אזכור של מסורת הסימנים בנוסח איכה רבה בקרב חיבורים שהיו אמורים להכיר אותה אפילו על פי שיטת המאחרים; אציע מסורות מדרשיות ומסורות מקורפוסים אחרים, כגון התרגום והפיוט, הרומזות למסורת זו ואף על פי כן מעמעמות את המסר העולה מתוכה, ואציין מסורות שדומה שמעדיפות להותיר חלל בהבנת הפסוקים, ובלבד שלא להזדקק למסורת הסימנים.

קובצי מדרש מאוחרים, ילקוטים ופרשנים שאינם מזכירים את מסורת הסימנים

ספר בראשית, יותר מכל ספרי המקרא האחרים, זכה למדרשים העוסקים בסיפוריו. מלבד מדרש בראשית רבה הקדום, מדרשי תנחומא ומדרש אגדה (בובר) הדורשים את סיפורי התורה כולה, נתייחדו לספר בראשית כמה חיבורי מדרש עצמאיים.[32] מוטיב הסימנים אמור להיות מוכר לעורכי קובצי

32. כגון: אגדת בראשית, בראשית רבתי, מדרש שכל טוב (גם לשמות וויקרא) והמדרש הקצר "ויסעו". השאלה המעניינת היא אם העיסוק הרחב בסיפורי בראשית קשור

המדרשים המאוחרים למועד עריכת התוספת לאיכה רבה, ואף על פי כן ולמרות איחורם, קיימים לא מעט מדרשים שאינם מזכירים את מוטיב הסימנים, ואלו שמזכירים אותו נצמדים למסורת הבבלי ואין בהן כל זכר לסיפור הסימנים בעיבוד של איכה רבה.

מדרש לקח טוב, שנערך על פי המקובל במחקר במאה האחת עשרה, המאוחרת להשערה ביחס למועד צירופה של מסורת הסימנים לאיכה רבה,[33] אינו מזכיר אותו. הוא מציע הסבר חדש לעובדה שזהותה של לאה לא נחשפה במהלך הלילה, ומדגיש כי הקול שנשמע ליעקב הוא קולה של לאה ולא קולה של רחל: "מלמד שכבו הנרות והכניסה לו בחשך, לפי שאין משמשין לאור הנר וכל הלילה היה קורא לה יעקב אבינו רחל, והיא עונה בחזקת רחל..." (לקח טוב בראשית ויצא כט כג). הדרשן רומז למוטיב הסימנים אולם לא בשעת מסירתם כביכול על הבאר. הוא נדרש לו לראשונה בתיאור חשיפת המרמה עם עלות השחר, ומדגיש כי הסימנים נמסרו על ידי יעקב לרחל (שם כה).

מחבר ילקוט שמעוני[34] יוצר כדרכו מצרף של גרסאות פרשנות החלפת הנשים: הוא מתחיל בגרסת הבבלי בתיאור הגורם לצורך בסימנים ובאופן השימוש בהם, משם עובר לתיאור שכרה של רחל על שתיקתה בהורשת תכונה זו לבניה, לאחר מכן מביא את נוסח הדרשה בבראשית רבה המסבירה את דרכי השכנוע של לבן לבני עירו, וחותם בנוסח התנחומא המתאר את התוכחה המרה שהטיח יעקב בלאה ואת התגוננותה בתיאור יעקב כמי שמשמש דוגמה למעשה רמייה.[35] נוסח דרשת הסימנים בתוספת לאיכה רבה אינו נזכר כלל בדברי הילקוט שמעוני.

רש"י בפירושו לנבואת ירמיהו משתמש במרכיבים ממדרש איכה רבה,

באופיו הסיפורי של החומש והתשתית הנוחה של אופיו זה להפקת מסרים דידקטיים, או אולי היעדרה של ספרות מדרש ההלכה על החומש נטול המצוות, או שמא כרוך הדבר בהצהרת כוונות של עורך החיבור, לדרוש את כל סיפורי התורה, שלא הושלמה, וראשוניותו של חומש בראשית זיכתה אותו בעושר זה.

33. על זמנו של המדרש ועל אופיו ראו רייזל, מבוא למדרשים, עמ' 370–372.

34. על פי המקובל במחקר, עורכו של הילקוט הוא ר' שמעון הדרשן מפרנקפורט, שחי בתחילת המאה ה־13 באשכנז. ראו: רייזל, מבוא למדרשים, עמ' 383–384.

35. ילקוט שמעוני תורה רמז קכה. על מקורותיו הקדומים של הילקוט לרמז זה ראו ילקוט שמעוני (מקורות), עמ' 91.

מבלי להיכנס לפרטים מדויקים הנוגעים למעשיה של רחל, ומרכיבים אלו מסגירים היטב את מבנה המדרש המשמש בסיס לדבריו, וזו לשונו:

> רחל מבכה על בניה – מדרש אגדה אמר שהלכו אבות ואמהות לפייס את הקדוש ברוך הוא על שהעמיד מנשה דמות בהיכל ולא נתפייס נכנסה רחל אמרה לפניו רבונו של עולם רחמי מי מרובים רחמיך או רחמי ב"ו הוי אומר רחמיך מרובים והלא אני הכנסתי צרתי בתוך ביתי שכל עבודה שעבד יעקב את אבי לא עבד אלא בשבילי כשבאתי ליכנס לחופה הכניסו את אחותי ולא די ששתקתי אלא שמסרתי לה סימני אף אתה אם הכניסו בניך צרתך בביתך שתוק להם אמר לה יפה למדת סנגוריא יש שכר לפעולתך ולצדקתך שמסרת סימנך לאחותך (רש"י ירמיהו לא, טו).

אף על פי כן, בפירושו לסיפור החלפת הנשים הוא מבכר את התוכן הבבלי:

> ויהי בבקר והנה היא לאה – אבל בלילה לא היתה לאה, לפי שמסר יעקב לרחל סימנים, וכשראתה רחל שמכניסין לו לאה אמרה עכשיו תכלם אחותי, עמדה ומסרה לה אותן סימנים (רש"י בראשית כט, כה).

התרגום המאוחר לתורה (המיוחס ליונתן בן עוזיאל) לפסוק המתאר את פליאת יעקב למראה לאה במיטתו, רומז להיכרותו עם מוטיב הסימנים, ומשרבב מרכיבים מתוך מסורת זו לתרגום, אולם מחסיר שני פרטים הכרחיים.[36] שנאן מדגים מהתרגום הספציפי הזה את נטייתו של מחבר התרגום לשלב מדרשים בתוך דבריו, תוך שהוא מניח שהמדרש מוכר, ודי לרמוז לקוראים על הצורך בו להבנת הפסוקים על בוריים.[37]

שינוי בזיהוי הדמות שמבכה על בניה

הפסוק מנבואת ירמיהו המתאר את בכיה של רחל יוצר זיקה בין גורלם של הגולים לדמותה של רחל. חיבור זה מעלה שאלה על הבחירה דווקא ברחל

36. ראו תרגום יונתן לבראשית כט, כה.
37. שנאן, תרגום ואגדה בו, עמ' 93.

כמי שמעוררת את רחמי הא־ל על בניה ולא אחד מהאבות האחרים, וכן מהי אותה פעולה של רחל שבגינה היא מקבלת שכר בדמות חנינה על בניה.

המתרגם יונתן מציע פתרון על ידי המרת השם רחל בכינוי בית ישראל:

> כדנן אמר יי קלא ברום עלמא אשתמע בית ישראל דבכן ומתאנחן בתר ירמיה נביא כד שלח יתיה נבוזראדן רב קטוליא מרמתא אליא ודבכן במרר ירושלם מבכיא על בנהא מסרבא לאתנחמא על בנהא ארי גלו: (ת"י לירמיהו לא, יא).[38]

בתוספת מאוחרת למדרש תהלים (שוחר טוב)[39] מקשה הדרשן על האפשרות שרחל מבכה על בניה, שכן זכתה לראות רק בן אחד בחייה, והוא מסב את הכינוי לנביאי ישראל:

> וכה"א "קול ברמה נשמע וגו', רחל מבכה על בניה" (ירמיהו לא, יד), וכי ראתה רחל בנים ליוסף, לא מתה מן המשבר כשנולד בנימין? אלא הנביאים בוכים על ישראל על שאינם עושים את התורה, א"ל הקדוש ברוך הוא בכיתם על בטול תורה, "כה אמר ה' מנעי קולך מבכי" וגו' (ירמיהו לא, טו), לכך נאמר "פלגי מים תרד עיני" (שוחר טוב קיט).

כפי שצוין לעיל (עמ' 205), נוסח המדרש באליהו רבה מסגיר את היכרותו עם מסורת הסימנים של התוספת באיכה רבה. אף על פי כן אם נשווה את נוסח המסורות נוכל להבחין בהשמטות ואף בסילוף של הדגשים הייחודים של המסורת כפי שהיא מופיעה בפתיחתא כד באיכה רבה. הדרשן קושר בין פסוקי ירמיהו המתארים את בכיה של רחל, לסיפור ויתורה של רחל ללאה, אולם מצמצם מאוד את פעולתה של רחל ואינו מזכיר כלל את שיקוליה

38. כהנא, נשים בתרגום, עמ' 47-75 סבורה כי הנחת המוצא של התרגום מתבטאת בתפיסה שנשים חלשות מבחינה פיזית, ומקומן של נשים הוא בבית ולא בתפקידי הנהגה ציבוריים. התרגום מחריג מציאות של הוראת תורה שנשים מיוצגות כמי שעוסקות בכך (כגון דבורה וחולדה). כהנא לא התייחסה לפסוקי התרגום העוסקים בבכיה של רחל. וראו על כך גם אצל הדג'יטופי וסיון, בימוי רחל, עמ' 318.

39. על איחורן של הדרשות החל ממזמור קיט ראו במבוא של בובר, מדרש תהילים, עמ' 5-4: "רק מן מזמור קיט עד סוף מזמור קכא [...] הוא הוספה מאוחרת מן דרשן מאוחר".

המוסריים ואת אופי התרמית שהגתה. ההקטנה של משמעות המעשה של רחל ניכרת בעיקר בתוספת "אל תקרי" של הדרשן: "אל תקרי רחל מבכה על בניה, אלא רוח אל מבכה על בניה". תוספת זו תמוהה ביותר, שכן הדרשן בוחר לתאר את תפקידה של רחל בריכוך תוכניות הגלות של האל, אולם לאחר שמזכיר את רחל כמי שנוטלת תפקיד זה, הוא מתעלם מתרומתה ומייחס את מיתון עונש הגלות כנובע מבכיו של רוח הא־ל.[40]

בפסיקתא רבתי מצויה פתיחה המזכירה את ההקדמה למדרש באיכה רבה:[41] מתקיימת פנייה של עם ישראל לתחינתם של האבות בעבורם, אולם תפילת האבות אינה מועילה, ורק כשהם מגיעים למקום קבורת רחל, היא מבקשת עבורם רחמים ונענית:

> ולמה שגלוי וצפוי לפניו שסוף בית המקדש עתיד ליחרב ובניו עתידים לצאת בגולה והם הולכין אצל אבות ומבקשים מהם שיתפללו עליהם ואינם מועילין להם וכיון שהם הולכין בדרך הם באין ומחבקין קבורת רחל והיא עומדת ומבקשת רחמים מן הקדוש ברוך הוא ואומרת לפניו רבונו של עולם שמע בקול בכייתי ורחם על בניי או תן לי האוניא שלי, מיד הקדוש ברוך הוא שומע בקול תפילתה מנין שכן כתב "בכי תמרורים רחל מבכה על בניה" (ירמיהו לא, יד) וכתב "ויש תקוה לאחריתך [נאום ה'] ושבו בנים לגבולם" הרי פייסו למה לא נכנסה אמו לקבורה (פסיקתא רבתי ג).

מהי אותה פעולה של רחל שמקנה לה זכות? התיאור הארוך והמפורט של המדרש באיכה רבה מוחלף במשפט סתום שבו מתוארת רחל כמי שמאיימת על הא־ל במילים "תן לי האוניא [=השטר] שלי" ומיד הקב"ה נענה לתפילתה. מהי אותה האוניא, ומדוע מסתפק הדרשן במשפט סתום זה?

הפתיח למדרש ואזכור יתרונה של רחל על פני האבות מעידים כפי הנראה על היכרות עם מסורת התוספת באיכה רבה. הבחירה לצנזר מדרש זה עד כדי משפט סתום וקצר המתאר את פעולתה של רחל, משונה ודורשת הסבר.

40. על יחסו של עורך אליהו רבה לנשים ראו: בראנד, תנא דבי אליהו, עמ' 604-605.
41. על ההשערה ביחס לזמן עריכתו של החיבור ראו במבוא של אליצור, פסיקתא רבתי. וראו: רייזל, מבוא למדרשים, עמ' 245-247.

מדרשים העוסקים בזכות אבות

ההקדמה למדרש הסימנים בתוספת לאיכה רבה מפרטת את ניסיונם של האבות לבקש רחמים על ישראל, אולם ניסיונות אלו כשלו, עד שבאה רחל:

> באותה שעה קפצה רחל אמנו לפני הקדוש ברוך הוא [...] (איכה רבה פתיחתא כד).

חלק זה של מדרש איכה רבה שבו האבות מתוודעים למצבו הקשה של העם ומציגים בפני הקב"ה את זכויותיהם כמי שבכוחן להטות את גורל העם לטובה, מופיע גם במדרש איכה זוטא, אולם המדרש נעצר לאחר פריסת תחנוניו של משה וקוטע את החלק שבו מצטרפת רחל לאבות ולמשה ומבקשת רחמים. חלקים ממדרש זה מופיעים גם בילקוט שמעוני איכה תתקצז, ושוב ללא החלק המתאר את תחנוניה של רחל.[42]

רחל נזכרת בכמה וכמה פיוטים, ועל אף שנרמזים בהם מדרשי האגדה, קשה לזהות בהם עקבות לנוסח הפתיחתא, אולם גם למדרש הסימנים של הבבלי ספק אם ניתן למצוא אזכור.[43] מנדל סבור כי מדרשי איכה רבה היו מוכרים לפייטן אלעזר בירבי קליר, והוא שילב אותם בפיוטי הקינות.[44]

בקינה "אז במלאת ספק" מתאר הקליר את ירמיהו כמי שמזמין את האבות ואת משה להצטרף לקינתו על חורבן ישראל.

> פִּלֵּל תְּחִנָּה לִפְנֵי קוֹנוֹ מָלֵא רַחֲמִים רַחֵם כְּאָב עַל בְּנוֹ
> צָעַק אוֹי לָאָב שֶׁהֶגְלָה נִינוֹ וְגַם אוֹי לַבֵּן שֶׁבְּשֻׁלְחַן אָב אֵינוֹ
> קוּם לָךְ יִרְמְיָה לָמָּה תֶּחֱשֶׁה לֵךְ קְרָא לְאָבוֹת וְאַהֲרֹן וּמֹשֶׁה
> רוֹעִים יָבוֹאוּ קִינָה לְהִנָּשֵׂא כִּי זְאֵבֵי עֶרֶב טָרְפוּ אֶת הַשֶּׂה
> שׁוֹאֵג הָיָה יִרְמְיָה הַנָּבִיא עַל מַכְפֵּלָה נוֹהֵם כְּלָבִיא
> תְּנוּ קוֹל בִּבְכִי אֲבוֹת הַצְּבִי תָּעוּ בְנֵיכֶם הֲרֵי הֵן בַּשֶּׁבִי.[45]

42. על מדרשי זכות אימהות, ראו: קטן גבירץ, זכות אימהות, עמ' 263-296.
43. יניי, "אחות אשר רחל נקראה", רומז לשתיקתה של רחל "ויזכור שתיקת זכותה" (שורה 7), ובהמשך (בשורה 17): "ויפתח מסגורת מסכורת פעולתה", אולם אינו מזכיר פעולה אקטיבית שעשתה למען אחותה. ראו: פיוט ו' מהקדושתא לסדר "וירא יי כי שנואה לאה", רבינוביץ', פיוטי יניי, עמ' 176.
44. ראו מנדל, מדרש איכה רבתי, עמ' 14.
45. גולדשמידט, קינות, עמ' קב (טורים 17-22).

תוכן הקריאה, הבחירה בשלושת האבות ובמשה ומיקום שאגת ירמיהו ב"מכפלה" – דומה שמתבססים על פתיחתא כד.[46] המשכה של קינה זו "אז בהלוך ירמיהו אל קברי אבות" מזכיר אמנם את רחל, אך רחל נזכרת בו כשותפה לאבות בבקשת הרחמים, ולא כמי שהצליחה לבדה לצנן את כעסו של הא-ל ולהוציא ממנו הבטחה על גאולת הבנים. מה שהביא בסופו של דבר להבטחה על גאולת הבנים הוא פעולתם המשותפת של כל הבוכים.

קוֹל בְּכִי לֵאָה מְתוֹפֶפֶת עַל לְבָבָהּ
רָחֵל אֲחוֹתָהּ מְבַכָּה עַל בָּנֶיהָ
זִלְפָּה מַכָּה פָּנֶיהָ
בִּלְהָה מְקוֹנֶנֶת בִּשְׁתֵּי יָדֶיהָ:
שׁוּבוּ תְמִימִים לִמְנוּחַתְכֶם
מַלֵּא אֲמַלֵּא כָּל מִשְׁאֲלוֹתֵיכֶם
שֻׁלַּחְתִּי בָבֶלָה לְמַעַנְכֶם
הִנְנִי מְשׁוֹבֵב גָּלוּת בְּנֵיכֶם.[47]

הפסיחה על רחל במדרשי זכות האבות משונה הן מחמת העובדה שרחל היא אם האומה היחידה הנזכרת במקרא כמי שמבכה על בניה ומצליחה להפעיל רחמי שמיים, הן עקב קיומה של מסורת (שכנראה הכירו, על פי השימוש בחלקים אחרים שבה) המפרטת את הצלחתה במה שכשלו קודמיה. תמוהה בחירתם של עורכי המדרש באיכה זוטא ובילקוט שמעוני להשאיר את המדרש באבל הכבד ובהעדר תקווה לנוכח אי הצלחתם של האבות ומשה לעורר רחמים ובלבד שלא להזכיר את התערבותה של רחל והצלחתה לשנות את רוע הגזרה.

*

סיפור הסימנים בתוספת לאיכה רבה יוצר הרמוניה בין פסוקי המקרא

46. השוו: "באותה שעה היה הקדוש ברוך הוא בוכה ואומר אוי לי על ביתי [...] לך וקרא לאברהם ליצחק וליעקב ומשה מקבריהם שהם יודעים לבכות [...] מיד הלך ירמי' למערת המכפלה ואמר לאבות העולם, עמדו שהגיע זמן שאתם מתבקשין לפני הקדוש ברוך הוא [...]" (איכה רבה כד).

47. גולדשמידט שם, שם עמ' ק (טורים 28–32). וראו גם ניתוחן של הדג'יטופי וסיון, בימוי רחל, עמ' 316–318.

העוסקים בדמותה של רחל, ומהווה גשר בין שאלת הריאליה המבקשת להבין כיצד התאפשרה החלפת הנשים של יעקב בליל הכלולות, ובין האזכור המאוחר של רחל כאם האומה המצליחה לעורר את רחמי הא־ל ולקבל ממנו הבטחה על שיבת הגולים לארץ. במדרש קיים מרכיב מפותח של מעשה אצילי המצדיק את הבחירה בה כמי שמקבלת את בשורת הנחמה לבניה.

קיימים לא מעט מדרשים נוספים המתמודדים עם הקושי הריאלי, אולם החיבור המהודק, המתבקש בסוגה המדרשית, עם פסוקי גמול העוסקים בדמותה של רחל, נותר נחלתה הבלעדית של המסורת בפתיחתא כד באיכה רבה. מדוע העדיפו דרשנים פרשנות אלגורית לבכיה של רחל על אף שרעיון האבות כמי שמבקשים רחמים על צרות צאצאיהם הוא מוטיב מפותח בסוגה המדרשית? ומדוע בחרו דרשנים מאוחרים, שהיו אמורים להכיר את התוספת לאחר עריכתה באיכה רבה, להימנע מלהזכירה? על שאלות אלו אנסה לענות ביחידה הבאה.

3. סוד ההיעלמות של מסורת הסימנים ונסיבות יצירתה של אגדת רחל

3.1 הסתייגות מעוצמה נשית

משפחת המוצא של רחל ולאה מתוארת במקרא כמי שמתפקדת על פי מבנה פטריארכלי שבו נשלטות בנות המשפחה על ידי אביהן ובניו. בתואל אבי המשפחה נענה לבקשת העבד להשיא את בתו ליצחק, מבלי לבקש את אישורה של בתו (בראשית כד, נא). לבן מתואר כמי שממשיך את מסורת אביו ונענה לבקשת יעקב מבלי שביקש לשמוע את דעתה של רחל על הצעת נישואין זו. החלפת הנשים היא גם מעשה המתואר כיוזמה אישית ללא בקשת אישורן של מושאות ההחלפה.

רחל מאופיינת כמי שנלחמת במבנה הפטריארכלי של משפחתה: רחל מטיחה ביעקב דברי האשמה על סבל עקרותה ומביאה אותו לידי כעס גדול על עצם הפנייה אליו; רחל מתערבת בסדר המקובל של משכב יעקב עם נשותיו וקובעת עובדות בשטח: "לכן ישכב עמך הלילה תחת דודאי בנך" (בראשית ל, טו); רחל נושאת נאום מתריס נגד הנהגתו המשפחתית של לבן ומגבה את החלטת יעקב לברוח: "ותען רחל ולאה ותאמרנה לו העוד לנו חלק ונחלה בבית אבינו. הלא נכריות נחשבנו לו כי מכרנו ויאכל גם אכול

את כספנו. כי כל העשר אשר הציל אלהים מאבינו לנו הוא ולבנינו" (שם לא יד-טז); רחל גונבת פריט יקר ערך מבית אביה, טומנת אותו מתחת לכר הגמל שעליו היא יושבת, ומכחישה כל קשר להיעלמותם של התרפים.[48]

ספרות המדרש מתקופת המשנה והתלמוד מסתייגת על פי רוב מהנהגה נשית, ומשתדלת לגמד ביטויי הנהגה מקראיים המיוחסים לנשים.[49] קולות מחאה של נשים זוכים לביקורת,[50] ואף במקרים חריגים שבהם ניתנת להן במה להשמיע את מחאתן, היא מנותבת להיבטים הקשורים לנישואין ולפריון.[51]

מרכיבי הלוחמנות של רחל המקראית חורגים מעט מגבולות המחאה הנשית המוכרים מספרות חז"ל, אף על פי שאין בהתנהגות המיוחסת לה יומרה של השפעה מחוץ לגבולות המשפחה. לעומת זאת דמותה של רחל כפי שמשתקפת במסורת הסימנים בתוספת לאיכה רבה, מצטיירת כמנהיגה לאומית המשתווה לשלושת אבות האומה ולגדול מנהיגי ישראל, ואף עולה עליהם בהצלחתה. רחל מוצגת כמי שמעמידה מודל של ענוותנות, שאינו מתקנא במתחריו, המשמש דוגמה למחילה המצופה מהא-ל, על עוון בגידת העם בו, ולחנינתו בעקבותיה.

מעורבותן של נשים בגאולת ישראל נזכרת גם ביחס לגאולת מצרים: "בשכר נשים צדקניות שהיו באותו הדור נגאלו ישראל ממצרים" (בבלי סוטה יא ע"ב), אולם המעשה המיוחס לנשים הצדקניות שהמשיכו לעסוק בפרייה ורבייה חרף גזרות פרעה, משתלב עם התפיסה ביחס לתפקידן כאחראיות על ההמשכיות בתחום המשפחה.

48. ראו דברי ההערכה של ליר, הקול קול רחל, עמ' 97, על לוחמנותה הנשית של רחל: "עוצמה נשית המבקשת לסרס את כוחו של אב דכאני"; "...תחושה של ניצחון נשי".

49. ראו בבלי מגילה יד ע"א ואופי תיאור נבואתן של נשים המתמקד בניהול ענייני משפחה או בתחומים אופייניים לנשים. מחקר רב עוסק בסוגיית היחס להנהגה נשית בספרות חז"ל, ראו למשל: ולר, האשה במדרש ובהלכה; אליצור, דיוקן בשביל הדורות, עמ' 425-435; קאופמן, האשה בהלכה ובמסורת; בסקין, נשים במדרש; ווגנר, דמותן ומעמדן, עמ' 68-93.

50. ראו למשל הדרשה על עכסה: "ויהי בבואה ותסיתהו לשאל מאת אביה שדה ותצנח מעל החמור, מאי ותצנח? אמר רבא א"ר יצחק, אמרה לו: מה חמור זה, כיון שאין לו מאכל באבוסו – מיד צועק; כך אשה, כיון שאין לה תבואה בתוך ביתה – מיד צועקת" (בבלי תמורה טז ע"א).

51. ראו: אליצור, נישואין וילודה, עמ' 11-46.

תיאורה של רחל במסורת הפתיחתא פורץ את גבולות ההעצמה הנשית הלגיטימיים בעיני חז"ל: החלק הראשון המתאר את רגשותיה של רחל ואת דחיקתם לשם הגנה על כבוד אחותה, אינו חורג מתכונות אופי אציליות שניתנו לנשות מקרא אחרות, כגון תמר[52] וחנה.[53] החלק השני, שבו מתייצבת רחל בפני הא־ל ומבקשת מהא־ל לחקות את מעשיה ונענית, מהווה ניגוד למאמץ המדרשי לגמד את תפקידי ההנהגה הציבוריים של נשים ואת אופי התפילות שנושאות נשים בפני האל. מול תפילות נשות המקרא האחרות המעמידות את עליבותן של הנשים אל מול עוצמתו של האל,[54] מתייצבת רחל ומעמידה את יכולת המחילה שלה על כבודה כמודל התנהגותי המצופה מהא־ל ביחס לבניו.

מסורת הסימנים בפתיחתא, על אף יתרונה הגדול בשזירת סיפורי רחל של ספר בראשית עם הנבואה המתמיהה של ירמיהו, ועל אף חשיבותה בתיאור כוחם של צניעות, ויתור ותפילה, אינה משתלבת עם המדרשים המצמצמים את תפקידי ההנהגה הנשית לניהול חיי משפחה.[55] המסר הנלווה למסורת על כוחן של נשים בהנעת מהלכים לאומיים, ולשון התוכחה הקשה של רחל על הסירוב של הא־ל להתפייס עם עמו, חריגה וזרה לאופי ייצוגן של נשים בספרות המדרש הקדומה והמאוחרת.

בדרשות העוסקות בסיפור הרמייה, ובנבואת ירמיהו המצביעה על פעולתה הייחודית של רחל, ניתן לזהות שימוש בדרכי פתרון מגוונות, מבלי להזדקק למטען הנפיץ המצוי במסורת הסימנים של איכה רבה: יש מי שחיפשו תחבולות אחרות שאפשרו ללבן לבצע את התרמית: "שתיקה ששתקה לאחותה"; "רחל תפסה פלך שתקנות"; "בזכות אותה שתיקה אני זוכרך"; "מלמד שכבו הנרות והכניסה לו בחשך".[56] יש מי שהפחיתו מההרואיות של מעשה מסירת הסימנים של רחל ואז בלאו הכי לא נדרש שכר

52. ראו בבלי ברכות מג ע"ב.

53. ראו בבלי ברכות לא ע"א-ע"ב.

54. ראו למשל דרשת דברי חנה בבבלי ברכות לא ע"ב: "אמרה חנה לפני הקדוש ברוך הוא: רבונו של עולם, מכל צבאי צבאות שבראת בעולמך קשה בעיניך שתתן לי בן אחד?".

55. ראו למשל בראשית רבה בראשית יח, עמ' 160-161: "דרכה שלאשה להיות יושבת בתוך ביתה ודרכו שלאיש להיות יוצא לשוק ולמד בינה מבני אדם".

56. ראו בהתאמה: בראשית רבה ויצא עג, עמ' 847-848; שם עא עמ' 828-829; תנחומא [ו] ויצא ו; לקח טוב בראשית ויצא כט, כג.

גדול כל כך: "מן בגלל דמסרת לה רחל כל מליא דמסר לה יעקב"; "ורחל מסרתם ללאה, על זה לא הכירה יעקב"; "תן לי האוניא שלי".[57] אחרים ציינו מעשה אצילי אולם הסתפקו בתיאור שכר של ירושה ממונית או גנטית בגבולות המשפחה: "זכתה ויצאה ממנה שאול"; "ראויה היתה בכורה לצאת מרחל, [...] ומתוך צניעות שהיתה בה ברחל החזירה הקדוש ברוך הוא לה"; "בזכות אותה שתיקה זוכרך אני שנאמר ויזכור אלהים את רחל [... ויפתח את רחמה]".[58] בדרשות העוסקות בנבואת ירמיהו קיימת בעיקר התעלמות מאזכורה של רחל: "אשתמע בית ישראל"; "הנביאים בוכים על ישראל"; "אל תקרי רחל מבכה על בניה אלא רוח אל".[59]

אציע כי רוחה הלוחמנית של רחל כפי שמתוארת במקרא, עוברת תהליך של עידון במסורות המדרשיות המתארות את מעשיה, שבהן היא מצטיירת כמי שטובת אחותה עומדת לנגד עיניה, ובעבורה היא נכונה לוותר על הראשוניות של הקמת משפחה והולדה. השכר של רחל המתואר במסורות אלו אינו חורג אף הוא מתחום המשפחה וההולדה. הנוסח הלוחמני והטרונייתי של המסורת התוספתית באיכה רבה אינו משתלב כלל עם מגמה מעודנת זו, ואלמלא צירופה המאוחר, גאולתה מתהום הנשייה והידוקה למסורת תחינתם של גדולי האומה על גאולתם של ישראל, נגזר היה גורלה לאבדון.[60] כעת נותר לברר מהו הרקע לצירופה המאוחר למדרש איכה רבה, על אף שהיא מכילה מרכיבים שאינם עולים בקנה אחד עם המגמה הכללית המאפיינת את דרשותיהם של חכמים על נשות המקרא.

57. ראו בהתאמה: ת"י בראשית כט, כה; לקח טוב בראשית ויצא כט, כה; פסיקתא רבתי ג.

58. ראו בהתאמה: בבלי מגילה יג ע"א-ע"ב; בבלי בבא בתרא קכג ע"א; תנחומא [ו] ויצא ו.

59. ראו בהתאמה: ת"י ירמיהו לא, יא; שוחר טוב קיט; אליהו רבה כח.

60. הדג'יטופי וסיון, בימוי רחל, מעלות תמיהה גם על תוכן התקדים שרחל מעלה כאמצעי שכנוע לא־ל שינהג כמותה. האבות (אברהם ויצחק) ביקשו שנכונותם להקריב את בניהם או עצמם תהווה כפרה לחטאי צאצאיהם. מחוותם זו נענתה בסירוב אלוהי להכיר במעשה הרואי זה ככפרה בהווה. לעומת זאת רחל מציגה מעשה שעל פניו נשמע כאקט בלתי מוסרי על גבול הניאוף, ואף על פי כן מצליחה לרצות באמצעותו את זעמו של הא־ל והיא אף דורשת ממנו לנהוג כמותה.

3.2 אגדת רחל והפולמוס היהודי־נוצרי על אופייה של בשורת הגאולה

אגדת רחל עם מסורת הסימנים באיכה רבה משולבת, כפי שראינו, בתוך מדרש ארוך המתאר את תחנוני אבות האומה ומשה לרחמי הא־ל ולהתערבותו בישועת בניו. ההנחה היא כי המדרש הרחב משלב כמה מסורות שנערכו בשלבים שונים, ובגלגוליו המוקדמים הוא לא כלל את אגדת רחל.

חזן רוקם חקרה את אופיו של מדרש איכה רבה ועמדה על חריגותה של מסורת זו אף בהשוואה למסורות מדרשיות בעלות היבט נשי בחיבור עצמו, וכך היא כותבת: "דווקא בהקשר מפתיע זה נשמע אחד הקולות הנשיים רבי העוצמה ביותר בספרות חז"ל. עוצמתו מוכפלת בשל העובדה שקדמו לקטע זה קולות גבריים של האבות ושל משה שביקשו גם הם רחמים".[61] חזן רוקם משווה את המסורת הזאת לסיפור אחר המצוי בחיבור (איכה רבה ג, עמ' 123) ובו מוצגת האישה כמי ש"עולמה הפנימי חסום בפנינו לגמרי והמנהג שנוהגים בה הגברים הוא כבחפץ הנשלח מגבר אחד לשני. היא מוערכת כשווה כסף [...] האשה [...] איננה אלא חלק מן הבית והנחלה, רכוש העובר מיד גברית אחת לאחרת".[62] ככלל טוענת חזן רוקם כי הנשים באיכה רבה נושאות תפקיד של אבלות ומתוארות בדימויים של אלמנות, שכולות ומקוננות. הנשים מבטאות את הצער הרגשי על החורבן.[63] השערת חזן רוקם היא שהמסורת על רחל נכתבה על ידי אישה שנותנת בו ביטוי לקול נשי שאינו מסתפק במוטיב האישה האבלה, ומבקשת לאפיין אותה כמי שיש לה חלק פעיל בתהליך של גאולה.

מה הביא אפוא לשילובה של דרשה חתרנית זו, החריגה במסריה המגדריים אף בהשוואה לשכנותיה בחיבור, והצמדתה לתיאורים של אבות האומה הכושלים בניסיונותיהם לעורר את רחמי האל. כיצד משתלב הקול הנשי הלוחמני המובע בו עם קולות הבכי והקינה של יתר נשות החיבור?

מסורות רבות בספרות חז"ל מכילות מטען פולמוסי סמוי, המתברר רק מתוך היכרות עם תיאולוגיה נוצרית שהתפתחה במקביל להיווצרות המסורת או שנים מספר קודם לכן. ישנן מסורות אשר אופיין הפולמוסי גלוי יותר, כשהן עוסקות בשאלות של בחירה, חשיבות המצוות וזהותו של המושיע,

61. חזן־רוקם, החוט המשולש, עמ' 263.
62. שם, עמ' 260.
63. חזן־רוקם, רקמת חיים; חזן־רוקם, דמויות נשים, עמ' 95–111.

או כשהן פותחות בטענה פולמוסית כגון: "אם יאמר לך..."[64] הפולמוס הסמוי לעומת זאת ניתן לזיהוי לא פעם על ידי בחינת אופי ההעצמה של מעשים או דמויות מקראיים במדרשים, שאינה נשענת באופן ישיר על תיאור המעשה או הדמות במקרא. המסורות נתלות בפרט שולי לכאורה והופכות אותו לחזות המרכזית של המעשה או הדמות.[65] במקרה זה של חריגה בייצוגה של הדמות במדרש, על החוקר לשאול את עצמו מה הוביל לייחוס תכונה או תיאור דומיננטי כזה או אחר דווקא לדמות זו, ולחפש מרכיבים אנלוגיים (זהים או ניגודיים) בעיצוב דמויות במסורות אנטי יהודיות שהתפתחו בתקופה מקבילה.

המסורת הייחודית בפתיחתא כד באיכה רבה יוצרת זיקה בין סיפור ההקרבה האישית־משפחתית של רחל ומחילתה על כבודה, למחילתו של הא־ל על חטאי האומה כולה וגאולת בניו. שני מרכיבי הפעולה של הדמות נשענים על פסוקי המקרא בספר בראשית ובספר ירמיהו, אולם החיבור ביניהם תוך המרת בכייה של רחל לתוכחה רבת עוצמה חורגים באופן ניכר מהמתואר בפסוקים.

בספרות הנוצרית מתפתחות במרוצת הדורות מסורות רבות העוסקות בתיאורה של מריה, אם ישו.

במאה החמישית נקבע בוועידת אספוס מעמדה של מריה כאם האל THEOTOKOS.[66] בספרות שהתפתחה במזרח העלו על נס בעיקר את האמונה בבתוליה של מריה ואת משמעותם ביחס למעמדה כמי שמכפרת על החטא הקדמון של חוה,[67] ואילו בספרות המערב הושם דגש בעיקר על אופייה של

64. ראו: עיר שי, אם יאמר לך, עמ' 173–177; ויסאצקי, אנטי נוצרי, עמ' 88–100 מונה ארבעה סוגים של מימרות אנטי נוצריות שניתן לזהות במדרש ויקרא רבה, אולם דומה שניתן להשליך מהם גם על חיבורי מדרש אחרים.

65. כך למשל הדרשות הנתלות בדברי עשו בחזרתו מן השדה ומלבישות עליו את כל החטאים החמורים, וראו יובל, שני גוים. ראו גם אורבך, תשובת אנשי נינוה, עמ' 118–122; טרופר, המקדיח תבשילו, עמ' 89–110; אליצור, נישואין וילודה, עמ' 11–46.

66. ראו בהרחבה בספרה של רובין, אם האל, שהוקדש להתפתחות הנוצרית הדורית והגאוגרפית בתפיסת הבשורה בדמותה של מריה.

67. ראו לדוגמה: אפרם, מזמורים, עמ' 99; רובין, אם האל, עמ' 37–40.

מריה כאם הכנסייה וכמי שמשמשת מליצת יושר עבורה אצל בנה.[68] בארץ ישראל החיבורים הנוצריים טיפחו את שתי הגישות.[69]

התפתחות הספרות סביב דמותה של מריה התרחשה במקביל לתקופת העריכה של רבות ממסורות חז"ל בקובצי המדרש הארץ־ישראליים. ויסאצקי מצביע לא פעם על מסורות שהוא מכנה "פרודיה על דוקטרינת הכנסייה".[70]

מרים הנביאה משמשת ברבות ממסורות חז"ל שבהן היא מתוארת, כאשת איש שנבעלה, כמעודדת נישואין וילודה וכמי שמטיפה נגד הנמנעים ממצוות פרייה ורבייה, וזאת כאנטיתזה לדמותה של מריה. שיתוף השם ומרכיבים דומים נוספים בעיצובה של מריה בברית החדשה כשכפול של מרים הנביאה, עומדים בבסיס ההשוואה הניגודית.[71]

מריה מעוצבת בספרות הנוצרית הקדומה גם כבבואה לדמותה של רחל: שתיהן זכו ללדת לאחר צער ובסיוע של התערבות אלוהית;[72] הבן הנולד לשתיהן נועד לגדולות; שתיהן מתוארות כמי שמתחננות על בניהן ונענות;[73] שתיהן מתוארות כבעלות ייסורים;[74] גורלן של השתיים קשור לעיר בית לחם.[75] מעבר לכך, תועמלני הנצרות ניכסו לעצמם את רחל והותירו את לאה וכיעורה כמי שמייצגת את עם ישראל. וכך כותב יוסטינוס מרטיר: "ברם לאה היא אכן העם שלכם ובית הכנסת, ואילו רחל היא הכנסייה שלנו".[76]

דומה כי אגדת רחל מתפלמסת עם רבים ממרכיבי דוקטרינת הכנסייה, על ידי העצמת המרכיבים המבחינים בין שתי הדמויות, והעמדת רחל כמי

68. רובין, אם האל, עמ' 34-42.
69. הימלפרב, אם המשיח, עמ' 367-389.
70. ויסאצקי, אנטי נוצרי, עמ' 88-100.
71. ראו בהרחבה: אליצור, נישואין וילודה, וכן: שוהם שטיינר, מריה הבתולה, עמ' 75-91, המוכיח שהנגדת הדמויות ממשיכה גם בספרות הדרשנית והפרשנית של ימי הביניים. ראו לעיל בעיון לפרשת תולדות על ההקבלה בין שרה למריה.
72. השוו בראשית ל, כב והבשורה על פי יוחנן טז 21.
73. על השוואה זו ראו: פלוסר פליקן ולנג, מריה, עמ' 11-12.
74. רחל מנציחה את ייסוריה בשם שהיא קוראת לבנה (בראשית לה, יח), על סבלה של מריה ראו בפרשנות לפסוקי הבשורות: דיוויס ואליסון, פרשנות למתי, חלק 2, עמ' 458.
75. על השוואה זו ראו: סרד, התפתחות הכת, עמ' 103-148. על היבטים נוספים של השוואה בין שתי הנשים ראו: ברנט, ישו והיהודים, פרק שביעי; דיוויס ואליסון, פרשנות למתי, חלק 1 עמ' 267-271.
76. יוסטינוס, דיאלוג עם טריפון, עמ' 306.

שמוכיחה את הבלותה של התפיסה הנוצרית בדבר הפרת הברית של הא־ל עם בניו ומעלה על נס את תקפותה של הבחירה הנצחית בעם ישראל.

אצביע אפוא על מרכיבי ההקבלה והניגוד של מסורת הסימנים עם מאפייני דמותה של מריה כפי שעוצבה במאות הראשונות של הנצרות ובעיקר במהלך התקופה הביזנטית.

1. נישואי יעקב לשתי נשים

בספרות הנוצרית מתוארים נישואי יעקב לשתי נשים כנישואים סימבוליים: "נישואי יעקב היו סמלים (typoi) של המעשה שעתיד היה לבוא לידי גמר על ידי כריסטוס; שהרי הדבר היה מנוגד לחוקת הא־ל שיעקב יישא שתי אחיות בעת ובעונה אחת [...]".[77]

לעומת זאת במסורת הסימנים בפתיחתא כד ישנו תיאור מפורט של תוכנית הנישואין בהיבט ממשי, וביצועה הלכה למעשה: "ולא עוד אלא שנכנסתי תחת המטה שהיה שוכב עם אחותי והיה מדבר עמה והיא שותקת, ואני משיבתו על כל דבר ודבר, כדי שלא יכיר לקול אחותי".

מסורת הפתיחתא מפריכה את האפשרות לפרש את נישואי יעקב ללאה ולרחל כסמליים בלבד על ידי הדגשת ההיבט המעשי של מימושם – "שהיה שוכב עם אחותי".

2. מודל של צדיקות וחסד

מריה מתוארת על ידי כמה מאבות הכנסייה כמודל של חסד, אומץ וצדיקות, וכן מייחסים לה תכונות של שתקנות וזהירות.[78]

תכונת השתקנות יוחסה לרחל במסורות הסימנים הקדומות, ואילו המסורת בפתיחתא כד מוכיחה את תכונות החסד והענווה של רחל דווקא מבחירתה שלא לשתוק ולסייע בכך להצלחת מימוש נישואי אחותה: "ולא עוד אלא שנכנסתי תחת המטה שהיה שוכב עם אחותי והיה מדבר עמה והיא שותקת, ואני משיבתו על כל דבר ודבר, כדי שלא יכיר לקול אחותי, וגמלתי חסד עמה, ולא קנאתי בה, ולא הוצאתיה לחרפה". תיאור עמידתה

77. יוסטינוס, דיאלוג עם טריפון, עמ' 306-305, וכן: אירנאיוס, נגד המיניות 4:21 עמ' 493.

78. ראו תרגום לאנגלית אצל ברנרד מקלרבו, דרשות נזירים, עמ' 254.

בפני הא-ל תוך השמעת דברי תוכחה קשים בפניו מצייר דמות ניגודית לזו המתארת את אופייה השתקני והזהיר של מריה.

3. אימהות הבוכות על גורל בניהן (עמן) המתבקשות לחדול מבכיין תוך הבטחת ייעוד הנקשר לבניהן

בספרות הנוצרית הוצגה מריה כמי שמקוננת על גורל בנה, ובכך הופכת למודל של אם המבכה את גורל עמה.[79] בנה של מריה מנחם אותה ומבקש שלא תקלקל את הייעוד שנקשר בו, ומורה לה שלא לפגום בקולה עם הבכי.[80]

סביר להניח שהמקור למזמורי הקינה שנקשרו בשמה של מריה, הוא פסוקי הנבואה של ירמיהו המתארים את בכייה של רחל, את קריאתו של הנביא לרחל לחדול מבכייה ואת ההבטחה שניתנה לה. בדרשת הסימנים חל פיתוח בתיאור סיבת בכייה של רחל שאינו נובע רק מהגעגועים הגדולים לבניה, אלא מהתחושה שהא-ל זנח אותם בגלות ואינו מתכוון לגאול אותם. הטענה של רחל במדרש כלפי האל: "ואתה מלך חי וקיים רחמן, מפני מה קנאת לע"ז שאין בה ממש והגלית בני, ונהרגו בחרב, ועשו אויבים בם כרצונם", מצטטת כביכול את הטענה הנוצרית בדבר סיומה של הברית עם עם ישראל המוכחת ממצבו העלוב בגלות. אלא שכאן מצטרפת תגובתו של הא-ל המפריכה מכול וכול את טענת הנטישה. רחל מקבלת הבטחה שזיכרון ויתורה על ראשוניות מימוש אהבת יעקב בעבר יביא לחידוש ברית האהבה שבין הא-ל לעם ישראל (חרף בגידתם) ותובטח גאולתם העתידית. בדוקטרינה הנוצרית בתוליה של מריה הם שהעמידו אותה כדמות המכפרת על חטאי האנושות ואשר בכוחם להביא לגאולתה של הכנסייה,[81] ואילו במסורת הפתיחתא מעשיה של רחל שהקנו לה את גמול ההבטחה של גאולת בניה הם זיכרון פעולתה האמיצה במימוש נישואי יעקב לשתי נשותיו הלכה למעשה.[82]

79. ראו למשל התרגום לתפילה של נוצרי אנונימי המיוחסת למאות השלישית-רביעית לספירה: "We take refuge in your mercy, Mother of God. Do not disregard our prayers in troubling times, but deliver us from danger, O only pure one, only blessed one". מתורגם אצל: שומאכר, הדורמציון, עמ' 130.
80. ראו: אלכסיוס, הקינה הטקסית; דוברוב, דיאלוג עם המוות, עמ' 393-397.
81. ראו הפניות לספרות הנוצרית הרלוונטית אצל רובין, אם האל, עמ' 37-40.
82. ואם נשתמש בביטויים הקיצוניים של הדג'יטופי וסיון, בימוי רחל, עמ' 299: "This scandalous autobiography transforms an apparent instance of illicit sex, the ideal

4. מעלת תפילתן של הנשים על פני האבות והנביאים

כוח תפילתה של מריה מתואר במזמור של פטר דמיאן (Peter Damian), מאמין נוצרי שחי במאה האחת עשרה והטיף להמיר את ההלקאה הנוצרית המקובלת בקריאת מזמורי תפילה:

> The blessed chorus of angels. the order of prophets and apostles affirm thee to be exalted over them and second only to the Deity. neither the chorus of the patriarchs for all their excellence. nor the company of the prophets for all their powers of foretelling the future. Nor the senate of the apostles for all their, judicial authority.[83]

כוח תפילתה של מריה מתואר במזמור כעולה על כוחם של האבות, של הנביאים ושל השליחים והוא שיביא גאולה לאנושות.

השערתי היא כי הבחירה של העורך המאוחר לשלב את מסורת הסימנים בדרשת הפתיחתא של איכה רבה, שבה מתוארים ניסיונותיהם של אבות האומה וגדול נביאיה לעורר את רחמי האל, נובעת מהתפתחות שחלה במסורות על מריה, שהגיעה לשיאה במזמור התפילה של דמיאן.

החל מהמאה השמינית מיוחס למריה בספרות הנוצרית תפקיד חדש ובו היא מכונה MEDIATRIX. משמעות הכינוי היא מתווכת. מריה נתפסה כמי שמתווכת בין האנושות לאל, ומי שתפקידה להביא לאנושות את הישועה גם דורות רבים לאחר מותה. הפררוגטיבה כמתווכת ניתנה לה הודות למשימה הייחודית שלקחה על עצמה להיטיב לאנושות על חשבון בנה.[84]

דומה שהעמדתה של מריה כמי שמצליחה לגבור על כוח תפילתם של הנביאים והאבות למען גאולת הכנסייה, מתפלמסת עם החלק השלישי של המדרש בפתיחתא כד המתאר את חוסר התוחלת שבניסיונות האבות ומשה לשנות את רוע הגזרה ולהביא לביטול סבל הגלות של עם ישראל. תפילתה של מריה גוברת על כוחם של האבות אולם היא מוסבת למען ישועת הכנסייה. הנחתי היא כי העורך המאוחר חשש מהפוטנציאל הקיים

material for theatrical stage mimes, into an act of martyrdom and sublime compassion" הרי שמדובר בניגודיות קיצונית עוד יותר.

83. התרגום לאנגלית אצל פליקן, מריה לאורך התקופות, עמ' 134.

84. ראו: מירוואלה, מבוא למריה, עמ' 156.

במדרש זה לתעמולה הנוצרית בדבר ביטולה של הברית הישנה המוכחת מהזנחתה של כנסת ישראל בגלות. מסורת הסימנים שמצא ונדחתה כפי הנראה על ידי עורכי החיבורים המוקדמים והמאוחרים בגלל הכוח הנשי המופרז הטמון בה, הוערכה כמטמון יקר ערך שבכוחו לנטרל את דוקטרינת הנטישה ולהעמיד באופן ברור וחותך את שכר פעולתה של רחל: "בשבילך רחל אני מחזיר את ישראל למקומן".

*

סיפור החלפת הנשים בספר בראשית ופסוקי נבואת ירמיהו על רחל המבכה על בניה מאות שנים לאחר הסתלקותה, מכילים פוטנציאל דרשני למילוי פערי הריאליה שצפים מקריאת הפסוקים. חיבור בין שני הסיפורים דורש יצירתיות, שאינה בלתי מוכרת ממלאכת מחשבת של הרכבה המאפיינת את הקורפוס הדרשני. אף על פי כן התיעוד היחיד למלאכת הרכבה בין הסיפורים הוא התוספת לחלק האחרון של פתיחתא כד במדרש איכה רבה, שאף היא כפי ששוער, צורפה לחיבור בתקופה מאוחרת, כחמש מאות שנה לאחר מועד עריכתו.

ההרכבה היוצרת חיבור בין מעשה רחל בעבר לדרישת חיקויו על ידי הא־ל בעתיד, דרשה פיתוח רחב של טיב המעשה שהפך מודל של אצילות, והעמידה את רחל כמי שהצליחה לקצוב בזכותו את גזרת הגלות ולקבל הבטחת שיבה לבניה. רבים מן הדרשנים שדרשותיהם ממלאות את קובצי המדרש הקדומים, לא ששו להלביש על נשים מקראיות מעשים הרואיים החורגים מהמתואר במקרא, או שאינם משתלבים עם התפיסה הפטריארכלית ביחס למקומה, והשתדלו לגמד את מעורבותה של רחל במעשה הרמייה של אביה. על אחת כמה וכמה נמנעו אותם דרשנים מהעמדת דמות נשית כמי שמתייצבת מול האל, מבקרת את עקרונות הנהגתו, ומהפכת בו את מידת הדין למידת הרחמים. ממילא נוטרלה האפשרות לכרוך את המעשה המינורי של רחל "שתיקה ששתקה לאחותה" עם אופייה של הפעולה הנזכרת בנבואת ירמיהו "כי יש שכר לפעולתך" שגרמה לתוצאה המיוחלת "מיד נתגללו רחמיו". מנגד, קמו דרשנים שהיו חשופים לכתבי הנוצרים והיו עדים לתהליך הניכוס של תועמלניה לדמותה של רחל, עד כדי עיצובה של מריה כבת דמותה, וביקשו להעצים את תפקידה הלאומי. שאיפתם זו תורגמה לפיתוח תיאור תכונותיה האציליות של רחל והרחבה באפיון מידת מעורבותה במימוש נישואי יעקב, שהכשירו אותה לתפקיד מליצת היושר

של כנסת ישראל ונושאת הבטחת נצחיותה של הברית הישנה.[85] הסיום הטראגי של חלקיה הראשונים של הפתיחתא, שמנציח את נטישת עם ישראל ואת אי התוחלת של זכות אבות, הוא הרקע לגאולתה של מסורת הסימנים מתהום הנשייה. הדמות המתווכת בין הא־ל לכנסת ישראל היא רחל המבקשת רחמים על בניה ומצליחה להבקיע את חומת הדין לא בזכות הקורבן שהקריבה (כדרך שמנו האבות) אלא בזכות מידת החמלה, החסד והאהבה שגילתה במסירת הסימנים לבת משפחתה, שהובילה לחמלתו של הא־ל ולגאולתו של העם.

85. ראו ניוזנר, שיח בין־דתי, עמ' 89–100 על ההקבלה המכוונת בין רחל למריה.

פרשת וישלח

"אכפרה פניו במנחה" – מפגש יעקב ועשו: חולשה או מופת?

שני הפרקים הראשונים של פרשת וישלח מוקדשים לתיאור הכנותיו של יעקב לקראת המפגש עם אחיו. הפסוקים מלמדים על היערכות יעקב לשתי אפשרויות שתלויות במזגו של עשו, והם אינם פוסחים על תיאור חששותיו. היערכות אחת היא הכנת המחנה למצב של מלחמה, ויצירת הפרדה בין אנשיו כדי למזער את הפגיעה ולמנוע השמדה טוטאלית. ההיערכות החליפית נעשית באמצעות הכנת מנחה מכובדת שתוגש לעשו כדי לרצות אותו ולהקהות את כעסו.[1] הפסוקים רוויים ביטויי התרפסות וריצוי, ובאף לא אחד מהם אין נזכרת אפשרות של השבת מלחמה שערה.[2]

רבים מקוראי ספר זה הם בוודאי בעלי תודעה וגאווה לאומית, אזרחי מדינת ישראל בעלת אחד מהצבאות המקצועיים בעולם ומרימים גבה לנוכח תיאור מתרפס שכזה. אך לא רק הם, גם יהודי כל הדורות תמהו על חדלות האישים לכאורה שהפגין יעקב כלפי עשו, חרף ההבטחה על שמירה אלוהית שקיבל עם יציאתו מארץ ישראל:

1. על מבנה הפסוקים והחלוקה בין שני סוגי ההכנה ראו: גרוסמן, יעקב, עמ' 346-357.
2. על הערכת פעולות יעקב כפי שמשתקפת מתוך הפסוקים ראו: שפירא, יעקב ועשו; ונהאם, בראשית ב, עמ' 288; 298; גוד, אירוניה, עמ' 98; גרסיאל, מבנה ספרותי, עמ' 78-79; בובר, דרכו של מקרא, עמ' 292; סקינר, בראשית, עמ' 415.

והנה אנכי עמך ושמרתיך בכל אשר תלך והשבתיך אל האדמה הזאת כי לא אעזבך עד אשר אם עשיתי את אשר דברתי לך (בראשית כח, טו).

ממה נפשך, עולה התמיהה, אם נטילת הברכות הייתה המעשה הראוי, אזי יעקב צריך לעמוד מאחוריו ולשדר ביטחון מול אחיו, ואם במהלך השנים הגיע יעקב למסקנה ששגה בשיתוף הפעולה עם אימו בגניבת ברכת עשו, הרי שנדרשת התנצלות והכרה בטעות. יעקב אינו משדר ביטחון של צדקת המהלך שעשה מול אחיו, אולם גם אין בהכנותיו המתרפסות שמץ של וידוי על העוול לכאורה שעשה לאחיו.[3]

כיצד אפוא ניתן להסביר את דרכי הפעולה שבחר יעקב?

בכל דיון בדמותם של יעקב ועשו יש להביא בחשבון כי דמותו של עשו משמשת כבר בספרות המקראית המאוחרת ולאחר מכן בספרות המדרש אב טיפוס לאויב המר של עם ישראל. בספרות המקרא עשו הוא סמל לאדום, ומאוחר יותר עשו מסמל את רומא ובהמשך את הנצרות.[4]

אשר על כן הפרדיגמה של עשו כסמל של רוע על־דורי המבקש לפגוע בעם ישראל, מעמידה את הפרשנות והמדרש העוסקים בהערכת פעולת ההכנה של יעקב לקראת המפגש עם עשו, בסטטוס אידיאולוגי המנותק מהקשרו של הסיפור המקראי, והם מבקשים לנתב הדרכה לדרכי התנהלות עם אויב המאיים לפגוע בעם היהודי. כפי שנראה, על אף שמדובר בשאלה בעלת נפקא מינה מעשית קיומית, לא נמצא תמימות דעים בין החכמים בהתוויית הדרכה אחידה.

בפרק זה תוצג השוואה בין הפרשנות של משכתבי הסיפור המקראי ושל ספרות המדרש להכנות יעקב לקראת המפגש עם עשו והערכת בחירתו של יעקב לחיוב או לשלילה. במהלך סקירת הפרשנות תוצע הנחת זיקה בין הלך הרוח הלאומי שאפיין את תקופתו וסביבתו של הפרשן לבין אופני ההערכה למעשה, כשההנחה היא שנטייה לאומנית תוביל לביקורת כלפי התנהלותו של יעקב, ואילו גישה סובלנית תשאב ממנה השראה ומודל רב־דורי.

3. כך לפחות בנדבך הגלוי. יש שמפרשים את פריטי המנחה כהחזר של הברכה שזכה לה במרמה, ראו למשל: גרוסמן, יעקב, עמ' 362, וכך גם במדרשי חז"ל כפי שנראה להלן.

4. ראו: יובל, שני גויים; קרויס, פרס ורומי; כהן, עשו כסמל, עמ' 19–48; בחוס, להבין את עשו, עמ' 250–262.

כמו כן יבחן קיומו של מתאם בין פרשנות המבקרת את גנבת הברכות ועל כן מצדיקה את התרפסותו, לבין פרשנות התומכת בנטילת הברכות ועל כן מבקרת את התרפסותו.

1. התעלמות מצעדי ההתרפסות של יעקב בחיבור מתקופת החשמונאים

ראשון המשכתבים מבחינה כרונולוגית הוא בעל ספר היובלים, המקפל בפסוק אחד את סצנת המפגש ללא כל תיאור של הכנה:

> ויעבור את היבוק בחודש התשיעי באחד עשר בו. וביום הזה בא אליו עשו אחיו ויעשו שלום וילך ממנו אל ארץ שעיר ויעקב ישב בסכות (יובלים כט 13 עמ' 400-401).

ההססנות של יעקב בתיאור המקראי מתחלפת בתיאור מעמדו החזק ביחס לאחיו. עשו מגיע אל יעקב, יעקב נענה לרצונו של עשו בשלום וממשיך לדרכו.

תקציר האירועים של נקודת המפגש עם הגעתו של יעקב מחרן מתרחב בהמשך החיבור ומוקדשים בו שני פרקים (לז-לח) לתיאור עימות קשה ואלים בין עשו ליעקב שהתרחש בעת אבלו של יעקב על מותה של רחל.[5] בני עשו שכנעו אותו שאל לו לוותר ליעקב על גנבת הבכורה והירושה שבעקבותיה. עשו נושא נאום רטורי משולב בדימויים שבו הוא מבהיר שאין אפשרות של שלום בין האחים:

> שמע את דברי אלה אשר אנכי מדבר לך. אם יופך החזיר את עורו ושערו אם כצמר ירך ויעלו בראשו קרעים כקרני איל וצאן אז אעשה עמך אחוה. נפרדנו יונקי שדי אם כי לא היית אח לי. ואם יעשו הזאבים

5. יש הסבורים שמדרש "ויסעו", שבו מתוארות מלחמות יעקב עם מלכי כנען ועם עשו, הוא מדרש קדום ומשמש בסיס לתיאורי בעל היובלים, אך מרבית החוקרים סבורים שהוא מאוחר לו. ראו לויטערבאך, מדרש ויסעו, עמ' רה-רכב.

> שלום עם הטלים לבלתי אוכלם והצק להם ואם יהיה לבם עליהם להטיב עמס אז יהיה בלבי עליך שלום...
>
> ראה יעקב כי בכול לבו להרע לו ובכול נפשו להורגו... אז אמר לבניו ולעבדיו לצאת עליו ועל כול מלויו (יובלים לז 20–25, עמ' 463).[6]

בהמשך מתוארת המלחמה ביניהם שבסופה הביס יעקב את עשו ואת בניו:

> וירדופו בני יעקב אחריהם עד הר שעיר. ויעקב קבר את אחיו בגבעה אשר באתרים ושב אל הבירה. ויתפשו בני יעקב את בני עשו בהר שעיר ויכניעו את עורפם להיות עבדים לבני יעקב (שם, לח 9–10, עמ' 467).

באופן לא מפתיע עמדתו של בעל היובלים היא שנטילת ברכת עשו על ידי יעקב היא המעשה הנכון והמתבקש שזכה לסיוע אלוהי: "ולא הכירו כי סבה היתה מהשמים להוליך רוחו... למען יברכו",[7] ולפיכך אין כל מקום של הצטדקות ובקשת מחילה. יעקב יצא לחרן לא בגלל חששו מעשו, אלא כדי שלא ייאלץ להרוג אותו הוא בעצמו: "ויאמר יעקב לא אפחד, אם ירצה להרגני אהרגהו".[8] משעה שעשו פתח בלחימה, לא נותרה ליעקב ברירה וחרף צוואת הוריו הוא נאלץ להרוג את אחיו.

כנה ורמן, חוקרת החיבור, כותבת כך: "המסר הפתלתל של בראשית אינו לרוחו של מחבר ספר היובלים...", ובהמשך: "העליות והירידות ביחס עשו ויעקב הופכים ביובלים לקו ישר אחד: יעקב מנצח".[9] כדי להצדיק את הכנעת עשו על ידי יעקב, ספר היובלים מלביש על עשו את כל חטאי הגויים לאורך הדורות ומתאר אותו כמי שמעיד על עצמו שהוא משתייך לכוחות האופל. באופן הזה הוא הופך אותו לאב טיפוס של העולם הנוכרי.

ורמן סבורה שאופן תיאור יחסי האחים מעיד על השקפתו של בעל

6. לניתוח הדימויים והשערת הבסיס המקראי לשכתובו של בעל ספר היובלים ראו: ליבנה, הרקע המקראי, עמ' 123–136.
7. יובלים כו 18 עמ' 381.
8. יובלים כז, 4 עמ' 384.
9. יובלים, עמ' 473.

היובלים, שעל פיה אין כל מקום ליחסי אחווה עם נוכרים וודאי שאין לגיטימציה לכל פעולה של התרפסות לצורך פיוס, וכך היא מסכמת:

> אין להסיק אלא זאת: עשו ביובלים משמש אב טיפוס לא לאדום אלא לעמים הזרים כולם. מי שאינו בן ישמעאל ואינו בן יעקב הרי הוא נכרי וזר. ועם נכרי וזר אין לקיים יחסי אחווה. מחבר ספר היובלים משרטט תהום הפעורה בין בני יעקב לבין העמים הסובבים אותם. בעזרת עיצוב ספרותי המחבר רומז על חוסר האפשרות של השלמה עם עולם זה והוא פוסל את התקווה לאהבה בין ישראל לבין הנכרי (שם, עמ׳ 477).[10]

מחבר היובלים דילג על שני הפרקים המתארים את הכנות יעקב לקראת המפגש עם עשו משום שהם סתרו לחלוטין את המסר שביקש להבהיר מבחינת יחסי הכוחות בין השניים. כדי לא לסתור את המתואר במקרא, על מפגש שהסתיים בשלום, הוא שילב את המאבק וההכרעה ביניהם בשלב מאוחר יותר בתולדות יעקב, ושם קיבע את רעיון עליונותו הלגיטימית של יעקב.

במגילות קומראן אין בנמצא מגילה שמשכתבת את סיפור ההכנה למפגש שבין יעקב לעשו, על אף הימצאותם של קטעי מגילה אחרים המציגים את עשו (אדום) כאנטיתזה לישראל, על ידי הדגשת מוצאו של עמלק מתוכם.[11] סביר להניח שסיפור ההכנה המתרפסת של יעקב לקראת המפגש לא הלם את הדרך שבה ביקשו לצייר את יחסי האחים. אך כפי שיוצג להלן, המגמה התהפכה בהמשך.

10. ראו גם: ברין, נאום עשו, עמ׳ 259–260. זאת בניגוד לעמדתו של מנדלס, ארץ ישראל, עמ׳ 75–82, המחפש ביטויי זיקה בין שני האחים, וסבור שכיוון שמודגש בתיאור היובלים הקשר המשפחתי ביניהם ושבועת האחווה להוריהם, קיימת לדידו דלת פתוחה ואפשרות של שיבת המודח חזרה לחיק היהדות.

11. ראו ניתוח מעניין של אחת המגילות המונה את השושלת הגנאלוגית של תולדות עשו: דיוויס, זיכרון עמלק, עמ׳ 164–184.

2. האדרת ההתפייסות בקדמוניות היהודים

מפעלו של יוספוס פלביוס בשכתוב סיפורי המקרא נועד בין היתר לאפשר לבני התרבות הרומית ללמוד את תולדות היהודים בשפה היוונית ובסגנון הספרותי שהיה מקובל בתקופתם.[12] על אף המטרה התמימה הזאת, אי אפשר שלא להביא בחשבון גם את מגמת האפולוגטיקה הדו־צדדית שקיבל יוספוס על עצמו, בתיווך הדת היהודית כסובלנית וכמוסרית מחד גיסא, ובהפחתת ביקורת כלפי נוכרים מאידך גיסא. האפולוגטיקה הכפולה נדרשה לו כדי להצדיק את מוצאו היהודי וכן את בחירתו ליפול לידיהם של הרומאים ולעבוד בשירותם.[13]

היבט נוסף שיש להביא בחשבון בניתוח שכתובו של יוספוס הוא התפקיד שנטל במרד הגדול כמצביא הגליל. מתוקף תפקידו נדרש יוספוס לתכנן את אסטרטגיית הקרב נגד הרומאים, אולם הוא נמנה על הפלג המתון, שחתר בשלבי המרד המתקדמים לגנוז את תוכניות הלחימה ולהיכנע לרומאים.[14]

כיצד אפוא ייגש יוספוס לעימות בין יעקב לעשו ולניסיונות הפיוס של יעקב? האם השימוש בעשו ובאדום כסמל לרומא כבר היה מוכר בזמנו?

לואיס פלדמן, אחד מחוקריו המרכזיים של החיבור קדמוניות היהודים, מתאר בהרחבה את אופן טיפולו של יוספוס בדמותם של יעקב ועשו.[15] פלדמן סבור, בניגוד לחוקרים אחרים, שיוספוס הכיר את הזיהוי של עשו עם רומא. הוא מוכיח זאת לאור העובדה שהזיהוי המפורש המתועד הקדום ביותר מיוחס לר׳ עקיבא,[16] וכיוון שהוא מתייחס אליו כאל אקסיומה, סביר

12. פילון מקדיש פסקאות רבות לתיאור דמותם של יעקב ועשו, תוך השחרה מוקצנת של דמות עשו ואהדה עצומה לדמותו של יעקב. מרבית הפסקאות מפרשות את תכונותיהם כאלגוריה לכוחות המניעים את נפש האדם, ובאף אחת מהן אין התייחסות מפורשת למפגש בין יעקב לעשו לאחר שובו מחרן, לפיכך בחרתי לא לעסוק בפרשנותו במסגרת הדיון בפרק זה. להרחבה ראו: פלדמן, יוספוס יעקב; קריצר, עשו, עמ׳ 41-54.

13. קיימת ספרות מחקר רחבה שעוסקת במניעי הכתיבה ובמגמותיה, ראו למשל: ראג׳ק, יוספוס ההיסטוריון, עמ׳ 65-77; פלדמן, מחקרים ביוספוס, המוסיף גם מניע ספרותי פרשני של פתרון סתירות בספרות המקראית; מדר, יוספוס והפוליטיקה ההיסטוריוגרפית.

14. ראו למשל נאומו של יוספוס, מלחמות היהודים ד, ג, י עמ׳ 246-248. וראו: גיחון, דיוקן הלוחם, עמ׳ 73-80; פרמר, יוספוס והקנאים.

15. פלדמן, יוספוס יעקב, עמ׳ 101-151.

16. "אמר ר׳ יהודה בר׳ אלעאי ר׳ היה דורש הקול קול יעקב קולו שליעקב מצויח ממה

להניח שהוא נוצר עוד לפניו, כלומר עוד בימי יוספוס. בין אם הכיר בין אם לאו, כיוון שמפגש יעקב עם עשו עוסק בעימות מול אויב, ניתן לחפש בדברי יוספוס, גם אם לא כיוון באופן ישיר לדימוי של עשו עם רומא, את עמדתו בשאלת אופי הפעולה מול האויב. אביא אפוא את דבריו ולאחר מכן אציע ניתוח למסרים העולים מעיצובו המחודש של סיפור המפגש וההכנות שקדמו לו.

יוספוס מרחיב בתיאור ההכנות ומתמקד בעיקר בדברור מחשבותיו של יעקב כמניעות את אופי ההיערכות לקראת המפגש, וכך הוא כותב:[17]

> ומכיון שרצה לדעת מה בלב אחיו עליו, שלח לפניו אנשים, שיחקרו הכל בדיוק: כי היה מפחד מפניו מחמת החשד הראשון, וצווה את השליחים להגיד לעשו שיעקב עזב את הארץ מרצונו הטוב, משום שלדעתו אין זה מן הנכון לשבת יחד עם האח, כשזה שרוי בכעס. ועכשיו, כשהזמן שעבר מספיק לדעתו להשלים ביניהם, הריהו חוזר עם הנשים והילדים ועם הרכוש שרכש ומוסר לידיו את עצמו וכל היקר ביותר שיש לו, כי סבור הוא, שהאושר הגדול ביותר הוא לשתף את אחיו במה שנתן לו אלהים. והם ספרו לעשו והוא שמח מאוד והלך לפגוש את אחיו ועמו ארבע מאות איש מזוינים. כשנודע הדבר ליעקב, שאחיו בא לקראתו עם חיל רב כזה, פחד מאד. אולם הפקיד את תקות הצלתו ביד אלוהים ונהג בזהירות לפי צורך השעה, כדי שיצא בלי תקלה וינצח את השונא, אם יאמר להרע לו, ויציל את אנשיו אשר אתו. והוא חלק את אנשיו שהיו אתו...
>
> ולאחר שסידר את האנשים שהיו אתו באופן כזה, שלח אנשים ובידיהם מתנות לאחיו: ואלה המתנות ששלח... שתהיינה, כמשוער, חשובות בשביל המקבלים אותן מחמת נדירותן... כי המתנות תשככנה את כעסו, אם עודנו שרוי בו. ועוד אמר לשליחים שיפגשו את פניו בדברי ידידות. והוא השתחוה אפים לאחיו, שלא חשב עליו שום מחשבות ערמה והתקרב אליו וחיבקהו... (קדמוניות היהודים 1.325-336, עמ' 34-35).

שעשו לו הידים ידי עשו, אמר ר' יוחנן קל אדריינוס קיסר הורג בביתר שמונים אלף ריבוא בני אדם" (בראשית רבה סה, כא, עמ' 740).

17. על נטייתו של יוספוס לתאר את הלך מחשבותיהם של גיבורי כמניע לפעולתם ראו במבוא של שליט לקדמוניות היהודים, עמ' lxiii-lxix.

בין התיאורים הללו שוזר יוספוס פרטים מדויקים על היערכות טקטית של יעקב במידה שהמתנות לא ירככו את עשו והוא יצא להילחם בו:

> חלק מהם שלח בראש, ולשאר צווה לילך מיד אחריו, שאם אלה שנשלחו בראש, יהיו במצוקה מחמת התקפתו של אחיו, יוכלו להימלט אל הבאים אחרים... (שם 1.328, עמ' 35).

> והנשלחים הלכו ברווחים, כדי שיהיו נראים רבים לכשיבואו במסע הארוך... (שם 1.330, עמ' 35).

> וכשנודע ליעקב שאחיו מתקרב צווה לשתי נשיו, כל אחת ושפחתה לילך קדימה, כדי שתתבוננה מרחוק אל מלחמת הדברים אם רצונו של עשו בכך (שם 1.335, עמ' 35).

השכתוב של יוספוס דומה לסיפור המקראי בכך שבשניהם מתוארת היערכות לשתי אפשרויות, אפשרות של פיוס ואפשרות של מלחמה, ובשניהם מודגשת ההתרפסות של יעקב ורצונו לשכך את כעס אחיו. ההבדל המרכזי ביניהם הוא סיבת ההתרפסות. במקרא מוסברת ההתרפסות כנובעת ממניע טאקטי בלבד, רצונו של יעקב לקנות את לבו של עשו כדי שלא יפגע בו ובבני משפחתו. בקדמוניות יוספוס שם בפי יעקב משפטים המלמדים על רצון כן ואמיתי לחיות בשלום ובשותפות עם אחיו. יעקב שלח לעשו מנחה מתוך תפיסה של שותפות לנוכח היותו של עשו בעל זכויות שוות ברכושו. ההיערכות למלחמה בסיפור המקראי מתוארת בד בבד עם היערכות לפיוס, ובין לבין מודגש פחדו הגדול של יעקב. ההיערכות הצבאית אצל יוספוס נזכרת רק לאחר שובם של שליחיו מעשו ודיווחם על היערכותו הצבאית.

לא קשה לזהות בשכתובו של יוספוס את הזהירות שנדרש לנקוט בתיאור יחסי האחים, בהנחה שהם מסמלים את יחסי הגומלין שבין היהודים לרומאים. פרקי הפיוס וההתרפסות המקראיים משתלבים היטב עם הטפותיו בפני קנאי בני דורו להניח את החרבות, לצנן את המיליטריזם ולמצות קודם לכן את כל האפשרויות הדיפלומטיות שימנעו את הצורך להילחם.[18] סצנת ההתפייסות הופכת אצל יוספוס לאירוע המרכזי בתיאור יחסי יעקב

18. ראו לעיל הערה 14.

ועשו, תוך שהוא מצמצם בתיאור הקונפליקט, משמיט פגמים מדמותו של עשו,[19] ומבליח את סיפור מכירת הבכורה באופן שלא יתפרש כמניע למאבק האחים.[20]

ייתכן שהתעכבותו של יוספוס על תוכנית ההתכוננות למקרה של מלחמה עם עשו, נובעת מחוויות העבר שלו כמצביא והדחף שהרגיש לשתף את קוראיו בדרכי התנהלות גם במקרה של עימות.

ספר היובלים וקדמוניות היהודים הם שני חיבורים שנכתבו כפי הנראה בצילן של מלחמות היהודים עם שכניהם הנוכרים, ומה רב הוא ההבדל ביניהם בשימוש בהכנותיו של יעקב למפגש עם עשו, כביטוי להשקפתם ביחס לדרכי ההתמודדות עם האויב.[21] ספר היובלים מעודד מלחמת חורמה שתוביל לניצחון ישראלי, ואילו יוספוס אינו מאמין באפשרות של הכרעה ועל כן הוא סבור שיש להסתפק ברע במיעוטו על ידי דיכוי הדחף להילחם.

3. "כה תאמרון לאדני" – ביקורת או מודל לדורות במדרשי חז"ל

עד כה ראינו שתי התייחסויות מנוגדות בשכתוב פעולות יעקב עם יציאתו מחרן לקראת המפגש עם עשו. ספר היובלים התעלם מתיאורי ההכנה כדי להימנע מביקורת כלפי יעקב. על פי תפיסתו הברכה ניתנה ליעקב בדין, ואם כך אין מקום לחשש ולהתרפסות. מעלת יעקב על פני עשו מובהקת ולכן אין כל צורך בפעולות ריצוי. יוספוס מצא בהתרפסות של יעקב כלפי עשו הצדקה לתפיסתו הלאומית, ועל כן החדיר לתוך תיאורו משפטים המלמדים שהתנהלותו של יעקב נבעה משכנוע פנימי שזאת הדרך הנכונה להתנהלות עם אויב.

מדרשי חז"ל בחיבורים הנצמדים לספר בראשית ובתוכם סיפורי היריבות שבין יעקב לעשו, אינם פוסחים על הזדמנות להוקיע את דמותו של עשו, ולהאשים אותו בחטאי דת ומוסר חמורים, ויחד עם זה עוסקים בהרחבה

19. בניגוד למקרא, כגון מלאכי א, ג: "ואת עשו שנאתי..." ולתיאורו בספר היובלים.
20. סיפור קניית הבכורה נזכר אצל יוספוס רק לאחר מות יצחק (קדמוניות 2.1-2, עמ' 39) ראו בהרחבה אצל פלדמן, יוספוס יעקב.
21. על מועד חיבורו של ספר היובלים בתקופת מלחמות החשמונאים, ראו: ורמן, ספר היובלים, עמ' 45-48.

בהערכת מעשה יעקב בשני אירועים: אירוע נטילת הברכות וההכנות לקראת המפגש עם עשו. מחמת העובדה שנושא הפרק שלפנינו הוא הערכת פעולות יעקב לקראת המפגש, הוא יעמוד במרכז הדיון. ניתוח הדרשות לסיפור נטילת הברכות ייעשה לאחר מכן כדי לחפש תימוכין להשערה שאציע בדבר הבדלי השקפה בין עורכי החיבורים.

בבראשית רבה נפגוש לראשונה ביקורת קשה שמוטחת ביעקב על מעשה ההתרפסות. הביקורת עברה מיתון בהשתלשלות המסורת בחיבור מדרשי מאוחר יותר – תנחומא בובר, ועמדה מפשרת בחיבור תנחומא המקביל לו.

3.1 הפתיחתות לסדר וישלח - בין בראשית רבה לחיבורי תנחומא

הפתיחתות המובאות כהקדמה לדרשות הפסוקים של כל סדר ברבים מחיבורי המדרש לחומשי התורה, משחזרות כפי הנראה את הדרשות הציבוריות שנאמרו לפני הקריאה בתורה, שתפקידן היה למשוך את לב השומעים ולעורר את סקרנותם לקראת קריאת פסוקי הסדר.[22] הפתיחתות הביעו רעיון שיצר דריכות בקרב שומעי הדרשה, לקראת חיפוש ועיגון של הרעיון בפסוקי הסדר שיקראו לאחריהן. מכאן חשיבותן היתרה של הפתיחתות.

בבראשית רבה מובאות ארבע פתיחתות לסדר וישלח המסתיימות כל אחת במילים: "אמר לו הקב"ה לדרכו היה מהלך והייתה משלח אצלו ואומר לו 'כה אמר יעקב עבדך'". הדרשנים שמים את הביקורת כלפי יעקב בפי הקב"ה שטוען שאלמלא ניסיונות השידול של יעקב, עשו לא היה מטריח את עצמו להיפגש עם יעקב, שכן בשעה שהגיעו אליו המלאכים היה עשו מהלך לדרכו שעירה, כפי שמצוין בפסוק הפרידה מיעקב: "וישב ביום ההוא עשו לדרכו שעירה" – לדרך שבה תכנן ללכת מלכתחילה. העובדה שעורך בראשית רבה נדרש לארבע פתיחתות בעלות מסר משותף, מלמדת על רמת הביקורת שביקש להעביר על בחירת ההתרפסות מצד יעקב.[23] נבחן אפוא את ההבדלים בין הפתיחתות העוסקות בעימות שבין יעקב לעשו:

הפתיחתא הראשונה דנה בבקשתו של דוד לפעולה של הא-ל באויביו

22. על אופיין הספרותי של הפתיחתות ועל תפקידן ראו: היינימן, הפתיחתות, עמ' 43-47; שנאן, לתורת הפתיחתא, עמ' 133-143.

23. על חריגותו של מבנה הפתיחתא והצעה לניתוח דרשותיה ראו: מאק, מראשית לבראשית רבה, ב, עמ' 587-589.

במזמורי תהלים, ומעלה תהייה על יעקב שלא נהג באופן דומה, ותחת תפילה לא־ל שיפטור אותו מהתמודדות עם אותו רשע, הוא פעל מטעם עצמו.

> ר׳ יהושע דסיכנין בשם ר׳ לוי [״קומה ה׳ קדמה פניו הכריעהו פלטה נפשי מרשע חרבך״ (תהילים יז, יג)] פלטה נפשי מאותו הרשע שהוא עתיד ליפול בחרבך הדה היא ״כי רותה בשמים [חרבי הנה על אדום תרד ועל עם חרמי למשפט]״ (ישעיהו לד, ה) אמר לו הקב״ה לדרכו היה מהלך והייתה משלח אצלו ואומר לו ״כה אמר עבדך יעקב״ (בראשית רבה עה, עמ׳ 879).

הפתיחתא השנייה צועדת צעד נוסף ומבקרת לא רק את עצם הפנייה לעשו אלא גם את אופן הפנייה, שבה יעקב ממיט את עצמו בפני עשו הרשע. התוצאה של פעולה כזו זהה למעיין שנרמס על ידי עוברי דרכים ומאבד מצלילותו.

> ר׳ יודה בר׳ סימון פתח ״מעיין נרפש [ומקור משחת צדיק מט לפני רשע]״ (משלי כה, כו) כשם שאי איפשר למעיין להירפש ולמקור להישחת כך אי איפשר לצדיק למוט לפני רשע, וכמעיין נרפס ומקור משחת כך צדיק שממיט עצמו לפני רשע, אמר לו הקב״ה לדרכו היה מהלך והייתה משלח אצלו ואומר לו ״כה אמר עבדך יעקב״ (שם).

הפתיחתא השלישית אינה עוסקת בביקורת אישיותית כלפי יעקב אלא מאשימה אותו בתוצאה העתידה מכך שהעיר דוב משנתו. יעקב בחש בריב שאינו מעניינו, ולפיכך יצטרך לשאת בתוצאות.

> רב חונה פתח ״מחזיק באזני כלב עובר מתעבר על ריב לא לו״ (משלי כו, יז) אמר רבה חנונה נחמן בריה דר׳ שמואל... אמר לארכיליסטיס שהיה ישן בפרשת דרכים, עבר חד ושרי מעיר ליה, אמר ליה קום לך דבישה שכיח הכה, קם ושרי מקפח ביה, אמר ליה ינער בישה, אמ׳ ליה דמיך הווה ועירתניה,[24] כך אמר לו הקב״ה לדרכו היה מהלך והייתה משלח אצלו ואומר לו ״כה אמר עבדך יעקב״ (שם, עמ׳ 880).

24. תרגום: משל לרב שודדים שישן בדרך, עבר אחד והחל מעיר אותו. אמר לו: קום לך

את הביקורת הקיצונית של הפתיחתא הרביעית ניתן להבין רק מתוך הבנת ההקשר של הפסוק מירמיהו המפרנס את הדרשה כולה:

> ר' יהודה בר' סימון פתח "מה תאמרי כי יפקד עליך ואת למדת אותם עליך אלופים לראש" (ירמיהו יג, כא) אמר לו הקב"ה לדרכו היה מהלך והייתה משלח אצלו ואומר לו "כה אמר עבדך יעקב" (שם, עמ' 181).

דברי התוכחה של הנביא ירמיהו נאמרים לעם המתאונן על מעשה הבבלים המגלים אותו. בתגובה לתלונת העם מאשים אותם ירמיהו בגרימת עליונותם של הכשדים, מחמת חיקוי עבודתם. הפתיחתא מפקיעה מיעקב את אפשרות הזעקה על החמס שנגרם לו מאויביו, שכן הביטול שנהג בעצמו הביא לעליונותו ולביטחונו של עשו בכך שיעקב כפוף לו.

הפתיחתות הולכות ומסלימות: מתמיהה על בחירתו של יעקב להתמודד בעצמו מול עשו במקום לבקש התערבות אלוהית, לביקורת על דרך פנייתו המתרפסת אל עשו; מביקורת על ההתרפסות, להאשמתו בהתססת עשו, ומשם לאחריותו על פגיעתו העתידית של עשו כלפי מי שהשים עצמו כשפל לו.

בתנחומא בובר מובאות שתי פתיחתות, אחת מהן עוסקת בהערכת מעשה יעקב בפנייתו אל עשו.[25] פסוק המוצא לפתיחתא בתנחומא בובר זהה לפסוק המוצא בפתיחתא השלישית בבראשית רבה. סוגיית ההערכה זהה לסוגיית ההערכה שעולה מהפתיחתא הראשונה של בראשית רבה, אלא שבעוד הפתיחתא בבראשית רבה מבקרת את פנייתו של יעקב לעשו במקום לסמוך על הבטחת השמירה שקיבל מהא־ל גם ביחס להתמודדות עם עשו, הפתיחתא בתנחומא משבחת את יעקב שלא הסתפק בהבטחה האלוהית ופנה בעצמו לעשו:

> [וישלח יעקב וגו']. זש"ה "מחזיק באזני כלב עובר מתעבר על ריב לא לו" (משלי כו, יז), מי הוא זה, זה יעקב, כיון שיצא מבית אביו מה כתיב "וידר יעקב נדר", מה אמר "אם יהיה אלהים עמדי" כך השיבו

שהרע מצוי כאן, קם רב השודדים והחל מכה אותו. אמר לו: התעורר הרע? אמר לו: הוא ישן ועוררת אותו.

25. על פי כתב יד אוקספורד.

> הקדוש ברוך הוא "והנה אנכי עמך"... חזר ותבע "ושבתי בשלום", א"ל "והשבותיך", אמר ר' חנינא ב"ר יצחק אשריו לילוד אשה שכך שמע מבוראו, ראו כל מה שתבע מבוראו הבטיחו, ועל כל ההבטחות הללו הוא משלח ואומר "כה תאמרון לאדני לעשו", הוי יפה נאמר "מחזיק באזני כלב", אימתי כששלח יעקב אצל עשו (תנחומא בובר ב).

הביטוי "אשריו לילוד אשה" המופנה ליעקב, והמילים "יפה נאמר" כהקדמה לפסוק "מחזיק באזני כלב", מעידים על האהדה למעשה יעקב שעומדת ברקע המדרש.

בתנחומא (הנדפס) מופיעה דרשה בעלת מבנה פתיחתאי חסר,[26] שעוסקת בהכנות למפגש יעקב ועשו ויש בה עניין מפתיע. מצד אחד היא פותחת בפסוק זהה לפסוק הפותח את הפתיחתא השנייה בבראשית רבה, שלא ניתן לטייב את משמעותו, ומצד שני היא מראה כיצד פניית יעקב לעשו שימשה מודל חיובי לדורות. בחלק האחרון של הדרשה רמוז הפתרון לסתירה שבין שני חלקיה:

> ויצו אותם לאמר, רבי יהודה בר סימון פתח "מעין נרפש ומקור משחת צדיק מט לפני רשע" (משלי כה) כמעין נרפש וכמקור משחת כן צדיק כשמט לפני רשע, "כה תאמרון לאדוני לעשו", יעקב קורא לעשו אדוני. למדה תורה דרך ארץ לחלוק כבוד למלכות, א"ר ישמעאל ראה מה כתיב "וידבר ה' אל משה ואל אהרן ויצום אל בני ישראל ואל פרעה" (שמות ו) למדם לחלוק כבוד למלכות, וכן רבינו הקדוש היה כותב לאנטונינוס יהודה עבדך שואל בשלומך לחלוק כבוד למלכות, וכך עשה יעקב שנאמר "כה תאמרון לאדוני לעשו" ויעקב היה ישן והקב"ה והמלאכים משמרין אותו שנאמר "והנה מלאכי אלהים עולים" וגו' (בראשית כח) וכתיב "והנה ה' נצב", והוא היה משלח "כה תאמרון לאדוני לעשו" הוי אומר מעין נרפש וגו' (תנחומא וישלח ג).

דומה שהדרשן מביע עמדה אמביוולנטית כלפי יעקב. מצד אחד ההתבטלות

26. מופיעה בה המילה "פתח" וכן הקדמה ובה פסוק מהכתובים, אולם חסר בה הפסוק הפותח של הסדר והסגיר עם החזרה על אותו פסוק. על גיוון תבניות הפתיחתא במדרש המאוחר ראו: היינימן, דרשות בציבור, עמ' 12–23.

של הצדיק בפני הרשע היא כמו מעיין שאיבד מִזַכּוּתוֹ, ומצד שני זו טקטיקה נחוצה כשמדובר בפנייה אל השליט. התוספת של תיאור שמירת המלאכים והא־ל שניצב עליו מטה את הדרשה לכיוון הביקורת, שכן בהינתן שהתרפסותו נועדה להגן עליו מפני זעמו של עשו, הרי שצריך היה לבטוח במי ששומרים עליו.

ההבדל בין החיבורים והעובדה שהם ניכרים בפתיחתות, עשויים להצביע על האווירה השונה שביקש כל דרשן ליצור אצל קהל שומעיו לפני קריאת סדר וישלח.[27] דרשן הפתיחתות בבראשית רבה ביקש למקד את ציבור שומעיו בהסתייגות מתיאורי ההתרפסות של יעקב בפני עשו, ואילו דרשן הפתיחתא בתנחומא בובר ביקש להפיק עצות להתנהלות מתונה מתוך מעקב אחרי פעולות הפיוס של יעקב. דרשן התנחומא ביקש להעביר מסר אמביוולנטי שעל פיו אופי ההתנהלות תלוי בנסיבות. כעת נראה אם אותה חלוקה בהערכת פעולות יעקב תמשיך גם במדרשי הפנים של פסוקי הסדר.[28]

3.2 כה אמר עבדך יעקב

פרטי ההכנה של יעקב לקראת המפגש עם עשו (כגון תוכן הדברים ששם בפיו שליחיו, הרכב המנחה והצבת המחנות) ומטרתם ניתנים לפרשנות מגוונת – ניתן לפרשם כפעולות ריצוי ואולם ניתן גם לראות בהם היבטי תחכום, כפי שיוצג בהמשך. לעומת זאת נוסח פנייתו של יעקב אל עשו, כשהוא מכנה את עצמו "עבדך" ואת עשו "אדוני", אינו מותיר ספק בדבר כוונת ההתרפסות המוטמעת בו. לפיכך הדרשות העוסקות בכינויי השמות הן בעלות חשיבות מרכזית לא פחות מהפתיחתות להבנת הלך הרוח הלאומי של הדרשן או של עורך החיבור שבחר לשלבו.

27. בקריאה הארץ־ישראלית התלת־שנתית, סדר וישלח כולל את שני הפרקים המתארים את ההכנות למפגש עד לפרידה של יעקב מעשו בלג, יז. זאת אומרת שבעצם כל הקריאה עסקה אך ורק בהכנות למפגש, במפגש ובפרידה, ולאחר מכן מעבר להפטרה בחזון עובדיה המעצים את היריבות ומתאר את נפילת אדום. על מבנה הקריאה הארץ־ישראלי ראו: עופר, סדרי נביאים, עמ' 155–188.

28. לוינסון, קריאה דיאלוגית, עמ' 497–528 מקדיש יחידה (עמ' 508–513) לניתוח ההבדלים בין המדרשים העוסקים בהכנות המפגש של יעקב עם עשו. לוינסון מציע הסבר ספרותי ומסביר את הפער כנובע מההבדל שבין תקווה עתידית לבין המציאות בפועל. הגיוון המדרשי מאפשר קריאה דיאלוגית שבה הקורא מודע לפער שבין הרצוי למצוי.

המסורת הקיצונית ביותר בביקורת כלפי יעקב לוקטה מתוך קטעי גניזה לחיבור "ילקוט תלמוד תורה". תיארוכן של המסורות שלוקטו לחיבור זה אינו זהה, אולם מאן, חוקר הילקוט, משוכנע שקיימות בו מסורות עתיקות ושלמות יותר מאלו המובאות בחיבורי מדרש כגון תנחומא בובר ותנחומא.[29] יש יסוד להניח שהמסורת שלפנינו עתיקה ושניתן לזהות באמצעותה את השינויים שנעשו בחיבורי מדרש אחרים, שכפי הנראה הכירו אותה אולם ביקשו לסייג את המסרים הקיצוניים שבה. וזו לשונה:

> א"ל הב"ה ליעקב: לא דייך שעשית את הקדש חול, אלא שאני אמרתי "ורב יעבד צעיר", ואתה אמרת עבדך יעקב, חייך כדברך כן יהיה, הוא ימשול בך בעולם הזה ואתה תמשול בו לעולם הבא (ילקוט תלמוד תורה קמד, עמ' שכא-שכב).

בהנחה שיוצר המדרש הכיר את עשו כמסמל את מלכות רומא, הוא מתאר את השפעתה של התנהלותו המתרפסת של יעקב כלפי עשו על כפיפותה של הקהילה היהודית במציאות ההווה לחסדם של קיסרי רומא.

המשך המסורת אינו מותיר מקום לפקפק בהקשרה האותנטי של הדרשה, המזכירה באופן ישיר את מנהגו של ר' יהודה הנשיא כלפי אנטונינוס, קיסר רומא בתקופתו:

> אמר לפניו: רבון כל העולמים, אני מחניף לרשע בשביל שלא יהרגני. מכאן אמרו: מחניפין לרשעים מפני דרכי שלום. כה אמר עבדך יעקב, למדה תורה דרך ארץ לחלוק כבוד למלכות. ר' היה כותב לאנטונינוס: יהודה עבדך שואל בשלומך, לחלוק כבוד למלכות כאשר עשה יעקב לעשו (שם).[30]

דומה שהמילים "אמר לפניו" מבטאות את עמדת החולקים על עמדתו התקיפה של הדרשן, שביקשו לסייג מקרי התרפסות כלפי רשעים שמטרתם

29. על ההשערה בדבר קדימותן של כמה מהמסורות המופיעות בילקוט, ראו: מאן, מאמרי ילמדנו, עמ' רע-רעא.

30. נוסח דומה מובא בפרקי דרבי אליעזר לו. מנוסח המדרש שם נראה באופן די ודאי שהמקור הוא קטע הגניזה שנערך בילקוט תלמוד תורה.

למנוע פגיעה או נועדו לחלוק כבוד למלכות כדי להיטיב את מצב הנתינים. החולקים מחזקים את טענתם על ידי דוגמה ממנהגו של רבי יהודה הנשיא, שחלק כבוד למלכות. ימי נשיאותו נחשבים כתור הזהב של תקופת המשנה והתלמוד, שכנראה התאפשר הודות לחכמת הנהגתו של רבי ולמגעו המחושב עם השלטון הרומי.

עורך בראשית רבה, בדומה לעולה מנוסח המסורת העתיקה, הוכיח זיקה בין גינוניו המתרפסים של יעקב לעשו ליחסי הכוחות שבין העמים בעתיד:

> אותה שעה שקרא יעקב לעשו אדני אמר לו הקדוש ברוך הוא אתה השפלתה עצמך וקראת לעשו אדני ח' פעמים אני אעמיד מבניו ח' מלכים קודם לבניך שנ' "ואלה המלכים אשר מלכו בארץ אדום [לפני מלך מלך לבני ישראל]" (בראשית לו, לא) (בראשית רבה וישלח עה, עמ' 891).

הדרשה מונה את כינויי האדנות שיעקב מבטא כלפי עשו, ומונה כנגדם את מלכי אדום שקדמו למלך הראשון שהעמיד עם ישראל כעונש ליעקב על שהעמיד עצמו כנחות לעשו חרף הברכה "הוה גביר לאחיך".

גם החלק השני של דרשת הגניזה מובא בבראשית רבה, תוך שינוי שמושמעת בו הדילמה ביחס להנהגתו של רבי יהודה הנשיא:

> [ויצו אתם] וגו' רבינו אמר לר' אפס כתוב חד איגרא מן שמי למרן מלכא אנטונינוס, קם וכתב מן יהודה נשיאה למרן מלכא אנטונינוס, נסתה וקראה וקרעה וכתב למרן מלכא מן יהודה עבדך, אמר לו ר' מה את מבזה בכבודך, אמר ליה מה אנא טב מן סבי לא כך אמר כה תאמרון לאדני לעשו כה אמר עבדך יעקב (שם).

הדרשה בבראשית רבה נותנת ביטוי הן ללבטיו של רבי הן למחאתו של ר' אפס, שסבור שאין מקום להתרפסות בפני הקיסר. רבי אינו מקבל את דעתו, ומעמיד את יעקב כמודל לחיקוי.

בנוסח תנחומא בובר לדרשת כינויי השם לא מובא כלל החלק המאשים את יעקב בהתפתחויות המדיניות באדום וברומא, אולם כן ניתנת בו הרחבה לתיאור מנהגו של רבי תוך ציון ההשראה החיובית שקיבל ממנהגו של יעקב:

> ויצו אותם לאמר כה תאמרון לאדני לעשו. הוא קראו אדוני, אמר ירמיה "מה תאמרו כי יפקד עליך ואת למדת אותם עליך אלופים לראש" (ירמיהו יג, כא). אמר ר' פנחס אנטונינוס היה מכבד את רבינו מה שאין סוף, וכשהיה רבינו משלחני אצלו, והיה כותב לו אגרת וכותב בה עבדך יהודה שואל בשלומך, והיה רע לאנטונינוס לומר שהוא קורא עצמו עבה, א"ל אל תכתוב עוד כדבר הזה, א"ל רבינו כך אני כותב לך, שאיני טוב מיעקב אבא, כששלח אצל עשו מה אמר לו, כה אמר עבדך יעקב, לא נעשיתי אוונתיסאי[31] (תנחומא בובר וישלח ה).

הפסוק מירמיהו, המצוטט בתחילתה של הדרשה, הוא כזכור פסוק הבסיס לפתיחתא האחרונה בבראשית רבה, אולם הרמז לביקורת מנוטרל מיד על ידי תיאור מנהגו של רבי יהודה הנשיא. מי שהתקשה לקבל את התרפסותו של רבי הוא דווקא הקיסר הממוען לאיגרותיו של רבי, אולם רבי נותר איתן בדעתו שכך יש לנהוג כל עוד אין הוא שליט של רשות עצמאית.

3.3 ויהי לי שור וחמור – הרגעה או איום?

בסיפור המקראי יעקב מתדרך את שליחיו למנות באוזני עשו את פרטי הרכוש שבידיו, שמתוכם הוא מבקש להכין את המנחה ששליחיו יביאו לו אם הוא יגלה בהם עניין. על פניו נשמע שטעם אזכור עושרו נועד לגרום לעשו להיענות להצעת הידידות המשתלמת עם אדם עשיר "למצוא חן בעיניך" (בראשית לב, ה).[32] אף על פי כן נמצא פיצול דרשני בתיאור מניעי יעקב בתיאור רכושו.

בבראשית רבה הפסוק אינו משמש להערכת מעשי יעקב לחיוב או לשלילה. בתנחומא בובר מובאות שתי אפשרויות פירוש, על פי האפשרות הראשונה דברי יעקב מתפרשים כהתנצלות על גניבת הברכות והרגעת עשו שהברכה הגנובה לא התקיימה בו. תיאור פריטי הרכוש מוכיח כי העושר לא בא אליו מהברכה שעוסקת בתנובה חקלאית:

31. בובר במהדורות מתקן ל"אוותנטיא" ומפנה להערתו בפסיקתא דרב כהנא שקלים אות קיא ולערוך השלם. מוספיא, מוסף הערוך, עמ' 48: "מלכות ושררה ופי' אוותנטין מלך ומנהיג". לידל סקוט, מילון יווני (אמצעי), עמ' 132 ערך αυθεντης מתרגם: an absolute master.

32. ראו למשל: ונהאם, בראשית, עמ' 290; המילטון, בראשית, ב, עמ' 321.

> עם לבן גרתי, לא הגיעני אחת מן הברכות שברכני אביך, אביך ברכני "ויתן לך האלהים מטל השמים ומשמני הארץ", ואני אין בידי אחת מהן, אלא "ויהי לי שור וחמור צאן", שאינו לא מן השמים ולא מן הארץ, כלום אתה שונא אותי, אלא בשביל הברכות, [עדיין לא הגיעני אפילו אחת]...[33]

האפשרות השנייה תופעל רק אם עשו לא ישתכנע ממחוות ההתנצלות. במקרה כזה ייאלץ יעקב לעבור לתוכנית השנייה, ולהזהיר את עשו מפני הסמליות של השור והחמור, המעידים על נפילתו העתידית של עשו:

> ור' נחמיה אמר לומר לו עבדך יעקב הריני משפיל עצמי לפניך, אם בקשתה הרי יפה, ואם לאו ויהי לי שור וחמור, [שור] זה יוסף, שנאמר "בכור שורו הדר לו" וגו' (דברים לג, יז), ומסורת אגדה היא שאין עשו נופל אלא ביד בניה של רחל... וחמור זה מלך המשיח... צאן אלו ישראל... עבד ושפחה אלו ישראל, שנאמר בהן "הנה כעיני עבדים" וגו' (תהלים קכג, ב) (תנחומא בובר וישלח ה).[34]

בתנחומא, לעומת זאת, מוסבר אזכור פריטי הרכוש בתדריך כעדות לעוצמתו של יעקב ואיום לעשו שאל לו להתעסק עם מי שיצא במקלו ובתרמילו והגיע להישגים כה מרשימים:

> עם לבן גרתי, אמר אף על פי שישבתי עם לבן שהוא אב הרמאים זה עשרים שנה יש לי שור וחמור ועושר גדול, לכך הודיעו כדי שיהרהר בלבו ויאמר יעקב לא עבר כי אם במקלו ועשה עמו עשרים שנה ולבן אב הרמאין הוא וזה נתעשר אצלו ושב בשלום ואני אוכל לו?

החלק השני של הדרשה דומה לדרשת תנחומא בובר, אולם הוא איננו מובא כאפשרות חלופית למקרה שעשו לא יתרצה, אלא הוא חלק מדברי האיום שהשליחים אמורים להשמיע באוזני עשו עם הגעתם:

33. ראו רעיון דומה גם בתרגום המיוחס ליונתן לבראשית לב, ו.
34. הסמלים של השור והחמור נזכרים גם בבראשית רבה עה, ז, עמ' 894, אולם שם הם אינם מובאים כחלק מתוכן התדרוך ששם יעקב בפי שלוחיו לעשו.

> ויהי לי שור אין לי לירא ממך שהרי נולד יוסף שנקרא שור... וחמור זה משיח בן דוד... צאן אלו זכותן של שבטים... גם יהודה שטנו של עשו... מכאן שכלם ידינוהו (תנחומא וישלח א).

הפיצול הדרשני של הפתיחתות ממשיך אפוא גם במדרשי הפסוקים העוקבים אחרי שלבי ההתכוננות למפגש. בחיבור שבו יעקב משמש מודל להתנהלות נכונה מול האויב, יסבירו את פעולותיו כמהוססות וכמבקשות להימנע מעימות תוך נכונות יעקב להקטין את עצמו ואת השגיו, ואילו בחיבור המבקר את התרפסותו של יעקב יוצע מודל אלטרנטיבי המשדר עוצמה וביטחון.

3.4 ולקחת מנחתי מידי – מתנות יעקב והשלכתן על נטל המיסים

המפגש המחודש בין יעקב לעשו כמעט שלא העסיק את הדרשנים, כך למשל אין התייחסות לעובדה שיעקב השתחווה לעשו שבע פעמים, וגם לא למנגינת הריצוי של השיח בין האחים. לנוכח היעדר זה בולט שילובה של אפיזודה סיפורית בתוך מדרש המתאר את הפצרתו של יעקב בעשו לקחת את מנחתו, ואת היענות עשו:

> ר׳ שמעון בן לקיש סליק למשאל בשלמיה דרבנו, אמר ליה צלי עלי דהדא מלכותא בישה סגין, אמר ליה לא תיסב מן בר נש [כלום] ולית את יהיב כלום (בראשית רבה עח, עמ׳ 931).

הסיפור עוסק בביקור שקיים ריש לקיש אצל הנשיא, ובמהלכו הוא מייעץ לו מה לעשות כדי להצליח להתמודד עם אתגרי החיים תחת האימפריה הרומאית. עצת ריש לקיש היא להפסיק לגבות את כספי המיסים מהעם, ואז גם לא יהיה לו מה להעביר לקיסרות.[35] הביקורת על יעקב איננה נאמרת כאן במפורש, אבל העובדה שהסיפור צורף למדרש המתאר את הפצרת יעקב בעשו שיקבל את מנחתו הגדולה, מלמדת על הזיקה שמבקש הדרשן ליצור

35. נראה שמדובר על רבי יהודה נשיאה, שכן מצויות עדויות נוספות על חיכוכים בין השניים סביב מדיניות המיסוי. ראו להלן בהערה הבאה וכן דברי ריש לקיש "נשיא שחטא – מלקין אותו" בירושלמי סנהדרין ב, א, יט ע"ד. על המשבר הכלכלי בראשית המאה השלישית ועל הכבדת עול המיסים בתקופה זו ראו: גולאק, לסדרי המיסים, עמ׳ 97–104; אלון, תולדות היהודים, עמ׳ 185.

בשני הסיפורים. יעקב יצר נורמה של העלאת מנחה לעשו, וצאצאי עשו ממשיכים את דרכו על ידי הטלת מיסים כבדים על היהודים. הדרך לשנות את הנורמה היא להפסיק לגבות כסף עבור הוצאות הקיסרות מהעם.[36]

המדרש מסתיים בתיאור שיבתן של כל מתנות יעקב לעשו חזרה לישראל:

> כל הדוריות שנתן אבינו יעקב לעשו עתידין אומות העולם להחזירן למלך המשיח לעתיד לבוא (שם, עמ' 932-933).

הבחירה בסיפור זה על הדמויות הנזכרות בו (הנשיא וריש לקיש) איננה תמימה. באחת ממסורות הפסיקתא רשעותו של עשו מסווה את עמדת הדרשן כלפי נטל המיסים של השלטון הרומי. הדרשה משווה בין תחושת החנק מעול המיסים שנגבה על ידי עשו לאדם שמנסה לחלץ את עצמו מקוץ שנתקע בבגדו, וכשהוא סבור שנחלץ מקוץ אחד, כבר נדקר מהקוץ הסמוך:

> דהוא מסמיא להדא סירתא [קוצים] דאת מפש' לה מן הכא והיא מתעריא מן הכא. כן הוא עשו הרשע מתהפך, איית גלגולותך דימוסייך ארנונך, לית ליה קניס ליה ומזמי ליה (פסיקתא דרב כהנא ב, עמ' 17).[37]

ריש לקיש מצטייר בכמה מסורות כמי שמתנגד לעמדת ר' יוחנן על היחס למלכות הזרה ועל החובה לחלוק לה כבוד, כך למשל בפירוש הפסוק מאיוב העוסק במלוכת החנף:

36. ריש לקיש מתואר במסורת נוספת כמי ששותף למרד בתשלום המיסים ומעודד את המחאה נגדם. ראו: בבלי סנהדרין צח ע"ב: "אמר ליה ריש לקיש... 'כאשר ינוס איש מפני הארי ופגעו הדב ובא הבית וסמך ידו על הקיר ונשכו הנחש' בא ואראך דוגמתו בעולם הזה: בזמן שאדם יוצא לשדה ופגע בו סנטר דומה כמי שפגע בו ארי, נכנס לעיר פגע בו גבאי דומה כמי שפגעו דב, נכנס לביתו ומצא בניו ובנותיו מוטלין ברעב דומה כמי שנשכו נחש", וכן בבלי בבא בתרא ז ע"ב על מחאתו נגד תשלום מיסים עבור בניית חומת טבריה: "רבי יהודה נשיאה רמא דשורא אדרבנן [ר' יהודה נשיאה רצה לשתף את החכמים בהוצאות הכרוכות בבניית החומה שתגן על טבריה] אמר ריש לקיש: רבנן לא צריכי נטירותא".

37. תרגום: דומה הדבר לשיח קוצים זה, שכאשר אתה מפנה אותו מכאן, הוא צומח משם. כך הוא עשו הרשע מתהפך. אם לא יגבה ממך מס גולגולת, יגבה ממך מס ארנונה.

ר' יודה בר' סימון פתח "ממלוך אדם חנף ממוקשי עם" (איוב לה, ל), ר' יוחנן ור' שמעון בן לקיש, ר' יוחנן אמר: בשעה שהמלך חנף ומושל על הבריות, ממוקשי עם, מן קשיותיהון וחוביהון דברייתא דילא עבדין רעותיה דברייה עלמא, ריש לקיש אמר נוח להן לבריות להגדיל להן כנפים ולפרוח באויר, ואל ימסרו וישתעבדו תחת יד מלך חנף (אסתר רבה פתיחתא ט, עמ' 15).[38]

המחלוקת בין ר' יוחנן לריש לקיש היא שאלת הגורם והתוצאה הנלמדים מהפסוק באיוב. ר' יוחנן סבור שחטאי האדם ("מוקשי עם") גורמים למלך להיות רשע, ואילו ריש לקיש טוען שהחלק הראשון של הפסוק מתייחס לעובדה שהמלך רשע כנתון, החלק השני מייעץ לנתינים לברוח מאימת המלכות.[39]

סיפור עצת ריש לקיש לנשיא, שהושחל לפרשייה העוסקת במפגש בין יעקב לעשו בבראשית רבה, מחזק אפוא את עמדת הביקורת שמבקש עורך החיבור להביע ביחס להתנהלותו של יעקב, תוך רמיזה על השפעת מעשי העבר של יעקב בהתבטלותו בפני אחיו ובניסיונות ריצויו על יחסי הכוחות בין יהודה לרומא עד לימיו. דומה שמעבר להערכה ההיסטורית של המעשה, הוא מבקש להתוות דרכי התנהלות בהווה בעמידה איתנה ובלתי מתרפסת כלפי השלטון הרומאי ובהימנעות ממחוות של חנופה.

הוצג עד כה פער משמעותי בין החיבורים בהערכת הכנות יעקב למפגש עם עשו. מדרש בראשית רבה מביע הערכה שלילית מובהקת, ואילו תנחומא בובר מגלה הבנה להתנהלותו של יעקב לאור הנסיבות שהצריכו התנהגות מתונה ומרצה. מדרש תנחומא לעומתם הביע הערכה אמביוולנטית. האם תימצא קורלציה בין הערכת החיבורים לפעולת הפיוס שנקט יעקב ובין עמדתם בהערכת מעשה נטילת הברכות?

38. על המחלוקת בשאלת הצורך לחלוק כבוד למלכות ראו: בבלי זבחים קב ע"א, ובמיוחד הערת העורך 'איפוך', המעידה על היכרותו עם עמדתו האופוזיציונית של ריש לקיש ביחס למלכות. וראו: קימלמן, הקונפליקט, עמ' 1-20. על הצורך לחלוק כבוד למלכות בהגותו של ר' יוחנן ראו: בבלי ברכות ט ע"ב; זבחים כב ע"א.

39. ראו: תבורי ועצמון, אסתר רבה, עמ' 15.

4. מה חשבו בעלי המדרש על נטילת הברכות?

מעשה נטילת ברכות עשו תוך מרמת יצחק אינו משתלב עם אמות המוסר המקראיות, ובוודאי מעורר תמיהה לנוכח מעמדו של יעקב כאחד מאבות האומה. התורה אינה מוכיחה את יעקב באופן מפורש על המעשה, אולם ניתן למצוא זיקה בין תלאות חייו בבית לבן ולאחר מכן עם חזרתו לכנען לאופיו של מעשה המרמה.[40] לכאורה הערכת פעולות יעקב לקראת המפגש עם עשו היא נגזרת של שיפוט מעשה המרמה, כלומר אם המעשה אינו ראוי ויעקב לא אמור היה לקבל את הברכה, או לכל הפחות לא באופן הזה, אזי התנהגות מתנצלת ומרצה היא הכרח של תיקון. ביקורת על התרפסות וריצוי מצד יעקב יכולה לבוא רק במידה שקיימת הצדקה למעשה המרמה ולהשגת ברכות עשו בדרך שבה הושגו. באופן מפתיע אין בחיבורי המדרש הנצמדים לסיפור נטילת הברכות ביקורת על מעשה המרמה של יעקב, אולם קיים ביניהם הבדל בין הפיכת המעשה לחיובי מלכתחילה ותפיסתו כמגשים את התוכנית האלוהית לבין הצדקת המעשה למפרע.[41]

4.1 "כדי שיבוא יעקב ויטול את הברכות" – נטילת הברכות בבראשית רבה

במדרשי בראשית רבה אין הצדקה למעשה המרמה. באחת מהן אף מתואר יעקב כמי שנאלץ לציית להוראות אמו ומילא אותן "אנוס וכפוף ובוכה".[42] אף על פי כן ניתן לאפיין כמה מהדרשות הנצמדות לפסוקי סיפור נטילת הברכות על פי שלושה מרכיבים, המכשירים את מעשה יעקב לכתחילה או לכל הפחות למפרע, כפי שאפרט להלן:

40. ראו גרוסמן, יעקב, עמ' 318–321 המתאר כיצד מעשי גנבה סובבים את יעקב בחרן, ואף מזהה את השורש גנ"ב כשורש מנחה במחזור סיפורי יעקב. מלבד זאת גרוסמן מצביע על זיקה בין תלאות יעקב בחרן ולאחר מכן בכנען לבין פרטים מסצנת נטילת הברכות. ראו גם: מישאל, גניבת התרפים, עמ' 1–22.

41. החריגה מהנטייה של ספרות המדרש להכיל מנעד של הערכות למעשי גיבורי המקרא תוך הצגת תמונה אחידה של תמיכה במעשה נטילת הברכות נובעת על פי השערתי מהאקטואליות של סיפור המאבק בין יעקב לעשו בפולמוס היהודי־נוצרי. הטלת ספק בייעודן של הברכות ליעקב ולזרעו מערערת את רעיון הבחירה המושתת עליהן ומשרתת את עמדת היריב. ראו: אמינוף, עשו אחי, עמ' 174–190.

42. בראשית רבה סה, יד, עמ' 727.

1. דרשות המתארות סיוע אלוהי שהביא להצלחת המזימה

הסדר הפותח בסיפור נטילת הברכות עוסק בשאלת הגורם לעיוורונו של יצחק. בתוך הפתיחתאות המסבירות כי העיוורון הוא עונש ליצחק על העדפת עשו, מובאת תשובה שתחת חיפוש סיבת עיוורונו מתארת את תכליתו:

> ר׳ חננא בר פפא פתח "רבות עשית אתה ה׳ אלהי נפלאותיך ומחשבותיך אלינו וגו׳" (תהלים מ, ו) אמר ר׳ חננא בר פפא כל פעולות ומחשבות שפעלת "אלינו" בשבילינו. למה כהו עיניו שליצחק כדי שיבוא יעקב ויטול את הברכות "ויהי כי זקן יצחק" וגו׳ (בראשית רבה סה, עמ׳ 716).

ר׳ חננא בר פפא בחר פסוק מתהלים הנותן שבח על מעשי הא־ל בעבר עבור דורות העתיד, אחד מהמעשים הללו הוא נטילת מאור עיני יצחק באופן שנכשל בבירור זהותו של יעקב ואפשר את גנבת הברכות.

הא־ל (באמצעות מלאך) מתואר כמי ששותף לעיכוב עשו במילוי בקשת הציד מאביו, ובתזמון מועד כניסתו של עשו מבלי שברכתו הגנובה של יצחק ליעקב תופרע:

> דמר ר׳ יהושע בן לוי כל אותו היום היה עשו צד צבאים וכופתן ומלאך בא ומתירן, עופות ומסרסן ובא מלאך ומפריחן כל כך למה "[לא יחרך רמיה צידו] והון אדם יקר חרוץ" (משלי יב, כז) כדי שיבוא יעקב ויטול את הברכות שהן עיקרו של עולם חרוצות לו (בראשית רבה סז, עמ׳ 754).

הפסוק המצוטט ממשלי מזכיר ציד ורמייה בצלע הראשונה והון יקר של אדם חרוץ בצלע השנייה.[43] לנוכח הפסוקים היה מצופה שהצלע הראשונה תופנה ליעקב שרימה בהבאת ציד לאביו, אולם המדרש הופך את היוצרות ומתאר את עשו כמי שנכשל בהבאת ציד בגלל הרמייה שאפיינה את מעשיו, ואפשר ליעקב ליטול את הברכות.

מדרש נוסף מספר כיצד קיבל יעקב חיזוק להמשך פעולתו בשעה שקיבל "רגליים קרות" כשנדרש לשקר לאביו, או כשפחד שמא תיחשף התרמית:

43. ראו הביאור של פוקס, משלי, עמ׳ 560.

> אמר ר' הושעיה בשעה שאמר יצחק ליעקב "גשה נא ואמשך בני" נשפכו מים על שוקיו והיה לבו רפה כשעווה, וזימן לו הקב"ה שני מלאכים אחד מימינו ואחד משמאלו והיו אוחזים אותו במרפקו כדי שלא יפול הה"ד "[אל תירא כי אתך אני ו]אל תשתע" (ישעיהו מא, י) לא תשוע (בראשית רבה סה, עמ' 732-733).

הפסוק מישעיהו נותן גושפנקה אלוהית להמשך מעשיו של יעקב חרף הצורך להשתמש בתכסיסי רמייה.

2. דרשות המפרשות את תוכן ברכת יצחק כנבואה לעתיד עם ישראל
הברכה המקורית שיועדה ליעקב עוסקת ביסודות גשמיים ובניצחון על אויבים שאמורים היו להיות מנת חלקו של עשו. בכמה מדרשות פסוקי הברכה בבראשית רבה נזכרים ייעודי הנבואה הבאים: הבטחה גשמית הרומזת להשגחה המיוחדת של הא־ל על עם ישראל, ייעודי שכר גשמיים שישמשו לקיום מצוות, ופרשנות רוחנית לסמלי הברכה:

> מטל השמים זה המן שנ' "ויאמר י"י אל משה הנני ממטיר לכם לחם מן השמים" וגו' (שמות טז, ד), ומשמני הארץ זו הבאר שהיתה מעלה להם דגים שמנים יתר מדיי...
> ד"א מטל השמים זו ציון שנ' "כטל חרמון שיורד על הררי ציון" (תהלים קלג, ג), ומשמני הארץ אילו הקרבנות, ורב דגן אילו הביכורים, ותירוש אילו הנסכים,
> ד"א מטל השמים זה המקרא, ומשמני הארץ זו משנה, ורב דגן זה תלמוד, ותירוש זו הגדה (בראשית רבה סו, עמ' 747-748).

באחת מהדרשות מוזכר במפורש עשו כאחד העמים שיהיו כפופים ליעקב:

> יעבדוך עמים אילו שבעים אומות, וישתחוו לך לאומים אילו בני ישמעאל ובני קטורה שנ' "ובני דדן היו אשורים ולטושים ולאומים" (בראשית כה, ג), הוה גביר לאחיך זה עשו ואלופיו (שם, עמ' 748).

מדרשים אלו מתעלמים לחלוטין מהיות עשו מושא הברכה, ומעריכים כי בעת ברכתו של יצחק הוא ידע (או שמא ניבא) שמי שעומד לפניו הוא יעקב, ועל

כן התאים את תוכן הברכה לייעודים שיתקיימו בממשיכיו. על פי פרשנות זו, יעקב גנב ברכה שהייתה מיועדת לו מלכתחילה.

3. דרשות המוכיחות את תוקפן של הברכות שניתנו ליעקב

בתורה, כפי שציינו, אין תוכחה ישירה ליעקב על נטילת ברכת עשו, אולם תולדות חייו לאחר נטילת הברכות רצופות אתגרים ומאבק גם על מה שמגיע לו בדין.[44] קשה לזהות בימי יעקב את התגשמות הברכות. שלוש דרשות בעלות רכיב זהה "אין קיום גט אלא בחותמיו" מדבררות את החשש שמא העובדה שיעקב השיג את הברכות ברמייה מפקיעה את יכולתן להתממש בו, ומציעות שלושה שלבים בתולדות יעקב שבהם אושררה ברכת יצחק. דרשה נוספת אף מפליגה בהוכחת התממשותן בזרעו.

שלוש הדרשות הראשונות, בשונה מהקודמות, אינן מכשירות את נטילת הברכות מלכתחילה, אולם עולה מהן שמשעה שהן נאמרו ליעקב הן הפכו בהדרגה לנחלתו הבלעדית.

בדרשה הראשונה מתוך השלוש מספרת הדרשה על התרחשות מאחורי הקלעים שהביאה את יצחק להכריז "גם ברוך יהיה", ובכך לאשר למפרע את הברכה שנטל יעקב במרמה:

> אמר ר' לעזר "אין קיום גט אלא בחותמיו" שלא תאמר אילולי ש!ד![י] מה[45] יעקב אבינו את אביו לא נטל את הברכות תלמוד לומר "גם ברוך יהיה", אמר ר' יצחק בא לקללו אמר לו הקב"ה הזהר שאם מקללו את נפשך את מקלל שכן אמרתה לו "ארריך ארור" (בראשית רבה סז, עמ' 756–755).

בדרשה השנייה אישור הברכות שנטל יעקב התקיים רק לאחר שאביו בירך אותו בברכה המיועדת לו, ואישר למפרע גם את הברכה הקודמת שבירכו:

> ויקרא יצחק אל יעקב ויברך אתו וגו' אמר ר' אבהו לפי שהיו מפוקפקות בידו, איכן נתאששו בידו "ויקרא יצחק אל יעקב ויברך אתו", אמר ר'

44. ראו דבריו בבראשית לא, לח–מא.
45. על פי מרבית עדי הנוסח ועל פי המקבילות המילה היא "שרימה".

אלעזר אין קיום גט אלא בחותמיו, שלא תאמר אלולי שרימה יעקב באביו לא נטל הברכות תלמוד לומר "ויקרא יצחק אל יעקב ויברך אתו", אמר ר' ברכיה לבן מלכים שהיה חותר לאביו ליטרא אחת שלזהב, אמר לו למה במטמונית בוא וטול לך בפרהסיא שנ' "ויקרא יצחק אל יעקב" וגו' (שם, עמ' 767–768).

בדרשה השלישית תוקף הברכות אושר רק לאחר מפגשו המחודש של יעקב עם עשו והכרתו של עשו בזכותו של יעקב על רכושו: "ויאמר עשו יש לי רב אחי יהיה לך אשר לך" (בראשית לג, ט):

"ויאמר עשו יש לי רב" אמר ר' אייבו לפי שהיו מפוקפקות בידו. איכן נתאששו בידו? כאן "אחי יהי לך אשר לך", אמר ר' לעזר "אין קיום גט אלא בחותמיו" שלא תאמר אילולי שרימה אבינו יעקב באביו לא נטל את הברכות תלמוד לומר "אחי יהי לך [אשר לך]" (שם עח, עמ' 930).

משאושררו הברכות מוכיחה דרשה אחרת את מימושן האופטימלי בזרעו של יעקב על ידי תוספת ברכה אלוהית למה שבירכו אביו: "להודיעך שכל הברכות שבירך יצחק את יעקב כנגדן ברכו הקדוש ברוך הוא מלמעלן..." (שם עה, עמ' 885).

העמדה החד־משמעית של עורך בראשית רבה שאינו מתאמץ לחפש נקודת זכות בבחירתו של יעקב להתנהל במתינות מול אחיו לקראת הפגישה, ואף סבור שבחירתו הסבה נזק לדורות, היא המשך ישיר לדרשות שבחר כפרשנות ליריבות המוקדמת שהובילה למתח המצטבר לקראת מפגש האחים. על פי פרשנות זו, ברכת יצחק יועדה מלכתחילה ליעקב. מצג השקר של עשו והטעיית אביו הם שגרמו לשיפוטו הלקוי ולהעדפתו השגויה את עשו.[46] נטילת הברכות היא אפוא מהלך הכרחי לתוכניתו הבראשיתית של הא־ל. הטעיית האב על ידי יעקב דרשה אמנם תהליך של חתימה מחודשת, אקט נוסף של ברכה והכרה של עשו לצורך התממשותן של הברכות, אולם משנעשו הפעולות הנדרשות אין עילה להתרפסות או לריצוי.

46. כך על פי כמה דרשות בבראשית רבה, כגון: סג, כז, עמ' 693; סג, כח, עמ' 694 ובפתיחתות לפרשה סה, עמ' 715–716.

4.2 "שקשה לפני הקב"ה לעקור שלשלת היחסים" – נטילת הברכות בתנחומא בובר

בדרשות תנחומא בובר הנצמדות לסיפור נטילת הברכות קיימות לא מעט "הסחות" מתוכן הפרק לטובת מסרים שהזיקה שלהם לסיפור קלושה, עד כי נוצרת לקורא תחושה של התחמקות מעיסוק בנושא המורכב. "הסחות" מסוג זה קיימות גם בפרשיות אחרות, אולם נדמה שבמינון נמוך יותר.[47] מלבד הסחות אלו החיבור מקדיש גם לא מעט דרשות המתמקדות בשיפוט המעשה. המסה הגדולה של דרשות בראשית רבה המצדיקות את נטילת הברכות מלכתחילה או למפרע, אינה מופיעה בתנחומא בובה, אולם קיימות מקבילות לכמה מהן[48] וכן תוספות שאין להן נוסח קדום. הבדלי ההערכה למעשה יעקב בנטילת הברכות בין שני החיבורים עולים בעיקר מהמסורות ששולבו בתנחומא בובר שאין להן נוסח קדום בחיבורים המוקדמים המוכרים לנו. אציג אפוא את הדרשות התוספתיות ותבחן תרומתן להבנת עמדתו המורכבת של עורך תנחומא בובר למעשה יעקב בנטילת הברכות ולשיפוט התנהלותו במפגש המחודש עם עשו.

הדרשה התוספתית הראשונה שאין לה מקבילות בחיבורי מדרש אחרים מנתחת את סיבת החרדה שתקפה את יצחק עם היוודע זהותו של עשו שזה עתה נכנס:

> למה חרד, על שבירך לקטן קודם לגדול, שכך היה בדעתו לברך את שניהם, וקרא לעשו לברכו תחילה שהיה גדול, ואח"כ ליעקב, כך היה מחשב, למה שקשה לפני הקדוש ברוך הוא לעקור שלשלת היחסים, לעקור את הבכורה ממקומו. והרי לא קרא אלא לעשו, מנין אתה אומר שהיה מבקש לברך את יעקב, ממה שהוא אומר יעקב [לאמו] "והבאתי

47. לסיפור נטילת הברכות מוקדשים שמונה עשר סימנים, מתוכם שישה סימנים אינם עוסקים כלל בסיפור נטילת הברכות (סימנים ז, ט, יג, יט-כא) ועוד שלושה סימנים מוקדשים רק במחציתם ואף פחות לסיפור זה (סימנים יא, יד, יח).

48. כך למשל בתנחומא בובר תולדות י ו־יז, דרשה המקבילה לבראשית רבה סז, עמ' 754, על התערבות שמימית שנועדה לעכב את עשו, וכן בתנחומא בובר תולדות טו, דרשה המקבילה לבראשית רבה סה, עמ' 732-733, המתארות את יעקב כמי שהתאבן מפחד, עד להתערבותם של המלאכים, וכן בדרשות המפרשות את ברכתו המקורית של יצחק לעשו כעוסקת בייעודי העתיד של זרעו של יעקב (בראשית רבה סו, עמ' 747-748 ותנחומא בובר תולדות טז).

עלי קללה ולא ברכה", אמר לה עוד ברכה שהוא עתיד לברכני בסוף אינו מברכני, [לא] חרד יצחק, אלא שאמר מה עון בידי שנתקלקלה שלשלת היחסים על ידי לברך את הקטן ואחר כך הגדול (תנחומא בובר תולדות כג).

בהמשך הדרשה מובאות דוגמאות מהמקרא שבהן הוקפד אזכור אחים על פי סדר לידתם, והיא חותמת בקריאה נוספת של יצחק:

א"ל יצחק על הדבר הזה הייתי מיצר ואומר שמא עברתי על מצות הדין וברכתי את הקטן לפני הגדול, עתה שכבר ברכתיו גם ברוך יהיה (שם).

דרשה זו עומדת בניגוד מסוים לדרשת תנחומא בובר אחרת שמפרשת את תוכן ברכת יצחק כמתייחסת לייעודי ברכה שיתגשמו בזרעו של יעקב:

ויתן לך האלהים, מטל השמים, זו היא תורה... ומשמני הארץ, אלו הנביאים, ורוב דגן, זה תלמוד, ותירוש, אלו המדרשים.
ד"א מטל השמים, זה המן... ומשמני הארץ זה הבאר.
ד"א מטל השמים, זה ירושלים... ומשמני הארץ, זו סולת של מנחות... וישתחוו לך בני אמך, אלו בני עשו... (תנחומא בובר תולדות טז).

לפי הדרשה המבארת את מרכיבי הברכה, יצחק מנבא שהעומד לפניו הוא יעקב והוא מברך אותו בהתאם לעתידו של עם ישראל שיצא ממנו, ואילו מהדרשה המסבירה את סיבת חרדתו עולה שיצחק אכן הוטעה ותכנן לברך את יעקב ברכה אחרת ולא את זו שבירך בגלל ההטעיה. על כל פנים מה שמטריד את מנוחת יצחק לפי תנחומא בובר איננו תוכן הברכה שבירך את יעקב אלא העובדה שעקר שושלת יוחסין ממקומה, ובכך עשה מעשה שאינו לרוחו של הא-ל ואף עבר על מצוות הדין.[49] חשש מסוג זה מופיע גם

49. דרשות על צער הא-ל בעקירת שושלת יוחסין מובאות במקומות אחרים בספרות המדרש (כגון שיר השירים רבה ה, א), אולם תנחומא בובר הוא היחיד שמביא את המימרה הזאת בהקשר של סיפור יעקב ועשו. על משמעותה של הדרשה בוויכוח על מעמד "בניהם של חכמים" ראו: אלון, מחקרים, עמ' 58–73; גפני, שבט ומחוקק, עמ' 79–91.

בבראשית רבה: "לפי שהיה אבינו יצחק מתפחד ואומר תאמר שלא עשיתי כשורה שעשיתי את שאינו בכור בכור" (בראשית רבה סז, עמ' 755) אולם שם מתואר יצחק כמי שנרגע לנוכח הגילוי החדש על מכירת הבכורה "כיון שאמר את בכורתי לקח אמר יאות ברך".

דרשה תוספתית נוספת מתארת את השפעתן של דמעות עשו על הא־ל, שכדי לרצות אותו מבטיח לו ששלטונו (רוממותו) יוקדם לשלטון ישראל:

> מיד תלה עשו את עיניו למעלה ובכה, שנאמר "וישא עשו קולו ויבך", אמר הקדוש ברוך הוא אעפ"י שהוא רשע החניף לו... אמר הקדוש ברוך הוא הרי הרשע היה בוכה על חייו מה אני מחזירו ריקם, מיד אמר לאביו שיברכו, זש"ה "האכלתם לחם דמעה ותשקמו בדמעות שליש" (תהלים פ, ו). אמר ר' אבין בשם ר' אחא, אמרו ישראל לפני הקדוש ברוך הוא רבונו של עולם ומה עשו הרשע על שהוריד שתי דמעות נתמלא עליו רחמים מיד, אנו שדמעתינו תדירה ביום ובלילה כלחם על אחת כמה וכמה, שנאמר "היתה לי דמעתי לחם יומם ולילה" עד עכשיו לא הגיע הקץ שנתמלא עלינו רחמים?... אמר להם הקדוש ברוך הוא אפרע לעשו הרשע כבוד אבותיו וארוממנהו ואחר כך אני בא ומרומם אתכם, ופורע [לכם] מה שפעלתם, ומה שפעלו אבותיכם... (תנחומא בובר תולדות כד).

דרשה זו, שאף לה לא נמצאו מקבילות, הגם שאינה מצטטת את הפסוק הרלוונטי, מתבססת כפי הנראה על הפסוק המתאר את קדימותם של מלכי אדום "לפני מלך מלך לבני ישראל" (בראשית לו, לא), ומנמקת את המציאות ההיסטורית כתוצאה משאיפת הפיוס של הא־ל לעשו על העוול שנגרם לו.

העמדה החד־משמעית שעולה מדרשות בראשית רבה, שברכת עשו ניתנה ליעקב בדין, אינה נחלתו של תנחומא בובר. האמביוולנטיות העולה ממנו אף יוצרת סתירה פנימית בין הדרשות, שמצד אחד מבקשות לאשרר את ברכות יצחק ליעקב כדי לא לתת פתחון פה לאומות העולם, ומצד שני רוצות לתת ביטוי להשלכות של הפרת כללי המוסר ועקירת שושלת היוחסין. דומה אפוא שגם בתנחומא בובר ניתן למצוא קו ישר בין אופי הפרשנות שהוא הציע לסיפור נטילת הברכות, לבין הצדקת התנהלות מתנצלת של יעקב תוך הוכחת העדר הנאה מהברכה הגנובה לקראת מפגשו עם מי שנפגע ממעשה עקירת היוחסין.

4.3 "ואתה סבור שפיך ברשותך" – התערבות אלוהית בקיבוע הברכה בתנחומא

בתנחומא חל צמצום נוסף של כמות הדרשות שעוסקות בסיפור נטילת הברכות, באופן שמקשה על הכרעה בהערכת המעשה. אף על פי כן המשותף לכל הדרשות שליקט המחבר הוא תיאור של התערבות שמימית או אלוהית שסייעה ליעקב לקבל את ברכת עשו, ולתקף אותה גם לאחר חשיפת התרמית. כך למשל עורך התנחומא מביא את הדרשה המסבירה את כהות עיני יצחק כדי ש"יבא יעקב ויטול את הברכות ולא יהא יודע יצחק למי הוא מברך" (תנחומא תולדות ח), וכן הוא מביא דרשה המתארת את השטן כמי שנשלח לעכב את עשו ולאפשר ליעקב לקבל את הברכה (שם יא).[50] בתנחומא חלה הרחבה של רעיון שנרמז בבראשית רבה, והוא התערבותו של הקב"ה לאחר מעשה, הן באמצעות איום הן במניעת היכולת של יצחק לקלל את יעקב לאחר שנחשפה התרמית על ידי נטילת שליטתו של יצחק בפיו:

> בקש ליטול את הברכות ולומר גם ארור יהיה, א"ל הקדוש ברוך הוא מה אתה עושה לעצמך אתה מקלל שאתה אמרת לו אורריך ארור ומברכיך ברוך, חזר וקיים את הברכות ואומר גם ברוך יהיה (תנחומא תולדות יא).

> ואף הפה אינו ברשותו של אדם, מנא לן מבלעם ומיצחק... יצחק בשעה שנכנס עשו התחיל מזדעזע ולומר גם ארור יהיה, א"ל הקדוש ברוך הוא מה אתה מבקש ואתה סבור שפיך ברשותך, חזר ואמר גם ברוך יהיה, לכך נאמר "אזן שומעת ועין רואה" (שם יב).[51]

חרף הצמצום בדרשות העוסקות בשיפוט המעשה, נעדרת מהן המורכבות ואי הבהירות ביחס לשאלה מי היה ראוי לקבל את הברכה. לעומת זאת שאלת תוכן הברכה, אם הייתה מיועדת מלכתחילה ליעקב, כפי שעולה מניתוח פרטיה בבראשית רבה ובתנחומא בובר, נותרת פתוחה.

עורך התנחומא, כפי שראינו בניתוח פעולות יעקב לקראת המפגש, אינו עוסק בשאלת צדקת הברכות, ותובע מיעקב להפגין ביטחון וחוזק הן

50. בבראשית רבה אלו מלאכים אנונימיים, בתנחומא בובר הם מזוהים בשמותיהם ואילו בתנחומא מוצגת דמות השטן.

51. ראו רעיון דומה ומפותח פחות בשתי דרשות סמוכות בבראשית רבה סז, עמ' 756–757.

מחמת הא־ל והמלאכים המשמרים אותו (לעיל עמ׳ 238-239), הן מחמת הישגיו הגשמיים בשנות שהותו בחרן. נתן לראות בדרשותיו לשתי הפרשיות חוט מקשר בהפקעת המעשים משיפוט מוסרי אנושי, והעמדת הערכתם או צדקתם על פי בחינת המעורבות האלוהית לטובת אחד מהצדדים.

*

הגישה ההיסטורית פרדיגמטית לפרשנות סיפורי מקרא מצביעה על חתירתה להתמודד עם צורכי השעה יותר מאשר בירור העובדות ההיסטוריות של העבר ודיוק בהבנת הכתוב. חוקרי האסכולה הפרדיגמטית סבורים כי דמות מקראית או אירוע מקראי הם מעטפת לדמויות או אירועים מההווה של הדרשן, ושיפוטם לחיוב או לשלילה מסגיר את עמדתם האקטואלית ביחס אליהם.[52] מלאכת ההוכחה של חוקרים אלו מורכבת מפאת העובדה שעל פי רוב המגמה איננה נאמרת באופן גלוי וישיר, ומתבססת על מכנה משותף של דרשות או על חריגה מופלגת מפשוטו של מקרא. העיסוק במדרשי סיפור יעקב ועשו פוטר לא פעם את צורך ההוכחה של הפרדיגמה, שכן הדרשנים עצמם מבליחים רמיזות, שאינן נותנות מקום לטעות בדבר האקטואליות של דרשותיהם. ראינו כמה דוגמאות לכך בפרק זה, באזכור איגרותיו של רבי יהודה הנשיא לאנטונינוס, בסיפור ביקורו של ריש לקיש אצל רבי יהודה נשיאה, ובערבוב דמותו של עשו עם תיאור סוגי המס שהיו מקובלים בתקופת יצירתה של הדרשה.[53] נתן להניח שגם בהיעדרן של הרמיזות, איבתם של החכמים לדמותו של עשו ושיפוטם הסלחני כלפי מעשי יעקב מבטאים את רחשי לבם כלפי מנהיגי הקיסרות הרומית ומעלליהם.[54]

בהנחה שהמסורות שנותחו בפרק זה מסוות את עמדת המשכתבים או הדרשנים כלפי שלטון אדום, רומא ומאוחר יותר הנצרות, הרי שלפנינו פריסה מרתקת של עמדותיהם הפוליטיות של חכמים ושל עורכי המדרשים כלפי

52. על האסכולה ההיסטורית פרדיגמטית ועל האסכולה המתנגדת לה ראו במבוא לספר אליצור, דיוקן בשביל הדורות, עמ׳ 16-19.

53. כך גם במסורות המזכירות את שמו של אדריינוס בתוך דרשה העוסקת בעשו המקראי, כגון בראשית רבה סה, כא, עמ׳ 740 ותנחומא בובר תולדות י.

54. ראו הצעתו של מאק, מראשית לבראשית רבה, עמ׳ 591-594. בחוס, להבין את עשו, מבקש לסייג את הטוטאליות של הפרדיגמה וטוען שקיימים גם מדרשים תמימים שיש להבינם ללא ההקשר ההיסטורי האקטואלי, אולם גם לדידו רבים מהמדרשים אכן מבטאים את האיבה הגדולה כלפי השלטון הרומאי ומאוחר יותר כלפי הנצרות.

השלטון בן זמנם. דומה שהמובהקת ביותר היא עמדתו של עורך בראשית רבה, שליקט לחיבורו מדרשים מובחנים שאינם מטילים ספק בשייכותה של ברכת יצחק ליעקב, נמנעים מלבקר את דרך השגתם, ומוכיחים שהתהליך כולו לווה בסיוע אלוהי, ואם כך אין כל מקום להתרפסות ולריצוי מצד יעקב. ההתרפסות ערערה את תוקפן של הברכות והנציחה למשך דורות את כפיפותם של היהודים בפני שלטון הרומאים. הלאומנות הנשקפת ממדרשי בראשית רבה בסוגיה זו משתלבת עם לא מעט מדרשים אחרים בחיבור שנדונו בפרקים הקודמים של הספר, בהקשר של פעולותיו הדתיות של אברהם, המוות על קידוש השם בעקדת יצחק והנהירה של יראי ה' לינוק מחלבה של שרה.

עורך תנחומא בובר מצטייר מאוסף דרשותיו לסיפור המפגש בין יעקב לעשו כמי שמכוון לעדיפות החיים בסטטוס קוו על כל מגרעותיו, על פני הסתכנות בהחמרת המצב בבחינת "לעולם יהא אדם רך כקנה ואל יהא קשה כארז".[55] קשה לדעת אם העדפת ההתנהלות המתרפסת נבעה ממניעי טקטיקה תועלתניים, או שאולי מתוך תפיסה אוניברסלית, בדומה ליוספוס פלביוס, שזאת הדרך הנכונה לחיים בדו־קיום. רמז מסוים לאפשרות השנייה עולה מפרשנותו למעשה נטילת הברכות. התנהלות מתרפסת טאקטית תועלתנית איננה דורשת נבירה באירועי העבר, אלא מאמצים להגברת סיכויי ההישרדות בהווה. הטלת אשמה עקיפה על יעקב ואחריות על גורמי הקרע בעבר (עקירת שושלת יוחסין) היא בדרך כלל מעשה של מי שמבקש להכיר גם בצדקת טיעוניו של האחר, כתנאי הכרחי לחיים משותפים. לעומת זאת דומה שעורך מדרשי תנחומא נוטה יותר לאפשרות הראשונה, של לגיטימציה להתרפסות רק במקרה שהיא נצרכת מפאת אימת מלכות. מדרשי התנחומא אינם קיצוניים כמו אלו של בראשית רבה מבחינת הוקעת מעשה ההתרפסות של יעקב, אולם אין בהם שמץ של הצדקת הריצוי, לא מחמת אחריותו של יעקב על המשבר המשפחתי בעבר, ולא עבור גינוני כבוד והוקרה בהווה.

מהו הגורם להבדל בין גישות עורכי החיבורים, בהנחה שהם מכילים הדרכה להתנהלות רצויה של ציבור שומעיהם עם הנוכרים בסביבתם? מחלוקות אידיאולוגיות הן לחם חוקם של אנשים באשר הם, ובסוגיה זו הן ממשיכות ללוות אותנו גם בימים אלה. ייתכן שההבדל מבטא הבדלי השקפה בין יוצרי החיבורים, אולם יש לשער שמרחק הדורות שבין עריכת

55. על פי בבלי תענית כ ע"א.

החיבורים והתמורות הגיאופוליטיות במרחבי המחיה של היהודים, שצמצמו את זכויותיהם ודרשו את כפיפותם המוחלטת לשלטונות, הם הגורם העיקרי לפער שבין התפיסה הלאומנית לכניעה הפרגמטית.

פרשת וישב

מי התחיל? – הפרשנות לריב האחים בסיפור מכירת יוסף

הפרשות האחרונות של ספר בראשית הן סיפור מתח משפחתי שמתחיל ברגשות קיצוניים של שנאה ושאיפות נקם ומסתיים באיחוד מחודש תוך ויתור על נבירה במחדלי העבר. קוראי הסיפור אינם יודעים כיצד תֻווך הסיפור לאבי המשפחה, לאחר שנוכח שעדות כתונת הפסים המוכתמת איננה מסגירה את המציאות כהווייתה. ומה לגבי השתלשלות האירועים מהרגע שנדמו קולות התחנונים של יוסף מתוך הבור שאליו הושלך, עד כמה סיפק יוסף לאחיו מידע על קורותיו מרגע הפקרתו על ידם והתעלמותם מזעקותיו? הסתרת מידע מרתק זה משרתת כפי הנראה את המגמה המקראית המבקשת להבליט את התגשמות המהלך האלוהי של גזרת "ידע תדע כי גר יהיה זרעך בארץ לא להם" (בראשית טו, יג), ואת מסוגלותו של יוסף להתעלות מעל לנטיות הרגש הטבעיות ולהכיר בתפקידו המרכזי בהנעת המהלך.[1]

סיפור מכירת יוסף על אופיו המשפחתי וחידותיו הבלתי פתורות הוא אפוא אוצר בלום עבור משכתבי סיפורי המקרא ודרשניו, שיכולים למלא את פערי המידע שבו ולהפיק ממנו תובנות ועצות משפחתיות וחינוכיות.

בפרק זה אתמקד באקספוזיציה של הסיפור המתארת את הרקע לריב

1. כך גם בספרות המקראית המאוחרת במזמור ההיסטורי בתהלים קה, יז: "שלח לפניהם איש לעבד נמכר יוסף ענו בכבל רגליו ברזל באה בנפשו". על שני מעגלי הסיפור בתיאור המקראי ראו: גרוסמן, יוסף, עמ' 364-374.

האחים. פסוקי הפתיחה לסיפור מכירת יוסף, בניגוד מסוים לחידות המשכו, מאפשרים לחדור לאווירה המשפחתית ולתסיסה המבעבעת בה, שהובילה לטרגדיה. פסוקי הרקע מתארים את משולש הדמויות (האב, הבן המועדף ויתר הבנים) ואת תרומתה של כל אחת מהן להתלהטות רגשות היריב: יעקב בהעדפתו המופגנת לבנו ובהענקת כתונת הפסים, יוסף בהבאת דיבתם הרעה של אחיו אל אביהם ובתלישות הרגשית כשסיפר לאחיו את תוכן חלומותיו, ואחי יוסף בחוסר יכולתם להחניק את רגשי השנאה ותאוות הנקמה ובמימושם האכזרי.

על אף השיקוף המקראי היחסי של האווירה המשפחתית שגרמה לקרע בין האחים, נבדלים משכתבי המקרא ופרשניו בבחירת האשם המרכזי שמעשיו הובילו למצב הקיצוני של שאיפה לרצח אח, והתעלמות מתחנוניו.

דמותו של יוסף משלהבת את דמיונם של סופרי החיבורים הבתר־מקראיים, שאינם פוסחים על אזכורו, אולם ברבים מהם חלה התעלמות מוחלטת כמעט מסיפור הרקע המשפחתי שהוביל לשנאת יוסף ולמכירתו.[2] נראה שמרכיבי אישיותו של יוסף – חכמתו, עמידתו בפיתוי של אשת פוטיפר ותרומתו לציוויליזציה המצרית ולכלכלתה – היו בעלי ערך גבוה יותר למגמות האפולוגטיקה היהודית והדתית שביקשו כותבי החיבורים לקדם.[3] הם לא מצאו בסיפור הקרע המשפחתי ערך מיוחד שהתאים למטרות החיבורים, והסתפקו על פי רוב בהטלת כובד האשמה על האחים.

2. בחיבור קדמוניות המקרא מוקדשות שש מילים לתיאור הרקע לקרע המשפחתי: "...וישנאו אחיו את יוסף וימכרוהו למצרים" (ח, ט). הפתיחה לסיפור יוסף בחיבור: "ויעקב ושנים עשר בניו ישבו במצרים" (שם) אף מקהה את הביקורת הסמויה של הפתיחה המקראית הרומזת לתיעדוף המשפחתי של יוסף על פני אחיו "אלה תלדות יעקב יוסף..." (בראשית לז, ב). בחיבור בן סירא נזכר יוסף בפרק 'שבח אבות עולם', אולם ללא כל אזכור של הקרע המשפחתי. על חיבורים בתר־מקראיים נוספים המזכירים את יוסף ללא ציון קנאת האחים ומעלליהם זה בזה ראו ניהוף, דמותו של יוסף, עמ' 46–51.

3. כך למשל ארטפאנוס, היסטוריון יהודי שחי במצרים במאה השלישית או השנייה לפנה"ס כתב ספר על היהודים, שאבד, אולם מוכר מציטוטים של כמה מאבות הכנסייה (על הספר ומגמותיו ראו: קולינס, ארטפאנוס, עמ' 59–68). דומה שיותר מאשר מעניינת אותו דמותו המקראית הוא מבקש להתפאר באמצעותה בהצלחתם של יהודים במצרים ובתרומתם למקום עוד מימי בראשית. הוא מתאר בקצרה את המניע לקנאת האחים ביוסף כנובע ממעלתו בבינה ובחכמה, ומרחיב בתגובתו ההרואית של יוסף המבקש למנוע משבר משפחתי ומבקש מהערבים בסביבתו שיורידו אותו

בספרות המדרש לעומת זאת, מסתפקים הדרשנים בתיאורי המקרא המעידים על זדון לבם של האחים, ואינם מרגישים צורך להעמיק בו. אל מי יופנה אם כך כובד האשמה? בתשובה לשאלה זו נבדלים המדרשים אלו מאלו.

בפרק זה ייבחנו החיבורים והמדרשים שבהם קיימת העמקה בבירור הנסיבות המשפחתיות שהובילו לשנאת האחים ולשאיפת הנקם ביוסף. תוצע השערת הגורם להבדלים ביניהם בהטלת אשמה יתרה בליבוי האיבה המשפחתית על אחת מצלעות המשולש המשפחתי על פני רעותה.

1. הכול בגלל כתונת פסים?

לאה גולדברג חותמת את שירה כתנת פסים, העוסק באתגריו של בעל החלומות המפוכח בהתמודדות עם סביבתו האטומה, באלוזיה לסיפור יוסף ואחיו, ובה היא תולה את לב האבן שפיתחו אחי יוסף כלפי חלומותיו בכתונת הפסים שהלבישו אביו.

עוֹלָמְךָ הַצָּלוּל יִשָּׁבֵר לִרְסִיסִים
עֵת יִגַּע בְּלִבּוֹ שֶׁל עוֹלָם מֵאֶבֶן –
כִּי אָבִיךָ הִלְבִּישׁ אוֹתְךָ כְּתֹנֶת פַּסִּים,
יַקְרִיבוּךָ אַחֶיךָ קָרְבָּן.
(לאה גולדברג, כתנת פסים)[4]

העמדת כתונת הפסים במרכז הקרע המשפחתי מעבירה בעצם את כובד האשמה אל יעקב, שלא השכיל להצניע את העדפתו ליוסף ועורר את קנאת אחיו כלפיו.

למצרים. במצרים הוא מגיע לגדולה בגלל עצותיו החכמות. ראו ציטוט מכתביו אצל אוסביוס, הכנה, 9.23 עמ' 539–540. בספר מקבים א ב, 53, עמ' 136, מוזכר שבחו של יוסף כמופת למי שהמשיך להקפיד על קיום מצוות גם בשעת מצוקה. לא מן הנמנע שהמעשה הנרמז הוא ההיחלצות של יוסף מהפיתוי של אשת פוטיפר, ואם כן יוסף כמו המקבים נלחם בתרבות הסביבה ואינו מוכן להתמסר לתכתיביה.

4. מתוך: שקד, לנצח אנגנך (אנתולוגיה), עמ' 141.

האם לפרשני המקרא היה אומץ ברוח הפסיכולוגיה המודרנית להטיל על כתפי יעקב את משא נקמת האחים, ולהצביע על גילויי האהבה הפומביים כגורם שליבה את שנאת האחים ליוסף והובילו לטרגדיה המשפחתית?

1.1 המשמעות הסמלית של כתמי דם השעיר בספר היובלים

בעל ספר היובלים, ראשון המשכתבים של סיפור יוסף ואחיו, מקפל בשני פסוקים את עשרים הפסוקים המקראיים המתארים את הרקע למכירת יוסף:

> ובשנה השביעית לשבוע הזה שלח את יוסף לראות השלום לאחיו, מביתו אל ארץ שכם, וימצא אותם בארץ דותאים. ויעשו בו רמיה, ויועצו עליו להורגו (יובלים לה, 10–11, עמ' 446).

אין בפסוקים עדות להעדפת יוסף על פני אחיו, ואף לא רמז לשנאת האחים אליו. כתונת הפסים, המניעה את העלילה המקראית, מוחלפת בשמלה מוכתמת בדם השעיר, המשמשת עדות למותו של יוסף:

> ובני יעקב שחטו שעיר עזים ויטמאו את שמלת יוסף בדמו וישלחו אל יעקב אביהם בעשירי לחודש השביעי. ויתאבל כול אותו הלילה כי בערב הביאו אותה לו (שם 12–13, עמ' 446).

תשומת הלב המצומצמת של בעל היובלים לסיפור המשפחתי, והימנעותו מהטלת האשמה על מי מבני המשפחה, משתלבות כפי הנראה עם מגמותיו בציור תמונה אידילית של אבות האומה, והצגת מעשיהם כתשתית למוסר ולהלכה היהודית.[5] ההשלכות הקיצוניות של ריב האחים אינן משתלבות עם מגמה זו.[6] בעל היובלים "מנצל" את מוטיב הבגד של הסיפור המקראי

5. ראו הולנדר, דמותו של יוסף, עמ' 237–263 ובעיקר עמ' 241 על המופת שהעמיד מחבר היובלים בדמותו של יוסף.
על שכתוב סיפורי המקרא כתשתית להלכה בספר היובלים ועל הרקע ההיסטורי שהביא לצורך של ביסוס ההלכה על סיפורי הראשית ראו: ורמן, ספר היובלים, עמ' 4–14.

6. בשאלת מגמות השכתוב של סיפורי יוסף ואחיו ביובלים עסקו גם ביכלר, רעיונות ומנהגים, עמ' 321–348, הסבור שבעל היובלים ביקש להרשים את קוראיו היווניים ולעצב את דמותו של יוסף על פי המודל האידיאלי של החברה ההלניסטית. ניהוף, דמותו של יוסף, עמ' 45–46 חולקת על עמדתו וסבורה שהדרך שבה הוא מאפיין את

והופך את שמלת יוסף המוכתמת בדם השעיר לבסיס לקביעת הלכות כפרה של יום הכיפורים:

> על כן נחקק על בני ישראל להתענות בעשרה בחודש השביעי, ביום אשר הביאו אל יעקב אביו את אשר העציבו על יוסף, לכפר בו להם בשעיר עיזים, בעשרה בחודש השביעי, פעם בשנה, על חטאיהם. כי העציבו נפש אביהם על יוסף בנו. ונחקק יום זה להתאבל בו על חטאיהם ועל כול עונותיהם ועל כול שגגותם, לטהר עצמם ביום הזה, פעם בשנה (שם, 18-19, עמ׳ 446-447).[7]

ייתכן שבחירתו של בעל היובלים שלא להרחיב בתיאור הקרע המשפחתי נובעת גם מהמקום המיוחד שהוא נותן לשבט לוי, כאבי משפחת ההגמוניה הכוהנית הנערצת של ימי בית שני, וניסיון להעלים את שותפותו במחדל המכירה.[8] בהקשר זה מעניין לציין שלוי ויהודה (ובנימין) נזכרים כמי שנותרו בבית המשפחה בשעה שאחיהם עלו לרעות את הצאן בשכם.[9]

1.2 הסמליות המעמדית והמדינית של כתונת הפסים בחיבור על יוסף לפילון

פילון האלכסנדרוני הקדיש חיבור שלם לדמותו של יוסף, ׳על יוסף׳. כמי שמעריץ את יוסף ומעמיד את דמותו כמופת למדינאי שאין בו רבב,[10] פילון טוען שיוסף אותר על ידי אביו כמנהיג כבר משעת לידתו ועל כן הוא דאג

יוסף משתלבת עם דעותיו ותפיסותיו באשר למודל הדתי והמוסרי. ציורו של יוסף באופן זה הוא אפוא חלק מהאדרת אבות האומה והפיכתם למודל אישיותי ומוסרי.

7. להמשך פיתוח של מוטיב הכתונת ושעיר העיזים בתהליך הכפרה של יום הכיפורים במדרש ובפיוט ראו: לוין, אלה אזכרה, עמ׳ 249-269.
8. הערצתו של בעל היובלים לשבט לוי הופכת לגלויה בפסוקי התוספת לסיפור אונס דינה. מעשה הנקמה של שמעון ולוי בבני שכם הוא הסיבה לבחירתם: "...ותהי להם לצדקה ונכתבה להם לצדקה. ונבחר זרע לוי לכהונה... ולוי ובניו יהיו ברוכים לעולם כי קנא לעשות צדק ומשפט ונקמה בכל הקמים על ישראל" (היובלים ל, 17-18, עמ׳ 409). על הסיבה להערצת המחבר לשבט לוי ראו: ורמן, לוי ולויים, עמ׳ 21-225.
9. היובלים לד 3 עמ׳ 446.
10. להלן נראה שבחיבורו ׳על החלומות׳ קיימת ביקורת על אחת מתכונותיו של יוסף הקשורה למאבק האחים. בחיבורים אחרים של פילון יש עיסוק אלגורי רחב בדמותו של יוסף, ושם מושמעת ביקורת נוספת על יוסף, אולם לא סביב סיפור מכירתו.

לטפחו. פילון מנקה את יעקב מאשמת התססת הבנים, והוא מפליג בפריסת ביטויי העדפת יעקב ליוסף, שנעשתה מתוך מודעות מוחלטת לייעודו העתידי של יוסף.[11] את סיבת הענקת כתונת הפסים ליוסף מפרש פילון באופן אלגורי, המשתלב עם הסברו לסיבת הטיפוח הסגולי של יוסף. כתונת הפסים היא חלק מתהליך ההכנה של יוסף לקראת אתגרי המשילות העתידיים:

> ברם, לא בכדי נאמר גם־כן שהוא מקבל כותונת ססגונית; כי ססגונית המדיניות ורבת פנים היא, בהיותה נתונה לאלפי שינוים בגין הנפשות, העניינים, הסיבות, אופי הפעולות, הבדלי הזמן והמקום... כך, כמדומני, מן ההכרח שהמדינאי יהיה אדם רב־פנים ורב־צורות: אחת בעת שלום ואחת בעת מלחמה, שונה אם מתנגדיו מועטים או מרובים.[12]

פילון מסרב להכיר בביטויי ההעדפה האבהית ליוסף ובגילויה החיצוני על ידי הענקת כתונת הפסים סיבה שמצדיקה את קנאת האחים ואת שנאתם ליוסף, והוא מתאר אותם כקצרי רואי ומפיל עליהם את מלוא האחריות, כפי שנראה בהמשך. לשם כך הוא אף פוסח על תיאור יוסף המביא את דיבתם רעה, ומעניק הסבר מסנגר למניעי יוסף בחשיפת חלומותיו בפני אחיו: "הלה לא הבין אפוא בתום לבו את איבתם הגנוזה של אחיו".[13]

מגמותיו של פילון בשכתוב תולדות בני יעקב נאמרות על ידו באופן מפורש כשהוא משווה בין תכונות יוסף והישגיו לתכונות הרצויות למדינאי. פילון מעצב מחדש את סיפורו של יוסף כך שיהלום את תיאוריות המנהיגות הפוליטית שלו.[14]

אולם ניתן למצוא בפרשנותו של פילון ליוסף ואחיו נדבך נוסף שמעיד על נפש הפילוסוף הסטואית העל־ארצית של פילון, המטיף לשליטת האדם

11. פילון, על יוסף, 4, עמ' 135-136.
12. פילון, על יוסף, 32-33, עמ' 141.
13. פילון, על יוסף, 6, עמ' 136.
14. ראו בהקדמה של נטף דניאל, פילון, על יוסף, עמ' 125; פלדמן, דיוקן יוסף, עמ' 384-386; ניהוף, דמותו של יוסף, עמ' 55-83. ניהוף סבורה שבפרשנותו של פילון לסיפורי יוסף, כמו גם בהערכות דמותם של אברהם ומשה, פילון משלב רמיזות ביוגרפיות לזרמים אינטלקטואליים ולפוליטיקה ההלניסטית בת זמנו.

על נטיותיו הטבעיות, מוצדקות ככל שיהיו.[15] לדידו של פילון אין לגיטימציה לקנאת האחים על אף שהיא נובעת מזכויות יתר ברורות שהוענקו ליוסף על ידי אביו, שפילון חוזר ומזכיר, ואף מרחיב מעבר למפורש בפסוקים. האחים נדרשו אפוא להבליג לנוכח הבנת הסמליות המעמדית של כתונת הפסים,[16] ולהשלים עם העדפת אחיהם הצעיר על פניהם.

1.3 תפקידה המטעה של כתונת הפסים בקדמוניות היהודים

כתונת הפסים אינה נזכרת בקדמוניות היהודים בשעת נתינתה על ידי יעקב ליוסף. הכתונת נזכרת בהבטה לאחור ומשמשת את יוספוס כדי להוכיח את הציניות שליוותה את פעולת האחים בהריגת יוסף.

> ולאחר שביצעו האחים את המעשה הזה ביוסף שקלו בדעתם מה עליהם לעשות, שיוכלו לצאת מכלל חשד בעיני אביהם. והחליטו לקרוע את הכתונת, שהיה לבוש בה יוסף כשבא אליהם ושהפשיטוה מעליו בשעה שהורידוהו לבור, ולזהמה בדם של תיש ולהביאה אל אביהם ולהראותה לו, ויהא נדמה לו, שנטרף בידי חיות רעות. וכך עשו. ובאו אל הזקן, שכבר הגיעה אליו ידיעה על אודות בנו ואמרו לו, שלא ראו את יוסף וגם לא נודע להם, מה טיבו של האסון שקרהו; הם מצאו את הכתונת הזאת טבולה בדם וקרועה ומכאן בא להם החשד, שנתקל בחיות רעות ומת – אם באמת שלחהו מהבית לבוש כתונת זאת. וליעקב היו תקוות קלושות, שמא נמכר בנו לעבד; אולם דחה מחשבה זו וסבר, שהכתונת היא ראיה ברורה למותו, כי הכיר בה, שזו היא שלבש כששלחו לאחיו (קדמוניות היהודים 2.35-37, עמ' 42).

יוספוס אינו מתייחס למשמעות הסמלית של הכתונת ולחלקה של הכתונת בהתססת האחים. הכתונת נועדה לדידו להסוות את המעשה האכזרי של האחים, ולהטעות את יעקב בכך שתאשר את השמועה הבלתי מבוססת

15. על השפעתן של תפיסותיו הפילוסופיות של פילון על פרשנותו ראו למשל: ראדיס, פילון ואתיקה סטואית, עמ' 141-168.
16. על תפקידה של כתונת הפסים כמסמלת מלכות ראו: גרסיאל, תיאור מטונימי, עמ' 5-40, וראו בעיקר עמ' 36-38.

שכבר הגיעה אליו על אודות גורלו של הבן האהוב, כשייזכר שבאמת שלחהו מהבית לבוש כתונת זו.

יוספוס בדומה לקודמיו אינו מטיל כל אשמה על יעקב. האשמים הבלעדיים הם האחים, כפי שנראה בהמשך. הכתונת בעיצוב הסיפורי החדש משרתת את מגמת השחרת אחי יוסף, ומנותקת לפיכך מייעודה המקורי כביטוי לאהבת היתר של האב לבנו.

ראינו אפוא שלושה חיבורים שמסרבים להצביע על הענקת כתונת הפסים ליוסף כאחד מגורמי הקרע, ולפיכך נוקטים שתי דרכים: הדרך האחת היא להפשיט את הכתונת ממשמעותה הסמלית, ולהעמידה כפריט לבוש השווה במעמדו למעיל או לכל בגד אחר. הדרך השנייה היא להכיר בסמליות כתונת הפסים אולם לשפוט את הרמות הגבה שהתלוו להענקתה ליוסף כצרות עין.

מעניין להיווכח, כפי שייעשה להלן, שדווקא בספרות חז״ל נמצא העזה לרמוז על ביקורת כלפי מעניק הכתונת וכלפי המתרברב בה.

1.4 הכול בגלל כתונת הפסים – בין בראשית רבה לתנחומא

הקורא את מדרשי חז״ל לסיפור מכירת יוסף בבראשית רבה עשוי להתרשם בטעות שהאשמים המרכזיים בסיפור מכירת יוסף הם יעקב ששינה בין בניו, וכן התנהלותו המתנשאת של יוסף. אמנם אין המדרשים פוסחים על תיאור השלכתו של יוסף לבור על ידי האחים, ואף מרחיבים בתיאור הסכנות שמצויות בתוכו,[17] אולם לא מצויה בהם התוכחה שהיה מקום לצפות שתהיה לנוכח גודל הפשיעה באחיהם.

דרשת אופייה של כתונת הפסים והרמזים המשוקעים בה עומדת במוקד הביקורת כלפי יעקב. עורך החיבור ליקט חמש דרשות לביאור הסמליות של הכתונת. ארבע מתוכן עוסקות בהשלכות השליליות של הענקת כתונת הפסים מחמת אופייה או מכוח הניבוי שבה. להלן נוסחן ולאחריהן הצעה לפיצוח משמעותן:

> ״ועשה לו כתנת פסים״
>
> [1] ר׳ שמעון בן לקיש בשם ר׳ לעזר בן עזריה צריך אדם שלא לשנות בין בניו שעל ידי כתנת הפסים שעשה אבינו יעקב ליוסף ״וישנאו אותו ולא יכלו דברו לשלום״.

17. בראשית רבה פד, כד, עמ׳ 1020.

[2] "פסים" שהיתה מגעת על פס ידו.
[3] "פסים" שהיפיסו עליה אי זה מהם יוליכה לאביו ועלת ליהודה.
[4] פסים על שם צרות שעברו עליו, פ' פוטיפר ס' סוחרים י' ישמעאלים ם' מדיינים.
[5] "פסים" פסים ר' שמעון בן לקיש (אמר) בשם ר' לעזר בן עזריה "לכו וראו מפעלות אל[ה]ים [נורא עלילה על בני אדם]" (תהלים סו, ה) למה "וישנאו אתו ולא יכלו [דברו לשלום]" בשביל שיקרע הים לפניהם "פסים" פס ים (בראשית רבה פד, עמ' 1011–1010).

הדרשה הראשונה מעמידה באופן ישיר את בחירתו של יעקב להעניק כתונת פסים ליוסף בלבד, כגורם שהתסיס את האחים עד לכדי שנאתם התהומית כלפיו.

הדרשה השנייה מבארת את משמעותם של הפסים. הפסים הם שרוולים ארוכים שמגיעים עד כף (=פס) היד של לובש הכתונת. דומה שהדרשן מפרט את צורת הבגד כדי להסביר מדוע עוררה את חמת האחים. בגד בעל שרוול ארוך מסמל את היות לובשו מורם מעם ופטור מעבודת כפיים.[18]

הדרשות השלישית והרביעית עוסקות בסגולות קריאת העתיד שבה, ביחס לזהותו של מי שיבשר לאביו באמצעותה על גורל בנו, או בניבוי הצרות שיפקדו את יוסף מהרגע שתיקרע ממנו כתונת הפסים.

הדרשה החמישית מיוחסת לחכמי הדרשה הראשונה. התוכן סותר לכאורה זה את זה, שכן הדרשה הראשונה מתארת את ההשלכות השליליות של הענקת כתונת הפסים, ואילו הדרשה האחרונה רומזת על שלב הגאולה הראשון של ישראל משעבוד מצרים שהחל עם הענקת כתונת הפסים. הפסוק מתהלים הפותח את הדרשה האחרונה מיישב את הסתירה. תפקידן של עלילות בני אדם על אף ההשלכות השליליות של הטווח הקרוב, הוא חלק מהגשמת התוכנית האלוהית.

18. בתנחומא וישב ד סממן המלכות מתואר באופן מפורש יותר: "על ידי לשון של ארגמן שעשה לו כתונת פסים". הארגמן הוא בגד מלכות. ייתכן שלמשמעות המעמדית של כתונת הפסים רומזת גם הדרשה בויקרא רבה י, ו, עמ' רי, המפרשת את בגדי הכוהן הגדול, ושם אמרו שהכתונת באה לכפר על חטא לבישת כלאיים של לובש הכתונת העתיק: "כתנת לכפר על לבושי כלאים, היך מה דאת אמר ועשה לו כתנת פסים". בגדי שעטנז הותרו אך ורק לכוהנים בזמן ששימשו בקודש, ואם כן כתונת הפסים שוב מסמלת את היות יוסף מורם מעם. ראו שנאן, כתונת וציעיף, עמ' 23–24.

משמעות עריכת דרשות כתונת הפסים בבראשית רבה להגברת הביקורת על יעקב, עולה ביתר שאת מתוך השוואה לדרשת התנחומא המאוחרת. דרשן התנחומא מקפל ארבע מתוך חמש הדרשות של בראשית רבה לתוך דרשה אחת באופן שמקהה את הביקורת כלפי מעניק הכתונת. הדרשה מבהירה מראש שהכתונת היא חלק מתחבולה אלוהית שתוביל להגשמת ברית בין הבתרים.

"הוי נורא עלילה", וכן הוא אומר ביוסף "ויראו אחיו כי אותו אהב אביהם" ע"י לשון של ארגמן שעשה לו כתונת פסים נכתב עליו ד' אונאות, פסים פ' פוטיפר ס' סוחרים י' ישמעאלים מ' מדינים בשביל כתונת פסים גרם לכל השבטים לירד למצרים, וא"ר יודן היה הקדוש ברוך הוא מבקש לקיים גזירת ידוע תדע, והביא עלילה לכל דברים אלו כדי שיאהב יעקב את יוסף וישנאוהו אחיו וימכרו אותו לישמעאלים ויורידוהו למצרים וישמע יעקב שיוסף חי במצרים וירד עם השבטים וישתעבדו שם (תנחומא וישב ד).

על פי דרשן התנחומא הפגנת האהבה של יעקב ליוסף היא חלק מכוון מתהליך אלוהי שנועד להניע את התגשמות ברית בין הבתרים. ההפרדה בין המדרשים שיצר עורך בראשית רבה (על אף שיכול היה להצמיד את שתי המסורות – דרשות 1 ו־5 – שמביא ריש לקיש בשם ראב"ע) נועדה להתמקד תחילה בביקורת על המהלך האנושי־ארצי. העובדה שמהלכים אלו האיצו את התגשמות הבטחת הא־ל איננה פוטרת את מי שגרם לאיבה בין האחים ולתלאות המשפחה שבעקבותיה.

מעניין שבתנחומא בובר לא נזכרות דרשות כתונת הפסים, אולם כן מובעת ביקורת כלפי יעקב על העדפתו המופגנת ליוסף:

כי עזה כמות אהבה, אהבה שאהב יעקב ליוסף, שנאמר וישראל אהב את יוסף (בראשית לז ג), קשה כשאול קנאה שקינאו בו אחיו, ומה תעשה אהבה בצד קנאה, ומי גרם ליוסף לבוא לידי שנאה, שהאהבה שאהב אותו אביו יותר מדאי (תנחומא בובר וישב יט).

ניהוף סבורה שלא ניתן למצוא שיטתיות בניתוח המדרשי של סיפור יוסף

בבראשית רבה, ועל כן יש לפרש כל נושא בפני עצמו.[19] על אף הנחה זו, דומה שיש להסביר מה הביא את עורך בראשית רבה, בניגוד לכל המסורות שלפניו ולאלו שאחריו, להעניק משקל כבד כל כך לכתונת הפסים ולהעמידה כמחדל של יעקב שיצר את הקרע המשפחתי.

קודם שתוצע השערה, יועמק העיון בהתפלגות הפרשנית ביחס לאשמתם של שני השותפים הנוספים לקרע המשפחתי, ויבחן אם יש בידה לתרום להשערת מניעי התמורה.

2. "את אחי אנכי מבקש" – האומנם?

העמדת יוסף כאשם מרכזי בקרע המשפחתי עשויה להיתפס כהאשמת הקורבן. מהמשכו של הסיפור עולה דמותו כגיבור המושיע שבאצילות נדירה מוחל על פשיעת האחים ודואג לרווחתם, מה שמקשה עוד על האשמתו בטרגדיה המשפחתית. אף על פי כן המקרא שוזר אפיזודות בלתי תמימות בעליל שבהן נדמה כי יוסף אינו מתאמץ ליצור אחווה משפחתית, ויש לו חלק לא מבוטל בזריעת שורשי הפירוד.[20] כך בתיאורו "ויבא יוסף את דבתם רעה אל אביהם" (בראשית לז, ב), בהתעקשותו לספר את חלומו השני, חרף תגובתם הזועמת של אחיו לשמע החלום הראשון, ובבחירתו ללבוש את כתונת הפסים על עצמו כשהלך לבדוק את שלום אחיו.[21] כיצד התייחסו לכך הספרות הבתר־מקראית וספרות המדרש?

2.1 יוסף כדמות מופת ללא רבב במרבית חיבורי הספרות הבתר־מקראית

הספרות המשכתבת הבתר־מקראית נמנעה על פי רוב מתליית אשמה כלשהי

19. ניהוף, דמותו של יוסף, עמ' 111. ראו פרשנות דומה אצל הולנדר, דמותו של יוסף, עמ' 253.

20. על פעולות יוסף הבלתי תמימות ברמיזות מקראיות ראו: אהרליך, מקרא כפשוטו, עמ' 101.

21. המילים "כתונת" או "כתונת הפסים" נזכרות שבע פעמים ביחידת הפסוקים המתארת את הטיפול של האחים ביוסף ובשורת טריפתו לאביהם. החזרה על אזכור הבגד מלמדת על מגמת הכתוב להצביע על חשיבותו. ראו פיתוח של מוטיב הכתונת וחלקה בליבוי הכעס בסיפורו של מאן, יוסף ואחיו, ב, עמ' 369.

בהתנהלותו של יוסף. אדרבה, היא הפליגה בתיאור צדקתו אף יותר מהעולה מהתיאור המקראי.

ארטפאנוס, היסטוריון יהודי שחי במצרים במאה השלישית או השנייה לפנה"ס, מכביר בהוכחת גדולתו של יוסף על ידי חשיפת המניע האצילי שבשלו ירד למצרים, וכך הוא כותב:

> ...אחי יוסף זממו נגד יוסף מחמת שהתעלה עליהם בבינה ובחכמה. משהתוודע יוסף לתוכניות של אחיו, הוא הפציר בשכניו הערבים להעביר אותו למצרים...[22]

כלומר לדעת ארטפאנוס יוסף איננו אשם בגרימת הקרע המשפחתי. יוסף הסכים לוותר על ביתו ומשפחתו ולרדת למצרים כדי למנוע את ריב האחים.

יש לשער שמוצאו המצרי של ארטפאנוס השפיע לא מעט על הערכת דמותו של יוסף, המוצא גאווה בהצלחתו של אחד מאבותיו לנהל את כלכלת המעצמה הגדולה של העולם העתיק. ארטפאנוס מבקש להציג את ירידתו של יוסף למצרים כמעשה שנעשה מלכתחילה ולא בלית ברירה, ועל כן פוסח על תיאור המאבק המשפחתי שבמהלכו נכפה על יוסף בעל כורחו להימכר לעבדות במצרים.[23]

ספר היובלים שנצמד באופן די מהודק לפרטי הכרונולוגיה של הסיפור המקראי מרגע ירידת הבנים למצרים והמפגש עם יוסף, מצמצם מאוד בתיאור הרקע שקדם למכירתו לישמעאלים (כפי שראינו לעיל בעמ' 262), ומתעלם לחלוטין מחלקו של יוסף בסכסוך המשפחתי שהתפתח לאיבה קשה.[24]

פילון בחיבורו על יוסף מקפיד לתאר את יוסף כאדם מושלם וחף מפשע, ולפיכך פוסח על מה שעשוי לפגום בשלמות זו.[25] פילון אינו מזכיר את

22. תרגום לעברית מתוך ציטוט כתביו של ארטפאנוס אצל אוסביוס, הכנה, 9.23, עמ' 540-539.
23. ראו: ניהוף, דמותו של יוסף, עמ' 48; דוצ'רטי, יוסף, עמ' 216-194.
24. על היצמדות לפסוקי החלומות במקרא לעומת התעלמות מוחלטת כמעט מסיפור החלומות של יוסף ותרומתם למאבק האחים בספרות בית שני ראו: שנאן, חלומות יוסף, עמ' 150-138.
25. פילון מרבה לעסוק בדמותו של יוסף בחיבורים שונים, ומנתח באופן אלגורי את תכונותיו ומעשיו. בחיבורים הללו אין התייחסות נוספת לסיפור מאבק האחים, מלבד בחיבורו על החלומות, שבו נדון להלן. במכלול החיבורים (מלבד 'על יוסף') ניתן להתרשם

העובדה שיוסף הביא את דיבת האחים לאביהם ואת המניע לסיפור חלומותיו בפני אחיו הוא מפרש כמעשה שנעשה בתום לב:

> הלה לא הבין אפוא בתום־לבו את איבתם הגנוזה של אחיו, וכאשר ראה חלום הרצוי לו, סיפרו כספר איש לחובביו ואמר להם... (פילון, על יוסף 6, עמ' 136).

פילון סבור שיוסף לא פענח את העוקץ שבתגובת אחיו לשמע החלום הראשון. מחשבה על קנאתם בו לא עלתה על קצה דעתו:

> אך הוא לא חשד במאומה, וכשחלם ימים מעטים לאחר מכן חלום אחר, מדהים יותר מקודמו, הביאו לפני אחיו... (שם 8, עמ' 136).

פילון מצייר אף את האחים כמי שהבינו שסיפור החלום על ידי יוסף לא נעשה לשם התגרות בם. ברגעי החרטה של האחים במצרים הוא שם בפיהם את המילים הבאות:

> ...ולא היה עוול בכפו, אלא מתוך חיבה לבני־ביתו הביא לפנינו, כמו לפני חברים, את חזיונות שנתו (שם, שם 171, עמ' 162).

פילון, כפי שראינו לעיל, עוסק באלגוריה של כתונת הפסים שיעקב העניק לבנו, אולם אינו מזכיר את חלקה בהתססת האחים. את הרמיזה המקראית להאשמת יוסף בליבוי קנאת האחים על ידי הופעתו של יוסף בדותן כשהוא לבוש בכתונת הפסים, מנטרל פילון על ידי תיאור אינפורמטיבי: "ופשטו מעליו את בגדו... ואת הבגד הכתימו בדמו של גדי ושלחו לאביהם...".[26]

יוספוס בקדמוניות היהודים דומה כמי שמשמש דובר של יוסף, תוך

מיחס אמביוולנטי ליוסף מבחינת תכונותיו, אולם אין בהם הפניית אצבע מאשימה ביחס לחלקו במאבק (כגון הדיבה או אטימות למצוקתם). להרחבה על דיוקנו של יוסף בכתבי פילון כפי שעולה מכל החיבורים ראו: פלדמן, דיוקן יוסף, עמ' 384–386.

26. פילון, על יוסף, 14, עמ' 138. בהמשך פילון יזכיר את תגובת האב למראה כותנתו של יוסף: "נזדעזעו אוזניו... כי הובאה אליו כותנתו, והיא קרועה, מגואלת ומוכתמת בדם רב" (שם 22, עמ' 139), אולם הכתונת אינה מיודעת ומתפרשת כתיאור סתמי של פריט מלבושו של יוסף. בפרשנותו האלגורית הוא מכנה אותה בכינוי המקראי:

הצדקת כל מה שעשוי להתפרש במקרא כרמז לחלקו של יוסף בגרימת שנאת האחים, אף במחיר של הסברים פתלתלים.

אהבתו המיוחדת של יעקב ליוסף מתפרשת כנובעת ממעלותיו היתרות של יוסף בגוף ובנפש:

> על שום יפי הגוף ומעלות הנפש שלו, כי היה מצוין בתבונה יתרה (2.9-10, עמ' 39).

תוספת הנמקת האהבה אמנם אינה עשויה להקהות את הגורם לקנאת האחים, אולם יש בה בכדי לנטרל אפשרות הנרמזת בפסוקים שעל פיה יוסף היה מעורב בהכפשת אחיו בפני אביו, ובכך גרם להעדפתו על פניהם.[27] יוספוס לא מזכיר כמובן את האינפורמציה המקראית הנוגעת לדרכו של יוסף ברעיית הצאן עם אחיו "והוא נער...", ואת מנהגו בהבאת דיבתם בפני אביו.

יוספוס מרחיב בתיאור חלומות יוסף ומציע את פרשנותם בקורותיו העתידיים של יוסף. בניגוד לפילון, הוא מבין את נטייתם של אנשים להתקנא בהצלחותיהם של אחרים, ואף על פי כן הוא משתדל לטהר את יוסף לחלוטין מאשמת חוסר רגישות או פרובוקציה בבחירתו לספר לאחיו את שני החלומות. את החלום הראשון סיפר יוסף לאחיו "כדי שיגידו לו פשרו".[28] יוספוס מרחיב בתיאור קנאת האחים ושנאתם, אולם כדי להצדיק את סיפור החלום השני, הוא מייחס לאחים הסתרה של תחושות השנאה שלהם כלפי יוסף, ואף מערב את הא־ל כמי שהחדיר ביוסף חלום נוסף והגדיל את מצוקתו בצורך להבין את פשרו:

> הללו הבינו את המראה, שבישר לו ליוסף כוח וגדולת מעמד ושלטון עליהם לעתיד לבוא, אך לא גילו לו דבר מכל אלה, כאילו אין החלום נהיר להם... והוסיפו לשנוא אותו שנאה גדלה והולכת.

כתונת פסים, או כתונת ססגונית כפי שמתרגמת דניאל נטף (שם, 32, עמ' 141). להלן נראה את הביקורת של פילון על חלומות יוסף בחיבורו 'על החלומות'.

27. ניהוף, דמותו של יוסף, עמ' 85 מציינת שבחירת יוספוס בתכונות אלו דווקא נובעת מההערכה שלה זכו סגולות אלה בתרבות ההלניסטית שבה צמח יוספוס. ראו גם פלדמן, דיוקן יוסף, עמ' 379-417.

28. קדמוניות היהודים, 2.11 עמ' 40.

> אולם אלהים בא בתרעומת על קנאתם ושלח ליוסף מראה שני נפלא בהרבה מן הראשון (2.12-13, עמ' 40).

יוסף, שאינו מודע לקנאה ולשנאה המבעבעות בנפש אחיו, פונה אליהם אפוא שוב כדי לקבל סיוע בפתרון החלום:

> הוא ספר על דבר המראה בפרוטרוט לאביו במעמדם של אחיו שלא חשש לכל רע מהם, וביקש להגיד לו, מה זה בא לרמוז (שם 2.1, עמ' 40).

גם ראובן, שמניעיו בהצלת יוסף אינם מפורשים בכתוב, מגויס אצל יוספוס להוכחת חפותו של יוסף מאשמת ליבוי שנאת האחים, והוא שם בפיו נאום ארוך:[29]

> ועוד הוסיף על דבריו אלה ואמר, (שלא זו בלבד) שאסור להרוג אח אפילו עשה עוול, אלא שנאה גם שלא לנטור איבה לאנשים יקרים כל כך על חטאים, שחטאו כביכול. והם את יוסף יהרגו, שלא עשה להם רעה כל עיקר, ושגילו הרך תובע מאתנו, להפך, רחמים והשגחה (שם 2.26, עמ' 41).

חפותו של יוסף בפי ראובן נובעת מכך שיוסף לא עשה כל מעשה עוול. המשפט הנוסף שיוספוס מוסיף לראובן מלמד שהוא מרגיש שהניסיון לנקות את יוסף לחלוטין מכל אשמה לא משכנע מספיק, ועל כן הוא מוסיף את תיאור גילו הצעיר, שדורש יכולת הכלה רחבה יותר להתנהלותו ומחייבת אחריות לשלומו.

מה מביא את יוספוס לשפר את תדמיתו של יוסף באופן כה מוחלט?

כדי לענות על שאלה זו, יש לבחון תחילה מיהו האשם המרכזי בפרשנותו, ומהו אופי האשמה שהוא מטיל עליו.

29. יוספוס בוחר לא פעם לייחס לגיבוריו נאומים רטוריים. נאומים מסוג זה נפוצים בספרות היוונית והרומית. השימוש באמצעי רטורי זה מאפשר ליוספוס להציע את תובנותיו והשקפותיו דרך הנאום כביכול של הדמות המקראית. על השימוש של יוספוס באמצעי זה ראו: אטרידג', הפרשנות, עמ' 40.

אך קודם שנעסוק בהסבר מגמותיו של יוספוס, אסקור פרשנות שאינה מתעלמת מהרמיזות המקראיות המצביעות על מחדליו של יוסף, ורואות גם את יוסף כמי שאשם בפילוג המשפחתי.

2.2 ראשית הביקורת – רמזים לאליטיזם ויהירות בחיבור על החלומות לפילון

פילון האלכסנדרוני, שנמנע מלבקר את יוסף בחיבורו 'על יוסף', שם הציגו כמופת להנהגה פוליטית בכל מידותיו, מבקר אותו בחיבורו 'על החלומות', המפרש את האלגוריה של חלומות יוסף.[30] פילון מוקיע את רדיפת המותרות המשתמעת מחלום האלומות, ואף מצדיק את אחי יוסף שסירבו להשלים עם יהירות אחיהם.

> לכן הגיע הזמן לחלוק שבחים לאנשים שלא נכנעו לראש המדברים של סיעת היהירות הנבובה. הם עמדו איתנים מולו באומרים: 'המלוך תמלוך עלינו?'
>
> כי בעצם כפי שהם רואים אותו, הוא עדיין לא בעל שררה. איננו דומה ללהבה שמתלקחת ובוערת מתוך מצבור לא אכזב של עצים, אבל הוא עדיין כמו שלהבת אפופת עשן. הוא רואה את היהירות מתוך חלום, אבל אינו רודף אחריה בבירור. הם מטפחים תקוות מעודדות, כאילו יעלה בידם להתחמק מתפיסתו. לכן הם אומרים: 'המלוך תמלוך עלינו?' כלומר כל זמן שאנחנו חיים, קיימים, מחזיקים מעמד, נושמים לרווחה – האם יעלה על דעתך שתמשול בנו? אם נהיה חלשים אולי תשתלט עלינו, אבל כל עוד אנחנו חזקים, מעמדך יישאר נחות.
>
> ...הנושא שנידון כאן איננו אדם מסוים, אלא תכונות הנמצאות בנשמתו של כל איש ואיש, כלומר רדיפת הכבוד והתמכרות להבלים. מן הראוי להסכים עם אלה שמטפחים עוינות ללא פשרות ושנאה קיצונית לתכונות אלה, ולעולם לא ישלימו עם תופעה מגונה זו (פילון, על החלומות, ב 93-94; 98, עמ' 372-373).

30. קדם לפילון בביקורת על יוסף הוא גד בצוואה המיוחסת לו בחיבור צוואות השבטים (צוואת גד, א א-ט). גד מאשים את יוסף בהוצאת דברי שקר עליו ועל בני השפחות האחרים המאשימים אותם באכילת הטוב שבעדר, על אף שיוסף יודע מה התרחש באמת.

מגמתו של פילון לחינוך מנהיגים ולמתיחת ביקורת על מידותיהם ניכרת היטב בפיענוח חלומות יוסף, הן בדברי ההקדמה לפיענוח החלום הן בשרבוב לקחים מוסריים בין משפטי הפענוח.

את הסתירה בין החיבורים ניתן להסביר כנובעת ממגמתם השונה.[31] ניכר כי בחיבור 'על יוסף' בחר פילון את יוסף כדי לתאר בצורה חיובית את המשילות האידיאלית, וכך מתארת ניהוף את מגמותיו בחיבורו 'על יוסף':

> הוא מתאר דמות מופתית שאין בה פגם או סתירות פנימיות, אלא כל מעשיה ודבריה הולמים דגם נעלה של אישיות. פרטים שאינם הולמים את הדגם מצונזרים.[32]

חוקרי פילון סבורים שחיבורו 'על החלומות' מכיל ביקורת חריפה כלפי שכניו, יהודי אלכסנדריה, שהשתלבו בסביבתם הנוכרית ואימצו את אורח חייהם היהיר והחומרי.[33] יש הסבורים שהביקורת הופנתה גם כלפי שלטון רומא בימיו.[34] פילון מונה אחד לאחד את חסרונות ההתמכרות לשררה, ומבקש להדגים את ביטוייה על ידי אוסף דוגמאות מחלומותיהם של יוסף וחולמי סביבתו. פילון משווה בין ראשיתו של יוסף, כששאיפות ההנהגה היו בוסריות ויצרו התקוממות מצד אחיו, ובין תיקון מידותיו עם ביסוס ההנהגה כשעלה לגדולה במצרים.[35]

31. על הפער בין חיבורי פילון בתיאור דמותו של יוסף ראו: הולנדר, דמותו של יוסף, עמ' 248-246; גרואן, מסורת והלניזם, עמ' 81–109. על טבעו של החיבור ועל הבדלים בין הקהלים שאליהם מופנים החיבורים, ראו: רויזה, כתבי פילון, עמ' 45–505; קזאוקס, אין נביא בעירו, עמ' 61–66; ניהוף, סיפור יוסף, עמ' 107–122. על המודל המנהיגותי שהציב פילון בדמותו של יוסף ב'על יוסף' ראו גם: הולנדר, דמותו של יוסף, עמ' 245–246.
32. ניהוף, סיפור יוסף, עמ' 116.
33. ראו: ניהוף, סיפור יוסף, עמ' 107–122.
34. ראו בעיקר אצל גודנהף, פוליטיקה.
35. על ליקויי ההנהגה דרך דמותו של יוסף ראו: "על החלומות", ספר שני, 63–66, עמ' 366–367 ועל תיקון הליקויים: שם, 105–109, עמ' 374–375. וראו גם: גרואן, מסורת והלניזם, עמ' 81; קולינס, בין אתונה לירושלים, עמ' 133–138 המתנגד לפרשנות האסכטולוגית של גודנהף, פוליטיקה, עמ' 25 ל'על החלומות'. פילון, על 'על שהרע נוהג לארוב לטוב', 5–28, עמ' 232–239, עוסק באלגוריה של יציאת יוסף מחברון לשכם על פי בקשת יעקב, ואף מבקר אותו, אולם בפרשנותו שם הוא מנתק את מעשי יוסף מהקשר ריב האחים.

חרף הסתירות שבין החיבורים, הביקורת על יוסף אצל פילון מצביעה על פגם במידות הטרומיות, ומצדיקה את רוגזם של האחים על חלומותיו, אבל עדיין אינה מאשימה את יוסף במישרין כמי שהצית את אש המחלוקת שהובילה למכירתו. הקצנה של הביקורת נראה במדרשי חז"ל, ובראשם בבראשית רבה.

2.3 ולפי שסיפר עליהם לשון הרע – המהפך בספרות המדרש

דמותו של יוסף משמשת ברבים ממדרשי חז"ל מופת לשולט ביצרו. בכמה מסורות אף מיוחסת לו שמירה קפדנית על מצוות התורה וכן דגש על מצוות כיבוד הורים.[36] לנוכח אלו היה מצופה שהמדרש ימשיך את המגמה של הספרות הקדומה בהגנה על יוסף, קורבן מעללי אחיו, מפני האשמתו בקרע המשפחתי. ראינו לעיל שמדרשי חז"ל אינם פוסחים על אחריותו של יעקב בזריעת ניצני הפירוד על ידי הענקת כתונת הפסים ליוסף, ובכך מפחיתים מהטלת מלוא האחריות על כתפי אחי יוסף. להלן יוצע שאף יוסף אינו יוצא נקי תחת ידם, ואף בו מוטחת אשמה כמי שבמעשי נערותו גזר על עצמו את צרות העתיד.

גנותו של מביא הדיבה

התנאים נחלקו באופי חטא האחים שהשמיע יוסף בהבאת דיבתם לאוזני אביו, והם מציעים שלוש אפשרויות. המסורת הארץ־ישראלית המובאת בתלמוד הירושלמי ובבראשית רבה מביאה את שלוש אפשרויות ההסבר, אולם בהמשכה מביאה את דברי החכם יהודה בן פזי, אמורא ארץ־ישראלי במחצית הראשונה של המאה הרביעית לספירה,[37] המפנה אצבע מאשימה דווקא למביא הדיבה ולא לאחים החוטאים:

> כתיב "ויבא יוסף את דבתם רעה אל אביהם" מה אמר? ר' מאיר ור'

36. על יוסף ושליטתו ביצר חרף פיתוייה הקשים של אשת פוטיפר ראו למשל: בראשית רבה פז, עמ' 1072–1073; שם, עמ' 1075–1076; בבלי יומא לה ע"ב; תנחומא וישב ו; שם וישב ח. על יוסף כמדקדק בקיום מצוות ראו למשל: מכילתא דרבי ישמעאל בשלח פתיחתא "ויהי"; מכילתא דרשב"י יג. על קיום מהודר של מצוות כיבוד הורים ראו: בראשית רבה פד, עמ' 1016.
37. ראו הימן, תולדות תנאים ואמוראים, ב, עמ' 571–573.

יהודה ור׳ שמעון ר׳ מאיר אמר (חזינא) חשודין הן על אבר מן החי. ר׳ יהודה אומר מזלזלין הן בבני השפחות ונוהגין בהן כעבדים. ור׳ שמעון אומר נותנין הן עיניהן בבנות הארץ.

אמר רבי יודה בן פזי ״פלס ומאזני משפט לה׳ מעשהו כל אבני כיס״ (משלי טז, יא) מה אמר חשודין הן על אבר מן החי, אמ׳ הקב״ה כך אני מוכיח עליהן שהן שוחטין ואוכלין ״וישחטו שעיר עזים ויטבלו את הכתונת בדם״. מה אמר מזלזלין הן בבני השפחות ונוהגין בהן כעבדים ״לעבד נמכר יוסף״. מה אמר נותנין עיניהן בבנות הארץ הא דובא מתגריא לך ״ותשא אשת אדניו את עיניה אל יוסף״ וגומר (ירושלמי פאה א, א, טו ע״ד-טז ע״א).[38]

התנאים מפיקים מידע על צביון חטא האחים מתוך הפסוק הפותח את תיאור תולדות המשפחה בכנען, המציין את עיסוקם המשותף ברעיית הצאן, ואת מנהגו הייחודי של יוסף עם בני השפחות.[39] המכנה המשותף של שלוש תשובות התנאים הוא תיאור אווירה של פריקת עול והעדר גבולות מוסריים בעת רעיית הצאן: באכילה גסה, ביהירות מעמדית ובחיזור בלתי מהוגן.[40] התנאים אינם מאשימים את יוסף. אדרבה, דברי הדיבה שלו משחירים את מידותיהם של האחים עוד קודם למכירתו.[41]

הפיכת הדיבה לביקורת כלפי מוציא הדיבה נעשית על ידי הפסוק ממשלי

38. על פי נוסח האקדמיה ללשון עברית עמ׳ 82. מקבילה בבראשית רבה וישב פד, עמ׳ 1009–1010.

39. גם בצוואת גד, א א–ט, גד מתאר את מה שהתרחש בין כרי המרעה, ומאשים את יוסף בעלילות שווא שהשמיע בפני אביו על מנהג אחיו בצאן. לא מפתיע אפוא שזה תחום חיפוש מחדלי בני יעקב.

40. התיאור הזה של פריקת העול מתאים לאווירה שעולה מתיאור האחים בדותן, בלגלוג הציני כלפי יוסף ״ונראה מה יהיו חלומותיו״ (בראשית לז, כ), ובמסוגלותם לשבת לאכול לחם על רקע זעקותיו של יוסף (השוו: שם כה, ושם מב, כא).

41. בדרשה תנאית אחרת המובאת באחד מעדי הנוסח של מכילתא דרשב״י במאמץ להוכיח כי יוסף קיים את כל המצוות, מוצגת דיבת האחים כהוכחה להקפדתו של יוסף על הדיבר התשיעי: ״...בזה כת׳ לא תענה (שמות כ, יב) וביוסף כת׳ ויבא יוסף את דבתם רעה (בראשית לז, ב). ויוציא יוסף אין כת׳ אלא ויבא (מכילתא דרשב״י יג, על פי שחזור ממדרש הגדול, כפי שמופיע במהדורת אפשטיין-מלמד, עמ׳ 46). המדרש מדייק ואומר שאף על פי שהוצאת דיבה היא על פי רוב עלילה ושקר, הדיוק במילים ״ויבא... את דיבתם״ מלמד שיוסף הביא דברי אמת.

שמוסיף ר׳ יהודה בן פזי (בן סימון): ״פלס ומאזני משפט לה׳ מעשהו כל אבני כיס״, כדי להוכיח זיקה בין התלאות שפקדו את יוסף לבין תוכן דברי הדיבה שהשמיע על אחיו. הפסוק מתאר את דרכי המשפט של הא־ל הגומל לכל אדם על פי מעשיו. מהמדרש עולה שיוסף הביא על עצמו את העלמת גורלו מידיעת אביו, את עבדותו ואת הסתבכותו עם אשת פוטיפר. בתוך תיאור גמולו של יוסף מבליח הדרשן לימוד סנגוריה על אחי יוסף, שדווקא מקפידים על הלכות שחיטה.

מסורת נוספת בבראשית רבה פותחת את המדרש המקדים את דברי התנאים על תוכן דיבת האחים בפסוק גמול המעיד על משפט הצדק של הא־ל. הקדמת פסוק הגמול משווה לדברי התנאים אופי של ביקורת על יוסף, על אף שאלו אמרו את דבריהם במנותק מרעיון הגמול:

> ״לכן אנשי לבב [שמעו לי חלילה לאל מרשע]״ (איוב לה, י) ומה היא אומנתו שלהקב״ה, ״כי פעל אדם [ישלם לו וכאורח איש ימציאנו]״ (שם, יא) ר׳ מאיר ור׳ יודה ור׳ שמע׳...[42] (בראשית רבה פז, עמ׳ 1062).

במסורת זו מובאת תוספת דרשנית המפקפקת באשמת אחי יוסף באכילת אבר מן החי, שכן אפילו כשהם באווירה של עבריינות מוסרית הם מקפידים על הלכות שחיטה: ״חייך אפילו בעת הקלקלה שוחטים הם וישחטו שעיר עזים״ (שם).

אם כן, חטאי האחים שמחמתם יוסף מביא את דיבתם רעה אל אביו, שמועצמים בדברי התנאים, הופכים במדרש התלמודי לביקורת כלפי מביא הדיבה ולא כלפי החוטאים עצמם.

במקבילה המאוחרת בתנחומא חלה עוד תמורה. דרשן התנחומא אינו יוצר הפרדה בין עמדות התנאים המפרשים את תחום הדיבה, לבין התוספת של ר׳ יהודה בר סימון המפנה את האשמה למוציא הדיבה, וכורך את דבריהם אלו באלו, באופן שאשמת יוסף נדמית כגדולה וחמורה מאשמת האחים:

> וכן ביוסף לא הגיעוהו כל אותן הצרות אלא על לשון הרע שספר על אחיו שנאמר ״ויבא יוסף את דבתם רעה אל אביהם״, ומה א״ל רבנן אמרי אמר לאביו שהן נוהגין בבני בלהה וזלפה מנהג עבדים וקורין

42. כאן מובאות דעות התנאים על אופי החטא של האחים שיוסף הביא את דיבתם.

> אותן עבדים ואני נוהג בהן מנהג אחוה שנאמר "והוא נער את בני בלהה ואת בני זלפה" וגו', א"ל הקדוש ברוך הוא חייך בו בדבר תלקה שנאמר "לעבד נמכר יוסף" (תהלים קה),
> רבי יהודה אומר א"ל אחי אוכלין אבר מן החי, א"ל הקדוש ברוך הוא אפילו בשעת קלקלה לא יעשו אלא בשחיטה שנאמר "וישחטו שעיר עזים ויטבלו",
> רבי יוסי אומר יוסף היה אומר לו שהיו נותנין עיניהן בבנות הארץ, א"ל הקדוש ברוך הוא חייך בו בדבר תלקה הרי אדונתך נותנת עיניה בך שנאמר "ותשא אשת אדוניו" (תנחומא וישב ז).[43]

מה הביא לתמורה התלמודית בהעמדת יוסף כאשם המרכזי בהבאת דיבת אחיו?

החלומות וההתנשאות כמאיצי המכירה

בעיבוד נוסף של דרשת הדיבה בתנחומא מודגשת השפעת סיפור החלומות והדיבה על מצב האחים, ומוכחת באופן ישיר הזיקה בין התנהלותו של יוסף עם אחיו לשנאתם שהביאה למכירתו:

> ולפי שראה בחלומו שעתיד למלוך והגיד לאביו קנאו בו אחיו, "ויבא יוסף את דבתם רעה", אמר לאביו אחי אוכלין אבר מן החי, א"ל הקדוש ברוך הוא חייך בדבר שיצא מפיך בו אתה נחשד "וישימו לו לבדו ולהם לבדם" (בראשית מג), ולפי שספר עליהם לשון הרע ולפיכך קנאו בו אחיו ונתגלגל הדבר וירדו אבותינו למצרים ונשתעבדו שם ארבע מאות שנה (תנחומא וישב ב).

על פי דרשה זו, אין מדובר רק בגמול אלוהי ליוסף בעוון דיבתו, אלא על קשר סיבתי ארצי: יוסף גרם עוול לאחיו, הן בהבאת דיבתם הן בכך שעורר את קנאתם על ידי סיפור חלומותיו, ואלו גרמו לשנאתו ולתאוות הנקם בו.

דרשה נוספת המבקרת את יוסף בהקשר של ריב האחים, מייחסת ליוסף תלישות מהסיטואציה הרגישה שבינו לבין אחיו, או אולי דחף להעמיק

43. ראו גם תנחומא בובר וישב ו.

את הקרע ביניהם בכך שלא התחשב ברגשותיהם. כך למשל מדייק הדרשן מתיאור הופעתו של יוסף בפני אחיו בדותן:

> "ויהי כאשר בא יוסף אל אחיו" וגו' ר' לעזר אמ' בקילוס הוה (בראשית רבה פה, עמ' 1019).

פרשני המדרש ומגדירי מילותיו סבורים שהמילה "קילוס" מבטאת את הפאר וההדר של הופעתו.[44] פרשנות זו משתלבת היטב עם תיאורו בהמשך המדרש בבראשית רבה כמי שדומה "לגיבור שהיה עומד בשוק ומשמשם בעיניו ומתקן בשערו ומתלה בעקיבו".[45] גנדרנות יוסף המתווספת לכתונת הפסים שלבש, בשעה שאחיו מצויים אחרי ימי מרעה רבים בחיק הטבע, היא סוג נוסף של התגרות והעמקת הפער ביניהם.

ניכרת אפוא מגמה דומיננטית בספרות המדרש הארץ־ישראלי בירושלמי, בבראשית רבה ובמדרשי התנחומא להפנות אצבע מאשימה ליוסף על חלקו בגרימת האסונות שפקדו אותו. בבראשית רבה ובתנחומא הדרשות משולבות יותר מפעם אחת, הן בצמידות לדרשת טיב הדיבה הן בדרשות הנצמדות לגמול הדיבה בהסתבכותו של יוסף מרגע השלכתו לבור.[46]

מה הביא את דרשני ארץ ישראל בתקופת התלמוד והלאה, בניגוד גמור למגמות קודמיהם, הן בספרות בית שני הן במדרש התנאי, לשפוט בחומרה את מעשי הנערות של יוסף ולהצביע על חלקם בהתוויית גורלו המר של יוסף בשנות העבדות במצרים?

לפני שאציע השערה שהובילה לשינוי מגמה, נעבור לצלע השלישית במשולש המשפחתי ונבחן את התפלגות הפרשנות ביחס לחלקם של מי שהשליכו בפועל את יוסף לבור ותכננו למוכרו לסוחרים ישמעאלים שנקרו בדרכם.

44. ראו: יפה תואר עמ' קמז ובספר הערוך, עמ' רג.
45. בראשית רבה פז, עמ' 1063.
46. ראו: בראשית רבה פד, עמ' 1009–1010; בראשית רבה פז, עמ' 1062; תנחומא בובר וישב ו; תנחומא וישב ב; ז.

3. "על מכרם בכסף צדיק" – גנותם של אחי יוסף

האחריות המוטלת על כתפי האחים דומה שאינה צריכה הוכחה לנוכח תיאור אכזריותם ללא כחל ושרק הן בשעת המעשה[47] הן בפלשבק הפוקד אותם במהלך הסתבכותם עם השליט המצרי.[48] האם יסתפקו משכתבי המקרא ודרשניו בתיאור המקראי כדי להוכיח את גודל האשמה המוטלת על כתפי משליכי יוסף לבור ומפקיריו? האם נמצא מִתאם בין מסנגרי יוסף ויעקב למעמיקים בהוכחת אשמת האחים, או שמא ייחשף רצון לפסוח לחלוטין על סיפור טראגי זה, שהתבשל בתוך ביתו של אחד משלושת אבות האומה? וכן להפך, האם מי שהפנה אצבע מאשימה כלפי יעקב ויוסף יפחית מחומרת פשיעת האחים?

הפיכתו של יוסף לשליט מצרים וירידת משפחתו למצרים בעקבותיו מצריכות תיאור מקדים של אופן הגעתו למעמד כזה, ולכן נדרשת התייחסות כלשהי לסיפור הקרע המשפחתי. יש חיבורים המבקשים להסתפק במינימום ההכרחי כדי להסביר את השתלשלות האירועים, והם מספרים על האירוע המשפחתי כחוליה מקשרת בלבד. כך למשל אצל ארטפאנוס (לעיל עמ' 281), וכן בחיבור קדמוניות המקרא, שם מסתפק המחבר במשפט קצר בלבד: "וישנאו אחיו את יוסף וימכרוהו במצרים אל פוטיפר שר הטבחים לפרעה" (קדמוניות המקרא ח, ט).[49] לעומתם יש חיבורים המבקשים להפיק לקח חינוכי מהאירוע המשפחתי ומתעכבים על פרטיו, גם במחיר של נבירה באירוע הטראגי ביותר בתולדות אבות האומה.

ביחידה שלפנינו יוצג מעקב אחר התפלגות הפרשנות ביחס לצלע השלישית במשולש המשפחתי: אחי יוסף – הוגי מזימת רציחתו.

3.1 הקנאה – אם כל חטאת בכתבי פילון ויוספוס

פשיעת האחים בתיאור המקראי, החל מירידתו של יוסף לשכם כשפניו מועדות לשלום, מפורשת כאמור בפסוקים. האפיזודה המוקדמת יותר המתרחשת בבית המשפחה בחברון מובהקת פחות מבחינת הגדרת האשם

47. על נקודת התצפית של האחים בפסוקי המקרא המתארים את המפגש בשכם, כאמצעי להרשעתם, ראו: ברלין, פואטיקה, עמ' 48-50.
48. בראשית מב, כא: "אבל אשמים אנחנו עלאחינו... בהתחננו אלינו ולא שמענו...".
49. ראו לעיל הערה 2.

המרכזי. פילון ויוספוס המטילים את מלוא האחריות על כתפי האחים אינם מסתפקים במעשה המכירה, ומבקשים לבקר את התנהלות האחים עוד לפני המפגש הטעון עם יוסף, לפיכך הם מתמקדים בביקורת על קנאת האחים. פילון ולאחריו יוספוס, מבקשים לערער את ההזדהות של קורא הסיפור המקראי עם קנאת אחים במי שזוכה לגילויי העדפה מאביו ולמתנות ממנו, ובמי שחולם על כפיפותם לו, ולשלול לגיטימציית קנאה במי שלהצלחתו תהיה השפעה חיובית גם על סביבתו.

פילון פותח בהתייחסות כללית למידה הקנאה, ואת סכנותיה הוא מוכיח מתיאור הפרת האידיליה בבית יעקב:

> אבל הקנאה, העוינת תמיד את ההצלחות הגדולות, גם אז קמה ועוררה מחלוקת בבית המשגשג בכל ענפיו, בהסיתה אחים רבים נגד אחד והם רחשו לו איבה השקולה כנגד חיבת אביהם אליו, וכשם שאהוב היה, כך שנאוהו (על יוסף 5, עמ' 136).

פילון מייחס לאחי יוסף תבונה ויכולת לפרש את סמלי החלום של יוסף, ועל כן הוא סבור שהתגברות שנאתם ליוסף לא נבעה מתוכן החלום אלא מעילה שהם חיפשו כדי להצדיקה:

> וביתר שאת בערה שנאתם, והתמידה למצוא לה איזו סיבה חדשה כדי להוסיף ולגדול (שם 7, עמ' 136).

פילון מפרש כי יעקב שלח את אחי יוסף למרעה בשכם, כדי להפיג את כעסם ולרפא את חולי הנפש שפקד אותם כתוצאה מקנאתם ביוסף:

> ולפיכך שלח אותם לרעות את הצאן ואותו שמר בבית עד בוא שעת הכושר. שהרי ידוע כי הזמן, לדברי הבריות, הוא הרופא להיפעלויות הנפש ולחולאיה, המסוגל להסיר יגון, לכבות זעם, ולהפיג אימה, כי הוא מקל על הכול, אף על מה שמטבעו הוא חשוך מרפא (שם 10, עמ' 137).

בפסקה משכתבת קצרה זו מחזק פילון את מגמתו להפיל את כל האשמה על האחים. פילון מצייר את יעקב כמי שער לתסיסה שהתחוללה בין ילדיו, אולם לא ייחס אותה לגילויי ההעדפה שהקרין כלפי יוסף. יעקב סבור שהעילה

לקנאת האחים היא מחלת נפש, וזאת תוכל להירפא רק על ידי זמן וריחוק, לפיכך הוא שולח אותם למרעה (על פי המתואר במקרא, האחים עשו זאת על דעת עצמם).[50]

יוספוס מבקר אף הוא את קנאת האחים, אולם עוסק פחות בנבכי הנפש שגורמים לקנאה או בהשלכות הקנאה על הנפש, והוא מתמקד בהשלכותיה של קנאה במניעת הטובות העלולות לצמוח מהצלחתו של מושא הקנאה לו ולסביבתו:

> כי אכן מתקנאים בני אדם אפילו בהצלחותיהם של הקרובים להם ביותר (קדמוניות היהודים, 2.10, עמ' 39).

> ואחיו של יוסף התעצבו מאוד על הנבואות הללו ונהגו בהן, כאילו עתידות הטובות הנרמזות בחלומות ליפול בחלקו של מישהו זר ולא של אחיהם, אשר מן הטבע הוא שיהיו נהנין מאשרו ושותפים בו, כשם ששותפים הם במוצאו, וזממו לרצוח את העלם (שם 2.17, עמ' 40).

יוספוס מוסיף נאום שכנוע ארוך של ראובן בגנות פגיעה באח והשלכות מעשה כזה על הוריהם ועל העונש הצפוי להם (2.21-31). תוספת הנאום מלמדת על קשיות עורפם של האחים, שקנאתם העבירה אותם על דעתם והם אינם מוכנים להרפות מזוממם.

> ונשבעו שבעות חרם, שלא יתקיים בו שום דבר ממה ששיערו (שם 2.11, עמ' 40).

פילון ויוספוס אינם מסתפקים אפוא בתיאור אכזריות האחים עם הגיעו של יוסף לדותן, ומייחסים להם פגם מידתי של צרות עין, שבשלה לא היו מסוגלים להתמודד עם תהליך הכשרתו של יוסף למנהיגות, ואטמה את לבם מהבנת תכליתו של טיפוח מנהיג שיושיע אותם בעתיד.

תמונה שונה עולה מהשיפוט המדרשי של אחי יוסף.

50. על מוטיב הקנאה בצעירים שנועדו לגדולה בכתבי פילון ראו גם פילון, 'חיי משה' 1:46, עמ' 221.

3.2 בא וראה חבתן של ישראל שעבירותיהן מביאן לידי מעלות גדולות

בחיבורי המדרש הנצמדים לספר בראשית (בראשית רבה ותנחומא), וכן במדרשי חז"ל נוספים הפרוסים בספרות המדרש ובתלמודים, מצויות מסורות ספורות המלמדות על גנותם של האחים. כך למשל מסורת המתארת את יוסף כמי שהיה שואל בשלום אחיו, הן בנערותו הן במעמדו כשליט מצרים, ואילו האחים לא היו משיבים אותו.[51] מסורות אחרות חושפות את התהליך שבו רקמו האחים את מזימתם: "ויראו אתו מרחוק – אמרו נהרגנו נשסה בו את הכלבים",[52] וכן מפרשים את משמעות הוראת האיש שהדריך את יוסף: "נסעו מזה – כיון שהם רואים אותך נעשין אכזרים".[53] לא מעט מסורות קושרות בין הסתבכותו של יהודה עם תמר למחדליו בסיפור מכירת יוסף ובאי מניעתו.[54]

אולם לצד דרשות אלו ניכר מאמץ למסגר את פעולת האחים החוטאים בפעולה חד־פעמית, בכימות השותפים ובתיאור מאמצי אחרים למנוע מאחיהם את ביצוע זממם.

בדרשה הנצמדת לתוכחת יעקב לשמעון ולוי, הדרשן מבודד את מי שחף מאשמת מזימת הריגת יוסף, ומטיל את האחריות על שמעון ולוי בלבד:

> "יהודה אתה יודוך אחיך" בוא וראה מה כת' למעלה מן העיניין "שמעון ולוי אחים", וכולם אינן אחים? אלא אחים הן בעצה... והם נטלו עצה על יוסף ובקשו להרגו שנ' "ויאמרו איש אל אחיו" וגו' "ועתה לכו ונהרגהו". ומי הם? אם תאמר ראובן, הוי ראובן ביקש להצילו שנ' "וישמע ראובן ויצילהו", ואם יהודה, הרי כבר נאמ' "ויאמר יהודה אל אחיו מה בצע כי נהרג את אחינו", ואם תאמ' בני השפחות, והרי כבר נאמ' "והוא נער את בני בלהה". אלא מי הם "ויאמרו איש אל אחיו" זה שמעון ולוי, דכ' בהו "שמעון ולוי אחים כלי חמס מכרותיהם" (בראשית רבה צז, עמ' 1216–1217).[55]

51. תנחומא בובר וישב ז.
52. בראשית רבה פד, עמ' 1017.
53. תנחומא בובר וישב יג.
54. ראו למשל בראשית רבה פה, עמ' 1030–1031; שם פה, עמ' 1034; בבלי סוטה יג ע"ב; תנחומא עקב ו.
55. נוסח מדרש זה אינו מופיע בכתב יד וטיקן, כמו יתר הדרשות של החלק האחרון של החיבור. ראו מקבילה בתנחומא ויחי ט.

ומשזוכו מרבית האחים ממזימת תוכנית הרצח,[56] מפתח הדרשן את תיאור אכזריותו של שמעון בלבד, שביקש לוודא את מותו של יוסף על ידי השלכת אבנים לתוך הבור:

> מה עשה שמעון כיון שנתנו אותו לתוך הבור היה שמעון מצווה ומשליכים עליו אבנים גדולות כדי להורגו... (תנחומא בובר וישב יג).

לצד מסורות המבקרות את יהודה על אי מניעת מכירת יוסף, מצויה מסורת המלמדת שבח על התנהלותו של יהודה.[57] בניגוד לאפיון האכזרי העולה מהמקרא, שעל פיו ישבו האחים לאכול על רקע קול תחנוניו של יוסף, מוצג יהודה כמי שנתקף בייסורי מצפון ובתחושת צביעות עמוקה לנוכח ברכת המזון בשעה שתוכנית רצח אחיהם נרקמת:

> בא וראה חבתן של ישראל שעבירותיהן מביאן לידי מעלות גדולות, ואם עבירותיהן כך זכיותיהן על אחת כמה וכמה, את מוצא כששלח יעקב את יוסף אצל אחיו כיון שראו אותו "ויאמרו איש אל אחיו הנה בעל החלומות הלזה בא ועתה לכו ונהרגהו" (בראשית לז), השליכוהו לבור אמרו נאכל ונשתה ואח"כ נעלהו ונהרגהו אכלו ושתו באו לברך אמר להם יהודה אנו מבקשין להרוג נפש ונברך לאלהינו אין אנו מברכין אלא מנאצין על זה נאמר "ובוצע ברך נאץ ה'" (תהלים י), "לכו ונמכרנו לישמעאלים וידינו אל תהי בו", וישבו לאכול (תנחומא כי תשא ב).

הדרשן מסיק מהקרבה בין המילים "בוצע" ו"בצע" כי עצתו של יהודה "לכו ונמכרנו" (בראשית ל, כו-כז), המתחילה במילים "מה בצע כי נהרג את אחינו", נולדה כשהתפכח מתוכניתו והבין שאדם הנאשם ברצח אינו ראוי לברך את ה'.

המשכה של הדרשה מפתיע באופן מיוחד. הדרשן זוקף לזכות התפכחות

56. לכאורה נותרו יששכר וזבולון שלא נוקו מאשמת מעורבותם בתכנון הרצח וביצועו. בצוואת זבולון ב-ג, זבולון מנקה עצמו מאשמת התכנון וההנאה מכספי מכירת יוסף.

57. קיימות גם מסורות שבח על ראובן, כגון פסיקתא דרב כהנא כד עמ' 356-357, אלא שבמקרה של ראובן השבח עולה בגלוי גם מפסוקי התורה המתארים את מאמציו למנוע את הריגת יוסף ואת תוכניתו להצילו.

יהודה ועצתו החדשה את הצלתו של העולם מחרפת הרעב שנגזרה עליו למשך שבע שנים:

> א"ר יהודה בר שלום ישיבה אחת שישבו בעצה אחת למכור את יוסף כלכלה את העולם שבע שנים בשני רעבון, אם עבירותיהן כלכלה והעמיד את העולם זכיותיהן עאכ"ו... (שם).

מול המדרשים שראינו לעיל, המצביעים על תוצאתם הטראגית של מעשי הנערות של יוסף, מצביעה דרשת ר' יהודה בר שלום על הצלה עולמית כתוצאה מריכוך מזימת רצח יוסף והמרתה במכירתו לסוחרים.[58]

בבבלי סנהדרין ו ע"ב מובאת דרשה בעלת מסר הפוך: "רבי מאיר אומר: לא נאמר בוצע אלא כנגד יהודה, שנאמר ויאמר יהודה אל אחיו מה בצע כי נהרג את אחינו, וכל המברך את יהודה – הרי זה מנאץ, ועל זה נאמר: ובצע ברך נאץ ה'". הדרשה מיוחסת לתנא ר' מאיר. בהנחה שהייחוס אמין, הרי שדרשה זו קדמה לדרשת התנחומא. השינוי שיצר הדרשן המאוחר במה שמצא לפניו, מחזק את השערת המגמתיות של המסורות המאוחרות במאמציהן ללמד סנגוריה על אחי יוסף.

מסורות הקושרות בין פשיעת האחים לאסונות שאירעו לעם ישראל, כגון הרעב במצרים, עבודות מצרים ומותם של עשרת הרוגי מלכות, מצויות אף הן בקורפוס המדרשי וכן בספרות הפיוט,[59] אולם נזכרות לראשונה

58. השוו למסורת בתנחומא וישב ב, שאכן מדגישה את הקשר שבין החטא לעונש: "ר' מנא אומר במכירת יוסף לקו השבטים ולא נתכפר להם עונם עד שמתו ועליהם הכתוב אומר אם יכופר העון הזה לכם עד תמותון (ישעיה כב) ולפיכך בא רעב בארץ כנען שבע שנים". המשכו של המדרש מתאר גם את ההשלכות החיוביות של הירידה למצרים: "ומצאו יוסף חי והתירו את החרם ושמע יעקב שהוא חי... ושרתה בו רוח הקודש שנסתלקה הימנו".

59. הפיוט "אלה אזכרה", שמשולב בתפילות יום הכיפורים בנוסח אשכנז לאחר סדר העבודה, מתאר את גזרות השמד ואת גורלם של עשרת הרוגי מלכות כגמול מאוחר לבנים על חטאי אבותיהם ובראשם מכירת יוסף. על הקושי בהשערת זמנו של הפיוט, על המורכבות ההיסטורית של תיאור מותם של עשרה חכמים שמפרידים ביניהם עשרות שנים, ועל הבסיס הקדום שיוצר זיקה בין עבודת כוהן גדול ביום הכיפורים ואופני הכפרה לסיפור מכירת יוסף, ראו: לוין, אלה אזכרה, עמ' 249-269. על אזכורי גמול מכירת יוסף בפיוטי יניי, הקליר וסולימן אלסנג'ארי ראו: אליצור, שירה של פרשה, עמ' 72-76.

בחיבורי המדרש המאוחרים (המאה השמינית והלאה) על אף שכמה מהן מיוחסות לחכמי ארץ ישראל מראשית תקופת התלמוד.[60] דומה אפוא שעורכי החיבורים הקדומים נמנעו משילוב דרשות שעסקו בהשפעת עוונם של אחי יוסף על גורל ישראל.

מדרשי ארץ ישראל מתקופת התלמוד אינם מנקים את האחים מאשמת מכירת יוסף, ומאפיינים את מזגם הרע ואת אכזריותם. הם אף אינם נמנעים מתיאור השלכות המכירה על גורל המשפחה ועל גזרת עתידה במצרים. אף על פי כן, אין בדבריהם חריגה מובהקת מהאווירה המקראית המלווה את תיאור מעשיהם, כפי שהיה מצופה מהסוגה המדרשית שעל פי רוב מעצימה את מעשי העוול של חוטאי המקרא, ומפליגה בתיאור השפעת החטא על דורות העתיד.[61] הניסיון לצמצם את קבוצת מבצעי הפשיעה ביוסף, להבליט את מאמציהם של אחרים להימנע מפגיעה ביוסף, והצפת הטובה העתידית שצמחה ממכירתו – כל אלו מלמדים על מגמת סנגוריה רחבה, וניסיון שלא להפיל על כתפי האחים את מלוא האחריות על הטרגדיה המשפחתית.

כעת יוצעו להשערות שיסבירו את הבחירה השונה של שני הקורפוסים המרכזיים שעוסקים בסיפור מכירת יוסף (המשכתב והמדרשי), בבחירת האשמים המרכזיים בקרע המשפחתי ובהשלכותיו.

60. ראו פרקי דרבי אליעזר לז: "ר' ינאי אומ' מעון שעשו השבטים במכירת יוסף לא נתכפר להם עד עת מיתתם, שנ' באזני ה' צבאות אם יכופר העון הזה עד תמותון, ובעון מכירת יוסף בא רעב לארץ ישראל שבע שנים". ר' ינאי הוא אמורא ארץ ישראלי המשתייך לדור הראשון של האמוראים. אף על פי כן המסורת הזאת נגאלה מנשייתה רק בחיבור המאוחר. מדרש תהלים י: "אמר ר' חנין אמר הקדוש ברוך הוא לשבטים אתם מכרתם אותו לעבד, שנאמר לעבד נמכר יוסף (תהלים קה, יז), חייכם שאתם קורין בכל שנה ושנה עבדים היינו לפרעה במצרים". גם כאן דרשני המסורת קדומים (דור שלישי לאמוראים). מדרש משלי א, יג: "אמר ר' יהושע בן לוי לא נמשכו עשרה הרוגי מלכות אלא בחטא מכירתו של יוסף, א"ר אבין הוי אומר נפרעו עשרה מכל דור ודור ועדיין אותו החטא קיים". בהערה 58 הוזכר מדרש המובא בתנחומא בשם ר' מנא, דור חמישי לאמוראים. מדרש זה מזכיר את עונשם של האחים על מכירת יוסף, אולם בהמשכו מוזכרת הטובה שצמחה מהמפגש המחודש במצרים. בכך שונה מסורת זו מאלו שהובאו כאן, העוסקות רק בעונש.

61. השוו למשל ביחס לחטאי דור המדבר במשנה סנהדרין י, ג והרחבה בספרות המדרש התנאי והתלמודי. על המרגלים וחטא דור המדבר בספרות חז"ל ראו: אליצור והכהן, וימאסו בארץ חמדה, עמ' 1–46.

4. הרקע לשונות בהגדרת מוקדי האשמה

סקירת יחסם של משכתבי סיפור הרקע למאבק האחים ופרשניו העלתה מגמה עקבית של כלל החיבורים בהגדרת האשם המרכזי, ובהפחתת אחריותם של האחרים, לצד מי שבחרו מלכתחילה שלא לעסוק בחיפוש האשמים ולמזער את המקרה בתיאור תולדות האבות. הלך הרוח של מי שבחרו שלא להרחיב בביאור הסיפור הוא כנראה סנגוריה כללית על אבות האומה ושאיפה להסתיר את הכתם המשפחתי. אך מה הייתה מגמתם של מי שבחרו למקד את האשמה באחת או שתיים מצלעות המשולש המשפחתי? אם מגמתם הייתה אף היא סנגוריה על אבות האומה, הרי שחלוקת האחריות בין שלושת השותפים יש בה בכדי להקל במעט על חלקו של כל אחד, מתוך הבנה שנוצר רצף של טעויות שהובילו למציאות הטראגית. דומה שיש לחפש סיבות אחרות להסבר בחירתם של המשכתבים או הדרשנים להפחית מאשמתו של אחד על חשבון האחר. בדבריי הבאים אציע השערה לרקע הביוגרפי שעומד מאחורי השכתוב של יוספוס ולמגמה הפולמוסית של חז״ל.[62]

4.1 יוסף ואחיו כבני דמותם של מצביא הגליל ויריביו

חוקרי החיבור קדמוניות היהודים מצביעים על נטייתו הטיפולוגית של יוספוס המתבטאת בעיצוב גיבורי המקרא על פי מאפיינים שמגלמים את דמותו, ובפיתוחם באופן שייצג את תפיסת עולמו.[63] הדמויות שבחר יוספוס

62. בפרק זה הוזכרו חיבורים נוספים המפרשים את הרקע לסיפור מכירת יוסף, כגון היובלים, ארטפאנוס ופילון. קוצר היריעה של פרשנות מאבק האחים שהובילה למכירת יוסף בחיבורים אלו מגביל את האפשרות להצעת מגמה מוכחת, ולפיכך אסתפק בהנחה שהצעתי תוך כדי דיון באופי השכתוב. לא כן הדבר ביחס לשכתוב של יוספוס, המרחיב בפרטי הסיפור מעבר למסופר במקרא, וכן ביחס לפרשנות הרחבה והמפתיעה של חז״ל. אגב, פילון עוסק בהרחבה בדמותו של יוסף ובאופי מנהיגותו ומזכיר אותו בלא מעט מחיבוריו. על רקע זה בולט הצמצום בפרשנותו הביאורית והאלגורית לסיפור מכירתו.

63. על התופעה כמאפיינת את חיבורי יוספוס ראו: דאובה, טיפולוגיה, עמ׳ 18–36, וראו בעשרות מאמריו של פלדמן, מחקרים ביוספוס; פלדמן, שכתוב.

כאב טיפוס שלו הן הדומות לו מבחינת הרקע המשפחתי או הייחוס,[64] או אלו שהתמודדו עם אתגרים דומים לאלו שהיו מנת חלקו.[65]

הערצתו של יוספוס ליוסף, תוך השמטת פסוקי מקרא שמשתמעת בהן ביקורת על הנהגתו, מתפרשת כנובעת בין השאר מטיפולוגיה והבניית דמותו של יוסף כאב טיפוס אישי.[66] קווי הדמיון בין הדמויות הם במרכיבים הבאים:

- שיתוף השם של שני הגיבורים.
- הייחוס: יוספוס מתפאר במוצאו המיוחס, שהסב לו גאווה רבה.[67]
- יוספוס נבחר למצביא הגליל, ולמינויו קמו מתנגדים רבים מקרב יריביו.[68]
- יוספוס מאשים את יריביו כמי שמתנגדים לו בגלל הקושי לשאת את הצלחתו.[69]

64. כך למשל חיבתו לאהרן. ראו: פלדמן, יוספוס ואהרן. כך בהצדקת מניעי הייחוס של קרח, וניסוח מחודש של טענותיו. ראו: אליצור, דיוקן בשביל הדורות, עמ׳ 136–140.
65. כך ניתן לפרש את הערכתו השלילית לדמותו של יואב בן צרויה, הרואה בו את בן דמותם של קנאי דורו הלהוטים להרג אויביהם. ראו: יוספוס, קדמוניות היהודים 7.37-38, עמ׳ 228; 7.284-285, עמ׳ 253–254 וראו: אליצור, דיוקן בשביל הדורות, עמ׳ 314–316. וכן ניתן להסביר כך את ניסיונותיו למתן היבטי משיחיות מיליטנטית בדמותו של חזקיהו: ראו: פלדמן, מחקרים ביוספוס, עמ׳ 363–375, וראו עמדה אחרת אצל אליצור, משיחיות ואנטי משיחיות, עמ׳ 43–76.
66. ראו: ניהוף, דמותו של יוסף, עמ׳ 84–96; ניהוף, בגדים חדשים, עמ׳ 36–55; דוצ׳רטי, יוסף, עמ׳ 194–216; פלדמן, דיוקן יוסף, עמ׳ 379–417. פלדמן מרחיב בתיאור התכונות שיוספוס מייחס ליוסף ומראה כיצד הן משתלבות עם התכונות המוערכות בתרבות ההלניסטית. באמצעות תיאור השלמות של יוסף במעלות הגוף והמידות (כגון מתינות, איפוק, רדיפת צדק וצניעות) הוא מפריך גם ההאשמות של מתנגדי היהודים שטפלו בהם האשמות של שנאת בריות ומחרחרי מלחמה.
67. ראו: יוספוס, חיי יוסף, 1, עמ׳ 63: "ייחוסי אינו בלתי מצוין כלל ועיקר, אלא משתלשל מכוהנים מדורות קדומים. כמו שאצל כל עם ועם יש יסוד שונה להשתייכות לאצולה, אצלנו חברות בכהונה היא הסימן לייחוס מפואר...".
68. יוספוס, חיי יוסף, 198, עמ׳ 103, מתאר את טיעוני מתנגדיו כמי שסבורים שאינם נופלים ממנו במוצאם ובכישוריהם: "אותם ציוו לברר, בהגיעם להמון הגליליים, מה הסיבה שבגללה הם אוהבים אותי. אם יגידו שזאת משום שאני ירושלמי, שיגידו שאף הם ארבעתם אנשי העיר ההיא; ואם זה בגלל ידיעתי בחוקים, שיגידו שאף הם אינם חסרי ידע כלל ועיקר בנוגע למנהגי אבות; אך אם, לבסוף, זה בגלל ייחוסי על הכהונה שאוהבים אותי, שיענו שגם שניים מהם הם כאלה".
69. ראו למשל יוספוס, חיי יוסף, 189, עמ׳ 101: "אך גדלה שנאתו של יוחנן בן לוי כלפי כי הוא התקשה לסבול את הצלחתי".

- יוספוס נאלץ לגלות לרומא ושם עלה לגדולה.[70]
- יוספוס מתפאר בכישוריו לחזות את הנולד ולהציל באמצעותם את סביבתו.[71]

יוספוס מוסיף פרטי אפיון נוספים של יוסף שאינם נזכרים באופן מפורש במקרא, פרטים שיש בהם הקבלה לאפיונים שהוא מייחס לו עצמו. כך למשל הוא מתאר את העדפת יוסף על פני אחיו במילים: "על שום יפי הגוף ומעלות הנפש שלו, כי היה מצוין בתבונה יתרה" (2.9-10, עמ' 39). ועל עצמו הוא מעיד: "ואני... חתרתי קדימה, התקדמתי מאוד בחינוך, ונחשבתי ליוצא דופן בכל הקשור לזיכרון ולהבנה" (חיי יוסף, 8, עמ' 65).

יוספוס מקדיש בחיבורו האוטוביוגרפי חיי יוסף תיאור נרחב לתולדותיו. אחד המאפיינים הבולטים בחיבור הוא ניסיון להצדיק את פעולותיו: שיקוליו כמצביא הגליל, תורת הלחימה שהנחתה אותו ולבסוף החלטתו להסגיר את עצמו לצבא הרומאי ולגלות עמם.[72] תיאור מאבקיו עם מפקדי הקנאים בגליל (שמעון בר גיורא ויוחנן מגוש חלב) והניסיון להשחיר את דמותם ולהצביע על מניעים בלתי טהורים שהניעו אותם ובראשם הקנאה בהצלחתו, תופסים חלק נכבד בשניים מחיבוריו (מלחמת היהודים וחיי יוסף).[73]

דומה ששכתוב מאבק האחים בקדמוניות היהודים, תוך הצדקת מעשי יעקב ויוסף, הוא פלטפורמה נוספת של יוספוס להצדקת מעשיו. יוספוס אינו מוצא כל פסול בבחירת יעקב באחד מבניו על פני האחרים והענקת טובות הנאה לנשוא הבחירה.[74] העדפה כזאת משתלבת עם תפיסותיו החברתיות.

70. יוספוס, מלחמת היהודים, ספר ג, 360–408, עמ' 175–178.
71. יוספוס, מלחמת היהודים, ספר ג, 135–140, עמ' 162: "הוא צפה עד היכן יגיעו הדברים לגבי היהודים"; בחיי יוסף, 209, עמ' 104–105 יוספוס מספר על חלום שעודד אותו להישאר מצביא הגליל בגלל התפקיד המיועד לו במלחמה נגד הרומאים.
72. על מגמותיו האפולוגטיות העצמיות של יוספוס בחיבורו חיי יוסף ראו בהקדמתו של שוורץ, חיי יוסף, עמ' 6–10.
73. ראו יוספוס, חיי יוסף, 75, עמ' 81; 80, עמ' 82; 122, עמ' 90; 189, עמ' 100; מלחמת היהודים ספר ב, 614–619, עמ' 148–149, וראו בהרחבה: שצמן, הצלחה וקנאה, עמ' 46–54.
74. ראו למשל את ניסיונו של יוספוס להצדיק את טענת הייחוס של קרח אילו בחירת משה ואהרן לא הייתה אלוהית: "כי אילו נתתי את המשרה הזאת במתנה בלי לשים לב לאלהים ולחוקיו, לא הייתי דולג על עצמי ונותנו לאחר, משום שיש לי קרבת דם גדולה יותר לעצמי משיש לי לאחי..." (קדמוניות היהודים 4.27, עמ' 111). כלומר

יוספוס מרחיב בכישורי הניבוי של חלומות יוסף, ואינו מוצא כל פגם בעובדה שסיפר אותם לאחיו, שכן הוא מאמין ביתרונות חיזוי העתיד לשרידותם של החולמים וסביבתם. אחי יוסף מגלמים את מתנגדיו מקרב מפקדי הקנאים, ועל כן הוא מאשים אותם בקנאה בלתי מוצדקת ובשנאת אח שלא עשה להם כל עוול. שנאתו היוקדת של יוספוס ליריביו האידיאולוגיים ורצונו העז להוכיח את צדקתו במאבק עמם, לא הותירה כל מקום להבעת סנגוריה כלשהי כלפי האחים ולריכוך בהעמסת האחריות המלאה על כתפיהם.

4.2 הפולמוס המדרשי עם הפרשנות הכריסטולוגית לסיפור מכירת יוסף

הפרשנות המדרשית לסיפור הרקע למכירת יוסף בשלושת החיבורים הנצמדים לחומש בראשית (בראשית רבה, תנחומא בובר ותנחומא) מתאמצת לשמור על איזון בחלוקת האחריות בין שלושת השותפים למתח המשפחתי שהוביל למכירת יוסף.[75] העורכים שילבו בחיבוריהם מדרשים המוצאים פסול בגילוי החיבה המופגן של יעקב ליוסף על ידי הענקת כתונת הפסים, מדרשים התולים את תלאותיו של יוסף בהתנהלותו הרכלנית והאליטיסטית, ודרשות המצמצמות את מספר השותפים לניסיון הפגיעה ביוסף, מוצאות נקודות זכות בהתנהלותם בשעת ביצוע הפשע, ומלמדות על התועלת העתידית שצמחה ממעשה הפשע. האם יש מקום לאיזון בין משגה חינוכי ומעשה נערי שובבי לפשיעה הכרוכה בניסיון חיסול של אח והתפשרות על מכירתו לעבד? אילו הפניית האצבע המאשימה כלפי יעקב ויוסף הייתה מופיעה לצד מדרשים המעמידים על חומרת הכוונות לרצח אח, תוך לימוד לקח לדורות ממעשי אחי יוסף, ניתן היה להבין את מגמות הריכוך של עורכי המדרשים. אולם לא זו התמונה המצטיירת מקריאת מכלול מדרשי הפרשה. המשקל היחסי של מעשה הפשע של אחי יוסף כפי שמתואר במקרא מצטמצם לכדי הערות קצרות על מזגם של האחים בעת ביצוע הפשע, ועל גמול מקומי של האחים לטובה או לרעה על פי חלקם במניעה או באי מניעת ביצוע הפשע.

כיצד ניתן להסביר בחירה מתמיהה זו בקורפוס בעל מגמות דידקטיות, שיכול היה להפיק מסיפור זה מסרי חינוך משפחתיים על־דוריים?

לדעת יוספוס העדפה של בן (שאיננה על פי הנחיה אלוהית) יכולה להיעשות על פי שיקולי קרבת דם.

75. אינני מזכירה את החיבור אגדת בראשית, שכן הוא מתעלם לחלוטין מדרשות העוסקות במאבק האחים.

ניהוף מצביעה על מגמה דתית של עורך בראשית רבה בבחירת דרשותיו לסיפור מכירת יוסף. רבות מדרשות הסיפור מוכיחות כיצד כל פרטי האירוע הם הגשמה של תוכנית האל, ומוכיחות את הנהגת הגמול בכך שקיימת זיקה בין היבטי החטא לעונשו.[76] סבלו הגדול של יוסף בבור ולאחר מכן כזר במצרים מוסבר במדרשים כגמול על חלקו בליבוי המאבק המשפחתי. כך גם ניתן להסביר את מדרשי הגמול המפרשים את הסתבכותו של יהודה עם תמר כנובעים מאי מניעת הפגיעה ביוסף. ייתכן שהניסיון לגמד את אשמת האחים נבע מאותן סיבות תיאולוגיות של הוכחת גמול. העובדה שאין תיאור מקראי של סבל האחים בשנים שלאחר מכירת יוסף ואף לא עם ירידתם למצרים, וכן פגישתם של האחים בסלחנותו האצילית של יוסף, אילצה את הדרשנים לצמצם את חומרת החטא. אך דומה שלא ניתן להסתפק בהסבר זה, בעיקר לנוכח העובדה שמדרשי גמול אחרים, כאלה שהוכיחו זיקה בין סבלו של זרע ישראל בשנות העבדות במצרים לבין מזימתם כלפי יוסף ושולבו בחיבורי המדרש המאוחרים, מיוחסים לדרשנים קדומים.

מחקר רחב המצביע על פולמוס יהודי־נוצרי במסורות העוסקות ביוסף מבקש לבאר חלק מהדרשות לאור הפרשנות הכריסטולוגית לקורותיו. מחקר זה מתמקד בעיקר בסיפור יוסף ואשת פוטיפר.[77] בדבריי הבאים אבקש להרחיב את היבטי הפולמוס ולשער שהם באים לידי ביטוי גם בפרשנות המדרשית לסיפור הרקע למכירת יוסף.

הפרשנות הנוצרית לסיפורי התנ"ך העמידה את יוסף כדמות שמסמלת את ישו, ואת קורותיו המשפחתיים כמסמלים את אבני הדרך של היווצרות הדת הנוצרית. כך למשל באחת מדרשותיו של אב הכנסייה אפרהט, שחי ופעל בחדיב במאה הרביעית:

> אביו של יוסף הלביש אותו בכתונת השרוולים הארוכים, ואביו של ישו הלביש אותו בגוף מן הבתולה.
> אביו של יוסף אהב אותו יותר מאחיו, וישו היה חברו ואהובו של אביו.
> יוסף ראה חזיונות וחלם חלומות, וישו הגשים חזיונות של נביאים.
> יוסף היה רועה עם אחיו, וישו היה ראש הרועים.

76. ניהוף, דמותו של יוסף, עמ' 111-139.
77. ראו למשל: גרג, יוסף עם אשת פוטיפר, עמ' 326-346; ברוק, יוסף ואשת פוטיפר, עמ' 41-57; קוגל, פוטיפר.

כשאביו של יוסף שלח אותו לבקר את אחיו, הם ראו אותו מגיע ותכננו להרגו; וכשאביו שלח את ישו לבקר את אחיו, הם אמרו "זה הוא היורש לכו ונהרגהו" (לוקס כ, 14).
אחיו של יוסף השליכו אותו לבור; ואחיו של ישו שלחו אותו מטה לקבר.
יוסף עלה מהבור, וישו קם מהקבר.
אחרי שיוסף עלה מהבור הוא שלט באחיו; ואחרי שישו קם מהקבר אביו נתן לו שם נעלה וגדול כך שאחיו היו כפופים לו, ואויביו הושמו מתחת לרגליו.
כשיוסף ראה את אחיו, הם היו מבוישים ומפוחדים והשתוממו מגדולתו; וכשישו יבוא בזמן האחרון, כשייגלה בגדולתו, אחיו יתביישו ויפחדו ויבהלו מאה, כי הם צלבו אותו מקודם. יוסף נמכר למצרים על פי עצת יהודה; וישו נמסר ליהודים על ידי יהודה איש קריות. כשמכרו את יוסף, הוא לא אמר מילה לאחיו; וישו לא דיבר ונתן מילה לשופטים ששפטו אותו...[78]

על פי דרשת אפרהט, קורותיו של ישו, סבלו, תחייתו והופעתו כמושיע מסומלים בתיאור קורותיו של יוסף. יוסף של אפרהט הוא קורבן תמים לחלוטין לתוכניות אחיו למנוע את בחירתו. בהקבלה זו מוטלת על האחים (דרך האנלוגיה לישו) אשמה של ניסיון לפגוע בדמותו של המשיח. ההשלכה של ניסיון זה היא כפיפות מוחלטת של זרע ישראל לישו.

אהבתו המיוחדת של יעקב ליוסף והלבשתו בכתונת הפסים התפרשו על ידי אב הכנסייה קירילוס האלכסנדרוני (חי בסוף המאה הרביעית לספירה) כמצביעות על בחירתו של ישו. פסי הכתונת הצבעוניים מסמלים את הסגולות המיוחדות של ישו שעוררו את קנאת היהודים ואת שאיפתם להרוג אותו.[79] אצל אב הכנסייה אמברוזיוס ממילאנו (חי במאה הרביעית

78. אפרהט, דוגמות, xvii עמ' 209–211. תרגום לעברית באמצעות בינה מלאכותית Claude. על הקבלה זו ועל הקבלות נוספות בין ישו ליוסף בספרות הנוצרית הקדומה ראו: היל, יוסף כאב טיפוס של ישו, עמ' 29–49.
79. ראו: קירילוס, בראשית 6.4 עמ' 286.

לספירה), הכתונת המגואלת בדם מסמלת את עדות השקר של היהודים על מה שעוללו לישו.[80]

על אף שלא תמיד ניתן להוכיח פולמוס ישיר והיכרות ספציפית בין כותבי הספרות הנוצרית למדרשי חז"ל שנערכו באותה תקופה ממש, ניתן להניח שקיימת היכרות עם תפיסות תיאולוגיות מרכזיות של שתי הדתות, שמשפיעות על דרכי עיצוב המדרש, לעיתים כמקביל ולעיתים כמתפלמס.[81]

האם ייתכן שזאת הסיבה שעורכי החיבורים בחרו דווקא את הדרשות המצביעות על יעקב כמי ששגה בהפגנת חיבה יתרה ליוסף? האם הפרשנות המתעלמת מיופייה של כתונת הפסים ומתמקדת בסמליה השליליים מבקשת לסתור את הפיכתה לסמל לסגולות הדת היריבה? האם זו גם הסיבה למיעוט דרשות בגנותם של מפשיטי הכתונת?

לא ניתן לתת תשובה חד־משמעית, על אף שיש בה הסבר למגמה החריגה שאנו פוגשים לראשונה בחיבורים שעריכתם מקבילה לתהליך התפתחותה של פרשנות נוצרית זו. על פי הסבר זה, בחירת עורכי החיבורים בדרשות המגינות על אחי יוסף ומטילות אשמה על יעקב ויוסף – אין מטרתה להפחית מאשמתם במזימת הריגת יוסף והשלכתו לבור, אלא ליצור בידול פרשני ודתי. הניכוס הנוצרי של דמותו של יוסף והשימוש בפשיעת האחים להוכחת אשמת היהודים בצליבתו של המשיח, המצדיקים את הסבל היהודי לאורך הדורות, יצרו אתגר פרשני שדרש מִסְגּוּר של האירוע בזמן ובכימות השותפים. צמצום שותפי החטא והימנעות מעיסוק בהשלכותיו ארוכות הטווח תוך ריכוכו על ידי הטלת אחריות תורמת גם על כתפי יעקב ויוסף הפריכו את הפרשנות הנוצרית העל־דורית, ותחמו את הסיפור לפצע של פילוג משפחתי שהתאחה עם ירידת האחים למצרים ומחילתו של יוסף.

*

סיפור מכירת יוסף הוא פצע כואב בתולדות אבות האומה, המטרים את שורשי הפילוג שיפצלו את האומה הישראלית למשך דורות רבים עד לאחדות

80. ראו: אמברוזיוס, חיי יוסף 3.15 עמ' 198.
81. ראו מאמרו של מוק, שבו לכם, עמ' 264-277, המצביע על אפשרות של פולמוס יהודי־נוצרי בין מדרשי חז"ל בבבלי ובבראשית רבה לכתבי קיריליוס האלכסנדרוני. ראו: קולטון־פרום, אפרהט והחכמים, עמ' 57-71, המצביע על היבטי פולמוס במדרשי אפרהט ובראשית רבה העוסקים בדמותו של נח.

המובטחת בנבואות הנחמה בתקופה של גאולה. התחמקות משכתוב הסיפור או מדרשת פסוקיו על ידי מי שמבקשים לרומם את סגולת ישראל וגדולת אבותיו, מובנת לחלוטין. מכל מקום לקחיו של סיפור זה להבנת השלכותיה של שנאת אחים נחוצים בכל דור, ועל כן בחרו לא מעט משכתבים ודרשנים לעסוק בו ולדלות מתוכו מסרים שהתאימו לתפיסתם.

בפרק זה הוצגה התפלגות מרתקת בין החיבורים השונים בבחירת האשמים בהסתבכות המשפחתית. השיפוט הטבעי שעל פיו אשמים בעיקר מי שביצעו פשע מחריד באחיהם, על אף שקדמה לכך התגרות מצדו ותחושת עיוורון של אביהם, אינו מובהק בפרשנות המדרשית. לעומת זאת חלה בכמה מהחיבורים התעלמות מוחלטת מנסיבות מקילות, שעשויות להפחית אך במעט מאשמתם הבלעדית של האחים. הניסיון להבין את מגמות הפרשנים העלה השערות הנוגעות לאופיו של החיבור (היובלים – הבסיס ההיסטורי להלכות התורה; פילון ותורת ההנהגה הפוליטית; ארטפאנוס והגאווה המצרית), לאופיו של המחבר (הטיפולוגיה של יוספוס) ולמגמותיו התיאולוגיות פולמוסיות.

ההפתעה הגדולה ביותר שהונכחה בפרק היא עמדתם הסלחנית של עורכי חיבורי המדרש הקדומים. למרות קיומן הקדום של דרשות בגנותם של אחי יוסף והשלכות מעשיהם על גורלו של עם ישראל, הם בחרו שלא להכניס אותן, אלא הבליטו דווקא את השפעת מעשה ההעדפה האבהית וההלשנה של הבן המועדף על תלאות העתיד. בהסבר התופעה הוצג ההסבר התיאולוגי של חיזוק רעיון הגמול, אך הוא הוצג כבלתי מספק לפיצוח החידה הדרשנית. תחתיו או בנוסף לו הונחה השערת מגמה פולמוסית של שאיפה לבדל את פרשנות המאורע העגום בתולדות העבר מכתב ההאשמה הנוצרי הקולקטיבי של צליבת ישו, בן דמותו של יוסף בספרות הנוצרית.

העובדה שדרשנים מאוחרים ופייטנים לא בחלו בהטלת אשמה על אחי יוסף, תוך תיאור אסונות ההווה והעתיד כפרי מעלליהם, עשויה ללמד על תנודות בעוצמתו של הפולמוס במרוצת הדורות, או על המשקל המשתנה שנתנו למגמה הפולמוסית בתוך מכלול המסרים שביקשו היוצרים להעביר לקהל שומעיהם.

פרשת מקץ

"וידבר אתם קשות" – על מה ולמה התנכר יוסף לאחיו?

אחד הסיפורים הדרמטיים ביותר בתורה, המצליחים לרגש בכל קריאה מחדש, הוא סיפור האיחוד בין יוסף לאחיו, לאחר ניתוק של עשרים ושתיים שנים. הסיפור מותח מצד עצמו, אולם כוח השפעתו הוא בהיותו אנושי וקרוב ומכיל אמוציות עמוקות ומערבולת של תחושות הנעות בין כעס לחמלה, בין שנאה לגעגוע, ובין שאיפת נקם למחילה.

יתרה מזאת, הכתוב מאמץ את נקודת המבט של שני הצדדים, ובכך יוצר בקורא הזדהות עם כל אחד מהם. האהדה המוחלטת ליוסף איננה נסדקת, אולם חשיפת רגשות האחים, תהליך החרטה וההלקאה העצמית שהם עוברים, והשתוממותם על הטיפול החשדני כלפיהם מצד הבכיר המצרי, משחררת בקורא רגשות של אמפתיה גם כלפיהם, ואפילו תהייה על פשר ההתעללות של יוסף בהם בתקופת ביקורם במצרים.

נקודת המבט של יוסף נחשפת ונסתרת בו זמנית. הקורא שותף לחוויות הרגשיות המתעוררות ביוסף למראה אחיו, אולם אינו שותף לכוח המניע את פעולותיו. הקורא מכיר את קורות יוסף בשנות הנתק מבית הוריו, בניגוד לשתיקת הכתוב ביחס לקורות האחים בשנים אלו,[1] אולם מלבד התייחסות עקיפה של יוסף, באוזני שר המשקים לאירוע המכירה "כי גנב גנבתי מארץ

1. מלבד סיפור יהודה ותמר, אשר לגבי מועד התרחשותו חלוקות הדעות, וחלקן מעלות ספק אם התרחש במהלך שנים אלו או קודם לכן.

העברים...", (בראשית מ, טו) ולרמיזה להשלמה עם מצבו בנימוק לקריאת בנו מנשה (שם מא, נא), הקורא איננו שותף לתהליך עיבוד החוויה בנפשו של יוסף, ולרגשותיו כלפי האחים והאב בעקבותיה.

החלל של נקודת המבט הנסתרת הוליד במשך הדורות פרשנויות רבות שניסו למלאו. בניתוח התנכרותו של יוסף לאחיו הוצעו על פי רוב מהלכים מחושבים של יוסף, תוך ניתוח כל אחת מפעולותיו כמקדמת את המטרה שלשמה הוא נדמה כמתעלל באחיו. המטרות או המניעים שיוחסו ליוסף הם אחת מחמש הדרכים הבאות:

1. נקמה – המפגש של יוסף עם אחיו מצית בו את זיכרון העבר והוא רוצה להעביר את אחיו במקצת הסבל שהיה מנת חלקו.[2]
2. תהליך החזרת האחים בתשובה – יוסף מבקש לבחון אם חל שינוי באחיו במהלך השנים מאז השלכתו לבור, ומעמיד אותם בסיטואציות שבהן הם יידרשו להוכיח אותו.[3]
3. יוסף מבקש להגשים את חלומותיו – פעולותיו של יוסף מכוונות לכך שפרטי החלום יתממשו. לצורך מימושם הוא גולל על האחים תואנות והאשמות שלבסוף הובילו להגעת כל בני המשפחה למצרים כשיוסף במעמד של שליט והם כפופים לו.[4]
4. יוסף מנסה לברר את מצבו המשפחתי ואת סיבת דחייתו – על פי הסבר זה ביוסף שכבר התייאש ממשפחתו לאחר שנות הניתוק הרבות, מתעוררת תקווה מחודשת לנוכח המפגש עם אחיו. יוסף מבקש להבין את שהתחולל בין האחים כשהשליכו אותו לבור, ומה אירע במשך שנות הניתוק. לשם כך הוא מבקש לזמן את בנימין ולבודד אותו מאחיו.[5]

2. ראשוני המייחסים ליוסף גם מניע של נקמה הם הפרשנים רד"ק לבראשית מב, ט-כז, המפרש בשיטתיות את פעולותיו של יוסף מתוך רצון לצער את אחיו, ואברבנאל לבראשית מב, ז-ח, עמ' 709. גישה זו פותחה גם במחקר, ראו למשל: אהוביה, יוסף, עמ' 272; גונקל, בראשית, עמ' 424; סברן, סיפור וחזרה, עמ' 87; אומן, כפל מניעים, עמ' 218-220. וראו הסקירה הרחבה אצל גרוסמן, יוסף, עמ' 240-243.
3. כך למשל ספורנו לבראשית מג, לד; מד, ב; וכן אברבנאל לבראשית מב, ז-יד, עמ' 710. בספרות המחקר ראו: ליבוביץ, בראשית, עמ' 327-328; סרנה, בראשית, עמ' 293; דילמן, בראשית, עמ' 380.
4. ראו רמב"ן לבראשית מב, ט. וכן: טרנר, הכרזות, עמ' 160-162.
5. ראו: בן־נון, הפילוג והאחדות, עמ' 20-31; אובראיין, התרומה, עמ' 429-447.

5. יוסף מבקש לאחד מחדש את המשפחה בתהליך מתוך של פיוס – יוסף משער שהשלכתו לבור על ידי אחיו נבעה מקרע משפחתי, ואולי פעולת האחים אף העמיקה אותו. כדי לאחות אותו יוסף נדרש לתהליך מתון שלא ילבה מחדש את משקעי העבר. לשם כך נדרשים ליוסף צעדים מדודים ושקולים עד להתוודעותו בפני אחיו.[6]

המשותף לכל ההצעות הללו הוא כאמור המחשבה שיוסף תכנן את צעדיו, בין אם מראש למקרה שיפגוש בעתיד את אחיו, בין אם התכנון נוצר תוך כדי המפגש המפתיע עם אחיו במצרים. באף לא אחת מההצעות הללו לא נזכרת אפשרות שעל פיה אין מדובר בתכנון מוקדם, אלא בהתנהלות תזזיתית המסגירה את סערת הנפש שבה היה נתון יוסף כשפגש את אחיו.[7]

בעיון שלפנינו אבקש לבדוק כיצד פירשו משכתבי הסיפור המקראי ודרשניו את מניעי יוסף בהתנכרותו אל אחיו, בהתייחס לשאלות הבאות:

- האם נקטו פרשני הסיפור הקדומים עיקרון מאחד להסבר כל שלבי ההתנכרות? אם כן, מהו המניע שייחס כל אחד מהם ליוסף?
- כיצד משתלב המניע שייחסו ליוסף עם עמדתם בשאלת מידת אחריותו של יוסף לקרע המשפחתי כפי שראינו בעיון הקודם?
- מה ניתן ללמוד מהשוואת הפרשנות הקדומה לסיפור מפגש האחים במצרים לפרשנות המאוחרת מבחינה מתודולוגית ורעיונית?

סקירת הפרשנות בעיון זה תהיה על פי סדרם הכרונולוגי של משכתבי הסיפור ודרשניו, שכן יינתן משקל גם להשערת התמורות המתודולוגיות שחלו בפרשנות לסיפורי המקרא.

בסקירה זו ייכללו רק חיבורים שנותנים משקל לפענוח המתחולל בנפשו של יוסף מעבר למסופר במקרא.

6. ראו בהרחבה אצל גרוסמן, יוסף, עמ' 205–256, וכן בהמשך ספרו בביאור תפקידו של כל שלב.

7. ראו הצעתי להיעדר תכנון מוקדם של יוסף בעיוני לפרשות מקץ וויגש בסדרת VBM: https://etzion.org.il/he/tanakh/torah/sefer-bereishit/parashat-miketz/miketz-yosefs-behavior-his-brothers-1;https://etzion.org.il/he/tanakh/torah/sefer-ereishit/parashat-vayigash/yosefs-behavior-encounter-his-brothers-part-ii

1. האידיליה המשפחתית בספר היובלים

מחבר היובלים מייחד שני פרקים בחיבור (מב-מג) לסיפור המפגש הכפול בין האחים ליוסף במצרים עד לרגע התוודעותו. הכרונולוגיה המקראית נשמרת באופן כללי, אולם חלים לא מעט שינויים בשכתוב הדינמיקה בין האחים ליוסף, בין הבנים לאביהם ובינם לבין עצמם. סיפור המפגש ביובלים קצר יותר מאשר הסיפור המקראי ומעניין לבחון מה הם החלקים שהושמטו ומה הסיבה לבחירת המחבר להשמיטם.

מחבר היובלים הוא הראשון שחושף את מה שהסתיר המקרא בתיאור מניעי פעולותיו של יוסף. כהקדמה להטמנת גביע הכסף באמתחת בנימין משתף אותנו ה"מספר יודע כול" לשם מה נדרש יוסף לתחבולה זו:

> ויחשוב יוסף מחשבה לגלות מחשבתם אם עצת שלום ביניהם (יובלים מב 25, עמ' 498).

לדעת מחבר היובלים יוסף מסבך את בנימין ומעמיד במבחן את אחיו אם ינסו להוציא אותו מהתסבוכת שאליה נקלע או שמא יפקירו אותו. יוסף זוכר את נטישתו בבור, ומבקש לדעת אם כך ינהגו גם כלפי אחיו הצעיר. יוסף כמובן אינו מודע למה שהתחולל בכנען בבית המשפחה בין שתי הירידות למצרים, ואת הצעת הערבות של יהודה למקרה שיאונה רע לבנימין. הגנתם של האחים על בנימין, תוך הצעת המרת עונשו בכליאת יהודה תחתיו, מביאה את יוסף לחשיפת זהותו:

> וירא יוסף כי לב כולם שוה ביניהם לטובה ולא יכול היה להתאפק ויספר להם כי הוא יוסף (היובלים מג 14, עמ' 503).[8]

8. בסיפור המקראי, הסיום של נאום יהודה הוא בתיאור השפעת היעדרו של בנימין על יעקב, וקשה יותר להצביע על החוליה הספציפית בנאום שהביאה לשבירתו של יוסף. ראו הצעתו המעניינת של בן-נון, הפילוג והאחדות, עמ' 20-31, המצביע על המילים "ואמר אך טרף טרף ולא ראיתיו עד הנה" (בראשית מד, כח) כמי שמוטטו את חומת השתיקה של יוסף. נאום יהודה חשף בפני יוסף את הסיבה האמיתית לכך שאביו לא יצא לחפשו. אביו הוטעה לחשוב שיוסף איננו בין החיים. ידיעה זו החדירה בו תחושת מחילה ורצון לאיחוד מחודש.

כלומר, פרק ההתנכרות של יוסף לאחיו בא אל סיומו משעה שנוכח בקיומם של יחסי אחווה משפחתיים הכוללים נכונות האחים לשאת עונש במקום אחיהם הצעיר, ולא להסתפק ביציאה רפה להגנתו.

האם נוכל להוכיח שזהו גם המניע ליתר הפעולות של יוסף מרגע זיהוי אחיו, או שמא ביטויי ההתנכרות הראשונים נבעו מסיבות אחרות. כדי לענות על שאלה זו יועמדו השינויים שיצר המחבר בסיפור המקראי, וכיצד הוצגו בחיבור ביטויי ההתנכרות וההתנכלות של יוסף כלפי אחיו.

1.1 מבחן האחווה במאסר שמעון

האשמת האחים בריגול בסיפור המקראי מקדמת את העלילה. תשובתם המפורטת של האחים עשויה להצביע על מטרתו של יוסף בהטלת אשמת ריגול עליהם. הוכחת חפותם מאלצת אותם להסגיר את מוצאם המשפחתי ולחשוף בפני יוסף, מבלי שהם מודעים לכך, את התמונה המשפחתית העדכנית.[9] מאסר האחים הוא המשך הניסיון לחלץ מהם מידע משפחתי שמסתיים בפשרה של מאסר שמעון והבטחת הורדת בנימין כתנאי לשחרורו.

ביובלים האשמת האחים בריגול היא עילה למאסר כולם. אין פירוט של ניסיונות האחים להוכיח את חפותם, ואף לא מוסבר מדוע הומתק המאסר של כלל האחים מלבד שמעון.

מהי אפוא תכליתו של אזכור האשמת האחים בריגול ומאסרם ביובלים?

לנוכח חשיפת תכלית פעולת יוסף מאוחר יותר "אם עצת שלום ביניהם", ניתן להניח שמחבר היובלים מבקש לבחון את תגובות האחים למגוון של סיטואציות שבהן מתבקשת סולידריות מצדם, כחלק מתהליך שיקום האחווה המשפחתית שנפגמה במכירתו. ההאשמה בריגול היא עילה למאסרם ומאוחר יותר לבידודו של שמעון. בידודו של שמעון יבחן את נכונות אחיו להיאבק למענו.

1.2 טרדות הביקור במצרים שהותירו את רישומן

אירועי מצרים המטלטלים שפקדו את האחים במצרים הם ארבעה: האשמתם בריגול, כליאת שמעון, הדרישה להוריד את בנימין והכסף שהוטמן באמתחתם.

9. הסבר אחר לסיבת האשמת אחי יוסף בריגול ראו אצל המילטון, בראשית (חלק שני), עמ' 520.

בסיפור המקראי מתוארת הטלטלה שפקדה את האחים כשהם גילו את הכסף באמתחתם עוד לפני הגעתם הביתה. לאביהם הם סיפרו על האשמתם בריגול והתפתלו ביידועו על החובה להתייצב מחדש עם בנימין. העובדה ששמעון נשאר בכלא המצרי נזכרת על ידם בהערת אגב. מנגד, בסיפור האחים ביובלים ההדגשה היא על מאסרו של שמעון: "והוא מחזיק בשמעון עד אשר יביאו את בנימין" (היובלים מב 9, עמ' 498). הריגול אינו מוזכר ועניין הטמנת הכסף מוזכר ביובלים כדי לנמק את חששו של יעקב משילוח בנימין (כפי שנראה להלן). משקל היתר שנותן היובלים לדאגת האחים לשמעון, מחזקת את מגמתו בתיאור תהליך התיקון המשפחתי שאליו שואף יוסף, ושלשמו הוא נדמה כמתעלל באחים.

1.3 המעבר למבחן האחווה השני

הסיפור המקראי מקדיש פסוקים רבים רוויי רגשות לתיאור המפגש השני של האחים עם יוסף: רגשות האימה של האחים בדרכם לבית יוסף מחמת עלילת הכסף (בראשית מג, יח-כב) וחוסר יכולתו של יוסף לעצור את הדמעות למראה אחיו הצעיר (שם כט-לא). יוסף מתואר כמי שנוקט פעולות חריגות ביחס למצופה משליט מצרים (הזמנת מי שהואשמו כמרגלים לסעוד בביתו), כדי להגביר אצל אחיו את הבלבול והחשש, שהניבו כבר במפגש הראשון תהליך חשוב ומשמעותי של הלקאה עצמית ושחזור ליקויי העבר.[10] מחבר היובלים מסתפק בדיווח קר של בירור זהות בנימין כדי לאשר את שחרורו של שמעון:

> ויגיעו ויעמדו לפני יוסף וירא את בנימין אחיו ויכירו ויאמר להם הזה אחיכם הצעיר ויאמרו לו הוא. ויאמר אלוהים יחונך בני. וישלח אותו לביתו ואת שמעון הוציא להם (היובלים מב 21–22א, עמ' 498).

הוויתור על קטעי שיא של הסיפור המקראי והעדפת ניסוח קר ופרגמטי של המפגש בין יוסף לבנימין נועדו קרוב לוודאי לאפשר עיצוב של תכלית מעשיו של יוסף בהחזרת האחווה המשפחתית. מהרגע שאחי יוסף עמדו

10. על תפקידו של המפגש בבית של יוסף בזיהוי סיבת התנכרותו של יוסף לאחיו ראו: מתיוס, בראשית, עמ' 790 הערה 331, המוצא בפירוט של הפסוקים הוכחה למפרשים שיוסף מבקש להגשים את חלומותיו; וכן: גרוסמן, יוסף, עמ' 306-310.

במבחן המסירות כלפי שמעון על ידי הבאת בנימין, חרף הקשיים שהערים עליהם אביהם, ניתן לעבור לשלב הבא. השלב הבא הוא לבדוק אם האחדות המשפחתית כוללת גם את בן האם האהובה.

1.4 ההתפרצות הרגשית לנוכח גילויי המסירות לאחיו הצעיר

היחידה הסיפורית המקראית שבה מצוי בנימין במרכז, בסעודה בבית יוסף ולאחר מכן עם הטמנת הגביע ובימוי גניבתו, משוכתבת בספר היובלים בצורה דומה מאוד למקור. קיימים כמה הבדלים אולם הכרונולוגיה, אורך התיאור ותכניו נשמרים כמעט במלואם. התוספת ביובלים המסבירה את מטרות עלילת הגביע "ויחשוב יוסף מחשבה לגלות מחשבתם אם עצת שלום ביניהם", מעמידה את היחידה הסיפורית הזאת במרכז הבחינה שעורך יוסף לאחיו. ההתפרצות הרגשית של יוסף שצונזרה עד כה על ידי מחבר היובלים, מתפרצת במלוא עוצמתה משנוכח יוסף שהאחים עמדו במבחן האחווה הקשה שבו העמיד אותם. גילוי המסירות לאחיו הצעיר מירק את כל משקעי העבר, ואִפשר את התוודעותו אליהם ואת המשך מילוי השליחות האלוהית שהושתה עליו:

> וירא יוסף כי לב כולם שוה ביניהם לטובה ולא יכול היה להתאפק ויספר להם כי הוא יוסף. וידבר אליהם בלשון עברית, ויחבק צוארם ויבכה. והם לא הכירוהו ויחלו לבכות. ויאמר להם אל תבכו עלי. מהרו, הביאו את אבי אלי ויראה אותי טרם ימות ועיני אחי בנימין רואות... כי קדם אלוהים לשלוח אותי לפניכם להכין מחיה לעם רב (היובלים מג 14–18, עמ' 503–504).

תמונת האידיליה המשפחתית שנסדקה בעמק דותן מעוצבת מחדש עם גילויי האחווה והמסירות של האחים זה כלפי זה.

כחלק מתמונת האידיליה, מטשטש מחבר היובלים היבטים שעשויים להצביע על אי שוויון בין האחים מבחינת מעמדם המשפחתי, כפי שנראה להלן.

1.5 השמטת קטעי סיפור שמזכירים את גורמי הקרע המשפחתי ונטרול ביטויי אי השוויון

מחבר היובלים, כפי שהוצג בהרחבה בעיון לפרשת וישב, פסח על תיאור

הרקע לקנאת האחים ולשנאתם ליוסף. העדפת יוסף על אחיו והענקת כתונת הפסים על ידי אביו אינן נזכרות בתיאורו.

דומה שהוא דבק בהבלעת אפיזודה משפחתית זו גם בתיאור המפגש בין האחים בשני סבבי הירידה למצרים, ולפיכך הוא משמיט תיאורים שעשויים להצביע על פער מעמדי בין יוסף לאחיו, או על המשך העדפת בניה של רחל על ידי אבי המשפחה.

כך למשל, בעוד בסיפור המקראי הכינוי המוסב לבני יעקב הוא "אחי יוסף",[11] בספר היובלים הם מכונים "בני יעקב". כינוי זה (על אף שאינו כולל בירידה הראשונה את בנימין וכמובן לא את יוסף) מבטל את המחנאות שנרמזת בכינוי "אחי יוסף".[12]

מעמדו של יוסף המודגש בסיפור המקראי "הוא השליט על הארץ, הוא המשביר לכל עם הארץ" ותגובת אחי יוסף למראה כבודו "וישתחוו לו אפים ארצה" (בראשית מב, ו–ז) אינם נזכרים לכל אורך סיפור המפגש ביובלים.[13] יתרה מזאת, פניית האחים ליוסף בכינוי "אדוני" והעמדת עצמם כ"עבדיו" אינן מופיעות בירידת האחים הראשונה למצרים. כינויים אלו יופיעו רק משעה שהאחים מתחננים על הצלת בנימין.

מחבר היובלים אינו מזכיר את ההקדמה המקראית להאשמתם של אחי יוסף בריגול, "ויזכור יוסף את החלֹמות אשר חלם להם" (שם ז).

חשבון הנפש על עוון מכירת יוסף לא נזכר על ידי האחים כסיבה שבשלה הם הסתבכו בתלאות אצל השליט המצרי. תיאור החרטה נזכר מוקדם יותר בחיבור, תכף לאחר מעשה המכירה.[14]

הסיפור המקראי מצייר תמונה מובהקת של העדפת האב לבנימין, הן בסירובו לשולחו למצרים על אף הימצאו של שמעון שם, הן בכינויים המובלעים בדבריו, שבהם שונה הסטטוס של בנימין משל יתר אחיו.[15] מחבר היובלים משנה את התמונה בכמה אמצעים שמטשטשים את מעמדו המופלה של בנה של רחל. הוא "מתקן" את הנוסח המקראי המתאר את בנימין כבן

11. ראו בראשית מב, ג; מב, ו. כשהכתוב מכנה אותם מנקודת המבט של המצרים הפוגשים אותם בשערי מצרים, הם מכונים "בני ישראל" (שם מב, ה). ראו בסוגיית הכינויים הערה של ליבוביץ, בראשית, עמ' 329.
12. להלן נראה שחז"ל מפרשים כינוי זה כסנגוריה על מניעי האחים.
13. כך גם הושמטו תיאורי ההשתחוויה בבראשית מג, כו; כח.
14. היובלים לד 13.
15. ראו אצל גרוסמן, יוסף, עמ' 289–290.

היחיד שנותר לאביו: את מילותיו של יעקב "והוא לבדו נשאר" (מב, לח) הוא מתקן בנוסח של נאום יהודה "והוא לבדו נשאר לאמו" (היובלים מג 11, עמ' 503). את הנוסח בציטוט דברי יעקב בנאום יהודה "אתם ידעתם כי שנים ילדה לי אשתי" (מד, כז) הוא משנה למילים "שני אחים ילדה אמו" (היובלים שם).

סירובו האמוציונלי של יעקב לשליחת בנימין למצרים, הנובע מחשש הפרידה מבנו שנותר לו מאשתו האהובה, הופך ביובלים לחשש ריאלי לשלומו מחמת חשד הגניבה שרובץ לכאורה על כתפי האחים: "כי ראה כי הושב כספם, איש איש בשקו, ועל זה פחד לשלחו" (שם מב 12, עמ' 497–498).[16]

מחבר היובלים מדגיש את מעורבות כל האחים בדאגה לשלום בנימין, בניגוד לתיאור המקראי המעמיד את יהודה כערב מרכזי, הן בהבטחתו לאביו הן בעמידתו בפני השליט המצרי:

הסיפור המקראי	ספר היובלים
ויאמר יהודה אל ישראל אביו שלחה הנער אתי (בראשית מג, ח).	ויקרב יהודה ויאמר שלחו עמנו (מב 19, עמ' 498).
ויבא יהודה ואחיו ביתה יוסף והוא עודנו שם ויפלו לפניו ארצה (שם מד, יד).	ויבואו בית יוסף וישתחוו לו כולם ופניהם ארצה (שם מג 8, עמ' 503).

המאפיינים המיוחדים של שכתוב המפגש הכפול של יוסף עם אחיו, תוך פסיחה על כמה מפעולותיו המתמיהות, מצמצמים את אפשרויות ההסבר לפשר תכלית פעולותיו. האפשרויות שיוסף נוקם באחיו על השלכתו לבור או מבקש להגשים את חלומותיו, אינן נתמכות על ידי העיצוב המחודש של הסיפור, המצמצם למינימום את השיח בין האחים ליוסף ונוטל מהם את היבטי הזיכרון של אירועי העבר והחרטה על מעשה המכירה. העיצוב המחודש אינו תומך גם בהסבר מעשי יוסף כניסיון לברר את מצבו המשפחתי, שוב מאותה סיבה של צמצום הדיאלוג בין יוסף לאחים והשמטת החלקים שבהם מספרים האחים על שהתרחש בביתם.[17] תכלית הסתרת זהותו של יוסף נועדה לאפשר

16. על מגמה זו ראו: ורמן, יובלים, עמ' 499–500.
17. השוו דבריהם הלקוניים של האחים ביובלים מב 8, עמ' 497: "כי אמרו לו כי אביהם חי ואחיהם הצעיר", להשתפכותם במקרא בראשית מב, יא; יג.

מחדש את הדבק המשפחתי, על ידי העמדת האחים באתגרי אחווה שיוכיחו את כברת הדרך שעברו מאז השלכת יוסף לבור. מחבר היובלים מציין את השגת התכלית בפסוקי נחת שבהם מתוארת הסבתם המשותפת של כל בני המשפחה, עם הגעתו של אבי המשפחה למצרים:

> ויאכל יוסף ואחיו לפני אביהם לחם וישתו יין וישמח יעקב שמחה גדולה מאד כי ראה את יוסף אוכל ושותה עם אחיו לפניו. ויברך את בורא כול אשר שמרו ושמר לו את שנים עשר בניו (היובלים מה 5, עמ' 515).[18]

2. הדאגה לבנימין והוכחת הבידול התרבותי – פרשנות פילון להתעמרות

פילון בחיבורו 'על יוסף' אינו מסתפק במתח המקראי הנוצר מקריאת המפגש המנוכר בין בני יעקב במצרים, ושוזר לתוך הסיפור משפטים המעצימים את החידתיות של פשר התנכרות יוסף לאחיו:

> אך הוא בראותו את מוכריו, הכיר מיד את כולם בעוד איש מהם לא הכירו. שכן לא רצה אלוהים לגלות עדיין את האמת מסיבות חיוניות שמוטב היה באותה שעה לעבור עליהן בשתיקה (פילון, על יוסף 165, עמ' 160).

התעללות יוסף באחיו בשתי הירידות למצרים מתוארת באריכות גדולה בדברי פילון, ללא הסבר לפשר מניעיו, ואלו נחשפים בהרחבה, תוך הסבר רוב פרטי ההתעמרות, כהקדמה לחשיפת זהותו. חרף בחירתו הספרותית (כפי הנראה) שלא לחשוף את מניעי פעולותיו האכזריות לכאורה של יוסף תוך כדי ביצוען,[19] הוא שוזר בין מעשה למשנהו הסברים אפולוגטיים שאמורים

18. על תכלית התיאור ביצירת יוסף כדמות אידיאלית המתבטאת גם ביחסיו עם האחים ראו: ניהוף, דמותו של יוסף, עמ' 41-46.
19. ראו הערת דניאל נטף, עמ' 160 הערה 111, על בחירת פילון שלא לחשוף את מניעי פעולותיו של יוסף "יש בטענה זו כדי לשמור על המתח שבסיפור...".

למנוע מהקורא לחשוד במניעיו הבלתי טהורים של יוסף. כך למשל מונע פילון את המחשבה שמא יוסף מבקש לקיים את חלומותיו, על ידי פסיקה שאלו כבר התגשמו מיד עם הגיעם וקידתם בפניו:

> ...הם נדהמו מתפארתו והשתחוו לו אפיים כמנהג העתיק – הנה כי כן, כבר נתקיימו חלומותיו (שם 164, עמ' 160).

מיד לאחר מכן הוא מונע את המחשבה שהתנכרותו של יוסף אל אחיו מונעת מתאוות נקם:

> כשהגיעה שעתו להתנקם, לא נפרע מהם אלא כבש את רגשותיו ושמרם בלבו, ובחכמה רבה עשה עצמו כמתנכר אליהם (שם 166, עמ' 161).

ובהמשך מדגיש כי בפעולותיו הכעוסות העמיד פני זועם, ולא ביטא בכך את רגשותיו האמיתיים:

> עשה עצמו כמתנכר אליהם. במבטו, בקולו וכיוצא באלה דברים העמיד פני זועם... (שם).

לאורך התיאור כולו מוסיף פילון הערות אגב שמטרתן למנוע מהקורא לחשוב שאחד מהמעשים שעשה יוסף לאחיו נבע מהעדר שליטה רגשית או מתוך רצון פנימי להתעמר בהם.[20]

וכך מסביר פילון את מניעי יוסף קודם להתוודעותו לאחיו:

> כל התחבולות גם הללו וגם קודמיהן, היו בבחינת נסיונות: רצה מושל הארץ לבדוק מה מידת חיבתם כלפי אחיו בן אמו, כי חשש שמא היה בלבם ניכור טבעי כלשהו, כפי שיש בלבם של בני האם החורגת

20. כך למשל ב'על יוסף' 170, עמ' 161-162, שבו הוא מרחיב בפרטי ההצגה שהציג יוסף בפני אחיו: "לאחר שאיים עליהם איומים כאלה במבט חשדני ובסימנים לרוגזה קשה, הסתלק לכאורה... לאחר ששקט זמן קצר, הוא קם ומראה לאנשים הראויים לעונש את אופיו הנוקשה והקשוח". ובהמשך בסימן 200 עמ' 165: "אך בטרם יתגלה, הסתיר פניו, ורץ לכאורה לשם איזה עניין דחוף – הרי לא הגיעה העת להגיד את האמת...".

> כלפי בית צרתה שוות הערך. משום כך האשים אותם בריגול, וגם שאלם לכאורה על משפחתם, כדי לדעת אם אחיו עודנו חי או שמא נהרג במזיד. וגם החזיק אחד מהם במעצר ולאחרים הרשה לנסוע, לאחר שהבטיחו להביא אליו את הקטון, אשר השתוקק מאד לראותו, ולהשתחרר מן הייסורים המרים והכבדים שהתייסר בגינו. משבא אחיו והוא הביט בו, רפתה דאגתו קימעא. אך הזמינם לביתו, ערך להם סעודה וכיבד את בן אמו במעדנים מפוארים יותר, כשהוא מסתכל אל כל אחד מהם ומנסה להסיק ממראיהם, אם מקננת איזו קנאה בלבם. וכשראה אותם שמחים וצוהלים על כיבוד הקטון, כבר קבע, על פי שתי עדויות, כי שום שנאה אינה מהבהבת בלבם. אך הוא העלה בדעתו עוד עדות שלישית – הטלת האשמה על הקטון בגניבה כביכול של הגביע. כי זה אמור היה להביא את הראיה הניצחת לרחשי לבו של כל אחד מהם, ולהזדהות עם אחיו שעליו באים בעלילות דברים. על סמך כל אותן עדויות השתכנע מעתה, כי אין מחלוקת ואין מזימה נגד בית אמו (פילון, על יוסף 232–236, עמ' 170).

יוסף, על פי פילון, חי במשך שנות צמיחתו במצרים עם ייסורים מרים וכבדים על הפקרת אחיו בידי אֶחָיו ועם חשש לגורלו. מהרגע הראשון שזיהה את אחיו רקם תוכנית לבחינת מצבו של אחיו הצעיר ולהצלתו במידת הצורך. כל הפעולות המתמיהות של יוסף נעשו כדי לממש את התוכנית.[21] הרוגע שנסכה בו הסעודה שבה שמחו אֶחָיו במנת היתר שניתנה לבנימין, ועוד יותר ממנה, היחלצות האחים להגנה על אשמת בנימין, הביאו לסיומו של מסע ההתנכרות ולחשיפת זהותו ושליחותו בפני אחיו.

פילון אינו מסתפק בהצגת מניעיו הטהורים של יוסף, והוא מבליע בין תיאוריו דברי שבח על מוסריותו הנעלה של יוסף אף בעניינים שאינם קשורים ביחסיו עם האחים.[22]

21. פילון אינו מזכיר את מאסר האחים לשלושה ימים, ומציג את מאסר שמעון בלבד כבן ערובה שיבטיח את הורדת בנימין. כנראה פילון לא מצא הסבר מניח את הדעת לתרומת מאסר האחים לבירור מצבו של בנימין, ולפיכך השמיט אותו.
22. ראו הערתו על מנהגי הסעודה של יוסף כשבין מוזמניו יושבים גם מצרים: "...מאחר שהמארח לא מצא לנכון, בשל הרעב, להתענג בעת צרת הכלל... ציינו לשבח גם את העובדה שהוא פונה עורף לדבר הנתעב, הראוותנות... ובכן, לא היה בכיבוד כדי לעורר איבה, בהיותו הולם את השעה, ואת החסר מילאו גינוני אדיבות מתמידים..."

מעניין שעל אף מאמציו של פילון לייחס ליוסף אך ורק מניעים טהורים של הדאגה לשלום אחיו, כשהוא עוסק במאסר שמעון נפלטים לו כמה משפטים שניתן להבינם כפעולות נקם של יוסף במי שהיה מרכזי בתכנון ההתעללות בו:

> ברם טעם הדבר היה גם בכך, שלדעתו חלקו של הלה בחטאם היה חלק הארי, בהיותו מעין מפקד המכשיר את האחרים לטינה, שכן אילו התייצב לצדו של הבכור... או אז אולי, כן אולי, היה נמנע אותו מעשה עוול... והנה ערק הוא ממחנה האדיבים וטובי הלב והצטרף למחנה הפראים והקשוחים... מטעמים אלה, לדעתי, הוא לבד נאסר מבין כולם (על יוסף 176–177, עמ' 162).

מה מביא את פילון לייצג את יוסף בחיבורו 'על יוסף' בתכונות מוסר עילאיות, שנדמות כבלתי אנושיות לנוכח התלאות שעבר בגין אחיו?

בעיון לפרשת וישב הוצע שפילון ב'על יוסף' מעמיד את יוסף כאב טיפוס לאיש המדינה הדגול, שלנגד עיניו עומדת אחריותו על הנהגת העתיד, ועל כן אינו ער לרחשי המתח החברתיים שמתנהלים בסביבתו. בתום לבו הוא מאמין שסביבתו שותפה לשאיפת הצלחתו במילוי התפקיד הלאומי.[23] האם תיאור איפוקו של יוסף ביחסיו עם אחיו עם הגעתם למצרים הוא המשך של מגמה זו?

דומה שבתיאור אצילותו של יוסף עם אחיו, פילון מכוון לשלמות רחבה יותר מאשר המדינאי הדגול. וכך מתארת ניהוף את אופי הטיפול הפילוני ביוסף: "דמות מופתית שאין בה פגם או סתירות פנימיות, אלא כל מעשיה ודבריה הולמים דגם נעלה של אישיות. פרטים מקראיים שאינם הולמים את הדגם מצונזרים".[24]

הנחתי היא שבדגם השלמות שפילון מעניק ליוסף, הוא מבקש להציג את האנטיתזה של המנהיגות היהודית באלכסנדריה בת זמנו. פילון מבקר

(על יוסף, 205, עמ' 166). תיאור זה של יוסף הוא בסתירה לביקורת שמשמיע פילון על יוסף בפירושיו האלגוריים, בעיקר בחיבורו 'על החלומות'. על פער זה ראו: גרואן, מסורת והלניזם, עמ' 81–109.

23. ראו לעיל עמ' 271, בתיאור עיוורונו (החיובי) לרחשי הקנאה שבעבעו באחיו.

24. ניהוף, סיפור יוסף, עמ' 116.

בחיבוריו האלגוריים לא פעם את נטייתם של יהודי מצרים להיטמע בסביבתם מבחינה תרבותית.[25] יוסף המקראי עשוי לשמש להם מודל למנהיג בארץ זרה שנטמע בתרבות המצרית, עד כדי כך שאינו מזוהה על ידי אחיו.

כך מתאר פילון את חששו של יעקב כשבניו סיפרו לו על גדולת בנו במצרים:

> אך השמחה עוררה מיד בלבו את הפחד שמא נטש אורחות אבותיו. שכן ידע, כי נוחים בני הנעורים להיכשל, כי הישיבה בנכר נותנת לאדם יד חופשית לחטוא, ובמיוחד הישיבה במצרים, ארץ עיוורת לאלוהי האמת... גם ידע את התקפות העושר והתהילה... ומפני שהוא נעזב לנפשו ואיש מבית אביו לא ירד יחד עמו כמוכיח, בהיותו בודד ומשולל מורים טובים, עלול היה להמיר אורחותיו באורחות זרים (על יוסף, 254, עמ' 173).[26]

פילון מבקר את יוסף על מנהגיו המצריים בחיבורים בעלי פרשנות אלגורית,[27] אולם ב'על יוסף' הוא בוחר להעמיד אותו כאב האומה שמעשיו הולמים את היהודי הנאמן המקיים את מסורת אבותיו ונוהג בבדלנות מסביבתו הנוכרית בהנהגותיו כשליט ובמידותיו. תחת החשד שאחיו לא הכירו את יוסף מחמת דמיונו לשכניו המצריים, שם פילון בפי האחים הערצה לתכונותיו המנוגדות:

> ביודעם את רברבנותם וגסות רוחם של המנהיגים האחרים, היה להם לפלא שאין בו כלום מן הראוותנות וההתבלטות.

היצמדותו של פילון לפרשנות מעשיו התמוהים של יוסף כמבחן משפחתי של אֶחָיו הבודק את יחסם לבנימין מאפשר לו להעמיד את יוסף כמופת מנהיגותי שאינו מושפע ממידות הקנאה והנקמה שמאפיינים את שליטי סביבתו. יוסף

25. ראו: הולנדר, דמותו של יוסף, עמ' 245–246; ניהוף, פילון על זהות יהודית, עמ' 74–75, 137–158. על פילון ויחסו להיבדלות היהודית מתרבות סביבתו באלכסנדריה ראו: פירס, על האחר, עמ' 140–155.
26. ראו: ניהוף, בגדים חדשים, עמ' 36–55 הרואה בפסקה זו מפתח להבנת יחסו של פילון ליוסף. ראו גם: טובין, מסורת ופרשנות, עמ' 271–277.
27. ראו 'בעל החלומות' 2 105–108, עמ' 374 וראו פירס, ארץ הגוף, עמ' 119, 201–205.

שבנקל יכול היה להתנכר למשפחתו ולמוצאו הקדום, לאחר שנדחה מהם, וקיבל כבוד ויוקרה תחתיהם, מגלם סמל מוסרי המצליח לנטרל לחלוטין את רגשות העבר (על אף קיומם, כפי שאולי מבקש פילון להוכיח על ידי תיאור מניע מאסר שמעון). פילון מרחיב בציור זקיפות קומתו האיתנה של יוסף לנוכח פיתוי הטמיעה (הגשמית הרוחנית והאישיותית) שארבו לו בשנות בדידותו במצרים, והתעוררו מחדש עם זיהוי אחיו וזיכרונות מעשיהם כלפיו, שהתאפשרו הודות לאמונתו ביד המכוונת של האל: "עם זה שקל בדעתו ומצא, כי סבל מה שסבל לא כל כך בשל מזימות אחיו אלא על פי עצת אלוהים המביט מרחוק ורואה את העתיד לא פחות מן ההווה".[28]

3. טיהור יוסף ממניעי נקמה בקדמוניות היהודים

מפגש יוסף עם האחים מתפרס בחיבורו של יוספוס על פני עמודים רבים המכילים את מרבית פרטי הסיפור המקראי עם שינויים, וכן תוספות רבות הכוללות תיאור סגור ליבם של הגיבורים ומניעיהם הכמוסים, הערות אגב של פרשנות המחבר לאירוע, וכן הרחבה ניכרת של נאומי הדוברים.

יוספוס, בניגוד לשני קודמיו (מחבר היובלים ופילון), אינו מאפשר לקוראי השכתוב לתהות לרגע אחד על פשר מעללי יוסף באחיו, ומטרים מידע על תכלית פעולותיו של יוסף באחיו. תכף אחרי האשמתם בריגול מסביר יוספוס מה הרוח שביקש יוסף להפיק מהאשמה זו:

> את זאת עשה, כדי להוציא דברים מפיהם על אביו ועל כל מה שקרהו לאחר שהלך ומשום שרצה לדעת דבר גם על בנימין אחיו. כי חשש, שמא סילקו גם אותו מתוך המשפחה, כדרך שעשו לו (קדמוניות היהודים 2.99, עמ' 48).

יוסף מתואר על ידי יוספוס כמי שדאגתו נתונה לשלומם של אביו ואחיו בנימין. יוסף אינו מבקש לברר מדוע עוללו לו אחיו את מה שעוללו, אלא שואף לדעת כיצד התמודד אביו עם הידיעה על השלכתו לבור או על מכירתו לישמעאלים, וכן מביע דאגה כלפי בנימין שמא נודה אף הוא על ידי אחיו.

28. פילון, על יוסף 236, עמ' 170.

יוספוס מוסיף פרטים על המסופר במקרא המוכיחים כי התעללותו לכאורה של יוסף באחיו מניבה את הפירות המבוקשים, ועל כן יוסף ממשיך בתוכניתו. כך, למשל, את דברי האחים המנסים להוכיח את חפותם מאשמת ריגול על ידי תיאור הסטטוס המשפחתי: "ויאמרו שנים עשר עבדיך אחים אנחנו בני איש אחד בארץ כנען והנה הקטן את אבינו היום והאחד איננו" (בראשית מב, יג) הוא מפתח לציור תמונת המשפחה, שמספקת ליוסף בקווים כלליים את המידע המבוקש:

> כל עוד היו כולם חיים היינו מאושרים. וכשמת יוסף, אחד האחים, נשתנו העניינים עלינו לרעה, כי אבינו עורר עליו מספד רב ואנחנו מתענים באסון, שהסב לנו מותו, ובסבלו של הזקן... ומסרנו לבנימין, הצעיר שבאחים, את הדאגה לאב ואת הפיקוח על הבית... (שם, 2.103-104, עמ' 48)

מדבריו של ראובן, יוסף מבין כי אביו שרוי באבל ובסבל כבר שנים רבות על מחשבת מותו, ואילו בנימין מוגן בביתו וממלא את תפקידו בשמירה על האב הזקן.

את פעולתו הבאה של יוסף במאסר אֶחָיו מנמק יוספוס ברצונו לאמת את הפרטים שמסרו האחים על ידי הורדת אחיהם בנימין:

> וכשנודע לו ליוסף, שיעקב עודנו בחיים והאח לא אבד, הכניס את האנשים לפי שעה בבית הסוהר והתכונן כביכול לענותם, תוך כדי חקירה, בשעה כשרה... (שם, 2.49, עמ' 49)

מעשי ההתעמרות של יוסף באחיו שאינם משתלבים עם התכלית שהציע יוספוס לפעולותיו של יוסף, אינם נזכרים בשכתוב בקדמוניות. הביקור השני של האחים במצרים מתואר בתמציתיות. יוסף מתואר כמי ששחרר את שמעון וטיפל בו, אולם כל יתר הפרטים על אופי האירוח, בכיו של יוסף, הושבת האחים על פי גילם והשיח ביניהם אינם מופיעים. מה שכן מוזכר הוא המנות הכפולות שנתן לבנימין והטמנת הגביע באמתחתו כהמשך התוכנית לבחון את יחס האחים אליו:

> ועשה זאת, משום שרצה להעמיד את האחים בנסיון, אם יעזרו לבנימין,

> כשיתפס בגנבה ויהיה בסכנה כביכול, או יעזבוהו לנפשו, משום שלא עשו בעצמם כל רע, וילכו וישובו לאביהם (שם, 2.125, עמ' 50).

והוא מדגיש את השגת המטרה: "והללו הסגירו את עצמם לענשו, כדי להציל את בנימין" (שם, 2.137, עמ' 51), ולאחר נאום יהודה:

> ויהודה היה מוכן לסבול הכל ברצון למען הצלת אחיו והשליך את עצמו לרגלי יוסף... וגם כל האחים נפלו בדמעות לפניו ומסרו את עצמם למות בעד בנימין.[29]

יוספוס מרחיב את נאום יהודה הרבה מעבר לנוסח הנאום המקראי.[30] מה שרלוונטי לענייננו הוא ההבדל בין המקרא לקדמוניות היהודים בתיאור השפעת הנאום על יוסף. במקרא קשה לדעת מה מכל פרטי הנאום שבר את יוסף וגרם לו להתוודע אל אחיו דווקא בנקודה זו, אולם דומה שהמקרא מבקש לתאר בעיקר את האמוציות הקיצוניות של האירוע.[31] לעומת זאת, יוספוס, שכבר ייחס פרצי בכי מוקדמים ליוסף, מצנזר את מרבית ביטויי הרגש המקראיים. מדבריו עולה כי סיבת התוודעותו בנקודה זו לאחיו היא התרשמותו שמטרות התעמרותו בהם הושגו:

> משבח אני אתכם בגלל מדותיכם הטובות ובכלל אהבת אחינו והנני מוצא, שטובים אתם משש־ערתי על סמך מה שיעצתם עלי. כל זאת עשיתי, כדי להעמיד בנסיון את אהבת האח שלכם. אני חושב, שלא

29. בניגוד לכתוב שבו הם מציעים שיישאו את העונש יחד עם בנימין: "הננו עבדים לאדני גם אנחנו גם אשר נמצא הגביע בידו" (בראשית מד, טז).
30. כמעט שליש מהנאום מוקדש לתיאור מצבו של האב ולצורך להגן עליו (2.147–152, עמ' 53, ועוד יחידה שמוקדשת לבקשת חנינה על בנימין 2.155–156; 2.158, עמ' 54). השוואת נאום יהודה בקדמוניות לנאום יהודה המקורי מצדיקה פרק בפני עצמו. על ניתוח הנאום וסגנונו על רקע כותבי הנאומים ההלניסטיים בסביבתו של יוספוס ראו: פירס, רחמים ורגש, עמ' 858–862.
31. השוו: בן־נון, הפילוג והאחדות, הסבור שהמילים "ואמר אך טרף טרף" הן שהביאו לשבירתו של יוסף לנוכח הגילוי המרעיש של הטעיית האב, לעומת שטרנברג, פואטיקה, עמ' 308 ופון ראד, בראשית, עמ' 397, המתארים את הסולידריות של האחים לבנימין וקבלת היותו מועדף על פניהם כמה שהכניע את יוסף.

הרשעתם גם כלפי מתוך עצם טבעכם, אלא בעצת אלוהים (בא הדבר) והוא שגרם לשפע הטובות של שעה זו ולעתיד לבוא, אם ישמור לנו את חסדו. לאחר שנודע לי על שלום אבי, שלא פיללתי לו, ולאחר שראיתי את התנהגותכם כלפי אחיכם, שוב איני זוכר מה שחטאתם לי, כפי שאתם חושבים, ולא ארחש גם להבא כל שנאה אליכם על כך (שם, 2.161-162, עמ' 54).

יוספוס מייחס חשיבות רבה לטיהור יוסף מכל חשד של מעשה נקמה שיכול היה להיווצר לנוכח תיאור המעשים הנדמים כהתעללות במשפחתו. נאום השליחות המקראי של יוסף מומר בנאום פיוס משפחתי שהושג על ידי עמידת אחיו בניסיון שהעמיד להם.

יוספוס מגדיל לעשות ומוסיף לדברי הפרידה של יעקב מבניו שבח מיוחד ליוסף על השליטה העצמית מנטיית הנקמה הטבעית:

אף סיפר [יעקב] בשבחו של יוסף, שלא נטר איבה לאחיו, אלא נהג בהם באצילות לפנים משורת הדין וגמל להם טובות, שאחרים לא היו גומלים אותן אפילו למיטיביהם (שם 2.194, עמ' 57).

הסיפור המקראי מותיר את שאלת חשיפת יעקב למעללי בניו ביוסף פתוחה,[32] ואילו יוספוס מכריע שיעקב ידע גם ידע, ורווה נחת מאיפוקו של בנו.

מה גרם ליוספוס למסגר באופן מובהק את מניעי יוסף בפעולות מול אחיו באופן שלא תתאפשר הבנה מורכבת יותר של האינטראקציה ביניהם?

חוקרים העוסקים במגמות השכתוב של סופרים יהודים בחברה ההלניסטית עומדים על הגאווה שהסב להם סיפורו של יוסף, המנהיג היהודי הנאצל, שהביא את מצרים לשגשוג כלכלי וזכה לאהדת נתיניו המצרים, ואשר ראו עצמם כבני דמותו.[33] הכותבים משתדלים לפיכך לתאר את פניו הנאצלות של יוסף, מייחסים לו היכרות עם הפילוסופיה הסטואית, וניסיונות להטמיע את עקרונותיה בתרבות המצרית שאותה הנהיג.[34] בהקשר זה יש

32. ראו, המילטון, בראשית, עמ' 703, על העמימות המכוונת בסיפור המקראי.
33. ראו למשל הולנדר, דמותו של יוסף, עמ' 252.
34. ראו למשל את יוספוס השוזר לתוך סיפור מפגשי יוסף עם האחים משפטי אגב שבהם הוא מפליג בתיאור שבחם של המצרים ושל הנורמות שהוכנסו על ידי יוסף לתרבות

לתת את הדעת לכך שאחת התכונות המרכזיות בפילוסופיה הסטואית היא תכונת המתינות והשליטה העצמית.[35]

האם זאת הסיבה למאמץ של יוספוס לנקות את יוסף מכל בדל אשמה של פעולות נקמה באחיו, שאת אחריותם המובהקת לקרע המשפחתי הוכיח בשכתוב הרקע לריב האחים, וכן בהבלחות של תיאור ייסוריהם עם הגיעם למצרים?[36] האם הענשת מבצעי פשע חורגת מעקרונות המשפט ההלניסטי?

בעיון לפרשת וישב בביאור מגמותיו של יוספוס בתיאור דמותו של יוסף הצבעתי על בחירתו של יוספוס ביוסף כבן דמותו, מחמת זיהוי הקבלה בין האתגרים שנפלו בחלקן של שתי הדמויות. דומה שאת מגמות שכתובו לתהליך הפיוס של האחים יש להבין בצורה דומה.[37]

יוספוס מגולל את תלאות חייו עם יריביו בחיבורו חיי יוסף ומפרט את ניסיונות מתנגדיו לפגוע בו, ואת בחירתו למחול להם פעם אחר פעם. בתיאוריו ניתן למצוא מוטיבים שמזכירים את סיפור יוסף ואחיו, כך למשל, כשמספר על האפשרות לנקום ביריבו האידיאולוגי יוחנן מגוש חלב ואת אמונתו בהגנה האלוהית דווקא אם ינהג כלפיו באיפוק:

> אולם אף על פי שכבשתי בכוח את ציפורי פעמיים... ושתפסתי את יוחנן – אשר זמם נגדי – פעמים רבות, לא הענשתי אותו... בגלל הדבר הזה, נראה לי, גם האלוהים – אשר העושים את מה שצריך אינם

הארגונית של המקום. את נחילי המבקרים המבקשים תבואה במצרים מסביר יוספוס כמתאפשרים לנוכח המדיניות המצרית שהנהיג יוסף: "אלא מותר היה גם לזרים לבוא ולקנות, כי לדעת יוסף ראויים הם כל בני האדם, על יסוד קרבתם, שימצאו סיוע אצל מי שחי בשפע". דברי שבח דומים שם יוספוס גם בפי האחים: "שכן שמענו עליכם, שפתחתם את ממכר התבואה לא לאזרחיכם בלבד, אלא לכל הזרים, משום שהחלטתם ליתן רווח לכל הנצרכים" (שם 2.101, עמ' 48). התפיסה שכל בני האדם באשר הם ראויים לעזרה היא תפיסה הלניסטית, המעוגנת בפילוסופיה הסטואית. יוסף הוא אם כן ההוגה העתיק של אידיאולוגיות אלו. ראו: שליט, קדמוניות היהודים, עמ' מט-נ הערה 51; פלדמן, דיוקן יוסף, עמ' 387 והלאה. פלדמן מראה כיצד יוספוס מייחס ליוסף את התכונות הנחשבות בעלות ערך בחברה ההלניסטית המשכילה.

35. ראו פלדמן, דיוקן יוסף, עמ' 401-405.

36. ראו למשל את תיאור חשבון הנפש שהוא מייחס להם: "ודכאון תקף את כולם לדברי ראובן וחרטה על הנעשה, כאילו לא החליטו בעצמם על המעשים שבגללם, כפי שנדמה להם, נפרע אלהים בדין מהם" (שם 2.108-109, עמ' 49)

37. ראו הצעתה של ניהוף, בגדים חדשים, עמ' 54.

"וידבר אתם קשות" – על מה ולמה התנכר יוסף לאחיו?

נעלמים ממנו – הציל אותי מידיהם של אלה ושימר אותי לאחר מכן כאשר נפלתי בסכנות רבות (חיי יוסף, 82–83, עמ' 82–83).

וכן כשמתאר את שחרור אנשי טבריה שהושמו במאסר בגלל מרידתם בו:

ואני שלחתי להביא מבית הסוהר את אנשי טבריה... והזמנתי אותם לסעוד עמי... וגם להם יעצתי לעשות אותו הדבר, בהמתינם לשעת כושר, ולא להיות מלאי תרעומת כלפי כמפקדם; שהרי לא בקלות יוכלו למצוא לעצמם אחר אשר ידמה לי במתינותו... אחרי ששוחחתי כך במשך הסעודה עם אנשי יוסטוס, עם שחר ציוויתי לשחרר את כולם מבית הסוהר (שם, 175–178, עמ' 98).[38]

בנספח לחיבור פורק יוסף את תסכולו מיריבו המר ההיסטוריון יוסטוס, ומאשים אותו בעיוות ההיסטוריה, בין השאר בטופלו על יוספוס אשמת נקמה ביריביו.[39] יוספוס מוכיח באותות ובמופתים את השקר שבהאשמותיו של יוסטוס, ומסביר את מניעיו הפסולים בסטיותיו העובדתיות בחיבורו ההיסטורי.[40] יש להניח שבהעמדת טוהר כוונותיו של יוסף מול האחים היורדים למצרים, מבקש יוספוס פלטפורמה נוספת להוכחת חפותו מאשמת יוסטוס. יוספוס כיוסף זכר כל העת את שליחותו למען אחיו היהודים, ולפיכך החניק כל רגש נקם ומיקד את פועלו לשם השגת מטרה זו.

38. ראו גם תיאור יוספוס כמי שמרגיע את זעם ההמונים המבקשים להרוג בבוגדים מקרב אנשי הגליל בחיי יוסף 262, עמ' 113, וכן שם, 266, עמ' 113: "ולאחר שפניתי אליו בדברי מוסר על כך שאין להיטלטל לכדי חֵמה והטלת עונשים בכעס שאי אפשר לתקנם".

39. ראו: חיי יוסף, 353–355, עמ' 126.

40. על מאבק ההיסטוריונים (יוספוס ויוסטוס) ועל השערת החוקרים בדבר מניעי כתיבת "חיי יוסף" בעקבות מאבק זה ראו בהקדמה של שוורץ, חיי יוסף, עמ' 7, לעומת לאקיר, ההיסטוריון היהודי, עמ' 7–23, 47–50.

4. נקמה ואחווה, תוכחה וגעגוע במפגש יוסף עם אחיו בספרות חז"ל

שכתובי המפגש בין יוסף לאחיו שנותחו עד כה מאופיינים בהגדרת מטרה קונקרטית שלשם השגתה פעל יוסף, תוך הסבר התנהגויותיו המתמיהות בהתאם לתרומתן להשגת היעד המבוקש. מכנה משותף נוסף לשכתוב סיפור יוסף ואחיו בשלושת החיבורים שנדונו לעיל הוא ייחוס מניעי אצילות ליוסף, הן באחריות שקיבל על תיקון הקרע המשפחתי ובניית המשפחה מחדש הן בדאגתו לשלומו של אחיו הצעיר ויצירת תנאים שבהם יוכל לפקח עליו אם יעלה בליבו חשש שבנימין בסכנה.

דרשות חז"ל שעוסקות בפרשנות מעשי יוסף עם ירידת אחיו למצרים ועד להתוודעותו בפניהם שונות בתכלית. ראשית, אין בדבריהם רמיזה גלויה למניעי יוסף בהתנכרותו אל אחיו, כפי שראינו בחיבורים הקודמים. בכך דומות הדרשות לסיפור המקראי שאף הוא אינו חושף את מניעיו הישירים של יוסף. שנית, דומה שלא ניתן להצביע על יעד אחיד של כל הדרשות בהסבר מניעי יוסף, כפי שנראה להלן. שלישית, המגמה המשותפת של הוכחת אצילותו של יוסף והתעלותו מעל נטיות אנושיות של נקמה או פגיעה מכוונת שראינו בחיבורים הקדומים, אינה נחלתן של כמה מדרשות חז"ל. חיבורי המדרש מכילים גם דרשות שמתארות באופן מפורש התנהגות נקמנית של יוסף.

בדבריי הבאים יוצג מבחר מתוך דרשות החיבורים המדרשיים שנצמדו לסיפור מפגש יוסף והאחים במצרים, תוך ניסיון לעמוד על הרבגוניות של פרשנות מניעי התנהגותו של יוסף.[41] לאחר מכן תוצענה הנחות להסבר בחירתם הייחודית של עורכי חיבורי המדרש בהצגת מנעד של רגשות שליוו את יוסף במפגש הטעון עם מי שנטשו אותו בשעה ששיווע לחנינתם.

4.1 יוהרה, נקמה ונטירה בהתנהלות יוסף עם אחיו

הפסוק המתאר את תגובתו הרגשית הראשונה של יוסף למראה אחיו במצרים מעוררת בקורא תחושה שיש בהתנהגותו של יוסף מרכיב של נקמה שצפה

41. במסגרת עיון זה לא אוכל להציג את כל הדרשות העוטפות את פסוקי בראשית העוסקים במפגש יוסף עם אחיו בחיבורים השונים, שכן רבות הן. השתדלתי לבחור דווקא את הדרשות השונות זו מזו מבחינת הפרשנות העולה מהן להסבר מניעי יוסף.

ועולה ומשפיעה על יחסו לאחיו. בשני פסוקי האקספוזיציה קיים מבנה חוזר של אזכור העבר ואז מעשה תמוה של יוסף באחים בהווה: "וירא יוסף את אחיו ויכרם – ויתנכר אליהם אתם קשות" (בראשית מב, ז) וכן: "ויזכר יוסף את החלמות אשר חלם להם – ויאמר אלהם מרגלים אתם..." (שם, ט).

משכתבי הסיפור ומרבית פרשניו חששו מהטלת דופי ביוסף, ושייכו לציון זיכרונות העבר חלק חשוב בהשגת היעד המרכזי שייחסו ליוסף. במדרשי חז"ל אנו פוגשים לראשונה מדרשים שאינם חוששים להטיל על יוסף אשמה של התנהגות נקמנית או גילויי נטירה.

הבחירה בשמעון כקרבן המאסר מפורשת כנקמה מכוונת על חלקו המרכזי בהטלת יוסף לבור ואטימת אוזניו לשמע צעקותיו.

> מה עשה "ויקח מאתם את שמעון", אמר אסרני והשליכני לבור, אף אני אוסר אותו (תנחומא בובר מקץ יז).[42]

בתנחומא חלה הרחבה ממשית בתיאור גיוס שבעים גיבורים כדי לאזוק את שמעון:

> באותה שעה שלח יוסף אצל פרעה ואמר ליה שלח לי שבעים גבורים מאצלך שמצאתי לסטים ואני מבקש ליתן עליהם כבלים באותה שעה שלח לו, והיו מסתכלין אחי יוסף מה היה מבקש לעשות, אמר יוסף לאותן גבורים הכניסו את זה בבית האסורים ותנו כבלים ברגליו, כיון שקרבו אצלו צווח בהן, כיון ששמעו קולו נפלו על פניהם ונשתברו שיניהם "שאגת אריה וקול שחל ושיני כפירים נתעו" (איוב ד, י) והיה מנשה בן יוסף יושב לפניהם א"ל אביו קום אתה, מיד קם מנשה והכהו מכה אחת הכניסו בבית האסורים ונתן עליו כבל (תנחומא ויגש ד).

מסורת בתנחומא בובר מטרימה מידע ושותלת כבר בתיאור אכזריותו

42. ראו גם בראשית רבה בנוסח כתב יד תימני, תיאודור אלבק, עמ' 1124; תנחומא ויגש ד. בניגוד לתיאור מקביל שבו מתוארת אדיבותו של יוסף כלפי שמעון מרגע שהאחים יצאו. ראו להלן בסעיף 4.4. השוו בראשית רבה פד, עמ' 1020: "[ויקחוהו] מי היה זה שמעון, אמתי פרעה לו 'ויקח מאתם את שמעון'".

המיוחדת של שמעון כלפי יוסף את הנקמה המעודנת שבוא תבוא, בשעה ששמעון ישב במאסר:

> מה עשה שמעון כיון שנתנו אותו לתוך הבור היה שמעון מצווה ומשליכים עליו אבנים גדולות כדי להורגו, אבל כשנפל הוא ביד יוסף היה יוסף זורק עליו פטומות (תנחומא בובר וישב יג).[43]

מדרש דרמטי במיוחד מתאר את הזירה שבה נושא יהודה את נאומו, ומדמה אותה להתגוששות שבין אריה לשור. וכך מאפיין יוצר המדרש את תכונותיו של יוסף הנמשל לשור:

> ויגש אליו יהודה. זש"ה "אחד באחד יגשו ורוח לא יבא ביניהם" (איוב מא, ח), זה יהודה ויוסף, שכל מה שנתגאה יוסף בא יהודה ונצח אותו, שנאמר "ולא יכול יוסף להתאפק". למה היו דומין, לשור שהיה יוצא והיה כל החיות בורחות מפניו, והיה בועט לזה ומנגח לזה, ובא האריה ולא עמד לפניו, אלא נראה הארי ובקשו לשור ולא נמצא, כך יוסף נמשל בשור, שנאמר "בכור שורו הדר לו" (דברים לג, יג), והשבטים נמשלו לחיות, והיה יוסף מתגאה עליהם ומבעט אותם, ויתנכר אליהם, ומנגח לזה, "ויקח מאתם את שמעון" (תנחומא ויגש ג).

מדרשים אחרים מפרשים כי אזכור זיהוי האחים וזיכרון החלומות מסגיר את תהליך החשיבה הסמוי של יוסף המבקש לבטא את מעלתו על פני אחיו. נוסח המדרש מזכיר מחשבת נטירה:

> ויבואו בני ישראל לשבר בתוך הבאים שלא יכירם אדם אמר הקדוש ברוך הוא אתם אמרתם ונראה מה יהיו חלומותיו היכן החלום מתקיים, "וירא יוסף את אחיו ויכירם והם לא הכירוהו" שלא רחמו עליו אבל יוסף ויכירם שרחם עליהם (תנחומא מקץ ו).[44]

43. פטומות אלו כפי הנראה בהמות או עופות מפוטמים. ראו ירושלמי פאה א, א טו ע"ג; פסיקתא דרב כהנא יב עמ' 212.

44. מסורת דומה בתנחומא בובר מקץ י.

עורכי שלושת החיבורים המדרשיים המרכזיים הנצמדים לסיפור יוסף ואחיו נטלו לעצמם חירות שקודמיהם לא העזו ליטול, והכניסו לחיבוריהם מדרשים שפירשו את הפסוקים בהתאם למשתמע מהם מקריאה שאינה אפולוגטית, ואף הרחיבו בהיבטי הנקם והמזג שליווה את מבצע פעולת הגמול.

4.2 יוסף מבקש להשלים מידע על מצבו המשפחתי

הקורא את סיפור יוסף ואחיו נעשה שותף למתרחש בשתי זירות, הזירה המשפחתית בחברון שאפופה באבל הכבד של האב שסבור שבנו האהוב איננו, והזירה המצרית ואתגריו של יוסף עד לעלייתו לגדולה.[45] יוסף נעקר ממשפחתו למשך עשרים ושתיים שנים, שבהן הוא תוהה מן הסתם על מה שמתחולל בביתו, ודואג לשלום אביו ואחיו הצעיר שלא היה שותף למכירתו. הציפייה הטבעית היא שבמפגש מחודש יושלם החלק החסר של עשרים ושתיים השנים, תוך התמקדות בשאלות שניקרו במוחו של יוסף בכל שנות בדידותו. החיבורים שנסקרו עד כה, נותנים מקום מועט לסוגיית השלמת המידע של יוסף, מלבד בקשתו הממוקדת לשמוע על שלום אביו ולראות את בנימין.[46] מנגד, בחיבורי המדרש מוקדשות כמה מסורות לתיאור שאלות חתרניות של יוסף, שגורמות לאחיו להסגיר פרטי מידע החושפים את אשר התרחש, ומסגירים את העצב והאבל של בני משפחתו בשנות היעדרו.

מסורת המובאת בבראשית רבה ובשני חיבורי תנחומא מתארת אופרציה שלמה שערך יוסף בכניסות למצרים, מתוך ידיעה שאחיו יגיעו לקנות אוכל, והוראות מדויקות שהוא נתן לעבדיו המצריים (או לבנו מנשה) כדי לוודא שהם יעברו אצלו. יוסף על פי המדרש אינו מסתפק בהאשמתם כמרגלים, אלא דולה פרטים מוכמנים מעברם, כדי שלא יוכלו להתחמק ממענה על שאלותיו.

> מהו ויתנכר שנעשה אליהם נכרי, נטל את הגביע והקיש בו אמ' להם "מרגלים אתם", אמ' לו "כנים אנחנו", אם כנים אתם למה לא נכנסתם בפתח אחד? אמ' לו אבא ציונו, ומה טיבכם בשוק הזונות? אבידה

45. על האמצעי הספרותי של שילוב שתי זירות בסיפור המקראי ראו: פולק, הסיפור במקרא, עמ' 149–165.

46. יוספוס מזכיר זאת במפורש כאחת ממטרותיו של יוסף. ראו לעיל עמ' 310.

אבדה לנו ואנו מבקרין עליה, אמ׳ להם אני רואה בגביעי ששנים מכם החריבו כרך גדול ואחיכם מכרתם לערביים, מיד ניזדעזעו אמ׳ לו י״ב אנחנו, והיכן השנים? אמ׳ לו אחד מת ואחד אצל אבינו, אמ׳ להם לכו הביאוהו אלי (בראשית רבה מקץ צא, עמ׳ 1123–1124).[47]

המדרש, על שלוש גרסאותיו, בעצם עונה על השאלה המקראית מדוע תיארו האחים את מצבם המשפחתי כדי להפריך את האשמתם כמרגלים. על פי גרסת המדרש, תחילה שללו האחים את האשמת יוסף בריגול, ורק כשהפנה כלפיהם האשמות משפחתיות, הם נאלצו לתאר באוזניו את הסטטוס המשפחתי.[48]

יוסף כמובן אינו מסתפק בכך ומבקש לשמוע מהי עמדת האחים כלפיו כעבור עשרים ושתיים שנים, אם עדיין הם רוחשים לו שנאה, או שמא מצאו בלבם חמלה כלפיו. מידע זה מתברר לו על פי מסורת בבראשית רבה, כשהוא ממשיך לחקור את אחיו:

ויאמרו שנים עשר עבדיך אחים אנחנו וגו׳ אמ׳ להון והינו, אמ׳ ליה זבנינן יתיה, בכמה זבינתון יתיה, אמ׳ ליה בה׳ סלעים, אמ׳ לון ואין אמ׳ לכון בר נש יהבון לי חמש סלעין ואנא יהיב יתיה לכון אתון עבדין, אמ׳ ליה אין, ואין אמ׳ לכון יהבון לי בכיפלא אתון יהבין, אמ׳ ליה אין, ואין יימר לכון אפילו אתון יהבין כמה לינא יהב לכון מה אתון עבדין, אמ׳ ליה על כן נחתן או למקטל או למיקטלה, אמ׳ להון הוא אשר דברתי אליכם וגו׳. (בראשית רבה צא, עמ׳ 1128).[49]

47. מקבילות: תנחומא בובר מקץ י; יז ותנחומא מקץ ח.
48. ראו: מאק, מראשית לבראשית רבה, עמ׳ 725–726.
49. תרגום (תיאודור אלבק, עמ׳ 1128): אמר להם יוסף והיכן הוא האחד שאמרתם שאיננו, אמרו לו מכרנו אותו, אמר להם בכמה מכרתם אותו, אמרו לו בחמישה סלעין שהם עשרים כסף, אמר להם ואם יאמר לכם אדם תנו לי ה׳ סלעים ואתן אותו לכם, תעשו כן? אמרו לו כן, אמר להם ואם יאמר לכם תנו לי את הכפל (דהיינו עשרה סלעים) אתם תתנו? אמרו לו הן, אמר להם ואם יאמר לכם אפילו תתנו לי כמה (הרבה) סלעים לא אתן אותו לכם, מה תעשו? אמרו לו על מנת כן ירדנו או להרוג או ליהרג (עליו בשביל להצילו), אמר להם "הוא אשר דברתי מרגלים אתם". וראו גם תנחומא בובר מקץ יז.

"וידבר אתם קשות" – על מה ולמה התנכר יוסף לאחיו?

יוסף מפנים את התמורה מרחיקת הלכת ביחס אחיו אליו, ומבקש לברר על מצבו של בנימין. הטמנת הגביע באמתחתו מאפשרת לו לשאול על מעורבותו בפשעי העבר, וכך לברר מה היה חלקו בסיפור הנידוי שנגזר עליו:

> כיון שראה יוסף כך, התחיל אומר להם בתחנונים ובלשון רכה, אמר להם איני רוצה לידע אלא לבנימן הזה, מי נתן לו עצה לגנוב את הגביע, שמא אתם נתתם לו עצה לגנוב את הגביע, כיון ששמע בנימן כך, אמר לא הם נתנו לי עצה, ולא אני נגעתי בגביע, אמר לו השבע לי, התחיל לישבע לו, ובמה נשבע לו, בפרישותו של יוסף אחי ממני, לא נגעתי בו, ולא בשילוח חצים שנשתלחו בו, שנאמר "וישטמוהו בעלי חצים", ולא בהפשט שהפשיטוהו, שנאמר "ויפשיטו את יוסף את כתנתו", ולא בהשלכה שהשליכוהו לבור, שנאמר "וישליכו אותו הבורה", ולא במכירה שמכרוהו לישמעאלים, ולא בטבילה שטבלו כתנתו בדם (תנחומא בובר ויגש ז).

בהמשכה של מסורת זו ובמקבילותיה מתוארת הצלחתו של יוסף להגניב שאלות אינפורמטיביות אל בנימין במהלך הסעודה.[50] תשובות בנימין לשאלותיו חושפות בפניו תמונה כואבת של הגעגועים המייסרים אליו:

> ויגש אליו יהודה מה כת' למעלה מן העינין "וישא עיניו וירא את בנימן אחיו". אמ' ר' שמואל בר נח' בשעה שראה יוסף את בנימן מיד נתקררה דעתו ופתח ואמר "אלהים יחנך בני", באותה שעה אמ' להן קרבוהו אצלי, והיה משאיל אותו:
> בני כלום אח יש לך?
> אמ' לו אח היה לי ואיני יודע להיכן הלך,
> אמ' לו יש לך אשה?
> אמ' לו יש לי אשה ועשרה בנים,
> אמ' לו מה שמן?
> אמר לו בלע ובכר ואשבל וגו'...

50. בתנחומא בובר ויגש ז שאלות אלו מוצגות לבנימין רק לאחר שהגביע אותר בשקו, ואילו במסורות המקבילות שאלות יוסף לבנימין נשאלות עוד קודם לכן במהלך הסעודה.

מפני מה קראת להם השמות הללו?
אמ׳ לו כולן קראתי אתם על שם אחי,[51] בלע שנבלע בעולם ואיני יודע להיכן הלך, ובכר שהיה בכור לאמו, ואשבל שנשבה מאביו והלך לו, גרא שגר באכסניות, ונעמן שהיה נעים לאביו ולאמו, אחי שהוא אחי, וראש שהוא ראשי, מפים וחפים שראשו חפוי בין עובדי עבודה זרה, וארד שירד ממדינה למדינה (בראשית רבה ויגש צג, עמ׳ 1164-1165).[52]

ובתנחומא ויגש ד מסתיימת הדרשה כך:

ומיום שגלה יוסף אחי ירד אבי מעל המטה וישב על גבי קרקע שוכב, ולא עוד אלא בשעה שאני רואה את אחי כל אחד ואחד יושב לו אצל אחיו ואני יושב לבדי זולגין עיני דמעות, באותה שעה נתגלגלו רחמי יוסף עליו שנאמר ״וימהר יוסף כי נכמרו רחמיו״ (תנחומא ויגש ד).

ההתוודעות של יוסף לאחיו על פי המסורות הללו התרחשה רק לאחר שיוסף שוכנע שפני אחיו לשלום, שאחיו הקטן מתאבל עליו והכול בשלים לקליטתו מחדש במשפחתם.[53]

אמ׳ ר׳ חייא בר בא כל הדברים שאת קורא שדבר יהודה ליוסף בפני אחיו עד שאת מגיע ״ולא יכל יוסף להתאפק״ היה בהם פיוס ליוסף ופיוס לאחיו ופיוס לבינימן, פיוס ליוסף, ראו היאך נותן נפשו על בניה שלרחל, פיוס לאחיו, אמ׳ ראו היאך הוא נותן נפשו על אחיו, פיוס לבינימן, אמ׳ לו כשם שנתתי נפשי על אחיך כך אני נותן נפשי עליך (בראשית רבה ויגש צג, עמ׳ 1158).

51. בתנחומא בובר ויגש ז בנימין מקדים לתיאור הולדת בנו משפט מרגש: ״א״ל משמותן של בני אתה יכול לידע כמה אני מחבבו, שהוצאתי שמותן על מה שאירע לו...״.

52. מקבילה: תנחומא ויגש ד.

53. מעניין שאין מדרש המתאר את השאלות שהפנה אל אחיו כדי לדלות מידע על שלום אביו. דומה שלא היה צורך בכך שכן על פי הסיפור המקראי השאלות שמפנה יוסף אל אחיו הם בעיקר בעניין שלום אביו, ובנאום יהודה נפרס בהרחבה מצבו הדווי של אביו.

4.3 תוכחה והכוונה לתיקון

הסיפור המקראי מייחס ליוסף מחילה מוחלטת על חטאי האחים כלפיו תוך הדגשת הבנת שליחותו במצרים, "ועתה אל תעצבו ואל יחר בעיניכם כי מכרתם אתי הנה כי למחיה שלחני אלהים לפניכם" (בראשית מה, ה). האזכור "אשר מכרתם אותי מצרימה" (שם, ד), גם אם רומז אולי לתוכחה עקיפה כלפי האחים, נדמה יותר כסימן היכר שביקש יוסף לתת לאחיו כדי להוכיח את אמינות זהותו.[54] בשונה מהמקרא, במדרשי חז"ל מתואר יוסף כמי שסונט באחיו ומזכיר להם את חטאי העבר כלפיו.

עם הגיעם של בני יעקב למצרים והטלת חשד מרגלים עליהם, מוכיח להם יוסף את היכרותו עם עברם:

> אמ' להם אני רואה בגביעי ששנים מכם החריבו כרך גדול[55] ואחיכם מכרתם לערביים (בראשית רבה מקץ צא, עמ' 1124).

בשעה שיהודה מקבל אחריות על גנבת הגביע, מצדיק את הצרה שנחתה עליו ומבקש להגן על בנימין, יוסף מפקפק בטוהר כוונות האחים לנוכח פשיעתם בעבר באח חף מפשע:

> אמר להם ומה אחיכם הראשון שלא גנב ולא ציער אתכם, אמרתם טרוף טורף, זה שגנב וציער אתכם על אחת כמה וכמה, לכו אמרו לאביו טרוף טורף (תנחומא בובר מקץ יג).

יוסף, על פי המדרש, אינו מרפה וממשיך להזכיר ליהודה ולאחיו לא רק את עוון מכירתו, אלא גם את הצער שגרמו לאביהם עם השקר שהשמיעו באוזניו:

> מפני מה לא ערבת את אחיך כשמכרתם אותו לישמעאלים בעשרים כסף וצערת את אביך הזקן ואמרת לו טרף טורף יוסף והוא לא חטא

54. ראו: המילטון, בראשית, עמ' 575: "Nobody but Joseph and his brothers would be aware of this telltale bit of family history".

55. בתנחומא בובר מקץ י: "אמר לשמעון וללוי למודים אתם להיות בוזזים את בני אדם כשם שעשיתם בשכם".

לך אבל זה שחטא וגנב הגביע אמור לאביך הלך החבל אחר הדלי (תנחומא ויגש ה).

דומה ששיא הטחת האשמה תוך אזכור כל חטאי העבר של האחים, הוא בדו־שיח הלוחמני והארסי שמייחס התנחומא ליהודה ויוסף. כל איום של יהודה להיפרע ממצרים אם לא ישחררו את בנימין, נענה בהאשמה עוקצנית סרקסטית של יוסף:

אמר ליה יהודה ליוסף תדע שמתחלה לא באת עלינו אלא בעלילות, בתחילה אמרת לנו מרגלים אתם, שניה אמרת לראות את ערות הארץ באתם, שלישית גביע גנבתם, אני נשבע בחיי אבי הצדיק ואתה נשבעת בחיי פרעה הרשע אם אני אוציא חרבי מנרתיקה אמלא כל מצרים הרוגים, א"ל יוסף אם תוציא חרב מנרתיקו אני כורכו על צוארך, אמר ליה יהודה אם אפתח את פי אבלע אותך, אמר ליה יוסף אם תפתח פיך אני סותמו באבן, אמר יהודה ליוסף מה נאמר לאבא, א"ל אמור לאביך הלך החבל אחר הדלי, א"ל יהודה דין שקר אתה דן אותנו, א"ל יוסף אין לך דין שקר כמכירת אחיכם, א"ל יהודה נורא דשכם דליק בלבי, א"ל יוסף נורא דתמר כלתך אנא מטפי, א"ל יהודה רתח אנא ולית דמהימן לי, א"ל יוסף רתחא דידך אנא מתבה, א"ל יהודה עכשיו אני אצא ואצבע כל שווקים שבמצרי' בדם, א"ל יוסף צבעי' הייתם מימיכם שצבעתם כתונת אחיכם בדם ואמרתם לאביכם טרף טרף (תנחומא ויגש ה).[56]

הדרשנים אינם מסתפקים אפוא ברגשות האשמה המלווים את האחים כפי שמפורט בפסוקים, ושמים בפי יוסף דברי תוכחה קשים המציבים בפניהם מראה של מעורבותם הפושעת במחדלי העבר המשפחתיים.

לדברי ההאשמה הקשים של יוסף במדרש מצמידים עורכי החיבורים מסורות שתפקידן להצביע על תפקידה החינוכי של תוכחת יוסף, בהבאת האחים להכרה בחטא ולתיקונו:

"ויאמר יוסף אל אחיו אני יוסף" וגו'. ר' שמעון בן אלעזר משם [ר' אלעזר] בן עזריה שהיה אומ' דבר משם אבא... אוי לנו מיום הדין. אוי

56. על נאום יהודה בדרשת התנחומא ראו להלן בעיון לפרשת ויגש.

לנו מיום התוכחה... יוסף קטנן שלשבטים היה. ולא יכלו אחיו לעמוד בתוכחתו... לכשיבוא הקב'ה להוכיח כל אחד ואחד לפי מה שהוא... על אחת כמה וכמה (בראשית רבה צג, עמ' 1160).[57]

מקבוצת דרשות זו עולה כי מעשיו התמוהים של יוסף שנדמים כפגיעה באחיו בעת חולשתם, היא התנהלות מכוונת שמטרתה לגרום לאחים להיזכר במחדלי העבר. רק משהשתכנע יוסף בתהליך התיקון שהם עברו הוא חושף את זהותו ואת השליחות שאפשרה איחוד משפחתי מחודש.

האם רק האחים נדרשו לתקן את מחדלי העבר? ומה לגבי ליקויי אישיותו המתנשאת והתלושה של יוסף שקוממה עליו את האחים?

4.4 אחווה, געגוע והוכחת שינוי אישיותי של יוסף

בקטעי המדרשים שלפנינו יובלט המאפיין הרביעי של הדרשות המתלוות לתיאורי מפגש האחים – ביטויי חמלה, דאגה וגעגוע שמוצבים בניגוד לכמה ממאפייני אישיותו של יוסף בימי צעירותו בחברון (ואף בניגוד לכמה מהמסורות שהובאו לעיל המייחסות ליוסף יהירות ושאיפת נקם).

יוסף אסר את שמעון, אולם משנסתלקו האחים, דאג יוסף לכל מחסורו של שמעון, עד כדי כך שכאשר הוציא אותו עם הגעת האחים בשנית למצרים, היה נראה בעיניהם עגול כחבית:

"ויסב מעליהם ויבך וגו' [ויקח מאתם את שמעון ויאסר אתו לעיניהם]" ר' חגיי בשם ר' יצחק אמ' לעיניהם אסרו, כיון שיצאו להם, הוציאו והיה מאכילו ומשקו ומרחיצו וסכו (בראשית רבה צא, עמ' 1130).[58]

"ויוצא אליהם את שמעון" ר' חגי בש' ר' יצחק עביד כהדין עורערה (שם צב, עמ' 1141).[59]

יוסף ואחיו כאבו את הפרידה לאורך עשרים ושתיים שנות הנתק והם שותים יין לראשונה במפגש השני במצרים.

57. מקבילה בתנחומא ויגש ה.
58. וכן בתנחומא מקץ ח.
59. ראו ביאורו של אלבק, עמ' 1140–1141: עורערה – כצרצור של שמן, "עגול כחבית לפי שהיה יוסף מאכילו ומשקהו בבית האסורים".

"וישתו וישכרו עמו" [עמו] שתו, חוץ ממנו לא שתו. דאמ' ר' לוי כל עשרים ושתים שנה [שנפרש מאחיו ו]לא ראה אותן לא טעם יין, אף הם לא טעמו יין עד שראו אותו... עמו שתו, חוץ ממנו לא שתו (שם צג, עמ' 1143).

יוסף שהביא את דיבת אחיו רעה, ועל פי המדרש חשד במוסריותם (ירושלמי פאה א, א טו ע"ד – טז ע"א),[60] נחלץ להגנתם בהדיפת החשד שמא יפגעו בו כשיחשוף את זהותו:

"ולא יכל יוסף להתאפק" וגו'. ר' חמא בר' חנינה ור' שמואל בר נחמן. ר' חמא בר' חנינה אמ' לא עשה יוסף כשורה. שאילו בעטו אחד מהן מיד מת. ר' שמואל ברא נחמן אמ' כהוגן וכשורה עשה. ידע צדקן שלאחיו. אמ' חס ושלום אן אחיי חשודין על שפיכות דמים (שם צג, עמ' 1159).

יוסף מגלה רגישות רבה שלא להוציא דופי על אחיו בפני המצרים, לפיכך מקפיד שלא תהיה נוכחות מצרית בשעה שמתפתחת סיטואציה רגישה:

ויבא יהודה ואחיו ביתה יוסף (בראשית מד, יד), מהו ביתה יוסף, והלא בכל יום ויום יוצא לדון בבימה, אלא אותו היום לא יצא, שלא לבייש את אחיו בפני המצריים (תנחומא בובר מקץ יג).
אף יוסף כיון שהרגיש שעלתה חמתו של יהודה נתירא שלא יתבייש לפני המצרים מיד אמר לאחיו אני יוסף אחיכם ולא יכלו לענות אותו (תנחומא ויגש ג).

מחוותיו האנושיות והרגשיות של יוסף כלפי אחיו, כפי שמתוארות בקטעי המדרש האחרונים, מעמידות את יוסף כשליט שחרף מעמדו הרם לא השחית את מידותיו. מחוות אלו מקבלות משנה תוקף לנוכח אדיבותו כלפי מי שביקשו להורגו, ועוד יותר מכך הן מוכיחות את כברת הדרך שעבר במהלך השנים, תוך תיקון מידותיו המקולקלות שליבו בעבר את אש המחלוקת המשפחתית. דומה שבאדיבותו החריגה ביקש יוסף להבהיר לאחיו שכל

60. על פי נוסח האקדמיה ללשון עברית עמ' 82. מקבילה בבראשית רבה וישב פד, עמ' 1010–1009.

חששותיהם מפניו התבדו. יוסף הצעיר החולם על שררה, ומתפאר ביחסו המועדף של אביו ומנצלו כדי להקניט את אחיו המופלים, מתגלה במלוא אהבתו, חמלתו ומחילתו.[61]

*

שלושת חיבורי המדרש הנצמדים לקריאת ספר בראשית מעלים מצג תזזיתי של יוסף, שהכוח המניע אותו, לצד תוכנית סדורה, הוא גם התפרצויות רגשיות לנוכח מראה אחיו, זיכרונות התעמרותם בו וגעגועיו. לצד סקרנותו לדעת את אשר אירע מאז יציאתו מהבית, ויצר נקמה במי שבמחשבתו היה אחראי מרכזי לסבלו, הוא מבקש לבחון אם בשלו התנאים לאיחוד משפחתי ולמגורים משותפים במצרים עד יעבור זעם. לפיכך הוא בוחן את תגובת האחים לפשיעתם בעבר ואת תיקונה בהווה, ובמקביל משתדל להוכיח תיקון של תכונותיו הטרומיות שהציתו באחים להבת שנאה ולנטרל את חששם מפני השלכות פערי המעמד ביניהם שנחזו בחלומותיו.

5. מדוע נקטו המדרשים פרשנות א־קוהרנטית בהסבר מניעי התנהגות יוסף?

מה גרם אפוא לעורכי החיבורים לנקוט פרשנות בלתי אחידה להתנהלות יוסף עם אחיו, בניגוד לקודמיהם, ובשונה מפרשנות קלאסית ומודרנית

61. ראו בעניין זה דבריו היפים של הרש"ר הירש לבראשית מב, ט, עמ' תד: "אך הדבר השני, והוא היה אולי חשוב עוד יותר: יוסף זכר את חלומותיו, זכר איך – על יסוד חלומות אלה – חשדו בו בתאות שלטון, עד כי ראו סכנה צפויה לעצמם, וראו את עצמם זכאים גם לבצע פשע, כביכול להגנה עצמית. אם כך היה הדבר כאשר עוד התהלך ביניהם בכתונת פסים, איך ייראו ממנו עתה בחיל ורעדה, כאשר היה 'מלך', ועוד היתה לו סיבה לשנוא אותם ולהתנקם בהם כטבע האדם ההמוני. היה זה אפוא הכרח גמור שיכירו אותו באופיו האמיתי; ולשם כך היה עליו – קודם כל – להיראות לפניהם במעמדו האמתי. עד כה ראו בו רק 'משביר', אולי שוליה של פקיד נמוך; עתה ייראה לפניהם כ'שליט'. יידעו מנסיונם שיש לאל ידו לעשות בהם ככל העולה על רוחו. אם למרות זאת יעשה עמהם חסד ויגמול להם טובה תחת רעה, הרי יוכל לקוות שיירפאו מדמיונותיהם המוטעים. כללו של דבר, בשעה שיתוודע אליהם כיוסף, חייבות עיניהם להיפקח, ושני הצדדים יעבירו מלבם את כל זכרונות העבר; רק כך יכול היה לקוות לחזור אל אביו ואחיו כבן וכאח".

מאוחרת שהתאמצה להכליל את כל פרטי מעשי יוסף עם אחיו תחת הסבר אחד לתכליתם?

אציע כמה אפשרויות לכך.

5.1 מתודולוגיה של ספרות המדרש

הסיפור המקראי הוא הבסיס להיווצרות של מגוון פרשנויות המבקשות לבאר את פשר מעשי יוסף. העובדה שהפסוקים מסתירים את כוונותיו של יוסף בכל אחת מפעולותיו, ושיש ביניהן סתירה פנימית למתבונן מהצד, עשויה להצביע על היעדרו של פשר מובהק אחד ויחיד. אופיו של המדרש הפרשני, בניגוד לספרות המשכתבת, הוא היצמדות לפסוקי המקרא אף במחיר של פגימה בלכידות הסיפור, בתנאי שהפרשנות הרבגונית משרתת את מטרותיהם של העורכים.[62] לא מן הנמנע שעורכי החיבורים מצאו מגוון של פרשנויות להסבר מעשי יוסף וליקטו אותן לחיבוריהם על אף שלא מצאו להם עיקרון מאחד. הבחירה האקלקטית של מגוון פרשנויות למניעי יוסף במפגשים עם אחיו, אפשרה לעורכי חיבורי המדרש לפרש כל מעשה של יוסף בפני עצמו, מבלי לאלץ אותו להתאים ליעד מונחה ומתוכנן. בחירתם לוותר על הלכידות הסיפורית ולהציג את מגוון המניעים להתנהגותו של יוסף, מלמדת על רווח חינוכי שהם הפיקו דווקא מערבוביית המניעים, כפי שנראה להלן.

5.2 רציפות לפרשנות המדרשית באיזון גורמי הקרע המשפחתי

בעיון לפרשת וישב עמדנו על חריגותם של מדרשי חז״ל שאינם מתאמצים לנקות את יוסף מכל אשמה, ומטילים גם עליו אחריות תורמת לקרע המשפחתי. עורכי המדרשים המבקשים לשמור על רציפות בתיאור המתח המשפחתי שהוביל לפירוד, מצאו במסורות המתארות גם היבטי נקמנות ושאיפה לבירור שותפי המעשה, המשך ישיר לתפיסתם או למגמתם בתיאור מעורבות שני הצדדים. השחרור מהגדרת מניע ספציפי להסבר מעללי יוסף

62. לעיתים יהיה זה דווקא המדרש שיבקש לפתור סתירות בין פסוקים ו״יתקן״ את פגימת האחדות של הסיפור המקראי על ידי הוספת פרטים שיפתרו את הסתירה. כך למשל את הסתירה בין התיאור המקראי ״ויאמר עשו בלבו״ (בראשית כז, מא) לבין ״ויגד לרבקה״ (שם, מב) פותר המדרש בבראשית רבה: ״אימהות נביאות היו״ (בראשית רבה סז, עמ׳ 765). על העיקרון המארגן של עריכת המדרשים ראו: שטרן, מדרש ואי ודאות, עמ׳ 132–161; מאיר, גן בעדן, עמ׳ 309–330; כהנא, שש משזר, עמ׳ 347–376. וראו בהרחבה לעיל במבוא, עמ׳ יח-כה.

באחיו אפשר לעורכים לְשַׁמֵּר את הרצף של סיפור הרקע לקרע המשפחתי. אזכור תגובתו האנושית המצופה של יוסף, שהתגלתה ביצר נקמה שהפגין כלפי אחיו, לצד תיאור רגעי התעלותו ומסוגלותו להתגבר על נטייתו הטבעית מתוך תודעת שליחות עמוקה, יוצרים את הרצף המבוקש ומעצימים במקביל את תהליך התיקון שעבר יוסף.

הוכחות לשאיפת רצף בהערכת גיבורי הסיפור ניתן להביא גם משזירתן של מסורות המבקשות שוב לאזן במעט את תמונת הקורבן התמים מול הפושע המובהק, ולתאר את ייסורי האחים, מעלתם ושאיפתם לתקן את מעשה הפשע במשך כל ימי הפירוד.

כך למשל בהסבר הכינוי והכימות של בני יעקב בירידתם למצרים ובהסבר השימוש בכינוי "אחי יוסף" ולא "בני יעקב":

> [וירדו אחי יוסף עשרה] וגו' א' ר' בנימן בר לוי ממשמע שנאמר "אחי יוסף" אנו יודעים שהן עשרה. אתמהא. אלא עשרה ח(ו)לקים לאהבה ואחד "לשבר בר" (בראשית רבה צא, עמ' 1109).
> וירדו אחי יוסף עשרה ראוי למקרא לומר בני יעקב מהו אחי יוסף, מתחלה לא נהגו בו אחוה אלא מכרוהו ובסוף נתחרטו, בכל יום א' נלך ונבקר עליו ונשיבהו אל אביו, וכשאמר להן יעקב רדו למצרים נתנו כולם בלבם לנהוג בו אחוה (בראשית רבה צא, עמ' 1122).[63]

רצף הערכת הגיבורים בעריכה המדרשית בא לידי ביטוי גם בהמשך העברת מוקד האחריות להשלכת יוסף לבור על שמעון (ולוי), תוך הפחתת חלקם של היתר.[64] בהסבר חנינת אחי יוסף מהמאסר כעבור שלושה ימים והותרת שמעון לבדו מתוארים אחי יוסף בלא פחות מהכינוי "צדיקים". מעמדם כצדיקים הוא שהביא לשחרורם המוקדם:

> "ויאסף אתם אל משמר [שלשת ימים]" לעולם אין הקב"ה מניח את הצדיקים בצרה אלא עד שלשת ימים (בראשית רבה צא, עמ 1129).[65]

63. מקבילה בתנחומא בובר מקץ י; תנחומא מקץ ח.
64. לעיל עמ' 284–285.
65. חנינת לוי, על אף שהיה שותף על פי המדרש להשלכת יוסף לבור, תוסבר באופן

5.3 דמותו של הצדיק

הדמות האידיאלית בספרות חז"ל היא דמותו של "המושל ביצרו" (משנה אבות ה, א). הגדרת הגיבור כבעל יצרים מלמדת שחכמים אינם מחפשים דמויות נזיריות, שמדכאות לחלוטין את יצרן, אלא כאלו שעובדות על מידותיהן השליליות בכל פעם מחדש ומצליחות להחניק את נטיותיהן הרעות וללכת בדרך הישר. עוד מטעימים חז"ל כי "כל הגדול מחברו יצרו גדול ממנו" (בבלי סוכה נב ע"א).[66]

חכמי האגדה, בניגוד לפרשנות קדומה ונוצרית מקבילה, מתארים את יוסף בסיפור אשת פוטיפר ככובש את יצרו, שכמעט נתפתה לה, אולם הצליח להתגבר ולהציל את עצמו מעוון זה.[67]

> אמ' רב חנא בר ביזנא אמ' ר' שמעון חסידא. יוסף שזכה וקדש שם שמים בסתר זכה והוסיפו לו אות אחת משמו של הב'ה. יהודה שקדש שם שמים בפרהסיא זכה ונקרא כלו על שם הב'ה. יוסף מאי היא. דכתי' "ויהי כהיום הזה"... א'ר יוחנן שניהם לדבר עבירה נתכוונו... "ותתפשהו בבגדו לאמר שכבה עמי". מלמד שעלו שניהם למטה ערומים. באת דיוקני של אביו ונראית לו בחלום ואמ' לו. יוסף יוסף. עתידין אחיך שיכתבו על אבני אפוד ואתה ביניהם. רצונך שימחה שמך ביניהם ותקרא רועה [זונות. שנא' "רועה זונות יאבד הון". מיד "ותשב באיתן קשתו". אמ' ר' יוחנן מלמד ששבה קשתו לאיתנה. פשפש עצמו ולא מצא. "ויפזו זרועי ידיו". מלמד שנעץ עשר(ה) צפרניו בקרקע ויצאה שכבת זרע מבין צפרני ידיו. "מידי אביר יעקב". מי גרם לו ליכתב באבני האפוד. [אבירותו של יעקב] (בבלי בבא בתרא לו ע"ב).[68]

העמדת יוסף כמי שפוגש את אחיו לאחר הסבל הממושך שעבר בעקבות פשיעתם בו, ואינו מרגיש שמץ של כעס או רצון נקמה באחיו, נדמה כעל-

פרגמטי במסורת נוספת: "ועוד פירש אותו מלוי שלא יטלו עליו עצה להרגו" (תנחומא ויגש ד).

66. ראו הבסיס הפילוסופי לתפיסה זו אצל הרמב"ם, שמונה פרקים, פרק שישי.

67. ראו: בראשית רבה פז, עמ' 1072–1073; ירושלמי הוריות ב, ה מו ע"ד; בבלי יומא לה ע"ב; תנחומא וישב ה–ו, ח–ט. על סיפור יוסף ואשת פוטיפר והפולמוס הדתי ראו: גרג, יוסף עם אשת פוטיפר, עמ' 326–346; קוגל, פוטיפר.

68. על פי כתב יד אוקספורד המובא ב"מאגרים".

אנושי. רגשות הכעס והנקם מעמידים את יוסף כמי שיצריו אינם שונים משל כל אדם אחר. היכולת של יוסף להתגבר על רגשותיו הטבעיים לאחר פורקן קצה, להתעלות מהם, למחול לאחיו בלב שלם ולהתמסר לשליחות האלוהית מתוך הכרה שהיא צריכה להכריע את פעולותיו, היא המעמידה על גדולתו. אלמלא תיעוד רגשותיו העזים כפי שעולים ממנעד הפעולות המיוחסות לו, ספק אם היינו מבינים את מלוא משמעותו של הכינוי הבלעדי שזכה לו – יוסף הצדיק.

*

מילותיו הקסומות של יוסף בעת היוודעותו אל אחיו: "ועתה אל תעצבו ואל יחר בעיניכם כי מכרתם אתי הנה כי למחיה שלחני אלהים לפניכם" (בראשית מה, ה), נדמות כתגובה לא אנושית לאדם שנדון לחיי סבל ובידוד משפחתי ארוך שנים מחמת קנאה של אחיו שכרגע הוא מבקש לעודדם. מרבית פרשני המקרא ומשכתביו התקשו להכיל פער בין מילות הקסם של חשיפת הזהות של יוסף לפעולות ההתנכרות של שלבי המפגש הקודמים, ועל כן חיפשו מניע חיובי של כל פעולותיו, גם אלו שנראות שליליות. כך נהגו שלושת משכתבי הסיפור, שהעצימו בו חלקים והשמיטו אחרים בכדי לחזק את היסוד המארגן החיובי של כל פעולות יוסף. הפרשנות החיובית של כל פעולות יוסף, והגדרת יעדי התיקון המוסרי־משפחתי שביקש להשיג בהתעמרות באחיו, שירתו את מגמות המשכתבים. יוסף הועמד כמודל לאב אומה שהצליח לשמור על מוסר והיבדלות מטמיעה תרבותית ולהחניק את דחף הנקמה, חרף מעמדו הבכיר בחצר המלוכה המצרית.

עורכי החיבורים המדרשיים מצאו יתרון דווקא במנעד האנושי־רגשי של הפסוקים, שאפשר להם לייצג את דמות אב האומה על פי תפיסתם. הצדיק אינו דמות על־אנושית שבזה לרגשותיה ומוחקת את מחדלי העבר. היכולת למחול ולהתמקד בשליחות האלוהית נובעת מבירור, תוכחה ותיקון של מעשי העבר והוכחת שינוי בהווה. התהליך המגוון שנקט יוסף עם אחיו לקראת הבאתם לאיחוד המשפחתי על מהמורותיו וכאביו, הוא סימן לדרך גאולתם של ישראל לעתיד לבוא:

> וכשם שלא פייס יוסף את אחיו אלא מתוך בכיה כך כשיגאל הקדוש ברוך הוא את ישראל מתוך בכיה הוא גואלם שנא' (ירמיה לא) "בבכי יבאו ובתחנונים אובילם אוליכם אל נחלי מים בדרך ישר לא יכשלו בה כי הייתי לישראל לאב ואפרים בכורי הוא" (תנחומא ויגש ה).

פרשת ויגש

שור וארי מתנגחין עד שבא משיח – על העימות הדרמטי בין יוסף ליהודה בגרסת התנחומא

לא קשה לדמיין את יהודה מתכונן לנאומו המפורסם בפני השליט המצרי, הלוא הוא יוסף אחיו, המחזיק את המפתח לגורל בנימין ולמעשה לגורלם של כולם. הסיטואציה שבה מציב המספר המקראי את יהודה, כערב לשלומו של בנימין בפני אביו, דורשת ממנו למקסם את יכולותיו הרטוריות בכדי לשבור את חומת ההתנגדות של יוסף השליט לחנינת אחיהם הקטן, בתמורה לכליאת אחיו במקומו. ואכן נאום יהודה, יחד עם נאומים מקראיים אחרים (כגון נאום אביגיל ונאום אביה בהר צמרים),[1] נחשב בעיני החוקרים לטקסט מכונן בלימוד אמנות הנאום.[2]

טקסט הנאום המיוחס ליהודה מכיל מרכיבי התרפסות, ביטויי רגש ואף תחבולות דמגוגיות שפעלו את פעולתן, הובילו להסרת הלוט מעל פניו של השליט הזר, ואפשרו את האיחוד המשפחתי לאחר נתק של עשרים ושתיים שנים.[3]

1. שמואל א׳ כה, כא-לא; דברי הימים ב׳ יג, ד-יב.
2. ראו: קלאוס, נאום אביגיל, עמ׳ 320-331; קלאוס, נאום אביה, עמ׳ 253-270; באך, העונג, עמ׳ 41-58; מולזק, התפקיד, עמ׳ 45-53.
3. על התחבולות של יהודה ראו: יוסטן, רטוריקה מקראית, עמ׳ 15-30 (הפניה למחבר זה באה מתוך הסתייגות ממעשים מתועבים שעשה לצד חוסר יכולת להתעלם מממצאי

אך לצד האסטרטגיות הרטוריות שניתן לדלות מנאומו, עמלו חכמי המדרש דווקא על פירוש כוונותיו הנסתרות של יהודה על ידי דיוק בבחירת המילים וניתוח הפעלים המיוחסים לו. מרבית הדרשנים פירשו את מגמתם המרכזית של דברי יהודה כנאום של פיוס, שאליו מתלווים גם כמה ביטויי האשמה ואיום. פרשנות דרשנית זו משתלבת עם אופיו של הכתוב, המייחס ליהודה שימוש בכינויי ההתרפסות "עבדך" ו"אדוני" לצד דברי האשמה "ותאמר אל עבדיך הורדהו אלי ואשימה עיני עליו" (בראשית מד, כא) ואיום במוות שייזקף לחובתו של השליט, "והיה כראותו כי אין הנער ומת" (שם, לא).

באופן מפתיע למדי מופיע מול דרשנות זו מקבץ דרשות בתנחומא (ויגש, פרשיות ג-ה), אשר כל כולו תיאור של ויכוח יצרי אלים ועוקצני המתנהל כביכול בין יהודה ליוסף. יוסף מתואר כמי שנע בין ניסיון למתן את עוצמות הכעס של יהודה, לבין הטחת קנטורים עוקצניים כלפיו וכלפי אחיו, אשר מלבים את האש ומגבירים את איומיו של יהודה, אם לא יקבל את מבוקשו.

בעיון זה אבקש לחקור את הרקע להיווצרותה של יחידה מדרשית זו: להבין את בחירת דרשניה לחרוג מהאווירה המפויסת ששורטטה בכתוב ולהעמיד תחתיה את יהודה ויוסף כשור וארי המתנגחים זה בזה; לפענח את הבחירה ביוסף כדמות ממתנת מחד גיסא ומעוררת מדנים מאידך גיסא, ולהשוות יחידה מדרשית זו ליחידות מדרשיות אחרות בתנחומא העוסקות בדמותם של שני האחים. אציע השערה שעל פיה מילות התנחומא המתארות הווה מתמשך של התנגחות האחים "עד שבא משיח" חושפות נדבך סמוי באופי הצגת הדמויות, ורומזות לתפיסות משיחיות שמסתתרות בתיאור אופיו של מאבק האחים ביחידה המדרשית. בהמשך ייבחן אופייה של התפיסה המשיחית המתגלה במדרש זה, ותיבדק זיקה מקבילה וניגודית לתפיסות אסכטולוגיות יהודיות ונוכריות שצמחו בתקופתו ובסביבתו הגאוגרפית של עורך הדרשה.

מחקרו); קלאוס, נאום יהודה, עמ' 56–82. על הנאום כמרכיב מרכזי בשבירת יוסף ראו: יוסטן, לשון רכה, עמ' 21–34; אובראיין, התרומה, עמ' 429–447; ברידג', רטוריקה מנומסת, עמ' 571–587.

1. חריגותו של נוסח הנאום בתנחומא בהשוואתו למקבילות

הנאום של יהודה מכיל מרכיבי תחכום, ויש לומר אף היבטים מניפולטיביים. דומה שיהודה נע בין שני מוקדים. מצד אחד הוא מציב עצמו כבן מבועת, הרואה לנגד עיניו את מות אביו מצער, לשמע בשורת שִׁביו של בנו הצעיר.[4] מצד שני הוא מעביר את האחריות על גורלו של אותו הבן לשליט הזה, על פי ההבטחה שנתן הוא עצמו.[5] מרבית המדרשים המפרשים את דברי יהודה נעים, בהתאם לאווירת הכתוב, בין שני סוגי ההתנהגות ומייחסים לו במקביל דברי התרפסות והכנעה מול דברי הטחה והאשמה.[6] בשונה מאיזון התנהגותי זה, שעולה מדברי הדרשנים, שכאמור משקפים נכונה את התנודות הניכרות בנאום המקורי, דרשן התנחומא פוסח על כל גינוני ההכנעה, הפיוס והתחינה ומייחס ליהודה אך ורק דברי הטחה ואיום, והם אף חריפים ועוקצניים ממה שמייחסים לו מדרשים מקבילים.[7]

4. המניפולציה באה לידי ביטוי בכפל המשמעות של התיאור "ועזב את אביו ומת", שמשאיר שתי אפשרויות הבנה ועל כל פנים מתאר את הקשר הבלתי ניתן לניתוק שבין האב לבנו.

5. גם כאן דומה שמדובר במניפולציה, שכן הכתוב אינו מזכיר את הבטחת יוסף. על משמעות ההבדלים שבין סיפור ההתרחשות לבין תיאורו בפי יהודה ראו: אובראיין, התרומה, עמ' 435-436.

6. רש"י כלל בפירושו את שני אופני ההתנהגות, תוך הפרדתם באמצעות הביטוי "דבר אחר". ראו רש"י לבראשית מד, יח, ד"ה כי כמוך כפרעה.

7. מעניין שבמבחר פיוטים שנכתבו לפרשת ויגש ובראשם פיוט הזולת של ר' פינחס הכהן בריבי יעקב מכפרא, "אח בנעליכם מכרתם", זולאי, מקור וחיקוי, עמ' 307-308, מתוארים חילופי דברים קשים בין יוסף ליהודה. יוסף מטיח באחיו את אשמת מכירתו, ומותירם דואבים בייסורי מצפונם. על מסריו של הפיוט ראו אצל אליצור, שירה של פרשה, עמ' 84-88; אליצור, מול יוסף, עמ' 151-168; זולאי, מקור וחיקוי; ומאוחר יותר יהלום, הדרמה של יוסף, עמ' 65-78. החוקרים מצביעים על שורה של פיוטים שנכתבו בעקבות פיוט זה, והמרכיב המשותף להם הוא תיאור ההתגוששות שבין יוסף ליהודה. חרף אווירת ההתגוששות של הפיוטים, איומיו הוויזואליים הקשים של יהודה במסורת התנחומא, כגון: "עכשיו אני אצא ואצבע כל שווקים שבמצרי' בדם", נעדרים מפיוטים אלו.

אחת מהתוספות לקטעי התרגום הירושלמי לנאום יוסף מתארת אף היא את יהודה בראשית נאומו כמי שמתקיף ומאיים על יוסף, אולם התרגום מתאר תהליך התמתנות מהיר של יהודה עוד בחלקו הראשון של הנאום. על המרכיב האגדי של התרגום ועל הפער בין עדי הנוסח של התרגום ראו: אמיליאנו, מדרש ניאופיטי, עמ' 79-86.

להלן יוצגו כמה היבטים של פער זה.

1.1 "ויגש אליו יהודה" – כוונותיו של יהודה

הפועל "ויגש", שבו מתוארת פעולתו של יהודה המקדימה את הפועל "ויאמר", מעורר כמקובל דיון דרשני והשוואתי לשימושים נוספים של המקרא בפועל זה. המדרש הדן בתפקידו של הפועל מציע כמה אפשרויות של הבנת משמעותו.[8]

בבראשית רבה מובאות שלוש אפשרויות הסבר:[9]

> "ויגש אליו יהודה" ר' יהודה ור' נחמיה ורבנין, ר' יהודה א' הגשה למלחמה כמ' דא' אמ' "ויגש יואב והעם אשר עמו למלחמה" (שמואל ב' י, יג), ר' נחמיה אמ' הגשה לפיוס "ויגשו בני יהודה אל יהושע" (יהושע יד, ו) לפייסו, רבנין אמ' הגשה לתפילה שנ' "ויהי כעלות המנחה ויגש אליהו" (מלכים א' יח, לו), ר' לעזר פשט לון אם למלחמה אני בא, אם לפיוס אני בא, אם לתפילה אני בא (בראשית רבה ויגש צג, ו, עמ' 1154).[10]

ר' אלעזר סבור שיהודה נקט שלוש הדרכים, כלומר שתי דרכי פיוס ודרך לוחמנית.[11]

בנוסח אחר בבראשית רבה מוצגות חמש אפשרויות הסבר למשמעות

8. בתרגום השבעים הפועל "ויגש" מתפרש כמתאר אקט של התקרבות פיזית של יהודה אל יוסף.
9. נוסח זה מובא מוקדם יותר בחיבור ביחס לפעולת אברהם מול הקב"ה בסדום (בראשית רבה מט, עמ' 662). על הכפילויות במדרשי בראשית רבה ראו תיאודור אלבק, מבוא לבראשית רבה, עמ' 2-11.
10. על הבדלי הפרשנות למונח "ויגש" ראו אצל מאן וסונה, התנ"ך כפי שנקרא ונדרש, חלק א, עמ' פה הערה 18, ובדבריו בחלק ב עמ' קעב-קעג הערה 2: "עמדתו של יהודה כלפי יוסף שנויה במחלוקת בחוגי בעלי המדרש", שם עמדו מאן וסונה על ההבדלים בפירוש הפועל "ויגש".
11. כך גם הבינו הדרשנים, ורש"י בעקבותיהם, את הכנות יעקב למפגש עם עשו. ראו קהלת רבה ט, יח, עמ' 238 במדרש לפסוק "טובה חכמה מכלי קרב" (קהלת ט, יח).

הפועל, ארבע לשונות פיוס ולשון כעס אחת.[12] בדרשה זו אין הכרעה בשאלת אופי הפועל המיוחס ליהודה.

בדרשת תנחומא בובר על תפילת אברהם בסדום ניתנות לפועל שלוש משמעויות, אחת לוחמנית והשתיים האחרות פייסניות. בדרשה זו הפועל המקדים לדברי יהודה מהווה ראיה לפועל פייסני:

> וחכמים אומרים אין ויגש אלא לשון בקשה, שנאמר "ויגש אליו יהודה" (תנחומא בובר וירא טז).[13]

הדרשה האטימולוגית המחפשת את משמעות הפועל "ויגש" נעדרת מגרסת תנחומא, אולם הדימויים שבחר הדרשן לייצוג פנייתו של יהודה אינם מותירים מקום לספק בדבר אופי הפעולה שהוא מייחס לו. כך למשל חל פיתוח של דימוי הארי מברכת יעקב,[14] תוך הדגשת היבטי החוזק והאיום שמשרה האריה בסביבתו.

> "ויגש אליו יהודה" זש"ה "ליש גבור בבהמה ולא ישוב מפני כל" (משלי ל, ל)
> מי עמד כנגד השור?[15] הארי שנאמר "ויגש אליו יהודה"
> אמר רבי יודן כשהיתה חמתו של יהודה עולה היו שתי שערות יוצאות מתוך לבו וקורעות את בגדיו... ראה גבורתו של יהודה עליו נאמר "חמת מלך מלאכי מות ואיש חכם יכפרנה" (משלי טז, יד) חמת מלך זה יהודה ואיש חכם יכפרנה זה יוסף שנא' בו "אין נבון וחכם כמוך", כיון שראה יוסף שעלתה חמתו של יהודה אמר עכשיו תאבד מצרים... (תנחומא ויגש ג).

12. בראשית רבה צג, ז, עמ' 1166. נוסח זה אינו מופיע בכל עדי הנוסח אולם הוא מוכר לבעלי המדרש המאוחרים, כגון שכל טוב ולקח טוב. ראו: לקח טוב בראשית מד; שכל טוב ויגש מז, כז.
13. נוסח דומה מופיע בחילוף הסדר של יהודה ואליהו, גם באגדת בראשית כב, עמ' 256-255. נראה שמקור זה שאב את הנוסח מתנחומא בובר.
14. "גור אריה יהודה מטרף בני עלית כרע רבץ כאריה וכלביא מי יקימנו" (בראשית מט, ט).
15. על פי הדימוי של יוסף בברכת משה: "בכור שורו הדר לו" (דברים לג, יז).

ובאופן מפורש יותר: "ויגש אליו יהודה שנגש בתוכחות" (שם).

אם כן, בדרשת תנחומא נעדר לחלוטין אלמנט הפיוס המתון, ותחתיו מוצג יהודה כמי שערוך לקרב, וכמי שמפעיל את כישורי התוקפנות שבו.

1.2. אופיים של פסוקי החוץ המשובצים בנאום

תפקידם של הפסוקים המצוטטים במדרשים נדון בכמה מחקרים.[16] פסוקי הבסיס מהווים חוליה מקשרת בין התיאור המקראי להרחבה המדרשית, והם נלקחים על פי רוב מהפרשייה המקראית הנדרשת. פסוקים המצוטטים מספרי מקרא שאינם קשורים באופן מובהק לנושא הנדרש מסגירים לא פעם את אווירת המדרש ותורמים לו ממד נוסף.[17] ההשוואה בין פסוקי החוץ שמלווים את נאום יהודה בתנחומא לאלו שנבחרו על ידי עורכי חיבורי מדרש מקבילים (מוקדמים ומאוחרים) מבליטה את השוני במגמת החיבורים. דרשן התנחומא (ויגש ד) ליקט פסוקים המתארים כעס וכוחנות על גבול האלימות המיוחסים כולם לתיאור מזגו של יהודה: הפסוק הפותח את היחידה המדרשית זש"ה ליש גבור בבהמה ולא ישוב מפני כל" מובא בספר משלי (ל, ל) כדוגמה ראשונה לשלושה "מיטיבי צעד". הפסוקים מתארים שלושה יצורים בעלי כוח פיזי רב ועל כן הם צריכים לנהוג בביטחון וללא הססנות. הדוגמה הראשונה היא האריה הנזכר במדרש שלנו. האריה מסוגל להתגבר

16. ראו למשל פרנקל, דרכי האגדה והמדרש, עמ' 249; פרנקל, סיפור האגדה, עמ' 61–87 ובעיקר עמ' 167–172; בויארין, מדרש תנאים, עמ' 54–71, מחלק את הפסוקים לשתי קבוצות: הטיפוס הפרדיגמטי שבו הוא כולל את הפסוקים היוצרים פרדיגמה עם פסוק המקור שעליו מבוססת הדרשה, והטיפוס הסינטגמטי הכולל את הפסוקים שמעמידים משמעות חדשה להבנה המצומצמת של פסוק המקור. וראו את הביקורת של באסר על הנחתו של בויארין (בגרסה האנגלית של הספר) ביחס לתפקידם של הפסוקים כחלק מרקמת הסיפור המדרשי (intertext) ולא כאסמכתאות (prooftext); באסר, האינטרטקסטואליות של בויארין, עמ' 427–434. ראו גם: מאיר, הסיפור הדרשני במדרש, עמ' רמו–רסו ובעיקר מעמוד רסא והלאה.

17. ובלשונו של בויארין, מדרש תנאים, עמ' 57: "בשיח החז"לי מתפקדים פסוקי המקרא כפי שמתפקדות מילים בדיבור הרגיל. הם מהווים מאגר, או רפרטואר, של רכיבים סמיוטיים, שניתן לשוב ולארגנם בשיח חדש, בדיוק כפי שמילים שבות ומתארגנות תדיר בשיח חדש". וכן לוינסון, הסיפור שלא סופר, עמ' 170: "הפסוק אשר נמסר מפי המספר יוצר פער אירוני בינו ובין דמויותיו. הוא יוצר התייחסות־על לסיפור והוא אמצעי נוסף של המספר, אמצעי עקיף, לבקר... השימוש בפסוקים בסיפר מלמד שלמעשה קיימת תקשורת דו־ערוצית".

על כל בהמה ולהאפיל על סביבתו, ועל כן במאבקו עם יתר החיות אין לו סיבה להסס או לחשוש מכוחן.[18]

הפסוק השני המצוטט במדרש משיא עצה לחכם כיצד לנהוג מול מלך הנוטה לכעוס: "חמת מלך מלאכי מות ואיש חכם יכפרנה" (משלי טז, יד). יהודה הוא בעל חמה, אשר זעמו מסוכן לציבור כמו שליחי מוות הזורעים הרס בממלכה, והאיש החכם הוא יוסף שבכוח מתינותו מצליח להרגיע את חמת המלך ולמנוע את הרס הממלכה.[19]

הפסוק השלישי מחזק את הרעיון של הפסוק השני ושוב מתאר את יתרון החכמה על פני הכוח והגבורה: "החכמה תעז לחכם מעשרה שליטים אשר היו בעיר" (קהלת ז, יט), ומבאר המדרש: "זה חכמתו של יוסף, ומה חכמתו של יוסף שלא רצה להלחם עם אחיו, אלא כיון שראה עשרה גבורין עומדין לפניו שאחד מהן יכול להחריב עשרה מדינות נזדעזע, וחכמתו הצילתו שנאמר והחכמה תעוז לחכם" (תנחומא ויגש ד). כאן מוצגים גם אחיו של יהודה כאלימים ומסוכנים לסביבתם.

הפסוק הרביעי לקוח מנאום אליפז לאיוב ומתאר את תוצאות פעולת החוטא: "שאגת אריה וקול שחל ושני כפירים נתעו" (איוב ד, י). הדרשן משתמש בו כדי לתאר את תוצאות פעולת יהודה:

> באותה שעה צווח יהודה בקול גדול ונפלו כל חומות שבמצרים והפילו כל החיות שבמצרים ונפל יוסף מכסאו וירד פרעה מכסאו ונפלו שיניהם וכל הגבורים שהיו עומדין לפני יוסף נהפכו פניהם לאחוריהם ולא החזירו עד יום מותן שנא' (איוב ה, י) "שאגת אריה וקול שחל ושני כפירים נתעו" (תנחומא ויגש ד).[20]

מול פסוקים אלו שבתנחומא המתארים את כוחו של האריה ושאגותיו, את

18. על מעמדו של האריה כדימוי לבני שושלת יהודה בפסוקי המקרא ובספרות המזרח הקדום ראו: מתיוס, בראשית, עמ' 891–892; פרינסלו, אריות וגפן, עמ' 339–346.

19. רופא, מבוא לשירה המזמורית, עמ' 94, רואה בפסוק זה אחת מהעצות שמחבר משלי משיא לחצרני המלך. המלך מתואר כבעל גחמות, והחצרן מקבל עצה כיצד להלך עמו בשעת כעסו.

20. ראו רעיון דומה בתוספת לתרגום ירושלמי לבראשית מד, יח, וכן בקרובה של יניי לפרשת ויגש, "אחזה רעדה לשבטי תם", זולאי, פיוטי יניי, עמ' סג-סח.

כעסו של המלך ואיומיו ברחבת העיר, במדרשים המקבילים משובצים פסוקי חוץ המתארים את יהודה באופן שונה לחלוטין.

פסוקי החוץ הפותחים את הדרשות על נאום יהודה בבראשית רבה, מצוטטים מעצותיו של מחבר משלי ביחסי לווה, מלווה וערב. הפסוקים מייעצים לאדם הרוצה להינצל ממצר שאליו נקלע, בגלל שיקול דעת לקוי, לנקוט התרפסות ובכך להינצל מהרעה הצפויה לו: "בני אם ערבת לרעך תקעת לזר כפיך: נוקשת באמרי פיך נלכדת באמרי פיך: עשה זאת אפוא בני והנצל כי באת בכף רעך לך התרפס ורהב רעיך" (משלי ו, א-ג). הדרשן יוצר שינוי קל בחלקו האחרון של הפסוק השלישי, כך שיתאים לסיטואציה הקונקרטית שהוא מבקש לבנות מבחינת יחסי הכוחות שבין יהודה ליוסף, ולאחר המילים "עשה זאת אפוא בני" הוא מוסיף: "התאבק בעפר רגליו והמליכהו עליך" (בראשית רבה צג, א, עמ' 1151).[21] בהמשך הדרשה מובא פסוק נוסף מספר משלי העוסק במעלותיו של הרטוריקן המשכיל לנסח את דבריו באופן שיגביר את העניין והסקרנות לשמוע את תוכנם:

> "תפוחי זהב במשכיות כסף דבר דבור על אופניו" (משלי כה, יא),[22] תירגם עקילס חזורין דדהב בגו דייסקירין דכסף, דבר דבור על אופניו מה האופן הזה מראה פנים לכל צד, כך היו דבריו שליהודה נראים לכל צד בשעה שנדבר עם יוסף "ויגש אליו יהודה" (שם צג, ג, עמ' 1152).

דומה שהמילים "היו נראים לכל צד" מרמזות על התחכום של יהודה שהצליח בדבריו לשלב גם מילות תוכחה וכעס ויחד עם זה להשרות אווירה של פיוס

21. צמד המילים בהמשך הפסוק במשלי "התרפס ורהב" במשמעותם המקובלת הוא סוג של אוקסימורון, שכן ההתרפסות היא עמדה שפלה, ואילו הרהב הוא עמדה של גאווה ויוהרה. תרגום השבעים פתר את הקושי על ידי הוספת מילת שלילה לפני "התרפס" ואז משמעות העצה היא אל תתרפס, אלא נהג ברהב עד אשר תשתחרר מהבטחתך. הדרשן המבקש לתאר את עמדת הכניעה של יהודה, פסח על חלקו האחרון של הפסוק, ושם תחתיו מילים המרחיבות את עצת ההתרפסות.

22. ראו ביאור אצל אחיטוב, משלי, עמ' 502: "דבר חשוב המנוסח היטיב והנשמע טוב לאוזן, דומה לחפץ יקר המונח ומוגש בכלי יקר ויפה. תוכנו יקר והכלי מושך את העין. דבר המנוסח היטב ובהקפדה כמו כד שנוצר על האובניים דומה לתפוחי זהב במשכיות כסף. הניסוח שהוא הצורה החיצונית של הדבר הוא יפה ומושך, וגם התוכן יקר. מה זהב יקר מכסף, אף תוכן הדבר יקר מניסוחו".

ואולי אף התרפסות. כמה שונה תיאור זה מנהמות האריה המיוחסות לו בדרשת התנחומא.

בפסוק נוסף מספר משלי מאפיין הדרשן את יהודה כאיש התבונות, היודע להכניע את יריבו החכם על ידי ריכוכו:

"מים עמוקים עצה בלב איש ואיש תבונות ידלנה" (משלי כ, ה),[23] משל לבאר עמוקה מליאה צונין והיו ממיה יפין, ולא היתה בריה יכולה לשתות ממנה, בא אחד וקשר חבל בחבל נימה בנימה ודלה ממנה ושתה, התחילו הכל דולים ושותים ממנה, כך לא זז יהודה משיב ליוסף דבר על דבר עד שעמד על לבו "ויגש אליו יהודה" (בראשית רבה צג, ה, עמ' 1153).[24]

יהודה הוא היחיד שהצליח בכוח תבונתו להשפיע על ליבו של יוסף ולרככו.

פסוק מנבואת הנחמה של עמוס נדרש כסינרגיה ייחודית שהתאפשרה מפעולתם המשותפת של יהודה והאחים מול יוסף:

"הנה ימים באים נאם י"י ונגש חורש בקוצר" (עמוס ט, יג), ונגש חורש זה יהודה, בקוצר זה יוסף והנה אנחנו מאלמים אלומים וגו' (בראשית לז, ז), "ודורך ענבים" זה יהודה שנ' "כי דרכתי לי יהודה" (זכריה ט, יג), "במושך הזרע" זה יוסף שמשך זרעו של אביו והורידן למצרים, "והטיפו ההרים עסיס" וגו' אילו השבטים, אמרו מלכים מדיינים אילו עם אילו אנו מה אכפת לנו, יאי למלך מדיין עם מלך [תרגום: יאה למלך להדיין עם מלך] "ויגש אליו יהודה" וגו' (בראשית רבה צג, ה, עמ' 1154).

על פניו מתאר המדרש עימות בין שני המנהיגים – "אמרו מלכים מדיינים אילו עם אילו", אולם בחירת הפסוק המתאר במקורו מציאות של עבודה משותפת למען השגת יעד של ברכה,[25] ותחושת הרוגע של האחים "אנו

23. הפסוק מדמה את החכם למים עמוקים הידועים בטיבם, וכשבעל התבונות נדרש לעצה הוא פונה לשאוב את אותם מים עמוקים וטובים.
24. וכן תנחומא בובר ויגש ב.
25. על הפער החקלאי שבין חרישה לקצירה והפתרון שהדרשה מציעה ראו: בן־ישר

מה אכפת לנו" משרות אווירה של דיון נינוח של שני אנשים בעלי כוחות מנוגדים, שאיחודם יוביל להשגת המטרה. ההבדל בין נוסח זה לנוסח התנחומא המציג את האחים כ"גבורין עומדין לפניו שאחד מהן יכול להחריב עשרה מדינות" מובהק למדי.

פסוק מקהלת מתאר את יתרון האיש המסכן שניחן בחכמה על פני המלך הגדול והעז בהצלת עיר קטנה, ומסכם שעל אף שאת המלך הגדול נוטים להלל ובאיש המסכן נוטים לזלזל, "טובה חכמה מגבורה" (קהלת ט, טז).[26] המציאות הקונקרטית שבה כביכול דנים הפסוקים בקהלת, מתוארת בפי הדרשן בבראשית רבה כמתייחסת לאינטראקציה שבין יהודה האיש המסכן והחכם, ליוסף המלך:[27]

> "עיר קטנה" וגו' (קהלת ט, יד) עיר קטנה זו מצרים, "ואנשים בה מעט" אילו עשרת השבטים, "ובא אליה מלך גדול וסבב אותה" זה יוסף, "ובנה עליה מצודים גדולים" אילו שלש גזירות שגזר; שלא יכנס לה עבד ושלא יכנס אדם בשני חמורים ושלא יכנס אדם עד שיהיה כותב שם אביו ושם זקינו, "ומצא בה איש מסכן וחכם" (שם, טו) זה יהודה, "ומלט הוא את העיר בחכמתו" שאמ' "ישב נא עבדך" וגו' (בראשית מד, יג), "ואדם לא זכר" וגו' אתון לית אתון מנהרין לה אנה מנהר לה [אתם לא זכרתם אותו, אני אזכור אותו] "ואת יהודה שלח" וגו' (בראשית רבה צה, עמ' 1231).[28]

ופנקובר, המקרא בפרשנות חז"ל, עמ' 766: "הדרשה פותרת זאת על ידי הבנת פסוקנו כדימוי ליחסי אנוש ומיישמת זאת לעניין יהודה מול יוסף". בקרובה של ינאי, "אחזה רעדה לשבטי תם" (זולאי, פיוטי ינאי), משמשות מילות הפסוק לתיאור התנגחות: "יחדו יגשו, כאחת יפגשו / חורש בקוצר יחושו, דורך בבוצר יעושו". ראו את הערת המהדיר רבינוביץ', פיוטי ינאי, עמ' 239, המפרש את הלשון כמסמלת מאבק והתנגחות בניגוד למשמעותה במדרש.

26. על המסר הסאטירי של התיאור בקהלת ועל הניסיון לזהות מקרה קונקרטי הנרמז בתיאורו זה של קהלת ראו: ויסמן, סטירה, עמ' 234.

27. על מעמדן של פרשיות אלו ושייכותן למדרש בראשית רבה ראו במהדורת תיאודור-אלבק עמ' 1231, וכן כהנא, כתב יד וטיקן 60, עמ' 17-60.

28. מקבילה מקוצרת: תנחומא בובר ויגש א. השוו לקהלת רבה ט, ב-ג: בפסקה ב האיש המסכן והחכם הוא דווקא יוסף, שמילט בחכמתו את העיר והצילה משנות הרעב שנגזרו עליה. בפסקה ג מובאת מקבילה לדרשה בבראשית רבה בשינויים קלים.

יוסף השתמש בסמכויותיו כמלך כדי לצוד את אחיו ולהיפרע מהם על עוון מכירתו. יהודה, נטול הסמכויות, הצליח בחכמתו להביא להרגעת כעסו של יוסף והציל את העיר ממלחמת אחים. האפיון של יהודה כאיש מסכן שנדרש מאמץ אלוהי לזכירתו חורג מאווירת הכתוב ביחס ליהודה. ביטוי לצורך בהתערבות אלוהית מחמת שכחת המסכן, נזכר בכתוב דווקא ביחס ליוסף, "ולא זכר שר המשקים את יוסף" (בראשית מ, כג). מה שונה הוא תיאור אופיו המסכן של יהודה בדרשה זו לעומת דרשת התנחומא (לעיל) על הפסוק מקהלת: "החכמה תעז לחכם מעשרה שליטים אשר היו בעיר", העוסקת אף היא במפגש בין יוסף לאחיו, אולם שם מצטיירים האחים כעשרה גיבורים שיכולים כל אחד מהם להחריב את העיר, ואילו יוסף הוא שהציל את העיר בכוח חכמתו.

דרשן תנחומא בובר מרכיב מחדש שלושה פסוקים מדברי הנביאים כדי להוכיח כי על אף פוטנציאל הכוח המצוי ביהודה, הוא הצליח לנטרל אותו ולגשת אל יוסף בדברי תחנונים:

> "בי אדני", "אדוני שאל", "ונאמר אל אדני", "ועתה ישב נא עבד" וגו'. א"ל הקדוש ברוך הוא הרי ריפתה עתה מן הכח הראשון ודברת תחנונים, חייך אעפ"כ שאמרתי "וריב לה' עם יהודה" (הושע יב, ג), אלא חנון אני וארחם עליך, שנאמר "כי לא לעולם ארי" (ישעיהו נז, טז), ואין עולם אלא יהודה, שנאמר "ויהודה לעולם תשב" (יואל ד, כ) (תנחומא בובר ויגש ח).

בתמורה מבטיחו הקב"ה שתכנון הנקם ביהודה על חטאיו יתוחם לזמן קצוב שלאחריו מובטחת לו תקופה של רפואה ושלווה.

אם כן, ישנו פער עצום בין אופיים של הפסוקים שנבחרו על ידי דרשן תנחומא, המלמדים על כוחו המצמית של יהודה, לבין מרבית פסוקי המתינות והחכמה המשמשים את דרשני בראשית רבה ותנחומא בובר (ומקבילותיהם בספרות מאוחרת יותר) כדי לתאר את מאמצי הפיוס התבוניים שהפעיל יהודה בעמידתו מול יוסף.[29] העובדה שפסוקי החוץ של שתי קבוצות

29. בבראשית רבה ישנן כאמור גם דרשות המתארות את מזגו החם של יהודה ומשולבים בהן פסוקים מסוג אלו שמצויים בתנחומא הנדפס, אולם לצדם יש רוב של פסוקי פיוס ותבונה. בתנחומא מצויים אך ורק פסוקי הקרב.

הדרשנים לקוחים ברובם מספר משלי, ומתקיים בהם מתח בין דמות הגיבור לדמות המסכן והחכם, מעצימה את הפער.

1.3 תוכן הנאום

עד כה עסקנו בהשוואת הדרשות מבחינת מעטפת נאום יהודה, הבאה לידי ביטוי בתיאור ויזואלי של אופן עמידתו של יהודה לפני יוסף, ובציור האווירה והמוטיבציה המלוות את מילותיו של יהודה. כעת יודגם ההבדל בין מגמת התיאור של תנחומא לבין זו של מקבילותיו, על ידי הצגת קטעי תוכן ששתלו הדרשנים בתוך נאומו של יהודה.

בתנחומא מוצג הנאום של יהודה כדו־שיח שמתנהל בין יהודה ליוסף, ובו יוסף מקניט את יהודה על טיעוניו הראשונים ומגביר בכך את חומרת איומיו של יהודה. נעיין בתגובותיו של יהודה לקנטורי יוסף:

> אמר יהודה לאחיו: אני אחריב מהן שלשה וטלו כל אחד אחד ולא נשאיר בהם איש...
> אם אני אוציא חרבי מנרתיקה אמלא כל מצרים הרוגים...
> אמר ליה יהודה: אם אפתח את פי אבלע אותך...
> אמר ליה יהודה: דין שקר אתה דן אותנו...
> אמר ליה יהודה: נורא דשכם דליק בלבי...
> אמר ליה יהודה: רתח אנא ולית דמהימן לי [תרגום: אני רותח מבפנים ואיש אינו מאמין לי]...[30]
> אמר ליה יהודה: עכשיו אני אצא ואצבע כל שווקים שבמצרי' בדם (תנחומא ויגש ה).

החרב, איום הבליעה, האש הדולקת, הרתיחה, הדם וזיכרון חורבן שכם מבטאים באופן המוחשי ביותר את צחצוח החרבות שהתנהל בחצר ביתו של יוסף.

אופי עריכת הדרשות העוסקות בתוכן הנאום בבראשית רבה, בתנחומא בובר ובמדרשים המאוחרים יוצר אווירה שונה לחלוטין. העורכים מציעים גם דרשות בעלות אופי מאיים כלפי יוסף, אם לא יעתר לבקשת החנינה

30. על המעבר לשימוש בארמית בספרות התנחומא־ילמדנו, ראו ברגמן, ספרות תנחומא־ילמדנו, עמ' 106 ובמיוחד הערה 74 שם.

של יהודה עבור בנימין, אולם בכמה הבדלים: דרשות האיום אינן מבעיתות כמו דרשת התנחומא;[31] העורך משלב מילות הרגעה לאחר נוסחי האיום של יהודה המסגירות את כוונותיו הפייסניות;[32] לצד נוסחי האיום מוצעות מסורות המתארות גוון שונה לחלוטין של תוכן הנאום. מסורות אלו מייחסות ליהודה פריטה על נימי הרגש של יוסף ותיאור ההשלכות המשפחתיות הקשות שתהיינה אם בנימין לא יחזור.[33]

1.4 לשונות התגרות של יוסף ביהודה

נאומו של יהודה מוביל בסופו של דבר את יוסף לחשוף את עצמו בפני אחיו. קולמוסים רבים נשתברו בניסיון לאתר את גורם השבירה בתוך נאומו של יהודה.[34] בבראשית רבה מובא מדרש המציג את יוסף כמי שזיהה את

31. השוו את האיום הקונקרטי של יהודה בתנחומא: "א"ל יהודה נורא דשכם דליק בלבי... עכשיו אני אצא ואצבע כל שווקים שבמצרי' בדם", לעומת האזהרה ההיפותטית שעשויה להתממש על סמך תקדימי העבר: "ידבר נא עבדך דבר [באזני אדני] אמ' יכנסו דבריי באזניך, זקנתו שלזה על ידי שמשכה פרעה לילה אחד לקה הוא וביתו בנגעים... הזהר שלא תלקה בצרעת, אמו שלזה לא מתה אלא מקללתו שלאביו... הזהר שלא ישחיל לך קללה אחת ותמות, כן שנים ממנו נכנסו לכרך גדול והחריבו אותו, להלן בשביל נקבה, כאן בשביל זכר חיבת העין בעל אכסניא שלהקב"ה חופף עליו כל היום וגו' (דברים לג, יב) על אחת כמה וכמה" (בראשית רבה צג, ו, עמ' 1155–1156) וכן נוסח האיום המרוכך יותר בתנחומא בובר ויגש ו: "שנים ממנו קטנים נכנסו לכרך גדול והחריבוהו... ואנו כלנו כאן אם אנו מבקשים אין אנו משיירים נפש כאן", וכן באחד מהנוסחים של התרגום הירושלמי לבראשית מד, יח, וראה לעיל הערה 8 על ההבדלים בין עדי הנוסח. ראו גם תיאור צעקתו של יהודה ואת נזקי צעקתו בתנחומא ויגש ה (לעיל עמ' 343) והשוו לתוצאה המינורית בבראשית רבה צג (וכן במקבילות מאוחרות): "מיד כעס יהודה ושאג בקול גדול והלך קולו ארבע מאות פרסה עד ששמע חושים בן דן וקפץ ובא אצל יהודה ושאגו שניהם וביקשה ארץ מצרים ליהפך, עליהן אמ' איוב שאגת אריה וקול שחל ושיני כפירים נתעו".

32. ראו למשל את התוספת המרגיעה בבראשית רבה צג, ו, עמ' 1157–1158 לתיאור איומו של יהודה שישלוף את חרבו ויהרוג את כל מצרים. העורך אינו מסתפק בדברי הרגעה אלו, ומצמיד להם את הדרשה של ר' חייא בר בא שפותחת במילים: "כל הדברים שאת קורא שדבר יהודה ליוסף בפני אחיו... היה בהם פיוס ליוסף ופיוס לאחיו ופיוס לבנימין" (שם, עמ' 1158).

33. ראו למשל: תנחומא בובר ויגש ד; בראשית רבה צג, ו, עמ' 1155; אג"ב עו, עמ' 617; לקח טוב בראשית מד, כ-לג.

34. ראו לעיל הערה 3 וכן בן-נון, הפילוג והאחדות, עמ' 20-31.

פוטנציאל ההרס של יהודה, וכדי לנטרל את כעסו של יהודה חשף יוסף את זהותו, וכך הצליח למנוע את יהודה מלבצע את זממו.[35] עורך התנחומא מציג אף הוא את יוסף כמי שהצליח להוריד את גובה הלהבות,[36] אולם הוא מייחס ליוסף בשלבים מוקדמים יותר של העימות חלק לא מבוטל בליבוי כעסו של יהודה על ידי שאלות קנטרניות שהציג בפניו, ועל ידי תגובותיו הציניות לתשובותיו של יהודה, כפי שנראה בציטוט דבריו מתוך הדרשה שלהלן:

> א"ל יוסף יהודה למה אתה דברן מכל אחיך ואני רואה בגביע שיש באחיך גדולים ממך ואתה פטיט...
> א"ל מפני מה לא ערבת את אחיך כשמכרתם אותו לישמעאלים בעשרים כסף וצערת את אביך הזקן ואמרת לו טרף טורף יוסף והוא לא חטא לך אבל זה שחטא וגנב הגביע אמור לאביך הלך החבל אחר הדלי,
> א"ל יוסף אם תוציא חרב מנרתיקו אני כורכו על צוארך...
> אמר ליה יוסף אם תפתח פיך אני סותמו באבן...
> א"ל יוסף אין לך דין שקר כמכירת אחיכם...
> א"ל יוסף נורא דתמר כלתך אנא מטפי...
> א"ל יוסף רתחא דידך אנא מתבר [תרגום: את רתיחתך אני שובר]...
> א"ל יוסף צבעי' הייתם מימיכם שצבעתם כתונת אחיכם בדם ואמרתם לאביכם טרף טרף (תנחומא ויגש ה).

כיצד יש להבין את בחירת עורך התנחומא ללקט דווקא את המסורות בעלות אופי המאבק היצרי, האלים והבוטה, ולא לנהוג כיתר עורכי הדרשות, שקירררו את חמתו של יהודה ואף מיהרו לתאר את תהליך התעשתותו מביטויי הכעס שייחסו לו? כמו כן, מדוע בחר דרשן התנחומא להוסיף את שאלותיו הקנטרניות של יוסף ותגובותיו הציניות לדברי יהודה שליבו את האש והחריפו את תגובותיו של יהודה? שאלותיו אלו אינן מופיעות כלל בנוסחי המדרש המקבילים והמאוחרים.[37] בדברינו הבאים ננתח התייחסויות

35. ראו בראשית רבה צג, ז עמ' 1163.
36. ראו תנחומא, ויגש ג. אלבק (בראשית רבה צג, עמ' 1161) סבור שהתנחומא הוא המקור לדרשה המאוחרת בבראשית רבה.
37. השוו את הנוסח המתון בבראשית רבה צג, ח, עמ' 1168: "מפני מה אתה דברן, והלא יש באחיך שגדולים ממך" לנוסח העוקצני בתנחומא שגם שם בפי יוסף את השאלה:

נוספות של תנחומא הנדפס לדמותם של יוסף ויהודה, ונבחן את תרומתן להבנת עיצוב דמותם של השניים במאבק על שחרור בנימין.

2. יוסף ויהודה במסורות התנחומא

בפתיחה הרחבה של התנחומא לנאום יהודה בפרשת ויגש, בסימן הקודם לדרשה המפרשת את תוכן הדו־שיח שהתנהל בין הניצים, מצביע הדרשן על מאבק יוסף ויהודה במצרים כפרק הבכורה למאבק ממושך שלא יוכרע, אולם קוצב אותו עד ביאת משיח שיביא פיוס בין הניצים.

> דא"ר שמואל בר נחמן אמר רבי יונתן בשעה שהיו יהודה ויוסף מתוכחין זה עם זה אמרו מלאכי השרת זה לזה בואו נרד למטה ונראה שור וארי מתנגחין זה עם זה, בנוהג שבעולם שור מתירא מפני ארי ועכשיו שור וארי מתנגחין ועומדין והקנאה ביניהן עד שבא משיח לפיכך "וסרה קנאת אפרים וצררי יהודה יכרתו אפרים לא יקנא את יהודה ויהודה לא יצר את אפרים" (ישעיהו יא, יג) (תנחומא ויגש ד).

הביאור הדרשני למעמדו של יוסף "עד שבא משיח" בהקשרה של נבואת ישעיהו (ותיאור תפקידי החוטר מגזע ישי), מרחיב את מקומו של אפרים,

"למה אתה דברן מכל אחיך ואני רואה בגביע שיש באחיך גדולים ממך ואתה פטיט", אולם בהמשך יוסף מנסה להשתיקו: "אמר ליה יוסף אם תפתח פיך אני סותמו באבן" (תנחומא, ויגש ה). כפי שציינו (לעיל הערה 7) פרשנות הנאום כדו־שיח חריף המתרחש בין יהודה ליוסף מתואר גם בפיוט "אח בנעליכם מכרתם". על מסריו של הפיוט כתבה אליצור, שירה של פרשה, עמ' 88: "דברי יוסף בפיוט... אינם תואמים אולי את דברי יוסף במקרא, אך מגלים את רחשי לבם של אחיו השומעים האשמות אלו מתוך לבם... סיפור העלילה המחודש... מביא את עומק פשוטו של המהלך הפסיכולוגי המשתקף בסיפור לידי חידוד והבהרה". בקרובה של ינאי לפרשת ויגש, "אחזה רעדה לשבטי תם / בעת השב האיש אותם", יש הקבלות לא מעטות לנוסח הבוטה של התנחומא. מעניין שרבינוביץ', פיוטי ינאי, עמ' 119–122, משווה את רוב חלקי הפיוט דווקא לדרשות מבראשית רבה, אף על פי שקיימות מקבילות לא מעטות דווקא לתיאור הלוחמני של התנחומא, כגון השורה: "טען אריה את חמתו / ידבר נא פי שיח שח בחכמתו. ככפיר שאג לעומתו / לא נחפז שור מנהמתו", וכן: "מול שור אמר / אם אוציא מאמר כל צוען תוגמר".

צאצא השושלת שאינו נזכר רק מחמת נבואת קץ הפילוג, אלא מוצג כדמות בעלת תפקיד בתהליך המשיחי.

יהודה ויוסף נזכרים בתנחומא ברצף הדרשות הסינכרוני של סיפורי האבות, אולם גם בהקשרים שונים שעוסקים בתיאור העתיד, בדמותם של משיח בן יוסף ומשיח בן דוד. נבחן מסורות נוספות בתנחומא העוסקות במפגש האחים בהווה ובעתיד; נצביע על היבט מייחד של הדרשות בתיאור אופי פעולת השניים, ועל רמזים להתפתחותו של חזון המשיחיות הדואלית.

2.1 משלחי רגל השור והחמור – שכר על לימוד תורה

פסוק בישעיהו בהקשרו הנבואי מתאר מציאות של ברכה חקלאית כחלק ממרכיבי הנחמה: "אשריכם זרעי על כל מים משלחי רגל השור והחמור" (ישעיהו לב, כ). בבבלי בבא קמא (יז ע"א) זורעי המים והשור והחמור הם יוסף וישכר שעוסקים בתורה ובגמילות חסדים, ושכרם מתבטא בטיב הנחלות שקיבלו, או בכוח הנהגתם בהווה: כוח מלחמתי וכוח תבוני.

בדרשת התנחומא זורעי המים הם העוסקים בתורה, ושכרם הוא הופעתם של משיח בן יוסף ומשיח בן דוד המדומים לשור וחמור:

> וכן ישעיה אמר "אשריכם זרעי על כל מים", אלו עוסקי תורה שנמשלה למים שנא' "הוי כל צמא לכו למים" (ישעיהו נה, א), "משלחי רגל השור" זה משיח בן יוסף שנמשל לשור, "וחמור" זה משיח בן דוד שנא' "עני ורכב על חמור" (זכריה ט, ט) כשיבואו על אותה שעה הוא אומר "ומעולם לא שמעו לא האזינו, עין לא ראתה אלהים זולתך" וגו' (ישעיהו סד, ג) (תנחומא בראשית א).

הפסוק בהקשרו המשיחי יופיע שוב רק בספרות המדרש המאוחרת בדברים רבה ובילקוט שמעוני, אולם ללא אזכור של משיח בן יוסף.[38]

38. ראו בבראשית רבה כי תצא ז בהקשר של מצוות שילוח הקן. בילקוט שמעוני ניצבים רמז תתקמ העורך משלב את נוסח התנחומא ואת נוסח הבבלי בבבא קמא. דרשת הפסוק כביטוי למשיח בן דוד ומשיח בן יוסף מופיעה שוב בחיבורים מאוחרים יותר: בברייתא דל"ב מידות יב, עמ' 238 מובא נוסח דומה לנוסח התנחומא. המדרש נערך על פי המקובל לא לפני המאה העשירית, וראו: צוקר, לפתרון, עמ' א-לט. בדרשותיו של ר' משה הדרשן כפי שאותרו בספר הנוצרי פגיון האמונה (Pugio Fidei), שנכתב במאה השלוש עשרה, מובא נוסח התנחומא בשינויים. מאק, מסודו של משה הדרשן,

2.2 ואריה כבקר יאכל תבן – בזכותן של שבטים

בהכנות יעקב לקראת המפגש עם עשו לאחר עשרים שנות הבריחה שם יעקב בפי שליחיו פירוט של מצבו הכלכלי שיוזכר בפני אחיו: "כה תאמרון לאדני לעשו... ויהי לי שור וחמור צאן ועבד ושפחה ואשלחה... למצא חן בעיניך" (בראשית לב, ד-ה). הדרשנים עוסקים בשאלת מטרת פירוט הרכוש, וכן בשאלת לשון היחיד שנקט יעקב בתיאור פריטי הרכוש.

פסוק מנבואת ישעיהו על המלך העתידי מבית דוד, והשתנות הטבעים עם הופעתו "ואריה כבקר יאכל תבן" (ישעיהו יא, ו),[39] משמש את דרשן התנחומא לביאור דברי יעקב "ויהי לי שור וחמור צאן" כאיום שהוא משגר לעשו:

> "ויהי לי שור" אין לי לירא ממך שהרי נולד יוסף שנקרא שור, שנאמר (דברים לג, יז) "בכור שורו הדר לו", וחמור זה משיח בן דוד שנאמר (זכריה ט, ט) "עני ורוכב על חמור", צאן אלו זכותן של שבטים שנקראו בניהם צאן שנאמר (יחזקאל לד, לא) "ואתנה צאני צאן" וגו', גם יהודה שטנו של עשו, שנאמר (ישעיהו יא, ז) "ואריה כבקר יאכל תבן". פי' אריה שהוא יהודה שנאמר (בראשית מט, ט) "גור אריה יהודה", כבקר זה יוסף, יאכל תבן כלומר זה יוסף שידין עשו שהוא תבן, שנאמר (עובדיה א, יח) "ובית עשו לקש", ומנין שאף כלם ידינוהו, שנאמר (יחזקאל יט, ב) "מה אמך לביא", מכאן שכלם ידינוהו (תנחומא וישלח א).

עמ' 160-163, מתאר את נטיית מחבר הספר (מרטיני) ללקט מכתביו של ר' משה הדרשן את דרשותיו המשיחיות התואמות את השקפת הנצרות, ולעבד אותן מחדש. אחת מהדרשות הללו היא זו העוסקת בזהותם של השור והחמור על פי הפסוק בישעיהו, וזה לשונה המעובד: "יששכר חמור גרם הה"ד 'אשריכם זורעי על כל מים' ואין זריעה אלא צדקה וגמילות חסדים שנאמר 'הוי כל צמא לכו למים' ואם עשה כן זוכה לאליהו ולשני משיחים, הה"ד 'משלחי רגל השור והחמור' – השור זה משיח בן יוסף , כמה דתימא 'בכור שורו הדר לו' (דברים לג, יז) והחמור זה משיח בן דוד כמה דתימא 'עני ורוכב על חמור' וגו'". את התורה הנזכרת בתנחומא וכפי הנראה גם במדרש המקורי אצל ר' משה הדרשן, השמיט העורך הנוצרי כדי שיתאים להשקפותיו.

39. ראו נוסח זהה בישעיהו סה, כה, וראו מחלוקת רמב"ם ורמב"ן בפרשנות הריאליה של נבואה זו: רמב"ם, איגרת תחית המתים, עמ' שע; רמב"ן, תורת ה' תמימה, עמ' קנד-קנה.

דרשן התנחומא מתאר תהליך משותף של האריה והבקר במלחמה באויב, וזכותם של ישראל כגורם להכנעתו. הרמיזה התנחומאית למעורבותו של יוסף בתהליך הגאולה הנזכר בנבואת ישעיהו, תלך ותתפתח במסורות המאוחרות יותר שבהן הוא יכונה באופן מפורש "משיח בן יוסף".[40]

2.3 כל צרות שאירע ליוסף אירע לציון

דרשה ארוכה בתנחומא וכן בתנחומא בובר מקבילה בין קורותיו של יוסף לקורותיה של ציון. פסוק הבסיס לדרשה הוא דווקא תיאור שילוחו של יהודה למצרים "ואת יהודה שלח לפניו אל יוסף להורת לפניו גשנה" (בראשית מו, כח). מול הפסוק המתאר את שילוחו של יהודה, מוצב הפסוק ממלאכי "הנני שולח מלאכי ופנה דרך לפני" (מלאכי ג, א), המתאר את קורותיו של יוסף כסימן לבנים:

> ואת יהודה שלח, זש"ה "הנני שולח מלאכי ופנה" וגו' בא וראה כל צרות שאירע ליוסף אירע לציון...
> ביוסף "ויקנאו בו אחיו", בציון "קנאתי לציון קנאה גדולה" (זכריה ח, ב)...
> ביוסף "ויתנכלו אותו", בציון "על עמך יערימו סוד" (תהלים פג, ד)
> ביוסף "ויפשיטו את כתונת הפסים", בציון "והפשיטוך את בגדיך" (יחזקאל כג, כו)
> ביוסף "וישלכו אתו הברה", בציון "צמתו בבור חיי" (איכה ג, נג)...
> ומה שאירע ליוסף טובות אירע לציון טובות...
> ביוסף "רק הכסא אגדל ממך", ובציון "בעת ההיא יקראו לירושלים כסא ה'" (ירמיהו ג, יז)...
> ביוסף כתיב "ואת יהודה שלח לפניו" ובציון "הנני שולח מלאכי" (מלאכי ג, א) (תנחומא ויגש י).[41]

40. ראו פיתוח של דרשת התנחומא על הפסוק מישעיהו באגדת בראשית עט, עמ' 637, ובבראשית רבתי ויגש, עמ' 213.

41. מקבילות: תנחומא בובר ויגש יא. השוואה בין יוסף לציון מצויה גם באגדת בראשית סח, אולם ללא משפטי הפתיחה והסיום הנשענים על הפסוק ממלאכי, וממילא המסר העולה מההשוואה שונה מעט.

דומה שהמשפט החותם את המדרש מצביע על תכליתו. "ביוסף כתיב ואת יהודה שלח לפניו ובציון הנני שולח מלאכי". המדרש יוצר שתי הקבלות: הקבלה בין תפקידו של "מלאכי" לתפקידו של יהודה,[42] והקבלה בין שליחות יהודה ליוסף לשליחות המלאך לציון. ההקבלה מלמדת על שליחות כפולה בדמותם של יהודה ויוסף. תפקידו של יוסף יהיה כרוך בעיקר בהתמודדות עם אויבים מבית, אולם מעמדו בקרב העמים שמסביב יביא לבסוף להכרה בו כחלק מתהליך התקומה.

2.4 גאלת בזרוע עמך בני יעקב ויוסף סלה

בתנחומא מצוי מדרש המתאר את שכרו של יוסף על עמידתו בפיתויה של אשת פוטיפר, בהצבת ארון הקבורה שלו בסמיכות לארון ה' במסע לארץ ישראל. זכות המעשה תזכה גם את ישראל בגאולת עולמים:

> מה כתיב ביוסף "בן פרת יוסף" (בראשית מט, כב) א"ל הקדוש ברוך הוא יוסף יהא שלום על העין שעצמה ולא הביטה באחת המצריות שנאמר "בנות צעדה עלי שור", אמר רבי אבין מהו עלי שור? אמר הקדוש ברוך הוא עלי לשלם שכר אותו העין... אלא שהיתה ארונו מהלכת לפני הארון, ואו"ה רואין אותו ואומרים מה טיבו של ארון זה שהוא הולך לפני ארון של תורה? וישראל אומרים זה ארון המת שהוא מהלך לפני ארון התורה שקיים זה כל מה שכתוב בזה עד שלא נתנה התורה, ולפיכך זכה לילך עמו. א"ל הקדוש ברוך הוא ליוסף יוסף, אף על פי שפרעתי לך מקצת שכה, הקרן קיימת לך לעה"ב כדי שיגאלו ישראל גאולת עולמים בזכות יעקב ובזכותך הם נגאלין שנאמר (תהלים עז, טז) "גאלת בזרוע עמך בני יעקב ויוסף סלה" (תנחומא נשא ל).[43]

העמדת מעשה יוסף כמי שזכותו הביאה לגאולת עולמים איננה מוכרת

42. לפרשנות רחבה לזהותו של מלאכי ראו: מלכוב, השליח, עמ' 255-252, המתארך את הנבואה לתקופת החשמונאים ומזהה את "מלאכי" עם צמיחת מנהיגות כוהנית והתפתחות תפיסה משיחית ממוצא כוהני. וכן: בולוחה וגרונוולד, יום ה', עמ' 53-81, המביא אפשרויות שונות לזיהוי "מלאכי" ובין השאר מציע כי אין מדובר בדמות מסוימת, אלא בתיאור תפקידו של מי שיבצע את התיקונים הנדרשים לקראת הופעת הא-ל באחרית הימים.

43. וכן תנחומא בובר נשא לד.

ממדרשים אחרים.[44] שכרו של יוסף התפרש במסורות אחרות ככזה שניתן כולו בעולם הזה,[45] והפסוק מתהלים המשמש בסיס לתיאור זכותו של יוסף, נתפרש כמתייחס לחלקו של יוסף בגאולה הראשונה ממצרים.[46]

2.5 בית יעקב אש ובית יוסף להבה ובית עשו לקש

הדרשה שלפנינו מתארת את סיבת הבחירה ביוסף, על פני כל אחיו, כמי שיכניע את עשו. יוסף הוא היחיד שלא נמצא רבב בעברו,[47] וזהו סוד כוחו מול עשו:

> ואמר רבי יוחנן עומדים כל שרי השבטים להזדווג עם שרו של עשו ואינו נופל בידם לפי שלכל אחד ואחד מסלקו בתשובה, לראובן אומר אתה נחשדת על פילגש אביך, ולשמעון וללוי אף אתם הרגתם את שכם, לשאר השבטים אתה מכרתם את אחיכם ובקשתם להורגו, ליהודה אף אתה נחשדת על תמר כלתך, ולבנימין אמר אתה נחשדת על פילגש בגבעה, כיון ששרו של עשו בא ומזדווג לו מיד נופל לפניו שאין לו

44. בירמיהו לא, יד–טז מוזכר חלקה של רחל, אם יוסף, בהשבת הבנים לארצם. בפתיחה כד באיכה רבה חל פיתוח מדרשי המסביר את הקשר שבין מעשה רחל במסירת הסימנים להיותה היחידה מבין האבות והאימהות של האומה שהצליחה להביא את הקב"ה לחזור בו מגזרת הגלות הנצחית על בניו.

45. ראו בבלי סוטה יג ע"א–ע"ב ובבבלי זבחים קיח ע"ב.

46. ראו: במדבר רבה נשא יג: "ולזבח השלמים בקר שנים כנגד יעקב ויוסף שבזכותם נגאלו ישראל ממצרים שנא' (תהלים עז, טז) גאלת בזרוע עמך בני יעקב ויוסף סלה"; פסיקתא זוטרתא וישב לז: "הים לא נקרע אלא בזכות יוסף, הה"ד 'ראוך מים יחילו' (תהלים עז, יז). וכתיב בתריה 'גאלת בזרוע עמך בני יעקב ויוסף סלה' (עז, טז), לכך נאמר 'אלה תולדות יעקב יוסף'".

47. ניקויו של יוסף מעוון עומד בסתירה לתיאור המקראי, שבו נזכר יוסף כמי שהביא את דיבת אחיו באוזני יעקב (בראשית לז, ב), ובניגוד מוחלט למדרשים הטופלים בו חטא של גאווה, ואף במדרש תנחומא עצמו (וישב ח): "כיון שראה יוסף את עצמו בכך התחיל אוכל ושותה מסלסל בשערו ואומר ברוך המקום שהשכיחני בית אבי", וכן במדרש המאוחר (במדבר רבה יג, ג) המשווה בין ענוותנותו של יהודה לגאוותו של יוסף: "'גאות אדם תשפילנו' (משלי כט, כג) זה יוסף שהנהיג שררה שהיו אומרים לו אחיו לפניו עבדך אבינו והיה שותק לפיכך נקרא עצמות בחייו שנאמר 'והעליתם את עצמותי מזה'. 'ושפל רוח יתמך כבוד' זה יהודה שהשפיל עצמו לפני יוסף בשביל בנימין". וכן בניגוד למדרשים שנותחו בעיונים הקודמים שבהם מואשם יוסף כמי שאחראי אף הוא לקרע במשפחתו.

תשובה להשיבו הה"ד "והיה בית יעקב אש ובית יוסף להבה ובית עשו לקש" (עובדיה א, יח) (תנחומא כי תצא י).[48]

האם קיימת זיקה בין בחירתו של יוסף על פני אחיו לתיאורה של רחל בפתיחתא כד במדרש איכה רבה, כמועמדת היחידה מבין שלושת האבות ומשה, שהצליחה להמתיק את גזרת האל, לקצוב את משך הגלות ולקבל הבטחה על שיבת הגולים לארץ ישראל?

תיאור בחירתו של יוסף על פני אחיו תוך ציון חטאם, מתכתב במידה רבה גם עם המסורת התנחומאית לנאום יהודה, שבה מוכיח יוסף את צדקתו על פני יהודה ואחיו על ידי אזכור חטאים דומים: הריגת בני שכם, מכירת יוסף ויהודה עם תמר. מה משמעות הזיקה בין המסורות?

המרכיבים העולים ממסורות התנחומא על דמותו של יוסף הם: הופעת משיח בן יוסף ומשיח בן דוד היא שכר ללומדי תורה; יוסף שותף ליהודה למימוש תהליך אחרית הימים שבו "אריה כבקר יאכל תבן"; יוסף מסמל את קורות עם ישראל בבחינת מעשה אבות סימן לבנים; יוסף נבחר להוביל את תהליך הכנעת אדום ולזכות בהבטחת גאולת העולמים של עם ישראל הודות להיותו בנו היחיד של יעקב שהיה נקי מחטא.

כעת יש לברר כיצד משתלבת הדרשה הארוכה המפרשת את נאום יהודה, עם המודל המשיחי של יוסף כפי שהוא מעוצב במסורות השונות בחיבור.

3. משיח בן יוסף ומודל הגאולה – היבטי הפולמוס הפנים־יהודי

מועד עריכת מדרשי התנחומא, ותיארוך המסורות המצויות בו, נדון לא מעט במחקר.[49] ההשערות לתיארוך המאוחר ביותר של המסורות המצויות בחיבור חלוקות זו עם זו, אולם יש שמאחרים אותן לתקופת הגאונים בסוף המאה התשיעית ולאחריה. ברגמן, שהקדיש לא מעט מחקרים לתיארוך ספרות התנחומא ולהבחנה בין החיבורים, מחלק את החומר המדרשי של תנחומא

48. מקבילה לכך בפסיקתא רבתי יב.

49. ראו: ברגמן, מסורות ומקורות, עמ' 274-269; ברגמן, ספרות תנחומא־ילמדנו, עמ' 19-3; ברגמן, רובדי יצירה, עמ' 124-117, וראו לאחרונה: עצמון וניקולסקי, ילמדנו רבנו, עמ' 21-1.

הנדפס לשלושה רבדים, וטוען שהרובד השלישי, שבו מצויים עיקר הקטעים שאין להם מקבילה בתנחומא בובר, נערך בתקופת הגאונים בבבל או באזור שהיה תחת השפעתה.[50] בתארו את אופייה של עריכת התנחומא כותב ברגמן:

> סוגה מדרשית זו מהווה מעין מערכת סגורה בתוך ספרות המדרש, שבה מתהוות מסורות מדרשיות, זאת בהתאם לתנאים ההיסטוריים־חברתיים שבהם התפתחו והתפשטו דברי היצירה... אופיו של תהליך זה נקבע בהתאם לקונטקסט ההיסטורי חברתי שבו חיים בעל המדרש וקהלו.[51]

המדרש המורחב על נאום יהודה, וכך גם כמה מהמסורות האחרות שנדונו במאמר זה, העוסקות באופיו ובתפקידיו של משיח בן יוסף, נזכרות בתנחומא ללא מקבילות בבראשית רבה ובתנחומא בובר. האם ניתן להצביע על הקונטקסט ההיסטורי חברתי (כלשונו של ברגמן) ששימש רקע לתמורה זו, ולשייך מסורות מדרשיות אלו לרובד השלישי והמאוחר של התנחומא?

על בסיס אפשרות זו יש לברר כיצד התפתחה התפיסה המשיחית סביב דמותו של משיח בן יוסף בדורות המשוערים כסמוכים למועד היווצרותו של המדרש התנחומאי, ומהן מגמותיהם של יוצרי הדרשות התנחומאיות המטפחות אופי ייחודי של דמותו.

3.1 דמותו של משיח בן יוסף ותפקידיו בגאולה – בין הספרות האפוקליפטית לחז"ל

התפיסה המשיחית המגולמת בדמותו של משיח בן יוסף, הסיבות להיווצרותה והתמורות שחלו בה במהלך הדורות נדונו בהרחבה בספרות המחקר.[52]

50. ברגמן, רובדי יצירה, בניגוד לי"ט ליפמן צונץ, הדרשות בישראל, עמ' 111, הסבור שמוצאן של מסורות התנחומא הוא ביוון ואיטליה מראשית המאה התשיעית. וראו דעות נוספות אצל רייזל, מבוא למדרשים, עמ' 235-236. וראו סיכום של כל הדעות אצל ברגמן, סקר ביבליוגרפי, עמ' 21-30.
51. ברגמן, ספרות תנחומא־ילמדנו, עמ' 62.
52. ראו למשל: קלוזנר, הרעיון המשיחי, עמ' 289-295; אבן שמואל, מדרשי גאולה, עמ' 55-142; אורבך, חז"ל, עמ' 619 הערה 44; היינימן, אגדות ותולדותיהן, עמ' 131-141; ברגר, שלוש טיפולוגיות, עמ' 253-277. מיטשל הקדיש כמה מאמרים לתיאור ההתפתחות בעיסוק בדמותו של משיח בן יוסף, ואלו רוכזו לאחרונה לספרו: מיטשל,

המלוכה העתידית מיוחסת במקרא אך ורק לצאצא של שושלת בית דוד.[53] צאצא שושלת בית יוסף נזכר אך ברמז בנבואת מלאכי (ג, ג). במסורות חז"ל רבות דמותו של משיח בן יוסף איננה נזכרת כלל כמרכיב הכרחי בתהליך של הגאולה. במסורות אחדות שבהן מוזכר משיח בן יוסף מייחסים לו מנעד רחב של תפקידים.[54] החוקרים מצביעים על התקופה הביזנטית, ועוד יותר מכך על ימי הכיבוש המוסלמי, כשנים שהביאו להתפתחות ענפה של חיבורים אסכטולוגיים יהודיים ונוצריים, ובתוכם עיסוק מחודש בדמותו של משיח בן יוסף (במקביל להתפתחות מדרשי גאולה שבמרכזם משיח בן דוד) אחרי שתיקה יחסית של קרוב לחמש מאות שנה.[55] בתקופה זו על פי המשוער נכתב החיבור הפסאודואפיגרפי ספר זרובבל, המוקדש ברובו לתיאור פעולותיהם המשותפות של שני המשיחים.[56] ספר זרובבל הוא החיבור היסודי המצוי בידינו שבמרכזו עומדת דמותו של משיח בן יוסף מימי הופעתה, סופה הטראגי ותקומתה מחדש באחרית הימים.[57] משיח בן יוסף הנזכר בשמו נחמיה בן חושיאל מוצג כמשיח לוחם וסובל, שתפקידו להכשיר את הקרקע להנהגתו של מנחם בן עמיאל, הלא הוא משיח בן דוד. יוסף דן במאמרו "המיסטיקה העברית הקדומה" מאפיין את דמותו של משיח בן יוסף בספר זרובבל, ואלו דבריו:

משיח בן יוסף. ראו גם: קנוהל, המשיח הסובל, עמ' 32-37; אולמר, קווי המתאר, עמ' 115-144; סיסלינג, דמות המשיח, עמ' 73-82.

53. כך למשל בבראשית מט, י; שמואל ב' ז; ישעיהו יא; ירמיהו לג, יד-יח; תהלים עא ועוד, וכן בצוואת השבטים, צוואת יהודה כד.

54. כגון הדיון הרחב באופן יחסי בבבלי סוכה נב ע"א-ע"ב. ראו על כך דבריו של קלוזנר, הרעיון המשיחי, עמ' 289: "השאלה בדבר מוצאו ומהותו של הציור ממשיח שני קשה וסבוכה היא מאד... הדעות על מוצאה של אמונה זו במשיח, שהוא לא בן־דוד אלא בן־יוסף... הן שונות כל כך זו לזו". ראו סקירה של הספרות העוסקת בו מימי בית שני ועד לתקופה הביזנטית אצל: הימלפרב, המשיחיות היהודית, עמ' 100-119.

55. ראו על כך אצל: נוביק, אפוקליפטה, עמ' 356-378; ספורלינג, שיח של ספק, עמ' 109-126; ספורלינג, תחיה, עמ' 163-186; עיר שי, כרונוגרפיה, עמ' i-li. ישנם אזכורים בודדים גם בספרות מוקדמת יותר, כגון בבבלי סוכה נב ע"א-ע"ב, אולם אין מדובר בהם בדמות מפותחת כמו זו שבספרות המאוחרת יותר.

56. ראו: עיר שי, כרונוגרפיה, עמ' xxx-xxxvi המביא בהרחבה את כל המחקרים העוסקים בניסיונות לתארך את החיבור, וכן: ניומן, תיארוך, עמ' 324-336.

57. על הספר ועל דמותו של משיח בן יוסף בחיבור זה ראו: ריבס, ספר זרובבל, עמ' 449-450; הימלפרב, המשיחיות היהודית.

> אחד הקווים המאפיינים את האפוקליפסה של ספר זרובבל הוא... תיאור תהליך הגאולה כמציאות היסטורית אובייקטיבית הנגזרת על ידי האל, שאיננה תלויה משום בחינה לא במעשיהם של בני אדם בכללם ולא במעשיהם של יחידים. כל אשר עושים חפצי־בה, אליהו הנביא, נחמיה בן חושיאל ומנחם בן עמיאל, והוא הדין בארמילוס ובשטן אביו, נגזר וקבוע מראש – המעשה, זמנו, מקומו ותוצאותיו. לא נאמר דבר על כך שתהליך זה יתרחש רק אם יעשו אישים אלה דברים מסוימים, או אף אם בני ישראל יקיימו מצוות, יחזרו בתשובה וכל כיוצא בזה. בואה של הגאולה הוא גזרה עליונה בלתי מותנית, הן בכללה והן בכל פרט ופרט שבה, ואין דבר שיוכל למנוע את בואה או לעכבו, כשם שאין דבר היכול לזרזה ולהחישה. תפיסה מעין זו מנתקת את חזיון הגאולה מן המסגרת הדתית רעיונית, שכן אין ההתרחשויות תלויות באמונתם ובמעשיהם של בני האדם. הציפייה לגאולה משיחית בנוסח זה איננה מעודדת ואיננה דורשת מן האדם לנהוג בדרך זו או אחרת, לחשוב בדרך זו או אחרת, שכן תהליך הגאולה נגזר ובלתי תלוי, וכל אשר יעשה או יחשוב לא ימנענה ולא יחישנה.[58]

דמותו של משיח בן יוסף, כפי שהיא מעוצבת בחיבורים העוסקים בו באופן ישיר (ספר זרובבל, פסיקתא רבתי והחיבורים שהושפעו מהם),[59] מצוירת כחלק מתהליך פרדיגמטי דטרמיניסטי אפוקליפטי שיתרחש באחרית הימים. כניסתו המחודשת של משיח בן יוסף לקדמת הבמה והאפיון הפרדיגמטי החדש שהולבש לדמותו, הושפעו, כפי הנראה, מהתפתחותן של תפיסות אסכטולוגיות מקבילות בעולם היהודי ובסביבתו הנוכרית והנוצרית,[60] בדומה לגורמי סביבה שהובילו להשתנות בתפיסת מעמדו ותפקידיו של משיח בן

58. דן, המיסטיקה, עמ' 142-141 וכן דן, תולדות תורת הסוד, בפרק עשרים ותשעה העוסק באפוקליפסה ומשיחיות על פי ספר זרובבל.
59. ובמידה רבה גם באזכוריו במגילה 4Q372 ובתלמודים (ירושלמי ברכות ב, ד ה ע"א; בבלי סוכה נב ע"א).
60. ראו: הימלפרב, המשיחיות היהודית, עמ' 60-78, ריבס, ספר זרובבל, עמ' 449, וכך הוא כותב: "Many of the structural elements in Sefer Zrubbabel possess intriguing reflections or echoes within a number of roughly contemporary Christian, Muslim, Zoroastrian, and gnostic apocalypses that were produced within the Islamicate world". ספורלינג, ספק, עמ' 121-109 מתאר הקבלות בין אופי עיצובו של משיח בן

דוד.[61] הימלפרב ואחרים מצביעים על ספר זרובבל כמי שמאגד תפיסות משיחיות שרווחו גם מחוץ לספרות הרבנית, ונותן להן סוג של לגיטימציה. כך למשל במוטיבים המשמשים לתיאור אם המשיח חפציבה, המזכירים במידה לא מבוטלת את תיאוריה של אם ישו בספרות אבות הכנסייה.[62] כך גם הפיתוח של מרכיב הסבל של המשיח, שהפך לאבן יסוד של הדוקטרינה הנוצרית בביאור פשר נבואת ישעיהו נב, יג; נג, יב,[63] וכן מוטיב התחייה שלאחר המוות.[64] הדגשת המרכיב האפוקליפטי הדטרמיניסטי של התממשות הגאולה, שבו למעשים אקטיביים של האנושות אין כל השפעה על האצת התהליך או עצירתו, מזכירה במידה לא מבוטלת תפיסות מוכרות מהספרות החיצונית העתיקה של ימי הבית השני (כגון ספר היובלים, ספר חנוך וצוואות השבטים),[65] שמוצאת את ביטויה בספרות ההיכלות והמרכבה שירשה את

יוסף, הרקע להופעתו ודרכי זיהויו בספרות האפוקליפטית היהודית לבין מאפיינים דומים בחיבור הנוצרי פסאודו מתודיוס והאפוקליפסה הסורית של דניאל.

61. כאן מדובר במחקרים רבים מאוד שקצרה היריעה מלפרטם. ראו לדוגמה: ניוזנר, המשיח בהקשר; אלכסנדר, מלך המשיח, עמ' 456-473; אטקינסון, המשיח הלוחם, עמ' 8-19; מאך, משקיעה לזריחה, עמ' 307-359; אליצור, משיחיות ואנטי משיחיות, עמ' 43-75. מי שהתנגד לחלוקה זו היה שיפמן שטען שהחלוקה לתקופות מתעלמת ממחלוקות חברתיות שנוצרו סביב הציפייה המשיחית בכל אחת מהתקופות. החלוקה לתקופות על פי המסורות מקפחת לכאורה את מי שעמדתו המשיחית עוררה את התנגדותם של עורכי הספרות. ראו: שיפמן, משיחיות, עמ' 1054.

62. על הקבלות בין דימויה של מרים הבתולה ובין תפקידיה של חפציבה בספר זרובבל ראו: קיצינגר, פולחן הדימויים, עמ' 111-112; סיברצב, יהדות ואידיאולוגיה, עמ' 96-98; לימברים, יורשת אלוהית, עמ' 124-130.

63. על ההתפתחות היהודית החיצונית והנוצרית בתיאור דמותו של המשיח הסובל ראו: ביילי, ההיסטוריה האפקטיבית, עמ' 75-146. להקבלות בין הבסיס המקראי לתיאורי הסבל של המשיח בספרות הנוצרית לתיאורי הסבל בספר זרובבל ראו הימלפרב, המשיחיות היהודית, עמ' 60-78.

64. מוטיב התחייה שלאחר המוות נזכר בספרות האפוקליפטית היהודית ובמקבילתה הנוצרית כאחד מסימני הזיהוי המובהקים לזהותו של מבצע פעולות החייאת המתים כמלך המשיח (ראו: ספורלינג, שיח של ספק, עמ' 120). אף על פי כן יש לשים לב שמחבר ספר זרובבל מחלק את המוטיבים המוכרים מהתיאולוגיה הנוצרית: אם המשיח, הסבל, המוות והתחייה שלאחר המוות – לשני משיחים, באופן שונה מדמות המשיח הנוצרי שבה כל המרכיבים מתקיימים בדמות האחת המזוהה עם המשיח.

65. ראו למשל: אלכסנדר, האפוקליפסה של חנוך, עמ' 223-316; סטון, ספר חנוך, עמ' 472-492.

תפיסותיה,[66] וכן מאפיינת את תפיסת המשיחיות המוסלמית שהתפתחה במקביל, כפי שעולה מהקוראן.[67] רעיונות אלו לא הצליחו לחדור את השריון המאסיבי של ספרות חז"ל הקלאסית, ונותרו באפיקים עממיים מקבילים לה.[68]

דרשות התנחומא מייצגות תפיסה שונה לחלוטין ביחס לתפקידו של משיח בן יוסף ואופי פעולותיו. דומה שדרשן התנחומא מנפה את ההיבטים המשיחיים של דמותו של משיח בן יוסף בספר זרובבל מהמוטיבים הזרים ובעיקר מוטיבים כריסטולוגיים שדבקו בו, ומנגד מחזק יסודות המנטרלים כל אפשרות של זהות בין משיח בן יוסף ובין מושא הבשורה הכריסטולוגית. בניגוד לפיתוח המשיח הסובל, משיח בן יוסף מתואר כמשיח לוחם, "כיון ששרו של עשו בא ומזדווג לו" (תנחומא כי תצא י). משיח בן יוסף מובחן במידותיו הטובות, הכוללות קיום תורה ומצוות, "שקיים זה כל מה שכתוב בזה עד שלא נתנה התורה" (שם, נשא ל),[69] הוא נקי מחטא, "שאין לו תשובה להשיבו" (שם, כי תצא י), מסמל בקורותיו את העתיד להתרחש בעם ישראל, "כל צרות שארע ליוסף ארע לציון" (שם, ויגש י), תוך הבטחת גאולה עתידית לעם ישראל, בניגוד לדוקטרינת הנטישה הנוצרית. הופעתו של משיח בן יוסף תלויה במעשי העם "צאן אלו זכותן של שבטים שנקראו בניהם" (שם, וישלח א).

דומה שעורך התנחומא מתנגד לתפיסת הגאולה האסכטולוגית פטליסטית שרווחה בתקופתו.[70] העורך מכיר את מחלוקת התנאים בשאלת היחס בין

66. ראו: דן, תפיסת ההיסטוריה, עמ' 117–129; שיפמן, ספרות ההיכלות, עמ' 121–138; אליאור, ספרות ההיכלות, עמ' 108–142.

67. על האסכטולוגיה המוסלמית ועל פולמוס יהודי-אסלאמי בראשית תקופת האסלאם ראו: רובין, בין המקרא לקוראן, עמ' 13–35; ריברס, מסלולים, עמ' 108–110.

68. על התפיסות התיאולוגיות הייחודיות של ספרות ההיכלות ראו: אליאור, ייחודה של התופעה הדתית, עמ' 13–58, וכן: הלפרין, המרכבה.

69. בניגוד לתפיסה הפאולינית וממשיכיה הפוטרת את המאמינים בנס התחייה של ישו מקיום מצוות התורה. על מעמדה של האמונה כתחליף למצוות בתיאולוגיה הפאולינית ראו: בולטמן, תיאולוגיה, עמ' 340–345; סנדרס, על השאלות, עמ' 103–126.

70. את התפתחותה של תפיסת הגאולה האפוקליפטית בקרב יהודים, מוסלמים ונוצרים תולים החוקרים בהתפתחויות גיאופוליטיות במרחב הגיאוגרפי של ארץ ישראל במהלך המאה השביעית: הקריסה של הממלכה הביזנטית בעשור השלישי של המאה השביעית, פלישת הפרסים והתקווה שהם יטיבו עם יושבי הארץ, האכזבה המרה לנוכח פעולות העונשין שננקטו נגדם לאחר תבוסת הפרסים והכיבוש הביזנטי המחודש, ולאחריהם חדירת הערבים. כל אלו יצרו תקוות של נפילת ארבע המלכויות שיביאו לקץ המיוחל.

גאולה לתשובה, כפי שעולה מהמסורת שהוא מביא בחיבורו,[71] ומדגיש כי ניתן להחיש את הגאולה על ידי אתערותא דלתתא. משיח בן יוסף מוצג כמי שיש בכוחו להתערב בתוכנית אחרית הימים שהוכתבה מראש ולעודד פעילות אנושית. נותר אפוא לבחון: מהו אפוא תפקידו של נאום יהודה המורחב בתנחומא בפולמוס על צביונה של הגאולה ותפקידו של המשיח?

3.2 הגאולה האקטיבית במודל המשיחי של התנחומא

ההנחה היא כי המדרש המורחב לנאום יהודה בתנחומא מהווה אף הוא פולמוס סמוי עם תפיסות משיחיות (יהודיות ונוכריות) שרווחו בתקופתו של עורך התנחומא ביחס לאופיו של התהליך שיוביל לגאולה.

נאום יהודה בהקשרו המקראי אינו מעסיק את עורך התנחומא, ואף לא מסריו בעצות להתנהלות בין כפיף לשליט בהווה מתמשך (כפי ששימשה למשל התרפסותו של יעקב בפני עשו).[72] דרשן התנחומא מפרק את הנאום מכבלי התקופה ומהיבטיו המשפחתיים ומוליך אותו במנהרת זמן כהמחשה של מאורע אסכטולוגי עתידי. גיבורי הסיפור, יהודה ויוסף, מאופיינים כמי שיש בכוחם להשפיע על אופייה של הגאולה. האינטראקציה האלימה והיצרית המתפתחת בין השניים מנבאת את ההסתבכות, הקשיים והסבל שנכונו בדרך. הפיוס מבטא את התיקון ונקודת המפנה שבעקבותיו, שיאיצו את מהלך הגאולה.

המדרש המורחב מורכב משתי דרשות מרכזיות המתארות את השתלשלות

רושמי המאורעות ותרגומם לחישובי הקץ ניכרים בפיוט, בספרות הנוצרית והסורית, בספרות המוסלמית ובחיבורי גאולה יהודיים. ראו בהרחבה אצל עיר שי, כרונוגרפיה, עמ' xxxiii-xliv. על השפעת המאורעות על תפיסת הגאולה הנוצרית סורית ראו: ריינינק, מאפוקליפטיקה לאפולוגטיקה, עמ' 75-87.

71. "ר' יהודה אומר אם אין ישראל עושין תשובה אין נגאלין... רבי שמעון אומר בין עושין תשובה ובין אין עושין תשובה כיון שהגיע הקץ מיד נגאלין שנאמר... אני ה' בעתה אחישנה רבי אלעזר אומר אם אין עושין תשובה מעצמן הקדוש ברוך הוא מעמיד עליהם מלך רע שגזרותיו קשות כהמן ומשתעבד בהן ומתוך כך עושין תשובה" (תנחומא בחוקותי ג). המסורת מבוססת על מחלוקת התנאים בבבלי סנהדרין צז ע"ב – צח ע"א. בירושלמי תענית א, א סג ע"ד, מובאת המחלוקת באופן שונה מעט. על הגהות בנוסח הירושלמי ועל התפתחות המחלוקת בתקופת התלמוד ובספרות ראשונים ראו: אורבך, גאולה ותשובה, עמ' 190-206, וכן ראו: קולא, גאולה ותשובה, עמ' 469-480.

72. ראו לעיל בעיון לפרשת וישלח.

האירועים שהתרחשו לכאורה כשיהודה התייצב מול יוסף כדי לשחרר את בנימין. דומה שהדרשות מתארות שתי אפשרויות של גאולה, ואת תפקידו של משיח בן יוסף בכל אחת מהן.

הדרשה הראשונה מתארת את יהודה כמי שנערך למלחמה פיזית אלימה, המאפיינת את מרבית החיבורים האסכטולוגיים (היהודיים והנוכרים) שנוצרו בתקופה המשוערת.

> אמר רבי יודן כשהיתה חמתו של יהודה עולה היו שתי שערות יוצאות מתוך לבו וקורעות את בגדיו.[73] כיון שראה יוסף שעלתה חמתו של יהודה אמר עכשיו תאבד מצרים (תנחומא ויגש ג).[74]

הדרשן מטעים את הנזק הכבד של הדרך לתשועה מסוג זה – קנאה ויריבות ארוכה:

> בנוהג שבעולם שור מתירא מפני ארי ועכשיו שור וארי מתנגחין ועומדין והקנאה ביניהן עד שבא משיח לפיכך "וסרה קנאת אפרים" (ויגש ג–ד).[75]

בין תיאורי ההיערכות למאבק האלים שוזר הדרשן קטעי מדרש המתארים את חכמתו של יוסף ומאמציו למנוע את המחיר הכבד של מלחמה, על ידי חשיפת זהותו:[76]

73. המרכיבים הלוחמניים של תיאור המפגש בתנחומא (ויגש ג), תוך הדגשת מרכיבי האימה בדמותם של הלוחמים, "וכשהיה מבקש שתעלה חמתו היה ממלא אפונדתו אפונין של נחושת ונוטל מהן ומכסכס בשיניו וחמתו עולה... אלא כיון שראה עשרה גבורין עומדין לפניו שאחד מהן יכול להחריב עשרה מדינות נזדעזע", מקבילים במידה כזו או אחרת לתיאורי האימה של המתחזים למשיח בחיבורים האפוקליפטיים היהודיים והנוצריים, דוגמת ספר זרובבל, פרקי משיח ופסאודו מתודיוס. כך למשל תיאורו של ארמילוס בספר זרובבל: "וזה סימן דמות ארמילוס: שער ראשו [צבוע] כזהב וכבול, וידיו עד עקבי רגליו, [ושתים עשרה אמות קומתו] ופניו ארוך וזרת בין עין לעין, ועיניו עקומות ושני קדקדין לו, וכל רואיו ייראו ממנו" (ספר זרובבל עמ' 161). ראו: ספק, האפוקליפסה, עמ' 183–190.

74. ראו לעיל עמ' 336.

75. ראו בהרחבה לעיל עמ' 346.

76. מרכיב חשיפת הזהות מאפיין אף הוא את החיבורים האסכטולוגיים היהודיים

...אף יוסף כיון שהרגיש שעלתה חמתו של יהודה נתירא שלא יתבייש לפני המצרים מיד אמר לאחיו אני יוסף אחיכם ולא יכלו לענות אותו... זה חכמתו של יוסף, ומה חכמתו של יוסף שלא רצה להלחם עם אחיו, אלא כיון שראה עשרה גבורין עומדין לפניו שאחד מהן יכול להחריב עשרה מדינות נזדעזע, וחכמתו הצילתו.[77]

מכאן עובר עורך התנחומא לדרשה השנייה המתארת אף היא מאבק, אולם הפעם אין מדובר במאבק פיזי, אלא בסוג של התדיינות משפטית. יוסף, כתגובה להאשמותיו של יהודה, מציג בפניו כתב אישום חריף: "אמר לו יוסף בא ונתווכח שנינו אמור מילך וסדור דינך" (שם ויגש ה), הפורס את חטאיו וחטאי אחיו, תוך שהוא פורט על נימי הרגש החשופים ביותר שהאחים התאמצו למחוק מזיכרונם. עימות יהודה ואחיו עם חטאי העבר מוליכם צעד אחר צעד לתהליך של וידוי וצידוק הדין ובעקבותיהם לאיחוד מחודש.

א"ל מפני מה לא ערבת את אחיך כשמכרתם אותו לישמעאלים בעשרים כסף וצערת את אביך הזקן ואמרת לו טרף טורף יוסף והוא לא חטא לך? ...
א"ל יהודה דין שקר אתה דן אותנו, א"ל יוסף אין לך דין שקר כמכירת אחיכם,
א"ל יהודה נורא דשכם דליק בלבי, א"ל יוסף נורא דתמר כלתך אנא מטפי...
א"ל יהודה עכשיו אני אצא ואצבע כל שווקים שבמצרי' בדם, א"ל יוסף צבעי' הייתם מימיכם שצבעתם כתונת אחיכם בדם ואמרתם לאביכם טרף טרף (שם).

והנוצריים, המתארים את האותות שנאלץ להפעיל המשיח, מול המשיח המתחזה, בכדי לשכנע את בני עמו שהוא המשיח ותפקידו. אמנם בנקודה זו קיים הבדל בין החיבורים היהודיים לחיבור הנוצרים, החיבורים היהודיים מוסיפים את מרכיב ידיעת התורה כאמצעי זיהוי מכריע למשיח, ואילו הנוצרים מסתפקים במופת החייאת המת. ראו: ספורלינג, שיח של ספק, עמ' 121.

77. כאן מובאת דרשה ארוכה המסבירה כיצד הפעיל יוסף את חכמתו מרגע המפגש עם האחים, ופיזר רמזים שסייעו לו להתוודע אליהם ברגע המבחן, וכך אף הצליח לדלות מהם מידע על שהתרחש בהיעדרו.

הדי תוצאות מאמציו של יוסף להוביל את יהודה ואחיו לתהליך של הכרה בחטא נזכרים לדורות, ומשמשים מופת להשפעתה של תוכחה, ונחיצותו של קיום תורה ומצוות (בניגוד לתפיסה הנוצרית) להשלמת תהליך של גאולה:

> אר"י ווי לנו מיו' הדין ווי לנו מיום תוכחה ומה יוסף כשאמר לאחיו אני יוסף פרחה נשמתן כשעומד הקדוש ברוך הוא לדין דכתיב ביה (מלאכי ג, ב) "ומי מכלכל את יום בואו ומי העמד בהראותו" שכתוב בו "כי לא יראני האדם וחי" (שמות לג, כ) עאכ"ו, ומה זה נבהלו אחיו מפניו כשיבוא הקדוש ברוך הוא לתבוע עלבון המצות ופשעה של תורה עאכ"ו.
>
> וכשם שלא פייס יוסף את אחיו אלא מתוך בכיה כך כשיגאל הקדוש ברוך הוא את ישראל מתוך בכיה הוא גואלם שנא' (ירמיהו לא, ח) "בבכי יבאו ובתחנונים אובילם אוליכם אל נחלי מים בדרך ישר לא יכשלו בה כי הייתי לישראל לאב ואפרים בכורי הוא".

שתי אפשרויות גאולה מוצגות במדרש המורחב על שני חלקיו: האפשרות הראשונה מסתיימת במילים: "שור וארי מתנגחין ועומדין והקנאה ביניהן עד שבא משיח לפיכך וסרה קנאת אפרים", והאפשרות השנייה: "וכשם שלא פייס יוסף את אחיו אלא מתוך בכיה כך כשיגאל הקדוש ברוך הוא את ישראל מתוך בכיה הוא גואלם".

דומה שעורך התנחומא מאמין בהיתכנות של גאולה ללא תשובה, כפי שהוא מזכיר בדרשה אחרת בחיבור (תנחומא בחוקותי ג): "רבי שמעון אומר בין עושין תשובה ובין אין עושין תשובה כיון שהגיע הקץ מיד נגאלין". הדרשה הראשונה מאפיינת גאולה שתהיה כרוכה במאבק ארוך ומבזה שמשיח בן יוסף יהיה שותף לו, ואף יצטרך להקריב בו את חייו. פסוקי החוץ המתארים את חכמתו של יוסף, מצביעים על ייעודו, כמי שנשלח למנוע את דרך החתחתים הכרוכה במודל "בעתה": "...ומה חכמתו של יוסף שלא רצה להלחם עם אחיו" ולהוליך את העם לאפשרות השנייה. בדרשה השנייה משיח בן יוסף נכון להקריב את עצמו על מזבח תוכחת העם, למען זיכוכו מחטא והכנתו לגאולת "אחישנה" התלויה בתשובה.[78]

78. על פי שרטוט שני המודלים של הגאולה בבבלי סנהדרין צד ע"א. המדרש מתאר כי גם בתוך תהליך המשפט יוסף מרגיש מאוים מצד יהודה עם סכנה ממשית לחייו, אולם

התיאור הפייסני של התרפסות יהודה בפני יוסף, המאפיין רבות מהדרשות המפרשות את נאום יהודה, משתלב עם הפרשנות המקובלת למפגש יהודה ויוסף בני יעקב בסיפור המקראי, ומשמש המלצה חינוכית להתנהלות בהווה מול שליט חזק בבחינת "לעולם יהא אדם רך כקנה ואל יהא קשה כארז".[79] עקירתה של הדרשה מעיסוק בפרשנות העבר ומהדרכה חינוכית להתנהלות בהווה, ושיוכה לקורפוס של מדרשי הגאולה (כפי שנרמז בתוכה "עד שבא משיח" ואזכור "יום הדין"), מבארים את פשר בחירת עורך התנחומא במסורות בעלות אופי אקטיביסטי ומיליטנטי כמי שהוליכו לחיבור המחודש של האחים. החלק הראשון של דרשת התנחומא מתאר את יהודה כמי שנכון להילחם מול האויב המצרי (כשיוסף נתפס על ידו כמייצג השלטון) עד להכנעתו. יוסף מודע לאפשרות של הכנעה, אולם מנסה להסיט את יהודה לדרך שתשיג תוצאה מואצת, ללא המחיר של קורבנות המלחמה. החלק השני של דרשת התנחומא מציג את מאמצי יוסף להכניע את לבו של יהודה להכיר בחטאיו, ומתוך הכרה זו להגיע למצב של איחוד מחודש הנחוץ למימושה של הגאולה.

תפיסת הגאולה העולה מאופייה של הדרשה משתלבת עם דרשות אחרות, שמייחדות את החיבור, המייחסות לצאצאי יוסף פעילות מעשית כזרז למציאות של גאולה, ומהוות שינוי תפיסה באשר לכוח השפעתו של העם על קצב התהליך של מימוש חזון הקץ ועל אופיו.

ייתכן שמסורות אלו משתלבות עם הלך רוח של אסכולה אקטיביסטית מתפתחת, המנווטת את ההתעוררות המשיחית לכדי אמונה בכוח הפרט והציבור להשפיע על אירועים קוסמיים שנתפסו על ידי אחרים כבלתי תלויים במעשי האדם. עדות להלך רוח מסוג זה מצויה בחיבור איגרת הגאולה שכתב רב סעדיה גאון בתקופת הגאונים.

רס"ג מעמיד את משיח בן יוסף כמי שבכוחו להתערב בתוכנית אחרית הימים שהוכתבה מראש ולעודד פעילות אנושית. משיח בן יוסף שתואר

יוסף אינו מוותר על השלמת התהליך ורק משהושלם חושף יוסף את זהותו: "אמר רבי שמואל בר נחמן לסכנה גדולה ירד יוסף שאם הרגוהו אחיו אין בריה בעולם מכירו ולמה אמר הוציאו כל איש מעלי אלא כך אמר יוסף בלבו מוטב שאהרג ולא אבייש את אחי בפני המצרים... כיון שראה יוסף שהסכימה דעתם להחריב את מצרים אמר יוסף בלבו מוטב שאתודע להן ואל יחריבו את מצרים".

79. בבלי תענית כ ע"א.

על ידי קודמיו של רס״ג כמשיח לוחם,[80] או כמשיח סובל ומכפר,[81] מתואר לראשונה כמי שמוביל תהליך של החזרת העם בתשובה וזיכוכם מחטאיהם כהכנה לגאולה. תיאור זה שונה בתכלית מאופיו של המשיח המכפר על חטאי העם, שכן נדרש מהעם שינוי של אורחותיו, והם אינם יכולים להיתלות בסבלו של משיח בן יוסף.[82] וכך כותב רס״ג, ספר הנבחר באמונות והדעות ח:

> כבר ידענו שאם לא תשלם תשובתנו נעמוד עד השלמת הקץ, ואם ישלם הקץ קודם שנשוב לא יתכן שתהיה הישועה ואנחנו חוטאים, שהוא הגלנו מפני חטאינו, וכאשר ארך גלותינו ולא שבנו, ישיבנו קודם שנתקן יהיה זה בשוא? אבל קדמוננו ז״ל קבלו, שתקראנה אותנו צרות רבות ורעות, שנבחר בעבורם התשובה, ונהיה ראויים להגאל. והוא מה שאמרו קדמונינו: ״אם ישראל עושין תשובה נגאלין, ואם לאו, הקדוש ברוך הוא מעמיד עליהם מלך, שגזרותיו קשות מ[של] המן, והם עושין תשובה ונגאלין״...
>
> ואומר אחרי זה, כי על שני הענינים יחד, רצוני לומר: אם לא נחזר בתשובה ויהיו המארעים של משיח בן יוסף, ואם נחזור בתשובה ולא יהיו, יראה לנו משיח בן דוד פתאם. ואם יהיה משיח בן יוסף קודם לו, יהיה כשליח לו וכמתקן האומה וכמסקל הדרך, כמו שאמר (מלאכי ג, א): ״הנני שולח מלאכי ופנה דרך לפני״, וכמצרף באש לבעלי החטאים הגדולים, וכמכבס בברית לבעלי החטאים הקלים, כמו שאמר אחריו (שם ב) ״כי הוא כאש מצרף וכבורית מכבסים״.[83]

80. כגון בתרגום המיוחס ליונתן לשמות מ, יא.
81. כגון בבלי סנהדרין צח ע״א, ובהרחבה בתיאורו בספר זרובבל ובפסיקתא רבתי לו. על מוטיב הסבל ומגמתו בפולמוס היהודי-הנוצרי ראו: אולמר, קווי המתאר, עמ׳ 144-115.
82. סיסלינג, דמות המשיח, חקר את מגמות איגרת הגאולה של רס״ג ואת מקורותיו, והוא סבור שהיא נכתבה על רקע פולמוס שהתרחש בתקופתו ביחס לתפקידו של משיח בן יוסף ואופייה של הגאולה העתידית. כך מסביר סיסלינג את הביסוס האינטנסיבי של תוכן האיגרת העוסקת במשיח בן יוסף על פסוקי הנבואה, המהווים הוכחה לתפקידו בתיקון לב האומה, מול דעות המתפלמסים. סיסלינג מוכיח, בניגוד לחוקרים אחרים שנטו לגשר בין תפיסתו של רס״ג למקובל במסורות אחרות, כי עמדתו שונה באופן מהותי. וראו גם: אבן שמואל, מדרשי גאולה, עמ׳ 117–120. על שונותה של התפיסה המשיחית באיגרת הגאולה של רס״ג ראו גם: אלכסנדר, מלך המשיח, עמ׳ 456-473.
83. תרגום אבן תיבון, דף סז ע״ב. במהדורת קאפח מובא תרגום אחר המבוסס על כתב

התפיסה ביחס לתפקידה של התשובה כמקדמת גאולה איננה חידוש של רס״ג, אולם זיהוי משיח בן יוסף כמי שממונה על תהליך החזרת העם בתשובה ייחודי לו.

תיאור יוסף בתנחומא כמי שמכניס את יהודה ואחיו למצוקה רגשית קשה, על ידי אזכור חטאיהם המוסריים הקשים כלפי בני משפחתם ושכניהם, ומתוכה הם מכירים בחטא, דומה במידה לא מבוטלת לתיאור תפקידו של משיח בן יוסף ״כמתקן האומה״ ו״כמצרף באש לבעלי חטאים גדולים״ בהגותו של רס״ג. ייתכן שיש בדמיון בהתפתחות בתפיסת תפקידו של משיח בן יוסף בכדי להצביע על זיקה בין החיבורים, או לכל הפחות על חפיפה מסוימת של תקופת היצירה.[84] על כל פנים שתי הסוגות מלמדות על התפכחות מתפיסת הגאולה הסבילה, שתתרחש במוקדם או במאוחר על פי תכנון אלוהי שהוכתב מראש, לתוך הכרה בתפקידו של המשיח, מצאצאי בית יוסף, להניע התעוררות אנושית שתאפשר גאולה מואצת.

*

בעיון זה עמדתי על חריגותה של פרשנות נאום יהודה בתנחומא, בהשוואתה

יד אוקספורד, המשנה את המשמעות של הדברים. על מחלוקת התרגום ראו אצל סופר, דעת רס״ג, עמ׳ 88–92. במאמר מובאת תגובתו של הרב יוסף קאפח בעקבות העדפת הכותב את תרגום אבן תיבון על פני תרגום קאפח. ראו גם שלוסברג, הזיקה, עמ׳ 99–110. שלוסברג מסיק מדברי רס״ג על פי התרגום במהדורת קאפח (המבוסס על כתב יד לנינגרד) ובהשוואה לפרשנויות נוספות של רס״ג, כי רס״ג סבור שתיתכן גאולה ללא תשובה. קשה לנו לקבל את עמדתו זו, הן מחמת התבססותו על עד נוסח שאינו בהכרח מדויק יותר, הן מחמת הרחבתו של רס״ג בתיאור תפקידו של משיח בן יוסף. אם תיתכן גאולה ללא תשובה, מהו אפוא תפקידו של משיח בן יוסף אליבא דרס״ג?

84. הר, תנחומא ילמדנו, עמ׳ 794–796 מוכיח כי בכל מהדורות התנחומא יש רמזים לפולמוס נגד הקראים, ועל כן הוא סבור שהן מאוחרות למאה התשיעית ומקבילות לספרות הגאונים המאוחרת. ברגמן, תנחומא ילמדנו, עמ׳ 13 הערה 73 סבור שקביעתו של הר מתבססת על מסקנתו של צונץ ביחס למועד המאוחר של רבות ממסורות החיבור (המאה התשיעית) ומקום היווצרותן (דרום איטליה). ברגמן, ספרות תנחומא־ילמדנו, עמ׳ 58, כותב: ״בתנחומא הנדפס נמצאים קטעים המשקפים את תקופת הגאונים בבבל״, אולם הוא אינו מקבל את המסקנה בדבר תיארוכן המאוחר של עיקר המסורות שבחיבור וסבור שרבות מתוכן יש לתארך לתקופה מקבילה לצמיחת המדרש הארץ־ישראלי הקדום.

למקרא ולמקבילות התנחומא בספרות המדרש. מול ההיגיון המקראי שבהעמדת יהודה כדמות כנועה הזועקת לחנינה ומגייסת את מלוא כוח השכנוע שבה (המאפיינת גם רבות מהדרשות המפרשות את אופיו של הנאום), מצטייר יהודה בתנחומא כאיש ריב ומדון בעל כוח הרסני, המאיים למלא את אדמת מצרים בדם הרוגיה. סממני החריגה ניכרים בבחירת דימויי המדרש המתארים מאבק ארוך ומתיש של שור וארי, בבחירת פסוקי החיזוק שמשרים אווירת יריבות מיליטנטית והתנצחות, ובהנצחת דיאלוג רווי הטחות ואיומים שהתקיים לכאורה בין שני הניצים.

בניסיון להסביר את פשר החריגה הוצעו דרשות ייחודיות נוספות בחיבור המייחסות ליוסף תפקיד מרכזי בגאולת עולמים. פסוקים מנבואות משיח וגאולה נדרשו בו כמלמדים על תפקידו של יוסף בהובלת הגאולה, וכמוכיחים את תומתו כסיבה לבחירה בו על פני אחיו.

התצרף המלא שנוצר מחיבור יחידות המדרש בתנחומא העמיד את משיח בן יוסף (בשונה מעיצובו בקורפוסים אחרים) כדמות של משיח לוחם, מובחן במידותיו הטובות, נקי מחטא וכמי שיש בכוחו להתערב בתוכנית אחרית הימים שהוכתבה מראש ולעודד פעילות אנושית.

הוצע שהדיוקן התנחומאי הייחודי לדמותו של משיח בן יוסף מתפלמס עם תפיסות משיחיות מוקדמות ומקבילות שהתפתחו בעולם הנוצרי, ובהגות יהודית שלא התיישרה עם התפיסה הדומיננטית של חז״ל. הדיוקן התנחומאי מבדל את משיח בן יוסף מהאפיונים הזרים שדבקו בו במסורות החיצוניות לחז״ל, ומאפיוניו של המשיח הכריסטולוגי, ומעמיד תחתיו דמות משנֶה משיחית שמובילה תהליך המשתלב עם תפיסת הגאולה הדורשת מעורבות אנושית. הונח כי העיצוב המחודש של משיח בן יוסף כמי שמתערב ומזרז תוכנית אלוהית (על ידי גדיעת המאבק והאצת התהליך הנפשי) מצביע על התפתחותה של תפיסה חדשה ואמונה בכוח האנושות הישראלית להשפיע על עתידה.

הדיוקן התנחומאי של משיח בן יוסף הוצע כמי שעומד בבסיס פרשנות נאום יהודה בחיבור. התיאור הכפול של מרכיבי העימות בין יהודה ליוסף בדרשת הנאום משרטט שני מודלים אפשריים של גאולת העם: מודל ארוך הכרוך במלחמת אחים עקובה מדם של ״שור וארי שמתנגחין ועומדין והקנאה ביניהן עד שבא משיח״, ומודל מואץ שיתאפשר על ידי הובלת הארי לתהליך של חזרה בתשובה. בשני המודלים מתוארת מעורבותו של משיח בן יוסף: במודל הראשון משיח בן יוסף לוקח חלק במאבק, אולם בכוח

חכמתו הוא גודע את הקרב בטרם הוכרע, ומסיט את יריבו לאפשרות של מודל חלופי: "כיון שהרגיש אחד מהן שהוא בא להנצח אמר עכשיו ינצחני ואני נתבייש בפני הכל מה עשה נשקו על ידיו ושככה חמתו של אתליטיה הגדול". במודל השני משיח בן יוסף מטיח ביהודה ובאחיו את זיכרון מחדלי העבר ומנווט אותם לתהליך נפשי של טיהור. חשבון הנפש וההזדככות מחטא שבעקבותיו מעמידים את בני יעקב כמי שראויים לגאולת עולמים.

פרשת ויחי

"כי עלית משכבי אביך" – המחלוקת בהערכת מעשה ראובן

לקראת פטירתו של יעקב מן העולם התבקשו כל בניו להתכנס סביב מיטתו. רגע מלא הוד זה הוליד טקסט שירי עשיר וחידתי מעט הידוע כ"ברכת יעקב". אלא שדברי הפרידה של יעקב מבניו ערב מותו מעוררים לא מעט תהיות באשר למטרתם. הצהרת הכוונות בלשונו "ואגידה לכם את אשר יקרא אתכם באחרית הימים" (בראשית מט, א) איננה עומדת במבחן תוכן הפנייה המרכזי אל כמה מבניו, שיותר משעוסקת בניבוי העתיד כדרכה של ברכה, מוקדשת בעיקרה לסיפור עברם.[1] גם עצם הכינוי ברכה "איש אשר כברכתו ברך אתם" (שם כח) לדברי יעקב לבניו הוא בעל משמעות אירונית בהתייחס לפנייתו לשלושת בניו הגדולים שזכו לקיתון של דברי מוסר. פרשנים וחוקרים הביעו השערות שונות בדבר כוונת דברי הפרידה של יעקב מבניו, ופירשו את הברכות בהתאם להשערתם.[2]

אחת התמיהות הגדולות של ברכת יעקב לבניו שתהיה מרכזו של פרק זה, היא המילים הקשות שבהן בחר להיפרד מבנו ראובן, ובעיקר הפער

1. כך בברכת יעקב לראובן, לשמעון ולוי וליוסף. אמנם קיימות בכל אחת מהפניות גם התייחסות רמוזה להשלכות העבר על העתיד, אולם קשה לראות בכך את עיקר מגמת הברכה.
2. ראו: דה־הוף, בראשית מט; ראו סקירה של הצעות אצל ספרקס, בראשית מט, עמ' 347–327.

שבין סיפור המעשה בפרשת וישלח לבין האינטרפרטציה הניתנת לו בדברי הפרידה של יעקב. בפרשת וישלח מבורר מעשה החטא לצד העדר תגובה של יעקב על אף ציון מפורש בדבר עדכונו במעשה הניאוף של בנו. מיד לאחר מכן נזכרים שנים עשר בני יעקב, אזכור שכביכול מקהה את רישום הכתם של מעשה ראובן, ומכליל אותו ברשימת בני יעקב הממשיכים את ברית אברהם, ואת מעמדו כבכור הבנים:

> ויהי בשכן ישראל בארץ ההוא וילך ראובן וישכב את בלהה פילגש אביו וישמע ישראל
> ויהיו בני יעקב שנים עשר: בני לאה בכור יעקב ראובן... (בראשית לה, כב-כג).

לעומת זאת, בדברי הפרידה מושמעת מפי יעקב תוכחה קשה על מעשה עמום ובסופה הוא מודיע לראובן על גריעת זכויות הבכורה שלו מחמת המעשה:

> ראובן בכרי אתה כחי וראשית אוני יתר שאת ויתר עז: פחז כמים אל תותר כי עלית משכבי אביך אז חללת יצועי עלה (בראשית מט, ג-ד).

חטא ראובן נזכר פעם נוספת בחיבור ההיסטוריוגרפי דברי הימים המציין נקודות שיא בהיסטוריית הראשית של עם ישראל, ובוחר את חטא ראובן לאחת מהן. גם בציון זה נזכר חטא ראובן בצורה רמוזה, אולם נכתב במפורש שהוא שיצר שיבוש בהורשת הבכורה:

> ובני ראובן בכור ישראל כי הוא הבכור ובחללו יצועי אביו נתנה בכרתו לבני יוסף בן ישראל ולא להתיחש לבכרה (דברי הימים א' ה, א).

העמימות המקראית ביחס לחומרת החטא ולהשלכותיו על עתידו של ראובן כשמצד אחד תיאור מפורש של החטא "וישכב את בלהה" ולאחריו העדר תוכחה ועונש, ומן הצד השני תיאור מעורפל יותר של החטא "חללת יצועי",[3]

3. הזיקה בין שני הסיפורים מוכחת מהשימוש במילים מהשדה הסמנטי של תיאור החטא בסיפור המעשה הכרונולוגי: השורש "משכב" משותף לשני התיאורים. "משכבי אביך" זה כינוי לאשת יעקב או פילגשו. "יצועי" הוא כינוי למיטה (ראו תהלים קלב, ג). יש

שגורר השלכה מובהקת על מעמדו של ראובן, הולידה פיצול דרשני בפרשנות חטא ראובן.

בפרק זה אבקש להכיר את השפעתה של השניות המקראית ביחס למעשה ראובן על ספרות המדרש, ולהבחין בין מי שייחסו לראובן חטא ניאוף מפורש וביקשו להצביע על גורמי החטא, לבין מי שאימצו פרשנות אפולוגטית וביקשו לצמצם בחומרת החטא. אתחקה גם אחר התפתחותה של הערכה שלישית למעשה ראובן שאיננה נוקטת במפורש תיאור של חומרת המעשה, אולם גם אינה מאמצת את הנוסח האפולוגטי. אנסה לברר מה עומד מאחורי בחירתם של משכתבים ודרשנים לאמץ גישה כזו או אחרת בהערכת מעשה ראובן. אתייחס למיקומה של תוכחת ראובן בתוך דברי הפרידה של יעקב והשפעתו על אופן הערכת המעשה בפרספקטיבת ייעודם של שנים עשר השבטים ותפקידם לדורות.

1. הערפול המקראי בתיאור חטא ראובן והשלכותיו

חטא ראובן נזכר באופן מפורש שלוש פעמים, כפי שצוין בפתיחה, אולם ניתן להצביע על שני מקורות מקראיים נוספים שניתן למצוא בהם רמיזה עקיפה לסיפור החטא. נעיין אפוא בחמשת המקורות וננסה לדלות מתוכם פרטי הערכה ביחס לחומרת החטא ולהשלכותיו על עתידו של ראובן.

1.1 מעשה ראובן ברצף הכרונולוגי – בראשית לה

פרקים לד-לה בספר בראשית מתארים את מעשי יעקב עם הגעתו לכנען. מעשי יעקב מופרעים מעת לעת על ידי אתגרי משפחה שדורשים את טיפולו: אונס דינה, מות המינקת ומותה של אשתו האהובה רחל.[4] אחרי קבורת רחל מבקש יעקב להשלים את תוכניתו, ולהגיע סוף כל סוף לבית הוריו הזקנים, ואז מתרחש המעשה החמור של ראובן:

המפרשים גם את המילה "פחז" כביטוי של מיניות ותשוקה (ראו: קדרי, מילון, עמ' 854; גרינפלד, פחז, עמ' 35–41). גבירץ, נזיפה, עמ' 87–98 טוען לעומת זאת שדברי יעקב לראובן אינם תוכחה על מעשה בלהה.

4. על מבנה הפרקים ועל הזיקה הספרותית שבין הסיפורים ראו: גרוסמן, יעקב, עמ' 442–476.

ויסע ישראל ויט אהלה מהלאה למגדל עדר. ויהי בשכן ישראל בארץ ההוא וילך ראובן וישכב את בלהה פילגש אביו וישמע ישראל ויהיו בני־יעקב שנים עשר. בני לאה בכור יעקב ראובן... (בראשית לה, כא-כג).

תיאור המעשה אינו מותיר התלבטות באשר לחומרתו. ראובן ניצל היעדרות של יעקב ושכב עם פילגשו. הכתוב אינו מציין את מניעיו של ראובן, אולם דומה שניתן להשלימם על בסיס רמזים שפוזרו בכתוב: הסמיכות למות רחל, הטיית אוהל יעקב תכף אחרי מות רחל וכן היכרות עם מעשה מוקדם יותר של ראובן בדודאים שגרם להתערבות בסדר משכבו של יעקב עם נשותיו.[5] ניתן אם כן לשער שלאחר מות רחל עבר יעקב עם בני רחל, שהאחד מהם זה עתה נולד, לאוהלה של בלהה, כדי שתוכל למלא את חסרונה של אם הבנים בטיפול בהם. ראובן, שכפי הנראה נאבק למען מקומה של אימו במשפחה, התקשה לספוג את העלבון החדש שבו יעקב מבכר את הפילגש על פני אימו ולכן ביצע בה מעשה שיהפוך אותה לאסורה ליעקב.[6]

למרות חומרת המעשה, הכתוב נוקט כמה אמצעים שמאפשרים להקהות במעט את חומרת החטא: העדר תוכחה של יעקב על אף הדגשה שהשמועה הגיעה לאוזניו.[7] אמצעי מסורה נדיר של פיסקא באמצע פסוק שמבליט את העדר התגובה של יעקב.[8] צמידות תיאור הכללתו של ראובן ברשימת בני

5. על אוהלי נשות יעקב ראו: שמש, דמותה של רחל, עמ' 81-110. על הזיקה שבין שני הסיפורים שמוזכר בהם צמד מילים משותף "וילך ראובן" ראו אצל ניקול, הפיכת ראובן, עמ' 536-539 וכן: סרנה, להבין את בראשית, עמ' 244.
6. על מושגי טהרה מינית בתוך המשפחה בעולם הקדום עוד בטרם ניתנו הלכות התורה בסוגיה זו ראו: קימוהו, חוקי הכוהנים, עמ' 201-210. השוו למעשה אבשלום בפילגשי דוד ומניעיו בשמואל ב' טז, כ-כב והשלכות המעשה שם כ, ג.
7. בתרגום השבעים נוספו המילים "וירע בעיניו" לאחר המילים "וישמע ישראל". נראה שהפסוק הקטוע על פי חלוקת המסורה גרם למתרגם להשלים את מה שחשב שאמור היה להופיע שם. על תופעת ההשלמה בתרגום השבעים ראו: טוב, ביקורת, עמ' 186-214. דומה שתופעה זו משתייכת להבדלי הגרסה שנוצרו מדעת המעתיק, המכונים intentional variants. ראו על כך אצל טוב, ביקורת, עמ' 209-212. על השערות נוסח קדום שעמד לפני מתרגם השבעים ראו: כהנא, מסורת, עמ' 18-21.
8. על פרשנות מגמות המסורה בהטעמת הפיסקא באמצע הפסוק ראו: טוב, ביקורת, עמ' 42; כדורי (קוגל), חטא ראובן, עמ' 480-481; כהנא, מסורת, עמ' 18-21; סגל, פסקא, עמ' 204; טלמון, פסקא, עמ' 11-23.

יעקב, תוך ציון מעמדו של ראובן כבכור. מערכת כפולה של טעמים שעל פי אחת מהאפשרויות שלה מעמידה את מניין בני יעקב כצלע השנייה של הפסוק העוסק בחטא ראובן, באופן שאינו מאפשר לפרש את סמיכות הפסוקים בקשר אקראי.[9]

חומרת החטא מזה ומרכיבי הטקסט מזה יוצרים חוסר בהירות באשר לחומרת החטא שנדמה היה כחמור מאוד, אולם לא גרר אחריו אדוות של אזכור, תוכחה ועונש במשך יותר מחמישים שנים.[10]

1.2 החטא ועונשו בתוכחת יעקב – בראשית מט

שתיקתו של יעקב על מעשה ראובן מגיעה אל קצה בדברי הפרידה שלו מבניו. ראובן הוא ראשון המתברכים על ידי אביו, אולם תחת ברכת העתיד מתאר בפניו יעקב את פוטנציאל מנעמי הבכורה שהיו נתונים לו, "יתר שאת ויתר עז", ואת העברתם ממנו מחמת חטאו.

> ראובן בכרי אתה כחי וראשית אוני יתר שאת ויתר עז: פחז כמים אל תותר כי עלית משכבי אביך אז חללת יצועי עלה (בראשית מט, ג-ד).

חטא ראובן מתואר בשני אפיונים: "עלית משכבי אביך" ו"חללת יצועי עלה", וכן מתווסף בדברי יעקב דימוי לאופי פעולת ראובן "פחז כמים".[11] יהא פירושם של הביטויים אשר יהא, הבהירות של תיאור החטא ברצף

9. על תופעת מערכת טעמים כפולה במקרא ראו: גייגר, המקרא ותרגומיו, עמ' 240; ברויאר, כתר, עמ' 289-292.

10. על חישובי הכרונולוגיה בתולדות חיי יעקב ראו: https://tora.us.fm/tnk1/tora/brejit/tarikim25.html.

11. דה-הופ, פחז, עמ' 16-26 סוקר את הפרשנויות השונות שניתנו למילה "פחז" ופוסל אותן כיוון שלא ניתן להסביר באמצעותן את הדימוי השלם "פחז כמים". דה-הופ מציע על בסיס השוואה לפסוקי מקרא אחרים, לבן סירא ולקטעי מגילות מקומראן שמשמעות "פחז כמים" היא בגידה בנאמנות. הצירוף של המילה מים נועד לבטא את גודל הבגידה, כפי שניתן להוכיח מדימוי דומה בירמיהו טו, יח: "היו תהיה לי כמו אכזב מים לא נאמנו". המים הם מקור של ציפייה, וכשהמצפה להם נכזב הוא מרגיש תחושה עמוקה של בגידה. ראו גם פיתוח הדימוי אצל איוב ה, טו: "אחי בגדו כמו נחל כאפיק נחלים יעברו". ראו גם: קוגל, סולם יעקב, עמ' 85-90; כדורי (קוגל), חטא ראובן, עמ' 472-474.

הכרונולוגי מתחלפת בתיאור חידתי ובלתי מובהק של מעשה שהשפיע על מעמדו המשפחתי של ראובן לעד.[12]

העמימות של תיאור החטא, על ידי שימוש בהטיות יחידאיות של המילים ("פחז"; "יצועי") או במעברי גוף מנוכח לנסתר ("עלית" – "עלה") נובעת כפי הנראה מאפיונם השירי של דברי הפרידה,[13] אולם יש מקום להניח שהגורם המרכזי לכך הוא אי הנוחות של יעקב מאזכור מפורש של מעשה הניאוף של בנו, וניצול סוגת השירה לעידון ורמיזה. אם כך יש להסביר מדוע מצא יעקב לנכון לשבור את שתיקתו על המעשה החמור של ראובן דווקא במועד רגיש ופומבי זה של פרידה מצאצאיו, ולא מוקדם יותר בסמוך לחטא.

פרשני תכליתן של ברכות יעקב לבניו וחוקריה ביקשו לראות בהן הנמקה עתידית לבחירתם של יהודה ויוסף, תוך דילוג על סדרי ההורשה המסורתיים. לדידם דברי התוכחה הקשים לראובן ולאחר מכן לשמעון ולוי נועדו להצדיק את הבחירה ביהודה ולהשתיק טענות ירושה פוטנציאליות.[14] הנחה זו משכנעת שכן מרגע המעבר משלושת הבנים הגדולים ליהודה, משתנה אופיים של דברי הפרידה, והם מקבלים גוון של דברי שבח על מעשי הבנים בעבר או בשורה עתידית על חבלי נחלתם ומשלח ידם.

מה שעולה אפוא מאזכור חטא ראובן בדברי הפרידה של יעקב הוא חטא מובהק פחות של ראובן מבחינת אופיו, אולם חמור מספיק בכדי להצדיק את עקירת שושלת היוחסין ממקומה.

1.3 חטא ראובן והשיבוש ברשימות היחס בדברי הימים

מחבר דברי הימים מקדיש פרקים בודדים לתיאור העבר של עם ישראל עד לתקופת המלוכה. פרטי העבר משולבים בתוך פרקי היחס הכוללים רשימות גנאלוגיות של תולדות עם ישראל. פרקי היחס מתחילים שלא על פי סדר ההולדה של בני יעקב: שושלת יהודה בתחילה, לאחר מכן שושלת שמעון (שגרה בסמיכות לנחלת יהודה) ורק לאחריהן שושלת ראובן. כדי לבאר את

12. אלבני ורנדסבורג, הקושי הטקסטואלי, עמ' 1–18 סוקרים את התרגומים הקדומים והמאוחרים שניתנו לדברי יעקב לראובן, ועומדים על העמימות המקראית של המילים "אז חללת יצועי עלה" שהזקיקה מנעד פרשנות כה רחב. ראו גם אבישור, הברכות לראובן, עמ' 1–33.

13. ראו: שטיינר, צורות פואטיות, עמ' 209–235.

14. ראו למשל: ספרקס, בראשית מט; טברסקי, בראשית מט, עמ' 317–333.

החריגה הכרונולוגית מקדים מחבר דברי הימים לתיאור שושלת ראובן פסוק המציין את הסיבה. ההסבר מובא בהערת אגב, הקוטעת את רצף השושלות, ומצריכה חזרה מקשרת הפותחת אותו מחדש.[15]

> ובני ראובן בכור ישראל כי הוא הבכור ובחללו יצועי אביו נתנה בכרתו לבני יוסף בן ישראל ולא להתיחש לבכרה: כי יהודה גבר באחיו ולנגיד ממנו והבכרה ליוסף (דברי הימים א׳ ה, א-ב).

בספר דברי הימים בחירתו של יהודה היא לכאורה עובדה מוגמרת, שכן הספר נכתב בימי בית שני כששבי ציון היו משבט יהודה בלבד, ושארית הפליטה שנותרה בארץ לא טענה לכתר מלוכה.[16] מדוע אם כן מזכיר מחבר הספר את חטאו של ראובן, שדומה כפרט שולי מתוך תולדות הראשית? תוספות לא מעטות בספר דברי הימים שאינן מצויות בספרי נביאים ראשונים, מתאמצות להוכיח את מעלתו של שבט יהודה ואת הבחירה בו.[17] ניתן לשער אפוא שעל אף חורבן ממלכת ישראל, ייעודו של שבט יהודה למלכות שושלתית עדיין עורר מחלוקת ונדרשה הכשרת לבבות לקראת הסכמה רחבה יותר, כפי שיקרה גם בדורות מאוחרים יותר.[18] אזכור חטא ראובן נועד להצדיק את העברת שושלת הבכורה וההנהגה משבט ראובן ופיצולה בין שני אחיו: יוסף יורש את מעמד הבכורה, כבכור של רחל, ויהודה יורש את המלוכה, מחמת כישוריו הייחודיים הנדרשים לתפקידי הנהגה.

מחבר דברי הימים הסתפק בניסוח החטא העמום של ברכת יעקב כדי להצדיק את עקירת השושלת ממקומה. החטא אינו מובהק כפי שנזכר ברצף הכרונולוגי בבראשית, ואף מטושטש בו היבט העריות של החטא (המילים

15. על תפקידה הספרותי של ההערה המקשרת בספר דברי הימים ראו: קלימי, ספר דברי הימים, עמ׳ 263-278. הדוגמה משושלת ראובן בעמ׳ 277-278.
16. על הרקע ההיסטורי של החיבור ועל היותו פרו יהודאי ראו: יפת, אמונות ודעות, עמ׳ 375-412.
17. השוו: מלכים א׳ ח, טז לדברי הימים ב׳ ו, ה-ו וכן דברי הימים א׳ כח, ד-ו, וראו: יפת, אמונות ודעות, עמ׳ 375-381.
18. על מגמות בעריכת סיפורי שבט יהודה ומלכי בית דוד כחלק מפולמוס על השושלת ראו: טרונטביט, אידיאליזציה, עמ׳ 411-427; קנופרס, ישראל או יהודה, עמ׳ 173-188; עמר, שלושה מלכים רשעים, עמ׳ 257-269; וויליאמסון, מקורות ועריכה, עמ׳ 351-359.

"משכבי אביך" אינן נזכרות בו), אולם חמור מספיק כדי שייגרעו מראובן זכויות הבכורה וההנהגה.

1.4 רמיזות אפשריות למעשה ראובן באזכורי מקרא

ברכות משה לשבטים

ברכת משה לשבטים עוסקת באופן מובהק יותר בבני השבטים ובתפקידם העתידי עם הכניסה לארץ, ולא בבני יעקב. על כן תמוהה פנייתו החריגה לשבטו של ראובן:

> יחי ראובן ואל ימת ויהי מתיו מספר (דברים לג, ו).

ראובן הוא השבט היחיד (למעט שמעון שאינו נזכר כלל) שלא נזכרים תכונותיו או רמזים לתפקידו העתידי, ותחת זאת מובטח לו שלא ימות. הצלע השנייה "ויהי מתיו מספר" יש המפרשים אותה כמקבילה לצלע הראשונה. המילה "אל" מושכת את עצמה גם לחלק השני, כלומר "ואל יהיו מתיו מספר" – ברכת ריבוי.[19] יש המפרשים אותה ללא משיכת המילה "אל" ואז משמעותה נבואה על צמצומם המספרי של צאצאי השבט, כפי שאכן התרחש.[20]

ההשוואה המתבקשת לברכות יעקב מעלה את האפשרות שדברי משה לבני ראובן מתייחסים אף הם לחטאו הקדום של אבי השושלת, וקובעים שבהדחתו ממעמד הבכורה הוא שילם את מחיר החטא, ולא נגזר עליו להיכחד.[21] יחד עם זאת מתאפשרת גם פרשנות אחרת ועל פיה עונשו של ראובן על המעשה ייזכר לדורות ויתבטא במיעוטו המספרי. כך או כך גם ברכות משה תורמות לעמימות בהערכת חטאו של ראובן ובהשפעתו על צאצאיו.

19. כך למשל מפרש ראב"ע דברים לג, ו. המונח "מתי מספר" משמעו אנשים מועטים, כמו "מתי מעט" בדברים כו, ה; כח, סב.
20. בימי שאול בעקבות שתי מערכות שניהל מול ההגראים. ראו דברי הימים א' ה, י, וראו: אבישור, בדיונות, עמ' 5–18.
21. כך רש"י שם: "ואל ימות – לעולם הבא, שלא יזכר לו מעשה בלהה".

מעמד הברכה והקללה בספר דברים

מעמד הברכה והקללה בשכם נזכר בספר דברים ובספר יהושע. בספר דברים מתוארת חלוקה של שנים עשר השבטים לשתי קבוצות. קבוצה אחת תפקידה לעמוד על הר הברכה ומשימתה על פי המתואר במשנה הוא לענות אמן על דברי הברכה של הלויים, ואילו המחצית השנייה הועמדה על הר עיבל ותפקידה היה לענות אמן על קללת מבצעי מעשי החטא שיזכירו הלויים.[22] ראובן וזבולון הם היחידים מבני הגבירות שהועמדו על הר עיבל. אחד ממעשי החטא ששבטי הר עיבל צריכים לאשר את קללתו הוא: "ארור שכב עם אשת אביו כי גלה כנף אביו ואמר כל העם אמן" (דברים כז, כ). ייתכן שניתוק ראובן מאחיו בני הגבירות הוא רמיזה נוספת לפחיתות מעמדו כמי שעשה את החטא שמפריו ארורים.[23]

נבואת מיכה על זהות הגואל ומעשיו

הנביא מיכה מתאר בפני שומעיו את אשר יתרחש בסביבות ירושלים לאחר תקופת הגלות והבסת האויבים, עם היוולדו של המושל החדש שמוצאו מיהודה: "ואתה בית לחם אפרתה צעיר להיות באלפי יהודה ממך לי יצא להיות מושל בישראל ומוצאתיו מקדם מימי עולם" (מיכה ה, א). בפסוק הפותח של היחידה הקודמת לנבואה זו, שבה עדיין לא נחשפת זהותו של המושל, מובא פסוק המזכיר את "מגדל עדר" כמקום שממנו תבוא הממשלה: "ואתה מגדל עדר עפל בת ציון עדיך תאתה ובאה הממשלה הראשנה ממלכת לבת ירושלם" (שם ד, ח). מגדל עדר לא נזכר שוב באף לא אחד מפסוקי המקרא למעט ציון המקום שבו נטה יעקב את אוהלו לאחר מות רחל, ובו כנראה התרחש מעשה ראובן עם בלהה. המדרשים נטו לבאר את השם "מגדל עדר" בנבואת מיכה כמטאפורה לירושלים,[24] אך לא מן הנמנע שציון המקום בהקשר של ההנהגה הנבחרת נועד לתקף את העברת ההנהגה מראובן ליהודה מחמת זיכרון החטא הקדום במגדל עדר והשלכותיו.[25]

*

22. משנה סוטה ז, ה.
23. ברוידה, מתמטי, עמ' 48–57 מציעים הסבר מתמטי לחלוקה מספרית מאוזנת של השבטים.
24. ראו שיר השירים רבה זוטא א; ורגון, ספר מיכה, עמ' 124–125.
25. ראו: זקוביץ ושנאן, מעשה ראובן ובלהה, עמ' 3.

הפרשנות הפנים־מקראית לחטא ראובן ממסכת את הקונקרטיות של סיפור המעשה על ידי שימוש במילות שירה חידתיות ובקביעות נטולות הקשר היסטורי. תרומתה של פרשנות זו היא מילוי הגמול החסר בסיפור המעשה, והנחת התשתית לסדרי ההנהגה הישראלית כשבראשה לא עומדת שושלת בכור הבנים כמצופה. התמונה המקראית המורכבת של מעשה ראובן מצד אחד, והדחתו הנצחית ממעמד של הנהגה מצד שני, הולידה פרשנות מפוצלת בהערכת המעשה ובתמיכה מול הסתייגות בעקירת שושלת היוחסין ממקומה. ביחידות הבאות ייסקרו מאפייני העמדות המנוגדות.

2. פרשנות מחמירה בספרות המשכתבת

מעשה ראובן בבלהה אינו מהסיפורים המוסיפים כבוד לאבות האומה, וניתן היה להבין ניסיון של התעלמות מהסיפור בספרות המדרשית, שאינה מחויבת לדרוש את כל פסוקי המקרא. עמעום החטא בפרשנות הפנים־מקראית יצר לדרשנים המאוחרים לה מרחב להיתלות בו, ולהימנע מעיסוק ישיר באפיזודה המביכה בתולדות האבות. כך למשל נהג יוסף בן מתתיהו שנמנע מאזכור המעשה.[26] המשנה והתוספתא במסכת מגילה אף תומכות במי שנמנע מהעמקה בחטא ראובן בקביעה ש"מעשה ראובן נקרא ולא מתרגם".[27] אף על פי כן, ועל אף שהפרשנות המסנגרת על ראובן הפכה לנכס צאן ברזל,[28] מרבית משכתבי הסיפור המקראי ודרשניו, גם אלו המאוחרים להלכת המשנה על איסור תרגום מעשה ראובן, מייחסים לראובן חטא מובהק של משכב עם פילגש אביו. ביחידה זו אבקש להבין את בחירתם של משכתבי המקרא לעסוק בחטא זה, תוך חריגה מנטייתם לסנגוריה על חטאי אבות האומה.

26. ראו: פלדמן, שכתוב, עמ' 557 הסבור שיוספוס נאמן למסורת שעל פיה מעשה ראובן לא נקרא ולא מתרגם.
27. משנה מגילה ד, י; תוספתא מגילה ג, לה, עמ' 1378.
28. פרשנות הסנגוריה מופיעה אצל רש"י כפירוש היחיד למעשה ראובן, מבלי להזכיר אפשרות של פרשנות אחרת. דורות על גבי דורות של לימוד חומש עם רש"י הפכו כנראה את הפרשנות המסנגרת לנכס צאן ברזל.

2.1 "רע הדבר מאד" – חומרת מעשה ראובן בספר היובלים

הפיתוח הקדום ביותר שמצוי ברשותנו לסיפור מעשה ראובן הוא בספר היובלים. פסוק בודד של תיאור החטא המקראי מורחב בשכתוב באמצעות שרטוט הרקע שהביא לחטאו של ראובן, ייצוג לנקודת המבט המקראית הנסתרת של בלהה, תגובת יעקב ולקח על חשיבות איסורי העריות:

> וילך יעקב וישב דרום למגדל עדר אפרתה. וילך אל אביו יצחק הוא ולאה אשתו באחד לחודש העשירי. וראובן היה רואה את בלהה שפחת רחל, פילגש אביו, רוחצת במים בסתר, ויאהבה. ויבוא בית בלהה בסתר לילה. וימצא אותה ישנה לבד במיטתה בביתה. וישכב אצלה ותתעורר ותראה והנה ראובן שוכב עמה במטה. ותגלה את כנפה ותאחז בו ותצעק ותדע כי ראובן הוא. ותבוש ממנו ותרפה ידיה ממנו ויברח. והיא היתה מתענה מאד על הדבר ולא ספרה לאיש. ויבוא יעקב לבקשה ותאמר איני טהורה לך כי טמאה אני ממך כי חללני ראובן וישכב עמי בלילה. ואני ישנה ולא ידעתי עד אשר גלה כנפי ושכב עמי. ויחר אף יעקב מאד בראובן כי שכב את בלהה, כי גלה כנף אביו. ולא קרב אליה עוד יעקב כי חללה ראובן, וכול איש כי יגלה כנף אביו רע הדבר מאד כי תבל הוא לפני אלוהים...[29] (היובלים לג 1–14, עמ' 437–438).

יש לשער שסיפור מעשה ראובן מעסיק את מחבר היובלים, באופן שמצדיק את הרחבתו העצומה, מכיוון שהוא משתלב עם החשיבות שמייחס בעל היובלים לאיסורי חריגה מיחסי אישות תקינים.[30] כל ההרחבות בתיאור מניעי החטא של ראובן, בזעזוע של בלהה ובריחוק שגזר יעקב על עצמו בעקבות טומאת אשתו, משרתות את מגמתו זו, וכמובן הוא מנצל את הסיפור להדהוד איסורי עריות.[31] בעל היובלים אינו מזכיר את השלכות העתיד של החטא בהדחת ראובן ממעמד הבכורה. את ברכות יעקב הוא מסכם בפסוק אחד:

29. בפסוקים 10–14 ו־17–20 מובאות הלכות עריות, חומרת האיסור ועונשם של החוטאים.
30. ראו: הימלפרב, לוי ופנחס, עמ' 1–24; לודר, חנוך לוי ויובלים, עמ' 125–285 ועמ' 196–200 בהתייחסות ממוקדת להיבט המיניות האסורה בסיפור מעשה ראובן.
31. קוגל, סולם יעקב, עמ' 81–114 חוקר את הבסיס המקראי להרחבות ומנתח כל אחד מההבדלים שבין הסיפור המקראי לשכתובו.

> ויברך ישראל את בניו לפני מותו ויגד להם את כול אשר יבוא עליהם בארץ מצרים ואשר יבוא עליהם באחרית הימים הודיעם ויברכם. ויתן ליוסף שני חלקים בארץ (היובלים מה 14, עמ' 516).

דומה שהנפיצות הפוליטית של העברת הבכורה מראובן ליוסף וליהודה אינה מטרידה במיוחד את מנוחתו של מחבר היובלים, שמתייחס באופן אגבי לעובדה שיוסף יורש שני חלקים בארץ מבלי שטורח להסביר את הסיבה לזכייתו של יוסף במעמד של בכור. בפסוק החותם את ספר בראשית יוצא המרצע מן השק כשמחבר היובלים מעמיד את לוי כמי שירש את הבחירה:

> ואת כול ספריו וספרי אבותיו נתן ללוי בנו לשמרם ולחדשם לבניו עד היום הזה (שם מה 16, עמ' 516).

מחבר היובלים העדיף שלא להיעזר בפרשנות הפנים־מקראית לחטא ראובן, ולהתמקד בחטא ובעונש בתוך היחידה שהוקדשה לסיפור המעשה. באופן הזה הוא הרוויח שני דברים: האחה, האפשרות לעסוק באחד הנושאים האקוטיים לדידו, ולהרחיב בהנמקת הצורך בהלכות מחמירות ביחסי אישות (כפי שעשה גם לאחר סיפור אונס דינה).[32] השני, הימנעות מעיסוק בקרבות הירושה שבין שבטי ראובן ויהודה, שכן מבחינת מחבר היובלים השבט הנבחר הוא לוי, כפי שכתב במפורש בהרחבה לסיפור דינה:

> ונבחר זרע לוי לכהונה וללוים למען ישרתו לפני אלוהים כמונו כול הימים. ולוי ובניו יהיו ברוכים לעולם... ויבוא לו ולדורותיו אחריו ונכתב אוהב וצדיק על לוחות השמים (שם ל 18–20, עמ' 409).[33]

האפשרות לעסוק בחומרת חטא ראובן מבלי להזכיר את העונש שהושת עליו על ידי אביו כפי שמפורט בדברי הפרידה ממנו, שמחבר היובלים בחר להשמיט, מתאפשרת באמצעות פסוקי תוספת שבהם נותן מחבר היובלים הסבר לסיבה שבגינה לא נענש ראובן בחומרה על חטאו עם בלהה.

32. ראו היובלים ל 7–17, עמ' 408–409.

33. על בחירת שבט לוי ומעלותיו בספר היובלים ראו: קוגל, מעמדו של לוי, עמ' 1–64.

ואל יאמרו לראובן נעשו חיים וכפורים אחר שוכבו עם פילגש אביו והיא בעלת בעל ובעלה, יעקב אביו, חי. כי עד אליו לא נגלה עד תום החוק והמשפט והמצוה לכול, כי אם בימיך כחוק העת לימיו וכחוק אשר לעולם ולדורות עולם (שם 15-16, עמ' 438).

2.2 "ועל־כן אל תפנו בני אל־יפי הנשים" – לקחי החטא בצוואת ראובן

צוואת ראובן בחיבור צוואות השבטים מוקדשת כולה ללקחים שמבקש ראובן ללמד את בניו מפשע הזנונים שבו נכשל במשכב עם בלהה, והוא קורא להם לפיכך להימנע ממגע עם נשים ולהתמקד ביראת ה' ובמעשים טובים. צוואת ראובן בדומה ליובלים מרחיבה בתיאור הגורם לחטא, באופן ביצועו ובהשלכותיו על מעמדה של בלהה, ונוסף בה נאום ארוך בגנות הזנות.

וכך מתואר בפי ראובן סיפור המעשה שהתרחש כתוצאה מהתקף היצר לנוכח מראה בלהה בעירומה:

> ועתה בני אהבו אמת והיא תנצרכם שמעו אל־דברי ראובן אביכם: אל־תפנו אל־פני אשה ואל־תתחברו עם־אשת איש ואל־תתערבו בעסקי נשים: כי לולא ראיתי את־בלהה רוחצת במקום סתר כי עתה לא נכשלתי בחטא הגדול הזה: כי כאשר נתפשו מעיני בראותי את־ערית האשה לא נתנה שנה לי עד אשר עשיתי את־התועבה הזאת: ויהי כאשר הלך יעקב אבי אל־יצחק אביו בעת היותנו במגדל־עדר על־יד אפרת בבית־לחם ותהי בלהה שכורה ותשכב ערמה בחדרה: ואני בבואי וארא את־ערותה ואעש את־הנבלה והיא לא חשה ואשאירה ישנה ואצא: ומלאך אלהים הודיע מיד לאבי על־דבר פשעי ויבא ויתאבל עלי ובה לא נגע עוד:... כי עד־מות אבי לא־היה לי עז להביט בפניו או לדבר עם־איש מאחי מחרפה: וגם־עד־עתה יכני לבי על־פשעי (צוואת ראובן ג ט-ד ג, עמ' קנב-קנג).

ניתן לזהות לא מעט פרטים זהים לתיאור ביובלים,[34] ואף על פי כן קיימים בצוואה שני הבדלים עקרוניים מהסיפור המקראי, שאינם קיימים בשכתוב היובלים: מוקד החטא של ראובן, ותיאור השלכותיו.[35]

34. ראו בהרחבה: קוגל, סולם יעקב, עמ' 81-114; כדורי (קוגל), חטא ראובן, עמ' 469-491.
35. כדורי (קוגל), חטא ראובן, עמ' 469-491 מבקש למצוא בסיס מקראי למרבית הפרטים

במקרא, כפי שציינו לעיל, אופי החטא עמום. מחבר היובלים קונקרטי יותר ומייחס לראובן חטא מפורש של משכב עם אשת איש אולם מסתפק בעבריינות ההלכתית של המעשה. הלקח שמבקש ספר היובלים להפיק מחטא ראובן הוא חיזוק לאיסורי עריות. מחבר הצוואה אינו מותיר מקום לספק בשאלת אופי המעשה ומניעיו. הוא אינו מסתפק בפועל המקראי "וישכב את" או "חללת יצועי", ומדגיש כי ראובן ביצע בבלהה מעשה נבלה מתוך תשוקה יצרית, תוך פירוט ויזואלי של מה שהתרחש בחדר המיטות של אביו. הלקח שמבקש מחבר הצוואה ללמוד ממעשה ראובן הוא הרחקה נזירית כמעט ממגע עם נשים. מחבר הצוואה מרחיב בגנותה של הזנות, ומזהיר מפני כוחן המכשף של נשים.[36]

לנוכח ההרחבה בתיאור חומרת החטא מפתיע אפוא היעדר מוחלט של אזכור תוכחת יעקב או עונש שגזר עליו. אדרבה, ראובן מזכיר בצוואתו את תפילת יעקב בעדו כדי להצילו מעונש מוות מאת ה׳.

> ואגידה לכם כי מכה גדולה הכה אותי יי על־ירכי שבעה חדשים ולולא יעקב אבי התפלל בעדי אל־יי כי אז חפץ יי להמיתני: (שם א ז, עמ׳ קנא).

> ואבי עוד הרבה לעודדני ויתפלל אל־יי בעדי למען יסור מעלי חרון־אף־יי כאשר גם־הראני יי ולמן־העת ההיא עד היום נשמרתי ולא חטאתי: (שם ד ה, עמ׳ קנג-קנד).

ראובן מזכיר בדבריו חולי, צער אישי, בושה ואבל שפקדו אותו כל ימיו מתוך חרטה על מעשה הנבלה, אולם מתוך חשבון נפש אישי וגמול אלוהי, ולא מחמת עונש שנגזר עליו.

מחבר הצוואה מוצא דרך מעניינת אחרת להבליע בסוף צוואת ראובן את העברת שושלת הבכורה וההנהגה מראובן ללוי וליהודה. הבחירה שלא

שנוספו בנוסח צוואת ראובן בהתבסס על כל הפסוקים העוסקים בדמותו של ראובן בספר בראשית ובדברי הפרידה של משה. על כל פנים הוא אינו מתייחס לשני ההבדלים שיפורטו להלן.

36. ראו צוואת ראובן ג י, עמ׳ קנג; ד א-ב, עמ׳ קנג; פרק ה כולו. ראו בהרחבה: רוזן־צבי, בלהה, עמ׳ 65-94.

לייחס את התוכחה והעונש ליעקב מאפשרת לראובן לנתק את הזיקה שבין חטא בלהה לשינוי סדרי הורשת הבכורה, ולהעמיד, בניגוד לצוואת יעקב, את שבט לוי כמי שעומד בראש הנהגת העם.

ועל־כן הנני אומר לכם עוד תתחרו בבני לוי ותבקשו להתנשא עליהם ולא תוכלו: כי אלהים יקם את־נקמתם ואתם תמותו מות מרעים: כי ללוי נתן אלהים את־המלוכה וליהודה אתו ולי ולדן וליוסף להיות נשיאים: ועל־כן הנני מצוכם לשמע אל־לוי כי הוא ידע את־חקת יי והוא יחרץ משפט ויקריב בעד כל־ישראל עד־קץ העתים הכהן המשיח אשר עליו דבר יי: ואשביעכם באלהי השמים לעשות אמת איש את־קרובו ולהתהלך באהבה איש את־אחיו: וקרבו אל־לוי בענות לבבכם למען תקבלו ברכה מפיו: כי הוא יברך את־ישראל ואת־יהודה כי בו בחר יי למלך על־פני כל־העם: והשתחוו לזרעו כי למענכם ימות במלחמות אשר תראו ואשר לא תראו ובתוככם יהי מלך עולם (שם ו ה–יא, עמ׳ קנה-קנו).

מחבר הצוואה, בניגוד למחבר היובלים, כן מוטרד כפי הנראה מענייני ירושת ההנהגה. מנוסח דבריו ניכר שהוא מבקש לחזק את מעמד שבט לוי, שכנראה אינו מקובל על דעת הכול. המילים "כי בו בחר ה׳ למלך על פני כל העם" סותרות את צוואת יעקב ומנוגדות לנבואות המקרא בדבר החוטר מגזע ישי.

ניתן ללמוד לא מעט מצוואה זו על השקפות העולם של מחבר הצוואות, ועל הסביבה ההיסטורית והתרבותית שבה נוצר החיבור. כפי הנראה החיבור צוואות השבטים נכתב בראשיתה של הנהגת החשמונאים, בשעה שההנהגה המדינית לצד ההנהגה הרוחנית־דתית נתונה הייתה לנציגי שבט לוי, הכוהנים מבית חשמונאי. התמיכה במנהיגות שאינה נמנית על נציגי שבט יהודה נמשכה למשך פרק זמן קצר בהיסטוריה של בית שני, שמסייעת לתארך את מועד כתיבתם של פסוקי ההערצה לשבט לוי, כמו אלו שאנחנו פוגשים בצוואת ראובן.[37] יש הסבורים שאזכורו המינורי של יהודה לצד שבט לוי,

37. ראו: כהנא, הספרים החיצונים, עמ׳ קמב-קמג. כהנא מוכיח שהתקופה המתאימה ביותר למציאות של הנהגה מקובלת משבט לוי היא ימי יוחנן הורקנוס בראשית מלוכתו בטרם הפך לצדוקי, כלומר בסביבות שנת 137 לפנה"ס. לעמדות נוספות ראו סלינגרלנד, צוואות השבטים; דה יונג, בעיות מרכזיות, עמ׳ 359–420; הולנדר ודה יונג, צוואות השבטים, עמ׳ 82–85.

"וליהודה אתו", הוא תוספת מאוחרת שנכתבה בשעה ששבט לוי מעל בתפקידו.[38] לא מפתיעה אפוא בחירתו של מחבר צוואת ראובן לוותר על פסוקי צוואת יעקב ולנתק את סיפור ירושת ההנהגה מסיפור חטא ראובן.

העמדת חטא ראובן כבסיס להנחייתו להתרחקות מנשים והעמדה על סכנת תשוקת הנעורים משתלבת עם המיזוגיניה המאפיינת את החיבורים היהודיים בתקופה ההלניסטית (כגון: בן סירא, פילון) עוד לפני הנצרות שפיתחה אותה.[39] מחבר צוואת השבטים מרחיב את חוקי התורה ויוצר את התשתית לתרבות מתפתחת שהופכת את שליטת האדם על תשוקותיו לסיסמוגרף הבוחן את מוסריותו. ההרחבה בתיאור מניעי חטא ראובן ואופן ביצועו נדרשה למחבר הצוואה לצורך העמקת לקחיו והתוויית התשתית לתרבות הסגפנית שבה האמין.

3. "לראובן אומר אתה נחשדת על פילגש אביך"[40] – קטגוריה מעודנת בפרשנות חז"ל

הדומיננטיות של הפרשנות המסנגרת על ראובן שקנתה לה שביתה בליבות לומדי התורה, נדמית כשולטת במדרשי חז"ל, ולא היא. זקוביץ ושנאן ליקטו בעבודה יסודית את כל תרגומי התורה ומדרשיה שבהם מצאו התייחסות לחטא ראובן ולהשלכותיו, ויש בהם רוב מוחלט לפרשנות המחייבת. מדרשי הסנגוריה המוחלטים מסתכמים בפחות מעשרה (לא כולל ליקוטים מאוחרים) מתוך עשרות מסורות.[41] לכאורה יש להפנות שאלה דווקא לפרשנות הנוטה לסנגר על חטא ראובן, שכן יש בה חריגה מפשט המקראות שבהם מתואר

38. ראו כהנא, שם; הולנדר ודה יונג, צוואות השבטים, עמ' 10–16.
39. ראו: קי, הממד האתי, עמ' 259–270; בראון, היסטוריה ורומנטיקה, פרק שני; רוזן־צבי, בלהה.
40. תנחומא כי תצא י.
41. זקוביץ ושנאן, מעשה ראובן ובלהה.

מעשה של ממש או עונש חמור שקשה להסבירו בהיעדרו של חטא.[42] אולם דומה שקודם לכך יש לשאול גם על המוטיבציה של חז"ל להרבות בדרשות העוסקות בחטא ראובן, בניגוד לנטייתם לסנגר על אבות האומה, או לכל הפחות להעלים חטאים מביכים מסוג זה.[43] בספרות חז"ל המקטרגת על ראובן לא נמצא האשמות ישירות ופרטי מעשה כפי שמצויים בספרות המשכתבת שראינו לעיל. גם מי שביקשו לטעון שראובן חטא עם פילגש יעקב מצאו על פי רוב דרכים עקיפות לדרוש זאת. מבחר מתוך הדרשות הללו יידון להלן, ויוצע מענה לתמיהה על בחירת קבוצה של חכמים שלא להשאיר מקום של ספק בהערכת המעשה כחטא ממשי.

3.1 דרשות המתבססות על פסוקי התוכחה לראובן

ביחידה הראשונה של עיון זה הוצגו יחידות של פסוקים מקראיים שעוסקים במעשה ראובן באופן ישיר (בראשית לה) ובאופן רמוז (ברכת יעקב, ברכת משה ודברי הימים). מסורות הקטגוריה הישירות המבקשות ללמד על חטאו של ראובן אינן מפרשות את פסוק החטא המפורש בבראשית לה, ומתאמצות להוכיח כי ניתן להוכיח את חומרתו של החטא גם מהפסוקים העמומים הרומזים לו.

כך, למשל, רצף של דרשות המפרשות את דברי יעקב לראובן.

"בכורי... ראשית אוני"

מסורת בבראשית רבה מפרשת את דברי הפרידה של יעקב לראובן לשבח ולגנאי. דברי השבח מתייחסים למעשה ראובן בדודאים ולחלקו העתידי במלחמת הכיבוש.[44] דברי הגנאי אינם מותירים מקום לספק בכוונת יעקב בדברי תוכחתו:

"ראובן בכורי אתה" ר' היה אומר בו דבר לשבח ור' יונתן [כי"ל: רבי

42. ראו אצל מדן, כל האומר, עמ' 9-32.

43. השוו למשל למגמת הסנגוריה של חז"ל ביחס לחטא יהודה ותמר ולחטא דוד ובת שבע. ראו: אליצור, דיוקן בשביל הדורות, עמ' 269-307. ראו אפילו הסנגוריה המתמיהה למעשה בנות לוט בבראשית רבה נא, עמ' 540.

44. להלן נעסוק גם בהם.

היה או׳ בו דבר לגניי[45]... ר׳ יונתן [כי"ל: רבי] היה או׳ בו דבר לגניי, ראובן, אתה בכור ואני בכור, אני בן שמונים וארבע שנה לא ראיתי טיפת קרי, ואתה "וילך ראובן וישכב [את בלהה]". אתמהא.
"כחי וראשית אוני" שירוי חיילי ושירוי [צערי].
"יתר שאת ויתר עז"... בכורה היתה שלך, כהונה הייתה שלך, ומלכות היתה שלך, ועכשיו שחטאתה נתנה בכורה ליוסף, כהונה ללוי ומלכות ליהודה... (בראשית רבה צח, עמ׳ 1252–1253).

החידתיות של צוואת יעקב מתבארת על ידי ר׳ יונתן (או רבי) וקושרת בין חטא המשכב עם בלהה, המוסבר כנובע מזימה, לצער הגדול שנגרם מחטא זה לאביו ולהחלטתו להדיח את ראובן מייעודיו הקדומים.

מכאן ואילך מובאת בבראשית רבה מחלוקת התנאים בניתוח יתר חלקי דברי יעקב לראובן. מהעבר האחד תנאים המפרשים כל מילה או ביטוי בגנות חטאו של ראובן ובצדקת עונשו, ומהעבר האחר ר׳ אלעזר המודעי המפרש אותם להוכחת הכפרה שזכה לה ראובן.

"פחז"

כל החכמים פירשו את המילה פחז כראשי תיבות המונים את טיב חטאו של ראובן. על אף ההבדלים ביניהם, לדעת הכול המילה מכילה רמז לחטא.

"פחז במים". ר׳ ליעזר ור׳ יהושע. ר׳ ליעזר אמ׳. פחזתה חטאתה זניתה.
ר׳ יהושע או׳ פרקתה עול, חיללתה יצועי, זע ייצרך עליך.
ר׳ ליעזר בן יעקב או׳. פסעתה על דת, חבתה [ב]בכורתך, זר נעש[תה] למתנותיך.
אמרו. עד עכשיו צריכין אנו למודעי. בא ר׳ לעזר המודעי ופירש. זעתה חרדתה. פרח חטא
מעל ראשך (בראשית רבה צח, עמ׳ 1253).[46]

ר׳ אליעזר מפרש את המילה פחז כמתייחסת לביטוי המעשי של הפעולה, ר׳

45. על פי רוב עדי הנוסח (מלבד וטיקן וכתב יד תימני), גם דברי השבח וגם דברי הגנאי מיוחסים לרבי יהודה הנשיא.

46. ראו גם בבלי שבת נה ע"ב בתוספת ראשי תיבות של ר׳ ירמיה בר אבא.

יהושע מתייחס להיבטים המטאפיזיים של החטא ור' אליעזר בן יעקב מפרש אותן כהערכת חומרת החטא לצורך קביעת עונשו. ר' אליעזר המודעי שונה מקודמיו בכך שמזהה את המילה כמצביעה על תהליך התיקון והמחילה, אולם גם לדידו ראובן חטא, שכן אחרת מה צורך יש בזעזוע, בחרדה ובמחילה.

"פחז כמים"

לאחר שהתברר התואר פחז, עוברים החכמים לבאר את משמעות הדימוי למים ומציעים כמה אפשרויות שאף הן ממשיכות את הקו שהותווה קודם לכן ועל פיו דברי יעקב עוסקים בחטאו של ראובן או בהשלכותיו.

> אמ' ר' פינחס: עשיתה כפוחזים שנשתברו שוקיהם במים. אתמהא. רבנן אמ' אתה חטאתה במים. יבא משוי מים ויקר [ב]ך "יחי ראובן" וגו'. "במים" – מה מים נותרים ממקום למקום. כך הותרתה לך כלום. ר' לעזר המודעי או'. אין עושין מקוה שליין ושלשמן אלא שלמים. כך עשיתה לך מקוה שלמים, טהרתה עצמך בו (בראשית רבה צח, עמ' 1253–1254).

רבי פינחס מדמה את פזיזותו של ראובן לאדם שקופץ למים מבלי שבדק את עומקם ולכך שובר את שוקיו. רבנן טוענים שחטא ראובן קשור למים. ייתכן שהמסורת הקדומה על אודות מראה הרחצה של בלהה ביובלים ובצוואת ראובן הייתה מוכרת גם לחכמים וזו כוונת דבריהם.[47] אפשרות נוספת היא שדימוי המים מסמל את נישולו של ראובן מייעודיו, ואילו ר' אלעזר המודעי מבקש לראות גם בדימוי המים סמל לכפרה על חטאו.

"אל תותר"

בפירוש המילים "אל תותר" נחלקו החכמים בשאלה מה לא נותר: ר' אליעזר ור' יהושע סבורים שהמילים מתייחסות לירושת ההנהגה, ואילו ר' אלעזר המודעי סבור שהמילים הללו מתייחסות לחטא, שלא נותר בחומרת עוון לאחר שנתכפר.

> "אל תותר". ר' ליעזר ור' יהושע תרויהון אמרו כך לא הותרתה לך

47. ראו הסבר כזה אצל זקוביץ ושנאן, מעשה ראובן ובלהה, עמ' 33.

כלום. ר׳ לעזר המודעי אומר אל יהי [וותרן] עו[ו]ן שלך חטא (שם, עמ׳ 1254).[48]

"כי עלית"

ר׳ אלעזר המודעי מבקש למצוא אפילו בתיאור הממשי של החטא היבט של סנגוריה. המילה "עלית" מסמלת מעשה שבו ראובן התעלה על עצמו, ומפרש מהו אותו מעשה.

"כי עלית". ר׳ ליעזר ור׳ יהושע תריהון אמרו "כי עליתה" וודיי. ר׳ לעזר המודעי אומר "כי עליתה" איכן בדרום [כי"ל: בדודאים] (שם).[49]

ראובן אכן התערב במשכבי אביו, אבל לא כפי שסברו ר׳ אליעזר ור׳ יהושע. ראובן התעלה בהתערבות זו בכך שבזכות הדודאים נולד יששכר.

"משכבי אביך"

דרשת המילים הבאות מאוחרת לתנאים ומובעת בה עמדה חריגה המאשימה את ראובן במשכב כפול עם שתי פילגשיו של יעקב.

"משכבי אביך" אמר ר׳ ברכיה. "משכב אביך" אין כתיב כן אלא "משכבי אביך" – משכב בלהה. משכב זלפה.

"אז חללת יצועי עלה"

דרשת חלקם האחרון של דברי יעקב שקשה להבנה בכתוב, קשה להבנה גם במדרש, וייתכן אף שחל שיבוש בהעתקה. דומה שניתן לבאר את כוונת החכמים החולקים כשמחברים את דבריהם לדרשת המילים "כי עלית": ר׳ אליעזר ור׳ יהושע מסכמים כי משכבו (יצועו) של יעקב "עלה", כלומר נפסל

48. ראו הצעתו של אלבק, בראשית רבה, עמ׳ 1254 לפרש את המילה "אל" כאֵל, כלומר הא-ל יהיה ותרן ויכפר לראובן על עוונו.

49. קיים הבדל בין כתבי היד בביאור דברי ר׳ אלעזר המודעי. אלבק, בראשית רבה, עמ׳ 1254 סבור שהמילה "בדרום" בכתב יד וטיקן היא שיבוש ושנוסח כתב יד לונדון הגורס דודאים מדויק יותר.

מחמת חטאו של ראובן, ואילו ר' אלעזר המודעי מפרש כי מצעו של יעקב התעלה, כלומר השתבח הודות למעשה ראובן בדודאים.

> "אז חללתה" ר' ליעזר ור' יהושע תרויהון אמרין לה "אז חללתה" וודיי.
> ר' לעדר המודעי אומר "אז חללתה יצועי עלה".
> ר' ליעזר ור' יהושע תרויהון אמרו "עלה" מחטאתך. ר' לעזר המודעי אומר "עלה" ממתנותיך.

פרשנות אחרת למילה המוקשה "עלה" יוצרת זיקה בין דברי יעקב לראובן לדברי משה, ומשאירה את הכרעת דינו של ראובן להחלטתו של משה:

> רבנן אמרו איני לא מקרבך ולא מרחקך. אלא הרי אני תולה בדיפון [כי"ל: ברפיון] עד שיבוא אותו שכתוב בו. "ומשה עלה". מה שדעתו רואה לעשות כך הוא עושה. כיון שבא משה התחיל מקרבו. "יחי ראובן ואל ימות" (שם, עמ' 1255).

צוואת משה: "יחי ראובן ואל ימת"

דבריו הקצרים של משה לראובן נדרשו אף הם, אולם במרבית המדרשים הם לא פורשו כמכוונים למעשה בלהה, ואף אם כן נדרשו ככאלו, הרי שהם שימשו כהוכחה לדרשני הסנגוריה על ראובן שכנראה לא חטא בפילגש אביו (כפי שנראה להלן). ובכל זאת מצויה דרשה המפרשת כי דברי משה על אף שנשמעת בהם חנינה, מכוונים לחטא של ראובן שדינו אמור היה להית מיתה.

> יחי ראובן במעשה יוסף ואל ימות במעשה בלהה (ספרי דברים שמז, עמ' 405).

דברי יעקב לראובן הובנו על ידי רוב מוחלט של התנאים המובאים במדרשי בראשית רבה כמכוונים למעשה משכב ראובן עם בלהה. גם ר' אלעזר המודעי המבקש ללמד זכות על ראובן אינו טוען לניקיון כפיו של ראובן ממעשה בלהה, שכן לשם מה נזקק ראובן לטהרה ומחילה מחטא שלא ביצע? מדוע התאמצו ר' יהושע ור' אליעזר לדרוש את פסוקי הצוואה כמעידים על חומרת חטאו של ראובן ולהצדיק באמצעותה את איבוד ירושתו? מה היא מטרתו של ר' אלעזר המודעי להוכיח כי החטא עבר תהליך של כפרה ומדוע הוא

מבקש לנתק בין חטא ראובן לאיבוד זכות הבכורה וההנהגה, האם ייתכן שבכך הוא מפקפק בלגיטימיות של העברת הבכורה וההנהגה משבטו של ראובן?

3.2 אזכורים אגביים של חטא ראובן

פסוקי החטא ופסוקי התוכחה דורשים במובן מסוים התייחסות מדרשית למעשה ראובן, גם אם מדובר בסוגיה מביכה שעשויה לפגוע במעמדם של אבות האומה. לעומת זאת, במדרשים שאינם נצמדים לפסוקי החטא אין ציפייה לאזכור של הפרשייה המביכה. בדברים שלהלן נראה כי הדרשנים ניצלו לא מעט הזדמנויות להזכיר את חטאו המפורש של ראובן, גם בפסוקים נטולי הקשר לחטא.

נקרא ולא מתרגם

המשנה והתוספתא במסכת מגילה, במסגרת דיון בדיני הקריאה בתורה וההפטרה, מונות רשימה של סיפורי מקרא חריגים, שאינם נקראים או מיתרגמים על פי הנוהג המקובל ביחס לסיפורי תורה או נבואות הפטרה אחרים.[50] אחד מהפרטים ברשימה הוא סיפור חטא ראובן, שלגביו קובעת המשנה על פי כל עדי הנוסח והתוספתא:

> מעשה ראובן נקרא ולא מיתרגם (משנה מגילה ד, י).[51]

קיימים לא מעט הבדלים בין רשימת המשנה לרשימת התוספתא, ובהתאם לכך דומה שגם הסיבה להכללת הסיפורים ברשימה משתנה בכל אחד מהחיבורים.[52] העולה ממרבית הפרטים ברשימה הוא שאיסור תרגומם או אף קריאתם של כמה מהסיפורים נועד לשמור על כבודם של אבות האומה על ידי הצנעת חטאם. המשנה מביאה את מעשה ראובן בתוך סיפורי חטא עריות או ספק עריות מובהקים כגון יהודה ותמר[53] ואמנון ותמר, ומלמדת על

50. על המשמעות של "ולא מתרגם" ראו: גינזבורגר, תרגומים, עמ' 1-7; אלכסנדר, הרשימה, עמ' 177-191; שנאן, תרגום ואגדה בו, עמ' 154-155; ליברמן, תוספתא כפשוטה, מגילה עמ' 1216; הנשקה, מה ראוי להסתיר, עמ' יג-סב.
51. וכן תוספתא מגילה ג, לה, עמ' 1378.
52. ראו הסבר מעניין אצל הנשקה, מה ראוי להסתיר.
53. מעמדה של תמר כשומרת יבם מעמיד את מעשה בעילתה על ידי יהודה כחטא של עריות.

הערכת מעשה ראובן כחטא ממשי בהתאם למסופר בבראשית לה. אם נקבל את הנוסח שעל פיו מעשה ראובן אינו מיתרגם, הרי שהוא נכלל בפרשיות המצונזרות המבקשות לשמור על כבודו של החוטא ולהצניע את חטאיו.[54]

ראובן ואשת פוטיפר

חטא ראובן נזכר בשני מדרשים שעוסקים ביוסף בבית פוטיפר. אזכור ראובן משמש את יוסף כתירוץ לסירובו להיענות לחיזוריה של אשת פוטיפר. יוסף מודע למחיר הגבוה ששילם ראובן על מעשה בלהה, וחושש מפני עונש דומה במידה שיתפתה לשכב עמה:

> הן אדני מתיירא אני מאבא שבארץ כנען. ראובן על שכתוב בו "וילך ראובן וישכב את בלהה" נבטלה בכורתו ונתנה לי, אשמע לך ואדחה מבכורתי (בראשית רבה פז, עמ' 1066).

בדרשה אחרת משמש הפסוק המתאר את מעשה ראובן כהוכחה למטרונה לכך שהכתוב אינו מייפה מציאות של חטא, ולכן אם התורה מתארת את עמידתו של יוסף בפיתוי של אשת פוטיפר, אל לנו להניח שזה נעשה משום כבוד יוסף, אלא שכך היה באמת.

> מטרונה שאלה את ר' יוסי אמרה לו אפשר יוסף בן שבע עשרה שנה עומד בכל חומאו [היה עושה הדבר הזה], הוציא לפניה ספר בראשית התחיל קורא מעשה ראובן ויהודה, אמ' לה מה אילו שהן גדולים וברשות אביהם לא כיסה עליהם הכתוב זה שהוא קטן וברשות עצמו על אחת כמה וכמה (בראשית רבה פז, עמ' 1070–1071).

54. הנשקה, מה ראוי להסתיר, עמ' לד–לז מביא רשימה של הוכחות משכנעות שעל פיה ייתכן מאוד שהנוסח המקורי של המשנה, חרף אחידות עדי הנוסח, היה "מעשה ראובן נקרא ומתרגם" בדומה להלכה בהמשך המשנה ביחס למעשה יהודה ותמר, ורק מאוחר יותר השתנה הנוסח. אם אכן כך, יש לברר מדוע כבוד ראובן פחות מכבודו של אמנון שאינו נקרא ואינו מיתרגם. להלן נציע תשובה לנטיית הדרשנים לחייב את ראובן במעשה החטא, שתיתן אולי מענה גם לתמיהה זו.

שני האזכורים מייחסים לראובן חטא המשתווה בחומרתו למקרה שבו יוסף היה מתפתה לשכב עם אשת אדונו.

רמזים לחטא ראובן בדברי יעקב ליוסף ובדברי משה לאשר

שני מדרשים מהדהדים את חטא ראובן מביאור למשפטים תמוהים שמשמיעים יעקב ומשה: כשיוסף מבקש לתקן את שיכול ידי יעקב כשהלה מברך את נכדיו, יעקב מסרב לשנות את מצג הידיים. את נימוקו ליוסף מפרש המדרש:

> "וגם לא ליודעים חן" (קהלת ט, יא) זה יעקב, אתמול "ידעתי בני ידעתי" "ידעתי" מעשה ראובן ובלהה "ידעתי" מעשה יהודה ותמר, מה אם דברים שלא נתגלו לך נתגלו לי, דברים שנתגלו לך על אחת כמה וכמה (בראשית רבה צו, עמ' 1236).

דומה שיעקב רומז כאן ליוסף שבכל מה שקשור לבכורה יש להביא בחשבון גם את הידיעות הנסתרות שמשפיעות על הבחירה, כמו למשל השפעת מעשה ראובן בבלהה על זהות הבכור.

בדברי משה לאשר הוא מנבא לו שיהיה רצוי אחיו. המדרש בספרי מבאר מדוע נדרשה נבואה זו לאשר:

> דבר אחר יהי רצוי אחיו, כשעשה ראובן אותו מעשה הלך אשר וסיפר לאחיו ונזפו בו ואמרו לו כך אתה מדבר באחינו הגדול וכשהודה ראובן על המעשה נתרצו לו אחיו לכך נאמר יהי רצוי אחיו (ספרי דברים וזאת הברכה שנה, עמ' 420).[55]

מעשה ראובן הנזכר בדרך אגב מתואר כחמור עד כדי כך שהאחים לא האמינו לאשר ונידו אותו. רק הודאת ראובן במעשה הביאה להתפייסות.

הצלת יוסף ותוכן הווידוי בפניו

חטא ראובן נזכר בשתי מסורות המסגירות את מחשבות האחים סביב טרגדיית מכירת יוסף. הדרשה הראשונה מסבירה את המוטיבציה של ראובן להציל את יוסף:

55. ראו גם מדרש תנאים דברים לג עמ' 213.

"וישמע ראובן ויצילהו" ואיכן היה? ... רבנין אמ' הוא מונה אותי עם אחי(ו) ואיני מצילו, הייתי סבור שנדחיתי מכח אותו המעשה הוא מונה אותי עם אחי(ו) "והנה השמש והירח ואחד עשר כוכבים" וגו' ואיני מצילו?... (בראשית רבה פד, עמ' 1018–1019).

חלומו של יוסף שגרם לשנאת האחים, עורר בראובן תקווה מחודשת של קבלה לחיק המשפחה חרף חטאו החמור. רגשות הנקם שעוררו את זעמם של האחים לא היו מנת חלקו והוא אף הרגיש אסיר תודה על בשורת התרתו מנידויו המשפחתי.

במסורת אחרת מפענח הדרשן את תוכן דברי הווידוי של האחים במצרים, ומייחס להם מלבד הווידוי הקולקטיבי על מכירת יוסף, גם רכיבי וידוי אינדיבידואליים של כמה מהאחים שחטא המכירה אינו החטא היחיד שלהם:

"ויאמר יהודה מה נאמר לאדני" בכסף הראשון, ו"מה נדבר" בכסף השני, "ומה נצטדק" בגביע. "מה נאמר לאדני" במעשה תמר, ו"מה נדבר" בבלהה, "ומה נצטדק" בדינה, "מה נאמר" לאבא שבארץ כנען ביוסף, "מה נדבר" בשמעון, "ומה נצטדק" בבנימן... (בראשית רבה צב, עמ' 1148–1149).

אזכורי האגב של חטא ראובן מלמדים על הדומיננטיות הפרשנית של הערכת מעשה ראובן כחטא חמור שהתבצע בבלהה, שמצדיק את עונש ההדחה המשפחתית. אזכורי המעשה שלא במסגרת הדיון בפסוקי החטא הקונקרטיים נועדו להעמיד את מקומו של המעשה כפצע משפחתי שלא הגליד וצף ועולה בכל חוויה בעלת זיקה כלשהי לראובן או לאתגר סביב יחסי אישות פסולים. על השאלה מה גרם לחכמים לקבע את מעשה ראובן כפצע משפחתי פתוח, תינתן הצעת תשובה בהמשך.

4. "אתה פתחת בתשובה תחִלה" – עמדת ביניים באשמת ראובן

עמדת ביניים של דרשות שחבויה בהן קטגוריה מעודנת על מעשה ראובן נחשפת במסורות המעמידות את ראובן כמודל לחזרה בתשובה. במסורות אלו אין התעלמות מהיותו של ראובן חוטא בחטא חמור של משכב עם פילגש

אביו, אולם לצד חומרת החטא מתוארת החרטה העמוקה שהביע, והניסיון למצוא דרכים לכפר על החטא.

המסורות על תשובת ראובן שיידונו להלן מציגות מנעד פרשני באשר לאופי התשובה. בחינת מדרשי התשובה של ראובן בהקשר הרחב של מסורות התשובה בספרות חז"ל מאפשרת להבין את תרומתם הייחודית, ובאופן ממוקד יותר – את השתלבותם במחלוקת על מעמדו של ראובן.

דברי משה "יחי ראובן ואל ימות" (דברים לג, ו) וסמיכות ברכת יהודה אליהם "וזאת ליהודה" (שם ז) משמשים את הדרשן לתיאור הגורם לתשובת ראובן. ראובן התעשת רק לאחר ששמע את דברי יהודה "צדקה ממני":

> "יחי ראובן ואל ימות וזאת ליהודה ויאמר" ראה ראובן את יהודה שעמד והודה אף הוא הודה על מעשיו הוי מי גרם? יהודה גרם לראובן שהודה במעשיו (ספרי דברים שמח, עמ' 405).[56]

בדרשה אחרת בספרי תשובת ראובן קדמה לסיפור יהודה ותמר וכללה סיגוף שגזר על עצמו כל ימי חייו:

> "ויהי בשכן ישראל בארץ ההיא וילך ראובן וישכב את בלהה פלגש אביו וישמע ישראל", כיון ששמע יעקב כן נזדעזע אמר אוי לי שמא אירע פסולת בבניי עד שנתבשר מפי הקדש שעשה ראובן תשובה שנאמר "ויהיו בני יעקב שנים עשר", והלא בידוע ששנים עשר הם אלא שנתבשר מפי הקדוש ברוך הוא שעשה ראובן תשובה ללמדך שהיה ראובן מתענה כל ימיו שנאמר "וישבו לאכל לחם", וכי עלת על לב שהיו אחים יושבים ואוכלים לחם ואחיהם הגדול אינו עמהם אלא ללמדך שהיה מתענה כל ימיו עד שבא משה וקבלו בתשובה שנאמר "יחי ראובן ואל ימות" (ספרי דברים לא, עמ' 52).

בגרסה מאוחרת יותר של הדרשה משמש תיאור תשובתו של ראובן הסבר להפתעת ראובן כששב לבור ולא מצא את יוסף בתוכו. בדרשה זו מודגשת

56. מקבילות: בבלי סוטה ז ע"ב; בבא קמא צב ע"א; מכות יא ע"ב; ירושלמי סוטה א, ד טז ע"ד; בראשית רבה צז, עמ' 1216; תנחומא בובר וישב יז.

ביתר שאת העובדה שתשובה ראובן קדמה לתשובת יהודה. ראובן היה ראשון החוזרים בתשובה:

"וישב ראובן" וגו' ואיכן היה? ר' ליעזר ור' יהושע ר' ליעזר אמר בשקו ובתעניתו. וכיון שניפנה משקו ומתעניתו הלך והיציץ לאותו הבור הדה היא "וישב ראובן אל הבור..." אמר לו הקב"ה מעולם לא חטא אדם לפני ועשה תשובה ואתה פתחת בתשובה תחילה חייך שבן בנך עומד ופותח בתשובה תחילה, ואי זה זה הושע "שובה ישראל" (הושע יד, ב) (בראשית רבה פה, עמ' 1023).[57]

הפיתוח הרחב ביותר של תשובת ראובן מובא במסורת מאוחרת בבמדבר רבה. תשובת ראובן משמשת את הדרשן כדי להסביר את מקום הצבת דגלו במסע לארץ ישראל:

יהי כנגדו שבט ראובן שהוא בעל תשובה, ותשובה מדה טובה ורחמיו שלקב"ה באים על הבריות בשעה שהן עושין תשובה...
ראובן בתשובה וגד בגבורה ושמעון באמצע לכפר עליו הה"ד והחונים עליו מטה שמעון וגו' ומטה גד וגו' כל הפקודים למחנה ראובן וגו' ושניים יסעו שהתשובה שניה היא לתורה (במדבר רבה ב, עמ' 53).

בביאור החזרה על פרטי קורבנות הנשיאים מוצגת התשובה כמי שבכוחה להסביר את הצורך לחזור על כל פרטי קורבנו של ראובן:

"מלאה קטרת" שבאותו זמן היה ראובן בעל תשובה ולובש שק ומתענה ומתפלל לפני הקדוש ברוך הוא שימחול לו על עון מעשה בלהה והתפלה משולה לקטרת...
"פר אחד בן בקר" אלו הזבחים הקריב כנגד התשובה שהיה עוסק בה בעת שנמכר יוסף והתשובה משולה כנגד כל זבחי חוטא...
"שעיר עזים אחד לחטאת" לכפר על מעשה בלהה "ולזבח השלמים בקר שנים" לפי שהיה חסר מלהמנות עם אחיו משום מעשה בלהה שכן

57. מקבילה בפסיקתא דרב כהנא כד, עמ' 356–357; פסיקתא רבתי הוספה א, ג, עמ' קצט.

כתיב (בראשית לה) "וילך ראובן וישכב את בלהה פילגש אביו וישמע ישראל" והפסיק הענין שהניח שם פרשה לומר שנתרחק ולכך אותה פרשה פתוחה אף על פי שנתרחק ידיו של הקדוש ברוך הוא פתוחות לקבל שבים ובשביל שביקש שני מעשים טובים הצלת יוסף והתשובה נעשה שלם עמהם שנכנס במנינם... על אלו ב' המעשים שעשה ראובן מצא משה פתח להתפלל על ראובן שלא יהא חסר מאחיו הה"ד (דברים לג) "יחי ראובן" וגו' יחי ראובן במה שהחיה יוסף ואל ימות במעשה בלהה במה שעשה תשובה ויהי מתיו מספר שיהיו בניו במנין שאר השבטים לכל דבר (שם יג, יח).

הדרשן המאוחר בבמדבר רבה תופר את קצות החוטים שנרמזו על ידי קודמיו ובאמצעותם מציע הסבר לתמיהה העולה מרצף פסוקי החטא ומַחֲלֻקַּת המסורה. בין חטא ראובן להכללתו המחודשת בין שבטי ישראל התרחשה דרמה גדולה, החטא גרם להרחקת ראובן. הדרמה הזאת נרמזת על ידי הַפִּסְקָה באמצע הפסוק שיצרה המסורה. ראובן התעשת והחל תהליך סיגוף, עינוי, תפילה וקורבן שהמתיקו את דינו והביאו לצירופו מחדש למשפחת יעקב. הכפרה אושררה מחדש בדברי הפרידה של משה.

בתלמודים ובספרות המדרש מצויות מסורות רבות העוסקות במעלת התשובה ובתשובתן של דמויות מקראיות. ניתן להניח שמגמתן העיקרית היא בתחום התיאולוגי בחיזוק רעיון התשובה, ובעידוד החוטאים שלא להתייאש מחטאיהם ולהכיר באפשרות של פתיחת דף חדש.[58] צורך כזה התעצם בשעה שהדת הנוצרית התאמצה לזנב במי שזיקתו ליהדות התרופפה, תוך הבטחות גאולה עם המרה לדת הנוצרית.[59] לא מן הנמנע שתשובתו של ראובן הועלתה על נס כדי להוכיח את מידת השפעתה של התשובה שהודות לה זכה ראובן לחנינה מעונש מיתה ונידוי, והותירה אותו כאחד משבטי ישראל.

58. ראו למשל בבלי ברכות לד ע"ב; יומא פו ע"ב; בבא בתרא טז ע"ב על תשובת ישמעאל; סוטה מז ע"א על ניסיון אלישע להחזיר את גיחזי בתשובה; ירושלמי סנהדרין יא, ה ל ע"ב-ע"ג על תשובת יהונתן בן גרשם; סנהדרין י, ב כח ע"ג על תשובת מנשה. וראו: בר, בעלי תשובה, עמ' 159-181; מאק, מנשה, עמ' 101-116; אליצור, דיוקן בשביל הדורות, עמ' 103-110.

59. על הוויכוח במעמדם של "היהודים הנוצרים" ואפשרות התשובה שהונחה בפניהם, ראו: דון, הפרידה, עמ' 231; שיפמן, מי הוא יהודי, עמ' 51; לוין, יהדות, עמ' 128-129; שרמר, אחים, עמ' 99.

מה תרומתן של מסורות התשובה הללו להבנת פיצול הפרשני בנוגע לחטאו של ראובן? על כך בהמשך.

5. "כל האומר ראובן חטא אינו אלא טועה" – לימוד זכות על מעשה ראובן

מגמות סנגוריה על אבות האומה בספרות חז"ל אינן תופעה נדירה, ועל אף שיש מקום לדון בכל סנגוריה לגופה, יש מקום להסבר כללי שעל פיו אבות האומה המקראיים הוצבו כמופת דתי ומוסרי לדורות הבאים, ואליהם נשאו בני הדורות את עיניהם בבקשם לבור לעצמם את הדרך אשר ילכו בה.[60] העמדת האבות כמופת על־דורי הצריכה לעיתים העלמה של חטאים שסותרים את מודל הדת או המוסר הראוי, והשלמת פרטים באופן שיתאימו לערכי הדורות המתחדשים.[61] הסנגוריה על חטאו של ראובן משתלבת אפוא במגמה הכללית, אולם השתלבותה בה איננה פוטרת מהניסיון להבין מדוע במקרה של ראובן המסנגרים לא הסתפקו בדרשות חבריהם על מעלת תשובתו (כפי ראינו לעיל), וציירו תמונת מציאות שונה של האירוע עד כדי העלמת החטא. האירוע החדש שיצרו הדרשנים, מלבד חריגותו מהמסופר במקרא, יוצר קושי בהבנת הפער שבין המעשה המינורי של ראובן כפי שמוצג על ידי המסנגרים, לעונש הכבד שהושת עליו על ידי אביו. ניתן להסביר שבדרשות הסנגוריה יש מענה לקושי התיאולוגי שעל פיו גם על פי החוק הקדום נגזר מוות על בועל אשת אביו,[62] ואילו ראובן לא הומת ואף לא נגרע חלקו מהבחירה המשפחתית על אף העונש הכבד שהושת עליו, ועדיין יש לשאול מדוע לא בחרו הדרשנים להסביר את גורם חנינתו, ותחת זאת ניקו אותו כמעט לחלוטין מהעוון החמור של משכב עם פילגש אביו.

נעיין באופיין של דרשות הסנגוריה ולאחר מכן נדון במה שמסתתר מאחורי הפיצול הדרשני בפרשנות מעשה ראובן.

60. ראו: מרגליות, זכאים במקרא; שבט, הזכאים במקרא, עמ' 13-99.
61. ראו: אורבך, מלך ונביא, עמ' 55, 59; אורבך, המלוכה המקראית, עמ' 439-451; היינימן, דרשות בציבור, עמ' 7; היינימן, אגדות ותולדותיהן, עמ' 5; שנאן, נדב ואביהוא, עמ' 213-214.
62. ראו: קימוהו, חוקי הכוהנים, עמ' 201-210.

דרשת הסנגוריה הקדומה ביותר מובאת בספרי דברים בביאור דברי משה לראובן. הדרשה מביאה שלוש עמדות ביחס לחטא ראובן, כשכל אחת מהן מיטיבה יותר מקודמתה:

> רבי חנניה בן גמלא אומר לעולם אין מחליפין לא זכות בחובה ולא חובה בזכות חוץ משל ראובן ומשל דוד... וחכמים אומרים לעולם אין מחליפין לא זכות בחובה ולא חובה בזכות אלא נותנים מתן שכר על המצות ועונשין על העבירות. ומה תלמוד לומר "יחי ראובן ואל ימות" שעשה ראובן תשובה.
>
> רבן שמעון בן גמליאל אומר מוצל היה ראובן מאותו החטא ולא נזקק לאותו מעשה. איפשר שהוא עתיד לעמוד בראש שבטים בהר עיבל ואומר "ארור שוכב עם אשת אביו" ונזקק לאותו מעשה ומה תלמוד לומר "כי עלית משכבי אביך" שתבע עלבונה של אמו (ספרי דברים וזאת הברכה שמז, עמ' 404–405).

חנניה בן גמלא מביא את ראובן ודוד כדוגמה לחריגה מתורת הגמול המקראית, שעל פיה מעשה זכות של החוטאים נזקף להם לטובת חטא שנעשה על ידם ומכפר עליו. נראה שהדרשן מתכוון למעשה ראובן בהצלת יוסף שכיפר על מעשה בלהה.[63] חכמים אינם מקבלים את שכר החליפין של חנניה בן גמלא וטוענים שראובן כיפר על חטאו לא באמצעות מעשה אחר אלא על ידי חזרה בתשובה. רבן שמעון בן גמליאל טוען שראובן לא חטא כלל, ועל כן אין מקום לקושייה על תורת הגמול. רשב"ג אינו מסביר מה בדיוק היה המעשה של ראובן, אולם מנקה אותו מאשמת חטא.[64]

דרשות הסנגוריה הבאות מבארות את מה שסתם רשב"ג באמצעות ציור תמונת המצב המשפחתית המוכיחה כי על אף שראובן התערב במשכבי אביו, הוא לא חטא במשכב עם אשת אביו.

63. ראו בפסיקתא רבתי הוספה א, ג עמ' קצח–קצט.
64. ראו מקבילות להוכחת חפותו של ראובן מהעמדתו בהר עיבל: בראשית רבה צט, עמ' 1254; בבלי שבת נה ע"ב. מעניין שבבראשית רבה צז, עמ' 1205–1206 מובאת דרשה המסבירה את הצבתו של ראובן בהר עיבל כהוכחה לקבלת תשובתו ולא להיותו נקי מחטא.

> כל ימים שהיתה רחל קיימת היתה מטתה נתונה אצל מטתו שלאבינו יעקב. כיוון שמתה רחל נטל אבינו יעקב מטתה שלבלהה ונתנה אצל מטתו. אמרה לא דייה לאמה שתהא מקנה בחיי אחותה אלא אף לאחר מיתתה עלה וקלקל יצועים (בראשית רבה צח, עמ' 1254–1255).[65]

ראובן נלחם על מקומה של אימו בבית יעקב והעביר את מיטת לאה לאוהלו של יעקב במקום מיטתה של בלהה שהוצבה שם.

בתנחומא בובר מובא הסבר לשימוש הכתוב במילים "וישכב את בלהה...":

> מה עשה ראובן נטל קנאתו של אמו, עשה עצמו כאילו ישן באותה מטה, כדי שיטול יעקב מטתו אצל לאה (תנחומא בובר ויחי יא).[66]

דרשות סנגוריה אחרות מוכיחות מדברי יעקב לראובן לפני מותו שאין בהם תוכחה על מעשה בלהה שלדידם לא נעשה כלל:

> [ראובן בכורי אתה] ר' היה אומר בו דבר לשבח... אתה בכור ועשו בכור, עשו "וילך עשו השדה [לצוד ציד]" אם מצא הרי מוטב, ואם לאו [להביא] מן הגזילות ומן החמסים, ואתה "וילך ראובן [בימי קציר חטים]"... "כחי וראשית אוני" אלו זאקיפי מלחמה,[67] "יתר שאת ויתר עז" "פני אריה פניהם"...
>
> אמר רבי אחא שלך היתה הבכורה. כלום הלך יעקב אצל לבן אלא בשביל רחל, כל החרישות שחרשתי באמך ולא ברחל הייתי ראוי לחורשן? עכשיו חזר הבכורה לבעליה (בראשית רבה צח, עמ' 1252–1253).

מבקשי שבחו של ראובן מפרשים את מילות ההקדמה של יעקב כתיאור סגולותיו של ראובן ביושרו ובאומץ לבו במלחמה, ולא כהסבר לפער שבין

65. ובבלי שבת נה ע"ב: "אמר אם אחות אמי היתה צרה לאמי, שפחת אחות אמי תהא צרה לאמי? עמד ובלבל את מצעה".
66. הסבר אחר לשימוש בביטוי "וישכב" מובא בשכל טוב לה כב: "כי לא נכתב 'וישכב' אלא להזהיר אדם מן העבירה ולהרחיק מן הכיעור ומן הדומה לו".
67. בתנחומא בובר ויחי יא: "אתה הייתה טפה ראשונה שיצתה ממני".

פוטנציאל הבחירה לדחייה כתוצאה מהחטא. ר׳ אחא מציע הסבר אחר לסיבה שבשלה הועברה הבכורה ליוסף, וטוען שהיא הייתה ראויה לו מלכתחילה שכן יוסף הוא בנה הבכור של אשתו האהובה של יעקב.

גם דברי ר׳ אלעזר המודעי בפרשנות צוואת יעקב שהוצגו קודם לכן הם סוג של סנגוריה על ראובן, על ידי הפקעתם מעיסוק בחטאו עם בלהה (ראו לעיל עמ׳ 386), אולם בעוד בדברי ר׳ אלעזר המודעי הנחת היסוד היא שראובן חטא, הרי שבדברי המסנגרים כאן אין כל התייחסות לחטא.

שיא הסנגוריה על חטא ראובן מובא בתוך רצף דרשות הסנגוריה על חוטאים שמביא ר׳ שמואל בר נחמני בשם קודמיו:

> אמר רבי שמואל בר נחמני [אמר רבי יוחנן]:[68] כל האומר ראובן חטא – אינו אלא טועה, שנאמר "ויהיו בני יעקב שנים עשר" מלמד שכולן שקולין כאחד. אלא מה אני מקיים "וישכב את בלהה פילגש אביו" – שבלבל מצע של אביו, ומתוך שבלבל מצע של אביו מעלה עליו הכתוב כאילו שכבה. תניא, ר׳ שמעון בן אלעזר אומר: מוצל אותו האיש מעון, ולא בא מעשה לידו. איפשר דעתיד זרעו לעמוד על הר עיבל ולומר "ארור שוכב עם אשת אביו" ויבא חטא זה לידו ויכשל בו? אלא מה אני מקיים "וישכב את בלהה פילגש אביו" – עלבון אמו תבע. אמר: אחות אמא תהא צרה לאמה, שפחת אחות אימא תהא צרה לאמה? עמד ובלבל מצעה. אחרים אומרים: שתי מצעות בלבל, אחד של אביו ואחד של שכינה. והינו דכתיב "כי עלית משכבי אביך" (בבלי שבת נה ע"ב ע"פ כתב יד אקוספורד).

בהמשכה של הדרשה מתעורר ויכוח בין מצדדי הסנגוריה לבין עמדות התנאים (שראינו לעיל בבראשית רבה) המפרשים את המילה "פחז" כמצביעה על עומק החטא. החידוש הגדול של דרשת ר׳ שמואל בר נחמני איננו בהבאת עמדות חדשות לכאן או לכאן אלא בהערכת המקטרגים על ראובן ומייחסים לו חטא כטועים. כלומר רשב"נ מערער על הלגיטימציה של ייחוס חטא לראובן, בדומה לערעור הלגיטימציה של ייחוס חטא לרשימה של דמויות נוספות כדוד ושלמה המובאות ברצף דרשותיו.

68. בכתב יד מינכן 95 לא מופיע בשם מי מביא רשב"נ את המימרה. ובדפוס וילנא בשם ר׳ יונתן.

כעת יש לנסות ולשער מה הוביל למחלוקת בהערכת מעשה ראובן שמדברי רשב"נ עולה שהפכה טעונה מעבר למחלוקת דרשנים רגילה.

6. "קשה לפני הקדוש ברוך הוא לעקר שלשלת יחסים ממקומה"

הבסיס המרכזי להתפתחותן של שתי עמדות ביחס לחטאו של ראובן הוא כפי הנראה הקושיות העולות מהפשט ביחס למעשה ראובן: העדר תוכחה ועונש מיידיים על המעשה, המשך הכללתו בין שנים עשר בני יעקב, והמתקת עונשו כך שלא חויב במיתה בניגוד למקובל בחוק הקדום ובחוק המקראי. על אף התשתית המקראית המעודדת פיצול פרשני, ניתן למצוא במחלוקת חכמים על הערכת מעשה ראובן מרכיבים המלמדים שהמחלוקת איננה ממוקדת אך ורק בדמותו המקראית של ראובן, ויש לחפש בה עמדות אידיאולוגיות רחבות יותר, שיש בהן בכדי להסביר את נטיית הדרשנים לאמץ גישה מזכה מול גישה מחייבת. להלן כמה ממאפייני המחלוקת המלמדים על מעמדו העל-מקראי של הדיון:

1. ריבוי חריג של דרשות המיוחסות לחכמי תקופת המשנה – בחלוקה גסה של אופי היצירה התרבותית של חז"ל, מרבית מדרשי האגדה מיוחסת לחכמי התלמוד, על אף קיומן של לא מעט דרשות המיוחסות גם לחכמי המשנה.[69] בסוגיית חטא ראובן מרבית הדרשות נוצרו על ידי התנאים. חלקן נחשפות רק בספרות התלמודית (כך למשל הפרשנות לצוואת יעקב שרוב הדורשים בה הם תנאים, אולם היא מוזכרת לראשונה בבראשית רבה) וחלקן עוברות בו פיתוח נוסף. קיימות דרשות ספורות בספרות התלמודית שאין להן בסיס בדברי התנאים.
2. בפרשנות צוואת יעקב משתמרת חלוקה עקבית בין חכמי המשנה ר' אליעזר ור' יהושע הדנים את ראובן לכף חובה לבין ר' אלעזר המודעי הדן אותו לכף זכות. דומה שעמדתם ביחס לראובן קודמת לדרשת הפסוקים ודרשת הפסוקים מהווה אסמכתא בעלמא. רמיזה לכך שמדובר

69. ראו הסבר לפריחת מדרשי האגדה בתקופת התלמוד במסורת בשיר השירים רבה ב, יד ובבלי עבודה זרה ד ע"א. וכן הר, דת וחיי רוח, עמ' 152–178.

בדרשנות יוצרת ולא בדרשנות מבארת ניתן ללמוד מהתוספת האנונימית "עד עכשיו צריכין אנו למודעי" שמשמעה: יש צורך בדברי סנגוריה שישמיע ר' אלעזר המודעי כנגד עמדת המקטרגים.

3. ריכוז דרשות המקטרגים בביאור דברי הפרידה של יעקב מראובן ולא במקום המצופה בתיאור הכרונולוגי של החטא.
4. המילים "כל האומר... אינו אלא טועה" מלמדות על קיומו של פולמוס בהערכת קבוצה של דמויות מקראיות מאבות האומה שחטאו. קיימות דמויות מקראיות נוספות שיש לגביהן מחלוקת חכמים בשאלת חומרת חטאן, ולא מצאנו את החכמים יוצאים נגד מי שמעז להשמיע ביקורת עליהן.[70] יש לתת את הדעת לסיבת הכללתו של ראובן ברשימה מכובדת זו.

מהן אפוא העמדות האידיאולוגיות החלוקות שהקצינו את הפיצול הדרשני?

לסיפור חטא ראובן מוצמדת בבראשית רבה דרשת ר' סימון, שלכאורה מקומה היה דווקא בצוואת יעקב. ייתכן שרמוזה בה התשתית האידיאולוגית למחלוקת על מעמדו של ראובן:

"ויהי בשכן ישראל" אמר ר' סימון קשה לפני הקב"ה לעקור שלשלת יחסים ממקומה הדה היא "ובני ראובן בכור ישראל כי הוא הבכור ובחללו יצועי אביו נתנה בכורתו לבני יוסף בן ישראל ולא להתייחס לבכורה". אמור מעתה בכורת ממון ניטלה ממנו ולא בכורת יחסים. ר' לוי ור' סימון חד מנהון אמר לא לראובן להתייחס וחרנה אמר אין מייחסין ליוסף ואין מייחסין אלא לראובן. ר' חגיי בשם ר' יצחק אפילו בשעת קלקלה אין מייחסין אלא לראובן הדה היא "ויהי בשכן ישראל" וגו' "ויהיו בני יעקב שנים עשר בני לאה בכור יעקב ראובן". ר' יודן בשם ר' אחא אמר ראובן בכור לעיבור בכור ללידה בכור לבכורה בכור לנחלה בכור לעבירה בכור לתשובה, ר' עזריה אמר אף בכור לנבואה "תחילת דבר י"י בהושע" (בראשית רבה וישלח פב, עמ' 989-990).

70. כך למשל המחלוקת על חטאו של אברהם בבבלי נדרים לב ע"א; המחלוקת על הערכת אלישע בדחיית גיחזי בבבלי סוטה מז ע"א לעומת ירושלמי סנהדרין י, ד כט ע"ב ועוד.

ר' סימון מערער בעצם על פרשנות ההשלכות של דברי יעקב לראובן וטוען שהדחת ראובן ממעמד של בכור הייתה רק לעניין חלוקת הירושה הממונית, אולם ראובן לא איבד את מקומו כבכור בשושלת היוחסין. הצמדת הדרשה לפסוקי החטא נועדה להוכיח שעל אף החטא ראובן מכונה כבכור לאה, ואם כך דברי יעקב בסוף ימיו אינם עוסקים בירושת הבכורה אלא רק בחלק מההטבות הכרוכות בה. ר' סימון מחזק את דבריו על יציבות הבכורה של ראובן על ידי תיאור רגשותיו של הא-ל כלפי פגיעה בשושלת היוחסין המולדת.

דרשה זו עומדת בניגוד לדרשה אחרת הדורשת את דברי יעקב וקובעת:

> "יתר שאת ויתר עז" בכורה היתה שלך, כהונה הייתה שלך, ומלכות היתה שלך, ועכשיו שחטאתה נתנה בכורה ליוסף, כהונה ללוי ומלכות ליהודה... (בראשית רבה צח, עמ' 1252-1253).

כלומר המחלוקת נוגעת לשאלה האידיאולוגית העוסקת בלגיטימציה של שושלת המלכות מיהודה מכוח הדחת שושלת ראובן, שממשיכה להיות רלוונטית בימי בית שני ובימי המשנה והתלמוד.[71] שושלת הנשיאות בימי המשנה והתלמוד יוחסה לבית דוד (על פי מגילת היוחסין שנמצאה).[72] הנשיאים ראו את עצמם כמי שממשיכים את הנהגת המלוכה מימי בית ראשון וכמי שמקיימים את ברכת יעקב "לא יסור שבט מיהודה ומחוקק מבין רגליו" (בראשית מט, י).[73] הנהגת הנשיאות מתוקף ייחוסה לשושלת בית דוד לא היתה מקובלת על הכול. אלו פרשו את הבטחת יעקב בברכתו ליהודה למלוכת המשיח העתידי שאינה מחייבת את בחירת מנהיג ההווה.[74] יש להניח שתומכי שושלת הנשיאות הם אלו שביקשו להוכיח שדברי יעקב עוסקים בחטא ראובן ובהשלכותיו על מעמדו, ואף הרחיבו בתיאור חומרתו, כדי להוכיח את הלגיטימיות של נציגם. מנגד, המתנגדים לבלעדיות של

71. על מאבקי ההנהגה בתקופות אלו ראו: אלון, חשמונאים, עמ' 15-25; נעם, ינאי, עמ' 31-58; לוין, המאבק, עמ' 61-83 ועוד.
72. ירושלמי תענית ד, ב סח ע"א.
73. ראו: בראשית רבה צז, עמ' 1219; בבלי הוריות יא ע"ב; סנהדרין ה ע"א וכן בבלי כתובות סב ע"ב על מוצאו של רבי יהודה הנשיא.
74. על ביטויי ההתנגדות לשושלת בית דוד בתקופת המשנה והתלמוד ראו אצל טל, בין יהודה לבנימין, עמ' 47-91.

שושלת יהודה כפוטנציאל למנהיגות ההווה, ביקשו לנתק את הזיקה שבין דברי יעקב לחטא ראובן או להפחית מחומרת החטא על ידי תיאור חזרתו בתשובה או העלמתו לחלוטין. באופן זה הם סתרו את פרשנות המקטרגים שעל פיה יעקב הדיח את ראובן מההנהגה מחמת חטאו.

הדומיננטיות של עמדות התנאים בלימוד החובה על ראובן, נובעת כפי הנראה מהלגיטימציה הרחבה שזכו לה ראשי הסנהדרין מרבן גמליאל ועד לרבי יהודה הנשיא, שנבעה בעיקר מהיותם ראשי סנהדרין שהיו בידיהם מעט סמכויות ציבוריות.[75] מסורות שעוסקות במעמדה של שושלת בית דוד ובמעמדו של הנשיא החלו להתפתח במקביל לתקופת הנהגתו של ר' יהודה הנשיא, שבימיו נעשה ניסיון להרים את קרנה של הנשיאות ולקרב אותה לדרגת מלכות.[76] דומה שאז קמו המתנגדים שנקטו גם ביקורת ישירה כלפי הנשיא אולם לא פעם הסוו את דבריהם באמצעות דרשות בגנות מעשי בני שושלת יהודה המקראיים[77] ולימדו זכות על מתחרי השושלת – ראובן ואף שאול.[78]

אציע כי הכללת ראובן בדברי הסנגוריה "כל האומר X חטא אינו אלא טועה" נובעת מהשתלבותו במכנה המשותף לקבוצת הדמויות הנזכרת בו. המכנה המשותף לאישים הנזכרים במקבץ הדרשות הוא היותם חלק משושלת נבחרת (בכורה, כהונה, לוויה ומלכות) אשר חטאם גרם לערעור יציבותה: חטא ראובן גרם להדחתו ממעמד הבכורה; חטא בני עלי פגם בהמשכיות שושלת הכהונה (שמ"א ב, לה-לו); חטא בני שמואל הלויים גרם להפסקת שלטון השופטים (שמ"א ח, ה); חטאי דוד שלמה ויאשיהו טלטלו את יציבות שושלת המלוכה (מרידות בני דוד באביהם, פילוג הממלכה בעקבות חטאי שלמה, והידרדרות ממלכת יהודה לאחר מות יאשיהו, בנו יהואחז מלך שלושה חודשים, ולאחר מכן הועברה המלוכה לבנו יהויקים). הקריאה "כל האומר X חטא אינו אלא טועה" יוצאת נגד המנופפים בחטאי אבות השושלות השבורות כדי להוכיח את אי הלגיטימציה של בניהם

75. ראו: ספראי, דור יבנה, עמ' 30-32; אופנהיימר, היישוב היהודי בגליל, עמ' 82-85.
76. ראו בבלי הוריות יא ע"ב; ראש השנה כה ע"א וכן: לוין, ר' יהודה הנשיא, עמ' 94-108.
77. ביקורת ישירה ראו לדוגמה בירושלמי סנהדרין ב, ו כ ע"ד. ביקורת מוסווית ראו לדוגמה דברי ר' יצחק על שלמה בבבלי סנהדרין כא ע"ב שנושאת היבט אקטואלי לתקופת הנשיאות. וראו בהרחבה: אליצור, דיוקן בשביל הדורות, עמ' 246-258.
78. על מגמת הסנגוריה במסורות על שאול ראו: אליצור, על פשרה, עמ' 15-47.

לשמש בתפקידי הנהגה, בטענה שאם כך, אזי שום שושלת איננה נקייה מחטא.[79] קשה להכריע אם ר' יונתן או כל אחד אחר מיוצרי הדרשות הללו נמנים על מתנגדי שושלת הנשיאות או על תומכיה, אולם ניתן להתרשם שהם מבקשים לשים סוף לשימוש בחטאי אבות האומה מן העבר לצורך תעמולת מנהיגות בהווה.

*

תוכחת יעקב לראובן ומיקומה בסיומו של ספר בראשית בסביבת פסוקים החוזים את התפלגות תפקידם ומעמדם של בני יעקב לדורות הפכו אותה לנפיצה בעידנים של תסיסה סביב מוצאו השושלתי של המנהיג. העמימות של הפסוקים שהועצמה בפרשנות הפנים־מקראית אפשרה לכל אחד מצדדי הוויכוח לנכס לעצמו פרשנות התומכת באחת מהאפשרויות העולות מן המקרא. הפרשנות המשכתבת התעלמה מהזיקה שבין חטא ראובן לעונש ההדחה מההנהגה בצוואת יעקב, משום שתמכה בהנהגה חליפית לראובן, אבל לא זו שעליה הצביע יעקב. בספרות המדרשית התנאית הפכו צוואת יעקב ודבריו לראובן לראיית זהב להוכחת הלגיטימיות של הנהגת נשיא משבט יהודה. דבריו העמומים של יעקב פורשו כמכוונים באופן ישיר לחטא ראובן במשכב עם בלהה שהמיט עליו גזרת דחייה מכל הנהגה שושלתית. ההנחה היא שהנבירה בחטא ראובן מצד תומכי הנהגת שושלת יהודה הולידה שני סוגי דרשות. הסוג האחד ביקש להפחית מחומרת החטא ועל ידי כך להוכיח שהוא אינו מצדיק עונש של הדחה, ולא לכך התכוון יעקב בצוואתו לראובן. הסוג השני של הדרשות התמקד בתשובת ראובן. הדרשנים שהתמקדו בתשובת ראובן לא בהכרח לקחו חלק בפולמוס ההנהגה. ייתכן שבדבריהם הם ביקשו להעלות על נס את ערך התשובה ואפשרות הכפרה באמצעותה דווקא לנוכח העובדה שחטא ראובן היה חמור מאוד כפי שהציגו מקביליהם. הוכחת קבלת תשובת ראובן התבססה בעיקר על דברי הפרידה של משה "יחי ראובן ואל ימות". הסתייגות מפורשת מהשימוש במעשה ראובן לטובת עמדות צדדי המחלוקת סביב הנהגת הנשיא משושלת יהודה הובעה על ידי רצף דרשותיו של רשב"ן בשם קודמיו שביקש להציף את חוסר התוחלת של נבירה בחטאי אבות השושלת שמעלה ספק בכשרותן של כל ההנהגות

79. על רצף דרשות "כל האומר" ראו גם: אליצור, דיוקן בשביל הדורות, עמ' 307-305 וההפניות הביבליוגרפיות שם.

השושלתיות. האם ביקורת קיצונית זו השפיעה על אופי הדרשות המאוחרות לה? קשה להכריע בשאלה זו, אולם דומה שבספרות המדרש המאוחר דרשות הסנגוריה קנו שביתה והפכו לנכסי צאן ברזל בפרשנות היהודית לדורותיה.

ביבליוגרפיה וקיצורים

ספרות חז"ל

אבות דרבי נתן, מהדורת שכטר, ניו יורק וירושלים תשנ"ז.
אגדת בראשית, מהדורת קהלני, ירושלים תשפ"א.
איכה רבה, מהדורת בובר, וילנא תרנ"ט.
אסתר רבה, מהדורת תבורי ועצמון, ירושלים תשע"ה.
במדבר רבה, מהדורת מירקין, תל אביב תשי"ז-תשכ"ז.
במדבר רבה, מהדורת שכטר (עורך: חננאל מאק), ירושלים תשפ"ג.
בראשית רבה, מהדורת תיאודור־אלבק, ברלין תרע"ב-תרפ"ט.
בראשית רבה עם פירוש יפה תואר, פראג תמ"ט.
ברייתא דל"ב מידות, ילקוט מדרשים, צפת תשע"ט.
דברים רבה, מהדורת ליברמן, ירושלים תשנ"ב.
ויקרא רבה, מהדורת מרגליות, ירושלים תשי"ג-תשי"ח.
ילקוט שמעוני, מהדורת הימן־שילוני, ירושלים תשנ"ט.
ילקוט שמעוני (מקורות), מהדורת היימן־שילוני, ירושלים 1965.
ילקוט תלמוד תורה, יעקב מאן, "מאמרי ילמדנו ב'ילקוט תלמוד תורה'", *The Bible as Read and Preached in the Old Synagogue*, Cincinnati 1940.
לקח טוב, פסיקתא זוטרתא לחמישה חומשי תורה, ונציה תקכ"ה.
מדרש הגדול בראשית, מהדורת שכטר, קנטאבריגיא תרס"ב.
מדרש משלי, מהדורת וויסאצקי, ניו יורק תש"ן.
מדרש שמואל, מהדורת בובר, קרקוב תרנ"ג.

מדרש תהלים (שוחר טוב) מהדורת בובר, ירושלים תשל"ז.
מדרש תנאים על ספר דברים, מהדורת הופמן, ברלין 1908-1909.
מכילתא דר' ישמעאל, מהדורת הורוויץ־רבין, פרנקפורט תרצ"א.
מכילתא דר' שמעון בן יוחאי, מהדורת אפשטיין־מלמד, ירושלים תשט"ו.
משנה, מהדורת אלבק, ירושלים, תשי"ב ואילך.
סדר אליהו רבה, מהדורת איש שלום, וינה תרס"ב.
סדר עולם רבה, מהדורת מיליקובסקי, ירושלים תשע"ג.
ספרא, מהדורת וייס, וינה 1864.
ספרי דברים, מהדורת איש שלום, וינה תרכ"ה.
ספרי דברים, מהדורת פינקלשטין, ניו יורק תשכ"ט.
פסיקתא דרב כהנא, מהדורת מנדלבוים, ניו יורק תשכ"ב.
פסיקתא רבתי, מהדורת איש שלום, וינה תר"מ.
פרקי דרבי אליעזר, מהדורת היגער, ניו יורק תש"ד.
קהלת רבה, א-יא, מהדורת שכטר (מהדיר: מנחם הירשמן), ירושלים תשע"ז.
קהלת רבה, ז-יב, מהדורת שכטר (מהדיר: ראובן קיפרווסר), ירושלים תשפ"א.
שיר השירים רבה, מהדורת דונסקי, ירושלים ותל אביב תש"מ.
שכל טוב, מהדורת בובר, ברלין תר"ס.
תוספתא, מהדורת ליברמן, ניו יורק תשט"ו-תשמ"ח.
תוספתא, מהדורת צוקרמנדל, ירושלים תשל"ה.
תלמוד בבלי, וילנא, תר"ס ואילך.
תלמוד ירושלמי, ונציה רפ"ג.
תלמוד ירושלמי כ"י ליידן, מהדורת האקדמיה ללשון, ירושלים תשס"ג.
תנחומא, וארשה תר"ט.
תנחומא בובר, מהדורת בובר, וילנא תרמ"ג.

ספרות הפיוט

מחזור פיוטי רבי יניי לתורה ולמועדים, א-ב, מהדורת רבינוביץ, ירושלים תשמ"ה-תשמ"ז.

ספרות בית שני

הספרים החיצוניים, מהדורת כהנא, כרכים א-ב, תל אביב 1956.
חזיונות הסיבילות – *The Sibylline Oracles* (trans: Milston S. Terry), New York 1899.

יוסף בן מתתיהו, חיי יוסף, מהדורת דניאל שוורץ, ירושלים תשס"ח.
יוסף בן מתתיהו, נגד אפיון, תרגום: אריה כשר, ירושלים תשנ"ז.
יוסף בן מתתיהו, קדמוניות היהודים, א–ב, תרגום: אברהם שליט, ירושלים תשכ"ז.
יוסף בן מתתיהו, תולדות מלחמת היהודים ברומאים, תרגום: י"נ שמחוני, גבעתיים 1968.
יוסף בן מתתיהו, מלחמת היהודים (תרגום: ש' חגי), ירושלים תשנ"ג.
כתבי פילון האלכסנדרוני, כרכים א–ה (עורכים: ס' נטף דניאל י' עמיר ומ' ניהוף), ירושלים תשמ"ו–תשע"ה.
מגילות מדבר יהודה, אלישע קימרון, מגילות מדבר יהודה: החיבורים העבריים, א–ג, ירושלים תשע"ה.
ספר בן סירא, האקדמיה ללשון עברית, ירושלים תשל"ג.
ספר בן סירא השלם, מהדורת סגל, ירושלים תשל"ב.
ספר היובלים, מבוא תרגום ופירוש: כ' ורמן, מהדורת יד יצחק בן צבי, ירושלים תשע"ה.
ספר מקבים א, מהדורת אוריאל רפפורט, ירושלים תשס"ד.
צוואות השבטים, תרגום: ישראל אוסטרזצר, מהדורת אברהם כהנא, ירושלים תש"ל.
צוואת אברהם
The Testament of Abraham, Texts and Studies 2 (eds. M.R. James and W.E. Barnes), Oregon 1892.
קדמוניות המקרא, תרגום: אליה שמואל הרטום, תל אביב תשכ"ט.
תרגום השבעים, מהדורת ברוק־מקלין, קיימברידג' 2010.

ספרות רבנית

איגרת רב שרירא גאון, מהדורת ב"מ לוין, יפו תרע"א.
אלנקאוה יוסף, ספר מנורת המאור, ירושלים תשכ"ט
אברבנאל יצחק, פירוש התורה לבראשית (מהדורת חורב), יהודה שביב (מהדיר), ירושלים תשס"ז.
לוי יצחק ברדיטשוב, קדושת לוי, ברוקלין תשנ"ב.
מהר"ל, נצח ישראל, בני ברק תש"ם.
ריה"ל, ספר הכוזרי, מהדורת יוסף קאפח, קריית אונו תשנ"ז.
משה בן מימון, איגרת תחית המתים, מהדורת רבינוביץ, ירושלים תש"ך.

משה בן מימון, משנה תורה, מהדורת שילת, מעלה אדומים תשפ"א.
משה בן מימון, שמונה פרקים, מהדורת רבינוביץ, ירושלים תשל"ב.
ספר זרובבל, בתוך: י' אבן שמואל, מדרשי גאולה, ירושלים תשע"ז.
משה בן נחמני, תורת ה' תמימה, כתבי הרמב"ן, א, מהדורת שעועל, ירושלים תשכ"ג.
רס"ג, ספר הנבחר באמונות והדעות, תרגום אבן תיבון, קושטא שכ"ב.
רש"ר הירש, בראשית (תרגום: מ' ברויאר), ירושלים תשס"ב.

ספרות דתית

אבן השאם, כתאב אלתיג'אן פי מלוך חמיר, צנעאא' 1979.
הברית החדשה, מהדורת דליטש, ברלין תרע"ב.
יוסטינוס מרטיר, דיאלוג עם טרפון היהודי (תרגום: ד' רוקח), ירושלים תשס"ה.
קוראן, מהדורת רובין, תל אביב תשע"ו.
קוראן בתרגום יוסף יואל ריבלין, פרויקט בן יהודה.
The Didascalia Apostolorum (trans: M. Dunlon Gibson M.R.A.S.), London 1903.

אוגוסטינוס, עיר האלוהים	Augustine, *The City of God* (Trans: Gerald G. Walsh and Grace Monahan), Washington D.C. 2008.
אוסביוס, היסטוריה כנסייתית	Eusebius Caesariensis, *Historia ecclesiastica IX*, 8:14 (ed. P. Schaff), Massachusetts 1995.
אוסביוס, הכנה	Eusebius, *Preparation for the Gospel* (trans: E.H. Gifford), Oxford 1909.
אוריגנס, דרשות לספר במדבר	Origen, *Homilies on Numbers* (trans: T.P. Scheck. ed. C.A. Hall), Ancient Christian Texts 2009.
אוריגנס, דרשות לספר בראשית	Origen, *Homilies on Genesis and Exodus* (trans: R.E. Heine), Washington D.C 2002.
אוריגנס, דרשות על לוקס	Origen, *Homilies on Luke, Fragments on Luke* (Trans: J.T. Linhard), Washington 1992.

אירנאיוס, ההדגמה	Irenaeus, *The Demonstration of the Apostolic Preaching* 46 (trans: J. A. Robinson), London: S.P.C.K. 1920.
אירנאיוס, נגד הכפירה	Irenaeus Against Heresies, *The Apostolic Fathers with Justin Martyr and Irenaeus* (eds. A. Roberts and J. Donaldson), Massachusetts 1995.
אמברוזיוס, חיי יוסף	Ambrose, "On Joseph", *Seven exegetical works* (ed. M.P. McHugh), Washington 1972, pp. 189–237.
אפרהט, דוגמות	Aphrahat, *Select Demonstrations* (trans: K. Valavanolickal), New Jersey 2011.
אפרהט, דרשות	Aphraates, *The Homilies of Aphraates*, The Persian Sage (ed. William Wright), London 1869.
אפרם, בראשית	Ephrem, *The Armenian Commentary on Genesis Attributed to Ephrem the Syrian* (trans: E.G. Mathews Jr), 1998.
אפרם, דרשות על אברהם ויצחק	*Ephraem Syri Opera, 1 Sermones in Abraham et Isaac in Basilium Magnum in Eliam* (ed. S.I. Mercati), Rome 1915.
אפרם, מזמורים	Ephrem the Syriac, *Hymns on Paradise* (trans: Sebastian Brock), Crestwood 1990.
בסיליוס, איגרות	Basil, *Letters and select works* (ed. P. Schaff), Massachusetts 1995.
ג'רום, איגרות	Jerome, *Letters and selects works* (ed. P. Schaff), Massachusetts 1995.
ג'רום, הדיאלוג נגד הלוציפריאנים	Jerome, *Dialogue Against the Luciferians* (trans: W. H Fremantle; ed. D.P. Curtin) 2019.
ג'רום, שאלות על ספר בראשית	Jerome, *Hebrew questions on Genesis* (trans: C.T.R. Hayward), New York 1995.

טרטוליאנוס, על הגלימה	Tertulian, *On the Pallium* (trans: Rev. S. Thelwall), Fathers of the Third century, Massachusetts 1995.
קירליוס, בראשית	Cyril of Alexandria, *Glaphyra on the Pentateuch, Genesis* (trans: N.S. Lunn), Washington 2018.

אנציקלופדיות ומילונים

- אנציקלופדיה מקראית, ד-ה, ירושלים תשכ"ג-תשכ"ח.
- בן יהודה, מילון הלשון אליעזר בן יהודה, מלון הלשון העברית הישנה והחדשה, ירושלים תש"מ.
- מוספיא ב', מוסף הערוך (בתוך הערוך השלם), חלק א, תל אביב תש"ל.
- נתן בן יחיאל מרומה, ספר הערוך, ונציה 1552.
- Liddell and Scott's, *Greek-English Lexicon*, London 1985.
- Michel Sokoloff, *A Dictionary of Jewish Palestinian Aramaic of the Byzantine Period*, Ramat Gan 1990.
- קדרי מילון, מ"צ קדרי, מילון העברית המקראית, רמת גן תשס"ו.

ספרות מחקר

אבות, והב אבן מנבה	Nabia Abott, "Wahb B. Munabbih, A Review article", *JNES* 36 (1977), pp.103–112.
אביעוז, שמואל	Michel Avioz, *Josephus' Interpretation of the Book of Samuel*, London New York 2015.
אבישור, בדיונות	י' אבישור, "בדיונות ספרותיים ותיאורים היסטוריוגרפיים בדברי הימים א, ה: איזה תגלת פלאסר הגלה את בארה נשיא ראובני?", מיכאל: מחקרים בהיסטוריה באפיגרפיה ובמקרא (עורכים: י' אבישור ור' דויטש), תל אביב תשנ"ט, עמ' 5–18.
אבישור, הברכות לראובן	י' אבישור, "ה'ברכות' לראובן (בראשית מט 3–4; דברים לג 6; שופטים ה 14): רקען הספרותי וההיסטורי ומגמתן האידיאולוגית", מרבה חכמה: מחקרים במקרא ומזרח קדום (עורכים: ש' יונה, א' גרינשטיין, מ' גרובה, פ' משיניסט, ש"מ פאול), וינונה לייק אינדיאנה 2015, עמ' 1–33.

אבן שמואל, מדרשי גאולה	י' אבן שמואל, מדרשי גאולה, ירושלים תשע"ז.
אברבך, חטא העגל	M. Aberbach, "The Golden Calf Episode in Post Biblical Literature" *HUCA* 39 (1968), pp.91–116.
אדנג, כתבי מוסלמים	Camilla Adang, *Muslim Writers on Judaism and the Hebrew Bible: From Ibn Rabban to Ibn Hazm*, Leiden 1996.
אהוביה, יוסף	א' אהוביה, "מעלילות יוסף", בית מקרא לא (תשמ"ו), עמ' 271–280.
אהרליך, מקרא כפשוטו	א"ב אהרליך, מקרא כפשוטו, א, ברלין תרנ"ט.
אובידיוס, מטרמופזות	אובידיוס, מטרמופזות, תרגום: שלמה דיקמן, ירושלים תשכ"ה.
אובראיין, התרומה	M.A. O'Brien "The Contribution of Judah's Speech, Genesis 44:18–34, to the Characterization of Joseph", *Catholic Biblical Quarterly* 59,3 (1997), 429–447.
או'דונוגו, בלדר	H. O'Donoghue, "That has Baldr to do with Lamech?: The lethal Shot of a Blind Man in Old Norse Myth and Jewish Exegetical Traditions", *Medium Aevum* 72,1 (2003), pp.82–107.
אולמר, קווי המתאר	R. Ulmer, "The Contours of the Messiah in Pesiqta Rabbati", *Harvard Theological Review* 106,2 (2013), pp. 115–144.
אומן, כפל מניעים	נ' אומן, כפל מניעים: אישי ואידיאולוגי במוטיבציה של הדמות בסיפור המקראי, דיסרטציה, אוניברסיטת בר אילן תש"ף.
אונסימקי וטרבנוטקו, שרה הנסיכה	E. Uusimäki and H. Tervanotko, "Sarah the Princess: Tracing the Hellenistic Afterlife of a Pentateuchal Female Figure", *Scandinavian Journal of the Old Testament* 32,2 (2018), pp. 271–290.
אופנהיימר, היישוב היהודי בגליל	א' אופנהיימר, "שיקום היישוב היהודי בגליל", ארץ ישראל מחורבן בית שני ועד הכיבוש המוסלמי (עורכים: צ' ברס, ש' ספראי, י' צפריה, מ' שטרן), ירושלים תשמ"ב, עמ' 75–92.

אופנהיימר, הקדשת ישעיהו	ב' אופנהיימר, "הקדשת ישעיהו וגלגוליה במסורת חז"ל", המקרא ותולדות ישראל, ירושלים תשל"ב, עמ' 50-18.
אופנהיימר, מעמד הר סיני	ב' אופנהיימר, "מעמד הר סיני, הנבואה ובחירת ישראל בפולמוס חז"ל", מולד ח 40/39 (תש"ם), עמ' 110-91.
אורבך, אסקיזיס	א"א אורבך, "אסקיזיס ויסורים בתורת חז"ל", מעולמם של חכמים, ירושלים תשס"ב, עמ' 458-437.
אורבך, גאולה ותשובה	E.E Urbach, "Redemption and Repentance in Talmudic Judaism", *Types of Redemption* (eds. R.J.Z Werblowsky and C.J. Bleeker), Leiden 1970, pp. 190–206.
אורבך, המלוכה המקראית	א"א אורבך, "המלוכה המקראית בעיני חכמים", ספר יצחק אריה זליגמן (עורכים: י' זקוביץ וא' רופא), ירושלים תשמ"ג, כרך ב החלק העברי, עמ' 451-439.
אורבך, חז"ל	א"א אורבך, חז"ל פרקי אמונות ודעות, ירושלים תשנ"ח, עמ' 102-88.
אורבך, מגמות דתיות	א"א אורבך, "מגמות דתיות וחברתיות בתורת הצדקה של חז"ל", ציון טז (תשי"א), עמ' 27-1.
אורבך, מלך ונביא	א"א אורבך, "מלך ונביא בעיני חז"ל", טיפוסי מנהיגות בתקופת המקרא: יום עיון לרגל מלאת שמונים וחמש שנים לדוד בן־גוריון, ירושלים תשל"ג, עמ' 68-55 [נדפס שוב בספרו: מעולמם של חכמים: קובץ מחקרים, ירושלים תשמ"ח, עמ' 362-349].
אורבך, עבודה זרה	א"א אורבך, "הלכות עבודה זרה והמציאות הארכיאולוגית וההיסטורית במאה השנייה ובמאה השלישית", מעולמם של חכמים, ירושלים תשס"ב, עמ' 178-125.
אורבך, שיר השירים	א"א אורבך, "דרשות חז"ל ופירושי אוריגינס לשיר השירים והוויכוח היהודי־נוצרי", תרביץ ל, ב (תשכ"א), עמ' 170-148.

אורבך, שרידי תנחומא	א"א אורבך, שרידי תנחומא ילמדנו, קובץ על יד ו (טז) חלק א, ירושלים תשכ"ו, עמ' 3-54.
אורבך, תשובת אנשי נינוה	א"א אורבך, "תשובת אנשי נינוה והויכוח היהודי נוצרי" תרביץ כ (תש"י), עמ' 118-122.
אזואלוס, אור כשדים	יעקב אזואלוס, "משמעות השם 'אור כשדים' בבראשית יא 27-31 על פי ספרות בית שני והמדרש", בית מקרא מה (ג), תש"ס, עמ' 267-271.
אחיטוב, משלי	ש' אחיטוב, משלי, מקרא לישראל, ירושלים תשע"ג.
אטקינסון, המשיח הלוחם	K. R. Atkinson, "The Militant Davidic Messiah and Violence Against Rome: The Influence of Pompey on the Development of Jewish and Christian Messianism", *Scripta Judaica Cracoviensia* 9 (2010), pp. 8–19.
אטרידג', הפרשנות	H.W. Attridge, *The Interpretation of Biblical History in the Antiquitates Judaicae of Flavius Josephus*, Missoula 1976.
אילן ונעם, בין יוספוס לחז"ל	ט' אילן וו' נעם, בין יוספוס לחז"ל, א-ב, ירושלים תשע"ז.
איסטמן, האם כמודל	D.L. Eastman, "The Matriarch as Model: Sarah, the Cult of the Saints, and Social Control in a Syriac Homily of Pseudo-Ephrem", *Journal of Early Christian Studies* 21,2 (2013), pp. 241–259.
אלבוים, בין עריכה לשכתוב	י' אלבוים, "בין עריכה לשכתוב: לאופיה של הספרות המדרשית המאוחרת", הקונגרס העולמי למדעי היהדות 9, ג (תשמ"ו), עמ' 57-62.
אלבוים, ילקוט שמעוני	J. Elbaum, "'Yalqut Shim'oni' and the Medieval Midrashic Anthology", *Prooftexts* 17,2 (1997), pp. 159-175.
אלבוים, לתפיסת הגאולה	י' אלבוים, "לתפיסת הגאולה ב'תנא דבי אליהו'", "Open Thou Mine Eyes": *Essays on Aaggadah and Judaica* (eds. H.J. Blumberg and others), N.J 1992, pp. 303-321.

אלבוים, מדרשה לסיפור	Y. Elbaum, "From Sermon to Story: The Transformation of the Aqedah," *Prooftexts* 6 (1986), pp. 97– 117.
אלבני ורנדסבורג, הקושי הטקסטואלי	G.A. Rendsburg and M. J. Albanese, "That the Holy Seed Defiled: The Textual Problem of Genesis 49:4", *Vetus Testamentum* 69,1 (2019), pp. 1–18.
אלבק, מבוא למשנה	ח' אלבק, מבוא למשנה, ירושלים תש"ך.
אלון, חשמונאים	ג' אלון, "ההשכיחה האומה וחכמיה את החשמונאים", מחקרים בתולדות ישראל, א, תל אביב תשי"ז, עמ' 25-15.
אלון, מחקרים	ג' אלון, מחקרים בתקופת המשנה והתלמוד, ב, הוצאת הקיבוץ המאוחד, תל אביב תשל"ו.
אלון, תולדות היהודים	ג' אלון, תולדות היהודים בארץ ישראל בתקופת המשנה והתלמוד, א-ב, תל אביב תשכ"ז.
אליאור, ייחודה של התופעה הדתית	ר' אליאור, "ייחודה של התופעה הדתית בספרות ההיכלות: דמות האל והרחבת גבולות ההשגה", דברי הכנס הבינלאומי הראשון לתולדות המיסטיקה היהודית, המיסטיקה היהודית הקדומה, ירושלים תשמ"ז, עמ' 13-58.
אליאור, ספרות ההיכלות	ר' אליאור, "ספרות ההיכלות והמרכבה: זיקתה למקדש, למקדש השמימי ולמקדש מעט", רצף ותמורה – יהודים ויהדות בארץ ישראל הביזנטית-נוצרית, ירושלים תשס"ה, עמ' 108-142.
אליאס בר לבב, מכילתא דרשב"י	ל' אליאס בר לבב, מכילתא דרשב"י פרשת נזיקין: נוסח, מונחים, מקורות ועריכה, ירושלים תשע"ג.
אליצור, פסיקתא רבתי	ב' אליצור, פסיקתא רבתי – פרקי מבוא, דיסרטציה האוניברסיטה העברית, ירושלים תשנ"ט.
אליצור, מול יוסף	ש' אליצור, "מול יוסף: לעיצוב הסיפור המקראי בפיוטים", בית מקרא נה (תש"ע), עמ' 151-168.

אליצור, עקדת יצחק	ש' אליצור, "עקדת יצחק: בבכי או בשמחה? השפעת מסעי הצלב על הסיפור המקראי בפיוטים", עט הדעת: חידושים, תגליות ועיונים במדעי היהדות א (תשנ"ז), עמ' 15-35.
אליצור, שירה של פרשה	ש' אליצור, שירה של פרשה, ירושלים תשס"ז.
אליצור, אופיו של הפקפוק	ב' אליצור, "'אין לך דור שאין בו ליצנין': על אופיו של הפקפוק בגלגוליה של מסורת הולדת יצחק", מסכת יח (תשפ"ד), עמ' 45-78.
אליצור, דיוקן בשביל הדורות	ב' אליצור, דיוקן בשביל הדורות, רמת גן תשפ"א.
אליצור, דרשות על יתרו	ב' אליצור, "דרשות על יתרו בפסיקתא דרב כהנא ותרומתן האפשרית לחשיפת מגמות החיבור", סידרא ל (2015), עמ' 9-33.
אליצור, כי יש שכר לפעולתך	B. Elitzur, "'For Your Work Will be Rewarded' — On the Development of the Sign Tradition", *HUCA* 91 (2020), pp. 77–126.
אליצור, משיחיות ואנטי משיחיות	ב' אליצור, "משיחיות ואנטי משיחיות במסורות על חזקיהו משלהי תקופת הבית השני ומתקופות המשנה והתלמוד", מדעי היהדות 54 (תש"ף), עמ' 43-76.
אליצור, נישואין וילודה	ב' אליצור, "נישואין וילודה בדרשות חז"ל על מרים הנביאה", מסכת יד (תשע"ט), עמ' 11-46.
אליצור, על פשרה	ב' אליצור, "'מפני שלא היה בו שום דופי' – על פשרה של מגמת הסנגוריה בדרשות חז"ל העוסקות במלכות שאול", דברי חכמים וחידותם: ספר יובל לכבודו של חננאל מאק, ירושלים תשע"ט, עמ' 15-47.
אליצור, קלי עולם	B. Elitzur, "'The Lightest Ones of the World and the Greatest Ones of the World' in the Palestinian Traditions of the Mishnaic and Talmudic Periods", *JAJ* 12 (2021), pp. 433–466.

אליצור והכהן, וימאסו בארץ חמדה	ב' אליצור וע' הכהן, "וימאסו בארץ חמדה": תמורות בהערכת מוקד חטא המרגלים בספרות חז"ל ובפיוט", מדעי היהדות 58, 2 (2024), עמ' 1-46.
אלכסיוס, הקינה הטקסית	M. Alexiou, *The Ritual Lament in Greek Tradition*, Cambridge 1974.
אלכסנדר, האפוקליפסה של חנוך	P. Alexander, "The Hebrew Apocalypse of Enoch", Charlesworth, *The Old Testament Pseudepigrapha* 1, New York 1983, pp. 223–316.
אלכסנדר, הרשימה	P. S. Alexander, "The Rabbinic Lists of Forbidden Targumim", *JJS* 27 (1976), pp. 177–191.
אלכסנדר, מלך המשיח	P.S. Alexander, "The King Messiah in Rabbinic Judaism", *King and Messiah* (ed. J. Day), Sheffield 1998, pp. 456–473.
אלכסנדר, רדיפה דתית	P.J. Alexander, "Religious Persecution and Resistance in the Byzantine Empire of the Eighth and Ninth Centuries: Methods and Justification", *Speculum* 52, 2 (1977), pp. 238–264.
אמורה, דמותה של שרה	B. H. Amura, "The Portrait of Sarah in Jubilees", *Jewish Studies in a New Europe* (1998), pp. 336–348.
אמיליאנו, מדרש ניאופיטי	M. B. Emiliano, "El Midrás de Neofiti Gen 44:18 dos Versiones Diferentes de una Hagadá", *Estudios Bíblicos*, 35, 1–2 (1976), pp. 79–86.
אמינוף, עשו אחי	ע' אמינוף, עשו אחי: אבי אדום ורומי, ירושלים תשע"ו.
אמיר, מידה כנגד מידה	Y. Amir, "Measure for Measure in Talmudic Literature and in The Wisdom of Solomon", *Justice and Righteousness Biblical Themes and Their Influence* (eds. H. G. Reventlow and Y. Hoffman), Sheffield 1992, pp. 29–46.
אמית, גלוי ונסתר	י' אמית, גלוי ונסתר במקרא, תל אביב 2003.
אנדרסון, צדקה	G. A. Anderson, *Charity: The Place of the Poor in the Biblical Tradition*, New Haven 2013.

אסדרס, הכלל הנבואי	S. Esders, "The Prophesied Rule of a 'Circumcised People': A Travelling Tradition from the Seventh Century Mediterranean", *Barbarian and Jews: Jews and Judaism in the Early Medieval West* (eds. Y. Hen and T.F.X. Noble), Turnhout 2018, pp. 119–154.
אפשטיין, מבואות לספרות התנאים	י"נ אפשטיין, מבואות לספרות התנאים, ב, ירושלים תשכ"ג.
אשברוק הרווי, נשים מקראיות	S. Ashbrook Harvey, "Spoken Words, Voiced Silence: Biblical Women in the Syriac Tradition," *JECS* 9,1 (2001), pp. 105–131.
אתנאסידי, המרה דת נוצרית	P. Athanassiadi, "Christian Conversion in Late Antiquity: Some issues", *Conversion in Late Antiquity: Christianity, Islam, and Beyond* (eds. A. Papaconstantinau; N. Mclynn and D. Schwartz), Texas 2015, pp. 23–48.
באך, העונג	A. Bach, "The Pleasure of Her Text", *Seminary Quarterly Review*, 43,1–4 (1989) pp. 41–58.
באסר, האינטרטקסטואליות של בויארין	H.W. Basser, "Boyarin's Intertextuality and the Reading of Midrash", *JQR* 81 (1991), pp. 427–434.
בארון, היסטוריה חברותית	ש' בארון, היסטוריה חברותית ודתית של עם ישראל ג, תל אביב תשי"ז.
בדה, העיר של קין	W. Bejda, "The city of Cain — the City of a Tyrant: The Political Aspect of the Cain Narrative in Josephus Flavius's Antiquitates Judaicae", *Revue Biblique* 121,2 (2014), pp.283–297.
בובה, דרכו של מקרא	מ' בובה, דרכו של מקרא, ירושלים תשכ"ה.
בויארין, הבשר שברוח	ד' בויארין, הבשר שברוח: שיח המיניות בתלמוד, תל אביב תשנ"ט.
בויארין, מדרש תנאים	ד' בויארין, מדרש תנאים: אינטרטקסטואליות וקריאת מכילתא, ירושלים תשע"א.

בויארין, מוות למען אלוהים	D. Boyarin, *Dying for God: Martyrdom and the Making of Christianity and Judaism*, Stanford 1999.
בויארין, תולדות המרטיריון	ד' בויארין, "משהו על תולדות המרטיריון בישראל", עטרה לחיים: מחקרים בספרות התלמודית והרבנית לכבוד פרופסור חיים זלמן דימיטרובסקי (עורכים: ד' בויארין ומ' הירשמן), ירושלים תש"ס, עמ' 3–27.
בולוחה וגרונוולד, יום ה'	B.O. Boloje, A. Groenewald, "Malachi's Eschatological Day of Yahweh: Its Dual Roles of Cultic Restoration and Enactment of Social Justice (Mal 3:1–5, 3:16–4:6)", *Old Testament Essays*, 27,1 (2014), pp. 53–81.
בולטמן, תיאולוגיה	R. Bultmann, *Theology of the New Testament*, New York – London 1952.
בוקוו, קבלת הפנים	B.G. Bucur, "The Early Christian Reception of Genesis 18: From Theophany to Trinitarian Symbolism", *Journal of Early Christian Studies* 23,2 (2015), pp.245–272.
בחוס, ביקור אברהם	C. Bakhos, "Abraham Visits Ishmael: A Revisit", *JSJ* 38 (2007), pp. 553–580.
בחוס, ישמעאל על הגבול	C. Bakhos, *Ishmael on the Border: Rabbinic Portrayals of the First Arab*, New York 2006.
בחוס, להבין את עשו	C. Bakhos, "Figuring (out) Esau: The rabbis and their Others (Esau and Edom)", *Journal of Jewish Studies* 58(2) (2007), pp. 250–262.
בחוס, משפחת אברהם	C. Bakhos, *The Family of Abraham: Jewish, Christians, and Muslim Interpretations*, London 2014.
בחוס, עניינים מתודולוגיים	C. Bakhos, "Method(ological) Matters in the Study of Midrash", *Current Trends in the Study of Midrash* (ed. C, Bakhos), Leiden 2006.
ביאלה, ארוס ויהודים	D. Biale, *Eros and the Jews: From Biblical Israel to Contemporary America*, New York 1992.

ביילי, ההיסטוריה האפקטיבית	P. Bailey, "The Effective History of Isaiah 53 in the Pre-Christian Period", *The Suffering Servant: Isaiah 53 in Jewish and Christian Sources*, (eds. B. Janowski and P. Stuhlmacher), Michigan 2004, pp. 75–146.
ביכלה, מחקרים	א' ביכלה, מחקרים בתקופת המשנה והתלמוד, ירושלים תשכ"ח.
ביכלה, רעיונות ומנהגים	A. Büchler, "Traces des Idées et des Coutumes Hellénistiques dans le Livre des Jubilées", *REJ* 82 (1930), pp. 321–348.
בכר, אגדת אמוראי ארץ ישראל	ב"ז בכר, אגדת אמוראי ארץ ישראל, א-ה, תל אביב תרפ"ו.
בכר, מסורות נס	M. Becker, "Miracle Traditions in Early Rabbinic Literature", *Wonders Never Cease: The Purpose of Narrating Miracle Stories in the New Testament and Its Religious Environment* (eds. M. Labahn and B.J. Lietaert Peerbolte), London 2006, pp. 48–69.
בכר, ניסים ועושי ניסים	M. Becker, *Wunder und Wundertäter im frührabbinischen Judentum*, Mohr Siebeck 2002.
בלידשטיין, מרטירולוגיה	G. J. Blidstein, "Rabbis, Romans, and Martyrdom: Three Views", *Tradition* 21,3 (1984), pp.54–62.
בלידשטיין, תפילה וחזרה בתשובה	G.J. Blidstein, "Prayer Rescue and Redemption in the Mekilta", *Journal for the Study of Judaism* 39 (2008), pp. 68–87.
במברגר, גיור	B. J. Bamberger, *Proselytism in the Talmudic Period*, New York 1968.
בנג'מינס, נח והתיבה	H.S. (Rick) Benjamins, "Noah, the Ark, and the Flood in early Christian theology: the ship of the Church in the making", *Interpretations of the Flood* (eds. F.G. Martínez and G.P. Luttikhuizen), Leiden 1998, pp.134–149.
בן־ישר ופנקובר, המקרא בפרשנות חז"ל	מ' בן־ישר וי' ש' פנקובר, המקרא בפרשנות חז"ל, ב, יואל ועמוס, רמת גן תשע"ה.

בן־נון, הפילוג והאחדות	י' בן־נון, "הפילוג והאחדות: מפני מה לא שלח יוסף שליח אל אביו?", מגדים א (תשמ"ו), עמ' 20-31.
בסקין, נשים במדרש	J.R. Baskin, *Midrashic Women: Formations of the Feminine in Rabbinic Literature,* Hanover and London 2002
בר אילן, בין קסם לדת	M. Bar Ilan, "Between Magic and Religion: Sympathetic Magic in the World of the Sages of the Mishnah and Talmud", *Review of Rabbinic Judaism* 5,3 (2002), pp. 383–399.
בר, אגדת יהונתן בן גרשם	מ' בר, "אגדת יהונתן בן גרשם בן משה – הרקע הריאלי", מחקרי תלמוד ג (עורכים: יעקב זוסמן, דוד רוזנטל), ירושלים תשס"ה, עמ' 80-86.
בר, בעלי תשובה	מ' בר, "על מעשי כפרה של בעלי תשובה בספרות חז"ל", ציון מו (תשמ"א), עמ' 159-181.
בראודה, גיור יהודי	W.G. Braude, *Jewish Proselyting in the First Five Centuries of the Common Era: The Age of the Tanniam and Amoriam,* Providence 1940.
בראודה וקפשטיין, פסיקתא	W.G. Braude and I.J. Kapstein, *Pesikta de-Rav Kahana,* Philadelphia 1975.
בראון, הגוף והחברה	P. Brown, *The Body and Society: Men, Women and Sexual Renunciation in Early Christianity,* New York 1998.
בראון, היסטוריה ורומנטיקה	M. Braun, *History and Romance in Greco Roman Literature,* Oxford 1938.
בראון, עוני ומנהיגות	P. Brown, *Poverty and Leadership in the Later Roman Empire,* Hanover and London 2001.
בראנד, תנא דבי אליהו	י' בראנד, "סדר תנא דבי אליהו רבא וזוטא (זמנו ומחברו)", זר לגבורות (עורך: ב"צ לוריא), ירושלים תשל"ג, עמ' 597-617.
בר־אפרת, העיצוב האמנותי	ש' בר־אפרת, העיצוב האמנותי של הסיפור במקרא, תל אביב תשמ"ד.

ברגמן, מסורות ומקורות	מ' ברגמן, "מסורות ומקורות קדומים בספרות תנחומא", תרביץ ס, ב (תשנ"א), עמ' 269-274.
ברגמן, ספרות תנחומא־ילמדנו	מ' ברגמן, "ספרות תנחומא־ילמדנו – פרשנות פנימית ופרשנות חיצונית", כרמי שלי: מחקרים באגדה ובפרשנותה מוגשים לפרופ' כרמי הורוביץ (עורכים: נ' אילן ואחרים), ירושלים 2012, עמ' 57-65.
ברגמן, סקר ביבליוגרפי	M. Bregman, "Bibliographical Survey of Tanhuma-Yelamdenu Research: Past, Present, and Future", *Studies in the Tanhuma-Yelammedenu Literature,* (eds. A. Atzmon and R. Nikolsky), Leiden 2022, pp. 21–30.
ברגמן, רובדי יצירה	מ' ברגמן, "רבדי יצירה ועריכה במדרשי תנחומא־ילמדנו", הקונגרס העולמי למדעי היהדות 10 ג 1 (תש"ן), עמ' 117-124.
ברגמן, תנחומא ילמדנו	מ' ברגמן, ספרות תנחומא ילמדנו ועיונים בדרכי התהוותה, דיסרטציה, ירושלים תשנ"א.
ברגמן, מחקרים בתנחומא ילמדנו	M. Bregman, *The Tanhuma-Yelammedenu Literature: Studies in the Evolution of the Versions,* Piscataway 2003, pp. 173–188.
ברגר, שלוש טיפולוגיות	D. Berger, "Three Typological Themes in Early Jewish Messianism: Messiah Son of Joseph, Rabbinic Calculations, and the Figure of Armilus", *Cultures in Collision and Conversation: Essays in the Intellectual History of the Jews,* Boston 2011, pp. 253–277.
ברדלי, אברהם כאידיאל יהודי	G.C. Bradley, "Abraham as the Jewish Ideal: Exegetical Traditions in Sirach 44:19–21", *Catholic Biblical Quarterly* 70,1 (2008) pp. 66–81.
ברויאר, כתר	מ' ברויאר, כתר ארם צובא והנוסח המקובל של המקרא, ירושלים 1976.
ברויאר, פרקי בראשית	מ' ברויאר, פרקי בראשית, א, אלון שבות תשנ"ט.

ברוידה, מתמטי
M. J. Broyde and others, "Mathematical Analysis of the Division of the Tribes and the Role of the Levites on Grizim and Aval in Deuteronomy 27", *Tradition* 27,1 (1992), pp.48–57.

ברוק, בין השורות
S.P. Brock, "Reading Between the Lines: Sarah and the Sacrifice of Isaac (Genesis, Chapter 22)", *Women in Ancient Societies* (ed. L.J. Archer), Hampshire, UK: Macmillan 1994, pp. 169–180.

ברוק, בראשית 22 במסורות הסוריות
S. P. Brock, "Genesis 22 in Syriac Tradition", *Mélanges Dominique Barthélemy: Études Bibliques offertes a l'occasion de son 60e anniversaire* (eds. P. Casetti; O. Keele; A. Schenker), Göttingen 1981, pp. 2-30.

ברוק, היכן שרה
S. P. Brock, "Genesis 22: Where was Sarah?", *Expository Times* 96 (1984), pp. 14–17.

ברוק, המקרא במסורות סוריות
S. P. Brock, *The Bible in the Syriac Traditions*, New York 2020.

ברוק, יוסף ואשת פוטיפר
S.P. Brock, "Joseph and Potiphar's Wife (Genesis 39): Two Anonymous Dispute Poems", *Syriac Polemics: Studies in Honour of Gerrit Jan Reinink* (eds. W.J. Van Bekkum; J. W. Drijvers; A.C. Klugkist), Leuven-Paris-Dudley, MA 2007, pp. 41–57.

ברוק, שתי דרשות סוריות
S. P. Brock, "Two Syriac Verse Homilies on the Binding of Isaac", *Le Mus´eon*, 99 (1986), pp. 61–129.

ברזיס, בין קנאות לחסד
ד' ברזיס, בין קנאות לחסד – מגמות אנטי־קנאיות במחשבת חז"ל, רמת גן תשע"ה.

ברידג', רטוריקה מנומסת
E.J. Bridge, "Polite Rhetoric: Judah's Plea to Joseph in Genesis 44:18–34", *Journal for the Study of the Old Testament* 43,4 (2019), pp. 571–587.

בריןָ, נאום עשו
ג' ברין, "הרעיון והמקורות של נאום עשו ביובלים לז על פי 4Q PapJubilees-h unit 2 col. I", מחקרים במקרא ובמגילות (תשפ"ב), עמ' 259-268.

ברלין, פואטיקה	A. Berlin, *Poetics and Interpretations in Biblical Narrative*, Sheffield 1983.
ברנט, ישו והיהודים	P. Brant, *Jesus and the Jewish Roots of Mary*, New York 2018, Chapter 7.
ברנרד מקלרבו, דרשות נזירים	Bernard of Clairvaux, *Monastic Sermons, Cistercian Fathers Series 68* (Trans: D. Griggs), Collegeville 2016.
ברנשטיין, שכתוב ופרשנות	M.J. Bernstein, "Where Are the Patriarchs in the Literature of Qumran?", *Rewriting and Interpreting the Hebrew Bible: The Biblical Patriarchs in the Light of the Dead Sea Scrolls* (eds. D. Dimant and R.G. Kratz), Haifa and Göttingen 2012, pp. 51–76.
ברסלוט, קרבן אנושי	K. Berthelot, "Jewish Views of Human Sacrifice in the Hellenistic and Roman Period", *Human Sacrifice in Jewish and Christian Tradition* (eds. K. Finsterbusch, A. Lange, and K.F. Diethard Römheld), Leiden-Boston 2007, pp. 151–174.
ברקוביץ, הוצאה להורג	B.A. Berkowitz, *Execution and Invention: Death Penalty Discourse in Early Rabbinic and Christian Cultures*, Oxford 2006.
ברת, וטיקן 30	L.M. Barth, *An Analysis of Vatican 30*, Cincinnati, NY, LA and Jerusalem 1973.
גבירץ, נזיפה	S. Gevirtz, "The Reprimand of Reuven", *JNES* 30 (1971), pp. 87–98.
גוד, אירוניה	E.M. Good, *Irony in the Old Testament*, Philadelphia 1965.
גודמן, מדינה וחברה	M. Goodman, *State and Society in Roman Galilee*, A.D.212-132, London 2000.
גודמן, שליחות והמרה	M. Goodman, *Mission and Conversion: Proselytizing in the Religious History of the Roman Empire*, Clarendon 1994.
גודנהף, פוליטיקה	E.R. Goodenough, *The Politics of Philo Judaeus*, New Haven 1938.

גוטמן, האם ושבעת בניה	יהושע גוטמן, "האם ושבעת בניה באגדה ובספרי חשמונאים ב' וד'", ספר יוחנן לוי (עורכים: מ' שובה וי' גוטמן), ירושלים תש"ט, עמ' 25–37.
גוטמן, המשמעות	A. Guttman, "The Significance of Miracles for Talmudic Judaism", *HUCA* 20 (1947), pp. 363–406.
גולאק, לסדרי המיסים	א' גולאק, "לסדרי המסים הרומאיים בארץ", ירושלים תרח"ץ, עמ' 97–104.
גולדשמידט, קינות	ד' גולדשמידט (מהדיר), סדר הקינות לתשעה באב כמנהג פולין וקהילות האשכנזים בארץ ישראל, ירושלים תשכ"ח.
ג'ונסון, מיניות	M. Johnson, *Sexuality in Greek and Roman Society and Literature*, London 2022.
גונקל, בראשית	H. Gunkel, *Genesis — Translated and Interpreted* (trans: M. E. Biddle), Georgia 1997.
גורדון, ילדי אברהם	F.D. Gordon, "Who are Abraham's True Children?: The Role of Abraham in Pauline Argumentation", *Perspectives on "Our Father Abraham": Essays in Honor of Marvin R. Wilson* (ed. S.A. Hunt), Michigan 2010, pp. 126–137.
גושן גוטשטיין, פולמוסומניה	א' גושן גוטשטיין, "פולמוסומניה: הרהורים מיתודיים על חקר הוויכוח היהודי־נוצרי בעקבות פירושי חז"ל ואוריגינס לשיר־השירים", מדעי היהדות 42 (תשס"ג–תשס"ד), עמ' 119–190.
גיחון, דיוקן הלוחם	מ' גיחון, "דיוקן הלוחם היהודי על פי 'מלחמת היהודים' של יוסף בן מתתיהו", מחקרי יהודה ושמרון ח (תשנ"ח), עמ' 73–80.
גייגר, המקרא ותרגומיו	א' גייגר, המקרא ותרגומיו בזיקתם להתפתחותה הפנימית של היהדות, ירושלים תש"ט.
גילת, מדרש הכתובים	י"ד גילת, "מדרש הכתובים בתקופה הבתר תלמודית", פרקים בהשתלשלות ההלכה, רמת גן תשנ"ב, עמ' 374–393.

ג׳ימס, קדמוניות המקרא — M.R. James. *The Biblical Antiquities of Philo*, Prolegomenon by L. Feldman, Library of Biblical Studies, New York 1971.

גינזבורגר, תרגומים — M. Ginsburger, "Verbotene Thargumim", *MGWJ* 44 (1900), pp. 1–7.

גינצבורג, אגדות — ל׳ גינצבורג, אגדות היהודים, כרכים א-ג, ירושלים תשס״ט.

גינצבורג, פירושים וחידושים — ל׳ גינצבורג, פירושים וחידושים בירושלמי, ג, ניו יורק תש״א.

גירונדי, זך הכיר תמים דעים — זרחיה הלוי גירונדי, ״זך הכיר תמים דעים״, י׳ מיזליש, שירת המאור, פיוטי רבי זרחיה הלוי, ירושלים תשמ״ד.

גלג׳ון, פרשנות פילון לנח — Albert C. Geljon, "Philo's Interpretation of Noah", *Noah and His Book(s)* (eds. M.E. Stone, A. Amihay and V. Hillel), Atlanta 2010, pp.183–191.

גפני, שבט ומחוקק — י׳ גפני, ״׳שבט ומחוקק׳ – על דפוסי מנהיגות חדשים בתקופת התלמוד בארץ ישראל ובבבל״, כהונה ומלוכה (תשמ״ז), עמ׳ 79-91.

ג׳קובוס, לוח השנה של המבול — Helen R. Jacobus, "Noah's calendar (Gen 7:10–8:19) in the Septuagint", *Henoch* 36 (2014), pp.283–296.

גרג, יוסף עם אשת פוטיפר — R.C. Gregg, "Joseph with Potiphar's Wife: Early Christian Commentary Seen Against the Backdrop of Jewish and Muslim Interpretations", *Studia Patristica* 34 (2001), pp. 326–346.

גרהם, הדור הבא — S.L. Graham, "The Next Generation: Irenaeus on the Rebellion in the Desert of Paran", *Israel in the Wilderness: Interpretations of the Biblical Narratives in Jewish and Christian Traditions* (ed. K.E. Pomykala), Leiden — Boston 2008, pp. 183–200.

גרואן, מסורת והלניזם — E.S. Gruen, *Heritage and Hellenism*, California 1998.

גרוסמן, אברהם — י׳ גרוסמן, אברהם – סיפורו של מסע, תל אביב תשע״ה.

גרוסמן, בראשית	י' גרוסמן, בראשית – סיפורן של התחלות, ראשון לציון תשע"ז.
גרוסמן, יוסף	י' גרוסמן, יוסף – סיפורם של חלומות, ראשון לציון 2021.
גרוסמן, יעקב	י' גרוסמן, יעקב – סיפורה של משפחה, ראשון לציון תשע"ט.
גריי, הצדקה הגואלת	A.M. Gray, "Redemptive Almsgiving, and the Rabbis of Late Antiquity", *JSQ* 18,2 (2011), pp. 144–184.
גרין, אנשי ישראל הקדושים	S. Green, "Palestinian Holy Men: Charismatic leadership and rabbinic tradition", *Aufstieg und Niedergang der Römischen II* 19,2 (1979), pp.619–648.
גרינפלד, פחז	J.C. Greenfield, "The Meening of phz", *Studies in the Bible and the Near East, Presented to S. E. Loewenstamm* (eds. Y. Avishur and J. Blau), Jerusalem 1978, pp. 35–41.
גריפאו וספורלינג, מלאכי אברהם	E. Grypeou and H. Spurling, "Abraham's Angels: Jewish and Christian Exegesis of Genesis 18–19", *The Exegetical Encounter Between Jews and Christians in Late Antiquity* (eds. E. Grypeou and H. Spurling), Leiden 2009, pp. 181–203.
גרנדר, מקורות הצדקה	G. Grander, *The Origins of Organized Charity in Rabbinic Judaism*, New York 2015.
גרסיאל, מבנה ספרותי	י' גרסיאל, המבנה הספרותי ומסר בסיפורי יעקב ועשיו", הגות במקרא ד (תשמ"ד), עמ' 63-81.
גרסיאל, מקרא, מדרש וקוראן	ב' גרסיאל, מקרא, מדרש וקוראן, תל אביב תשס"ז.
גרסיאל, תיאור מטונימי	מ' גרסיאל, "דרכי תיאור מיטונימי ומטאפורי בסיפור המקראי", ביקורת ופרשנות 23 (תשמ"ז), עמ' 5-40.
דאובה, חובת ההולדה	D. Daube, *The Duty of Procreation*, Edinburgh 1977.
דאובה, טיפולוגיה	D. Daube, "Typology in Josephus", *JJS* 31,1 (1980), pp. 18–36.

דה ווס, משפחת אברהם	J.C. De Vos, "Abraham's Family in the Epistle to the Hebrews", *Abraham's Family: A Network of Meaning in Judaism, Christianity, and Islam* (ed. L. Bormann), Tübingen 2018, pp. 299–315.
דה יונג, בעיות מרכזיות	M. De Jonge, "The Testaments of the Twelve Patriarchs: Central Problems and Essential Viewpoints," *ANRW* 2.20.1 (1987), pp, 359–420.
דה־הופ, בראשית מט	R. de Hoop, *Genesis 49 in Its Literary and Historical Context*, Leiden 1998.
דה־הופ, פחז	R. de Hoop, "The Meaning of 'phz' in Classical Hebrew", *Zeitschrift für Althebraistik* 10,1 (1997), pp. 16–26.
דוברוב, דיאלוג עם המוות	G.W. Dobrov, "Dialogue with Death: Ritual Lament and the Trēnos Theotokou of Romanos Melods", *Greek, Roman and Byzantine Studies* 35 (1994), pp. 393–397.
דודנס, בני האלוהים	J.J.T. Doedens, *The Sons of God in Genesis 6:1–4: Analysis and History of Exegesis*, Leiden, Boston 2019.
דוויס, סטנדרטים כפולים	A. Davies, *Double Standards in Isaiah: Re-Evaluating Prophetic Ethics and Divine Justice*, Leiden 2000.
דוכרטי, אברהם בספרות המשכתבת	S. Docherty, "Abraham in Rewritten Scripture", *Abraham in Jewish and Early Christian Literature* (eds. S.A. Adams and Z. Domoney-Lyttle), London – New York 2019, pp. 59–74.
דולקין, סיפורי סמאל	R.S. Dulkin, "The Devil Within: A Rabbinic Traditions-History of the Samael Story in Pirkei de-Rabbi Eliezer", *Jewish Studies Quarterly* 21 (2014), pp. 153–175.
דון, הפרידה	J.D.G. Dunn, The Parting of the Ways: Between Christianity and Judaism and Their Significance for the Character of Christianity, London and Philadelphia 1991.

דוצ׳רטי, יוסף — S. Dochetry, "Joseph the Patriarch: Representation of Joseph in Early Post Biblical Literature", *Borders, Boundaries and the Bible* (ed. M. O'Kane), Sheffield 2002, pp. 194–216.

דורמן, אושרו של אברהם — A. Dorman, "Abraham's Happiness and Faith in the Book of Jubilees", *Glaube; das Verständnis des Glaubens im frühen Christentum und in seiner jüdischen und hellenistisch-römischen Umwelt* (eds. H. von Jörg Frey, B. Schliesser und N. Ueberschaer), Tübingen 2017, pp. 143–158.

דיאמונד, ההונאה — J.A. Diamond, "The Deception of Jacob: a new Perspective on an Ancient Solution to the Problem", *VT* 34 (1984), pp. 211–213.

דיאמנט, נח בספרות היהודית הקדומה — Devorah Diamant, "Noah in Early Jewish Literature", *Biblical Figures Outside the Bible* (eds. M. E. Stone and T. A. Bergren), Harrisburg 1998, pp. 123–150.

דיאמנט ופרי, מגילות — D. Dimant and D. Parry, *Dead Sea Scrolls Handbook,* Leiden 2014.

דיוויס ואליסון, פרשנות למתי — W.D. Davies and D.C. Allison Jr., *A Critical and Exegetical Commentary on the Gospel according to Saint Matthew,* 3 vols.; International Critical Commentary; Edinburgh 1988; 1991; 1997.

דיוויס, זיכרון עמלק — K. Davis, "Memories of Amalek (4Q252 IV 1–3): The Imprecatory Function of the Edomite Genealogy in the Dead Sea Scrolls", *Is There a Text in this Cave?* (eds. A. Feldman, M. Ciotă and C. Hempel), Leiden, Boston 2017, pp. 164–184.

דיז מאצ׳ו, ניאופיטי — Díez Macho Alejandro, *Neophyti 1: Targum Palestinense MS de la Biblioteca Vaticana, 1: Genesis Edición Príncipe, Inroducción General y Versión Castellana,* Madrid 1968.

דן, המיסטיקה — י׳ דן, המיסטיקה העברית הקדומה, תל אביב תש״ן.

דן, השלטון הביזנטי	י' דן, "השלטון הביזנטי", תקופת המשנה והתלמוד והשלטון הביזנטי (עורך: מ"ד הר), כרך חמישי, ירושלים 1985, עמ' 323-347.
דן, תולדות תורת הסוד	י' דן, תולדות תורת הסוד העברית: העת העתיקה, ירושלים תשס"ט.
דן, תפיסת ההיסטוריה	י' דן, "תפיסת ההיסטוריה בספרות ההיכלות והמרכבה", באורח מדע: מחקרים בתרבות ישראל מוגשים לאהרן מירסקי במלאת לו 70 שנה, לוד תשמ"ו, עמ' 117-129.
האופטמן, קריאה חוזרת	J. Hauptman, *Rereading the Mishnah: A New Approach to Ancient Jewish Texts*, Tubingen 2005, pp. 14–16.
הדג'יטופי וסיון, בימוי רחל	F. Hadjittofi and H. Sivan, "Staging Rachel: Rabbinic Midrash, Theatrical Mime, and Christian Martyrdom in Late Antiquity", *Harvard Theological Review* 113, 3 (2020), pp. 299–333.
הולנדר ודה יונג, צוואות השבטים	H.W. Hollander and M. De Jonge, *The Testaments of the Twelve Patriarchs: A Commentary*, Leiden 1985.
הולנדר, דמותו של יוסף	H.W. Hollander, "The Portrayal of Joseph in Hellenistic Jewish and Early Christian Literature", *Biblical Figures Outside the Bible* (ed. M.E. Stone and T.A. Bergen), Harrisburg 1998, pp. 237–263.
הומפרייס, היכן שרה	W.L. Humphreys, "Where's Sarah? Echoes of a Silent Voice in the 'Akedah'", *Soundings* 81 (1998), pp. 491–512.
הון, אל הגלאטים	D. Hunn, "Galatians 3:6–9: Abraham's fatherhood and Paul's conclusions", *Catholic Biblical Quarterly* 78,3 (2016), pp. 500–514.
הייוורד, עקדת יצחק	C.T.R. Hayward, "The Sacrifice of Isaac and Jewish Polemic Against Christianity", *The Catholic Biblical Quarterly* 52,2 (1990), pp. 292–306.

הייז, הלכה למשה	C.E. Hayes, "Halakhah le-Moshe mi-Sinai in Rabbinic Sources: A Methodological Case Study", *The Synoptic Problem in Rabbinic Literature* (ed. S.J.D. Cohen), Providence 2000, pp. 61–118.
היינימן, אגדות ותולדותיהן	י' היינימן, אגדות ותולדותיהן, ירושלים 1974.
היינימן, דרשות בציבור	י' היינימן, דרשות בציבור בתקופת התלמוד, ירושלים תשמ"ב.
היינימן, הפתיחתות	י' היינימן, "הפתיחתות במדרשי האגדה – מקורן ותפקידן", דברי הקונגרס היהודי למדעי היהדות, ב, ירושלים תשכ"ט, עמ' 43-47.
היינימן, מבנהו וחלוקתו של בראשית רבה	י' היינימן, "מבנהו וחלוקתו של מדרש בראשית רבה", בר אילן ט (תשל"ב), עמ' 279-289.
היינמן, דרכי האגדה	י' היינמן, דרכי האגדה, ירושלים 1974.
היינמן, המחלוקת	I. Heinemann, "Die Kontroverse über das Wunder im Judentum der Hellenistischen Zeit", *Jubilee Volume in Honour of Professor Bernhard Heller* (ed. A. Schreiber), Budapest 1941, pp. 170–191.
היל, יוסף כאב טיפוס של ישו	K.S. Heal, "Joseph as a Type of Christ in Syriac Literature", *Brigham Young University Studies* 41,1 (2002), pp. 29–49.
הימלפרב, אם המשיח	M. Himmelfarb, "The Mother of the Messiah in the Talmud Yerushalmi and Sefer Zerubbabel", *The Talmud Yerushalmi and Graeco-Roman Culture III* (ed. P. Schäfer), Tübingen 2002, pp. 367–389.
הימלפרב, בית שני	M. Himmelfarb, "Second Temple Literature outside the Canon", *Early Judaism: New Insights and Scholarship* (ed. F.E. Greenspahn), New York 2018, pp. 29–51.

הימלפרב, המשיחיות היהודית	M. Himmelfarb, *Jewish Messiahs in a Christian Empire: A History of the Book of Zerubbabel*, Cambridge, Massachusetts 2017.
הימלפרב, לוי ופנחס	M.L. Himmelfarb, "Levi, Phinehas, and the Problem of Intermarriage at the Time of the Maccabean Revolt", *Jewish Studies Quarterly* 6,1 (1999), pp. 1–24.
הימן, תולדות תנאים ואמוראים	י' הימן, תולדות תנאים ואמוראים, א–ג, לונדון תר"ע.
הירשמן, יחידות פולמוסיות	M.G. Hirshman, "Polemic Literary Units in the Classical Midrashim and Justin Martyr's 'Dialogue with Trypho'", *Jewish Quarterly Review* 83,3–4 (1993), pp. 369–384.
הירשמן, כמיהה לאינטימיות	M. Hirshman, "Yearning for Intimacy: 'Pesikta d'Rav Kahana' and the Temple", *Scriptural Exegesis*, 2009, pp. 135–145.
הירשמן, מוקדי קדושה	מ' הירשמן, "מוקדי קדושה משתנים: חוני ונכדיו", טורא: אסופת מאמרי הגות ומחקר במחשבת ישראל (עורך: מ' איילי), תל אביב תשמ"ט, עמ' 109–118.
הירשמן, תורה לכל באי עולם	מ' הירשמן, תורה לכל באי עולם, תל אביב 1999.
הלברטל, דו קיום	M. Halbertal, "Coexisting with the Enemy: Jews and Pagans in the Mishnah", *Tolerance and Intolerance in Early Judaism and Christianity* (eds. G.N. Stanton and G. Stroumsa), Cambridge 1998, pp. 159–172.
הלפרין, המרכבה	D.J. Halperin, *The Merkabah in Rabbinic Literature*, Leiden 1980.
המילטון, בראשית	V.P. Hamilton, *The Book of Genesis*, Michigan 1990.
המילטון, בראשית	V.P. Hamilton, *The Book of Genesis*, 18-50, Michigan 1995.
המל, עוני וצדקה	G.H. Hamel, Poverty and Charity in Roman Palestine, First Three Centuries, Los Angeles 1990.
הנשקה, מה נשתנה	ד' הנשקה, מה נשתנה? ליל הפסח בתלמודם של חכמים, ירושלים תשע"ו, עמ' 509–517.

הנשקה, מה ראוי להסתיר	ד' הנשקה, "מה ראוי להסתיר בקריאת המקרא? על מקראות ותרגומים שקריאתם נאסרה", כנישתא – מחקרים על בית הכנסת ועולמו (עורך: י' תבורי), ירושלים תשס"א, עמ' יג-סב.
הסיודוס, תאוגוניה	הסיודוס, תאוגניה, תרגום: שלמה שפאן, ירושלים 1956.
הר, גזרות השמד	מ"ד הר, "גזירות השמד וקידוש השם בימי הדריינוס", מלחמת קודש ומרטירולוגיה, ירושלים תשכ"ח עמ' 73-92.
הר, דת וחיי רוח	מ"ד הר, "דת וחיי רוח בישוב היהודי: עולמם של חז"ל", ההיסטוריה של ארץ ישראל, תקופת המשנה והתלמוד, 5, (עורך: ד' הר), ירושלים 1990, עמ' 152-177.
הר, תנחומא ילמדנו	M.D. Herr, "Tanhuma Yelamdenu", *Encyclopaedia Judaica* 15, Jerusalem 1971–1972, pp. 794–796.
הרינגטון, פסאודו פילון	D.J. Harrington, "Pseudo-Philo, A new translation and introduction", *The Old Testament Pseudepigrapha*, 2, (ed. J.H. Charlesworth), Massachusetts 1983, pp.297–377.
השל, קוצק	א"י השל, קוצק במאבק למען חיי אמת, ירושלים 2015.
השר, חכמים	C. Hezser, *The Social Structure of the Rabbinic Movement in Roman Palestine*, Tübingen 1997.
ואן דר הורסט, שבעה חודשים	P.W. Van Der Horst, "Seven Months' Children in Ancient Jewish and Christian Literature", *Korot* 23 (2015–2016), pp. 73–98.
ואן רויטן, לידת יצחק	J.T.A.G.M. van Ruiten, "Events Surrounding Isaac's Birth (Gen 18:1–21:21; Jub. 16:1–17:14)", *Abraham in the Book of Jubilees*, Boston 2012, pp. 169–207
וגנר, דמותן ומעמדן	J.R. Wegner, "The Image and Status of Women in Classical Rabbinic Judaism", *Jewish Women in Historical Perspective* (ed. J.R. Baskin), Detroit 1991, pp. 68–93.

ווד, הטיפולוגיה של יצחק	J.E. Wood, "Isaac Typology in the New Testament", *New Testament Studies*, 14,4 (1968), pp. 583–589.
ווטסון, אורחי אברהם	F. Watson, "Abraham's Visitors: Prolegomena to a Christian Theological Exegesis of Genesis 18–19", *Journal of Scriptural Reasoning* 2,3 (2002), pp.1–11.
ווינגרין, הוצאתיך	Jacob Weingreen, "'Hotzetikhah' in Genesis 15:7", *Words and Meanings: Essays presented to David Winton Thomas* (ed. Peter R. Ackroyd and Barnabas Lindars), Cambridge 1968, pp. 209–215.
וויליאמסון, מקורות ועריכה	H. G. M. Williamson, "Sources and Redaction in the Chronicler's Genealogy of Judah", *Journal of Biblical Literature* 98,3 (1979), pp. 351–359.
וולז, התאבדויות קולקטיביות	R. Walz, "The Collective Suicides in the Persecutions of 1096 as Sacrificial Acts", *Jewish and Christian Tradition* (eds. K. Finsterbusch, A. Lange and K.F. Diethard Römheld), Leiden-Boston 2007, pp. 213–236.
וורן, אנושי ואלוהי	M.J. C Warren, "Human and divine justice in the 'Testament of Abraham'", *The Embroidered Bible* (2018), pp. 928–940.
וורנר, הגשר הקדוש	E. Werner, *The Sacred Bridge: Liturgical Parallels in Synagogue and Early Church*, New York 1970, pp. 78–89.
וייס, דיאלוג דרמטי	D. Weiss, "Dramatic Dialogues in the Tanhuma-Yelammedenu Midrashim", *Studies in the Tanhuma-Yelammedenu Literature* (eds. R. Nikolsky and A. Atzmon), Leiden–Boston 2022, pp.249–269.
וילסון, התיבה	M. Wilson, "Noah, the Ark and the Flood in Early Christian Literature", *Scriptura* 113 (2014:1), pp. 1–12
וילפנד בן־שלום, עוני וצדקה	י' וילפנד בן־שלום, גלגל הוא והוא עובר על הכל: עוני וצדקה בעיני חכמי ארץ ישראל, בני ברק 2017.
ויסאצקי, אנטי נוצרי	B.L. Visotzky, "Anti-Christian Polemic in Leviticus Rabbah", *Proceedings of the American Academy for Jewish Research* 56 (1990), pp. 88–100.

ויסאצקי, בראשית — B.L. Visotzky, "Genesis in Rabbinic Interpretation", *The Book of Genesis: Composition, Reception, and Interpretation* (ed. C.A. Evans), Leiden 2012, pp. 579–606.

ויסאצקי, מינוח מוטעה — B.L. Visotzky, "The Misnomers 'Petihah' and 'Homiletic Midrash' as Descriptions for Leviticus Rabbah and Pesikta de-Rav Kahana", *JSQ* 18 (2011), pp. 19–31.

ויסאצקי, פעמון זהב ורימון — B.L. Visotzky, *Golden Bells and Pomegranates: Studies in Midrash Leviticus Rabbah,* Tübingen 2003.

ויסמן, סטירה — ז' ויסמן, סטירה פוליטית במקרא, ירושלים תשנ"ו.

וכמן, מדרש חדש על התורה — ג' וכמן, מדרש חדש על התורה, ירושלים תשע"ג.

ולה, האשה במדרש ובהלכה — ש' ולה, "האשה במדרש ובהלכה", נשים במקורות ישראל (עורכות: א' לוי פלדבלום; ש' ולר; א' מלמד), ירושלים תשנ"ו, עמ' 29-40.

ונהאם, בראשית — G.J. Wenham, *Genesis, Word Biblical Commentary,* 2 vols, Waco TX, 1987–1994.

ונציאני, מקור ומשמעות — L. Venetianer, "Ursprung und Bedeutung der Propheten-Lektionen", *Zeitschrift der Deutschen Morgenländischen Gesellschaft,* 63,1 (1909) pp. 103–170.

ורגון, ספר מיכה — ש' ורגון, ספר מיכה עיונים ופירושים, רמת גן תשנ"ד.

ורמן, לוי ולויים — C. Werman, "Levi and Levities in the Second Temple Period", *DSD* 4 (1997), pp. 211–225.

זהר, דמותו של אברהם — נ' זהר, "דמותו של אברהם וקולה של שרה במדרש בראשית רבה", אברהם אבי המאמינים (עורכים: מ' חלמיש, ח' כשר וי' סילמן), רמת גן תשס"ג, עמ' 71-85.

זהר, החיים והמתים — נ' זהר, "החיים והמתים בתהלוכת הגאולה – עריכה ומשמעות במכילתא דר' ישמעאל – פירוש לפרשה ראשונה של 'מסכת בשלח'", מחקרי ירושלים במחשבת ישראל ג, ד (תשמ"ה), עמ' 233-236.

זהר, מחיצות	נ׳ זהר, ״מחיצות סביב מרחב תרבותי משותף: היחס לגויים ולצלמיהם על פי משנת עבודה זרה״, ראשית 1 (2009), עמ׳ 145–163.
זולאי, מקור וחיקוי	מ׳ זולאי, ״מקור וחיקוי בפיוט״, ארץ ישראל ופיוטיה, ירושלים תשנ״ו.
זולאי, פיוטי יניי	מ׳ זולאי, פיוטי יניי, ברלין תר״ץ.
זורדרגר, העקדה	H. Zorgdrager, “The Sacrifice of Abraham as a (Temporary) Resolution of a Descent Conflict? A Gender-Motivated Reading of Genesis 22”, *The Sacrifice of Isaac* 4 (2002), pp. 182–197.
זירלר, מחקר פמיניסטי	W. Zierler “In Search of a Feminist Reading of the Akedah”, *Nashim* 9 (2005), pp. 10–26.
זקוביץ ושנאן, לא כך כתוב בתנ״ך	י׳ זקוביץ וא׳ שנאן, לא כך כתוב בתנ״ך, תל אביב 2014.
זקוביץ ושנאן, מעשה ראובן ובלהה	א׳ שנאן וי׳ זקוביץ, מעשה ראובן ובלהה, ירושלים תשמ״ה.
זקוביץ, היציאה מאור	Y. Zakovitch, “The Exodus from Ur of the Chaldeans”, *Ki Baruch Hu: Ancient Near Eastern, Biblical and Judaic Studies in Honor of Baruch A. Levine* (eds. R. Chazan, W.W. Hallo and L.H. Schiffman), Eisenbrauns, Winona Lake, Indiana 1999, pp. 429–439.
חזן־רוקם, דמויות נשים	ג׳ חזן־רוקם, ״דמויות נשים וסמלים נשיים במדרש איכה רבה״, אשנב לחייהן של נשים בחברות יהודיות (עורכת: י׳ עצמון), ירושלים תשנ״ה, עמ׳ 95–111.
חזן־רוקם, החוט המשולש	ג׳ חזן־רוקם, ״החוט המשולש – על מיניות, זוגיות ונשיות ביצירת חז״ל״, תיאוריה וביקורת 7 (1995), עמ׳ 254–264.
חזן־רוקם, רקמת חיים	ג׳ חזן־רוקם, רקמת חיים – היצירה העממית בספרות חז״ל, תל אביב 1996.

טברסקי, בראשית מט — G. Twersky, "Genesis 49: The Foundation of Israelite Monarchy and Priesthood", *Journal for the Study of the Old Testament* 43,3 (2019), pp. 317–333.

טברסקי, שירת למך — Geula Twersky, "Lamech's Song and the Cain Genealogy", *Scandinavian Journal of the Old Testament* 31,2 (2017), 275–293.

טוב, ביקורת — ע' טוב, ביקורת נוסח המקרא, ירושלים תשנ"ז.

טובין, מסורת ופרשנות — T.H. Tobin, "Tradition and Interpretation in Philo's Portrait of the Patriarch Joseph", *SBLSP* 25 (1986), pp. 271–277.

טוהר, אברהם בכבשן האש — ו' טוהר, אברהם בכבשן האש: מרד בעולם פגאני, רמת גן תש"ע.

טורנר, אברהם — מ' טורנר, "אברהם אבינו בהגותו של הרמב"ם", אברהם אבי המאמינים (עורכים: מ' חלמיש, ח' כשר וי' סילמן), רמת גן תשס"ג, עמ' 143-154.

טל, בין יהודה לבנימין — א' טל, "בין יהודה לבנימין: עיון בדרכי הביסוס הלגיטימי להנהגת ר' יהודה הנשיא וצאצאיו", סידרא ל (תשע"ה), עמ' 47-91.

טלמון, פסקא — S. Talmon, "Pisqah Beémsah Pasuq and 11QPsa", *Textus* 5 (1966), pp.11–23.

טקסל, האסלאם — I. Taxel, "The Byzantine-early Islamic transition on the Palestinian coastal plain: a re-evaluation of the archaeological evidence", *Semitica et Classica; revue internationale d'études orientales et méditerranéennes* 6 (2013), pp.73–106.

טרוטר, תפקיד הצדקה — J.R. Trotter, "The Role of Charity in the Testament of Job", *Sibyls, Scriptures, and Scrolls II* (2017), pp. 1298-1313.

טרונטביט, אידיאליזציה — M.A. Throntveit, "The Idealization of Solomon as the Glorification of God in the Chronicler's Royal Speeches and Royal Prayers", *The Age of Solomon: Scholarship at the Turn of the Millennium* (ed. L.K. Handy), Leiden 1997, pp. 411–427.

טרופה, המקדיח תבשילו: ע' טרופה, "'המקדיח תבשילו ברבים' על גיחזי וישו הנוצרי", כחומר ביד היוצר, ירושלים תשע"א, עמ' 110-89.

טרנר, הכרזות: L.A. Turner, *Announcements of Plot in Genesis*, Sheffield 1990.

יהלום, אז באין כל: י' יהלום, אז באין כל, ירושלים תשנ"ז.

יהלום, הדרמה של יוסף: י' יהלום, "הדרמה של יוסף ואחיו בפייטנות", מבוע מא (תשס"ד), עמ' 78-65.

יובל, שני גוים: י' יובל, שני גוים בבטנך, תל אביב תשס"ג.

יוסטן, לשון רכה: י' יוסטן, "לשון רכה תשבר גרם: הנאום של יהודה בבראשית מד 34-18 והרטוריקה המקראית", מועד: שנתון למדעי היהדות כ (תש"ע), עמ' 34-21.

יוסטן, רטוריקה מקראית: J. Joosten, "Biblical Rhetoric as Illustrated by Judah's Speech in Genesis 44.18–34", Journal for the Study of the Old Testament 41,1 (2016), pp. 15–30

יסיף, סיפור העם העברי: ע' יסיף, סיפור העם העברי: תולדותיו, סוגיו ומשמעותו, ירושלים תשנ"ה.

יעקבס, ציות מרצון: J. Jacobs, "Willing obedience with doubts: Abraham at the binding of Isaac", *Vetus Testamentum* 60,4 (2010), pp. 546–559.

יעקובסון, פרשנות על פסאודו פילון: H. Jacobson, *A Commentary on Pseudo-Philo's Liber Antiquitatum Biblicarum, with Latin Text and English Translation*, Leiden 1996.

יפת, אמונות ודעות: ש' יפת, אמונות ודעות בספר דברי הימים ומקומן בעולם המחשבה המקראית, ירושלים תשל"ז.

ישראלי ורווה, יבשת אבודה: ע' ישראלי וע' רווה, יבשת אבודה – ייצוגי אימהות בספרות התלמודית, ירושלים תשע"ח.

כדורי (קוגל), חטא ראובן: י' כדורי, "חטא ראובן עם בלהה בחיבור צוואת ראובן", עיוני מקרא ופרשנות ט (תשס"ט), עמ' 491-469.

כהן, החכם: S.J.D. Cohen, "The Rabbi in Second-Century Jewish Society", *CHJ 3, The Early Roman Period* (ed. W. Horbury), Cambridge 1999, pp. 922–990.

כהן, מבנה ועריכה	N. Cohen, "Structure and Editing in the Homiletic Midrashim", *AJS* 6 (1981), pp.1–20.
כהן, מסורות היסטוריות מקבילות	S.J.D. Cohen, "Parallel Historical Traditions in Josephus and Rabbinic Literature" (דברי הקונגרס העולמי התשיעי למדעי היהדות ב, א (תשמ"ז), עמ' 7-14 (בחלק הלועזי).
כהן, עשו כסמל	G. Cohen, "Esau as a Symbol in Early Medieval Thought", *Jewish Medieval and Renaissance Studies* (ed. A. Altman), Cambridge 1967, pp. 19–48.
כהן, פרייה ורבייה	ג' כהן, "מצוות פרייה ורבייה ומקומה בפולמוס הדתי" (עורכים: י' ברטל וי' גפני), ארוס אירוסין ואיסורים: מיניות ומשפחה בהיסטוריה, ירושלים תשנ"ח, עמ' 83-96.
כהן, שם התחבולה	S.J.D. Cohen, "The Name of the Ruse", "Follow the Wise" *Studies in Jewish History and Culture in Honor of Lee I. Levine* (eds. Z. Weiss, O. Irshai, J. Magness and S. Schwartz), Indiana 2010, pp.25–36.
כהנא, דפים מן המכילתא	מ' כהנא, "דפים מן המכילתא לדברים פרשות האזינו וזאת הברכה", תרביץ נז (תשמ"ח), עמ' 180-185, 200-201.
כהנא, הספרים החיצונים	א' כהנא, הספרים החיצונים, חלקים א-ב, תל אביב תרצ"ז.
כהנא, כתב יד וטיקן 60	מ' כהנא, "זיקת כתב יד וטיקן 60 של בראשית רבה למקבילותיו", תעודה יא (תשנ"ו), עמ' 17-60.
כהנא, מבוא למדרשי התנאים	מ' כהנא, מבוא למדרשי התנאים, ספרות חז"ל הארץ־ישראלית – מבואות ומחקרים, א (עורכים: מ' כהנא, ו' נעם, מ' קיסטר וד' רוזנטל), ירושלים תשע"ח.
כהנא, מסורת	א' כהנא, מסורת סיג למקרא, וינה 1882.
כהנא, נשים בתרגום	מ' (לאור) כהנא, "נשים בתרגום יונתן לנביאים", מסכת יד (תשע"ט), עמ' 47-75.

כהנא, שש משזר	מ"י כהנא, "שש משזר: לסידורה של פרשת 'בראשית ברא' במדרש בראשית רבה", היגיון ליונה: היבטים חדשים בחקר ספרות המדרש, האגדה והפיוט (עורכים: י' לוינסון, י' אלבוים וג' חזן רוקם), ירושלים תשס"ז, עמ' 376-247.
כשר ועסיס, חגי	ר' כשר וא' עסיס, חגי עם מבוא ופירוש, תל אביב תשפ"ב.
כשר, נס ואמונה	ר' כשר, "נס, אמונה וזכות אבות, לגלגולן של תפישות בספרות חז"ל", מחקרי ירושלים במחשבת ישראל ה (תשמ"ו), עמ' 15-22.
לאקיר, ההיסטוריון היהודי	R. Laqueur, *Der Jidische Historiker Flavius Josephus: Ein Biographischer Versuch auf Neuer Guellenkritischer Grundlage,* Giessen 1920.
לביא, גיור	מ' לביא, "'יוחסין עלו מבבל': גיור, חרדת הייחוס ותפיסת הגוף והמשפחה בבבל התלמודית", המשפחה בשלהי העת העתיקה: בין שארות לקהילה (עורכים: א' סימונסון וי' פוקס), ירושלים תשע"ט, עמ' 84-109.
לביא, הגיור הרבני	M. Lavee, *The Rabbinic Conversion of Judaism: The Unique Perspective of the Bavli on Conversion and the Construction of Identity,* Leiden 2018.
לביא, המרה	M. Lavee, "Converting the Missionary Image of Abraham: Rabbinic Traditions Migrating from the Land of Israel to Babylon", *Abraham, the Nations and the Hagarites: Jewish, Christian and Islamic Perspectives on Kinship with Abraham* (eds. M. Goodman, G. H. van Kooten, and J.T.A.G.M van Ruiten), Leiden–Boston 2010, pp. 203–222.
לביא, הניקה בנים	מ' לביא, "'הניקה בנים שרה', דגמים שונים של יחסי יהודים גויים בגלגוליה של מסורת מדרשית", על פי הבאר: מחקרים בהגות יהודית ובמחשבת ההלכה מוגשת ליעקב בלידשטיין (עורך: א' ארליך ואחרים), באר שבע תשס"ח, עמ' 269-291.

לואיס, נח והמבול	J. P. Lewis, "Noah and the Flood in Jewish, Christian, and Muslim tradition", *Biblical Archaeologist* 47,4 (1984), pp. 224–239.
לודר, חנוך לוי ויובלים	W. Loader, *Enoch, Levi, and Jubilees on Sexuality: Attitudes towards Sexuality in the Early Enoch Literature, the Aramaic Levi Document, and the Book of Jubilees*, Grand Rapids 2007.
לויטערבאך, מדרש ויסעו	י"ב לויטערבאך, "מדרש ויסעו או ספר מלחמות בני יעקב", מאמרים לזכרון ר' צבי פרץ חיות, וינה תרצ"ג, עמ' רה-רכב.
לוין, אלה אזכרה	N. Levine, "'Eleh Ezkerah': Re-reading the Asarah Harugei Malkhut", *Hakirah* 13 (2012), pp. 249–269.
לוין, גנזי קדם	ב"מ לוין, גנזי קדם ה, ירושלים תר"ץ.
לוין, המאבק	י"ל לוין, "המאבק הפוליטי בין הפרושים לצדוקים בתקופה החשמונאית", פרקים בתולדות ירושלים בימי בית שני: ספר זכרון לאברהם שליט (עורכים: א' אופנהיימר, א' רפפורט ומ' שטרן), ירושלים תשמ"א, עמ' 61-83.
לוין, המקרא בארמית	E. Levine, *The Aramaic Version of the Bible: Contents and Context*, Berlin — New York 1988.
לוין, חכמים	י"ל לוין, מעמד החכמים בארץ ישראל בתקופת התלמוד, ירושלים תשמ"ו.
לוין, יהדות	L.I. Levine, "Judaism from the Destruction of Jerusalem to the End of the Second Jewish Revolt: 70–135 C.E.", *Christianity and Rabbinic Judaism: A Parallel History of Their Origins and Early Development* (ed. H. Shanks), Washington D.C. 1992, pp. 125–149.
לוין, ר' יהודה הנשיא	י"ל לוין, "תקופתו של ר' יהודה הנשיא", ארץ ישראל מחורבן בית שני ועד הכיבוש המוסלמי (עורכים: צ' ברס, ש' ספראי, י' צפריר ומ' שטרן), ירושלים תשמ"ב, עמ' 94-118.

לוין, שירת למך הקשר נרטיבי	N. Levine, "Lemekh's song: Narrative Context and the Poetry of Violence", *Milin Havivin — Beloved Words: An Annual Devoted to Torah, Society and the Rabbinate* 2 (2006), pp.128–143.
לוינסון, האם והאום	י' לוינסון, "האם והאום: זהויות ספרותיות במציאות משתנה", רצף ותמורה יהודים ויהדות בארץ ישראל הביזנטית נוצרית (עורך: י"ל לוין), ירושלים תשס"ה, עמ' 465-485.
לוינסון, הסיפור הדרשני	י' לוינסון, "הסיפור הדרשני המוקדם והמאוחר: בין התקבלות לתמורה", דפים למחקר בספרות 16-17 (תשס"ט), עמ' 56-73.
לוינסון, הסיפור שלא סופר	י' לוינסון, הסיפור שלא סופר, ירושלים תשס"ה.
לוינסון, קריאה דיאלוגית	J. Levinson, "Dialogical Reading in the Rabbinic Exegetical Narrative", *Poetics Today* 25,3 (2004), pp. 497–528.
לוינשטם, המבול	ש"א לוינשטם, "המבול", ספר טור סיני: החברה לחקר המקרא ח, ירושלים תש"ך, עמ' 3-26.
ליבוביץ, בראשית	נ' ליבוביץ, עיונים בספר בראשית, ירושלים תשנ"ו.
ליבנה, הרקע המקראי	A. Livneh, "The Biblical Background of an Extra-Biblical Conflict Account: Notes on Jubilees 37:1–13", *Old Testament Pseudepigrapha and the Scriptures* (ed. E. Tigchelaar), Leuven 2014, pp. 123–136.
ליבר, דמות הצדיק	L.S. Lieber, "Portraits of Righteousness: Noah in Early Christian and Jewish hymnography", *Zeitschrift für Religions und Geistesgeschichte* 61,4 (2009), pp. 232–355.
ליברמן, יוונית ויוונות	ש' ליברמן, יוונית ויוונות בארץ ישראל, ירושלים תשמ"ד.
ליברמן, פלסטין	S. Liberman, "Palestine in the Third and Fourth Centuries", *JQR* 36 (1946) pp. 329–370.
לימברים, יורשת אלוהית	V. Limberis, *Divine Heiress: The Virgin Mary and the Creation of Christian Constantinople*, London 1994.

לין, נימפה יוונית	L.J. Lynn, *Greek Nymphs: Myth, Cult, Lore*, New York 2001.
ליפסקומב, אחותי היא	A.I. Lipscomb, "'She Is My Sister': Sarai as Lady Wisdom in the Genesis Apocryphon", *JSJ* 50 (2019), pp. 319–347.
ליר, הקול קול רחל	ש' ליר, "הקול קול רחל, הידיים ידי לאה", א־מיתיות: צדק חברתי, מגדר ומדרש (עורכים: א' שנאן, ה' דהאן־כלב ואחרים), תל אביב 2011, עמ' 87–109
לנגר, ברכת המינים	R. Langer, *Cursing the Christians? A History of the Birkat Haminim*, New York 2012.
לנדסמן, האפוקליפסה של אברהם	G.H. Box and J.I. Landsman, *The Apocalypse of Abraham (Edited, with a Translation from the Slavonic Text and Notes)*, London 1919, pp. 88–94.
לפין, חכמים	H. Lapin, *Rabbis as Romans: The Rabbinic Movement in Palestine*, 100–400 C.E, New York 2012.
לרנר, אל מטווה	א' לרנר, "אל מטווה מעשה הסעודה ועקבות החיה", פעמים 132 (תשע"ב), עמ' 9–55.
מאיר, גן בעדן	ע' מאיר, "גן בעדן – הערות לאופן העריכה של בראשית רבה", דפים למחקר בספרות 5 (תשמ"ט), עמ' 309–330.
מאיר, הסיפור הדרשני	ע' מאיר, הסיפור הדרשני בבראשית רבה, תל אביב 1993.
מאיר, הסיפור הדרשני במדרש	ע' מאיר, "הסיפור הדרשני במדרש קדום ומאוחר", סיני פו (תש"ם), עמ' רמו–רסו.
מאיר, הסיפור תלוי ההקשר	ע' מאיר, "הסיפור תלוי ההקשר בתלמוד", בקורת ופרשנות 20 (תשמ"ה), עמ' 103–119.
מאיר, הצגת התיאטרון	י"צ מאיר, "הצגת התיאטרון של פרשת 'לך לך'", אתר הארץ, 11 באוקטובר 2013.
מאיר, מעשה העריכה	ע' מאיר, "מעשה העריכה בבראשית רבה ובויקרא רבה", תעודה יא: מחקרים במדרשי האגדה (עורכים: מ"ב לרנר ומ"ע פרידמן), תל אביב תשנ"ו, עמ' 61–90.

מאיר, סיפורי האגדה	ע' מאיר, "סיפורי־האגדה בהקשרים ספרותיים כתופעה מקבילה למצבי־היגוד משתנים: סיפור החסיד והרוחות בבית־הקברות", מחקרי ירושלים בפולקלור יהודי יג-יד (תשנ"א-תשנ"ב), עמ' 81-97.
מאיר, עיקרון החלוקה	ע' מאיר, "עקרון החלוקה לפרשות בבראשית רבה", דברי הקונגרס העולמי העשירי למדעי היהדות (תש"ן), עמ' 101-108.
מאיר, רציפות העריכה	ע' מאיר, "רציפות העריכה כעיצוב השקפת עולם", מחשבת ישראל: דברי הכנס הראשון (עורכים: צ' גרונר ומ' הירשמן), עמ' 85-100.
מאן, משקיעה לזריחה	מ"פ מאן, "משקיעה לזריחה? לשינויי תפיסת המשיחיות היהודית בעת העתיקה", תעודה כו (תשע"ד), עמ' 307-359.
מאן וסונה, התנ"ך כפי שנקרא ונדרש	J. Mann and I. Sonne, *The Bible as Read and Preached in the Old Synagogue: A Study in the Cycles of the Readings from Torah and Prophets as well as from Psalms and in the Structure of the Midrashic Homilies*, Cincinnati, Ohio 1940–1966.
מאן, יוסף ואחיו	ת' מאן, יוסף ואחיו (תרגום: מ' אבי־שאול), תל אביב 1959.
מאן, מאמרי ילמדנו	י' מאן, "מאמרי ילמדנו ב'ילקוט תלמוד תורה'", *The Bible as Read and Preached in the Old Synagogue*, Cincinnati 1940.
מאן, קטעי מדרשים	י' מאן, "קטעי מדרשים מכתבי יד הגניזה" *The Bible as Read and Preached in the Old Synagogue*, Cincinnati 1940.
מאן, שינויים בקריאת שמע	J. Mann, "Changes in the Divine Service of the Synagogue due to Religious Persecutions", *HUCA* IV, 1927, pp. 241–310.
מאק, מדרש האגדה	ח' מאק, מדרש האגדה, תל אביב תשמ"ט.

מאק, מנשה	ח' מאק, "דמותו של מנשה מלך יהודה בעיני חז"ל", מחשבת חז"ל (דברי הכנס הראשון), חיפה תש"ן, עמ' 116-101.
מאק, מסודו של משה הדרשן	ח' מאק, מסודו של משה הדרשן, ירושלים תש"ע.
מאק, מראשית לבראשית רבה	ח' מאק, מראשית לבראשית רבה, א-ב, ירושלים תשפ"ב.
מגריק, קריאת התורה	L. Magarik, "The Torah Reading for Rosh Ha-Shana", *Jewish Bible Quarterly* 39,2 (2011), pp. 83–90.
מדן, כל האומר	י' מדן, "'כל האומר ראובן חטא...'", מגדים לז (תשס"ג), עמ' 9-32.
מדר, יוספוס והפוליטיקה ההיסטוריוגרפית	G. Mader, *Josephus and the Politics of Historiography: Apologetic and Impression Management in the Bellum Judaicum*, Leiden Boston 2000.
מולזק, התפקיד	K. Mulzac, "The Role of Abigail in 1 Samuel 25", *AUSS* 40 (2003), pp. 45–53.
מוק, שבו לכם	L. Mock, "'Stay here with the Ass': A Comparing Exegetical Study Between Cyril's Fifth Festal Letter and Rabbinic Exegesis in Babylonian Talmud and Genesis Rabbah 56:1–2", *Hebrew Texts in Jewish, Christian and Muslim Surroundings* (eds. K. Spronk and E. van Staalduine-Sulman), Leiden-Boston 2018, pp. 264–277.
מזוז, טיפול פולמוסי	H. Mazuz, "Polemical Treatment of the Story of the Annunciation of Isaac's Birth in Islamic Sources", *The Review of Rabbinic Judaism*, 17 (2014), pp. 252–262.
מזור, אברהם מול אברהם	Y. Mazor, "Abraham Versus Abraham: The Real Story Behind the Story of the Sacrifice of Isaac", *Scandinavian Journal of the Old Testament* 34 (2020). pp. 125–133.
מיטשל, משיח בן יוסף	D.G. Mitchell, *Messiah ben Joseph*, Scotland 2016.

מילוא, סיפורי בבואה	י' מילוא, "מדרשים ואגדות כ'סיפורי בבואה' לפרשיות מקראיות", דיסרטציה, אריאל תשפ"א.
מירוואלה, מבוא למריה	M. Miravalle, *Introduction to Mary: The Heart of Marian Doctrine and Devotion,* Goleta 1992.
מירלס מסיה, שינויים במדרש	L. Miralles Maciá, "Alterities in the Midrash: Leviticus Rabbah on Biblical Women", *Rabbinic Literature* (eds. T. Ilan, L. Miralles-Maciá and R. Nikolsky), Atlanta 2022, pp. 211–239.
מירסקי, פיוטי יוסי בן יוסי	א' מירסקי, פיוטי יוסי בן יוסי, ירושלים תשל"ז.
מישאל, גניבת התרפים	M. Michael, "Stolen Gods and Stolen Blessings? The Narrative Significance of Rachel's Theft in the Intertextual Mapping of the Jacob Cycle", *Journal for Semitics* 27,2 (2018), pp. 1–22.
מלינקוף, אות קין	R.W. Mellinkoff, *The Mark of Cain,* Berkely 1981.
מלכוב, השליח	B.V. Malchow, "The Messenger of the Covenant in Mal. 3:1", *Journal of Biblical Literature,* 103,2 (1984), pp. 252–255.
מנדל, איכה רבתי	פ' מנדל, "מדרש איכה רבתי", דיסרטציה, האוניברסיטה העברית, ירושלים תשנ"ז.
מנדל, תוספתא	פ' מנדל, "תוספתא", ספרות חז"ל הארץ־ישראלית: מבואות ומחקרים, א (עורכים: מ' כהנא, ו' נעם, מ' קיסטר וד' רוזנטל), ירושלים 2018, עמ' 109-136.
מנדלס, ארץ ישראל	D. Mendels, *The Land of Israel as a Political Concept in Hasmonean Literature,* Tübingen 1987.
מקדאוול, שטן בעקדת יצחק	G. McDowell, "Satan at the Sacrifices of Isaac and Jesus", *New Vistas* (eds. L. DiTommaso and G.S. Oegema), London–New York 2016, pp. 355–372.
מקטנגאי, צדקה וכת	F. M. Macatangay, "Charity and Cult in the Book of Tobit", *Deuterocanonical and Cognate Literature Yearbook* (2017), pp. 277–288.

מקלנן וקראבל, יראי ה'	R.S. MacLennan and A.T. Kraabel, "The God-Fearers: A Literary and Theological Invention", *BAR* 12 (1986), pp. 47–53.
מקנמרה, התרגום והברית החדשה	M. McNamara, *Targum and Testament,* Michigan 2010.
מקנמרה, תרגום ניאופיטי	M. McNamara, *Targum Neofiti 1: Genesis (The Aramaic Bible, Volume 1A),* Collegeville, Minnesota 1992.
מרגליות, זכאים במקרא	א' מרגליות, זכאים במקרא וחייבים בתלמוד ובמדרשים, לונדון תש"ט.
מרוצ'ק, הדמיון הספרותי	E. Mroczek, *The Literary Imagination in Jewish Antiquity,* New York 2016.
מרטינז וטיג'לאר, מגילות	F.G. Martínez and E.J.C. Tigchelaar, *The Dead Sea Scrolls Study Edition,* Leiden New York 1999.
מרמורשטיין, יהדות ונצרות	A. Marmorstein, "Judaism and Christianity in the Middle of the Third Century", *HUCA* 10 (1935), pp. 223–263.
מרקוס, מבלעם ליונה	D. Marcus, *From Balaam to Jonah: Anti-Prophetic Satire in the Hebrew Bible,* Atlanta 1995.
מתיוס, בראשית	K.A. Mathews, *Genesis 11: 27–50:26, NAC,* Nashville 2005.
נאג'מן, קין והבל	H. Najman, "Cain and Abel as Character Traits: A Study in The Allegorical Typology of Philo of Alexandria", *Past Renewals Interpretative Authority, Renewed Revelation and the Quest for Perfection in Jewish Antiquity,* Leiden 2010, pp.205–218.
נוביק, אפוקליפטה	Z. Novick, "Between First-Century Apocalyptic and Seventh-Century Liturgy: on '4 Ezra', '2 Baruch', and Qillir", *Journal for the Study of Judaism in the Persian, Hellenistic and Roman Period* 44,3 (2013), pp. 356–378.

נוגל, עשרת הניסיונות	S.B. Noegel "Abraham's Ten Trials and Biblical Literary Convention", *Jewish Bible Quarterly* 21 (2003), pp. 73–83.
נודט, יוספוס	E. Nodet, "Josephus and Discrepant Sources", *Flavius Josephus: Interpretation and History* (eds. J. Pastor, P. Stern and M. Mor), Leiden–Boston 2011, pp. 259–277.
ניהוף, אוריגנס	M. Niehoff, "Origen's Commentary on Genesis as a key to Genesis Rabbah", *Genesis Rabbah in Text and Context* (eds. S.K. Gribetz. D.M. Grossberg, M. Himmelfarb and P. Schäfer), Tübingen 2016, pp. 129–154.
ניהוף, אמא ועלמה	M. Niehoff, "Mother and Maiden, Sister and Spouse: Sarah in Philonic Midrash", *Harvard Theological Review* 97,4 (2004), pp. 413–444.
ניהוף, בגדים חדשים	M. Neihoff, "New garments for biblical Joseph", *Biblical Interpretation: History, Context, and Reality* (ed. C. Helmer), Leiden 2005, pp. 33–56.
ניהוף, דמותו של יוסף	M. Niehoff, *The Figure of Joseph in Post-Biblical Jewish Literature*, Leiden–New York–Koln 1992.
ניהוף, חשיבה אסוציאטיבית	מ' ניהוף, "החשיבה האסוציאטיבית במדרש: דוגמת הפירוש של סיפור אברהם ושרה במצרים", תרביץ סב (תשנ"ג), עמ' 339–359.
ניהוף, סיפור יוסף	מ' ניהוף, "סיפור יוסף אצל פילון: מטקסט לדמות", בית מקרא נה, א (תשע"א), עמ' 107–122.
ניהוף, פילון	מ' ניהוף, פילון האלכסנדרוני: ביוגרפיה אינטלקטואלית (תרגום: א' רוט וו' אגמון), ירושלים תשפ"ב.
ניהוף, פילון על זהות יהודית	M. Neihoff, *Philo on Jewish Identity and Culture*, Tübingen 2001.
ניוזנר, המשיח בהקשר	J. Neusner, *Messiah in Context: Israel's History and Destiny in Formative Judaism*, Philadelphia 1984.

ניוזנר, התופעה — J. Neusner, "The phenomenon of the Rabbi in Late Antiquity", *Numen: International Review for the History of Religions* 16,1 (1969) pp. 1–20.

ניוזנר, חשיבה פרדיגמטית — J. Neusner, "Paradigmatic versus Historical Thinking: The case of Rabbinic Judaism", *History and Theory* 36 (1977), pp. 353–377.

ניוזנר, שיח בין־דתי — J. Neusner, "Can People Who Believe in Different Religions Talk Together?" *Journal of Ecumenical Studies* 28, 1 (1991), pp. 89–100.

ניומן, תיארוך — H. Newman, "Dating Sefer Zerubavel. Dehistoricizing and Rehistoricizing a Jewish Apocalypse of Late Antiquity", *Adamantius* 19 (2013), pp. 324–336.

ניס, חיים דתיים — R. Neis, "Religious Lives of Image-Things, Avodah Zarah, and Rabbis in Late Antique Palestine", *Archiv für Religionsgeschichte* 17,1 (2016), pp. 91–122.

ניקול, הפיכת ראובן — G.G. Nicol, "Genesis xxix. 32 ana xxv.22a: Reuben's Reversal", *JTS* 31 (1980), pp. 536–539.

ניקלסבורג, צוואת אברהם — G.W.E. Nickelsburg (ed.), *Studies on the Testament of Abraham*, Missoula 1976.

נעם, ינאי — V. Noam, "The Story of King Jannaeus (b. Qiddushin 66a): A Polemic Pharisaic Reply to Sectarian", *Harvard Theological Review* 107,1 (2014), pp. 31–58.

סאצ'י, אפוקליפסה די אברמו — P. Sacchi, *Apocalisse di Abramo, Apocrifi dell'Antico Testamento* vol. 3 (ed. P. Sacchi), Italian 1999.

סאראזון, הפתיחתות — R.S. Sarason, "The 'Petihtot' in Leviticus Rabba: 'Oral Homilies' or Redactional Constructions", *Journal of Jewish Studies*, 33, 1–2 (1982), pp. 557–567.

סאראזון, מחקר ספרות חז"ל — R.S. Sarazon, "Toward a New Agendum for the Study of Rabbinic Midrashic Literature", *Studies in Aggadah, Targum and Jewish Liturgy in Memory of Joseph Heinemann* (eds. B. Fleischer and J.J. Petuchowski), Jerusalem 1981, pp. 55–73.

סבנט, יצחק	S.B. Savant, "'Isaac as the Persians Ishmael: Pride and the Pre-Islamic Past in Ninth and Tenth Century Islam", *Comparative Islamic Studies*, 2,1 (2006), pp. 5–25.
סברן, סיפור וחזרה	J. Savran, *Telling and Retelling: Question in Biblical Narrative*, Bloomington, IN 1988.
סגל, פסקא	מ"צ סגל, "לחקר הפיסקא באמצע פסוק", תרביץ כט (תש"כ), עמ' 203–206.
סוארס פראבהו, לעג לאלילים	George Soares-Prabhu, "Laughing at Idols: The Dark Side of Biblical Monotheism (An Indian Reading of Isaiah 44:9-20)", *Reading from This Place: Social Location and Biblical Interpretation in Global Perspective*, 2 vols (eds. F.F. Segovia and M.A. Tolbert), Minneapolis 2000, pp.109–131.
סופר, דעת רס"ג	י' סופר, "דעת רס"ג בעניין תלות הגאולה בתשובה", מורשת יעקב ז (תשנ"ג), עמ' 88–92.
סטון, הארז ביהדות הקדומה	M. Stone, "The Cedar in Jewish Antiquity", *The Archaeology and Material Culture of the Babylonian Talmud*, Boston 2015, pp. 66–82.
סטון, כתבים יהודיים	M. Stone (ed.), *Jewish Writings of the Second Temple Period*, Assen 1984.
סטון, ספר חנוך	M.E. Stone, "The Books of Enoch and Judaism in the third Century B.C.E", *CBQ* 40 (1978), pp. 472–492.
סיברצב, יהדות ואידיאולוגיה	A.M. Sivertsev, *Judaism and Imperial Ideology in Late Antiquity*, Cambridge 2013.
סילמן, דמותו של אברהם	י' סילמן, "דמותו של אברהם בספר הכוזרי בהקשריה השיטתיים", אברהם אבי המאמינים (עורכים: מ' חלמיש, ח' כשר וי' סילמן) רמת גן תשס"ג, עמ' 131–142.
סימון, אברהם המקראי	א' סימון, "אברהם המקראי – ברכת הניגודים", אברהם אבי המאמינים (עורכים: מ' חלמיש, ח' כשר וי' סילמן) רמת גן תשס"ג, עמ' 41–46.

סימון, ישראל האמיתית	M. Simon, *Verus Israel: Study of the Relations Between Christians and Jews in the Roman Empire,* AD 135–425, Portland, Oregon 1986.
סיסלינג, דמות המשיח	H. Sysling, "Saadya's Portrayal of the Messiah Ben Joseph", *Nordisk judaistik: Scandinavian Jewish Studies* 13 (2), pp. 73–82.
סלינגרלנד, צוואות השבטים	H.D. Slingerland, *The Testaments of the Twelve Patriarchs: A Critical History of Research,* Missoula 1977.
סמית, מקורות המונותאיזם המקראי	M.S. Smith, *The Origins of Biblical Monotheism: Israel's Polytheistic Background and the Ugaritic Texts,* New York 2003.
סנדברג, הגבלה וחירות	Ruth Sandberg, "'You Shall Not Make Any Sculptured Image': Restriction and Freedom in the Rabbinic Development of the Second Commandment", *Freedom and Responsibility: Exploring the Challenges of Jewish Continuity,* (eds. R. Mintz Geffen and M.B. Edelman), Hoboken, New Jersey 1998, pp. 65–76.
סנדרס, על השאלות	E.P. Sanders, "On the Question of Fulfilling the law in Paul and Rabbinic Judaism", *Donum Gentilicium: New Testament Studies in Honor of David Daube* (eds. E. Bammel, C.K. Barrett and W.D. Davies), Oxford 1978, pp. 103–126.
ספורלינג, שיח של ספק	H. Spurling, "Discourse of Doubt: The Testing of Apocalyptic Figures in Jewish and Christian Traditions of Late Antiquity", *Jewish Culture and History* 16,2 (2015), pp. 109-126.
ספורלינג, תחיה	H. Spurling, "A revival in Jewish Apocalyptic? Change and Continuity in the Seventh-Eighth Centuries with Special Reference to 'Pirqe Mashiah'", *Apocalypticism and Eschatology in Late Antiquity* (2017), pp. 163–186.

ספק, האפוקליפסה	P. Speck, "The Apocalypse of Zerubbabel and Christian Icons", *Jewish Studies Quarterly* 4 (1997), pp. 183–190.
ספראי, ארץ ישראל וחכמיה	ש' ספראי, ארץ ישראל וחכמיה בתקופת המשנה והתלמוד, תל אביב 1983.
ספראי, דור יבנה	ש' ספראי, "התאוששות היישוב היהודי בדור יבנה", ארץ ישראל מחורבן בית שני ועד הכיבוש המוסלמי (עורכים: צ' ברס, ש' ספראי, י' צפריר ומ' שטרן), ירושלים תשמ"ב, עמ' 18-39.
ספראי, הגדת חז"ל	ש' וז' ספראי, הגדה של פסח – הגדת חז"ל, ירושלים תשנ"ח.
ספראי, קידוש השם	ש' ספראי, "קידוש השם בתורתם של התנאים", ציון מד (תשל"ט), עמ' 28-42.
ספרקס, בראשית מט	K. Sparks, "Genesis 49 and the Tribal List Tradition in Ancient Israel", *ZAW* 115,3 (2003), pp. 327–347.
סקינר, בראשית	J. Skinner, *A Critical and Exegetical Commentary on Genesis, ICC*, Edinburg 1930.
סרד, התפתחות הכת	S.S. Sered, "The Development of a Cult", *Jewish Studies Quarterly* 2, 2 (1995), pp. 103–148.
סרד, קבר רחל	S.S. Sered, "Rachel's Tomb: The Development of a Cult", *Jewish Studies Quarterly*, 2,2 (1995), pp. 103–148.
סרנה, בראשית	N. Sarna, *Genesis, JPS*, Philadelphia 1989.
סרנה, להבין את בראשית	N.M. Sarna, *Understanding Genesis*, New York 1966.
עופר, סדרי נביאים	י' עופר, "סדרי נביאים וכתובים", תרביץ נח (תשמ"ט), עמ' 155-188.
עיר שי, אלימות	O. Irshai, "Jewish Violence in the Fourth Century CE — Fantasy and Reality: Behind the Scenes Under the Emperors Gallus and Julian", *Jewish Identities in Antiquity* (eds. L.I. Levine and D.R. Schwartz), Tübingen 2009, pp. 391–416.

עיר שי, אם יאמר לך	ע׳ עיר שי, ״אמר ר׳ אבהו: אם יאמר לך אדם אל אני מכזב הוא״, ציון מז, ב (תשמ״ב), עמ׳ 173-177.
עיר שי, כרונוגרפיה	ע׳ עיר שי, ״כרונוגרפיה ואפוקליפטיקה בשלהי העת העתיקה״, י׳ אבן שמואל, מדרשי גאולה, ירושלים תשע״ז, עמ׳ i–li.
עמארה, סיפור בל והתנין	ד׳ עמארה, ״סיפור בל והתנין – המקור, התרגומים והיחס בין הגרסאות״, עבודת גמר, ירושלים 1996.
עמיחי ומצ׳יאלה, מסורות לידה	A. Amihay and D.A. Machiela, *Traditions of the Birth of Noah, Noah and His Book(s)* (eds. M.E. Stone, A. Amihay and V. Hillel), Atlanta 2010, pp.53–69.
עמיחי, נח בספרות הרבנית	A. Amihay, "Noah in Rabbinic Literature", *Noah and His Book(s)* (eds. M.E. Stone, A. Amihay and V. Hillel), Atlanta 2010, pp.193–214.
עמית, תולדות	מ׳ עמית, תולדות הקיסרות הרומית, ירושלים תשס״ג.
עמר, צמחי המקרא	ז׳ עמר, צמחי המקרא: בחינה מחודשת לזיהוי כל הצמחים הנזכרים בתנ״ך לאור מקורות ישראל והמחקר המדעי, ירושלים תשע״ב.
עמר, שלושה מלכים רשעים	I. Amar, "Three Evil Kings and One Promise: Another Look at the Doctrine of Retribution and the Question of the Eternal Reign of the Davidic Dynasty in the Book of Chronicles", *Zeitschrift für die Alttestamentliche Wissenschaft* 132,4 (2020), pp. 558–572.
עצמון וניקולסקי, ילמדנו רבנו	A. Atzmon and R. Nikolsky, "Let Our Rabbi Teach Us: An Introduction to Tanhuma-Yelammedenu Literature", *Studies in the Tanhuma-Yelammedenu Literature* (eds. A. Atzmon and R. Nikolsky), Leiden Boston 2021, pp.1–21.
עצמון, עריכה ומשמעות	א׳ עצמון, ״בניי, היו קורין פרשה זו״ עריכה ומשמעות בפסיקתא דרב כהנא, ירושלים תשפ״ב.

עצמון, פסיקתא בתנחומא	A. Atzmon, "Pesikta in the Tanhuma: The Case of Pericope Shekalim", *Studies in the Tanhuma-Yelammedenu Literature* (eds. R. Nikolsky and A. Atzmon), Leiden–Boston 2022, pp. 131–156.
עצמון, פסקת איכה	א' עצמון, "פסקת 'איכה' בפסיקתא דרב כהנא: בין קינה לתוכחה", *JSIJ* 16 (2019), עמ' 1-11.
עתר, אברהם בספרות בית שני	ל' עתר, "אברהם בסקירות ההיסטוריות בספרות הבית השני", מגילות: מחקרים במגילות מדבר יהודה יג (תשע"ז), עמ' 119-158.
פולק, הסיפור במקרא	פ' פולק, הסיפור במקרא, ירושלים תשנ"ט.
פולק, נוסחאות אפיות	פ' פולק, "הנוסחאות האפיות בסיפורי המקרא ושורשי הסיפורת העברית הקדומה", תעודה ז (תשנ"א), עמ' 9-53.
פון ראד, בראשית	G. Von Rad, *Genesis, OTL* (trans: J.H. Marks), London 1963.
פון ראד, תיאולוגיה	G. Von Rad, *Old Testament Theology: The Theology of Israel's Prophetic Traditions,* 2 vols. London–Leiden 2001.
פונט, התחליף לשרה	J. Punt, "Subverting Sarah in the New Testament: Galatians 4 and 1 Peter 3", *Scriptura* 96 (2007), pp. 453–468.
פוקס, משלי	M.V. Fox, *Proverbs 10–31, The Anchor Yale Bible,* New Haven and London 2009.
פורטון, מדרש חכמים	G. Porton, "Rabbinic Midrash: Public or Private?" *Review of Rabbinic Judaism* 5 (2002), pp. 141–169.
פורטון, נשים בבראשית רבה	G.G. Porton, "How the Rabbis Imagined Sarah: A Preliminary Study of the Feminine in Genesis Rabbah", *A Legacy of Learning* (eds. A.J. Avery-Peck, B. Chilton, W. Scott Green and G.G. Porton), Leiden–Boston 2014, pp. 192–209.

פטרמן, נישואין	G.W. Peterman, "Marriage and Sexual Fidelity in the Papyri, Plutarch and Paul", *Tyndale Bulletin*, November 1999, pp.163–172.
פייגנבוים־בן איון, הטיהור הדתי בעפרה	ח' פייגנבוים־בן איון, "הטיהור הדתי בעפרה (שופטים ו 25–32): קריאה צמודה" בית מקרא 46א (תשס"א), עמ' 80–90.
פיינתוך, חסיד אנונימי	Y. Feintuch, "'Anonymous Hasid': Stories in Halakhic Sugyot in the Babylonian Talmud', *JJS* 63 (2012), pp. 238–262.
פילון, שאלות על ספר בראשית	Philo, *Questions and Answers on Genesis*, (trans: Ralph Marcus), Massachusetts and London 1953.
פירס, ארץ הגוף	S. Pearce, *The Land of the Body: Studies in Philo's Representation of Egypt*, Tübingen 2007.
פירס, על האחר	S. Pearce, "Rethinking the Other in Antiquity: Philo of Alexandria on Intermarriage", *Antichthon* 47 (2013), pp. 140–155.
פירס, רחמים ורגש	S. Pearce, "Pity and emotion in Josephus's reading of Joseph", *Journal of Biblical Literature* 133,4 (2014), pp. 858–862.
פירסטון, מסעות בארץ הקודש	R. Firestone, *Journeys in Holy Lands: The Evolution of the Abraham-Ishmael Legends in Islamic Exegesis*, New York 1990.
פלג, מסעי אבות	י' פלג, לך לך: מסעי האבות בסיפורי המקרא, תל אביב תשס"ג.
פלדמן, גיור	L.H. Feldman, "Proselytism by Jews in the Third, Forth, and Fifth Centuries", *Journal for the Study of Judaism in the Persian, Hellenistic, and Roman Period* 24:1 (1993), pp. 1–58.
פלדמן, דיוקן יוסף	L.H. Feldman, "Josephus' Portrait of Joseph", *Revue Biblique* 99, 2 (1992), pp. 379–417.
פלדמן, יהדות והלניזם	L.H. Feldman, *Judaism and Hellenism Reconsidered*, Leiden 2006.

פלדמן, יהודים ונוכרים	L.H. Feldman, *Jew and Gentile in the Ancient World*, Princeton 1993, pp. 342–382.
פלדמן, יוספוס ואהרן	L.H. Feldman, "Josephus' Portrait of Aaron", *Classical Studies in Honor of David Sohlberg* (ed. R. Katzoff), Ramat Gan 1996, pp. 167-192.
פלדמן, יוספוס יואב	L.H. Feldman, "Josephus' Portrait of Joab", *Estudios Bíblicos* 51,3 (1993), pp. 323–351.
פלדמן, יוספוס יעקב	L.H. Feldman, "Josephus' portrait of Jacob", *Jewish Quarterly Review* 79, 2–3 (1989), pp. 101–151.
פלדמן, יוספוס שאול	L.H. Feldman, "Josephus' View of Saul", *Josephus's Interpretation of the Bible*, Berkeley, L.A and London 1998, pp. 214–244.
פלדמן, מחקרים ביוספוס	L.H. Feldman, *Studies in Josephus' Rewritten Bible*, Leiden 1998.
פלדמן, נח	L.H. Feldman, "Josephus' Portrait of Noah and its Parallels in Philo, Pseudo-Philo's 'Biblical Antiquities', and Rabbinic Midrashim", *Proceedings of the American Academy for Jewish Research* 55 (1988), pp. 31–57.
פלדמן, קדמוניות המקרא	L.H. Feldman, "Prolegomenon", *The Biblical Antiquities of Philo*, New York 1971.
פלדמן, שכתוב	L.H. Feldman, *Josephus's Interpretation of the Bible*, Berkeley 1988.
פלוסר פליקן ולנג, מריה	D. Flusser, J. Pelikan, and J. Lang, O.F.M., *Mary Images of the Mother of Jesus in Jewish and Christian Perspective*, Philadelphia 1986, pp. 11–12.
פליישר, לוח מועדי השנה	ע' פליישר, "לוח מועדי השנה בפיוט לר' אלעזר בירבי קיליר", תרביץ נב (תשמ"ג), עמ' 223–272.
פליקן, מריה לאורך התקופות	J. Pelikan, *Mary Through the Centuries: Her Place in the History of Culture*, New York 1996.
פלצ'ר לואיס, האנושות והאלילים	C. Fletcher-Louis "Humanity and the Idols of the Gods in Pseudo-Philo's Biblical Antiquities and the Qumran War Scroll", *Idolatry: False Worship in the Bible, Early Judaism, And Christianity* (ed. S.C Barton), Edinburgh 2007, pp.58–72.

פראדה, אנוש	S.D. Fraade, "Enosh and His Generation: Pre-Israelite Hero and History in Postbiblical Interpretation", *Biblical Figures Outside the Bible* (eds. M.E. Stone and T.A. Bergren), Harrisburg-Pennsylvania 1998, pp. 59–122.
פראדה, יצירה ספרותית	S.D. Fraade, "Literary Composition and Oral Performance in Early Midrashim", *Oral Tradition* 14,1 (1999), pp. 33–51.
פראדה, מדרש חכמים	S.D. Fraade, "Rabbinic Midrash and Ancient Jewish Biblical Interpretation", *The Cambridge Companion to the Talmud and Rabbinic Literature* (eds. C.E. Fonrobert and M.S. Jaffee), Cambridge 2007, pp. 99–120.
פראדה, שכתוב המקרא	S.D. Fraade, "Rewritten Bible and Rabbinic Midrash as Commentary", *Current Trends in the Study of Midrash* (ed. C. Bakhos), Leiden–Boston 2006, pp.59–78.
פרז, תשובה והמרת דת	L. Pérez, "Arrepentimiento y conversión en Filón de Alejandría: formas, valor y consecuencias escatológicas", *Circe, de clásicos y modernos* 24,2 (julio-diciembre 2020), pp. 103–127.
פרי ודימנט, מגילות ים המלח	D. Parry and D. Dimant, *Dead Sea Scrolls Handbook*, Leiden 2015.
פרי, רבקה וחתנה	מ' פרי, "רבקה וחתנה העבד, והקואליציה של אלוהים עם הנשים בסיפור המקראי", הגות וספרות 29 (תשס"ו), עמ' 193–278.
פרידלנד בן ארזה, פתחים של מרי	ש' פרידלנד בן ארזה, "פתחים של מרי: חז"ל מוחים דרך פיותיהן של נשים מקראיות", דימוי 20 (תשס"ב), עמ' 74–82.
פרידמן, מקבילות	ש"י פרידמן, "מקבילות המשנה והתוספתא", דברי הקונגרס העולמי האחד־עשר למדעי היהדות, ג1, ירושלים תשנ"ה, עמ' 15–22.

פרידמן, עליונות התוספתא — S. Friedman, "The Primacy of Tosefta to Mishnah in Synoptic Parallels", *Introducing Tosefta* (eds. H. Fox and T. Meacham), New York 1999, pp. 99–121.

פרינסלו, אריות וגפן — G.T.M. Prinsloo, "Lions and Vine: The Imagery of Ezekiel 19 in The Light of Ancient Near – Eastern Descriptions and Depictions", *Old Testament Essays* 12 (1999), pp. 339–346.

פרמר, יוספוס והקנאים — W. Farmer, Maccbees, *Zealots and Josephus*, New York 1956.

פרנצוזוף, אגדת למך — ס' פרנצוזוף, "אגדת למך במדרש ובמסורת דרום ערב", תימא ז (אייר תשס"א), עמ' 5–16.

פרנקל, דרכי האגדה והמדרש — י' פרנקל, דרכי האגדה והמדרש, גבעתיים 1991.

פרנקל, מבוא הירושלמי — ז' פרנקל, מבוא הירושלמי, הדפסה חדשה, ירושלים תשכ"ז.

פרנקל, סיפור האגדה — י' פרנקל, סיפור האגדה: אחדות של תוכן וצורה, תל אביב 2001.

צונץ, הדרשות בישראל — י"ל צונץ, הדרשות בישראל והשתלשלותן ההיסטורית (ערך והשלים ח' אלבק), ירושלים תשל"ד.

צוקר, לפתרון — מ' צוקר, "לפתרון בעיית ל"ב מדות ו'משנת ר' אליעזר'", *PAAJR* 23 (1954) , עמ' א-לט.

קאופמן, האשה בהלכה ובמסורת — M. Kaufman, *The Woman in Jewish Law and Tradition*, Northvale 1993

קאסוטו, מאדם עד נח — מ"ד קאסוטו, מאדם עד נח: פירוש על ספר בראשית, ירושלים תשמ"ז.

קאסוטו, תורת התעודות — מ"ד קאסוטו, תורת התעודות וסידור ספרי התורה, ירושלים תש"ב.

קדושין, המוח הרבני — M. Kadushin, *The Rabbinic Mind*, New York 1972.

קדרי, מדרשי האגדה האמוראיים — ת' קדרי, "מדרשי האגדה האמוראיים", ספרות חז"ל הארץ ישראלית: מבואות ומחקרים א (עורכים: מ' כהנא, ו' נעם, מ' קיסטר וד' רוזנטל), ירושלים תשע"ח, עמ' 297–349.

קדרי, מנחה ליהודה	ת' קדרי, מנחה ליהודה: יהודה תיאודור ועריכתם של מדרשי האגדה הארץ־ישראליים, ירושלים תשע"ז.
קדרי, קהל היעד	ת' קדרי, "לשאלת קהל היעד של ספרות המדרש: על רובדי פרשנות ושיקולי עריכה", דורש טוב לעמו: הדרשן, הדרשה וספרות הדרוש בתרבות היהודית (עורכים: נ' אילן, כ' הורביץ וק' קפלן), ירושלים תשע"ג.
קוגל, התנ"ך כפי שהיה	J.L. Kugel, *The Bible as It Was*, Cambridge 1997.
קוגל, מסורות המקרא	J.L. Kugel, *Traditions of the Bible: A Guide to the Bible as It Was at the Start of the Common Era*, Cambridge 1988.
קוגל, מעמדו של לוי	J.L. Kugel, "Levi's Elevation to the Priesthood in Second Temple Writings", *Harvard Theological Review* 86,1 (1993), pp. 1–64.
קוגל, סולם יעקב	J.L. Kugel, *The Ladder of Jacob: Ancient Interpretations of the Biblical Story of Jacob and His Children*, Princeton 2009.
קוגל, עיוורונו של למך	J.L. Kugel, "Why was Lamech Blind?", *Hebrew Annual Review* 12 (1990), pp. 91–103.
קוגל, פוטיפר	J.L. Kugel, *In Potiphar's House: The Interpretive Life of Biblical Texts*, New York 1990.
קוגל, שתי הקדמות	J.L. Kugel, "Two Introductions to Midrash", *Midrash and Literature* (eds. G.H. Hartman and S. Budick), New Haven 1986, pp. 131–155.
קולא, גאולה ותשובה	ע' קולא, "גאולה ותשובה", תחומין ו (תשמ"ה), עמ' 480–469.
קולטון־פרום, אפרהט והחכמים	N. Koltun-Fromm, "Ephrahat and rabbis on Noah's righteousness in light of the Jewish-Christian polemic", *The Book of Genesis in Jewish and Oriental Christian Interpretation* (eds. J. Frishman and L. Van Rompay), Lovanii 1997.

קולינס, ארטפאנוס	J. Collins, "'Artapanus revisited', From Judaism to Christianity", *Tradition and Transition* (ed. P. Walters), Leiden 2010, pp. 59–68.
קולינס, בין אתונה לירושלים	J.J. Collins, *Between Athens and Jerusalem: Jewish Identity in the Hellenistic Diaspora*, Livonia, Michigan 2000.
קוסנימי, אברהם ביוספוס	E. Koskenniemi, "Excellent, but How?: Abraham in Josephus", *Religious Polemics and Encounters in Late Antiquity* (eds. A.M.L. Nisula and I. Pablo), Leiden–Boston (2022), pp. 27–43.
קזאוקס, אין נביא בעירו	J. Cazeaux, "Nul N'est Prophete en Son Pays: Contribution a I'Etude de Joseph d'Apres Philon", *The School of Moses: Studies in Philo and Hellenistic Religion: In Memory of Horst Mochring*, Atlanta 1995, pp. 61–66.
קזורסקה, ניסיונות אברהם	K.M. Kaczorowska, "Abraham's Trials in Ancient and Medieval Jewish Writings", *Verbum Vitae* 39,4 (2021), pp. 1357–1376.
קטן גבירץ, זכות אימהות	S. Kattan Gribetz, "Zekhut Imahot: Mothers, Fathers, and Ancestral Merit in Rabbinic Sources", *Journal for the Study of Judaism in the Persian, Hellenistic, and Roman Period*, 49,2 (2018), pp. 263–296.
קי, הממד האתי	H.C. Kee, "The Ethical Dimension of the Testaments of the Twelve as a Clue to Provenance", *NTS* 24 (1978), pp. 259–270.
קים, פרקי דרבי אליעזר	K.E. Keim, *Pirqei deRabbi Eliezer: Structure, Coherence, Intertextuality*, Leiden–Boston 2016.
קימוהו, חוקי הכוהנים	J.M. Kimuhu, *Leviticus: The Priestly Laws and Prohibitions from the Perspective of Ancient Near East and Africa*, New York 2008.

קימלמן, הקונפליקט	R.R. Kimelman, "The Conflict between R. Yohanan and Resh Laqish on the Supremacy of the Patriarchate", *Proceedings of the 7th World Congress of Jewish Studies*, 3 (1981), pp. 1–20.
קימלמן, ר' יוחנן	ר' קימלמן, "ר' יוחנן ומעמד הרבנות", שנתון המשפט העברי ט-י (תשמ"ב-תשמ"ג), עמ' 329-358.
קימלמן, רבי יוחנן ואוריגנס	R. Kimelman, "Rabbi Yohanan and Origen on the Song of Songs: a third-century Jewish-Christian disputation", *Harvard Theological Review* 73,3–4 (1980), pp. 567–595.
קימרון, מגילות	א' קימרון, מגילות מדבר יהודה: החיבורים העבריים, כרך א, ירושלים תש"ע.
קיסטר, אחור וקדם	מ' קיסטר, אחור וקדם: המשכיות וצמיחה של מסורות בין ספרות בית שני לספרות חז"ל, ירושלים תשפ"ד.
קיסטר, זהות עצמית	מ' קיסטר, "זהות עצמית, פולמוס ופרשנות בדרשות יהודיות קדומות ובמקבילותיהן הנוצריות", בין בבל לארץ ישראל: שי לישעיהו גפני (עורכים: מ' בן שחר, ג' הרמן וא' אופנהיימר), ירושלים תשע"ז, עמ' 319-341.
קיצינגר, פולחן הדימויים	E. Kitzinger, "The Cult of Images in the Age Before Iconoclasm", *Dumbarton Oaks Papers* 8 (1954), pp. 111–112.
קלאוס, נאום אביגיל	נ' קלאוס, "נאום אביגיל: נתוח ספרותי", בית מקרא לב (תשמ"ז), עמ' 320-331.
קלאוס, נאום אביה	נ' קלאוס, "נאום אביה מעל להר צמרים", בית מקרא לב, ג (תשמ"ז), עמ' 253-270.
קלאוס, נאום יהודה	נ' קלאוס, "נאום יהודה ורקעו", על הפרק: כתב־עת למורים לתנ"ך בבתי־הספר הכלליים 14 (תשנ"ח), עמ' 56-82.
קלארק, קונסטרוקציות של מיניות	J.R. Clarke, *Looking at Lovemaking: Constructions of Sexuality in Roman Art 100 B.C.–A.D. 250*, Berkeley 1998.

קלוזנה, הרעיון המשיחי	י' קלוזנה, הרעיון המשיחי בישראל, תל אביב תש"י.
קליין, חרפת האנושות	J. Klein. "The 'Bane' of Humanity: A Lifespan of One Hundred and Twenty Years", *Acta Sumerologica* 12 (1990), pp.58–70.
קלימי, ספר דברי הימים	י' קלימי, ספר דברי הימים – כתיבה היסטורית ואמצעים ספרותיים, ירושלים תש"ס.
קלמין, גיבוש ואופי	R. Kalmin, "The Formation and Character of the Babylonian Talmud", *The Cambridge History of Judaism*, vol. 4, (ed. S.T. Katz), Cambridge 2006, pp. 840–876.
קלמין, מדרש והיסטוריה חברתית	R. Kalmin, "Midrash and Social History", *Current Trends in the Study of Midrash* (ed. C. Bakhos), Leiden–Boston 2006, pp. 133–159.
קמפבל, אברהם על פי פאולוס	W.S Campbell, "Abraham in the Divine Purpose According to Paul: The Reception of Abraham Tradition in Romans 4 and Romans 9", *The Message of Paul the Apostle within Second Temple Judaism* (ed. F. Ábel), Lanham, Maryland 2020, pp. 145–165.
קנוהל, המשיח הסובל	י' קנוהל, "המשיח הסובל על פי ספר זרובבל ומדרש פסיקתא רבתי", מלחמת גוג ומגוג; משיחיות ואפוקליפסה ביהדות – בעבר ובימינו (עורכים: דוד אריאל-יואל [ואחרים]), תל אביב 2001, עמ' 32-37.
קנופרס, ישראל או יהודה	G.N. Knoppers, "Israel or Judah?: The Shifting Body Politic and Collective Identity in Chronicles", *Rethinking Israel: Studies in the History and Archaeology of Ancient Israel* (eds. O. Lipschits, Y. Gadot and M.J. Adams), Winona Lake 2017, pp.173–188.
קסלה, כבולים בתנ"ך	E. Kessler, *Bound by the Bible: Jews, Christians and the Sacrifice of Isaac*, Cambridge 2004.

קרוול, אפרם גרסוס	T.F. Crowell, *The Biblical Homilies of Ephraem Graecus,* P.hd Dissertation, The Catholic University of America, Washington 2016.
קרויס, פרס ורומי	ש' קרויס, פרס ורומי בתלמוד ובמדרשים, ירושלים תש"ח.
קריצר, עשו	R. Kritzer, "Esau bei Philon und Josephus", *Esau - Bruder und Feind* (2009), pp. 41–54.
קרמייקל, נשים וחוק	C. Carmichael, *Women, Law and the Genesis Traditions,* Edinburgh 1979.
ראג'ק, יוספוס ההיסטוריון	T. Rajak, *Josephus: The Historian and His Society,* London 1983.
ראדיס, פילון ואתיקה סטואית	R. Radice, "Philo and Stoic Ethics. Reflections on the Idea of Freedom", *Philo of Alexandria and Post-Aristotelian Philosophy* (ed. F. Alesse), Leiden–Boston 2008, pp. 141–168.
ראק, מצרף לכסף	א' ראק, "פרשנות המקרא של ר' יוסף אבן כספי – דרכי הפרשנות ומהדורה מדעית מבוארת של מצרף לכסף לבראשית", דיסרטציה, בר אילן תשס"ז.
רבינוביץ', גנזי מדרש	צ"מ רבינוביץ', גנזי מדרש לצורתם הקדומה של מדרשי חז"ל לפי כת"י מן הגניזה, תל אביב תשל"ז.
רבינוביץ', פיוטי ינאי	צ"מ רבינוביץ', הלכה ואגדה בפיוטי ינאי, תל אביב תשכ"ה.
רבינוביץ', קרובת ינאי	צ"מ רבינוביץ', "קרובת ינאי לשמות ז, ח ובעיית קדמותם של מדרשי תנחומא ילמדנו", בר אילן א תשכ"ג, עמ' 207–208.
רובין, אם האל	M. Rubin, *Mother of God A History of the Virgin Mary,* New Haven and London 2009.
רובין, בין המקרא לקוראן	U. Rubin, "Between Bible and Qur'ān: The Children of Israel and the Islamic Self — Image", *Studies in Late Antiquity and Early Islam* 17, Princeton 1999, pp. 13–35.

רובינקביץ', אפוקליפסה של אברהם	R. Rubinkiewicz, "Apocalypse of Abraham, a New Translation and Introduction", *The Old Testament Pseudepigrapha*, vol. 1 (ed. James Charlesworth), Massachusetts 1983.
רובינשטיין, מוטיבים מיתיים	J.L. Rubenstein, "From Mythic Motifs to Sustained Myth: The Revision of Medieval Midrashim", *HTR* 89 (1996), pp. 145–146.
רודולף, אברהם אצל יוסטינוס	A. Rudolph, "'Abraham' in Justins Dialog Mit dem Juden Tryphon", *Ostkirchliche Studien* 50,1–2 (2001) pp. 10–33.
רודין־אוברסקי, מאלוני ממרא	ט' רודין־אוברסקי, מאלוני ממרא עד סדום, ירושלים תשמ"ב.
רווה, בפני עצמן	ע' רווה, בפני עצמן, תל אביב 2012.
רווה, השטן ואי הוודאות	ע' רווה, "השטן ואי־הוודאות בספרות חז"ל", דברים 15 (תשפ"ג), עמ' 235–249.
רוזנברג, ישו יצחק	R.A. Rosenberg, "Jesus, Isaac, and the Suffering Servant", *Journal of Biblical Literature* 84 (1965), pp. 381–388.
רוזן־צבי, בין חכמה לאפוקליפסה	I. Rosen-Zvi, "Between Wisdom and Apocalypse: Reading Tosefta Soṭah Chapters 10–15", *HTR* 115,1 (2022), pp. 46–68.
רוזן־צבי, בלהה	I. Rosen-Zvi, "Bilhah the Temptress: The Testament of Reuben and 'The Birth of Sexuality'", *JQR* 96,1 (2006), pp. 65–94.
רוזן־צבי, הטקס שלא היה	י' רוזן־צבי, הטקס שלא היה: מקדש מדרש ומגדר במסכת סוטה, ירושלים תשס"ח.
רוזן־צבי, מידה כנגד מידה	I. Rosen-Zvi, "Measure for Measure as a Hermeneutical Tool in Early Rabbinic Literature: The Case of Tosefta Sotah", *Journal of Jewish Studies* 57,2 (2006), pp. 269–286.

רוטגרס, הוכחות ארכיאולוגיות	L. Rutgers, "Archaeological Evidence for the Interaction of Jews and Non-Jews in Late Antiquity", *American Journal of Archaeology* 96,1 (1992), pp.101–118.
רויזה, כתבי פילון	J.R. Royse, "The Works of Philo", *The Cambridge Companion to Philo* (ed. A. Kamesar), Cambridge 2009, pp. 38–45.
רופא, מבוא לשירה המזמורית	א' רופא, מבוא לשירה המזמורית ולספרות החכמה שבמקרא, ירושלים תשס"ד.
רוקח, גויים וגרים	ד' רוקח, "לפרשת יחסם של החכמים לגויים ולגרים", מהלכים ה (תשל"א), עמ' 68-75.
רוקח, דיאלוג עם טריפון היהודי	ד' רוקח, יוסטינוס מרטיר: דיאלוג עם טריפון היהודי, ירושלים תשס"ה.
רוקח, הפולמוס	ד' רוקח, "הפולמוס בין יהודים לנוצרים על הבחירה", רעיון הבחירה בישראל ובעמים (עורכים: ש' אלמוג ומ' הד), ירושלים תשנ"א, עמ' 71-98.
ריבס, ספר זרובבל	C. Reeves, "Sefer Zerubbabel: The Prophetic Vision of Zerubbabel ben Shealtiel", *Old Testament Pseudepigrapha: More Noncanonical Scriptures* vol. 1, (ed. R. Bauckham, J.R. Davila and A. Panayotov, Eerdmans), 2013, pp. 449–450.
ריברס, מסלולים	J.C. Reevers, *Trajectories in Near Eastern Apocalyptic: A Post rabbinic Jewish Apocalypse Readers,* Atlanta 2005.
ריד, הקונסטרוקציה	A.Y. Reed, "The Construction and Subversion of Patriarchal Perfection: Abraham and Exemplarity in Philo, Josephus, and the Testament of Abraham", *Journal for the Study of Judaism in the Persian, Hellenistic and Roman Period* 40,2 (2009), pp. 185–212.
רייזל, מבוא למדרשים	ע' רייזל, מבוא למדרשים, אלון שבות תשע"א.

ריימר, אפוקריפה	D.J. Reimer, "The Apocrypha and Biblical Theology: The Case of Interpersonal Forgiveness", *After the Exile: Essays in Honour of Rex Macon* (ed. M.J. Barton and D.J. Reimer), Mercer University Press 1996, pp. 259–282.
ריינינק, מאפוקליפטיקה לאפולוגטיקה	G.J. Reinink, "From Apocalyptics to Apologetics: Early Syriac Reactions to Islam", *Endzeiten: Escatologie in den Monotheistischen Weltreligionen* (ed. W. Brandes and F. Schmieder), Berlin 2008, pp. 75–87.
רייס, סיפור למך	E. Reiss, "The Story of Lamech and its Place in Medieval Drama", *Journal of Medieval and Renaissance Studies* 2 (1972), pp. 35–48.
רייפמן, קונטרס	י' רייפמן, "קונטרס רוח חדשה", בית התלמוד, ה, וינה תרמ"ה.
רפפורט, בית חשמונאי	א' רפפורט, בית חשמונאי: עם ישראל בארץ ישראל בימי החשמונאים, ירושלים תשע"ג.
רצהבי, לקט פיוטים	י' רצהבי, לקט פיוטים לימים נוראים, ירושלים תשל"ט.
שבט, הזכאים במקרא	א' שבט, "הזכאים במקרא וחייבים בחז"ל", טללי-אורות יג (תשס"ה), עמ' 13-99.
שגר, אהבוך עד מות	ש"ג רוזנברג, אהבוך עד מות: עיון רב תחומי בסוגיית קידוש השם במסכת סנהדרין (עד, א – עה, א), אפרת תשס"ד.
שהיד אלאם, ישמעאל ויצחק	M. Shahid Alam, "Ishmael and Isaac: An Essay on the Divergent Moral Economies of the Qur'an and the Torah", *Islamic Studies* 51, 2 (2012) pp. 139–154.
שוהם שטיינר, מריה הבתולה	E. Shoham Steiner, "The Virgin Mary, Miriam, and Jewish Reactions to Marian Devotion in the High Middle Ages", *AJS Review* 37 (2013), pp. 75–91.
שוורץ, אימפריאליזם	S. Schwartz, *Imperialism and Jewish Society, 200 B.C.E. to 640 C.E.*, Princeton 2001.

שוורץ, גאלוס	י' שוורץ, "גאלוס, יוליאנוס הכופר והפולמוס האנטי-נוצרי בפסיקתא רבתי", על אתר יא (תשס"ג), עמ' 13-7.
שוורץ, האם הבתולה	R. Schwartz, "The Virgin Mother Sarah: The Characterization of the Matriarch in Genesis Rabbah", *Journal for the Study of Judaism in the Persian, Hellenistic and Roman Period* 52,1 (2021), pp. 63–103.
שוורץ, מרטירולוגיה	D.R. Schwartz, "Martyrdom, the Middle Way, and Mediocrity (Genesis Rabbah 82:8)", *"Follow the Wise": Studies in Jewish History and Culture in Honor of Lee I. Levine* (eds. Z. Weiss, O. Irshai, J. Magness and S. Schwartz), Indiana 2010, pp. 343–353.
שוורץ, עריכה ומקורות	D.R. Schwartz, "Composition and Sources in Antiquities 18: The Case of Pontious Pilate", *Making History: Josephus and Historical Method* (ed. Z. Rogers), Leiden 2007, pp. 125–146.
שוורץ, שליחות והמרה	Schwarz, "Mission and Conversion: Proselytizing in the Religious History of the Roman Empire," (בקורת ספרים) קרית ספר סח (מוסף) (תשנ"ח), עמ' 259-255.
שומאכר, הדורמציון	S. Shoemaker, The Ancient Dormition Apocrypha and the Origins of Marian Piety: Early Evidence of Marian Intercession from Late Ancient Palestine, Oxford 2003.
שופס, עקדת יצחק	H.J. Schoeps, "The Sacrifice of Isaac in Paul's Theology" *JBL* 65 (1946), pp. 385–392.
שטיין, מימרה מגיה מיתוס	ד' שטיין, מימרה מגיה מיתוס: פרקי דרבי אליעזר לאור מחקר הספרות העממית, ירושלים תשס"ה.
שטיינר, ויאמר	R.C. Steiner, "'He said, he said': repetition of the quotation formula in the Joseph story and other biblical narratives", *Journal of Biblical Literature* 138,3 (2019), pp. 473–495.

שטיינה, צורות פואטיות — R.C. Steiner, “Poetic forms in the Masoretic Vocalization and Three Difficult Phrases in Jacob’s Blessing: יתר שאת (Gen 49:3), יצועי עלה (49:4), and יבא שילה (49:10),” *Journal of Biblical Literature* 129,2 (2010), pp. 209–235.

שטמברגר, הדרשה בתקופת חז״ל — G. Stemberger, “The Derashah in Rabbinic Times”, *Preaching in Judaism and Christianity: Encounters and Developments from Biblical Times to Modernity, Studia Judaica* 41 (eds. A. Deeg, W. Homolka and H.G. Schöttle), Berlin 2008, pp. 7–21.

שטמברגר, יהודים ונוצרים — G. Stemberger, *Jews and Christians in the Holy Land: Palestine in the Fourth Century*, Edinburgh 2000.

שטמברגר, מבוא לתלמוד ולמדרש — G. Stemberger, *Introduction to the Talmud and Midrash* (translated and edited: M. Bockmuehl) Edinburgh 1996.

שטרן, חיקוי — D. Stern, “Imitatio Hominis: Anthropomorphism and the Character(s) of God in Rabbinic Literature”, *Prooftexts* 12 (1992), pp. 151–174.

שטרן, מדרש ואי ודאות — D. Stern, “Midrash and Indeterminacy”, *Critical Inquiry* 15,1 (1988), pp. 132–161.

שטרן, מדרש ותיאוריה — D. Stern, “Midrash and the Language of Exegesis: A Study of Vayikra Rabbah, Chapter 1”, *Midrash and Literature* (eds. G.H. Hartman and S. Budick), New Haven and London 1986, pp. 105–124.

שטרנברג, פואטיקה — M. Sterenberg, *The Poetics of Biblical Narrative: Ideological Literature and the Drama Reading*, Bloomington 1985.

שילוח, ויאמר — מ׳ שילוח, ״ויאמר... ויאמר״, ספר קורנגרין (עורכים: א׳ וייזר וב״צ לוריא), תל אביב תשכ״ה, עמ׳ 251-267.

שימקוביץ, פרשנות למילת אברהם — M.Z. Simkovich, “Interpretations of Abraham’s Circumcision in Early Christianity and Genesis Rabbah”, *New Vistas on Early Judaism and Christianity: From Enoch to Montréal and Back* (ed. L. Di Tommaso and G.S. Oegema), New York 2016, pp. 267–286.

שיפמן, מי הוא יהודי	L.H. Schiffman, *Who Was a Jew? Rabbinic and Halakhic Perspectives on the Jewish-Christian Schism*, Hoboken, NJ 1985.
שיפמן, משיחיות	L.H. Schiffman, "Messianism and Apocalypticism in Rabbinic Texts", *The Cambridge History of Judaism IV: The Late Roman — Rabbinic Period* (ed. S.T. Katz), Cambridge University Press, 2008
שיפמן, ספרות ההיכלות	י' שיפמן, "ספרות ההיכלות וספרי קומראן", דברי הכנס: המיסטיקה היהודית הקדומה, מחקרי ירושלים במחשבת ישראל ו, א-ב (תשמ"ז), עמ' 121-138.
שלוסברג, הזיקה	א' שלוסברג, "הזיקה בין החזרה בתשובה לבין הגאולה במשנת רס"ג על רקע המצב החברתי בימיו", בד"ד 3 (1996), עמ' 99-110.
שמש, דמותה של רחל	י' שמש, "דמותה של רחל: מרעיה אהובה לאם האומה", עיוני מקרא ופרשנות ט (תשס"ט), עמ' 81-110.
שמש, מידה כנגד מידה	Y. Shemesh, "Measure for Measure in Biblical Narrative", *Beit Mikra* 44 (1999), pp. 261–277.
שנאן, חלומות יוסף	א' שנאן, "'ויחלם יוסף חלום' (בראשית לז 5) חלומות יוסף בראי הספרות היהודית", בית מקרא נה, א (תש"ע), עמ' 138-150.
שנאן, כתונת וצעיף	א' שנאן, "כתונת וצעיף, בגדים ושמלות במדרשים על סיפורי יוסף", אלפי שנאן (עורכות: ד' מרקס וג' וכמן), תל אביב תשע"ה, עמ' 15-35.
שנאן, לתורת הפתיחתא	א' שנאן, "לתורת הפתיחתא", מחקרי ירושלים בספרות עברית א (תשמ"א), עמ' 133-143.
שנאן, מדרשים ותרגומים	A. Shinan, "Sermons, Targums, and the Reading from Scriptures in the Ancient Synagogues", *The Synagogue in Late Antiquity* (ed. I. Levine), Philadelphia 1987, pp. 97–110.

שנאן, מדרשת הפסוק	א׳ שנאן, ״מדרשת הפסוק אל האגדה החופשית: פרק בתולדות הסיפור המקראי המורחב״, מחקרי ירושלים בספרות עברית ה (תשמ״ד), עמ׳ 203–220.
שנאן, נדב ואביהוא	א׳ שנאן, ״חטאיהם של נדב ואביהוא באגדת חז״ל״, תרביץ מח, ג-ד (תשל״ט), עמ׳ 201–214.
שנאן, תורתם העיונית	א׳ שנאן, ״מתורתם העיונית של המתורגמנים״, מחקרי ירושלים במחשבת ישראל ב (תשמ״ג), עמ׳ 7–32.
שנאן, תרגום ואגדה בו	א׳ שנאן, תרגום ואגדה בו, ירושלים תשנ״ג.
שפיגל, מאגדות העקדה	ש׳ שפיגל, ״מאגדות העקדה״, ספר היובל לאלכסנדר מארכס (עורך: ד׳ פרענקיל), ניו יורק תש״י, עמ׳ תעא-תקמז.
שפירא, יעקב ועשו	א׳ שפירא, ״יעקב ועשו: קריאה רב משמעית״, עיוני מקרא ופרשנות ד (תשנ״ז), עמ׳ 249–282.
שפקארו, מרטירים יהודים	S. Shepkaru, *Jewish Martyrs in the Pagan and Christian Worlds*, Cambridge 2006.
שפרבר, גלגולי מספרים	ד׳ שפרבר, ״גלגולי מספרים״, סיני סב (תשכ״ח), עמ׳ 278–280.
שצמן, הצלחה וקנאה	י׳ שצמן, ״הצלחה ובעקבותיה קנאה – המסורת היוונית ויוסף בן מתתיהו״, דברים לזכרו של מנחם שטרן במלאות עשר שנים למותו ומחקרים בעקבות מפעלו, ירושלים תשס״ב, עמ׳ 36–54.
שקד, לנצח אנגנך (אנתולוגיה)	מ׳ שקד, לנצח אנגנך: המקרא בשירה העברית החדשה – אנתולוגיה, תל אביב 2005.
שרון וטישל, מסורות ייחודיות	N. Sharon and M. Tishel, “Distinctive Traditions about Noah and the Flood in Second Temple Jewish Literature”, *Noah and His Book(s)* (ed. M.E. Stone, A. Amihay and V. Hillel), Atlanta 2010, pp.143–165.
שרמן, מגדל בבל	P. Sherman, *Babel's Tower Translated*, Leiden–Boston 2013.

שרמר, אוריינטציה — A. Schremer, "The religious orientation of non-rabbis in second-century Palestine", *"Follow the Wise": Studies in Jewish History and Culture in Honor of Lee I. Levine* (ed. Z. Weiss), Winona Lake, Eisenbrauns, 2010, pp. 319–341.

שרמר, אחים — A. Schremer, *Brothers Estranged: Heresy, Christianity and Jewish Identity in Late Antiquity*, Oxford 2010.

שרמר, זכר ונקבה — ע' שרמר, זכר ונקבה בראם, ירושלים תשס"ה.

שרמר, עזב ה' — A. Schremer, "'The Lord has Forsaken the Land': Radical Explanations of the Military and Political Defeat of the Jews in Tannaitic literature", *Journal of Jewish Studies* 59,2 (2008), pp. 183–200.

שרמר, קידוש השם — ע' שרמר, "'נקדש את שמך בעולם': גלגוליו של רעיון 'קידוש השם' מן המקרא לספרות חז"ל", ראשית 3 (תשע"ט), עמ' 1-21.

תובל, התפקיד של נח — M. Tuval, "The Role of Noah and the Flood in 'Judean Antiquities' and 'Against Apion' by Flavius Josephus", *Noah and His Book(s)* (ed. M.E. Stone, A. Amihay and V. Hillel), Atlanta 2010, pp. 167–181.

תיאודור, הקומפוזיציה — י' תיאודור, "הקומפוזיציה של מדרשי האגדה" (תרגום: ח' בירנצוויג), מנחה ליהודה (עורך: ת' קדרי), ירושלים תשע"ז, עמ' 83-163.

מפתח שמות ונושאים